Marianne Heimbach-Steins (Hrsg.)
JAHRBUCH FÜR CHRISTLICHE
SOZIALWISSENSCHAFTEN

JAHRBUCH FÜR CHRISTLICHE SOZIALWISSENSCHAFTEN

51. BAND/2010

ASCHENDORFF VERLAG MÜNSTER

JAHRBUCH FÜR CHRISTLICHE SOZIALWISSENSCHAFTEN

Fortführung des »Jahrbuch des Instituts für Christliche Sozialwissenschaften«

BEGRÜNDET VON JOSEPH HÖFFNER
HERAUSGEGEBEN VON MARIANNE HEIMBACH-STEINS

Unter Mitwirkung von

KLAUS BAUMANN, Freiburg · ISIDOR BAUMGARTNER, Passau
NORBERT BRIESKORN, München · GERHARD DROESSER, Würzburg
BERNHARD EMUNDS, Frankfurt · ANDRÉ HABISCH, Eichstätt
HILLE HAKER, Frankfurt · THOMAS HAUSMANNINGER, Augsburg
KONRAD HILPERT, München · HANS-JOACHIM HÖHN, Köln
THOMAS HOPPE, Hamburg · GERHARD KRUIP, Mainz
BERNHARD LAUX, Regensburg · ELKE MACK, Erfurt
DIETMAR MIETH, Tübingen · URSULA NOTHELLE-WILDFEUER, Freiburg
WOLFGANG OCKENFELS, Trier · MICHAEL SCHRAMM, Stuttgart
MARKUS VOGT, München · JOACHIM WIEMEYER, Bochum
GÜNTHER WILHELMS, Paderborn

Redaktion
INSTITUT FÜR CHRISTLICHE SOZIALWISSENSCHAFTEN

51. Band/2010:
WELTWIRTSCHAFT UND GEMEINWOHL
EINE ZWISCHENBILANZ DER WIRTSCHAFTSKRISE

ASCHENDORFF VERLAG MÜNSTER

Schriftleitung:
Dr. Alexander Filipović

Redaktionsanschrift:
Institut für Christliche Sozialwissenschaften
Westfälische Wilhelms-Universität Münster
Hüfferstr. 27
D–48149 Münster
Tel.: 0251/83-32640
E-Mail: jcsw@uni-muenster.de
Internet: http://www.uni-muenster.de/FB2/jcsw/

Gedruckt mit Unterstützung der Deutschen Forschungsgemeinschaft

ISBN 978-3-402-10983-0
© 2010 Aschendorff Verlag GmbH & Co. KG, Münster
Alle Rechte vorbehalten
Herstellung: Aschendorff Medien GmbH & Co. KG, Druckhaus Münster

INHALTSVERZEICHNIS

Vorwort 7

BEITRÄGE

MARIANNE HEIMBACH-STEINS
Migration und Zugehörigkeit. Sozialethische Perspektiven 15

I. Ouvertüre: Stimmen zur Deutung der Wirtschaftskrise

URSULA WEIDENFELD
Die Krise 41

PETER CLEVER/CHRISTINA RAMB
Freiheit ohne Verantwortung verkommt. Die Finanz- und Wirtschaftskrise – Folgen für unternehmerisches Handeln und die gesellschaftliche Verantwortung von Unternehmen 53

CLAUS SCHÄFER
Die Krise ist nur eine Spitze des Eisbergs 65

MICHAEL SCHÄFERS
Die Finanz- und Wirtschaftskrise – Folgen für die Arbeitswelt 81

II. Markt – Wettbewerb – Verantwortung. Wirtschaftsethische Zugänge

ANDRÉ HABISCH
Selbstheilungskräfte des Marktes? Ökonomische Theorien des Marktversagens und ihre Relevanz für die Bewältigung der Krise 97

PETER ULRICH
Vom unbändigen Kapitalismus zur zivilisierten Marktwirtschaft – ein wirtschaftsethischer Orientierungsversuch 119

GOTLIND ULSHÖFER
Corporate Social Responsibility (CSR) als soziale Verantwortung in der Wirtschaft – Chancen und Grenzen einer Konzeption angesichts der Wirtschaftskrise 139

III. Der neue Ruf nach dem Staat – sozialethische Erwartungen an staatliche Steuerung

MICHAEL SCHRAMM
Nachhaltiger Kapitalismus. Sozialethische Kriterien einer Politik des Strukturwandels 163

BERNHARD EMUNDS
Das Ende der aufgeblähten Finanzwirtschaft. Sozialethische Überlegungen zur politischen Neuordnung der Finanzmärkte 189

JOCHEN OSTHEIMER/MARKUS VOGT
Maßstäbe und Wirkungen staatlicher Steuerung im Umweltschutz 225

IV. Herausforderungen, Strategien und Instrumente internationaler Ordnungspolitik

JOACHIM WIEMEYER
Die Europäische Union in der Wirtschafts- und Finanzkrise 249

JOHANNES WALLACHER
Global Financial Governance nach der Finanzkrise: Herausforderungen und Perspektiven 277

REINHARD ZINTL
Provokationen der Krise: Zum Verhältnis von Unternehmen, Zivilgesellschaft und politischen Institutionen auf der internationalen Ebene 301

LITERATURBERICHT

GERHARD KRUIP
Aktuelle sozialethische Beiträge zu Wirtschaftsethik und Unternehmensethik. Ein Literaturüberblick 321

BERICHTE

BRIGITTA HERMANN
Die Finanzkrise als sozialethische Herausforderung. Bericht über das elfte Werkstattgespräch der Sektion ‚Christliche Sozialethik' in der Internationalen Vereinigung für Moraltheologie und Sozialethik (22.–24.02.2010) in Berlin 351

ANNA MARIA RIEDL
Anthropologie und (christliche) Sozialethik. Bericht zum 19. Forum Sozialethik (14.–16.09.2009) in der Kommende Dortmund 356

MITTEILUNGEN AUS DER DEUTSCHSPRACHIGEN KATHOLISCHEN SOZIALETHIK: AKTUELLE PROJEKTE 359

DIE AUTORINNEN UND AUTOREN DIESES BANDES 375

Vorwort

Der 51. Band des Jahrbuchs für Christliche Sozialwissenschaften erscheint nach dem Wechsel in der Leitung des Instituts für Christliche Sozialwissenschaften zum Wintersemester 2009/10; ein neues Team, Herausgeberin und Schriftleiter, zeichnet nun für das Jahrbuch verantwortlich. Es ist uns daher eine angenehme Pflicht, an erster Stelle Dank zu sagen: dem bisherigen Herausgeber und Direktor des ICS Karl Gabriel sowie den im zurückliegenden Jahrzehnt tätigen Schriftleitern Martin Dabrowski (2000), Hermann-Josef Große Kracht (2001–2005) und Christian Spieß (2006–2009). Die durch Franz Furger († 1997) eingeführte Tradition der Themenbände hat sich auch in dieser Phase bewährt; es ist das Verdienst von Karl Gabriel, das Jahrbuch als zentrales Publikationsorgan der christlichen Sozialethik und ihrer Bezugswissenschaften im deutschsprachigen Raum insbesondere mit einer deutlichen Orientierung in die Sozialwissenschaften profiliert und in einem weiten gesellschaftswissenschaftlichen Resonanzraum positioniert zu haben.

Auch künftig soll das Jahrbuch ein Ort sein, an dem in interdisziplinärer Offenheit gesellschaftliche Problemlagen sozialwissenschaftlich erschlossen und sozialethisch analysiert werden. Das umfangreiche Forschungsfeld umfasst sozialwissenschaftlich, sozialphilosophisch und politisch-praktisch bearbeitete Fragen, insofern sie einer normativen Reflexion zugänglich sind. Der Tradition des Jahrbuchs und der theologischen Disziplin „Christliche Sozialwissenschaften"/„Christliche Sozialethik" entsprechend sollen insbesondere christlich-sozialethische Standpunkte zu brisanten gesellschaftlichen Debatten so begründet und in das Disziplinen übergreifende wissenschaftliche Gespräch gebracht werden, dass daraus relevante Impulse sowohl für die wissenschaftliche Erkenntnisbildung als auch für den Erkenntnistransfer in gesellschaftliche und politische Praxisfelder gewonnen werden können.

Unter den Bedingungen einer globalisierten Welt, nicht zuletzt einer globalisierten Wissenschaftswelt, schließt dies das Ziel ein, das Jahrbuch verstärkt auch über den deutschen Sprachraum hinaus als Medium des wissenschaftlichen Diskurses anzubieten und zu nutzen. Um diesen Anspruch bestmöglich einlösen zu können, werden wir ab dem nächsten

Band (52/2011) einige Innovationen zur Förderung der Internationalisierung und gleichzeitig zur Qualitätssicherung einführen, u. a. – abgestimmt mit der Arbeitsgemeinschaft Christliche Sozialethik – ein Peer-Review-Verfahren. Neben dem bewährten Themenschwerpunkt wird – in begrenztem Umfang – ein „freier Bereich" für Beiträge eingerichtet, wofür ein call for papers ausgeschrieben wird; in diesem Bereich können auch englischsprachige Texte veröffentlicht werden; alle Beiträge werden mit englischsprachigen Abstracts versehen.

Der diesjährige Band wird mit einem programmatischen Text der Herausgeberin eröffnet, der, obwohl nicht unmittelbar in das Rahmenthema eingelassen, eine Reihe inhaltlicher und systematischer Bezüge dazu aufweist: Der Beitrag „Migration und Zugehörigkeit" dokumentiert die Antrittsvorlesung der neuen Direktorin des ICS an der Universität Münster am 11. Juni 2010. Christliche Sozialethik unter Globalisierungsbedingungen muss in einem weltweiten Horizont und im Hinblick auf die transnational dimensionierten ordnungsethischen Herausforderungen denken. Querschnittsthemen wie der Fragenkomplex um Migration und Zugehörigkeit sind besonders geeignet, um die Komplexität der sozialethischen Fragestellung(en) auf der Höhe der Zeit zu erfassen und im Horizont eines weiten Spektrums sozialwissenschaftlicher Bezugsdisziplinen zu positionieren. Im Spiegel eines solchen Themas werden Interferenzen von Ökonomie, Ökologie, Politik und Kultur ansichtig und entfalten ihr provokatorisches Potential für eine Sozialethik, die nach Modellen und Kriterien globaler Gerechtigkeit fragt.

Diesem Anliegen und den zu seiner Einlösung notwendigen Debatten soll das Jahrbuch auch in Zukunft Raum geben. Seit dem Band 31/1990 ist dies der erste Band, der als ganzer einem wirtschaftsethischen Schwerpunkt gewidmet ist, auch wenn innerhalb der thematischen Ensembles der Jahrbuchbände immer wieder wirtschafts- und unternehmensethische Beiträge erschienen sind. Das Thema des diesjährigen Bandes „Weltwirtschaft und Gemeinwohl. Eine Zwischenbilanz der Wirtschaftskrise" exemplifiziert ausdrücklich den Anspruch des Jahrbuchs, zugleich grundlegende und aktuell brisante sozial- bzw. gesellschaftsethische Fragestellungen zu diskutieren und damit zur wissenschaftlichen Erkenntnis und Urteilsbildung ebenso wie zur Orientierung politischen Handelns beizutragen: Ungefähr zwei Jahre nach dem Manifestwerden der globalen Finanz- und Wirtschaftskrise und unter dem Eindruck der im Lauf des Jahres 2010 unabweislich auf die europäische politische Agenda geratenen Probleme der Staatsverschuldung verschiedener Mitgliedsstaaten der Europäischen Union versucht dieser Band eine gründliche Zwischenbilanz. Eine *sozialethische* Wahrnehmung und Bewertung der Krise werden einerseits durch Anlage und Orchestrierung des „Stücks" aufgerufen, andererseits durch die Ausarbeitung normativer Orientierungen für eine angemessene globale Ordnungspolitik konkretisiert:

In der ersten Gruppe der Beiträge kommen im Sinne einer „Ouvertüre" unterschiedliche gesellschaftliche Stimmen zur Deutung der Krise und zu deren Auswirkungen auf die Gesellschaft zu Wort. Die Wirtschaftsjournalistin *Ursula Weidenfeld* zieht aus der Beobachtung der Entwicklung den Schluss, die Krise markiere das Ende jenes Zeitalters, das Lord Dahrendorf „Pumpkapitalismus" genannt habe. Sie zwinge die Gesellschaft, sich selbst eine neue „Geschäftsgrundlage" zu geben. Angesichts der bisher in Deutschland zu beobachtenden, auf Ausgleich und Konsens zielenden Strategien der Krisenbewältigung bedürfe es eines neuen Gesellschaftsvertrags, der Solidarität der Starken mit den Schwachen und Beteiligung durch Bildung für alle tatsächlich zu realisieren ermögliche.

Peter Clever und *Christina Ramb* von der Bundesvereinigung der Deutschen Arbeitgeberverbände nehmen dieses Desiderat auf: Sie sehen in dem Verlust von Vertrauen in unsere Wirtschafts- und Gesellschaftsordnung den zentralen Schaden aus der Krise. Sie erinnern an die moralischen Grundlagen unserer Wirtschaftsordnung und mahnen die gesellschaftliche Verantwortung von Unternehmern und Unternehmen, aber auch von Gewerkschaften, Kirchen und Bildungseinrichtungen für eine Erneuerung der Sozialen Marktwirtschaft an.

Auch *Claus Schäfer* vom Wirtschafts- und Sozialwissenschaftlichen Forschungsinstitut der Hans-Böckler-Stiftung (WSI) reflektiert die gesellschaftlichen Folgewirkungen der Krise. Ausgehend von Griechenland sieht er deren politischen Kern in einer „Selbstfesselung" des Staates durch Marktgläubigkeit. Die Finanzkrise und die zunehmende Kluft zwischen Arm und Reich seien eher Wirkungen als Ursachen dieser tiefer wurzelnden Krise. Darauf sei nicht nur mit Maßnahmen zur Regulierung der Finanzmärkte, sondern auch mit Instrumenten zur politischen Steuerung der Realwirtschaft zu reagieren; letzten Endes müsse es um die Wiedergewinnung des Primates der Politik gehen.

Dieses Votum konvergiert in wichtigen Punkten mit den Diagnosen und Therapievorschlägen von *Michael Schäfers* von der Katholischen Arbeitnehmerbewegung Deutschlands (KAB): Den Blick über Deutschland hinausrichtend, ruft er zunächst die unmittelbaren Folgen der Liquiditätskrise für die Immobiliensituation – Verluste an Wohneigentum für Arbeitnehmer v. a. in den USA – und die (eingebrochene) Bauwirtschaft in den USA und in Europa in Erinnerung. Die Auswirkungen der Weltwirtschaftskrise auf die Arbeitnehmerschaft reichen weiter: angefangen von der international wachsenden Ungleichheit der Einkommensverhältnisse über den Anstieg von Erwerbslosigkeit und prekärer Beschäftigung und deren Folgen für die soziale Absicherung der Betroffenen und ihrer Familien bis hin zu der fortschreitenden Wahrnehmung von Arbeit als anscheinend nahezu beliebig flexibilisierbare Ware. Eine Rückbesinnung auf den Vorrang der Arbeit bzw. des arbeitenden Menschen i. S. der Soziallehre der Kirche erscheint als Gebot der Stunde.

Unbeschadet der Unterschiede zwischen den hier vorgetragenen Einschätzungen sehen sie übereinstimmend die Krise als einen Wendepunkt in der Entwicklung unserer Gesellschaften; sie zwingt – sowohl bezogen auf Deutschland als auch international – zu einer Rückbesinnung auf die Quellen des sozialen Zusammenhalts und einer menschengerechten Ordnung. Die folgenden Beitragsgruppen nehmen diese Herausforderung unter je spezifischen Blickwinkeln auf, indem sie die Institution des Marktes, die sich verändernde Rolle des Staates und die Bedeutung der internationalen Institutionen – jeweils in der Zuordnung zu den anderen institutionellen Ebenen – als Ordnungs- und Steuerungsinstanzen in den Blick nehmen.

Die zweite Gruppe von Beiträgen stellt unter den Stichworten „Markt – Wettbewerb – Verantwortung" verschiedene Positionen zu genuin ökonomischen Potentialen zur Lösung der Krise vor. Im Kern geht es um eine Erörterung der Selbstheilungspotentiale des Marktes und ihrer Grenzen. Das Verhältnis von Makro- und Mikroökonomie wird ebenso in den Blick genommen wie die Spannung zwischen Marktwirtschaft und Gesellschaftspolitik.

André Habisch untersucht die Selbstheilungskräfte des Marktes. Ausgehend von ökonomischen Theorien des Marktversagens (Götz Briefs; George Akerlof) identifiziert er zwei ökonomische Selbstregulierungspotentiale: Einzelwirtschaftlich bestehe die Chance, über Markenbildung normativen Forderungen (z. B. nach ökologischer Nachhaltigkeit) Geltung zu verschaffen; kollektivwirtschaftlich lägen in der Branchenbildung und den Branchenverbänden Möglichkeiten für ökonomische Selbstregulierung. Angesichts der Finanzmarktkrise werde aber deutlich, dass Selbstregulierung eine sanktionsbewehrte Festlegung von Mindeststandards durch eine internationale Ordnungspolitik zwar flankieren, nicht aber ersetzen könne.

Peter Ulrich stützt sein wirtschaftsethisches Orientierungsangebot auf zwei Thesen: Erstens gebe es nicht nur eine Wirtschaftskrise, sondern eine umfassendere Orientierungskrise bezüglich des Verhältnisses von Marktwirtschaft und Gesellschaft. Zweitens zweifelt er an der Plausibilität der Annahme eines autonomen wirtschaftlichen Systems. Vielmehr sei ein marktwirtschaftliches System immer schon eingebettet in ethische und politische Voraussetzungen. Dementsprechend sieht er den wirtschaftsethischen Problemkern in der Krise der normativen Grundlagen der Gesellschaft und plädiert für eine nachholende ethisch-politische Modernisierung. Dafür macht er in seiner dritten These den Gedanken der Bürgergesellschaft stark. Dieser gesellschaftspolitische „Fortschrittshorizont einer bürgerrechtlich verfassten Marktwirtschaft" solle eine eigentumsrechtlich operierende Wirtschaftspolitik ablösen.

Ob das Konzept der Corporate Social Responsibility (CSR) zur Bewältigung der Wirtschaftskrise herangezogen werden kann, testet *Gotlind Ulshöfer* in ihrem Beitrag. Sie vertritt die These, dass die mit CSR verbundenen Vorstellungen von gesellschaftlicher Verantwortung zu kurz greifen. Gesellschaftliche Verantwortung sei als politisches und nicht als rein unternehmerisches Geschehen zu begreifen. Wie Ulrich stellt sie die analytische Trennung zwischen einem ökonomischen und einem politischen Bereich in Frage. Die Chance des CSR-Diskurses liege vor allem darin, dass außerökonomische Aspekte unternehmerischen Handelns in einem wirtschaftlichen Bereich zur Sprache gebracht und so verantwortliches Handelns eingefordert werden könne.

In der dritten Gruppe von Beiträgen bildet der unter dem Eindruck der Krise erneut laut gewordene Ruf nach dem Staat und seiner Steuerungskompetenz den cantus firmus. Mit der ordnungspolitischen Aufgabe des Staates wird die Frage in den Mittelpunkt gerückt, nach welchen rechtlichen, politischen und ethischen Maßstäben staatliche Steuerung des Wirtschaftslebens vernünftig und gerechtfertigt erscheint und welche Grenzen eingehalten werden sollten.

In dem Programm eines nachhaltigen Kapitalismus sieht *Michael Schramm* eine sozialethische Perspektive zur Bewältigung der Finanz- und Wirtschaftskrise. Dabei geht er davon aus, dass der Strukturwandel zwar zu den konstitutiven Eigenschaften kapitalistischen Wirtschaftens gehört, betont aber, dieser Wandel dürfe nicht sich selbst überlassen werden. Eine Politik des Strukturwandels müsse mehrere Steuerungsmöglichkeiten nutzen. Diesen Ansatz systematisiert Schramm in einem Konzept von Netzwerkgovernance. Christliche Sozialethik könne dazu auf mehreren Ebenen Beiträge in den grundlegenden Orientierungsfragen liefern: Solidarität, Gerechtigkeit, Nachhaltigkeit und Sachgerechtigkeit werden zu den entscheidenden Kriterien.

Ausgehend von einem Rückblick auf die Entwicklung der Finanzmärkte in den letzten drei Jahrzehnten reflektiert *Bernhard Emunds* Ursachen der Finanzkrise und skizziert sozialethische Kriterien für die politische Neuordnung der Finanzmärkte: An der Gemeinwohlorientierung Maß zu nehmen, bedeute vor allem, zu einer Verknüpfung von Wachstum und Wertschöpfung zurückzukehren. Dabei richtet Emunds sein Augenmerk besonders auf die Rolle des Staates für eine wirksame Ausrichtung der Wirtschaft auf das Gemeinwohl.

Jochen Ostheimer und *Markus Vogt* stellen fest, dass zur Bewältigung der Finanz- und Wirtschaftskrise viele Staaten zu einer Politik zurückkehrten, die von nationalen und weitgehend ökonomischen Interessen bestimmt wird. Das Spannungsverhältnis von Ökologie und Ökonomie werde dadurch immer prekärer. Dennoch haben unter dem normativen Nachhaltigkeits-Paradigma des vernetzten Denkens (Retinität) staatliche und überstaatliche Wirtschaftspolitik ökologische Relevanz. Eine „partizipative Kultur der Nachhaltigkeit" bleibt daher auch für die Bewältigung der Finanz- und Wirtschaftskrise eine sozialethisch zentrale Forderung.

Gerade die globalen Wirkungen der Krise haben unterstrichen, dass die ordnungspolitische Herausforderung einer Steuerung (markt-)wirtschaftlicher Interaktionen unter den Bedingungen der (nicht nur) ökonomischen Globalisierung nicht mehr nationalstaatlich limitiert werden kann, sondern in wachsendem Maße auch jenseits der nationalstaatlich organisierten Politik, jedenfalls in einem Mehrebenenmodell bearbeitet werden muss. Deshalb werden in der vierten Gruppe von Beiträgen Möglichkeiten und Grenzen supranationaler ordnungspolitischer Strategien zur Überwindung der Finanz- und Wirtschaftskrise aus wirtschafts- und sozialethischer sowie aus politikwissenschaftlicher Sicht analysiert und für unterschiedliche Ebenen internationaler Kooperation konkretisiert.

Ob sich die Europäische Union in der Bewältigung der Wirtschafts- und Finanzkrise als handlungsfähig erwiesen hat, beleuchtet *Joachim Wiemeyer*. Zwar wird in der Analyse deutlich, dass eine abschließende Bewertung bislang nicht möglich ist, da der Erfolg vieler Regulierungsanstrengungen noch nicht absehbar ist. Aber der sozialethische Blick erlaubt Einsichten, wie die EU subsidiäre und solidarische Orientierungen in ein Verhältnis setzt, die Krise für längerfristige und nachhaltige Reformanstrengungen nutzt und ihrer globalen Verantwortung über den EU-Binnenraum hinaus gerecht wird.

Johannes Wallacher fragt nach einem zureichenden globalen Ordnungsrahmen für die Weltwirtschaft, der die Koordinationsdefizite bisheriger Ansätze überwindet und Krisen wie die aktuelle – mit ihren dramatischen

Auswirkungen vor allem für die armen Länder – wirksam verhindern hilft. Anhand der in Global-Governance-Theorien erörterten Steuerungsformen – zwischenstaatliche Vereinbarungen, internationale Koordinierung der Finanzmarktregulierung und Marktmechanismen – zeichnet er die vorhandenen Ordnungsinstrumente nach und untersucht deren Kohärenzdefizite und Dysfunktionalitäten. Ähnlich wie Bernhard Emunds rekurriert er für eine ethische Orientierung auf das – weltweit auszulegende – Gemeinwohlprinzip und diskutiert Instrumente der Steuerung hinsichtlich ihrer Leistungsfähigkeit auf dieses Ziel hin.

Auf der Suche nach Antworten auf die Frage, wie genau die Beziehungen zwischen Politik und Wirtschaft in Folge der Krise verändert werden sollen, richtet *Reinhard Zintl* den politikwissenschaftlichen Blick auf die Rolle der Zivilgesellschaft und entfaltet die – mit Peter Ulrichs dritter These durchaus „verwandt" erscheinende – Überlegung, mehr als auf eine transnationale Zivilgesellschaft komme es auf die durch v. a. bürgerrechtliche Garantien zu leistende Stärkung der Zivilgesellschaften innerhalb der souveränen politischen Gebilde an, insofern diese Bedingungen für den Wettbewerb der Staaten bilden und auf der nationalstaatlichen Ebene die Infrastruktur für Prozesse schaffen, die auf zwischenstaatlicher Ebene ablaufen.

Der *Literaturbericht* von *Gerhard Kruip* gibt einen Überblick über aktuelle sozialethische Beiträge zur Wirtschafts- und Unternehmensethik, indem er insbesondere den Diskurs der letzten zehn Jahre in der christlichen Sozialethik (vor allem innerhalb der katholischen Theologie) analysiert. Neben wirtschaftsethischen Grundsatzfragen wurden im vergangenen Jahrzehnt zunehmend aktuelle und konkrete wirtschafts- und unternehmensethische Forschungsgegenstände bearbeitet. Die Unternehmensethik könne, so Kruip, in gewisser Weise als Neuentdeckung christlicher Wirtschaftsethik gelten. Herausforderungen für den zukünftigen Diskurs lägen vor allem in der ökologischen und interkulturellen Wirtschaftsethik. Das hier vorgestellte Format eines ausführlichen kritischen Literaturberichts soll künftig zu einem regelmäßigen Element im Jahrbuch werden und so zur Selbstreflexion der christlichen Sozialethik/Sozialwissenschaften beitragen.

Zudem wird über verschiedene sozialethische Tagungen berichtet: *Brigitta Hermann* berichtet über das elfte Werkstattgespräch der Sektion „Christliche Sozialethik" in der Internationalen Vereinigung für Moraltheologie und Sozialethik, das im Februar 2010 in Berlin stattfand und – wie der vorliegende Jahrbuchband – der sozialethischen Analyse der Finanz- und Wirtschaftskrise gewidmet war. *Anna Maria Riedl* berichtet über die 19. Tagung des Forum Sozialethik, bei der im September 2009 das Verhältnis von Anthropologie und Sozialethik reflektiert wurde. Wie üblich schließen die *Mitteilungen* laufender und jüngst abgeschlossener Qualifikationsarbeiten aus der deutschsprachigen Sozialethik den Band ab. Wir empfehlen dieses Informationsinstrument der besonderen Aufmerksamkeit unserer Leserschaft, auch um Austausch und Verständigung zwischen Bearbeitern und Bearbeiterinnen verwandter oder benachbarter Forschungsvorhaben anzuregen.

Nach guter Tradition des Jahrbuchs gilt es auch in diesem Jahr wieder, einer Reihe von Kollegen Segenswünsche auszusprechen. Zu ihrem 80. Geburtstag beglückwünschen wir Franz-Josef Stegmann und Bernhard Sutor, zum 75. Geburtstag Herwig Büchele, Lothar Roos und Philipp Schmitz. Unsere Glückwünsche zum 70. Geburtstag gelten Arno Anzenbacher, Bénézét Bujo und Dietmar Mieth. Last but not least gratulieren wir Adrian Holderegger zum 65. Geburtstag.

Am 21. August 2010 verstarb Friedrich Beutter im Alter von 85 Jahren. Er war von 1969 bis zu seiner Emeritierung Professor für Moraltheologie und Christliche Gesellschaftslehre und war Mitbegründer des Instituts für Sozialethik der Theologischen Fakultät Luzern. Wir werden ihm ein ehrendes Andenken bewahren.

Ein besonderes Gedenken gilt auch dem am 30. März 2010 im Alter von 80 Jahren verstorbenen Bischof em. von Hildesheim, Dr. Josef Homeyer. Als langjähriger Vorsitzender der Kommission für gesellschaftliche und soziale Fragen der Deutschen Bischofskonferenz und als Vorsitzender der Kommission der Bischofskonferenzen der Europäischen Gemeinschaft (ComECE) war er ein entschiedener Förderer der katholischen Soziallehre, der christlichen Sozialethik und des ökumenischen Gesprächs in sozialethischen Fragen sowohl mit den Kirchen der Reformation als auch mit der Orthodoxie. Insbesondere verbindet sich sein Name mit dem in Deutschland bis dato beispiellosen Konsultationsprozess (1994–1996) zur Vorbereitung des Gemeinsamen Wortes der Kirchen zur wirtschaftlichen und sozialen Lage „Für eine Zukunft in Solidarität und Gerechtigkeit" (1997): Ohne seine Initiative, seinen Mut und seinen unbeugsamen Willen hätte dieses Projekt nie seine Dynamik entfalten können und wäre nicht zu einer letztlich trotz aller Unkenrufe erfolgreichen Lerngeschichte für die Kirchen geworden, an die zu erinnern gerade in der aktuellen Krise der Kirche lohnt.

Münster, im August 2010,
Marianne Heimbach-Steins, Alexander Filipović

BEITRÄGE

MARIANNE HEIMBACH-STEINS

Migration und Zugehörigkeit. Sozialethische Perspektiven[1]

Zusammenfassung

Internationale Migration wird zum Prüfstein einer Ethik globaler Gerechtigkeit. Deren Brisanz wird besonders deutlich im Blick auf die Zugehörigkeits- und Beteiligungsrechte irregulärer Migranten. Souveränität über die eigenen Grenzen, das Recht auszuschließen, ist ein Konstitutionsprinzip des Nationalstaats. Die Mitgliedschaft in einer Rechtsgemeinschaft ist aber das primäre Gut, das ein Gemeinwesen verteilt; mit ihm werden alle weiteren Distributionsentscheidungen vorstrukturiert. Ausgehend von den Leitideen „Einheit der Menschheitsfamilie" und „Gemeinwidmung der Güter" ordnet eine sozialethische Theorie globaler Gerechtigkeit alle besonderen Rechts- und Eigentumstitel dem Weltbürgerrecht und der universellen Bestimmung der Güter prinzipiell nach. Dem politisch unabweisbaren Handlungsdruck ist gerechterweise nur mit Konzepten globaler politischer Steuerung zu begegnen, welche der Leitidee der Einheit der Menschheitsfamilie Rechnung tragen. Die Präsenz der weltweit wirksamen Exklusionsdynamiken in Gestalt der Migranten erfordert Einwanderungs- und Integrationspolitiken, die dem Anspruch menschenrechtlicher Anerkennung, dem Recht auf Zugehörigkeit und den Anforderungen von Beteiligungs- und Verteilungsgerechtigkeit für alle Gesellschaftsmitglieder genügen. Ein entsprechendes Ethos globaler Solidarität geht von der grundlegenden Symmetrie zwischen Migranten und Eingesessenen aus. Darin konvergiert ein biblisch-christlicher Ansatz mit philosophischen Traditionen des Kosmopolitismus.

1 Ein Riss durchtrennt die Welt

Im biblischen Richter-Buch wird von einem Bruderkampf erzählt: Nach einer politischen Auseinandersetzung kommt es zum Kampf zwischen den Gileaditern und den Ephraimitern. Die siegreichen Gileaditer, deren Siedlungsgebiet mitten im Gebiet der Besiegten liegt, hindern die von Angreifern zu Flüchtlingen gewordenen Ephraimiter, den Jordan zu über-

---

[1] Der Beitrag gibt die für den Druck geringfügig überarbeitete Antrittsvorlesung der Autorin als Direktorin des ICS an der Katholisch-Theologischen Fakultät der Universität Münster vom 11. Juni 2010 wieder.

queren. Identifiziert werden sie, indem sie das Wort „Shibboleth" sagen müssen, was im Dialekt der Ephraimiter aber „sibboleth" gesprochen wird. Wer sich – ungewollt – so zu erkennen gibt, wird umgebracht (vgl. Ri 12,5–7), 42.000 Mann werden ermordet.

„Shibboleth" hat die kolumbianische Künstlerin Doris Salcedo ihre eindrucksvolle Installation in der Londoner Tate Modern Gallery[2] genannt: In den polierten Beton-Boden der Turbinenhalle hat sie einen Riss meißeln lassen, der die ganze Länge des Raums von 146 Metern durchzieht. Am Eingang der Halle beginnt er als dünner Haarriss, wird immer breiter und tiefer, wie ein Canyon, ein Abgrund – gegen Ende ist er etwa 25 Zentimeter breit und einen halben Meter tief. In die Seiten des Grabens ist Maschendraht eingelassen, das, wie die Künstlerin sagt, „beliebteste Material, um durch Trennung und Abgrenzung Kontrolle auszuüben"[3]. Beton und Draht – Materialien, die an Grenzanlagen oder Gefängnisse erinnern, an geschlossene Räume, die man ohne Passierschein weder verlassen noch betreten kann. Wer eine solche Grenze dennoch überwindet, wird als illegal eingestuft und ist dort, wo er oder sie ist, ungewollt: Der Riss repräsentiert, so Doris Salcedo, „Grenzen, die Erfahrung von Einwanderern, die Erfahrung von gewaltsamer Trennung, von Rassenhass. Der Raum, den illegale Immigranten einnehmen, ist ein negativer Raum. Deshalb gestaltet auch dieses Kunstwerk einen negativen Raum."[4]

„Shibboleth" inszeniert sinnenfällig den *worst case* von Migration und Zugehörigkeit. Das Kunstwerk gibt dem *Sinn für Ungerechtigkeit*[5] Ausdruck, der die Situation irregulärer Migranten ins Licht rückt und politische Selbstverständlichkeiten in Frage stellt: das Recht souveräner Staaten über ihre Grenzen als das Recht auszuschließen. Dieses Basisaxiom neuzeitlicher Staatlichkeit kollidiert mit der Grundidee universeller Menschenrechte und mit dem Basisaxiom der Verteilungsgerechtigkeit „die Güter der Erde sind für alle da". Alle drei Logiken – souveräne Selbstbestimmung von Nationalstaaten, universelle Menschenrechte und globale Verteilungsgerechtigkeit – sagen etwas aus über Zugehörigkeit; die prak-

---

[2] Bildmaterial online unter <http://channel.tate.org.uk/channel#media:/media/2829179 7001&context:/channel/search?searchQuery=Salcedo>, abgerufen 20.06.2010; vgl. auch den Katalog zur Ausstellung: *Doris Salcedo*, Shibboleth. Contributions by *Mieke Bal et al.*, London, Tate Publishing 2007.
[3] *Doris Salcedo*, Transcript, online unter <http://www.tate.org.uk/tateshots/transcripts/transcript12198.rtf>, (eig. Übersetzung) abgerufen 20.06.2010.
[4] Ebd.
[5] Zum Sinn für Ungerechtigkeit vgl. u. a. *Ian Kaplow/Christoph Lienkamp* (Hg.), Sinn für Ungerechtigkeit. Ethische Argumentationen im globalen Kontext, Baden-Baden 2005.

tischen Widersprüche zwischen ihnen bilden eine sozialethische Provokation.

Mit Blick auf die Situation irregulärer internationaler Migranten werde ich versuchen, Herausforderungen globaler Gerechtigkeit zu identifizieren. Ich setze damit bei jener Gruppe der weltweiten Migrationsbevölkerung an, welche die – hinsichtlich ihrer sozialen und politischen Zugehörigkeit – am schlechtesten Gestellten repräsentieren.[6] Zugleich setze ich voraus, dass auch diese Menschen Rechte haben – Menschenrechte –, die zu achten, zu schützen und zu verwirklichen sind.[7] Daraus erwächst die Frage nach angemessenen Ordnungsmustern globaler Politik, Wirtschaft und Mobilität.

Auf dem Boden christlicher Sozialethik lese ich die Phänomene internationaler Migration als „Zeichen der Zeit": Sie durchkreuzen die Kontinuitäten unserer Geschichtserfahrung, stellen Maßstäbe gelingenden Lebens auf die Probe und fordern dazu heraus, Gesellschaftsentwicklung, Politik und christliche Praxis unter Gerechtigkeitskriterien zu überprüfen.[8] Die sozialethische Brisanz internationaler Migration ist in den Gerechtigkeitstheorien der Moderne bis in die jüngste Zeit kaum zureichend abgebildet worden, weil und insofern die Konstitutionsprinzipien des Nationalstaats – Souveränität und territoriale Integrität – unhinterfragt blieben: Internationale Migranten kamen unter dieser Prämisse als Träger und Adressaten von Gerechtigkeitsansprüchen systematisch nicht in den Blick.[9] Dass dieser blinde Fleck inzwischen ausgeleuchtet wird und Migration auch sozialphilosophisch und sozialethisch als Thema globaler Gerechtigkeit diskutiert wird, zeigt, dass Migranten als Repräsentanten von Rechts- und Gerechtigkeitsansprüchen wahrgenommen werden.

---

[6] In *dieser* Hinsicht schließe ich an John Rawls' Gedankenexperiment des Urzustandes an, in dem die Menschen unter dem Schleier des Nichtwissens – in Unkenntnis ihrer tatsächlichen Position in der Gesellschaft – Grundsätze politischer Gerechtigkeit formulieren, die an der Situation der am schlechtesten Gestellten Maß nehmen werden.

[7] Ich beziehe mich auf die Trias menschenrechtlicher Verpflichtungen, die Staaten bindet: sie werden komprimiert zusammengefasst als *obligations to respect, to protect and to fulfil*, vgl. *Eibe Riedel*, Der internationale Menschenrechtsschutz., Eine Einführung, in: *Bundeszentrale für politische Bildung* (Hg.), Menschenrechte. Dokumente und Deklarationen, 4. aktualisierte und erweiterte Auflage, Bonn 2004, 11–40, 19.

[8] Zur theologischen Aufarbeitung der hermeneutischen Kategorie „Zeichen der Zeit" im Horizont der Konzilstheologie vgl. *Peter Hünermann i. Verb. mit Bernd Jochen Hilberath und Lieven Boeve* (Hg.), Das Zweite Vatikanische Konzil und die Zeichen der Zeit heute, Freiburg i. Br. 2006.

[9] Vgl. u.a. *Seyla Benhabib*, Die Rechte der Anderen. Ausländer, Migranten, Bürger, Frankfurt 2008 (engl. Originalausgabe 2004), 14 f.; *Burkhard Liebsch*, Sinn für Ungerechtigkeit und das (gebrochene) Versprechen der Gerechtigkeit in der globalen Krise der Ökonomie, in: *Gerald Hartung/Stefan Schaede* (Hg.), Internationale Gerechtigkeit. Theorie und Praxis, Darmstadt 2009, 47–71.

Hier lässt sich eine interessante Parallele ziehen zu der Genese der Wahrnehmung von Frauen als Subjekten von Rechts- und Gerechtigkeitsansprüchen im philosophischen und theologischen Diskurs: Das *Streben nach Gerechtigkeit*, das sich aus dem *Sinn für Ungerechtigkeit* speist, lässt die Betroffenen autonome, emanzipatorische Entscheidungen über das eigene Leben treffen, mit denen sie bestimmte Gerechtigkeitsansprüche umzusetzen trachten.[10] Damit werden gewohnte Handlungs- und Erwartungsmuster durchkreuzt und erweitert; der *Sinn für Ungerechtigkeit*, der Erfahrungen von Ignoranz, Ausschließung etc. aufdeckt, wirkt zugleich als Triebfeder einer sozialen Bewegung, die als legitim eingeschätzte Anliegen der Betroffenen politisch sichtbar macht und auf diesem Weg die gesellschaftliche und politische Öffentlichkeit sowie die wissenschaftliche Reflexion in die Auseinandersetzung zwingt.[11]

2 Schwierige Normalität: Internationale Migration in einer Welt von Nationalstaaten

Als internationale Migranten gelten Personen, die seit mehr als einem Jahr außerhalb ihres Heimatlandes leben, sowie temporäre Migranten.[12] Dazu gehören Asylsuchende und Flüchtlinge sowie zwischen verschiedenen Lebenskontexten pendelnde Arbeitsmigrantinnen.[13] Weltweit beträgt der Anteil der internationalen Migranten konstant circa 3 % der Gesamtbevölkerung; die absoluten Zahlen haben sich im Lauf der letzten 25 Jahre auf fast 200 Millionen ungefähr verdoppelt; knapp die Hälfte davon

---

[10] Damit sind gleichwohl noch keine Antworten auf das, was – nach auszuweisenden Maßstäben – als gerecht gelten soll, gegeben. Zum Verhältnis von Ungerechtigkeit und Gerechtigkeit vgl. *Burkhard Liebsch*, Der Sinn der Gerechtigkeit im Zeichen des Sinns für Ungerechtigkeit, in: *Kaplow/Lienkamp* (Hg.), Sinn für Ungerechtigkeit, 11–39, sowie *Ders.*, Sinn für Ungerechtigkeit.

[11] Vgl. *Franck Düvell*, Migration und Gerechtigkeit: Gerechtigkeitsvorstellungen und -gefühle von Migranten, in: *Kaplow/Lienkamp* (Hg.), Sinn für Ungerechtigkeit, 178–198; vgl. auch die diesbezüglich sensible, wenngleich hinsichtlich der zu erwartenden „Erfolge" wohl zu optimistische Diagnose von „Zeichen der Zeit" in der Enzyklika *Pacem in terris* (1963), welche die Arbeiterbewegung, die Frauenbewegung und das Streben der Kolonien nach Autonomie als *die* epochalen Emanzipationsbewegungen der Gegenwart (des 20. Jahrhunderts) aufgreift und als Herausforderung für die Verkündigung des Evangeliums deutet (PT 39–44).

[12] Vgl. *Deutsche Gesellschaft für die Vereinten Nationen (DGVN)* (Hg.), Migration in einer interdependenten Welt: Neue Handlungsprinzipien. Bericht der Weltkommission für Internationale Migration 2005, Berlin 2006, X.

[13] In der sozialwissenschaftlichen Literatur wird diese Gruppe als Transmigranten bezeichnet, vgl. u. a. *Ludger Pries*, Die Transnationalisierung der sozialen Welt: Sozialräume jenseits von Nationalgesellschaften, Frankfurt a. M. 2008.

sind Frauen, von denen ein wachsender Teil selbständig migriert.[14] Der weitaus größte Teil der internationalen Migranten (einschließlich ca. 9,2 Mio. Flüchtlinge) migriert entweder zwischen Entwicklungsländern oder zwischen entwickelten Ländern; nur ca. 1/3 aller internationalen Migranten wechselt aus Entwicklungsländern in wirtschaftlich hoch entwickelte Länder Europas, Nordamerikas und Ozeaniens.[15] Irregularität entsteht dadurch, dass Menschen sich ohne Erlaubnis in einem Territorium bzw. Staatswesen aufhalten, dessen Staatsangehörigkeit sie nicht besitzen. Migrationsexperten schätzen die irreguläre Migration auf durchschnittlich etwa ein Drittel aller Migranten in Entwicklungsländern.[16] Den internationalen Migranten steht eine fast viermal größere Gruppe von weltweit circa 740 Millionen Binnenmigranten gegenüber; d. h. *ein Sechstel der Menschheit ist auf Wanderschaft*. Mit ca. 7,3 Millionen Migranten (oder 4,2 % der globalen Migrationsbevölkerung) gehört die Bundesrepublik Deutschland zu den weltweit wichtigsten Einwanderungsländern nach den USA mit ca. 35 Millionen (oder 20 % der Migranten weltweit) und der Russischen Föderation mit 13,3 Millionen (oder 7,6 % der Migranten weltweit).[17]

Menschen wandern aus unterschiedlichen Gründen, dauerhaft oder temporär. Sie fliehen vor Gewalt oder Diskriminierung oder streben danach, ökonomische und ökologische Not zu überwinden und Bedingungen zu finden, unter denen sie für sich und ihre Familien den Lebensunterhalt sichern und bessere Lebensverhältnisse schaffen können. In der Regel sind es jedoch nicht die Ärmsten einer Gesellschaft, die migrieren, im Gegenteil: Zwar stellt der jüngste UN-Entwicklungsbericht fest, dass die Ärmsten durch Migration am meisten zu gewinnen haben, dass sie aber zugleich weniger migrieren als die etwas besser Gestellten in armen Gesellschaften.[18] Die Unterscheidung zwischen freiwilliger und unfreiwilliger Migration erweist sich angesichts der vielfältig bedrängenden Situationen, die Menschen durch Migration zu lösen versuchen, als ebenso holzschnittartig wie praxisfern. Aus der Perspektive der Migranten stellt sich die Unterscheidung zwischen freiwilliger und unfreiwilliger Migra-

---

[14] Vgl. *Deutsche Gesellschaft für die Vereinten Nationen (DGVN)* (Hg.), Bericht über die menschliche Entwicklung 2009: Barrieren überwinden: Migration und menschliche Entwicklung, Berlin 2009, 27–36. Zur selbständigen Migration von Frauen vgl. u. a. Sylvia Chant (Hg.), Gender and Migration in Developing Countries, London-New York 1992; *Dies./Sarah A. Radcliffe*, Migration and Development: the Importance of Gender, in: Ebd., 1–29.
[15] Vgl. *DGVN* (Hg.), Bericht über die menschliche Entwicklung 2009, 30.
[16] Vgl. ebd.
[17] Vgl. *DGVN* (Hg.), Migration in einer interdependenten Welt, 83.
[18] Vgl. *DGVN* (Hg.), Bericht über die menschliche Entwicklung 2009, 31–32.

tion eher dar „as a continuum reflective of the varying degrees of choice or freedom available."[19] Nicht selten *werden* Migranten und Migrantinnen zu Opfern, sei es, dass kriminelle Organisationen ihre Situation ausnutzen, oder dass Regierungen nicht das Notwendige tun, um ihre Rechte zu schützen. Aber keineswegs *sind* sie in erster Linie Opfer; auch dann, wenn sie aus Not migrieren, ergreifen sie selbst die Initiative. Häufig gehören sie zu den „dynamischsten und unternehmerischsten Mitgliedern einer Gesellschaft"[20]. Das ökonomische Potenzial der Migranten ist immens, was sich sowohl im aktiven Beitrag zu den Volkswirtschaften der Aufnahmegesellschaften als auch in den Rücküberweisungen in (arme) Heimatländer spiegelt, die weltweit schätzungsweise das Dreifache der internationalen Entwicklungshilfe ausmachen.[21]

Während die Mobilität von Gütern, Dienstleistungen und Kapital als Fortschritt geschätzt wird, gilt dies für die Mobilität menschlicher Arbeit nur sehr selektiv; sie wird durch restriktive Migrationspolitiken erheblich eingeschränkt, was angesichts der demographischen und ökonomischen Bedeutung von Arbeitsmigration für die Aufnahmegesellschaften im Westen und Norden der Welt paradox ist. Das Problem der Irregularität mit allen problematischen Begleiterscheinungen für Migranten und Aufnahmegesellschaften entsteht erst dadurch. Der Bericht des UN-Entwicklungsprogramms 2009 spricht von *Migrationsbarrieren*, die von den Nationalstaaten errichtet bzw. höher gelegt werden – tendenziell umgekehrt proportional zum Abbau von Handelshemmnissen.[22] Zudem leiden nationale und internationale Migrationspolitiken sowohl an einem Mangel an Kohärenz, Abstimmung und Koordination zwischen den relevanten Politikfeldern, als auch häufig an einer unterentwickelten Bereitschaft, die Rechte der internationalen Migranten zu achten und wirksam umzusetzen.[23]

Längst bilden die gegenwartstypischen Migrationsbewegungen einen *Normalfall* sozialer Existenz mit positiven und negativen Seiten, die bis in die Alltagserfahrungen der meisten Menschen, auch der „Sesshaften",

---

[19] *Andrew Geddes*, The Politics of Migration and Immigration in Europe, London 2003, 8.
[20] *DGVN* (Hg.), Migration in einer interdependenten Welt, 5; zum Folgenden ebd. 5–10; vgl. *Karl-Wilhelm Merks*, Zwischen Gastfreundschaft und gleichem Recht. Ethische Überlegungen zur Migrationspolitik, in: Bijdragen. International Journal in Philosophy and Theology 64 (2003), 144–164, 148.
[21] Vgl. *DGVN* (Hg.), Migration in einer interdependenten Welt, 84; *DGVN*, Bericht über die menschliche Entwicklung 2009, 90–105 (insgesamt zu ökonomischen und sozialen Auswirkungen von Migration an den Herkunftsorten).
[22] Vgl. *DGVN* (Hg.), Bericht über die menschliche Entwicklung 2009, 43–51.
[23] Vgl. *DGVN* (Hg.), Migration in einer interdependenten Welt, 2–3.

hineinwirken. So sehr etwa Menschen hierzulande froh sind, wenn sie für die Pflege alter Angehöriger polnische Pflegekräfte gewinnen können, so wenig wird es von Vielen geschätzt, wenn in den Schulklassen ihrer Kinder ein hoher Anteil von Migrantenkindern anzutreffen ist.[24] Für Akteure und Betroffene bedeutet Migration eine *schwierige Normalität*: Für die Migrantinnen und ihre Familien geht sie nicht nur mit der Erschließung neuer Möglichkeiten, sondern vielfach mit Entbehrungen, Unsicherheit, Marginalisierung und Exklusionserfahrungen einher. Den aufnehmenden Gesellschaften fordert sie neue soziale Praxen und politische Handlungsmuster ab – auf allen Ebenen von der Nachbarschaft und der einzelnen Kommune bis hin zu suprastaatlichen Kooperationszusammenhängen.

3 Das Ausschliessungsrecht der Staaten, das Recht auf Zugehörigkeit und die Einheit der Menschheitsfamilie

Die Feststellung, Migranten seien Träger von Menschenrechtsansprüchen, erscheint *prima facie* ebenso banal wie jene, dass Migranten Menschen sind. Sie haben ein Recht auf Achtung ihrer Persönlichkeit, auf Nicht-Diskriminierung, auf Respekt, Schutz und Durchsetzung ihrer menschenrechtlichen Freiheiten. Flüchtlinge haben das Recht, Asyl zu suchen und zu genießen (AEMR Art. 14). Doch schon an diesem Punkt wird deutlich, dass die Feststellung des menschenrechtlichen Status von Migranten so banal eben nicht ist. Denn das Recht auf Asyl beinhaltet nicht zugleich das Recht, *in einem bestimmten Staat* Asyl in Anspruch zu nehmen – das souveräne Recht der Staaten steht davor wie die Engel mit dem Flammenschwert am Eingang zum Paradies. Gibt es ein Recht darauf, sich einem anderen politischen Gemeinwesen als dem, in das jemand hineingeboren wurde, einzugliedern?[25] Ob menschenrechtliche Ansprü-

---

[24] Das Problem ist gleichwohl nicht individualethisch als Frage von Eltern-Einstellungen, sondern als Herausforderung von Integrations- und Bildungspolitik zu bearbeiten. Zu Fragen der Bildungsgerechtigkeit für Kinder mit Migrationshintergrund und den integrationsspezifischen Herausforderungen des deutschen Bildungssystems aus sozialethischer Sicht vgl. *Katja Neuhoff*, Exklusion oder Chance? Bildungswege von Kindern und Jugendlichen mit Migrationshintergrund, in: *Marianne Heimbach-Steins/Gerhard Kruip/Katja Neuhoff* (Hg.), Bildungswege als Hindernisläufe. Zum Menschenrecht auf Bildung in Deutschland, Bielefeld 2008, 43–62; *Lothar Krappmann u. a.* (Hg.), Bildung für junge Flüchtlinge – ein Menschenrecht. Erfahrungen, Grundlagen und Perspektiven, Bielefeld 2009.
[25] Vgl. *Johannes Müller/Mathias Kiefer* (Hg.), Grenzenloses „Recht auf Freizügigkeit"? Weltweite Mobilität zwischen Freiheit und Zwang, Stuttgart 2004; *Monika Kirloskar-Steinbach*, Gibt es ein Menschenrecht auf Immigration? Politische und philosophische Positionen zur Einwanderungsproblematik, München 2007.

che von Migrantinnen nicht nur abstrakt behauptet, sondern konkret anerkannt und geschützt werden, hängt fundamental mit dem Recht auf Freizügigkeit bzw. mit dessen Beschränkung zusammen. Es zu gewähren oder zu verweigern, liegt in der Souveränität der Staaten; die Problematik der Irregularität ist davon unmittelbar berührt.

3.1 Grenzen

Geographische und politische Grenzen werden nicht nur dann überschritten, wenn sie nach dem Willen des Souveräns über ein Territorium *offen* sind, sondern auch dann, wenn Menschen sich in der Hoffnung auf bessere Lebensbedingungen dazu entschließen, *geschlossene* Grenzen zu überwinden. Drohende Zurückweisung, selbst Gefahr für Leib und Leben halten von Armut und Auszehrung der Ökologie bedrohte Menschen nicht davon ab, die „Festungen" der wohlhabenden Welt zu bestürmen. Die regelmäßig wiederkehrenden Flüchtlingsdramen vor den südlichen Außengrenzen Europas sind dafür nur *ein* Beispiel. Aus den Wirtschaftsmigranten, die aus dem Süden und dem Osten Europas in die wohlhabenden Gesellschaften Westeuropas streben, speist sich das Reservoir der irregulären Migranten. Indem sie im rechtlichen Koordinatensystem der Nationalstaaten als *illegal* klassifiziert werden, wird der unberechtigte Aufenthalt zum Delikt, die Migranten werden kriminalisiert.[26]
Irreguläre Migration zeigt paradigmatisch die Auswirkungen der sich entwickelnden globalen Ökonomie auf das Modell nationalstaatlicher Souveränität. Die an der Yale University lehrende Sozialphilosophin Seyla Benhabib bringt das Problem auf den Punkt:

> „Der Nationalstaat ist zu klein, um die in seiner Umgebung entstehenden ökonomischen, ökologischen, immunologischen und informationellen Probleme zu lösen; zugleich ist er aber zu groß, um den Bestrebungen identitätsgetriebener sozialer und regionalistischer Bewegungen gerecht zu werden. Unter diesen Umständen ist Territorialität zu einer anachronistischen Form der Abgrenzung materieller Funktionen und kultureller Identitäten geworden. Trotz dieses Zusammenbruchs traditioneller Souveränitätskonzepte wird aber das territoriale Monopol im Bereich der Einwanderungspolitik und des Staatsbürgerrechts ungebrochen aufrechterhalten."[27]

Zunehmende Freizügigkeit „innerhalb der Zentren, in Europa und Nordamerika" geht einher mit resoluter Anwendung des Ausschließungsrechtes durch die Staaten, die zwischen unerwünschten und erwünschten Ausländern unterscheiden und das Problem der Nicht-Zugehörigkeit für

---

[26] Vgl. *Andreas Fisch*, Menschen in aufenthaltsrechtlicher Illegalität. Reformvorschläge und Folgenabwägungen aus sozialethischer Perspektive, Münster 2006.
[27] *Benhabib*, Die Rechte der Anderen, 16 f.

Migranten, die von der „Peripherie" in die „Zentren" streben, verschärfen.[28] Der Riss durch die Turbinenhalle der Tate Modern Gallery, symbolträchtig zwischen den „Tempeln" der Londoner Finanzwelt und den Einwandererviertelen südlich der Themse gelegen, bringt diese Spannung eindrücklich zur Geltung.

Die „Hierarchie der Mobilität" (Zygmunt Bauman) steht in Widerspruch zu Achtung und Anerkennung eines jeden Menschen als Person in intersubjektiven und institutionell vermittelten Verhältnissen. Der *moralische Anspruch*, als Menschenrechtssubjekt anerkannt zu werden, muss in konkrete *rechtliche Anerkennungsverhältnisse* übersetzt werden, die den Achtungsanspruch und die Realisierung grundlegender personaler Rechte garantieren und die Voraussetzungen für gesellschaftliche Beteiligung legen. Deshalb steht für internationale Migranten primär der Anspruch auf *Zulassung zu einem Gemeinwesen* bzw. das Recht auf Zugehörigkeit zur Debatte.

3.2 Recht auf Zugehörigkeit

Für die Zulassung von Migranten zur Teilhabe an einem politischen Gemeinwesen und dessen Rechtsordnung lässt sich vor allem ein Argument ins Feld führen: Die Mitgliedschaft in einer Rechtsgemeinschaft ist das systematisch erste und wichtigste Gut, das ein Gemeinwesen zu verteilen hat; mit diesem Gut werden alle weiteren Distributionsentscheidungen vorstrukturiert.[29] Hannah Arendts berühmte These, es gebe nur ein einziges Menschenrecht, nämlich das Recht, Rechte zu haben – im Sinne der Zugehörigkeit zu einer Rechtsgemeinschaft –, problematisiert genau diese Zuordnung des Zugehörigkeitsrechtes zum Hoheitsbereich der Staaten.[30] Menschenrechte existieren zwar *per definitionem* systematisch „vor" nationalstaatlicher Zugehörigkeit ihrer Träger und unabhängig von der Implementierung der Rechtsansprüche in nationale Rechtsordnungen. Tat-

---

[28] Vgl. *Düvell*, Migration und Gerechtigkeit, 179.
[29] Vgl. *Michael Walzer*, Spheres of Justice. A Defense of Pluralism and Equality, New York 1983, 31. Die in menschenrechtlicher Hinsicht problematischen Implikationen des Walzerschen Ansatzes kann ich an dieser Stelle nicht diskutieren, vgl. dazu etwa *Hans-Richard Reuter*, Rechtsethik in theologischer Perspektive. Studien zur Grundlegung und Konkretion, Gütersloh 1996, 217–219; *Kirloskar-Steinbach*, Gibt es ein Menschenrecht auf Immigration?, 189–210.
[30] Vgl. *Hannah Arendt*, Es gibt nur ein einziges Menschenrecht, in: Die Wandlung 4 (1949) 754–770; *Benhabib*, Die Rechte der Anderen, 56–64. Arendts These ist in der christlich sozialethischen Diskussion vor allem im Zusammenhang mit dem Recht auf Asyl rezipiert worden, vgl. u. a. *Reuter*, Rechtsethik in theologischer Perspektive, 184–209 und 223–224.

sächlich sind sie aber nur unter der Voraussetzung der Zugehörigkeit zu einer Rechtsgemeinschaft wirksam einzufordern. Die formale menschenrechtliche Freiheit derjenigen, die ohne solche Zugehörigkeit unterwegs sind und die eigene Arbeitskraft zu Markte tragen, ist die denkbar unsicherste Freiheit, insofern ihre Träger nicht teilhaben an jenen Institutionen, die elementare Sicherheit und ein Mindestmaß an Wohlfahrt gewährleisten.[31] Wenn erst die Mitgliedschaft in einer Rechtsgemeinschaft einen durchsetzbaren Rechtsstatus des Einzelnen konstituiert, ist dies ein schlechthin basales Kriterium für reale Freiheit und Sicherheit der Lebensführung.

3.3 „Einheit der Menschheitsfamilie"

So lange Aufenthaltsstatus, Staatsangehörigkeit und Bürgerrechte an nationalstaatliche Institutionen gebunden sind, setzt die Achtung der Menschenrechte von Migranten der Ausübung der Souveränitätsrechte der Staaten *aus Gerechtigkeitsgründen* eine normative Grenze. Die Enzyklika *Pacem in terris* Papst Johannes' XXIII. (1963) unterstreicht den Zusammenhang zwischen Staatsbürgerschaft und Weltbürgerschaft:

> „Zu den Rechten der menschlichen Person gehört es auch, sich in diejenige Staatsgemeinschaft zu begeben, in der man hofft, besser für sich und die eigenen Angehörigen sorgen zu können. Deshalb ist es Pflicht der Staatslenker, ankommende Fremde aufzunehmen und, soweit es das wahre Wohl ihrer Gemeinschaft zulässt, dem Vorhaben derer entgegenzukommen, die sich einer neuen Gemeinschaft anschließen wollen."[32]

Die Enzyklika postuliert also ein Recht auf Freizügigkeit: Sie gibt der Überzeugung Ausdruck, dass Migranten als Träger von Menschenrechten *Weltbürger* sind. Dafür steht in der katholischen sozialethischen Tradition der Topos „Einheit der Menschheitsfamilie"[33]. Dieser Status relativiert aber nicht die Bedeutung der Zugehörigkeit zu einer konkret angebbaren Rechtsgemeinschaft, im Gegenteil: Die konkrete Rechtsgemeinschaft muss dadurch, wie sie Souveränitätsrechte wahrnimmt, dem Geltungsanspruch der Zugehörigkeit aller Einzelnen zur Menschheitsfamilie zu praktischer Wirksamkeit verhelfen. Das Aufnahmekriterium, das „wahre Wohl" der aufnehmenden Gemeinschaft[34] dürfe nicht verletzt

---

[31] Vgl. *Walzer*, Spheres of Justice, 31 f.
[32] PT 106, vgl. auch 25.
[33] Vgl. zur Bedeutung dieses Topos in der kirchlichen Sozialverkündigung u. a. *Gerhard Kruip*, Eine andere Welt ist möglich. Globalisierung der Gerechtigkeit, in: Trierer theologische Zeitschrift 117 (2008) 235–252, bes. 241–243.
[34] Es wäre eine Diskussion wert, wie der Begriff des „wahren Wohls" oder des Gemeinwohls normativ zu füllen ist; einerseits wäre die Debatte um die Implikationen und „be-

werden, kann nicht grundsätzlich gegen den Anspruch der um Aufnahme ersuchenden Migranten geltend gemacht werden: Die Legitimität staatlicher Souveränität gilt im menschenrechtlichen Horizont ja gerade nicht absolut, sondern gebunden an die Anerkennung der Menschenrechte.[35] Ein Gemeinwesen, das die Menschenrechte als völkerrechtlich positivierten Kanon der Normativität adaptiert und entsprechende Grundrechte in der Verfassung verankert, stellt sich selbst unter ein Kriterium des Gemeinwohls, an dem sich die eigene Legitimation entscheidet.[36]

Unter Bezugnahme auf und in Auseinandersetzung mit Immanuel Kants Schrift *Zum ewigen Frieden* entwirft Seyla Benhabib eine Konzeption von Gerechtigkeit, in der dieses Moment der menschenrechtlichen Anerkennung systematisch als *Zugehörigkeitsgerechtigkeit* begründet und der durch die Staaten zu sichernden Verteilungsgerechtigkeit vorgeordnet wird.[37] Sie kritisiert den blinden Fleck jener Gerechtigkeitstheorien, die – wie am prominentesten John Rawls in seiner *Theory of Justice* – das nationalstaatliche Koordinatensystem fraglos voraussetzen und die Verteilung grundlegender Güter im Rahmen dieser (Freiheits-)Ordnung zu ihrem Gegenstand machen. Es scheint aber, dass die Gerechtigkeitsaspekte von Zugehörigkeit und Verteilung auf das engste zusammenhängen. Denn Zugehörigkeit oder Nicht-Zugehörigkeit zu einer Rechtsgemeinschaft wirken nicht nur als Schlüssel zur Inanspruchnahme bestimmter Rechte und damit als Medium der gesellschaftlichen Inklusion innerhalb eines politischen Gemeinwesens, sondern – transferiert auf die globale Ebene – als Mechanismus der Exklusion, mit dem über Lebens- und Beteiligungschancen von Menschen entschieden wird.[38] „Angesichts der enormen globalen Ungleichheit zwischen den Staaten dieser Welt fungiert Staatsbürgerschaft in einem Staat Nordamerikas oder Europas [...] als

---

sondern Verpflichtungen", die aus der Staatsbürgerschaft resultieren, aufzunehmen, andererseits die kommunitaristische Verteidigung der „Integrität der Lebensform" des je besonderen Gemeinwesens kritisch aufzugreifen. Vgl. u. a. *Jürgen Habermas*, Faktizität und Geltung. Beiträge zur Diskurstheorie des Rechts und des demokratischen Rechtsstaats, 4., durchges. und erweiterte Aufl., Frankfurt a. M. 1994, 651–660; *Walzer*, Spheres of Justice, 31–63.

[35] *Seyla Benhabib* beschreibt dieses Modell als das „liberale internationale Souveränitätsmodell" und leitet es von Kants Essay „Zum ewigen Frieden" her, vgl. *Benhabib*, Die Rechte der Anderen, 49 ff.

[36] Vgl. zur Legitimation des Gemeinwesens nach dem Kriterium der Erfüllung des Gemeinwohls und dessen menschenrechtlicher „Füllung" auch die Pastoralkonstitution des Konzils, GS 26 und 76.

[37] Vgl. *Benhabib*, Die Rechte der Anderen, 36–55.

[38] Vgl. u. a. *Habermas*, Faktizität und Geltung, 632–661.

modernes Äquivalent von feudalen Privilegien."[39] Die von Benhabib eingeforderte Zugehörigkeitsgerechtigkeit verweist mithin aus sich heraus auf das Problem global gerechter Verteilung und Beteiligung.

4 Zugehörigkeit(en) und global gerechte Verteilung knapper Güter

Als sozialer Relationsbegriff verweist *Zugehörigkeit* auf verschiedene Wirklichkeitsbereiche: auf *familiäre Herkunft* und/oder *ethnische Abstammung*, auf eine *soziale Gruppe*, in der jemand aktuell lebt; auf die *Gesellschaft*, in der eine Person sich aufhält und deren Mitglied sie de facto ist, auf den *Staat*, dessen Staatsangehörigkeit jemand besitzt und in dessen (Rechts-)Ordnung sie bzw. er eingebunden ist. Je nach Bezugsgröße werden unterschiedliche Kriterien der Zugehörigkeit geltend gemacht: Geburt, Abstammung, familiäre Bande; geteilte soziale Praxen, Traditionen, Überzeugungen; Leistungen bzw. Beiträge zum sozialen Zusammenhalt; Ansprüche, Rechte und Pflichten.

4.1 Multiple Zugehörigkeiten

Wie sehr die vermeintlichen Eindeutigkeiten von Außen und Innen, Jenseits und Diesseits behaupteter Grenzen längst unter Druck geraten sind, lässt sich anhand der Vielfalt von Begriffen ablesen, durch welche die Migrationsforschung die Kategorie politischer Zugehörigkeit ergänzt hat. Neben der (im Deutschen meist synonym zu *Staatsangehörigkeit* verwendeten) *Staatsbürgerschaft* bezeichnet der offenere Begriff ‚Bürgerschaft' (*citizenship*) komplexe politische und soziale Zugehörigkeitsverhältnisse auf der national*gesellschaftlichen* Ebene, aber auch ein innovatives *suprastaatliches* Institut wie die Europäische Unions-Bürgerschaft. Der Begriff der *Wohnbürgerschaft* (*denizenship*[40]) benennt den Zugehörigkeitsstatus jener Menschen, die Mitglieder unserer Gesellschaften sind, aber nicht die politischen Rechte von Staatsbürgern (*citizens*) genießen. Für die prekäre Zugehörigkeit von Menschen ohne gesicherten Aufenthalts-

---

[39] *Simone Zurbuchen*, Einleitung, 10, in: *Dies.* (Hg.) unter Mitarbeit von Daniel Schäppi, Bürgerschaft und Migration. Einwanderung und Einbürgerung aus ethisch-politischer Perspektive, Zürich-Berlin 2007, 7–21. Zurbuchen nimmt Bezug auf den grundlegenden Beitrag von *Joseph Carens*, Aliens and Citizens: The Case for Open Borders, in: *Ronald Beiner* (Hg.), Theorizing Citizenship, New York 1995, 229–253.

[40] Vgl. *Rainer Bauböck*, Notwendige Öffnung und legitime Schließung liberaler Demokratien, in: Europäisches Archiv für Soziologie 38 (1997) 71–103, 83.

titel wurde zudem der Neologismus *margizenship* vorgeschlagen – also eine ‚randständige' Zugehörigkeit, für die uns ein passender deutscher Begriff fehlt.[41] Schon dieses differenzierte Sprachangebot spiegelt, wie internationale Migrationsprozesse die traditionellen Logiken der Zuordnung durchkreuzen und Realitäten schaffen, die auf (zivil-)gesellschaftlicher, staatlicher und zunehmend auch suprastaatlicher Ebene politische Antworten erheischen. Besonders irreguläre Migration und rotierende Arbeitsmigration zwischen verschiedenen geographischen, sozialen und politischen Räumen rücken den Status der *Bürgerschaft* (*citizenship*) und seine defizitären Varianten in den Fokus der Aufmerksamkeit: Politische, soziale und ökonomische Partizipationsrechte, die *gesellschaftliche* Zugehörigkeit als solche steht zur Debatte.[42]

4.2 Beteiligungschancen

Den menschenrechtlichen Status von Migranten nicht nur formal anzuerkennen, sondern ihm in konkreten Rechtsgemeinschaften zur Durchsetzbarkeit zu verhelfen, bedeutet *per se*, die Ebene des Nationalstaates als Instanz der Wahrnehmung von Souveränitätsrechten zu überschreiten. Politische Zugehörigkeit wird in einer Weltgesellschaft, in der internationale Migration normal ist, vermutlich auch in Zukunft auf Nationalstaaten bezogen bleiben, jedoch nicht mehr exklusiv. Menschenrechtsadäquate Regelungen *politischer Zugehörigkeit* sind daher einerseits auf der Ebene der Staaten zu differenzieren: Auch Nicht-Bürger haben Rechte und sollen sie ausüben bzw. wahrnehmen können. Andererseits sind sie über die nationale Ebene hinaus zu erweitern: Sowohl sub- als auch supranational können Zugehörigkeitsrechte definiert und realisiert werden, wie heute schon kommunales Wahlrecht und Unionsbürgerschaft in der EU zeigen.[43] Politische *Bürgerschaft* ist in einem Mehrebenen-Modell zu denken, das vielfältige Stufungen von substaatlichen (kommunalen, län-

---

[41] Der Begriff wurde von *Marco Martiniello*, La nouvelle Europe migratoire. Pour une politique proactive de l'immigration, Brüssel 2001, 82, vorgeschlagen; im Deutschen wäre vielleicht von ‚Randsiedlerschaft' zu sprechen; dass dieser Begriff keinen Bezug zur Semantik des „Bürgers" herstellt, ist für den prekären Status der Betroffenen symptomatisch. Vgl. auch *Walter Lesch*, Multiple Bürgerschaft als Schlüssel zu einer neuen Migrationspolitik? Chancen und Grenzen des europäischen Modells, in: *Zurbuchen* (Hg.), Bürgerschaft und Migration, 91–112, v. a. 107 f.

[42] Vgl. *Michelle Becka*, Zugehörigkeiten, Rechte, Partizipationsmöglichkeiten. Dimensionen von Citizenship und ihre Herausforderung durch Migration, in: *Dies./Albert Peter Rethmann* (Hg.), Ethik und Migration. Gesellschaftliche Herausforderungen und sozialethische Reflexion, Paderborn 2010, 81–105.

[43] Vgl. *Habermas*, Faktizität und Geltung, 643–651; *Lesch*, Multiple Bürgerschaft.

derspezifischen) Zusammenhängen bis zur suprastaatlichen Ebene umfasst.[44]

Daneben stellen sich gerechtigkeitsbedeutsame Fragen *gesellschaftlicher Zugehörigkeit* bzw. *Integration*.[45] Personen, die sich langfristig (wenn auch in vielen Fällen nicht exklusiv) in einem Land aufhalten und dort als Asylberechtigte oder Arbeitsmigranten aktive Mitglieder der Gesellschaft, aber nicht Staatsangehörige sind, besitzen als *denizen* eingeschränkte Bürgerrechte. Bürgerschaft als Status der sozialen und ökonomischen Partizipation impliziert wesentlich dichtere, *wechselseitig* verpflichtende Zugehörigkeiten als die bloße Staatsangehörigkeit. Dem, was Zuwanderern seitens der Aufnahmegesellschaft zugestanden (bzw. vorenthalten) wird, stehen Handlungspotentiale und aktive Beiträge der Migrantinnen und Migranten zur Gesellschaftsentwicklung gegenüber. Gerade wenn sie im Zielland auf unsichere und/oder restriktive Partizipations- und Zugehörigkeitsbedingungen treffen, „erfinden" Migrantinnen neue Formen der Partizipation auch über national begrenzte rechtliche Räume hinweg. So schaffen transnationale Familien und transnationale soziale Netzwerke von Migrantinnen neue Realitäten, Potentiale und Herausforderungen auch für die Aufnahmegesellschaften, wenn z. B. Chancen auf Erwerbsarbeit in Rotationssystemen geteilt werden (wie etwa in den communities osteuropäischer Pflegekräfte in Deutschland).[46]

Prekäre politische und ökonomische Beteiligungsrechte bzw. fehlende Durchsetzbarkeit des sozialen Menschenrechtsschutzes bilden gleichwohl komplexe Teilhabe- und Teilnahmehindernisse. Faktischer Zugang bedeutet noch nicht, im Zielland „ankommen" und Fuß fassen zu können. Der ökonomische Profit, den die Aufnahmegesellschaften von den Fremden haben, steht in krasser Spannung zu den Restriktionen, die eine gleichberechtigte Partizipation der Arbeitsmigranten behindern.[47] Poli-

---

[44] Vgl. *Veit M. Bader*, Komplexe Bürgerschaft. Politische, soziale und Minderheiten-Bürgerschaft in politischen Mehrebenensystemen am Beispiel der EU, in: *Zurbuchen*, Migration und Zugehörigkeit, 53–89.

[45] Vgl. *Hille Haker*, Citizenship, Ethik und Gesellschaft, in: *Virginia M. Azcuy/Margit Eckholt* (Hg.), Citizenship – Biographien – Institutionen. Perspektiven lateinamerikanischer und deutscher Theologinnen auf Kirche und Gesellschaft, Münster 2009, 41–53, 42.

[46] Vgl. *Janine Dahinden*, Migration and Mobility: Universality and Resulting Tensions, in: *Beat Sitter-Liver* (Hg.) assisted by Thomas Hiltbrunner, Universality: From Theory to Practice. An intercultural and interdisciplinary debate about facts, possibilities, lies and myths. 25th Colloquium of the Swiss Academy of Humanities and Social Sciences, Fribourg 2009; *Marianne Heimbach-Steins*, Globale Fürsorgeketten. Eine exemplarische Skizze zu Genderaspekten in der internationalen Arbeitsmigration, in: *Becka/Rethmann* (Hg.), Ethik und Migration, 185–202.

[47] Vgl. *DGVN* (Hg.), Bericht über die menschliche Entwicklung 2009, 119–142.

tische Lösungen, die menschenrechtlich tragfähig sind und zugleich die veränderte Angebots- und Nachfragesituation auf den entsprechenden Arbeitsmärkten angemessen berücksichtigen, sind noch weithin ein Desiderat und scheitern nicht selten an mangelndem politischem Willen in den Zielländern. Ein Beispiel dafür ist die Tatsache, dass die Bundesrepublik Deutschland (ebenso wie die meisten hoch entwickelten Einwanderungsländer) ausdrücklich nicht bereit ist, die UN-Konvention zum Schutz der Rechte aller Wanderarbeitnehmer und ihrer Familienangehörigen (1990) zu ratifizieren.[48]

4.3 „Gemeinwidmung der Güter" und „Sozialpflichtigkeit des Eigentums"

Von der Forderung, im Sinne der menschenrechtlichen Anerkennung von Migranten Zugehörigkeitsregime zu etablieren, welche die Ebene des Nationalstaats transzendieren, führt ein gerader Weg zu dem Postulat, auch die gerechte Güterverteilung als Problem von globaler Reichweite zu behandeln. Beide Linien führen auf die Notwendigkeit einer Theorie *globaler* Gerechtigkeit zu. Gegen individualistische Theorien (in der Tradition von John Locke) behauptet eine solche Theorie, dass alle speziellen Rechts- und Eigentumstitel, auf individueller wie auf nationaler Ebene, dem universellen Weltbürgerrecht und der universellen Bestimmung der Güter prinzipiell nachgeordnet und dementsprechend rechtfertigungspflichtig sind. Ebenso wenig wie das private Eigentum als unbedingtes Recht aufzufassen ist, gelten Ordnungen absolut, die Eigentum(srechte) sichern. Nationalstaatliche Verteilungsordnungen können zwar als legitim ausgewiesen werden, „indem plausibel gemacht wird, dass bestimmte öffentliche Güter, z. B. ein hohes Maß an demokratischer Beteiligung und gesellschaftliche Solidarität hinsichtlich eines gemeinsamen ‚Guten' […] nur auf der Ebene kleinerer Einheiten möglich sind."[49] Aber dieses Argument legitimiert nicht zugleich eine Abschottung, die den systematisch vorgängigen, verpflichtenden Bezug auf die globale Ebene negiert;

---

[48] Vgl. *Katharina Spieß*, Die Wanderarbeitnehmerkonvention der Vereinten Nationen. Ein Instrument zur Stärkung der Rechte von Migrantinnen und Migranten in Deutschland, hg. vom Deutschen Institut für Menschenrechte, Berlin 2007; mit Blick auf die Situation von Wanderarbeiter/inne/n in verschiedenen Weltregionen sprechen manche von neuen Formen der Sklaverei bzw. in Analogie zu antiken Mustern vom „Metökenproblem", vgl. *Norbert Brieskorn*, Begrenzung und Entgrenzung aus sozial- und staatsphilosophischer Perspektive, in: *Müller/Kiefer* (Hg.), Grenzenloses „Recht auf Freizügigkeit"?, 81–122, 110–111 (Diskussion).

[49] *Gerhard Kruip*, Vom „Sinn für Ungerechtigkeit" zur „Globalisierung der Gerechtigkeit", in: *Kaplow/Lienkamp* (Hg.), Sinn für Ungerechtigkeit, 100–116, 111.

vielmehr „ergeben sich [daraus] sowohl eine Verantwortung der Nationalstaaten für die globale Ebene wie subsidiäre Verpflichtungen globaler Instanzen für die Fälle, in denen Nationalstaaten versagen."[50] Protektionistische Abschottung nationaler Arbeitsmärkte gegenüber Migranten ist von einer solchen Position her ebenso zu kritisieren wie die Verweigerung sozial(staatlich)er Mindeststandards und Partizipationsrechte für alle, die – unabhängig von ihrem rechtlichen Zugehörigkeitsstatus – zur Gesellschaftsentwicklung beitragen.

Entsprechend dem skizzierten Zusammenhang findet die *Einheit der Menschheitsfamilie* als Leitperspektive einer menschenrechtsbasierten globalen politischen Ordnung in der kirchlichen Sozialverkündigung ein wirtschaftsethisches Pendant in der Grundnorm der *Gemeinwidmung der Güter* und der – daraus folgenden – *Sozialpflichtigkeit des Eigentums*. Beide Topoi verweisen auf die globale Dimension des Gemeinwohls und der Solidarität, die mit zunehmender Verdichtung der wechselseitigen, aber asymmetrischen weltweiten Abhängigkeitsverhältnisse unabweisbar wird.[51] Diese Abhängigkeitsverhältnisse sind durch Kolonialismus und Imperialismus seit Jahrhunderten in die weltweiten zwischenstaatlichen und internationalen Beziehungen eingelassen. Insofern erfordert die Entwicklung von Strukturen zur Förderung globaler Gerechtigkeit nicht eine völlig neue Ebene der Kooperation, wohl aber eine grundlegende Überprüfung der ethischen Maßstäbe und Prioritäten, an denen die Kohärenz politischer und ökonomischer Handlungsmuster gemessen und geprüft werden kann.

5 Internationale Migration – Prüfstein einer Ethik globaler Gerechtigkeit

„Gemeinwidmung der Güter" und „Einheit der Menschheitsfamilie" sind Leitideen einer Ethik, die dem, was der Menschheit gemeinsam ist, Priorität vor dem Besonderen und Trennenden gibt. In diesem Sinne denkt sie universalistisch, globalistisch und kosmopolitisch. Angesichts der dominanten Erfahrung von Ungleichheiten, die Quelle von Ungerechtigkeiten sind, setzt die Priorisierung des Gemeinsamen einen Perspektivenwechsel voraus. Eine partikularistische und hierarchisierende Perspektive, die ‚das Eigene' dem ‚Anderen' bzw. ‚Fremden' überordnet, ist durch ein *Denken vom Anderen her* zu korrigieren. Es geht darum, auf den Sinn

---

[50] *Kruip*, Vom „Sinn für Ungerechtigkeit" zur „Globalisierung der Gerechtigkeit", 111.
[51] Vgl. zu den wichtigsten Textbefunden *Kruip*, Eine andere Welt ist möglich, 242.

für Ungerechtigkeit der Anderen zu hören und die eigene Wahrnehmung überprüfen zu lassen.

5.1 Perspektivenwechsel – Voraussetzung für eine globalistische und kosmopolitische Ethik

Wer heute die Turbinenhalle der Tate Modern betritt, sieht Doris Salcedos längst wieder geschlossenen Riss als Narbe im Boden – er bleibt sichtbar und symbolisiert dauerhaft die Sicht der irregulären Migranten auf die als ungerecht, als gewaltsam trennend erfahrenen Grenzen um die Wohlstandsinseln der Welt. Der Sinn für Ungerechtigkeit derer, die aus der Perspektive der „Zentren" und ihrer angestammten Bewohner nicht dazu gehören, stellt gewohnte Sichtweisen in Frage. Die Erschließung dieser Realitäten aus der Position der Ausgeschlossenen birgt ein Potential der Veränderung. Angesichts der erwartbar wachsenden Migrationsbewegungen können sich die Mitglieder wohlhabender Gesellschaften und ihre politischen Repräsentanten auf nationaler und supranationaler Ebene nur vordergründig und kurzfristig dieser Provokation entziehen, indem sie die „andere" Perspektive als „illegitim" ausgrenzen, um sich damit die bedrängende Gerechtigkeitsfrage vom Hals zu halten. Auf die Gerechtigkeits- und Ungerechtigkeitsintuitionen von Migranten zu hören, die ihr Handeln als legitim erfahren, aber sich selbst in den Aufnahmegesellschaften delegitimiert sehen, provoziert hingegen einen *Perspektivenwechsel*, der – mit der Adaption des Sinnes für Ungerechtigkeit – die rechtlichen, politischen und sozialen Realitäten einem Gerechtigkeitstest im Sinne der vorrangigen Option für die Armen unterzieht und damit den Horizont der Problembearbeitung unumkehrbar weitet.[52]

Damit erscheinen Migrationsbewegungen nicht mehr als Einbahnstraße und Migranten nicht mehr als lästige Bittsteller, die wie der arme Lazarus ungebeten und unerhört auf der Schwelle des Reichen liegen (vgl. Lk 16,20). Die Wirklichkeit der durch Armut und ökologische Auszehrung geförderten, ökonomisch motivierten Migrationen wird als Veränderungsdruck und als Entwicklungspotential mit offenem Ausgang, sei es zum Besseren oder zum Schlechteren, in Herkunfts-, Transit- und Zielländern wahrnehmbar. Der politisch unabweisbare Handlungsdruck ist als Herausforderung zu entziffern, die Mauern um die Wohlstandsinseln

---

[52] Dem ethisch qualifizierten Perspektivenwechsel entspricht theologisch die Kategorie der Umkehr bzw. der Bekehrung, vgl. dazu *Martin Kirschner*, Die Zeichen der Zeit heute aus europäischer Perspektive, in: *Hünermann* (Hg.), Das Zweite Vatikanische Konzil und die Zeichen der Zeit heute, 226–239, 234 f.

nicht immer höher zu ziehen, sondern Konzepte globaler politischer Steuerung zu entwickeln, die mit der Leitidee der Einheit der Menschheitsfamilie ernst machen.

Eine von diesem Ausgangspunkt her zu entwickelnde Migrationsethik bezieht die Forderung und den Anspruch ‚globaler Gerechtigkeit' nicht nur auf die Ferne – mithin auf die unerlässlichen Felder von Entwicklung und Frieden, Armutsbekämpfung und globaler Wirtschaftsordnung, wiewohl dies alles unter diesem Vorzeichen in den Blick kommen muss. Zugleich identifiziert sie die Herausforderungen globaler Gerechtigkeit *in jeder einzelnen Gesellschaft* und ihrem politischen Ordnungsrahmen: Die leibhaftige Präsenz der weltweit wirksamen Dynamiken von Armut und Exklusion in Gestalt der Migranten, um deren Zugehörigkeits- und Beteiligungsrechte – mit ungleichen Waffen – gestritten wird, erfordert Einwanderungs- und Integrationspolitiken, die dem Anspruch menschenrechtlicher Anerkennung, dem Recht auf Zugehörigkeit und den Anforderungen von Beteiligungs- und Verteilungsgerechtigkeit für alle Gesellschaftsmitglieder genügen.

5.2 Geschwisterlichkeit unter Fremden – Konkretion globaler Solidarität

Der skizzierte Perspektivenwechsel hat seine normative Entsprechung in der Vorordnung der menschenrechtlichen Gleichheit, die „uns" mit den „Fremden" verbindet, vor allen kontingenten, durch den Zufall von Ort und Zeit der Geburt und durch langfristig wirkende Strukturen der Ungerechtigkeit induzierten Differenzen. An die Stelle der Behauptung eines Vorrechts der „Immer-schon-da-Gewesenen" tritt eine grundlegende Symmetrie zwischen Migranten und Eingesessenen als Grundlage eines Ethos der Geschwisterlichkeit beziehungsweise der Solidarität. Darin dürfte eine weitgehende Konvergenz zwischen einem biblisch-christlichen Ansatz globaler Ethik und philosophischen Traditionen des Kosmopolitismus aufweisbar sein.

Der Tatsache des gemeinsamen Menschseins – in biblischer Deutung: die gemeinsame Bezogenheit auf den Schöpfer als gottesbildliches Geschöpf, d. h. als Träger unantastbarer Würde und einer unvertretbaren Verantwortung für die Schöpfung – entspricht die Anerkennung universaler Menschenrechte, die von keinem gesellschaftlichen Status und von keiner besonderen Leistung abhängen. Zugleich teilen Menschen miteinander die Erfahrung sozialer Kooperation als einer grundlegenden humanen

Fähigkeit und Bedürftigkeit; diese kann jedoch nicht unter allen Lebensumständen in angemessener Weise wahrgenommen und befriedigt werden, besonders dann nicht, wenn Menschen ihrer ursprünglichen Zugehörigkeit zu einer Gemeinschaft verlustig gehen (warum auch immer) und sich als „Fremde" erfahren. Auch dies gehört zu den biblisch reflektierten menschlichen Grunderfahrungen: „Fremde sind *wir*" – nicht (nur) die Anderen.[53] Was für das Bundesvolk Israel als Erfahrung des Fremdseins *auf der Erde* reflektiert wird (vgl. 1 Chr 29,15), schafft als Basiserfahrung existentiellen Fremdseins in der Begegnung mit dem fremden ‚Anderen' gerade jene Symmetrie, die das Gemeinsame dem Trennenden vorordnet und auf dieser Basis eine nicht paternalistisch verzerrte Solidarität begründet.

Angesichts der realen, Asymmetrien verfestigenden Verteilungsmechanismen von der Staatsangehörigkeit bis zur Marktmacht bedarf es einer Ethik, „die das komplexe Geflecht von Menschen mit unterschiedlichem Rechtsstatus neu vermisst und die Unterschiede nur dann gelten lässt, wenn sie mit einer regulativen Idee gleicher Rechte und Chancen prinzipiell vereinbar sind."[54] Die normativen Bezugsgrößen einer solchen Ethik müssen die verschiedenen Ebenen menschlicher Vergesellschaftung und ihrer komplexen Institutionen erfassen; ihr Referenzrahmen ist notwendigerweise global. Eine Ethik globaler Migration muss sich dem Anspruch stellen, Kompass für eine „Weltmigrationsordnung" zu sein, welche – wie Gerhard Kruip schreibt – „verlässliche, transparente und für alle Staaten faire Regeln" für die Regulierung der in den kommenden Jahrzehnten breiter werdenden Migrationsströme bereitstellt.[55] Als „Prüfstein einer Ethik der Menschenrechte"[56] wird sie darauf bestehen, dass die *für alle Staaten* fairen Regeln dem Kriterium der Anerkennung des Zugehörigkeitsrechtes (und seiner beteiligungs- und verteilungsbezogenen Konsequenzen) *der einzelnen Migranten* genügen.

Ein „kosmopolitisches" Gesellschaftsmodell kann jedoch nicht allein politisch-institutionell „hergestellt" werden. Als Korrelat zu den ordnungsethischen Elementen bedarf es sozialer Haltungen, die als Ethos der

---

[53] Vgl. *Georg Steins*, „Fremde sind *wir*...". Zur Wahrnehmung des Fremdseins und zur Sorge für die Fremden in alttestamentlicher Perspektive, in: Jahrbuch für Christliche Sozialwissenschaften 35 (1994), 133–150.
[54] *Walter Lesch*, Zwischen Eigeninteresse und globaler Solidarität. Migrationspolitik aus sozialethsicher Perspektive, in: *Müller/Kiefer* (Hg.), Grenzenloses „Recht auf Freizügigkeit"?, 123–156, 125.
[55] Vgl. *Kruip*, Vom „Sinn für Ungerechtigkeit", 115; *Liebsch*, Sinn für Ungerechtigkeit, 48–49.
[56] *Lesch*, Zwischen Eigeninteresse und globaler Solidarität, 128.

Gastfreundschaft umschrieben werden können.[57] Neben der unerlässlichen politischen Anwaltschaft und Lobbyarbeit liegt daher eine zentrale gesellschaftsdiakonische Aufgabe der christlichen Gemeinschaften und Kirchen in der Kultivierung konkreter Praxen zur Verlebendigung des Ideals einer *Geschwisterlichkeit unter Fremden*[58]. In diesem Sinne ist es dann in der Tat „unsere gesellschaftliche Aufgabe [...], allen Menschen Gelegenheit zu geben, dieses Land als Heimat zu empfinden."[59]

6 Ausblick

Der Phänomenkomplex Migration bündelt wie in einem Prisma das Aufgabenspektrum christlicher Sozialethik und den Fächer ihrer Bezugswissenschaften. Migrationsethik bildet nicht eine Bereichsethik neben politischer Ethik, Wirtschaftsethik, ökologischer Ethik, sondern ein *Querschnittsthema*, das eine Neukonfigurierung der sozialethischen Themenfelder nahe legt.[60] Geradezu idealtypisch spiegelt sich in den sozialethischen Herausforderungen globaler Migration der normative Anspruch des Prinzips der Vernetzung, das Wilhelm Korff unter dem Namen „Retinitätsprinzip" zur Bearbeitung der ökologischen Krise und näherhin zur Präzisierung des dem politischen Konzept nachhaltiger Entwicklung inhärenten normativen Anspruchs in die theologische und politische Debatte eingeführt hat[61]: Die komplexen Zusammenhänge zwischen ökologischer Krise, weltweiter sozialer Ungleichheit und der große Teile der Weltbevölkerung exkludierenden Funktionslogik des Marktes verlangen ebenso wie die ökologische Krise selbst ein diese Problemdimensionen

---

[57] Die hier vertretene sozialethische Notwendigkeit, nicht auf der tugendethischen Ebene eines Ethos der Gastfreundschaft stehen zu bleiben, unterstreicht auch *Merks*, Zwischen Gastfreundschaft und gleichem Recht; vgl. auch *Ders.*, „Gleiches Recht soll bei euch für den Fremden wie für den Einheimischen gelten" (Lev 24,22) Oder: Warum Gastfreundschaft nicht genügt, in: Beiheft Brixener Theologisches Forum 113 (2003) 44–67.

[58] Vgl. *Giancarlo Collet*, Gemeinsam das Evangelium verkünden. Bemerkungen zur Enteuropäisierung europäischer Christenheit, in: *Arnd Bünker u. a.* (Hg.), Gerechtigkeit und Pfingsten. Viele Christentümer und die Aufgabe der Missionswissenschaft, Ostfildern 2010, 243–266.

[59] *Regina Ammicht Quinn* in einem Beitrag von *Gabriele Renz*, Ein Eid und die Sache mit Gott, in: Südkurier vom 9.3.2010, online unter <http://www.suedkurier.de/news/baden-wuerttemberg/baden-wuerttemberg/art417921,4198221>, erstellt 9.3.2010/abgerufen 20.06.2010.

[60] Vgl. *Lesch*, Zwischen Eigeninteresse und globaler Solidarität, 124.

[61] Vgl. jetzt die umfassende Studie von *Markus Vogt*, Prinzip Nachhaltigkeit. Ein Entwurf aus theologisch-ethischer Perspektive, München 2009 (zum Vernetzungs- bzw. Retinitätsaspekt als normative Kern eines Konzepts nachhaltiger Entwicklung insbesondere: 347–357).

vernetzendes Denken und eine an diesem Anspruch ausgerichtete Politik zu ihrer konstruktiven Bearbeitung. Das Retinitätsprinzip bildet daher nicht nur ein zusätzliches materialethisches Prinzip für eine zeitgemäße Sozialethik, sondern kann zugleich als Metaprinzip beansprucht werden, von dem her die Sozialethik systematisch zu rekonfigurieren und methodologisch im Sinne konsequenter interdisziplinärer und internationaler Vernetzung weiterzuentwickeln ist.

Das Thema „Migration und Zugehörigkeit" steht damit paradigmatisch für die Programmatik einer christlichen Sozialethik, die von einem theologisch reflektierten Standpunkt her einen kontextsensiblen ethischen Universalismus argumentativ vertritt.[62] Diese Sozialethik bildet den Kern dessen, was in der Münsteraner Tradition „Christliche Sozialwissenschaften" genannt wird und damit auf die unverzichtbare Standpunkthaftigkeit christlicher Ethik wie auf die unerlässliche Einbettung des Faches in den Kanon der Human- und Sozialwissenschaften verweist.

LITERATURVERZEICHNIS

Hannah Arendt, Es gibt nur ein einziges Menschenrecht, in: Die Wandlung 4 (1949), 754–770.

Veit M. Bader, Komplexe Bürgerschaft. Politische, soziale und Minderheiten-Bürgerschaft in politischen Mehrebenensystemen am Beispiel der EU, in: *Simone Zurbuchen* (Hg.) unter Mitarbeit von Daniel Schäppi, Bürgerschaft und Migration. Einwanderung und Einbürgerung aus ethisch-politischer Perspektive, Zürich-Berlin: Lit 2007, 53–89.

Rainer Bauböck, Notwendige Öffnung und legitime Schließung liberaler Demokratien, in: Europäisches Archiv für Soziologie 38 (1997), 71–103.

Michelle Becka, Zugehörigkeiten, Rechte, Partizipationsmöglichkeiten. Dimensionen von Citizenship und ihre Herausforderung durch Migration, in: *Dies./Albert Peter Rethmann* (Hg.), Ethik und Migration. Gesellschaftliche Herausforderungen und sozialethische Reflexion, Paderborn: Schöningh 2010, 81–105.

---

[62] Vgl. dazu *Marianne Heimbach-Steins*, Sozialethik als kontextuelle theologische Ethik – Eine programmatische Skizze, in: Jahrbuch für Christliche Sozialwissenschaften 43 (2002), 46–64, sowie *Dies.*, Unsichtbar Gemachte(s) sichtbar machen. Christliche Sozialethik als gendersensitive kontextuelle Ethik, in: *Christian Spieß/Katja Winkler* (Hg.), Feministische Christliche Sozialethik (Schriften des Instituts für Christliche Sozialwissenschaften), Münster 2008, 185–218.

Seyla Benhabib, Die Rechte der Anderen. Ausländer, Migranten, Bürger, Frankfurt a. M.: Suhrkamp 2008 (engl. Originalausgabe 2004).

Norbert Brieskorn, Begrenzung und Entgrenzung aus sozial- und staatsphilosophischer Perspektive, in: *Johannes Müller/Mathias Kiefer* (Hg.), Grenzenloses „Recht auf Freizügigkeit"? Weltweite Mobilität zwischen Freiheit und Zwang, Stuttgart: Kohlhammer 2004, 81–122.

Joseph Carens, Aliens and Citizens: The Case for Open Borders, in: *Ronald Beiner* (Hg.), Theorizing Citizenship, New York: State University of New York Press 1995, 229–253.

Sylvia Chant (Hg.), Gender and Migration in Developing Countries, London-New York: Belhaven Press 1992.

Sylvia Chant/Sarah A. Radcliffe, Migration and Development: the Importance of Gender, in: *Sylvia Chant* (Hg.), Gender and Migration in Developing Countries, London-New York: Belhaven Press 1992, 1–29.

Giancarlo Collet, Gemeinsam das Evangelium verkünden. Bemerkungen zur Enteuropäisierung europäischer Christenheit, in: *Arnd Bünker u. a.* (Hg.), Gerechtigkeit und Pfingsten. Viele Christentümer und die Aufgabe der Missionswissenschaft, Ostfildern: Matthias-Grünewald-Verlag 2010, 243–266.

Janine Dahinden, Migration and Mobility: Universality and Resulting Tensions, in: *Beat Sitter-Liver* (Hg.) assisted by Thomas Hiltbrunner, Universality: From Theory to Practice. An intercultural and interdisciplinary debate about facts, possibilities, lies and myths. 25th Colloquium of the Swiss Academy of Humanities and Social Sciences, Fribourg: Academic Press Fribourg 2009, 359–376.

Bettina Dausien, Migration – Biographie – Geschlecht. Zur Einführung in einen mehrwertigen Zusammenhang, in: *Dies. et al.* (Hg.), Migrationsgeschichten von Frauen. Beiträge und Perspektiven aus der Biographieforschung, Bremen: Univ.-Buchh. Bremen 2000, 9–24.

Deutsche Gesellschaft für die Vereinten Nationen (DGVN) (Hg.), Migration in einer interdependenten Welt: Neue Handlungsprinzipien. Bericht der Weltkommission für Internationale Migration 2005, Berlin 2006.

Deutsche Gesellschaft für die Vereinten Nationen (DGVN) (Hg.), Bericht über die menschliche Entwicklung 2009: Barrieren überwinden: Migration und menschliche Entwicklung, Berlin 2009.

Franck Düvell, Migration und Gerechtigkeit: Gerechtigkeitsvorstellungen und -gefühle von Migranten, in: *Ian Kaplow/Christoph Lienkamp* (Hg.), Sinn für Ungerechtigkeit. Ethische Argumentationen im globalen Kontext (Interdisziplinäre Studien zu Recht und Staat 38), Baden-Baden: Nomos 2005, 178–198.

Andreas Fisch, Menschen in aufenthaltsrechtlicher Illegalität. Reformvorschläge und Folgenabwägungen aus sozialethischer Perspektive, Münster: Lit 2006.

Andrew Geddes, The Politics of Migration and Immigration in Europe, London: Sage 2003.

Jürgen Habermas, Faktizität und Geltung. Beiträge zur Diskurstheorie des Rechts und des demokratischen Rechtsstaats, 4., durchges. und erweiterte Aufl., Frankfurt a. M.: Suhrkamp 1994.

Hille Haker, Citizenship, Ethik und Gesellschaft, in: *Virginia M. Azcuy/ Margit Eckholt* (Hg.), Citizenship – Biographien – Institutionen. Perspektiven lateinamerikanischer und deutscher Theologinnen auf Kirche und Gesellschaft, Münster: Lit 2009, 41–53.

Marianne Heimbach-Steins, Globale Fürsorgeketten. Eine exemplarische Skizze zu Genderaspekten in der internationalen Arbeitsmigration, in: *Michelle Becka/Albert Peter Rethmann* (Hg.), Ethik und Migration. Gesellschaftliche Herausforderungen und sozialethische Reflexion, Paderborn: Schöningh 2010, 185–202.

Marianne Heimbach-Steins, Sozialethik als kontextuelle theologische Ethik – Eine programmatische Skizze, in: Jahrbuch für Christliche Sozialwissenschaften 43 (2002), 46–64.

Marianne Heimbach-Steins, Unsichtbar Gemachte(s) sichtbar machen. Christliche Sozialethik als gendersensitive kontextuelle Ethik, in: *Christian Spieß/Katja Winkler* (Hg.), Feministische Christliche Sozialethik, Münster: Lit 2008, 185–218.

Peter Hünermann i. Verb. mit *Bernd Jochen Hilberath und Lieven Boeve* (Hg.), Das Zweite Vatikanische Konzil und die Zeichen der Zeit heute, Freiburg i. Br.: Herder 2006.

Ian Kaplow/Christoph Lienkamp (Hg.), Sinn für Ungerechtigkeit. Ethische Argumentationen im globalen Kontext (Interdisziplinäre Studien zu Recht und Staat 38), Baden-Baden: Nomos 2005.

Monika Kirloskar-Steinbach, Gibt es ein Menschenrecht auf Immigration? Politische und philosophische Positionen zur Einwanderungsproblematik, München: Fink 2007.

Martin Kirschner, Die Zeichen der Zeit heute aus europäischer Perspektive, in: *Peter Hünermann* i. Verb. mit *Bernd Jochen Hilberath und Lieven Boeve* (Hg.), Das Zweite Vatikanische Konzil und die Zeichen der Zeit heute, Freiburg i. Br.: Herder 2006, 226–239.

Lothar Krappmann u. a. (Hg.), Bildung für junge Flüchtlinge – ein Menschenrecht. Erfahrungen, Grundlagen und Perspektiven, Bielefeld: Bertelsmann 2009.
Gerhard Kruip, Eine andere Welt ist möglich. Globalisierung der Gerechtigkeit, in: Trierer theologische Zeitschrift 117 (2008), 235–252.
Gerhard Kruip, Vom „Sinn für Ungerechtigkeit" zur „Globalisierung der Gerechtigkeit", in: *Ian Kaplow/Christoph Lienkamp* (Hg.), Sinn für Ungerechtigkeit. Ethische Argumentationen im globalen Kontext (Interdisziplinäre Studien zu Recht und Staat 38), Baden-Baden: Nomos 2005, 100–116.
Walter Lesch, Multiple Bürgerschaft als Schlüssel zu einer neuen Migrationspolitik? Chancen und Grenzen des europäischen Modells, in: *Simone Zurbuchen* (Hg.) unter Mitarbeit von Daniel Schäppi, Bürgerschaft und Migration. Einwanderung und Einbürgerung aus ethisch-politischer Perspektive, Zürich-Berlin: Lit 2007, 91–112.
Walter Lesch, Zwischen Eigeninteresse und globaler Solidarität. Migrationspolitik aus sozialethischer Perspektive, in: *Johannes Müller/Mathias Kiefer* (Hg.), Grenzenloses „Recht auf Freizügigkeit"? Weltweite Mobilität zwischen Freiheit und Zwang, Stuttgart: Kohlhammer 2004, 123–156.
Burkhard Liebsch, Der Sinn der Gerechtigkeit im Zeichen des Sinns für Ungerechtigkeit, in: *Ian Kaplow/Christoph Lienkamp* (Hg.), Sinn für Ungerechtigkeit. Ethische Argumentationen im globalen Kontext (Interdisziplinäre Studien zu Recht und Staat 38), Baden-Baden: Nomos 2005, 11–39.
Burkhard Liebsch, Sinn für Ungerechtigkeit und das (gebrochene) Versprechen der Gerechtigkeit in der globalen Krise der Ökonomie, in: *Gerald Hartung/Stefan Schaede* (Hg.), Internationale Gerechtigkeit. Theorie und Praxis, Darmstadt: Wissenschaftliche Buchgesellschaft 2009, 47–71.
Marco Martiniello, La nouvelle Europe migratoire. Pour une politique proactive de l'immigration, Brüssel: Editions Labor 2001.
Karl-Wilhelm Merks, Zwischen Gastfreundschaft und gleichem Recht. Ethische Überlegungen zur Migrationspolitik, in: Bijdragen. International Journal in Philosophy and Theology 64 (2003), 144–164.
Karl-Wilhelm Merks, „Gleiches Recht soll bei euch für den Fremden wie für den Einheimischen gelten" (Lev 24,22) Oder: Warum Gastfreundschaft nicht genügt, in: Beiheft Brixener Theologisches Forum 113 (2003), 44–67.

Johannes Müller/Mathias Kiefer (Hg.), Grenzenloses „Recht auf Freizügigkeit"? Weltweite Mobilität zwischen Freiheit und Zwang, Stuttgart: Kohlhammer 2004.

Katja Neuhoff, Exklusion oder Chance? Bildungswege von Kindern und Jugendlichen mit Migrationshintergrund, in: *Marianne Heimbach-Steins/Gerhard Kruip/Katja Neuhoff* (Hg.), Bildungswege als Hindernisläufe. Zum Menschenrecht auf Bildung in Deutschland, Bielefeld: Bertelsmann 2008, 43–62.

Ludger Pries, Die Transnationalisierung der sozialen Welt: Sozialräume jenseits von Nationalgesellschaften, Frankfurt a. M.: Suhrkamp 2008.

Gabriele Renz, Ein Eid und die Sache mit Gott, Südkurier vom 9.3.2010, online unter <http://www.suedkurier.de/news/baden-wuerttemberg/baden-wuerttemberg/art417921,4198221>, erstellt 9.3.2010/abgerufen 20.06.2010.

Hans-Richard Reuter, Rechtsethik in theologischer Perspektive. Studien zur Grundlegung und Konkretion, Gütersloh: Kaiser 1996.

Eibe Riedel, Der internationale Menschenrechtsschutz. Eine Einführung, in: *Bundeszentrale für politische Bildung* (Hg.), Menschenrechte. Dokumente und Deklarationen, 4. aktualisierte und erweiterte Auflage, Bonn 2004, 11–40.

Doris Salcedo, Tate Channel. Meet the Artist: Doris Salcedo on why she split the turbine hall floor, 01.10.2007, online unter <http://channel.tate.org.uk/channel#media:/media/28291797001&context:/channel/search?searchQuery=Salcedo>, abgerufen 20.06.2010.

Doris Salcedo, Tateshots. Meet the Artist: Doris Salcedo, online unter <http://www.tate.org.uk/tateshots/transcripts/transcript12198.rtf>, abgerufen 20.06.2010.

Katharina Spieß, Die Wanderarbeitnehmerkonvention der Vereinten Nationen. Ein Instrument zur Stärkung der Rechte von Migrantinnen und Migranten in Deutschland, hg. vom Deutschen Institut für Menschenrechte, Berlin 2007.

Georg Steins, „Fremde sind *wir*…". Zur Wahrnehmung des Fremdseins und zur Sorge für die Fremden in alttestamentlicher Perspektive, in: Jahrbuch für Christliche Sozialwissenschaften 35 (1994), 133–150.

Markus Vogt, Prinzip Nachhaltigkeit. Ein Entwurf aus theologisch-ethischer Perspektive, München: Oekom Verlag 2009.

Michael Walzer, Spheres of Justice. A Defense of Pluralism and Equality, New York: Basic Books 1983.

Simone Zurbuchen (Hg.) unter Mitarbeit von Daniel Schäppi, Bürgerschaft und Migration. Einwanderung und Einbürgerung aus ethisch-politischer Perspektive, Zürich-Berlin: Lit 2007.

URSULA WEIDENFELD

Die Krise

Zusammenfassung

Die Weltwirtschaftskrise hat in Deutschland die Verhältnisse auf den Kopf gestellt. Die Schwachen mussten für die Starken einspringen, die Allgemeinheit für die Wenigen. Dem Staat wuchsen neue Kompetenzen, neue Verantwortung und insgesamt eine stärkere Rolle zu. Diese akute Phase ist jetzt vorbei. Ihre Folgen zwingen die deutsche Gesellschaft, sich neu zu verständigen. Dauerhaft sinkende Verteilungsspielräume und das Verbot weiterer Staatsverschuldung müssen zu einer neuen Lastenteilung führen. Auf der anderen Seite eröffnet die Zerstörung der alten Gewissheiten die Chancen zu einer grundlegenden Neuorientierung.

Die Wirtschafts- und Finanzkrise hat die internationale – und die deutsche – Wirtschaft in bislang unbekanntem Maß zurückgeworfen. Das Bruttoinlandsprodukt, das sind alle in Deutschland produzierten Waren und Dienstleistungen, ist im Jahr 2009 um fünf Prozent geschrumpft. Das ist in der Wirtschaftsgeschichte der deutschen Nachkriegszeit noch nie passiert. Das einzige Jahr, in dem die deutsche Wirtschaftsleistung vorher schon einmal zurückging, war das Jahr 1975, die Ölkrise. Damals ging es um rund ein Prozent Schrumpfung.

Schon damals löste der Schock – kein Wachstum, keine Verteilungsspielräume – eine Sinnkrise aus. So fragte sich der amtierende Bundeskanzler Helmut Schmidt, wie stabil und belastbar die deutsche Gesellschaft sein würde, wenn das Wirtschaftswachstum dauerhaft geringer würde und wenn dadurch der Politik rein materiell Gestaltungsmöglichkeiten genommen würden. Seine Antwort war, „lieber fünf Prozent Inflation als fünf Prozent Arbeitslosigkeit" in Kauf zu nehmen. Er bekam beides – doch die politische Entscheidung, für den sozialen Frieden das bestehende oder künftige Vermögen der Bürger des Landes in Anspruch zu nehmen, war für lange Zeit gefallen.

„Der freiheitliche säkularisierte Staat lebt von Voraussetzungen, die er selbst nicht garantieren kann. Das ist das große Wagnis, das er, um der Freiheit willen, eingegangen ist." Dass der Staatsrechtler Ernst-Wolfgang Böckenförde zu diesem Schluss kommen musste, als er über die Grundlagen des Zusammenlebens in der demokratischen Gesellschaft nachdachte, lag in der Mitte der siebziger Jahre nahe. Böckenförde beschrieb das Dilemma Westdeutschlands, das mit der Wiedervereinigung in den neunziger Jahren dann zu einem gesamtdeutschen Dilemma geworden ist: Die Demokratie braucht Input von außen, um stabil zu sein. Ohne „Wertelie-

Frieden?

feranten" kann sie nicht dauerhaft bestehen, ohne Wirtschaftswachstum gehen ihr die finanziellen Mittel aus. Staatswissenschaftler und Soziologen haben darüber gestritten, ob das Theorem richtig ist. Sie haben sich darüber auseinandergesetzt, ob aus diesem Satz ein besonderes Schutzrecht für Kirchen und Religionsgemeinschaften erwächst. Sie haben argumentiert, dass ein öffentlicher und nicht hierarchischer Diskurs längst an die Stelle wertsetzender Institutionen getreten sei und den Zusammenhalt der demokratischen Gesellschaft gewährleiste. Sie haben nach den Institutionen gefragt, die die Voraussetzungen für das Funktionieren der demokratischen Gesellschaft schaffen.

Der Staat selbst aber gab seine eigene, pragmatische Antwort in der Tradition Helmut Schmidts. Er kümmert sich weniger darum, wer ihn zusammenhält, als darum, was ihn stabil macht. Ob in einer nicht mehr wachsenden Gesellschaft immaterielle Werte wieder an die Stelle materieller treten können, war ihm zunächst herzlich gleichgültig. Es gab ja genug Geld. Er borgte sich einfach das, was die Gesellschaft selbst nicht mehr schaffen konnte, von der Zukunft. Eine Phase ständig wachsender Staatsverschuldung über die Konjunkturzyklen hinweg begann. Ralf Dahrendorf nannte das Prinzip „Pumpkapitalismus". Eine Gesellschaft, deren Arbeitsethos verschüttet oder verloren ist, deren Bewusstsein für die eigene Verantwortung zugunsten eines Fürsorgeanspruchs zurückgedrängt wird, flüchtet sich in fremdfinanzierten, hemmungslosen Konsum. Das, so Dahrendorf, sei letztlich die tiefere Ursache für die Weltwirtschaftskrise.

Dieses Zeitalter ist in den Jahren 2008 bis 2010 mit einem gewaltigen Finale zu Ende gegangen. Noch einmal wurden gewaltige Schulden aufgenommen, um die Folgen der Krise zu bewältigen, die Finanzwirtschaft zu stabilisieren und die sozialen Kosten des Wirtschaftseinbruchs zu bezahlen. Noch einmal wurde der soziale Frieden zu Lasten der Zukunft erkauft. Doch vom Jahr 2011 an muss die Verschuldung sinken – zuerst auf die drei Prozent des Bruttoinlandsprodukts, die der Maastricht-Vertrag zulässt. Dann dürfen nur noch vorübergehend und sehr beschränkt neue Schulden gemacht werden. Die zwischen Bund und Ländern vereinbarte Schuldenbremse wird es der deutschen Gegenwartsgesellschaft künftig verbieten, sich auf Kosten ihrer Kinder und Enkelkinder zu verständigen. Schon allein deshalb wird sich die Frage nach dem Zusammenhalt der Gesellschaft neu stellen. Schon deshalb wird die individualisierte, tertiarisierte, ambivalente Allgemeinheit sich wieder auf die Suche nach einer neuen Geschäftsgrundlage machen. Ein neues Prinzip muss her, für das es drei Szenarien gibt: die Bestätigung des Wachstumsmusters der frühen

Jahre der Bundesrepublik, ein auf reales Wirtschaftswachstum gegründeter Wohlstand, der alle Teile der Gesellschaft erreicht und anspornt. Oder eine flache Wachstumskurve, auf die die alternde Gesellschaft mit bescheideneren Ansprüchen und zurückgehendem Wohlstand antwortet. Oder eine Höllenfahrt in weitere Schulden und in neuen Protektionismus, die den Verlust internationaler Wettbewerbsfähigkeit zur Folge haben könnte, das Zerbrechen der Gemeinschaftswährung, das volkswirtschaftliche Desaster eingeschlossen.

Irgendwo dazwischen wird der Weg liegen.

Gleichzeitig wird das Land sich zwei Herausforderungen stellen müssen, die unabhängig von der Wirtschaftskrise wirken: dem demografischen Wandel, dessen volle Wucht in den Jahren nach 2010 spürbar werden wird. Und dem Klimaschutz, dem sich die Bundesregierung mit besonderem Ehrgeiz verschrieben hat. Beide Entwicklungen verursachen Kosten – diese müssen zusammen mit den Lasten aus der Finanz- und Wirtschaftskrise bewältigt werden. Jetzt muss sich die deutsche, müssen sich die europäischen Gesellschaften der Aufgabe stellen, ein geordnetes Zusammenleben in demokratischen Strukturen zu gewährleisten, auch wenn es keine wachsenden Verteilungsspielräume mehr gibt. Der frühere sächsische Ministerpräsident Kurt Biedenkopf und der Leiter des Denkwerks Zukunft, Meinrad Miegel, diskutieren bereits darüber, wie sich eine Gesellschaft neu findet, wenn das Wachstum nicht mehr für das Geld sorgt, um soziale Konflikte zu moderieren und zu glätten. Dass der Wachstumspfad nach der Krise jedenfalls mittelfristig ein anderer als vor der Krise sein wird, ist ziemlich unbestritten.

1 Die Ursachen

In der Analyse der Ursachen dieser Krise besteht inzwischen weitgehend Einigkeit. Schuld waren billiges Geld – die Zentralbanken hielten nach den Terroranschlägen auf das World Trade Center die Zinsen auf extrem niedrigem Niveau – und daraus folgend eine zu hohe Risikobereitschaft der Marktteilnehmer. Die Immobilienspekulation in den USA wäre ohne die Niedrigzinspolitik der amerikanischen Notenbank so nicht möglich gewesen. Dass Einfamilienhäuser in den USA den Kern der Spekulationsblase bildeten, lag an der Politik aller US-Regierungen seit Jimmy Carter, möglichst breiten Schichten der Bevölkerung zu Wohneigentum zu verhelfen. Dazu wurden zwei große Hypothekenbanken geschaffen, Freddie Mac und Fannie Mae. Sie bündelten die vergebenen Kredite zu neuen Finanzmarktprodukten und verkauften sie weiter, um ihr Eigenkapital zu entlasten und neue Kredite vergeben zu können.

Immer weitere Kreise der Bevölkerung bekamen Wohneigentum, zuletzt sogar viele, die überhaupt kein Einkommen und auch kein eigenes Geld zum Hausbau hatten. Ihr Schuldendienst sollte allein aus den Wertsteigerungen des gebauten Hauses kommen. Das war zunächst für alle ein gutes Geschäft. Die Immobilienbanken finanzierten die Häuser, verkauften die Kredite weiter. Wenn Schuldner ihre Kredite nicht bedienen konnten, zogen sie aus. Im amerikanischen Immobilienrecht haftet nur die Immobilie für den Kredit: Kann der Schuldner nicht mehr zahlen, gibt er den Schlüssel zurück und geht. Die Bank kümmert sich um den erneuten Verkauf – solange die Preise steigen oder zumindest stabil bleiben, gibt es kein Problem. Das war ein Grund dafür, warum die Ratingagenturen auch Schrottimmobilien mit desolaten Eigentümern gute Noten gaben. Fallen die Immobilienpreise aber, gibt es zuerst ein Problem. Und dann, angesichts der Dimensionen der amerikanischen Immobilienwirtschaft, eine Katastrophe. Solange die Hauspreise in den USA sich nicht dauerhaft stabilisieren, wird der Staat Fannie Mae und Freddy Max immer wieder Milliarden geben müssen, um sie vor der Insolvenz zu bewahren. Zuletzt hatte der amerikanische Finanzminister Timothy Geitner am Heiligabend 2009 dafür gesorgt, dass der eigentlich bindende Deckel, den beiden Großinstituten nicht mehr als 200 Milliarden Dollar zu geben, zugunsten einer nicht limitierten Zusage gelüftet wurde.

Zahlreiche, eigentlich vernünftige Innovationen auf den Finanzmärkten nahmen eine ähnliche Entwicklung. Sie degenerierten zu Geldschöpfungsmaschinen, deren kumulierte Risiken niemand mehr überblickte. Gravierende und anhaltende Ungleichgewichte in der Weltwirtschaft kamen hinzu. Während die USA zu einem dauerhaften Kapitalimporteur wurden, entwickelten Deutschland und China enorme, verfestigte Exportüberschüsse. Die British Academy formulierte das Gesamtbild in einer vorläufigen Bilanz im Juli 2009 so: Man habe zwar die einzelnen Risiken für die Stabilität der Weltwirtschaft gekannt, aber das Zusammenwirken all der Risiken für die Weltwirtschaft nicht überblickt. Und, am Ende habe selbst alarmierten Beteiligten die Kraft gefehlt, „die Bowlenschüssel vom Tisch zu räumen, als die Party am schönsten war."

2 Wer räumt die Bowle ab?

Warum aber gelingt es nie rechtzeitig, die Bowle abzuräumen? Oder: Warum steht Bowle überhaupt in gesundheitsgefährdenden Mengen auf dem Tisch? Warum trinken Menschen mehr davon, als ihnen gut tut? Das sind Fragen, die Ökonomen immer noch ein bisschen hilflos machen. Der frühere US-Notenbank-Chef Alan Greenspan hat neulich zu Protokoll gegeben, dass niemand das vermeiden kann – und dass man deshalb auch den Kater nach der Party aushalten muss.

Ökonomen glauben mehr als die meisten anderen daran, dass Menschen im Großen und Ganzen rational handeln. Menschen, Marktteilnehmer heißen sie hier, suchen ihren eigenen Vorteil, wägen Chancen und Risiken ab, entscheiden sich dann zu ihrem eigenen Nutzen. Und damit auch zum Nutzen der Allgemeinheit.

Übermäßiger oder unkontrollierter Konsum kommt in diesem Gedankengebäude nicht vor, oder er wird auf wenige Ausnahmesituationen reduziert. Wer aber zuversichtlich ist, dass der Markt am Ende ein gerechtes und für alle angemessenes Ergebnis herbeiführt, wird in der Tendenz marktwirtschaftliche Kräfte stärken und Regulierungsanstrengungen des Staates zurückdrängen. Hier liegt einer der bemerkenswertesten Unterschiede zwischen dem deutschen Neoliberalismus der fünfziger Jahre und der neoliberalen globalen Strömung der neunziger Jahre des letzten Jahrhunderts. Waren sich Walter Eucken, Wilhelm Röpke, Franz Böhm und Alexander Rüstow noch sehr bewusst, dass die Marktwirtschaft einen starken ordnenden Staat braucht, um in ihren Grundlagen geschützt dauerhaft lebensfähig zu sein, setzten die Neoliberalen des ausgehenden 20. Jahrhunderts in der Tendenz eher auf regulierungsfreie Zonen. Sie waren der Ansicht, dass der Wettbewerb am Ende das gewünschte Ergebnis bringt. Zu Recht – sie haben nur nicht beachtet, zu welchen Kosten ein solches Ergebnis dann entstehen kann.

In der Wirtschafts- und Finanzkrise der Jahre 2008 und folgende wurde deutlich, wie hoch die Kosten werden können, wenn der Markt versagt und der Staat als Retter in letzter Instanz einspringen muss. Nicht nur, dass diese Notsituation hunderte von Milliarden an zusätzlichen Staatsschulden gebracht hat. Mit der Rettungsaktion kamen auch die anerkannten Grundsätze staatlichen Handelns und sozialpolitischer Logik vorübergehend ins Wanken: Nicht mehr die Starken sorgen für die Schwachen. Die Schwachen müssen nun für die Starken aufkommen oder zumindest zu ihren Gunsten zurückstecken. Die Allgemeinheit bezahlt für die Spekulation von Wenigen. Die Gesellschaft wird zum Geldgeber, zum Banker, zum Eigentümer. Dem Staat wächst eine neue Rolle zu. Er rettet die Wirtschaft, alimentiert diejenigen, die sonst unweigerlich arbeitslos würden, und kauft diejenigen heraus, die das Desaster angerichtet haben.

Das sei zwar nicht schön, aber alternativlos, war die Standard-Argumentation der Jahre 2008 und 2009. Es sieht so aus, als würde sich das in Bezug auf die europäische Gemeinschaftswährung Euro wiederholen. Hätte man die Banken nicht gerettet, hätte man den Firmen nicht zu Liquidität verholfen, hätte die Zentralbank den Markt nicht zum Nulltarif mit Geld geflutet, wäre es nicht bei dem größten wirtschaftlichen Einbruch seit dem Zweiten Weltkrieg geblieben. Es hätte eine Katastrophe gegeben. Würde man die hochverschuldeten Euro-Mitgliedsländer nicht unterstützen, würde sich die Spekulation gegen den Euro verstärken und am Ende die gemeinsame Währung sprengen. Das ist wahrscheinlich richtig – doch ist es auch gerecht, wie die Lasten verteilt werden und verteilt wurden?

3 Bowle für alle

Merkwürdig ist, dass die Sache in Deutschland trotz dieser Verkehrung der üblichen Verhältnisse leidlich friedlich über die Bühne geht. Das Zutrauen der Menschen in die Soziale Marktwirtschaft, das seit Jahrzehnten, mindestens aber seit der Mitte der neunziger Jahre bis zum Jahr 2005, von Jahr zu Jahr zurückging, stabilisiert sich mit leicht zunehmender Tendenz. So berichtet das Allensbacher Institut. Institutsleiterin Renate Köcher begründet das mit dem Eindruck der Befragten, dass Fairness in der Lastenverteilung zumindest wieder eine Rolle spiele: Seit dem Jahr 2005 – dem Jahr der Abwahl der sozialdemokratisch-grünen Bundesregierung unter Gerhard Schröder, die mit der Agenda 2010 eine der weitreichendsten Arbeitsmarktreformen in der Geschichte des Landes auf den Weg gebracht hat – hätten die Menschen das Gefühl, dass sich die Politik wieder um faire Lösungen bemühe. Dass das Land und seine Wirtschafts- und Gesellschaftsordnung insgesamt fair seien, verneinten zwar auch im Jahr 2009 noch nahezu drei Viertel der Befragten – im Jahr 2000 fand immerhin noch knapp die Hälfte der Befragten das deutsche Wirtschafts- und Sozialsystem einigermaßen gerecht – doch die Entwicklung habe in der Mitte des Jahrzehnts den Tiefpunkt durchschritten, sagte Renate Köcher.

Eigentlich erstaunlich. Denn vor der Mammutintervention des Staates in Sachen Finanz- und Wirtschaftskrise gab es durchaus auch Entscheidungen der ersten Regierung Angela Merkels, von denen man hätte annehmen müssen, dass sie als ungerecht und unfair empfunden werden: die Erhöhung des Renteneintrittsalters auf 67 Jahre etwa. Gegen diese sozialpolitisch tiefgreifende Entscheidung gab es zwar Proteste, doch sie blieb ungesühnt, was das Zutrauen der Bürger in die soziale Marktwirtschaft anging. Dasselbe gilt für die Interventionen in der akuten Phase der Wirtschafts- und Finanzkrise.

Das mag daran liegen, dass die Krisenfinanzierung zunächst vor allem über Kredite erfolgte, also erst einmal in ihren Wirkungen auf den Einzelnen nicht spürbar wurde. Mit der Abwrackprämie wurden der Krise sogar ein paar Spaßakzente verpasst. Der Arbeitsmarkt blieb zudem stabiler, als das Viele erwartet hatten. Wer aber die Erfahrung macht, dass er nicht sofort gekündigt wird, wenn dem Unternehmen die Aufträge abhandenkommen, gewinnt dem deutschen Modell der sozialen Marktwirtschaft vielleicht auch wieder etwas ab. Unternehmen und Arbeitnehmer hätten in der Krise zu einer neuen Art des Umgangs gefunden, glauben manche.

Obwohl Deutschland in die tiefste Wirtschaftskrise seiner Geschichte rutschte, bemerkten die Menschen nicht so viel davon. Für viele war die Kurzarbeit eine willkommene Pause nach Jahren voller Überstunden und der Produktion an der Kapazitätsgrenze. Wahrscheinlich aber spielt auch hier das Argument Renate Köchers eine Rolle: Für viele Bürger des Landes wurde die Forderung erfüllt, dass die Politik ihre Krisenbewältigungsstrategien nicht auf dem Rücken der Schwachen und der Mitte austragen darf. Dass zwar mittelbar genau diese Gruppen zahlen werden müssen, schmälert nicht die Leistung des akuten Krisenmanagements der Bundesregierung. Im Gegensatz zu vielen anderen Ländern gab es in Deutschland kaum Werksbesetzungen, kein einziger Manager wurde als Geisel genommen, kaum ein Unternehmen wild bestreikt.

Dazu wurde mit einigen Instrumenten direkt Sorge getragen, dass sich abhängig Beschäftigte wieder in der Sozialpartnerschaft aufgehoben fühlen konnten, die sie seit der deutschen Wiedervereinigung und dem gescheiterten Kampf um die 35-Stunden-Woche in Ostdeutschland verloren geglaubt hatten: Die Kurzarbeitszeiten wurden verlängert und staatlich alimentiert. Im Deutschlandfonds wurde auch kleinen und mittleren Unternehmen mit Krediten geholfen, die sonst womöglich hätten schließen müssen. Und schließlich gewannen die Tarifpartner den Respekt der Wirtschaft zurück: Dass die IG Metall in der Tarifrunde 2009/2010 erstmals in ihrer Gewerkschaftsgeschichte in einer Tarifrunde auf eine Lohnforderung verzichtete und sich stattdessen nach kurzen Verhandlungen mit dem Arbeitgeberverband verständigte, wurde von allen Seiten als neue Ära in der Tarifpartnerschaft gewürdigt.

Die Gerechtigkeitsprobleme, die die Wirtschafts- und Finanzkrise weltweit aufgeworfen hat – in Deutschland werden sie weggeschmeichelt. Selbst der britische Economist, sonst nicht gerade ein Bewunderer des rheinischen Kapitalismus, nötigte sich im Frühjahr 2010 anerkennende Worte über Deutschlands Weg durch die Finanzkrise ab. Zu dem glimpflichen Verlauf in Deutschland habe entscheidend beigetragen, dass Management und Arbeitnehmerschaft in der Lage seien, einen Interessenausgleich im Konsens herbeizuführen.

4 Ein neues Modell?

Hat Deutschland es also besser geschafft? Und, noch wichtiger: Ist das deutsche Modell der sozialen Marktwirtschaft stärker, als man das vor der Krise gedacht hat? Bedingt ist das so – allerdings nur dann, wenn man dem Modell auch die Leistungen der Regierung Gerhard Schröders zurechnet.

Der Erfolg auf dem Arbeitsmarkt – Deutschland stand trotz Wirtschaftskrise und hartem Winter bei den Arbeitsmarktzahlen im Januar 2010 deutlich besser da als fünf Jahre zuvor – ging wesentlich auf die Arbeitsmarktreformen der Agenda 2010 zurück, die vor der Krise unter der Regierung Schröder beschlossen und umgesetzt wurde. Diese Reform wird von Sozialethikern bis heute kritisch diskutiert. Den Linken gilt sie bis heute als Auswuchs und gleichzeitig Endpunkt des unreflektierten politischen Neoliberalismus. Sie habe zur Exklusion weiter Teile der erwerbsfähigen Bevölkerung vom Arbeitsmarkt und damit von gesellschaftlicher Teilhabe geführt. Die Hartz-Reformen, die Liberalisierung des Arbeitsvertragsrechts und die Zeitarbeit hätten dafür gesorgt, dass es nun Menschen im Land gibt, die trotz Vollerwerbsarbeit nicht mehr in der Lage sind, ihr Leben aus eigener Kraft zu bezahlen. Hartz IV sei das Stigma der abgehängten Milieus geworden, die Zeitarbeit das Fanal der Zweiklassengesellschaft in der Arbeitswelt.

Darin steckt zwar ein richtiger Kern. Die Arbeitsmarktreformen hatten viele unbeabsichtigte Nebenwirkungen und sie boten reichlich Platz zum Missbrauch. Ihre Substanz aber wirkt nach wie vor positiv: Dass der Absturz auf dem Arbeitsmarkt vermieden wurde, hatte viel mit den Reformen zu tun. Zum ersten Mal seit den siebziger Jahren steigt im Abschwung die strukturelle Arbeitslosigkeit offenbar nicht mehr.

Die Arbeitsmarktreformen stellen das Subsidiaritätsprinzip nicht in Frage, sie stellen es wieder her. Nur wer tatsächlich bedürftig ist, soll dauerhaft Geld vom Staat bekommen können. Die Anderen nicht. Dieses Bewusstsein wird auch die kommenden Jahre prägen, allen Debatten um Grundeinkommen zum Trotz.

Das war vorher anders. Lief für einen Arbeitslosen die Versicherungszeit ab, in der er Geld aus der Arbeitslosenkasse bekam, bezog er Arbeitslosenhilfe. Die lag im Niveau zwar niedriger als das Arbeitslosengeld, doch höher als die Sozialhilfe und wurde de facto unbefristet ausgezahlt. Eine Leistung zwischen Versicherungsleistung und Sozialhilfe wurde etabliert, für die es auch unter Gerechtigkeitsgesichtspunkten keine Rechtfertigung gab: Warum bekam jemand, der eine Zeitlang in seinem Leben gearbeitet hatte, von der Allgemeinheit einen höheren Lebensunterhalt zugestanden als eine Person, die vielleicht aufgrund einer Behinderung nie arbeiten konnte? Warum sollten Bezieher von Sozialhilfe zuerst ihre Bedürftigkeit nachweisen, ein Langzeitarbeitsloser aber nicht? Die ungelösten Gerechtigkeitsfragen wurden nicht einmal adressiert – sie wurden erst mit der Agenda 2010 beseitigt.

Wenn also jetzt die ausgleichende Hand des Staates in der Wirtschaftskrise gelobt wird, muss in Rechnung gestellt werden, dass diese Hand auch erst einmal ruhig bleiben konnte. Angela Merkel musste zunächst nicht viel tun, was das soziale Gleichgewicht hätte erschüttern können.

Und doch hat das deutsche System des Ausgleichs in der Krise stabilisierend gewirkt. Lange Kündigungsfristen, ausgeprägte Kurzarbeiterregelungen, eine hohe Staatsquote, viele Beamte, zahlreiche Rentner und Personen, die vergleichsweise üppige staatliche Transferleistungen bekommen, stabilisieren in der Rezession zwangsläufig: Weil der Staat als Arbeitgeber weder entließ noch Löhne kürzte, waren die Angestellten der öffentlichen Hände und die Beamten von dem Wirtschaftseinbruch nicht betroffen. Dasselbe galt für die Rentner, die ohnehin schon Arbeitslosen oder Hartz-IV-Empfänger. Je mehr Geld durch die Hände des Staates geht, desto stärker wirken die automatischen Stabilisatoren. Weil die Ausgaben im Gegensatz zur privaten Wirtschaft in der Krise stabil bleiben, wird die Konjunktur gestützt. Noch stärker als in Deutschland wirkte das in Ländern, in denen es traditionell einen hohen Staatsanteil gibt. Frankreich etwa, ein Land, in dem jeder zweite unmittelbar oder mittelbar von

Staatsgeldern, Gehältern oder Pensionen lebt, kam deutlich besser durch die akute Phase der Krise.

Dazu aber kommt eine neue Wertschätzung für den Ausgleich, die Moderation. Arbeitnehmer wie Arbeitgeber treten neuerdings wieder selbstbewusst für die Tarifautonomie ein. Früher seien Tarifverträge „die Bibel" gewesen, an die man sich ohne Wenn und Aber zu halten hatte, sagte der Hauptgeschäftsführer des Deutschen Industrie- und Handelskammertages, Martin Wansleben, dem Economist. Die Produktivitätspeitsche wirkte gnadenlos: Wer die vereinbarten Löhne nicht bezahlen konnte, schied aus dem Markt aus. Heute dagegen seien die Tarifvereinbarungen eine wichtige Orientierung, lobt der Verbandsmanager. Eine Orientierung für diejenigen, die es bezahlen können, aber noch mehr eine für die Firmen, die sich schwer tun: Sie sehen auch an den vereinbarten Lohnzuwächsen, was sich in vergleichbaren Firmen und Branchen abspielt.

5 Schlussbemerkung

Im Jahr 2010 werden die Weichen für einen neuen Gesellschaftsvertrag gestellt. Dahinter steckt kein revolutionärer Prozess und auch kein bewusster politischer Gestaltungswille, es ist reiner Sachzwang. Deutschland und die anderen Länder der Eurozone werden ihre Haushalte in Ordnung bringen müssen. Sie werden sich auf den demografischen Wandel einstellen und ihre Klimaschutzziele auch finanzpolitisch hinterlegen müssen. Die nette Phase der Krise geht zu Ende. Das Fundament der Gesellschaft muss gesichert und neu formuliert werden.

Wenn man die Erfahrungen der vergangenen Jahre ernst nimmt, kann man Einiges daraus lesen. Menschen wollen zuallererst sehen, dass Gewinn- und Lastenverteilung fair sind. Das Prinzip, dass die Starken für die Schwachen eintreten, muss wiederhergestellt werden. Ohne dass die Verursacher der Krise an den Kosten der Aufräumarbeiten beteiligt werden, wird sich dieser Eindruck nicht einstellen. Wichtiger noch ist, dass die Aufstiegsmobilität wiederhergestellt wird, oder doch zumindest die Aufstiegsillusion wieder belebt wird. Realen gesellschaftlichen Aufstieg hat es im Nachkriegsdeutschland selten und nur in ganz kleinen Gruppen gegeben, doch der wachsende Wohlstand hat vielen zumindest die Illusion von Erfolg vermittelt. Im 21. Jahrhundert lautet das Prinzip nicht mehr Aufstieg durch mehr materiellen Wohlstand, sondern Aufstieg durch Bildung. Bislang ist das nur ein Versprechen und es scheint auch die einzige Vorstellung von einem übergreifenden künftigen Gesellschaftsbild zu sein: eine Gesellschaft der gebildeten Individuen soll die Milieugrenzen sprengen und ein neues gesellschaftliches Einverständnis herstellen. Ob das gelingt, hängt nicht zuletzt von der Frage ab, ob die Wirtschafts- und Finanzkrise tatsächlich die Verhaltensmuster des 20. Jahrhunderts gesprengt hat.

PETER CLEVER/CHRISTINA RAMB

Freiheit ohne Verantwortung verkommt. Die Finanz- und Wirtschaftskrise – Folgen für unternehmerisches Handeln und die gesellschaftliche Verantwortung von Unternehmen

Zusammenfassung

Die Finanz- und Wirtschaftskrise hat materielle Werte in bisher unbekanntem Ausmaß und, was langfristig noch schwerer wiegt, sie hat das Vertrauen der Menschen in unsere Wirtschafts- und Gesellschaftsordnung schwer beschädigt. In der Finanzkrise ist das Gleichgewicht zwischen Freiheit und Verantwortung aus dem Lot geraten. Unsere wirtschaftliche Ordnung kann aber ohne individuelle Verantwortung und Haftung nicht funktionieren. Neben den wirtschaftlichen Bedingungen, unter denen die Unternehmen nach der Krise am Markt agieren und Verantwortung übernehmen können und müssen, möchten wir auf die große Bedeutung einer breiten Diskussion über Werte und ethische Orientierung in unserer Wirtschafts- und Gesellschaftsordnung eingehen. Hierbei soll die Verantwortung aller gesellschaftlichen Akteure hervorgehoben werden, zur Erneuerung der Sozialen Marktwirtschaft beizutragen, den Werten, die sie bedingen, ein größeres Gewicht zu geben und zur Übernahme von Verantwortung im Wirtschaftsleben zu ermutigen. Unternehmen, Arbeitgeberverbände und Gewerkschaften als Sozialpartner, Bildungseinrichtungen und auch die Kirchen sind hier besonders gefordert.

> „Auch die seelischen Kräfte sind ein Wirtschaftsfaktor: Die Marktregeln funktionieren nur dann, wenn ein moralischer Grundkonsens besteht und sie trägt."[1]

1 DIE FINANZ- UND WIRTSCHAFTSKRISE UND IHRE FOLGEN FÜR UNTERNEHMERISCHES HANDELN

Die Verwerfungen auf den Finanzmärkten haben weltweit bei den Banken Verluste in einer geschätzten Höhe von 2,8 Bio. $ verursacht.[2] Die Weltwirtschaft ist in Folge der Finanzkrise und ihrer Folgewirkungen für die Realwirtschaft 2008 so stark eingebrochen wie noch nie in der Nachkriegszeit. Dieser Prozess hat alle Weltregionen gleichzeitig erfasst. Die gesamtwirtschaftliche Produktion in Deutschland ist im Jahr 2009 infolge

---

[1] *Joseph Kardinal Ratzinger*, Vortrag beim Symposium „Kirche und Wirtschaft in der Verantwortung für die Zukunft der Weltwirtschaft", Rom 1985, in: *Konrad Adenauer Stiftung* (Hg.), Soziale Marktwirtschaft damals und heute, Berlin/Sankt Augustin 2007, 62–68, 64.
[2] Vgl. *Sachverständigenrat zur Begutachtung der gesamtwirtschaftlichen Entwicklung*, Jahresgutachten 2009/2010, „Die Zukunft nicht aufs Spiel setzen", Wiesbaden 2009, 117–163, 117.

der weltweiten Nachfrageschwäche mit entsprechendem Rückgang von Exporten und Ausrüstungsinvestitionen um 5,0 % eingebrochen.³ Dass der Einbruch nicht noch drastischer erfolgte, ist expansiven fiskal- und geldpolitischen Maßnahmen⁴, dem schnellen abgestimmten Handeln von Sozialpartnern, Unternehmen und Politik zur Stabilisierung des Arbeitsmarkts sowie der Kooperationsbereitschaft ihrer Mitarbeiter zu verdanken. Alle genannten Akteure haben mit einer in dieser Geschlossenheit einmaligen Verantwortungspartnerschaft erreicht, dass Beschäftigung gesichert werden konnte und Deutschland international für sein „Jobwunder" große Anerkennung geerntet hat. Die Maßnahmen haben jedoch einen hohen Preis, der nicht zu Lasten künftiger Generationen gehen darf, sondern durch konsequente Konsolidierungspolitik sofort nach der Krise von denen zurückgezahlt werden muss, die durch Abfederung der Krisenfolgen begünstigt worden sind.

Die Weltwirtschaft befindet sich in einer Erholungsphase. Diese Erholung wird jedoch mittelfristig wenig dynamisch verlaufen. Die Stabilisierung der Weltkonjunktur zur Jahresmitte 2009 wird im Wesentlichen auf folgende Faktoren zurückgeführt: die expansive Geldpolitik der Notenbanken, die starke Ausweitung der staatlichen Nachfrage im Rahmen von Konjunkturprogrammen, die relative Robustheit der Schwellenländer, den vergleichsweise niedrigen Ölpreis, die wieder gewachsene Risikobereitschaft der Wirtschaftsakteure.⁵ Diese Faktoren haben eines gemeinsam: Sie sind nicht nachhaltig. Ein erneuter wirtschaftlicher Abschwung oder ein zu schwacher Aufschwung der Wirtschaft, der nicht selbsttragend wird, ist damit nicht auszuschließen. Hinzu kommt das Risiko erneuter Verwerfungen auf den Finanzmärkten.

Dieses wirtschaftliche Umfeld stellt die Unternehmen in Deutschland heute und auf mittlere Frist vor große Herausforderungen. Die Finanz- und Wirtschaftskrise hat zu einem erheblichen Anstieg der Unternehmensinsolvenzen geführt.⁶ Zugleich ergaben sich als Folge der Finanzkrise für die deutsche Wirtschaft zum Teil erhebliche Finanzierungsprobleme,

---

³ Vgl. ebd., 24–71, 58.

⁴ Maßnahmen zur Stabilisierung waren zwei Konjunkturprogramme mit einem Umfang von zusammen rund 84 Mrd. € für die Jahre 2009 und 2010, die massive Senkung des Leitzinses durch die Europäische Zentralbank auf das bisher niedrigste Niveau; vgl. ebd., 25.

⁵ Vgl. ebd.

⁶ Die Zahl stieg 2009 um 16 % auf 34.300 Fälle (Vorjahr: 29.580). Vgl. *Verband der Vereine Creditreform e. V.*, Creditreform Wirtschaftsforschung, Insolvenzen, Neugründungen, Löschungen, 2009, 1–4, online unter <http://www.creditreform.de/Deutsch/Creditreform/Aktuelles/Creditreform_Analysen/Insolvenzen_Neugruendungen_Loeschungen/index.jsp> erstellt 29.11.2009/abgerufen 26.04.2010.

die sich noch verschärfen könnten.[7] Die Sicherung der Unternehmensfinanzierung ist damit zu einem zentralen Thema der Wirtschaftspolitik geworden. Seit geraumer Zeit belebt sich die Konjunktur in Deutschland zwar deutlich. Gerade bei anziehender Konjunktur könnte die Unternehmensfinanzierung jedoch vor neuen Herausforderungen stehen, es ist daher von elementarer Bedeutung, dass die Kreditinstitute in der Lage sind, bei anziehender Konjunktur die Unternehmen ausreichend mit Krediten zu versorgen. Angesichts der objektiven Probleme für die Banken (Eigenkapitalanforderungen durch Basel III, weiterer Abschreibungsbedarf, gestiegene Refinanzierungskosten) ist es wichtig, einen kontrollierten Kreditverbriefungsmarkt in Deutschland zu schaffen, der für potentielle Investoren kein unkalkulierbares Risiko bedeutet.

Über sinnvoll kontrollierte Verbriefungen können die Banken schnell zusätzlichen Kreditvergabespielraum gewinnen, den die Realwirtschaft benötigt.

2 GESELLSCHAFTLICHE VERANTWORTUNG DER UNTERNEHMEN
IN DER KRISE

Der Fokus muss weg von akutem Krisenmanagement hin auf langfristige Strategien gelegt werden. Die grundlegende Erneuerung der Finanzmarktordnung steht dabei aktuell im Vordergrund. Der *Sachverständigenrat zur Begutachtung der gesamtwirtschaftlichen Entwicklung* hat in seinem letzten Jahresgutachten die wesentlichen Maßnahmen richtig skizziert[8], die für eine solche Reform der Finanzmarktordnung notwen-

---

[7] Erst jetzt werden nach und nach die Unternehmensbilanzen für das Krisenjahr 2009 vorgelegt. Die schlechten Ergebnisse haben Folgen für die Ratings, die Bonität der Kreditnehmer und die Kapitalanforderungen an die Banken. Gerade höhere Kapitalanforderungen können den Kreditvergabespielraum deutlich einengen. Hinzu kommt, dass längst noch nicht die Gefahr von Abschreibungen und Wertberichtigungen bei den Banken gebannt sind: In ihrem Finanzstabilitätsbericht schätzt die Deutsche Bundesbank den Korrekturbedarf aus toxischen Wertpapieren auf bis zu 15 Mrd. € und aus Krediten auf bis zu 75 Mrd. €. Der damit drohende Eigenkapitalverlust würde den Kreditvergabespielraum der Banken drastisch einschränken. Vgl. *Deutsche Bundesbank*, Finanzstabilitätsbericht 2009, November 2009, online unter <http://www.bundesbank.de/download/volkswirtschaft/finanzstabilitaetsberichte/finanzstabilitaetsbericht2009.pdf>, 62–66, abgerufen 26.04.2010. Vgl. auch: *Bundesverband deutscher Banken*, Pressekonferenz anlässlich der Vorstandssitzung des Bundesverbandes deutscher Banken, 15. März 2010, online unter <http://www.bankenverband.de/bundesverband-deutscher-banken/presse/vortraege-statements/pressekonferenz-anlaesslich-der-vorstandssitzung-des-bundesverbandes-deutscher-banken-3>, abgerufen 26.04.2010.

[8] Vgl. *Sachverständigenrat*, Jahresgutachten 2009/2010, „Die Zukunft nicht aufs Spiel setzen", 116–163.

dig sind: Im Mittelpunkt müssen die Beseitigung offenkundiger Anreizverzerrungen und der schrittweise Aufbau einer globalen Finanzaufsicht sowie der Ausbau der Krisenfrüherkennung stehen. Kapital- und Liquiditätsanforderungen der Banken sind risikoadäquat anzupassen. Zugleich muss die Prozyklizität bei der Finanzmarktregulierung vermindert werden. Dabei darf allerdings die jeweilige Finanzierungssituation der Unternehmen nicht aus den Augen verloren gehen. Weiter steigende regulatorische Anforderungen an die Eigenkapitalausstattung der Banken wären in der derzeit schwierigen Situation kontraproduktiv.

Neben einer Erneuerung der internationalen und nationalen Finanzmarktordnung bedarf es auch eines Umdenkens aller, nicht nur der Finanzmarktakteure. Im Zentrum der Diskussionen und Zukunftsstrategien müssen auch ethische Grundsätze stehen.

2.1 Die Notwendigkeit einer Wirtschaftsethikdebatte:
Zwischen oberflächlicher Managerschelte und Besinnung
auf die Grundlagen der Sozialen Marktwirtschaft

Im Zuge der Finanz- und Wirtschaftskrise sind spektakuläre Einzelfälle mangelnder Moral und Verantwortung nicht nur in der Finanzbranche zum Vorschein gekommen. Die Freiheit zu extremen Risiken ohne eigene Haftungsgefahr, aber mit exorbitanten persönlichen Einkommensperspektiven, wurde von Einzelnen schamlos genutzt. Das Gemeinwohl schien für sie keine Rolle zu spielen. Durch individuelles Fehlverhalten ist viel Vertrauen in die Wirtschaftsordnung zerstört worden. Es wäre aber eindimensional, wenn die notwendige Ethikdebatte über eine bloße Managerschelte nicht hinauswüchse. Gegenstand einer wirtschaftsethischen Diskussion muss die Frage von Verantwortung und Haftung für das eigene Handeln sein. Eine ernst gemeinte Ethikdiskussion muss zu klaren Schlussfolgerungen für verantwortliches Handeln jedes Einzelnen (individualethisch), der Unternehmen (unternehmensethisch) und des Staates (ordnungsethisch) führen und sie muss zu deren Umsetzung beitragen.[9] Eine solche Diskussion birgt große Chancen, tiefere Zusammenhänge von Wirtschaft und Gesellschaft zu ergründen und sich auf die tragenden Grundsätze der Sozialen Marktwirtschaft zu besinnen.

---

[9] Vgl. *Dominik H. Enste*, Marktwirtschaft und Moral, Eine ordnungsethische Reflexion, in: *Institut der deutschen Wirtschaft Köln (IW Köln)* (Hg.), IW Positionen, Beiträge zur Ordnungspolitik aus dem Institut der deutschen Wirtschaft Köln, Nr. 24, Köln 2006, 8–28, 12.

Die Soziale Marktwirtschaft hat Deutschland einen Wohlstand ungeahnten Ausmaßes und ein hohes Maß an sozialer Sicherheit beschert, um das uns weltweit viele andere Länder beneiden. Dennoch müssen wir seit vielen Jahren einen schleichenden Vertrauensverlust in dieses System beklagen, den die Finanz- und Wirtschaftskrise auf die Spitze getrieben hat. Das Problem liegt in der Natur dieser bestmöglichen, aber nicht perfekten Wirtschaftsordnung: Die Soziale Marktwirtschaft ist ein Kulturprodukt, das nicht automatisch richtig funktioniert, sondern das geschaffen worden ist und immer wieder neu geschaffen werden muss. Ihr Dilemma ist, dass sie für ihr Funktionieren auf einen Grundkonsens individueller Moral und verantwortlichen Handelns angewiesen ist, diesen aber nicht selbst „quasi systematisch" erzeugen kann.

2.2 Die Marktwirtschaft begründet Moral: Verantwortung aus Eigeninteresse

Die Soziale Marktwirtschaft bringt wie keine andere Wirtschaftsordnung Eigen- und Gemeinwohlinteresse in Einklang miteinander. Sie nutzt die „als selbstverständlich voraussetzbare Pflicht und Aufgabe jedes einzelnen Menschen, zunächst einmal nach besten Kräften für sich und die Seinigen zu sorgen, als ungebremste Triebkraft"[10], um im Ergebnis auch dem Gemeinwohl zu dienen.

Von werteorientierter, nachhaltiger Unternehmensführung profitiert ein Unternehmen letztlich selbst. Eigeninteresse und Gemeinwohl werden füreinander fruchtbar gemacht. Wenn ein Unternehmen langfristig erfolgreich auf dem Markt sein will, muss es Reputation aufbauen und halten. Glaubwürdigkeit und Vertrauen wachsen, wenn ein Unternehmen Verantwortung demonstriert, sei es durch die strikte Einhaltung von Verhaltensmaßregeln und Gesetzen (*Compliance*), durch transparente Kommunikation in jeder Lage oder durch freiwilliges Engagement für Gesellschaft und Umwelt (*Corporate Social Responsibility – CSR*). *Karl Homann* hat diesen Zusammenhang zwischen Ethik, Vertrauen und Ordnung der Wirtschaft als den „Reputationsmechanismus" bezeichnet, „der dafür sorgt, dass die Einhaltung moralischer Regeln in das Eigeninteresse der Akteure zu liegen kommt, also anreizkompatibel ist."[11]

---

[10] *Alexander Rüstow*, Wirtschaftsethische Probleme der sozialen Marktwirtschaft, in: *Konrad Adenauer Stiftung* (Hg.), Soziale Marktwirtschaft damals und heute, Berlin/Sankt Augustin 2007, 11–19, 18.

[11] *Karl Homann*, Ethik, Vertrauen und die Ordnung der Wirtschaft – was lehrt uns die Finanzkrise?, in: *Walter-Raymond-Stiftung der BDA* (Hg.), Veröffentlichungen der Wal-

Nachhaltige Unternehmensführung dient mit Blick auf die Mitarbeitermotivation – gerade auch vor dem Hintergrund der demografischen Entwicklung – dem Eigeninteresse. So wird es für die Wettbewerbsfähigkeit der Unternehmen immer wichtiger, Fachkräfte zu halten. Mit nachhaltiger Personalpolitik auch in Krisenzeiten können Unternehmen ihre Mitarbeiter an sich binden. Die Kunst nachhaltiger Personalführung besteht – über die Sicherung von Fachkräften und Nachwuchs hinaus – vor allem auch darin, die Kreativitäts- und Innovationspotenziale der Mitarbeiterschaft zu entfalten. Das motiviert Mitarbeiter am stärksten und so tragen sie wesentlich zum Erfolg eines Unternehmens bei.[12] Vertrauen bei den Mitarbeitern wächst durch Konstanz und Berechenbarkeit, Offenheit und Kommunikationsbereitschaft sowie eine Führung, die Begabungen fördert und zu eigenständigem Handeln ermutigt. Der Slogan „Wertschöpfung durch Wertschätzung" bringt es am besten auf den Punkt.

Ein starkes Indiz dafür, dass Unternehmen erfolgreich bleiben, wenn sie auf eine gute Unternehmenskultur, auf nachhaltige Unternehmensentwicklung und auf die Investition in Vertrauen setzen und nicht auf Kurzfristigkeit und schnellstmögliche Gewinnmaximierung, hat das Institut der deutschen Wirtschaft Köln (IW) herausgearbeitet: Es hat die Wertentwicklung von 120 mittelständischen Unternehmen (GEX-Index), die in Familienhand (mehr als 25 %) sind, mit den deutschen DAX-30-Unternehmen verglichen.[13] Von 2004 bis 2009 erhöhte sich der Wert der DAX-30-Unternehmen um rund 30 %, während die Familienunternehmen mit einem Plus von 60 % doppelt so gut abschnitten. Die Schlussfol-

---

ter-Raymond-Stiftung der BDA, Bd. 49, Berlin 2009, 15–24, 20; „Unternehmen können in eine Unternehmenskultur und entsprechende Reputation investieren und diese glaubwürdig potenziellen Interaktionspartnern signalisieren; sie entwickeln auf diese Weise eine Identität, einen eigenen Charakter und zeigen dadurch den Partnern, worauf diese sich in den Interaktionen verlassen können: Hohe Reputationsschäden verringern die – im Wettbewerb normale – Opportunitätsneigung. Mann kann informelle Kontrollsysteme auch kollektiv organisieren. Beispiele sind etwa die Initiative ‚Responsible Care' der chemischen Industrie oder das ‚Ethik Management Bau – Wertemanagement Bau' der bayerischen Baubranche. Sie funktionieren ebenfalls über den Reputationsmechanismus, der dafür sorgt, dass die Einhaltung moralischer Regeln in das Eigeninteresse der Akteure zu liegen kommt, also anreizkompatibel ist. Das ist unter Wettbewerbsbedingungen die Voraussetzung dafür, dass Menschen moralisch handeln können."

[12] Vgl. *Frank Hauser/Andreas Schubert/Mona Aicher*, Unternehmenskultur, Arbeitsqualität und Mitarbeiterengagement in den Unternehmen in Deutschland, Bundesministerium für Arbeit und Soziales, Abschlussbericht Forschungsprojekt Nr. 18/05, Köln 2008, in: *Institut der deutschen Wirtschaft Köln (IW Köln)* (Hg.), iwd, Nr. 30 (2008), 6–7.

[13] *Dominik Enste*, Gesellschaftliches Engagement – Pflicht oder Kür?, in: *Bundesvereinigung der Deutschen Arbeitgeberverbände* (BDA) (Hg.), Verantwortung übernehmen – Zukunft gestalten, Die deutsche Wirtschaft auf dem Ökumenischen Kirchentag 2010, Berlin 2010, 6–7.

gerung des IW-Köln: Offensichtlich zahlen sich eine engere Verzahnung von Kompetenz und Haftung und tendenziell längerfristige, nachhaltigere Perspektiven der Unternehmensführung aus.

Immer wieder kommen die Wechselwirkung zwischen Unternehmen und Gesellschaft zum Vorschein: Die Gesellschaft braucht starke Unternehmen zur Sicherung ihres Wohlergehens. Unternehmen brauchen wiederum eine starke Gesellschaft. Denn nur in einer starken Gesellschaft finden sie stabile politische Rahmenbedingungen, Ressourcen und Märkte, Infrastruktur, geistiges und finanzielles Kapital, gute Mitarbeiter, Geschäftspartner und Kunden.

2.3 Kein Markt ohne ethischen Grundkonsens: Gemeinsame Kraftanstrengung Werteerziehung

Nicht alle Unternehmen handeln zwangsläufig verantwortlich, selbst wenn es das Eigeninteresse gebietet. Dies hat die Finanzkrise bewiesen. Ein Grund dafür sind mangelnde staatlich gesetzte Anreize, z. B. durch Haftung oder Selbstbehalte. Der entscheidende Grund war: Verantwortung in der Wirtschaft benötigt dauerhaft auch eine ökonomisch und sozial verantwortliche ethische Grundorientierung.

Die notwendigen staatlichen Anreize und damit ein wesentlicher Teil der ordnungsethischen Dimension sollen an dieser Stelle nur kurz erwähnt werden: Bei der künftigen Regulierung der internationalen Finanzmarktordnung sind die Vorschläge des Sachverständigenrats zur Begutachtung der gesamtwirtschaftlichen Entwicklung zu unterstützen, weil sie die Beseitigung von offenkundigen Anreizverzerrungen in den Mittelpunkt stellen und Instrumente der Haftung und Aufsicht empfehlen.[14] Zentral sind hiernach der schrittweise Aufbau einer globalen Finanzaufsicht, der Ausbau der Krisenfrüherkennung sowie die risikoadäquate Anpassung der Vergütungsstrukturen und der Kapital- und Liquiditätsanforderungen der Banken.

So richtig und wichtig dieser regulatorische Ansatz ist, er wird nicht reichen, wenn die individuelle Ethik fehlt und Menschen „gewissenlos" handeln. Einer der Väter der Sozialen Marktwirtschaft, *Wilhelm Röpke*, hat die Bedingung einer individualethischen Grundorientierung schon in den 1950er Jahren formuliert:

---

[14] Vgl. *Sachverständigenrat*, Jahresgutachten 2009/2010, „Die Zukunft nicht aufs Spiel setzen", 117–163, 135–136.

> „Selbstdisziplin, Gerechtigkeitssinn, Ehrlichkeit, Fairness, Ritterlichkeit, Maßhalten, Gemeinsinn, Achtung vor der Menschenwürde des anderen, feste sittliche Normen – das alles sind Dinge, die die Menschen bereits mitbringen müssen, wenn sie auf den Markt gehen und sich im Wettbewerb miteinander messen. Sie sind die unentbehrlichen Stützen, die beide vor Entartung bewahren."[15]

Diese ethische Grundhaltung jedes Einzelnen jenseits allen berechtigten Eigeninteresses ist in der Sozialen Marktwirtschaft unentbehrlich. Unsere gesellschaftliche, wirtschaftliche und staatliche Ordnung beruht auf gemeinsamen Werten. Werte geben Orientierung, schaffen Maßstäbe, stützen die Identität. Sie sind für jede freiheitliche Wirtschafts- und Gesellschaftsordnung konstitutiv. Ohne sie kann kein Vertrauen wachsen, weil dann Betrug, Korruption, persönliche Bereicherung, Vertragsbruch, Schwarzarbeit und Ausnutzung des Sozialstaats begünstigt werden.

In der Enzyklika „Caritas in veritate" schreibt *Papst Benedikt XVI.:*

> „Ohne solidarische und von gegenseitigem Vertrauen geprägte Handlungsweisen in seinem Inneren kann der Markt die ihm eigene wirtschaftliche Funktion nicht vollkommen erfüllen. Heute ist dieses Vertrauen verloren gegangen, und der Vertrauensverlust ist ein schwerer Verlust."[16]

Die Schlussfolgerung, dass Vertrauen ohne Moral nicht wiederhergestellt werden kann und dass der Markt ohne Vertrauen nicht funktionieren kann, führt zwangsläufig zum Plädoyer für ein tragfähiges ethisches Fundament – in der Enzyklika „Caritas in veritate"[17] ebenso wie im nahezu zeitgleich veröffentlichten Wort der *Evangelischen Kirche in Deutschland* (EKD) zur globalen Finanzmarkt- und Wirtschaftskrise „Wie ein Riss in einer hohen Mauer":

> „Die Bewältigung der anstehenden Aufgaben ist nicht nur eine politische oder wirtschaftliche Frage. Es geht um nicht weniger als um ein tragfähiges ethisches Fundament. […] Der Zuspruch der Vergebung gewinnt ebenso praktische Bedeutung wie der Aufruf, von der eigenen Freiheit einen verantwortlichen Gebrauch zu machen. Bei der Vergewisserung über ein tragfähiges ethisches Fundament ist die gesamte Gesellschaft gefordert. Die Kirchen stehen dabei in einer besonderen Verantwortung."[18]

Die Kirchen sind prädestiniert, ihr Gewicht in der Ethikdiskussion und beim Setzen und Kommunizieren von Werten offensiv einzubringen. Dass dies von großem Nutzen ist, hat die EKD im Jahr 2008 mit der Un-

---

[15] *Wilhelm Röpke*, Jenseits von Angebot und Nachfrage, Nachdruck der 1. Auflage 1958, Düsseldorf 2009, 144–175, 169.
[16] *Papst Benedikt XVI.*, Enzyklika Caritas in veritate, Bonn 2009, Nr. 35.
[17] Vgl. *Papst Benedikt XVI.*, ebd., Nr. 36.
[18] *Kirchenamt der Evangelischen Kirche in Deutschland (EKD)*, Wie ein Riss in einer hohen Mauer, Berlin 2009, 9–10.

ternehmerdenkschrift[19] bewiesen, die als wesentlicher Beitrag zur Ethikdebatte zu werten ist. Mit dieser Denkschrift hat sie einen neuen Dialog über die ethischen Maßstäbe unternehmerischen Handelns angestoßen. Sie bildet eine gute Grundlage für den weiteren Gedankenaustausch zwischen der EKD und der Wirtschaft. Auch die katholische Kirche in Deutschland zeigt sich zum Dialog mit der Wirtschaft offen. Der Vorsitzende der Deutschen Bischofskonferenz *Erzbischof Dr. Robert Zollitsch* hat dies zu Beginn des Jahres 2010 wieder bekundet.[20] Dieses Angebot der Kirchen wird von der Wirtschaft und ihren Verbänden gerne aufgenommen. Die Arbeitgeberverbände sehen sich als Sozialpartner und als Teil der Gesellschaft in einer besonderen Pflicht, den Dialog zwischen Kirche und Wirtschaft zu befördern. Es ist gut, dass sich die Kirchen wieder intensiver mit wirtschaftsethischen Fragestellungen auseinandersetzen und dass sie sich fundiert und differenziert zu diesen Themen äußern. Dass die Kirchen den ernsthaften sachlichen Dialog einer Pauschalkritik an der Wirtschaft vorziehen, macht wirtschaftsethische Positionen von kirchlicher Seite umso wirkungsvoller.

Werteerziehung ist natürlich nicht allein Aufgabe der Kirchen. Werte werden zuerst in der Familie vermittelt. Auch die Schule hat den Auftrag der Wertevermittlung.[21] Bildung gibt es nicht ohne Erziehung, Erziehung gibt es nicht ohne Werte. Der Bildungs- und Erziehungsauftrag der Schule, aber auch in der Hochschule, und dort nicht zuletzt in den Wirtschaftswissenschaften, muss wieder mehr in den Vordergrund gerückt werden. Wie überall, so müssen auch in den Betrieben Werte vorgelebt werden. Die Unternehmen sind heute mehr denn je auf Mitarbeiter angewiesen, die selbstständig denken und eigenverantwortlich handeln. Persönliche und soziale Kompetenz, Haltungen und Verhaltensweisen und die dahinter stehende Werteorientierung der Auszubildenden und Mitarbeiter sind nicht weniger wichtig als ihre fachlichen Qualitäten. Selbstständigkeit und Offenheit, Lern- und Leistungsbereitschaft, Zuverlässig-

---

[19] Vgl. *Rat der Evangelischen Kirche in Deutschland*, Unternehmerisches Handeln in evangelischer Perspektive, Eine Denkschrift, 1. Auflage, Gütersloh, München 2008.
[20] Vgl. *Erzbischof Dr. Robert Zollitsch*, Weit mehr als Angebot und Nachfrage – Ethische Werte und wirtschaftliches Handeln, Gastvortrag von Erzbischof Dr. Robert Zollitsch beim Neujahrsempfang der IHK Karlsruhe am 11. Januar 2010, Karlsruhe, online unter: <http://www.erzbistum-freiburg.de/html/predigten_reden_von_erzbischof_zollitsch.html>, abgerufen 26.04.2010.
[21] Vgl. *Bundesvereinigung der Deutschen Arbeitgeberverbände (BDA)*, BILDUNG schafft ZUKUNFT, Bildungsauftrag Werteerziehung, Selbstständig denken, verantwortlich handeln, August 2002, online unter: <http://www.arbeitgeber.de/www/arbeitgeber.nsf/res/145F1BCF063EA8E2C12574EF0053FA5B/$file/Bildung_Werte.pdf>, abgerufen 26.04.2010.

keit und Gemeinsinn, Verantwortungsbewusstsein und Rücksichtnahme sind Tugenden, die wie in jeder Gemeinschaft, also auch im Unternehmen unverzichtbar sind.

Wertebildung ist für unsere Gesellschaft, für unseren Staat und für unsere Wirtschaft von vitaler Bedeutung, um Freiheit in Verantwortung dauerhaft sicherzustellen. Sie ist unser aller Aufgabe und bedarf unserer gemeinsamen Kraftanstrengung.

LITERATURVERZEICHNIS

Papst Benedikt XVI., Enzyklika Caritas in veritate. Hg. vom Sekretariat der Deutschen Bischofskonferenz, Bonn 2009 (Verlautbarungen des Apostolischen Stuhls, 186).

Bundesverband deutscher Banken, Pressekonferenz anlässlich der Vorstandssitzung des Bundesverbandes deutscher Banken, 15. März 2010, online unter <http://www.bankenverband.de/bundesverband-deutscher-banken/presse/vortraege-statements/pressekonferenz-anlaesslich-der-vorstandssitzung-des-bundesverbandes-deutscher-banken-3>, abgerufen 26.04.2010.

Bundesvereinigung der Deutschen Arbeitgeberverbände (BDA), Bildung schafft Zukunft, Bildungsauftrag Werteerziehung, Selbstständig denken, verantwortlich handeln, August 2002, online unter <http://www.arbeitgeber.de/www/arbeitgeber.nsf/res/145F1BCF063EA8E2C12574EF0053FA5B/$file/Bildung_Werte.pdf>, abgerufen 26.04.2010.

Deutsche Bundesbank, Finanzstabilitätsbericht 2009, November 2009, online unter <http://www.bundesbank.de/download/volkswirtschaft/finanzstabilitaetsberichte/finanzstabilitaetsbericht2009.pdf>, abgerufen 26.04.2010, 62–66.

Dominik H. Enste, Marktwirtschaft und Moral, Eine ordnungsethische Reflexion, in: *Institut der deutschen Wirtschaft Köln (IW Köln)* (Hg.), IW Positionen, Beiträge zur Ordnungspolitik aus dem Institut der deutschen Wirtschaft Köln, Nr. 24, Köln 2006.

Dominik H. Enste, Gesellschaftliches Engagement – Pflicht oder Kür?, in: *BDA | Bundesvereinigung der Deutschen Arbeitgeberverbände* (Hg.), Verantwortung übernehmen – Zukunft gestalten. Die deutsche Wirtschaft auf dem Ökumenischen Kirchentag 2010, Berlin 2010, 6–7.

Frank Hauser/Andreas Schubert/Mona Aicher, Unternehmenskultur, Arbeitsqualität und Mitarbeiterengagement in den Unternehmen in Deutschland, Bundesministerium für Arbeit und Soziales, Abschlussbericht Forschungsprojekt Nr. 18/05, 2008, in: Institut der deutschen Wirtschaft Köln (IW Köln), iwd, Nr. 30 (2008), 6–7.

Karl Homann, Ethik, Vertrauen und die Ordnung der Wirtschaft – was lehrt uns die Finanzkrise?, in: *Walter-Raymond-Stiftung der BDA* (Hg.), Veröffentlichungen der Walter-Raymond-Stiftung der BDA, Bd. 49, Berlin 2009.

Kirchenamt der Evangelischen Kirche in Deutschland (EKD), Wie ein Riss in einer hohen Mauer, Berlin 2009.

Rat der Evangelischen Kirche in Deutschland, Unternehmerisches Handeln in evangelischer Perspektive, Eine Denkschrift, 1. Auflage, Gütersloh 2008.

Joseph Kardinal Ratzinger, Vortrag beim Symposium „Kirche und Wirtschaft in der Verantwortung für die Zukunft der Weltwirtschaft", Rom 1985, in: *Konrad Adenauer Stiftung* (Hg.), Soziale Marktwirtschaft damals und heute, Berlin/Sankt Augustin 2007.

Alexander Rüstow, Wirtschaftsethische Probleme der sozialen Marktwirtschaft, in: *Konrad Adenauer Stiftung* (Hg.), Soziale Marktwirtschaft damals und heute, Berlin/Sankt Augustin 2007.

Sachverständigenrat zur Begutachtung der gesamtwirtschaftlichen Entwicklung, Jahresgutachten 2009/2010, „Die Zukunft nicht aufs Spiel setzen", Wiesbaden 2009.

Verband der Vereine Creditreform e. V., Creditreform Wirtschaftsforschung, Insolvenzen, Neugründungen, Löschungen, 2009, 1–4.; online unter <http://www.creditreform.de/Deutsch/Creditreform/Aktuelles/Creditreform_Analysen/Insolvenzen_Neugruendungen_Loeschungen/index.jsp>, erstellt 29.11.2009/abgerufen 26.04.2010.

Erzbischof Dr. Robert Zollitsch, Weit mehr als Angebot und Nachfrage – Ethische Werte und wirtschaftliches Handeln, Gastvortrag von Erzbischof Dr. Robert Zollitsch beim Neujahrsempfang der IHK Karlsruhe am 11. Januar 2010, Karlsruhe, online unter <http://www.erzbistumfreiburg.de/html/predigten_reden_von_erzbischof_zollitsch.html>, abgerufen 26.04.2010.

CLAUS SCHÄFER

Die Krise ist nur eine Spitze des Eisbergs

Zusammenfassung

Die derzeitige Finanzmarktkrise ist nur die Spitze des Eisbergs bzw. Kulminationspunkt einer bereits im Vorfeld begonnenen und nicht zufälligen Entwicklung, die durch die treibende Überschätzung der Kräfte des Marktes einerseits und die begleitende Geringschätzung und Beschränkung staatlicher Handlungskompetenzen andererseits in ihrem Kern ein politischer Prozess ist. Aus diesem Grund lassen sich – im Hinblick auf Deutschland – die Krisenursachen (1) zusammenfassen und zuspitzen auf den Neoliberalismus und zwei seiner wichtigsten Begleiterscheinungen, nämlich Liberalisierung und ökonomische Ungleichheit, die sowohl zwischen Ländern auf den globalen Märkten als auch innerhalb dieser Länder zwischen Armut und Reichtum bestehen. In Anbetracht dieser beiden Hauptursachen und als Lehre aus der Krise (2) ist daher das vordringlichste Ziel, das Primat der Politik über die (Finanz-)Märkte mittels Re-Regulierung, Kontrolle, Zivilisierung und Demokratisierung wiederherzustellen oder gar erstmals zu sichern.

Die noch andauernde weltweite ökonomische Krise, im Frühjahr 2010 grell unterstrichen und neu angefacht vom Fall Griechenland, wird gemeinhin als Krise der Finanzmärkte bezeichnet, hat aber noch mehr reale Bedeutung wegen der Interaktion zwischen Geld- und Gütermärkten. Werden die Krisenfolgen in den Medien häufig mit drastischen Einbrüchen von Produktion und Beschäftigung, Gewinnen und Einkommen illustriert, so sagt das über die Dimensionen dieser Folgen immer noch zu wenig aus. Deutlicher werden sie, wenn z. B. selbst Weltbank und Internationaler Währungsfond (IWF) schätzen, dass die Krise 60 Millionen zusätzliche Arme weltweit produziert hat. Noch deutlicher macht die Staatsschulden-Krise Griechenlands die Gefährlichkeit der Lage, die mit den im Mai beschlossenen Hilfsmaßnahmen abgewendet werden soll.

Die „griechische" Krise erzeugt aber vielleicht nicht nur dort trotz des „Rettungspakets" erhebliche finanzielle und soziale Einschnitte, die überwiegend die unteren und mittleren Schichten erneut treffen. Die Griechen voran müssen jetzt tatsächlich zum dritten Mal bitter büßen: zunächst für die jahrzehntelange Unfähigkeit von politischer und ökonomischer Führungsschicht, einen funktionsfähigen Sozial- und Steuerstaat aufzubauen; dann nach 2008 für die negativen Auswirkungen der weltweiten Finanzkrise; jetzt weil die internationalen „Retter" ganz Griechenland für die Defizite ihrer Oberschicht „disziplinieren" bzw. bestrafen wollen. Auch deshalb bedroht die Krise in Griechenland das dort ohnehin nicht sehr ausgeprägte Vertrauen in den Staat, das Zutrauen in die europäische Völkergemeinschaft und nicht zuletzt auch die Akzeptanz von Demokratie.

Umso bedenklicher wäre es, wenn wie in einem Dominoeffekt die griechische Krise auf weitere Mittelmeerländer innerhalb der Europäischen Union und damit auch die gesamte EU übergreifen sollte. Dazu bedarf es übrigens gar nicht der eben genannten politischen Aspekte. Es genügt schon zum „Flächenbrand", wenn die griechische Nachfrage und noch mehr die Nachfrage von Portugal, Spanien und weiteren Ländern für den europäischen Binnenmarkt wegen drastischer, krisenbedingter Sparmaßnahmen von nationalen Regierungen wie privaten Haushalten einbrechen würde. Insofern ist es durchaus angemessen, wenn der bekannte Großinvestor Warren Buffet die dafür mitursächlichen Produkte und Strukturen des Finanzmarkts als „finanzielle Massenvernichtungswaffen" bezeichnet hat – die in privaten Händen waren und immer noch sind.

Die Krise erfassen heißt aber vor allem, auf ihre Ursachen eingehen und erkennen, dass die Finanzmarktprobleme nur der Auslöser oder Kulminationspunkt einer schon vorher begonnenen und eben nicht zufälligen krisenhaften Entwicklung waren. Sie ist im Kern ein politischer Prozess, der zuerst in Worten und danach in Taten die Entfesselung der so genannten Marktkräfte zum Inhalt hatte und gleichzeitig die Selbstfesselung des Staates bedeutete, der mit Begeisterung über die lenkende Klugheit des Marktes, die „unsichtbare Hand", verknüpft ist und gleichzeitig mit Verachtung des „behindernden, bürokratischen, ineffizienten, teuren Staates" gepaart. Diese Einstellungen haben zusammen Marktliberalisierung und „Staatsdisziplinierung" erzeugt, also den Abbau gesetzlicher Regulierungen wie sozialstaatlicher Leistungen und öffentlicher Aufgaben sowie eine Flut von Privatisierungen und Steuersenkungen für „Leistungsträger" – sprich: hohe Einkommen und Vermögen bzw. Unternehmen. Sie haben letztlich das Primat der demokratisch legitimierten und kontrollierten Politik an anonyme, intransparente, gewinnorientierte und nicht gemeinwohlorientierte Kräfte übergeben. Man lese in diesem Zusammenhang z. B. die von Dullien und Hardenberg zusammengestellten Zitate führender deutscher PolitikerInnen und anderer Persönlichkeiten aus den Jahren vor der Krise zur „notwendigen" Befreiung gerade der Finanzmärkte von staatlichen „Beschränkungen".[1]

Dieser Prozess war und ist national ganz unterschiedlich ausgeprägt, weist aber doch mindestens zwei Gemeinsamkeiten auf, die sich kürz-

---

[1] Vgl. *Sebastian Dullien/Christiane von Hardenberg*, Deregulierung in der öffentlichen Debatte in Deutschland, Studie im Auftrag der Hans-Böckler-Stiftung, IMK Studies Nr. 2/2009.

lich krisenhaft gegenseitig verstärkt haben: Erstens die Liberalisierung der Finanzmärkte und zweitens die ökonomische Ungleichheit, die sowohl zwischen den Ländern auf dem Weltmarkt besteht, aber auch innerhalb dieser Länder zwischen Armut und Reichtum. Die zuletzt genannte Schere hat dabei sogar eine doppelte Ausgabe, nämlich das Auseinanderdriften von Einkommen und Vermögen der privaten Haushalte einerseits sowie der verfügbaren Ressourcen zwischen „reichem" Privatsektor und „armem" Staatssektor andererseits.

1 Hauptursachen der Krise

„Der" Finanzmarkt muss in diesem Zusammenhang weit gefasst werden und schließt endogene Faktoren auf seiner Angebotsseite wie seiner Nachfrageseite ein, die alle Geld- bzw. Kapitalbewegungen sowie beteiligte Akteure betreffen. Auf der Angebotsseite wurden nicht nur neue Anlageprodukte entwickelt und zunehmend verkauft: Versicherungen von Anlagepapieren, Spekulationsmöglichkeiten mit Versicherungen von Anlagepapieren, Wetten auf die positive oder negative Kursentwicklung von Wertpapieren usw., die sich immer stärker von realen Vorgängen entfernten. Es wurden auch neue reale Anlageprodukte in steigendem Umfang angeboten, die neben den klassischen Warenströmen im internationalen Verkehr vor allem Ankauf, Verkauf, Zerschlagung bzw. Aufsplitterung oder Fusion von Unternehmen und ihren Teilen betraf. In Deutschland z. B. wurde dieser Prozess befeuert durch die Entscheidung der Rot-Grünen Bundesregierung unter Schröder, die Auflösung stiller Reserven beim Verkauf von Unternehmen und ihren Anteilen nicht mehr zu versteuern und so das Ende der so genannten Deutschland-AG einzuleiten – und zugleich den Beginn von vielen neuen Unternehmen mit zahlreichen Besitzerwechseln und teilweise drastischen Folgen für Belegschaften und Standorte.

Diesen Angeboten stand eine ebenso vielfältige und zugleich wachsende Nachfrage gegenüber, die sich ebenfalls aus mehreren Quellen speiste. Da war natürlich eine gestiegene Konsum- und Verschuldungsbereitschaft der privaten Haushalte, die durch erleichterte bis fahrlässige Kreditkonditionen der Banken und anderer Gläubiger unterstützt bis provoziert wurden. Die dadurch z. B. entstandene Immobilienblase in den USA ist als erste geplatzt, der Krisenausbruch hätte aber auch aus anderen Blasen kommen können. Daneben haben wachsende Gewinne und Vermögen von Unternehmen und Privatleuten z. B. das Aufkommen und Ausbreiten von Hedge-Fonds ermöglicht, die meist keinerlei Finanzaufsicht unterliegen und deshalb besonders prädestiniert waren für das Einsteigen in fremde Unternehmen und für deren Umstrukturieren, Zerschlagen und vor allem Beleihen, wodurch zusätzliche Kapitalien für weitere Aktivitäten geschaffen wurden. Steigende Unternehmens-Gewinne haben aber ebenso die Kassen von Pensionsfonds noch praller gemacht, die unter entsprechend steigenden Anlagedruck ihrer Gelder zur Sicherung und Mehrung zukünftiger Renten-Auszahlungen gerieten.

War dies vor allem in den USA oder Japan ein Aufsetzen auf schon vorhandene Strukturen, so lief dies in Deutschland und Europa im Zuge der Teilprivatisierung von gesetzlichen Renten neu und eher indirekt ab. Denn mit der Problematisierung der „unsicheren" oder „unbezahlbaren" gesetzlichen Rente gingen fiskalische Anreize und politischer Druck zur Stärkung der privaten Altersvorsorge und damit ein Wechsel vom Umlageverfahren zum Kapitaldeckungsverfahren einher. Dieser „Swing" und seine Institutionalisierung in Form von Riester- und Rürup-Rente sind die heimlichen deutschen Pensionsfonds, die ebenfalls zusätzlich nach renditeträchtigen Anlagemöglichkeiten suchen. Dieser „Pensions"-Markt wächst in Deutschland und anderswo, weil die Teilprivatisierung von gesetzlichen Renten fortgesetzt wird.

Unter solchen Voraussetzungen war es eigentlich nicht überraschend, dass auch riskante bis hoch spekulative Entwicklungen entstanden, die immer nur befristet durchzuhalten sind. In der Rezension von Staun über die (letzte) Buchpublikation des Finanzmarkts-Insiders Lewis[2] heißt es dazu treffend: „Der Crash (der Finanzmärkte) aber, er war nur ein kurzer (und einziger) Moment der Vernunft: Wahnsinn war alles, was davor passierte."[3] Und das waren nicht in erster Linie Gier und kriminelle Energie, sondern Sorg- und Gedankenlosigkeit, Herdentrieb, Unkenntnis und Dummheit in Verbindung mit undurchsichtigen, profitorientierten privatwirtschaftlichen Strukturen und der entsprechenden staatlichen Abstinenz.

Schließlich kamen zu diesen endogenen Faktoren der Finanzmärkte exogene Faktoren aus der Realwirtschaft dazu, die die Gefahr eines Crashs ihrerseits erhöht haben. Die schon angesprochenen Ungleichheiten zwischen Export- und Importländern gehören hauptsächlich dazu. Die Erlöse von Exportüberschüssen erhöhen in den exportierenden Ländern die

---

[2] Vgl. *Michael Lewis*, The Big Short. Inside the Doomsday Machine, New York/London 2010.
[3] *Harald Staun*, Dummheit mit System – eine Rezension, in: Frankfurter Allgemeine Sonntagszeitung vom 09.05.2010, 25.

heimische Geldmenge und damit dort die Anlagegesuche oder sie werden unmittelbar in den Absatzländern angelegt. Parallel dazu werden die Exportgeschäfte der Verkäufer durch geeignete Finanzmarktpapiere abgesichert sowie häufig Schulden zur Finanzierung der Exporte bei den Käufern aufgenommen und ebenfalls abgesichert. Eine verbreitete Anlageform von Exporterlösen sind dabei Staatsanleihen oder Firmenanleihen aus den Defizitländern – so im Fall von Überschussland China und Defizitland USA.

Nun bedeuten Exportüberschüsse für die Importländer nicht nur ein manchmal finanzielles bzw. Verschuldungsproblem, sondern in jedem Fall ein weiteres Problem: nämlich Import von Arbeitslosigkeit, weil die Defizitländer unter anderen Umständen die importierten Güter selbst hätten produzieren und damit eigene Beschäftigung generieren können. Diese Beggar-my-neighbour-Politik muss sich kurzfristig in einer insgesamt wachsenden Weltwirtschaft nicht nachteilig auswirken, aber auf Dauer macht sie sich bemerkbar, erst Recht in und nach einer Krise. Aber in der Europäischen Union belastet dieses Problem schon lange das Verhältnis zwischen dem Exportweltmeister Deutschland und seinen überwiegend per Saldo importierenden europäischen Nachbarn, die sich durch reales Dumping gefährdet sehen bzw. durch sinkende Lohnstückkosten in Deutschland aufgrund dessen moderater Lohnpolitik wie dessen fiskalischer Entlastungspolitik zugunsten der deutschen Betriebe. Kann man in einem gemeinsamen Währungsraum wie der Euro-Zone die nationale Wettbewerbsfähigkeit nicht mehr durch Währungsabwertung erhöhen, so ist durch relative Senkung der realen Lohnstückkosten immer noch ein Wettbewerbsvorteil möglich – und von Deutschland eben exzessiv ausgeschöpft worden. War das vor der Krise nur ein Gemunkel auf politischer Ebene innerhalb der deutschen Nachbarländer, so hat die französische Finanzministerin Lagarde dies angesichts der Krise und ihrer weiteren Perspektive erstmals öffentlich deutlich gemacht und viel europäische Zustimmung dafür erhalten.[4]

Um die Bedeutung dieses Problems an Griechenland zu demonstrieren: Die griechischen (wie die portugiesischen, spanischen und weitere) Schulden von Staaten und Unternehmen sind teilweise die Finanzierungsseite deutscher Exportüberschüsse. Darunter sind auch Staatskredite, die Griechenland zum Ankauf deutscher Militärprodukte im Rahmen seines überproportionalen Rüstungshaushalts aufgenommen hat, z.B. für deutsche U-Boote. Aus der fragwürdigen militärischen Rivalität zwischen Grie-

[4] Vgl. *Stefan Brändle*, IWF springt Lagarde bei, in: Frankfurter Rundschau vom 18.03.2010.

chenland und Türkei wurde deutsches Kapital geschlagen. Man könnte dasselbe Problem aber auch an einem Beispiel des deutsch-spanischen Verhältnisses festmachen: Zumindest ein Teil des spanischen, inzwischen blasenartig geplatzten Baubooms wurde auch von tatsächlicher oder erhoffter Immobiliennachfrage aus Deutschland gespeist, die ihrerseits aus Anlagesuche wegen (einseitig) steigender Einkommen wie (einseitig) sinkender Steuermoral herrührt.

Mit dem deutschen Lohndumping sind schon einige Aspekte der bereits erwähnten intranationalen Ungleichheiten angesprochen worden. Der weltmarktbedingte Wettbewerb und der deutsche „Export-Weltmeister-Drang" haben hierzulande relativ und absolut sinkende Löhne und Steuern bewirkt – und umgekehrt die Gewinn- und Kapitaleinkommen nicht nur der deutschen Exportindustrien kräftig erhöht. Die im Lande einseitig verteilten Einkommenszuwächse aber suchten eine Wert-Anlage. So hat die Deutsche Bundesbank in den letzten Jahren wiederholt darauf hingewiesen, dass die erheblich gesteigerten verfügbaren Finanzmittel der Unternehmen immer stärker in Geldvermögen statt in Realvermögen investiert wurden.[5] Dass es dabei neben „normalen" Anlagen auch spekulative bis waghalsige Aktivitäten gegeben haben muss, wird mit Fällen wie der Firma Porsche oder dem in den Freitod gegangenen Industriellen Merkle wahrscheinlich erst oberflächlich sichtbar.

Entscheidender als Spekulation und ihre Folgen aber war und ist die fundamentale Schwäche der deutschen privaten Binnennachfrage. Die Kehrseite der Exporterfolge sind die im internationalen Vergleich wenig gestiegenen Brutto-, Netto- und Reallöhne und die darin eingebettete Ausdehnung des Niedriglohnsektors, erhöhte Steuern und Sozialbeiträge zu Lasten der Löhne, schließlich gekürzte Sozialleistungen. Selbst im vergangenen Aufschwung stagnierte der private Konsum in Deutschland. Gestiegene Armut in der Arbeit und ohne Arbeit sind nur die markantesten Punkte dieser Entwicklung. Auch der im internationalen Vergleich deutliche Rückgang der privaten Investitionstätigkeit in Deutschland – bei gleichzeitig steigendem Geld- und Kapitalvermögen – dürfte weitgehend auf die schwache private Binnennachfrage zurückzuführen sein.

Eine permanent geschwächte öffentliche Binnennachfrage trug ebenfalls dazu bei. Denn parallel zu Armut und Reichtum im privaten Sektor hat sich auch eine zunehmende Schere zwischen Handlungsspielraum und Ressourcenverfügung beim privaten Sektor einerseits und beim staatli-

---

[5] Vgl. zum Beispiel *Deutsche Bundesbank*, Ertragslage und Finanzierungsverhältnisse deutscher Unternehmen im Jahr 2006, in: Monatsbericht der Bundesbank 12/2007, 31–55.

chen Sektor andererseits entwickelt. Steuersenkungen für Unternehmen und „Leistungsträger" mit hohem Einkommen und Vermögen, ein wachsender Niedriglohn- und Prekärsektor mit offenen und versteckten Subventionen zu Gunsten der Unternehmen und zu Lasten der öffentlichen Kassen, eine insgesamt zurückhaltende Lohnpolitik u. a. m. produzierten öffentliches Sparen. Das wurde nur teilweise durch wachsende Staatsschulden gebremst, mit denen die öffentlichen Hände ihre wichtigsten Aufgaben einigermaßen zu erfüllen versuchten.

Aber wenigstens bot der Staat mit seinen Schuldtiteln ein relativ sicheres alternatives Anlageprodukt für die privaten Ersparnisse an, sei es direkt oder indirekt über Versicherungen, Banken und Ähnliches vermittelt – vorausgesetzt private Rating-Agenturen reden Staatsschulden nicht schlecht und provozieren weder Vermögensverluste für Staatsschulden-Anleger noch Kostenerhöhungen für Staatsschulden-Ausgeber. Wie fragwürdig das Rating bei griechischen Staatsanleihen war, zeigt sich beim Vergleich mit argentinischen Staatsanleihen, die trotz viel problematischerer Wirtschaftsdaten Argentiniens nur halb so schlecht benotet wurden wie die Griechenlands.[6] Doch generell galt und gilt weiter: Gemeinsam haben steigende Zinskosten und sinkende Steuereinnahmen – ja Staatsschulden wegen Steuerentlastungen – den Staat und die Gesellschaft ärmer und weniger zukunftsfähig gemacht, weil Defizite in Infrastruktur, Bildung und Umwelt immer größer wurden.[7]

Die hier vor allem am deutschen Beispiel vorgenommene Zuspitzung der Krisenursachen auf den Neoliberalismus und zwei seiner wichtigsten Begleiterscheinungen – Liberalisierung sowie Ungleichheit – ist nicht unumstritten. Aber sie wird mittlerweile prinzipiell von vielen Institutionen wie Ökonomen vertreten, darunter z. B. vom IMF[8] oder dem Nobelpreisträger Stiglitz[9], nachdem die krisenbehaftete Entwicklung vorher nur von

---

[6] Vgl. *Hans-Böckler-Stiftung*, Zweifel an der Rationalität der Finanzmärkte, Pressemeldung der Hans-Böckler-Stiftung vom 07.05.2010; vgl. auch *Hans-Böckler-Stiftung* (Hg.), Fehlanreize für Rating-Agenturen, in: Böckler-Impuls 7/2010, 3.

[7] Vgl. zum Beispiel *Peter Bofinger*, Das Jahrzehnt der Entstaatlichung, in: WSI-Mitteilungen 07/2008, 351–357.

[8] Vgl. *Olivier Blanchard/Giovanni Dell'Ariccia/Paolo Mauro*, Rethinking Macroeconomic Policy (= IMF Staff Position Note vom 12.02.2010), New York 2010; vgl. auch *Olivier Blanchard*, Der IMF-Chefvolkswirt im Interview: IMF Explores Contours of Future Macroeconomic Policy, in: IMF-Survey, online unter < http://www.imf.org/external/pubs/ft/survey/so/2010/int021210a.htm >, erstellt 12.02.2010/abgerufen 10.06.2010.

[9] Vgl. *Bernhard Bartsch*, Interview mit dem Nobel-Preisträger Joseph Stiglitz: Westen bestimmt nicht mehr allein, in: Frankfurter Rundschau vom 19.04.2010; *Stiglitz Commission*, Commission of Experts of the President of the United Nations Assembly on Reforms of the International Monetary and Financial Systems, New York 2009.

relativ wenigen gesehen und problematisiert wurde.[10] Was kann und soll man daraus lernen?

2 Die Lehren aus der Krise

Die Krise sollte sich möglichst nicht lange hinziehen und schon gar nicht wiederholen. Dazu aber muss man die genannten Ursachen korrigieren bzw. neutralisieren. Die Hauptaufgabe besteht darin, das Primat der Politik über die Märkte einschließlich der Finanzmärkte wiederherzustellen im Sinne von Re-Regulierung (nach De-Regulierung), Kontrolle, Zivilisierung und Demokratisierung.

Aus dieser allgemeinen Zielsetzung kann ein politisches Pflichtenheft bezüglich der beiden Hauptursachen – Finanzmärkte und Ungleichheiten – abgeleitet werden, das beispielsweise die folgenden Punkte beachten müsste.

2.1 Finanzmärkte

Viel Hoffnung wird häufig darauf verwendet, die Krisen- „Verursacher" bzw. die Banken und andere Institutionen des Finanzmarktes so weit wie möglich auch an den entstandenen Schäden zu beteiligen. So richtig bzw. gerecht diese Forderung ist: ein davon ausgehender spekulationsdämpfender Effekt darf aber bezweifelt werden. Das gilt auch für die früher Tobin-Steuer genannte Finanztransaktionssteuer. Sie würde zwar angesichts des Finanzmarktvolumens hohe öffentliche Einnahmen selbst bei den angedachten niedrigen Steuersätzen erzeugen, insbesondere wenn sie weltweit eingeführt wird. Aber gerade die niedrigen Steuersätze würden auf die Käufer von Finanztiteln überwälzt oder insgesamt vom Finanzmarkt „weggesteckt", ohne ihn zu disziplinieren – wie es bei den früheren, in vielen Ländern praktizierten Börsenumsatzsteuern zu beobachten war. Zur Disziplinierung bedarf es – wenn überhaupt – entweder sehr viel

---

[10] Zum Beispiel international von *Thomas Piketty*, Top Incomes Over the Twentieth Century: A summary of Main Findings, in: *Anthony Barnes Atkinson/Thomas Piketty* (Ed.), Top Incomes Over the Twentieth Century. A Contrast between Continental European and English-Speaking Countries, Oxford 2007; national beispielsweise bei *Gustav A. Horn/Katharina Dröge/Simon Sturn/Till van Treeck/Rudolf Zwiener*, Von der Finanzkrise zur Weltwirtschaftskrise (III): Die Rolle der Ungleichheit, in: IMK-Report 41, Düsseldorf 2009; *Claus Schäfer*, Aus der Krise in die Krise? WSI-Verteilungsbericht 2009, in WSI-Mitteilungen 12/2009, 683–691.

höherer Steuersätze oder noch besser eines neuen langfristigen „Lastenausgleichs" von den geretteten Banken zur rettenden Gesellschaft.

Im Zweifel am wirksamsten wie am sinnvollsten auf den Finanzmärkten sind strenge Auflagen bzw. Gebote und vor allem Verbote. Letztere sollten z. B. Leerverkäufe oder Kreditversicherungen oder andere Finanzmarkt-Produkte betreffen, die heute ohne den Besitz an den zugrunde liegenden Wertpapieren oder Waren gehandelt werden und deshalb häufig spekulative Blasen erzeugen. Schließlich war der internationale Finanzmarkt auch vor Einführung solcher Produkte funktionsfähig, die es teilweise erst seit Ende der 90er Jahre gibt. Ein Verbot liegt auch bei Rating-Agenturen nahe, deren Urteil z. B. dazu führte, dass sich Griechenland zu immer teureren Konditionen verschulden und schließlich um internationale Rettung bitten musste. Aber ein Verbot – oder eine Verstaatlichung – ist zumindest auf europäischer Ebene schwierig, da die meisten Rating-Agenturen nicht europäischen Ursprungs sind. Auch die Herstellung von Konkurrenz durch eine neu zu gründende staatliche Rating-Agentur, wie sie in der Europäischen Union auch unter den Regierungen diskutiert wird, darf nicht überschätzt werden. Denn selbst wenn Letztere zustande kommt, darf man gespannt sein, wie die „Märkte" bei abweichenden Voten von privaten und staatlichen Ratingagenturen reagieren. Deshalb wird man gut beraten sein, zumindest zusätzlich durch eine explizit und öffentlich gegebene Akzeptanz- und Ankaufserklärung der Europäischen Zentralbank (EZB) das Halten von Anleihen risikoarm für Anleger wie zins-aufschlaglos für Emittenten zu machen, wie es für griechische Staatsanleihen neuerdings möglich ist.

Doch auch zu solchen und anderen Maßnahmen gibt es generell Zweifel an der Durchsetzbarkeit wie der Funktionsfähigkeit, die sich nicht zuletzt an den Zentralbanken und hier speziell an der EZB festmachen, weil sie in der Vergangenheit selbst eine eher neoliberale Grundposition eingenommen haben. Bezeichnenderweise wird im Zusammenhang mit dem griechischen Fall erinnert, dass die EZB die Rolle der privaten Ratingagenturen speziell bei europäischen Staatsanleihen nicht ungern gesehen hat in der Hoffnung, damit einige Länder indirekt in Richtung Haushaltskonsolidierung und damit vermeintlich auch Geldwertstabilität drängen zu können.[11] Nahrung für entsprechendes Misstrauen gegenüber den Notenbanken können auch personelle Verquickungen mit dem Finanzmarkt und daraus resultierende Interessenkonflikte sein, wie sie mit dem aus der Bankenwelt kommenden US-Finanzminister oder anderen Besetzun-

---

[11] Vgl. *Anna Sleegers*, Die Söldner der EZB, in: Frankfurter Rundschau vom 29.04.2010.

gen verbunden werden. So hat die Deutsche Bundesbank gerade als Vorstandsmitglied für die Bundesbank-Vertretung in den wichtigen internationalen Finanzgremien einen ehemaligen Investmentbanker ernannt, der zuletzt Statthalter der Bank of America in Deutschland war und zuvor für Deutsche Bank, JP Morgan und Rothschild gearbeitet hat.[12]

Es muss auch deshalb zur Stabilisierung und Kontrollierung der Finanzmärkte letztlich die Rolle der Notenbanken selbst (erneut) diskutiert werden, wie es im Rahmen der Europäischen Union schon länger unabhängig von der Krise der Fall ist.[13] Hier wird gerade wegen der bisherigen Ausrichtung der EZB auf neoliberale Positionen bzw. ihre Fixierung auf Geldwertstabilität eine stärkere Orientierung ihrer Aufgaben auch zur Förderung von Wachstum, Vollbeschäftigung und Außengleichgewicht gefordert. Ebenfalls verlangt wird zur Umsetzung dieser Umorientierung eine Einbindung der EZB in eine neu zu schaffende koordinierende Wirtschaftspolitik der Europäischen Union, um gerade Ungleichheiten und Ungleichzeitigkeiten der beteiligten Länder viel besser als bisher auszugleichen. Es gilt also, die im falschen Glauben an die selbstregelnden Finanzmärkte unabhängig gemachte und danach teilweise kontraproduktiv agierende Notenbank ein Stück weit wegen ihrer zentralen Funktion zu re-demokratisieren durch Einbindung in entsprechende Ziele und Strukturen.

2.2 Reale Märkte

Zur Eindämmung der ökonomischen Ungleichgewichte auch in der EU muss der deutsche Exportüberschuss abgebaut und die deutsche Binnennachfrage aufgebaut werden. Genauer: der bisherige Exportüberschuss muss durch zusätzliche Binnennachfrage ersetzt werden. Dieser Ersatz wird schon deshalb nötig sein, weil aus vielen Gründen nicht erwartet werden kann, dass selbst eine wieder anziehende Weltkonjunktur das alte hohe Niveau der deutschen Exporterfolge erlaubt. Diese Substitution würde sich mehrfach lohnen, auch wenn sie inhaltlich, zeitlich und finanziell eine enorme Herausforderung darstellt: für den Zusammenhalt und die Weiterentwicklung der Europäischen Union, weil weniger deutscher Exportdruck vielen EU-Ländern gestattet, mehr von ihren eigenen Produkten mit eigener Beschäftigung herzustellen; für Deutschland, weil

---

[12] Vgl. o. a. („*MAS*"), Bundesbank – alles neu, in: Die Zeit, Nr. 19 vom 06.05.2010, 35.
[13] Zum Beispiel bei *Günther Chaloupek/Eckard Hein/Achim Truger* (Hg.), Ende der Stagnation? Wirtschaftspolitische Perspektiven für mehr Wachstum und Beschäftigung in Europa, Wien 2007.

mehr Binnennachfrage gleichbedeutend sein könnte mit dem Defizitabbau bei privaten wie bei öffentlichen Investitionen im weitesten Sinn, die vor allem über bessere Bildung letztlich auch der Privatwirtschaft wieder zugute käme, damit diese mit dem einzigen deutschen „Rohstoff", nämlich qualifizierten Arbeitnehmern, weiter im Welthandel bestehen können; weil mehr Binnennachfrage neben den Bildungsdefiziten weitere soziale Ungerechtigkeiten wie offene und versteckte Arbeitslosigkeit oder den Niedriglohnsektor reduzieren würde. Die Substitution von Exportüberschüssen durch Binnennachfrage würde sogar in jedem Fall erhebliche und „todsichere" Selbstfinanzierungseffekte für den Fiskus erzeugen, weil jeder ersetzte Export-Euro, der bisher von der Mehrwertsteuer befreit ist, zusätzliche entsprechende Einnahmen von rund 20 Cent bedeutet.

Aber um diese und weitere Vorteile zu erschließen, müsste vorher die Politik viel umsteuern und dabei ebenso neu regulieren wie neu verteilen. Hier können nur einige Beispiele dafür genannt werden: So würde die Einführung eines gesetzlichen Mindestlohns sowohl die private als auch die öffentliche Binnennachfrage stärken. Die Umsetzung von z. B. 7,50 Euro pro Stunde bedeutet einen zusätzlichen privaten Nachfrageeffekt von 14 Milliarden Euro, von denen allein vier Milliarden an den Fiskus fließen würden. Zugleich würde der gesetzliche Mindestlohn den versteckten Kombilohn – noch besser: den Kombi-Gewinn – aufgrund der Aufstockung niedriger Löhne durch Hartz IV reduzieren und die öffentlichen Kassen ebenfalls entlasten. Die laut Bundesagentur für Arbeit 11 Milliarden Euro Aufstockungskosten würden um den Lohn bezogenen Aufstockungsanteil erheblich schrumpfen. Mini-Jobs im Nebenberuf bzw. als Zusatzjob neben einer vorhandenen Haupt-Tätigkeit sollten wegen der damit verbundenen Reduzierung von Sozialversicherungsbeiträgen abgeschafft werden, weil sie auf die ebenfalls versteckte Subventionierung solcher Tätigkeiten bzw. häufig die Prämierung von „Überstunden" hinaus laufen. Mini-Jobs im Hauptberuf dagegen sollten nicht nur dem gesetzlichen Mindestlohn unterworfen, sondern auch wieder mit einer Höchstarbeitszeit pro Woche verknüpft werden, um heimliches Lohndumping durch übermäßige Arbeitszeiten zu verhindern. Leiharbeit wäre mit dem Prinzip des Equal-pay-plus zu versehen, also der Bezahlung nach Tarif plus einer Prämie für wechselnde Einsatzorte und damit verbundene besondere Beanspruchungen, damit Leiharbeit durch diese Verteuerung wieder ihre ursprüngliche Funktion als Spitzenausgleich bei der Produktion zurück erhält statt Vollzeitstellen zu substituieren.

Für Löhne über dem gesetzlichen Mindestlohn wäre die Tarifautonomie zu stärken, an die die Arbeitgeber in ihrem – inzwischen bröckelnden – Abwehrkampf gegen den gesetzlichen Mindestlohn so gerne anknüpfen. Viele Probleme durch Tarifflucht und Tarifbruch in Deutschland, die den Niedriglohnsektor wesentlich begünstigt haben, ließen sich durch einen Tarifzwang der Arbeitgeber wie der Gewerkschaften analog zu Österreich vermeiden. Aber da dies in Deutschland aus verfassungsrechtlichen Gründen wenig realistisch ist, bleibt nur die Einführung eines Quasi-Zwangs der Arbeitgeberseite durch vermehrte Allgemeinverbindlichkeitserklärungen, wie er in letzter Zeit schon mit den tariflichen Branchen-Mindestlöhnen oder mit dem reformierten Mindestarbeitsbedingungengesetz von 1952 – allerdings nur halbherzig – beschritten wurde. Wirklich helfen würden Allgemeinverbindlichkeiten für das ganze Tarifgefüge von untersten bis zu obersten Löhnen. Vorreiter dafür könnten öffentliche Vergabegesetze sein, die bei öffentlichen Aufträgen auf Tariftreue der privatwirtschaftlichen Auftragnehmer bestehen. Hilfreich für die Stärkung der privaten Binnennachfrage wäre schließlich auch der vermehrte tarifliche Abschluss von Sockelbeträgen statt rein prozentualer Lohnerhöhungen, weil erstere besonders die unteren und konsumnahen Einkommensschichten stärken.

Mit den meisten der genannten Maßnahmen ist zwar nicht nur eine Verbesserung der privaten, sondern auch der öffentlichen Binnennachfrage über mehr fiskalische Einnahmen und entsprechende Ausgabemöglichkeiten verbunden. Doch letztere dürfte insgesamt nicht ausreichen, um die gesamte Binnennachfrage auf das nötige Niveau zu heben. Dazu bedarf es einer weiteren Stärkung des öffentlichen Sektors durch z. B. die Wiedereinführung der Vermögensteuer – auf die Deutschland im Gegensatz zu vielen anderen Industrieländern unverständlicherweise verzichtet, – die Erhöhung von Erbschaft- und Grundsteuern, die Vitalisierung von Ökosteuern, die Wieder-Abschaffung der gerade erst eingeführten Abgeltungsteuer auf Kapitaleinkünfte – die diese Einkommensart gegenüber allen anderen privilegiert, zumal Kapitaleinkünfte meist Personen und Unternehmen mit ohnehin sonstigen hohen Einkommen und Vermögen zufließen. Diese und andere Steuern können auch in wirtschaftlich schlechten Zeiten ohne Probleme für die Konjunktur, ja mit Vorteilen für Wachstum, Beschäftigung und Gesellschaft erhöht werden.[14]

---

[14] So zuletzt *Lorenz Jarass*, Wie höhere Staatseinnahmen Wachstum und Beschäftigung fördern – Bei der Finanzierung der öffentlichen Haushalte kommen internationale Konzerne zu günstig weg, während Arbeitnehmer immer größere Lasten tragen müssen, in: Börsenzeitung – Zeitung für die Finanzmärkte 85/2010 vom 05.05.2019, 7–8.

Entsprechende Selbstfinanzierungseffekte sind allemal höher als die von Steuersenkungen.[15]

3 Die politische Umsetzung der Krisen-Lehren

Das Stichwort Steuersenkungen erinnert wieder an die politische Realität in Deutschland und die Umsetzungsmöglichkeiten der oben genannten Krisen-Lehren. Nicht nur die FDP tut sich schwer mit dem Abschied von Steuersenkungen und den damit verknüpften Hoffnungen und Versprechungen, obwohl die schon mit früheren Entlastungen zugunsten der „Leistungsträger" seit den Regierungszeiten Kohls und Schröders nicht in Erfüllung gegangen sind. Die ganze Politik in Deutschland wie in der EU zögert nach wie vor, endgültig Abstand zu nehmen von einer marktfreundlichen Fundamentalposition, in der Steuersenkungen nur ein Baustein waren. Zwar wird die Wiederherstellung des Primats der Politik über die Märkte von fast allen Seiten lauthals propagiert. Aber faktisch wird dies immer noch zu wenig umgesetzt. Die besten Belege dafür bietet wieder die sogenannte Griechenland-Krise. Zwar kann z. B. jetzt die EZB notfalls Staatsanleihen von EU-Staaten aufkaufen, aber sie täte es dann auf dem Markt zur Kurspflege und nach wie vor nicht direkt – entgegen der Praxis in USA und Großbritannien – bei den Anleihe-emittierenden Staaten, die sich weiter zu „marktüblichen" Zinsen unter Umständen teuer refinanzieren müssten. Den Banken aber gab und gibt die EZB zur Liquiditätssicherung der „Märkte" bedenkenlos und reichlich Kredite zu einem Zinssatz nahe Null. Mit anderen Worten: Die Politik liefert sich den „Märkten" weiter unnötig aus und meint sogar, diese weiterhin mehr „pflegen" zu müssen als öffentliche Haushalte und darüber auch private Haushalte.

Das ist vor allem unverständlich wegen der mit dem Stützungspaket für Griechenland und potenziell andere EU-Staaten verknüpften drastischen Sparauflagen bezüglich der öffentlichen Haushalte bzw. die dortige Bevölkerung und ihre Nachfrage. Zwar sind die von EU, IWF und EZB geforderten Einschnitte für Griechenland so unrealistisch hoch, dass sie gar nicht erfüllt werden können. Aber selbst eine davon umgesetzte Hälfte

---

[15] Vgl. *Hans-Böckler-Stiftung*, Steuersenkung: Keine Chance auf Selbstfinanzierung, Pressemeldung der Hans-Böckler-Stiftung vom 22.04.2010 zu einer entsprechenden Studie von Achim Truger u. a.: Alternative Strategien der Budget-Konsolidierung in Österreich nach der Rezession, Gutachten für die Arbeiterkammer Wien, 2010.

wird sich negativ für Griechenland und die EU als ganzes auswirken – erst recht wenn weitere EU-Länder Hilfen benötigen sollten.

Mit einer Wirtschafts- und Sozialkrise eine Marktkrise zu bekämpfen, wird wieder nicht gut gehen. Aber dieses Vorgehen zeigt, dass der neoliberale bzw. marktgläubige Eisberg noch einige Zeit auf Kollisionskurs mit gesamtwirtschaftlichen und gesamtgesellschaftlichen Interessen liegt.[16] Er kann sich immer noch unversehens drehen und eine neue gefährliche Spitze zeigen. Weitere Crashs sind nicht ausgeschlossen. Wird die „Erste Hilfe" dann wieder nur den „Märkten" gelten, obwohl diese „finanzielle Massenvernichtungswaffen" einsetzen und die „Zweite Hilfe" bei denjenigen ausbleiben, die von den Waffen getroffen werden? Man muss letztere der „unsichtbaren privaten Hand" nicht nur ein bisschen, sondern ganz entwinden. Und man muss dafür letztlich den Eisberg in ein anderes wirtschaftspolitisches Grundklima schleppen, damit er schmilzt. Vorschläge für den Schleppkurs liegen genug vor.[17]

Literaturverzeichnis

Philip Arestis/Gustav A. Horn u.a., Offener Brief an europäische Entscheidungsträger: Die griechische Krise ist eine europäische Krise und erfordert europäische Lösungen über Hilfspakete hinaus, unterschrieben von mittlerweile rund 200 europäischen Ökonomen und Sozialwissenschaftlern, London und Düsseldorf, Mai 2010 (download der englischen Fassung unter www.boeckler.de/pdf/memorandum_arestis_horn.pdf.

---

[16] Vgl. *Gustav A. Horn*, Bastion gestrigen Denkens, in: IMKdirekt – Der aktuelle Standpunkt vom 20.04.2010, online unter < http://www.boeckler.de/94074_103242.html>, erstellt 20.04.2010/abgerufen 10.06.2010.

[17] Vgl. zum Beispiel *Philip Arestis/Gustav A. Horn u.a.*, Offener Brief an europäische Entscheidungsträger: Die griechische Krise ist eine europäische Krise und erfordert europäische Lösungen über Hilfspakete hinaus, unterschrieben von mittlerweile rund 200 europäischen Ökonomen und Sozialwissenschaftlern, London und Düsseldorf, Mai 2010 (download der englischen Fassung unter www.boeckler.de/pdf/memorandum_arestis_horn.pdf, abgerufen 10.06.2010); *Sebastian Dullien/Hansjörg Herr/Christian Kellermann*, Der gute Kapitalismus … und was sich dafür nach der Krise ändern müsste, Bielefeld 2009; *Heiner Flassbeck/Gustav A. Horn/Sebastian Dullien*, Europa hat noch eine Chance. Die Krise der Währungsunion ist noch nicht zu Ende. Der einzige Ausweg ist eine konsequente Wachstumspolitik, Kommentar, in: Financial Times Deutschland vom 05.05.2010; *Olivier Blanchard*: IMF Explores Contours of Future Macroeconomic Policy; *Stiglitz Commission*, Commission of Experts of the President of the United Nations Assembly on Reforms of the International Monetary and Financial Systems.

Bernhard Bartsch, Interview mit dem Nobel-Preisträger Joseph Stiglitz: Westen bestimmt nicht mehr allein, in: Frankfurter Rundschau vom 19.04.2010.

Olivier Blanchard, Der IMF-Chefvolkswirt im Interview: IMF Explores Contours of Future Macroeconomic Policy, in: IMF-Survey online vom 12.02.2010.

Olivier Blanchard/Giovanni Dell'Ariccia/Paolo Mauro, Rethinking Macroeconomic Policy (= IMF Staff Position Note vom 12.02.2010), New York 2010.

Peter Bofinger, Das Jahrzehnt der Entstaatlichung, in: WSI-Mitteilungen 07/2008, 351–357.

Stefan Brändle, IWF springt Lagarde bei, in: Frankfurter Rundschau vom 18.03.2010.

Günther Chaloupek/Eckard Hein/Achim Truger (Hg.), Ende der Stagnation? Wirtschaftspolitische Perspektiven für mehr Wachstum und Beschäftigung in Europa, Wien 2007.

Deutsche Bundesbank, Ertragslage und Finanzierungsverhältnisse deutscher Unternehmen im Jahr 2006, in: Monatsbericht der Bundesbank 12/2007, S. 31–55.

Sebastian Dullien/Hansjörg Herr/Christian Kellermann, Der gute Kapitalismus ... und was sich dafür nach der Krise ändern müsste, Bielefeld 2009.

Sebastian Dullien/Christiane von Hardenberg, Deregulierung in der öffentlichen Debatte in Deutschland, Studie im Auftrag der Hans-Böckler-Stiftung, IMK Studies Nr. 2/2009, Düsseldorf.

Financial Times Deutschland, Portrait von Thomas Piketty: Wenn Reiche zu wenig Steuern zahlen, 30.03.2010.

Heiner Flassbeck/Gustav A. Horn/Sebastian Dullien, Europa hat noch eine Chance. Die Krise der Währungsunion ist noch nicht zu Ende. Der einzige Ausweg ist eine konsequente Wachstumspolitik, Kommentar, in: Financial Times Deutschland vom 05.05.2010.

Hans-Böckler-Stiftung, Zweifel an der Rationalität der Finanzmärkte, Pressemeldung der Hans-Böckler-Stiftung vom 07.05.2010.

Hans-Böckler-Stiftung (Hg.), Fehlanreize für Rating-Agenturen, in: Böckler-Impuls 7/2010, S. 3.

Hans-Böckler-Stiftung, Steuersenkung: Keine Chance auf Selbstfinanzierung, Pressemeldung der Hans-Böckler-Stiftung zu einer entsprechenden Studie von Achim Truger u. a.: Alternative Strategien der Budget-Konsolidierung in Österreich nach der Rezession, Gutachten für die Arbeiterkammer Wien, März 2010, Düsseldorf.

Gustav A. Horn/Katharina Dröge/Simon Sturn/Till van Treeck/Rudolf Zwiener, Von der Finanzkrise zur Weltwirtschaftskrise (III): Die Rolle der Ungleichheit, in: IMK-Report 41, Düsseldorf 2009.
Gustav A. Horn, (OECD und Bundesbank sind) Bastion gestrigen Denkens, in: IMKdirekt – Der aktuelle Standpunkt vom 20.04.2010, Düsseldorf (download http://boeckler.de/94074_103242.html).
Gustav A. Horn/Silke Tober/Till van Treeck/Achim Truger, Euroraum vor der Zerreißprobe?, IMK-Report Nr. 48, April 2010, Düsseldorf.
Lorenz Jarass, Wie höhere Staatseinnahmen Wachstum und Beschäftigung fördern – Bei der Finanzierung der öffentlichen Haushalte kommen internationale Konzerne zu günstig weg, während Arbeitnehmer immer größere Lasten tragen müssen, in: Börsenzeitung – Zeitung für die Finanzmärkte 85/2010 v. 05.05.2019, 7–8.
Heike Joebges/Andreas Schmalzbauer/Rudolf Zwiener, Der Preis für den Exportweltmeister Deutschland: Niedrige Löhne und geringes Wirtschaftswachstum, in: IMK-Studies 4/2009, Düsseldorf 2009.
Michael Lewis, The Big Short. Inside the Doomsday Machine, New York/London 2010.
Thomas Mayer, im Interview mit der Frankfurter Rundschau: Werdet unproduktiver! Der neue Chef-Volkswirt der Deutschen Bank über die verfehlte (deutsche) Exportstrategie, vom 30.02.2010.
o. a. („MAS"), Bundesbank – alles neu, in: Die Zeit vom 06.05.2010 (Nr. 19), 35.
Thomas Piketty, Top Incomes Over the Twentieth Century: A summary of Main Findings, in: *Anthony Barnes Atkinson/Thomas Piketty*, (Ed.), Top Incomes Over the Twentieth Century. A Contrast between Continental European and English-Speaking Countries, Oxford 2007.
Claus Schäfer, Aus der Krise in die Krise? WSI-Verteilungsbericht 2009, in WSI-Mitteilungen 12/2009, 683–691.
Anna Sleegers, Die Söldner der EZB, in: Frankfurter Rundschau vom 29.04.2010.
Harald Staun, Dummheit mit System – eine Rezension, in: Frankfurter Allgemeine Sonntagszeitung vom 09.05.2010, 25.
Stiglitz Commission, Commission of Experts of the President of the United Nations Assembly on Reforms of the International Monetary and Financial Systems, New York 2009.

MICHAEL SCHÄFERS

Die Finanz- und Wirtschaftskrise – Folgen für die Arbeitswelt

Zusammenfassung

Die ursprünglich von den USA ausgehende Finanz- und Wirtschaftskrise hat globale und weitreichende Konsequenzen für die lohnabhängig Beschäftigten und die Arbeitswelt. In den USA verlieren Arbeitnehmerhaushalte ihre Immobilien, weltweit steigen Arbeitslosigkeit und prekäre Beschäftigung. Die bereits vor der Krise zunehmende Ungleichheit in den Einkommensverhältnissen wird durch weitere Umverteilungsprozesse verschärft und durch Massenarbeitslosigkeit beschleunigt, denn der Jobverlust in der Krise hat langfristige Folgen. Zudem drohen die Spaltungstendenzen in den Betrieben sich weiter zuzuspitzen. Die Vertrauenskultur in den Betrieben schwindet. Angst macht sich breit. Obwohl Deutschland im europäischen Vergleich glimpflich durch die Krise kommen könnte, lassen sich darüber hinaus weitreichende Folgen für die soziale Sicherung und die kollektive Interessenvertretung der Arbeitnehmerschaft feststellen. Zu befürchten ist, dass die menschliche Arbeit durch weitere Deregulierung und Flexibilisierung zum „Puffer" der Krisenbewältigung degradiert wird. Eine konzeptionelle Beseitigung der Ursachen für die Finanz- und Wirtschaftskrise seitens der Politik ist derzeit nicht erkennbar. Dennoch hat in der Zivilgesellschaft verstärkt ein Nachdenken über zukunftsfähige Lösungen angesichts der Krisen eingesetzt. Dreh- und Angelpunkt der „sozialen Fragen" bleibt der Vorrang der Arbeit vor dem Kapital.

1 Die Auswirkungen der Liquiditätskrise in den USA und Europa

Am 09. August 2007 kollabierten die weltweiten Geldmärkte durch einen akuten Liquiditätsmangel. Vorausgegangen war diesem Datum der Zusammenbruch des zuvor boomenden Immobilienmarktes in den USA, der sich schon Monate zuvor aufgrund geplatzter Kredite in einer schweren Krise befand.[1] Die längerfristige Zunahme der Immobilienwerte, die Niedrigzinspolitik der US-Notenbank, entsprechend niedrige Zinsen für Hypotheken bei Hauskauf und -bau und die erhöhte Bereitschaft ameri-

---

[1] In Deutschland zeichnete sich die Finanzkrise der Banken bereits Mitte 2007 ab. Im Juni 2007 gab die Düsseldorfer IKB eine Abwertung strukturierter Wertpapiere, die US-amerikanische Hypotheken beinhalteten, in einer Größenordnung eines einstelligen Millionenbetrags bekannt. Wöchentlich steigerte sich der dringende Kapitalbedarf der IKB. Der Hauptaktionär, die bundeseigene KfW-Bank, stellte in einem ersten Schritt 8 Milliarden Euro Liquidität zur Verfügung. Weitere hohe Summen mussten nachgeschossen werden. Zur Vorhersehbarkeit der Krise vgl. *Institut für Wirtschaftsforschung Halle*, Themenheft: Weltfinanzkrise, Halle 2009, 8–12, online unter <http://www.iwh-halle.de/d/publik/wiwa/1TH-09.pdf>, erstellt 31.03.2009/abgerufen 15.03.2010.

kanischer Haushalte, sich für Konsumausgaben zu verschulden, kurbelten nicht nur das Wachstum der US-Wirtschaft, sondern der Weltwirtschaft insgesamt an. Die US-Wirtschaft macht 30 Prozent des Weltsozialproduktes aus und ist damit die größte Ökonomie der Welt. Deutschland profitierte in der amerikanischen Boomphase in erster Linie durch einen (deutlichen) Handelsüberschuss im US-Geschäft. „Hüstelt Amerika, leidet die Welt an einer Lungenentzündung" – so ein salopper Spruch unter Volkswirten. Dementsprechend schlugen die Liquiditätskrise und die daraus erwachsenen Folgewirkungen auf die Weltwirtschaft durch.

1.1 Die unmittelbare Folge der Hypothekenkrise für Arbeitnehmerinnen und Arbeitnehmer: Verlust von Immobilien

Die ersten Folgen des Zusammenbruchs des Geldmarktes bekamen unmittelbar die Arbeitnehmerinnen und Arbeitnehmer in den USA zu spüren. Die Banken versuchten, höhere Hypothekenzinssätze bei fallenden Immobilienpreisen durchzusetzen, um ihre Risikolagen auf die Kreditnehmer abzuwälzen. Da in der Regel variable Zinssätze bei mäßiger Bonität vertraglich festgeschrieben worden waren, die von heute auf morgen nicht mehr bedient werden konnten, gerieten Millionen von Arbeitnehmerhaushalten in den USA in Zahlungsschwierigkeiten und verloren ihre Häuser. Allein im Jahr 2007 stieg die Zahl der Zwangsvollstreckungen von Hypothekendarlehen um 75 Prozent; 2,2 Millionen Hypothekenausfälle wurden verzeichnet.[2] Im Jahr 2008 setzte sich diese Tendenz mit geschätzten 1,5 Millionen Zwangsversteigerungen fort.[3]

US-Präsident *Barack Obama* hat in seiner Rede am 18. Februar 2009 an der Dobson High School in Mesa/Arizona sogar von sieben bis neun Millionen betroffenen Arbeitnehmerhaushalten gesprochen und die weitreichenden Folgen eindrucksvoll beschrieben, wenn er zu den Folgen der Zwangsvollstreckungen feststellt:

> „But the foreclosures which are uprooting families and upending lives across America are only part of the housing crisis. For while there are millions of families who face foreclosure, there are millions more who are in no danger of losing their homes, but who have still seen their dreams endangered. They're the families who see the ‚For Sale' signs lining the streets; who see neighbors leave, and homes standing vacant, and

---

[2] Vgl. *Gisbert Otto*, Die US-Immobilienblase und die internationale Bankenkrise – Ein gigantischer Schwindel der Finanzeliten, Zürich 2008, 2, online unter <http://www.swg-hamburg.de/Archiv/Beitrage_aus_der_Rubrik_-_Wirt/Die_US_Immobilienblase_und_die.pdf>, erstellt 14.04.2008/abgerufen 15.03.2010.

[3] Vgl. *Lucas Zeise*, Ende der Party – Die Explosion im Finanzsektor und die Krise der Weltwirtschaft, Köln 2009, 89.

lawns slowly turning brown. They see their own homes – their single largest asset – plummeting in value. One study in Chicago found that a foreclosed home reduces the price of nearby homes by as much as 9 percent. Home prices in cities across the country have fallen by more than 25 percent since 2006. And in Phoenix, they've fallen by 43 percent."[4]

Ganze Stadtviertel mit einer gewachsenen sozialen Infrastruktur von (mittelständischen) Arbeitnehmerhaushalten wurden innerhalb weniger Monate „entvölkert".

Die Hypothekenkrise findet bis heute ihren Ausdruck darin, dass derzeit ca. 5 Millionen Häuser in den USA leer stehen bzw. als unverkäuflich eingestuft werden. Demgegenüber boomen „Subprime-Hotels" und provisorisch eingerichtete Zeltstädte, in denen vor allem Arbeitnehmerfamilien mit Kindern untergebracht sind, die ihre Hypotheken nicht bezahlen können und deren Häuser zwangsversteigert sind bzw. werden. Die Obdachlosigkeit in den USA steigt in einem bisher unbekannten Ausmaß auch im Jahre 2010 weiter an.

1.2 Der Einbruch des Bausektors und der industriellen Kerne in den USA und im europäischen Raum

Eine zweite unmittelbare Folge in dieser ersten Phase der Finanzkrise war der fast völlige Zusammenbruch des Bausektors. Der Bausektor war das erste unmittelbare Feld für den Übergriff der Finanzkrise auf die Realwirtschaft insgesamt, der sich dann endgültig im Laufe des Jahres 2008 vollzog. Neben den „industriellen Kernen" der Fertigung von Waren (Automobil- und Maschinenbau, Chemie und Energiewirtschaft) als wichtige Bereiche der volkswirtschaftlichen Wertschöpfung stellt die Baubranche einen „intensiven Beschäftigungssektor" dar. Dies gilt nicht nur für die USA. Im europäischen Raum waren bzw. sind vor allem die Länder überproportional betroffen, die bis 2007 eine Immobilien- und Spekulationsblase bzw. ein Überangebot an Immobilien aufwiesen, also insbesondere Portugal, Spanien, Irland, Großbritannien, Ungarn und Rumänien. Der Wohnungsneubau in Europa hat einen Einbruch von ca. 40 Prozent zu verzeichnen, mit den entsprechenden Folgen für die Beschäftigtenquote, die deutlich zurückging.

Hans Baumann vom „European Institute for Construction Labour Research" (CLR) stellt – bei allen zu berücksichtigenden Unterschieden in

---
[4] *Barack Obama*, Remarks by the President on the Home Mortgage Crises, Mesa/Arizona 2009, 1, online unter http://www.whitehouse.gov/the_press_office/Remarks-by-the-President-on-the-mortgage-crisis>, erstellt 18.02.2009/abgerufen 15.03.2010.

den europäischen Ländern – zu den generellen Tendenzen und Auswirkungen fest:

> „Der rasante Rückgang der Bautätigkeit hat sich in vielen Ländern verheerend auf die Beschäftigung und den Arbeitsmarkt ausgewirkt. In den Ländern der Europäischen Union ist die Beschäftigung im Baugewerbe von Mitte 2007 bis Mitte 2009 um rund 7 Prozent zurückgegangen. D. h., dass bereits über eine Million Arbeitsplätze vernichtet wurden. [...] Der Arbeitsplatzrückgang in den am meisten betroffenen Ländern hat sich auch sehr schnell auf die Arbeitsbedingungen ausgewirkt, die stark unter Druck gekommen sind. Dies verdeutlicht die Entwicklung der Bruttolöhne, die eine starke Korrelation zu der Beschäftigungsentwicklung aufwiesen."[5]

Aber nicht nur die Baubranche hatte tiefe Einschnitte hinzunehmen. Die „industriellen Kerne" waren weltweit so stark betroffen wie seit Ende der 1920er Jahre nicht mehr. Die Absatz- und Nachfragekrise erfasste z. B. den führenden US-Autobauer General Motors, 77 Jahre lang nach Verkaufszahlen der größte Autokonzern der Welt (und damit die Opelwerke in Europa). 35.000 Jobs stehen alleine bei dem teilverstaatlichten Nachfolger von GM zur Disposition.

2 Die Auswirkungen der Weltwirtschaftskrise

2.1 Zunehmende Ungleichheit der Einkommensverhältnisse

Damit deutet *Hans Baumann* die Auswirkungen an, die sich spätestens ab Mitte 2008 mit dem *Zusammenfallen* von Finanz- und Wirtschaftskrise weltweit beschleunigten, insbesondere die zunehmende soziale Spaltung hinsichtlich der Einkommensverhältnisse. Die tieferen Ursachen des wachsenden und ausufernden Finanzsektors und seine Loslösung von der Realwirtschaft und der Krise selbst liegen in den „ungleicher werdenden Einkommensverhältnisse(n)."[6] Die sich in den letzten Jahrzehnten weltweit durchsetzende neoliberale Doktrin führte zu einer politisch gewollten und systematischen Entlastung (u. a. durch Steuerpolitik oder Aufgabe derselben) der Kapital- gegenüber den Arbeitseinkommen. Erst hierdurch wurde die Anhäufung riesiger Geldmengen in privater Hand und gebündelt in unterschiedlichen Fondvarianten möglich, die auf der weltweiten Suche nach Renditen von über 20 Prozent auf die Finanz-

---

[5] *Hans Baumann*, Die Auswirkungen der Weltwirtschaftskrise auf die europäische Bau- und Holzwirtschaft und gewerkschaftliche Gegenstrategien, o. O. 2009, 3–4, online unter <http://www.denknetz-online.ch/IMG/pdf/Referat_BHI_0711209.pdf>, erstellt 07.12.2009/abgerufen 20.03.2010.
[6] *Lucas Zeise*, Ende der Party, 61.

märkte drängten.[7] Der Finanzsektor, allen voran die Investmentbanken und Fondgesellschaften, erwies sich als äußerst erfinderisch in der Kreierung neuer Finanzprodukte ohne entsprechende Risikoabsicherungen. Diese bereits vor der Krise zunehmende Ungleichheit in den Einkommensverhältnissen wird in (und nach) der Krise durch weitere Umverteilungsprozesse verschärft und durch die Zunahmen der Arbeitslosigkeit beschleunigt, denn der Jobverlust in der Krise hat langfristige Folgen. Bereits im März 2009 zeigte eine Umfrage der größten europäischen Auto- und Motor-Community „motor-talk.de", wie die Krise der Automobilindustrie im Alltag der (bisher) Beschäftigten angekommen war: 35 Prozent der Befragten gaben an, von der wirtschaftlichen Notlage durch Arbeitsplatzverlust, Gehaltseinbußen und Reduzierung der Arbeitszeit um 20 bis 90 Prozent betroffen zu sein. Während die Autohändler in Deutschland noch von der sogenannten „Abwrackprämie" profitierten, war die Krise aber in der europäischen Automobilindustrie und bei den Zulieferern voll angekommen.[8]

2.2 Anstieg der Arbeitslosigkeit und der unsicheren Beschäftigung

Die Lage auf den Arbeitsmärkten verschärfte sich weltweit – wenn auch in länderspezifisch unterschiedlichem Ausmaß – in 2008 und 2009 zusehends. In Spanien etwa hatte der Zusammenbruch der Baubranche vor allem junge Männer zu den Krisenverlierern schlechthin gemacht.

> „Seit die Spekulationsblase 2008 geplatzt ist und die Bauindustrie fast völlig zum Erliegen kam, haben 1,7 Millionen Menschen zwischen 16 und 35 Jahren ihren Job verloren. 93 Prozent der durch das Ende des Baubooms vernichteten Arbeitsplätze hatte diese Altersgruppe inne. Eine Generation, die erstmals von Vollbeschäftigung träumte, ist unsanft erwacht"[9]

– stellt Reiner Wandler fest. In Spanien sind 4,1 Millionen Menschen (Stand Ende März 2010) als arbeitsuchend registriert. Dies entspricht ei-

---

[7] Vgl. ausführlich zu den Hintergründen und der historischen Entwicklung *Michael Schäfers*, Von der Arbeit zur Tätigkeit. Zeitdiagnosen und Wege wider die Resignation, Münster 2001, 43–94.
[8] Vgl. *BLOGSPAN.NET* (Hg.), „Wir sind Krise!" Auswirkungen der Wirtschaftskrise bereits für viele spürbar, (Pressemitteilung vom 19.03.2009). online unter <http://www.blogspan.net/presse/wir-sind-krise-auswirkungen-der-wirtschaftskrise-bereits-fur-viele-spurbar/mitteilung/49670>, erstellt 19.03.2009/abgerufen 20.03.2010.
[9] *Reiner Wandler*, Spaniens Jugend kann nur noch auswandern. Arbeitslosigkeit: Seit dem Ende des Baubooms sind hunderttausende Jugendliche ohne Job. Zu 62 Prozent leben sie wieder bei ihren Eltern, in: die tageszeitung vom 23. März 2010, 11.

ner Arbeitslosenquote von 20 Prozent. Ähnliche Größenordnungen lassen sich für Irland und Portugal konstatieren.

Neben der Baubranche und der Automobilindustrie waren und sind weltweit weitere Bereiche betroffen. Dies verdeutlichen die von der ILO erhobenen Zahlen zur Arbeitslosigkeit.[10] Im Jahr 2009 waren nach Schätzungen der ILO weltweit 212 Millionen Menschen ohne Erwerbsarbeit. Dies entspricht einer Zunahme gegenüber dem Jahr 2007 von 34 Millionen. Trotz eines von der ILO für 2010 erwarteten weltweiten Wirtschaftswachstums von 3,1 Prozent wird ein weiterer Anstieg prognostiziert: Von durchschnittlich 5,7 in 2007 und 8,4 in 2009 auf 8,9 Prozent in 2010. *Raymond Torres*, Direktor des ILO-Instituts für internationale Arbeitsmarktstudien, warnt deshalb zu Recht davor, das Ende der Beschäftigungskrise voreilig zu verkünden.[11] ILO-Generaldirektor *Juan Somavia* machte im Vorfeld des Weltwirtschaftsforums in Davos deutlich: „Wir müssen verhindern, dass eine wirtschaftliche Erholung ohne Erholung auf den Arbeitsmärkten stattfindet."[12]

Aber nicht nur die offiziell registrierten Arbeitslosenzahlen stiegen bzw. steigen in der Krise dramatisch an, sondern der seit zwei Jahrzehnten anhaltende „Downsizing-Prozess", d.h. sichere Beschäftigung durch unsichere zu ersetzen bzw. letztere auszubauen, beschleunigte sich erneut: Im Jahr 2009 nahm die Zahl der unsicher Beschäftigten[13] um weltweit 110 Millionen Beschäftigte zu. Tendenz weiter steigend.

Die ILO-Verantwortlichen machen damit auf zwei Entwicklungen aufmerksam, die sich bereits in bzw. nach vorhergehenden Krisen beobachten lassen: (1) Trotz (leicht) ansteigenden Wirtschaftswachstums „nach" der Krise ist mit einem „jobless-growth" bzw. „jobless recovery" (beschäftigungsfreies Wachstum)[14] zu rechnen, wie dies bereits in den 1990er-

---

[10] Vgl. zum Folgenden *International Labour Organization* (Hg.), Global Employment Trends January 2010, Genf 2010.
[11] Vgl. *International Labour Organization*, Kein Ende der Beschäftigungskrise. Internationale Arbeitsorganisation warnt vor zu frühem Ausstieg aus Konjunkturprogrammen, Berlin, Bonn, Genf, Pressemitteilung vom 09.12.2009.
[12] *International Labour Organization*, Arbeitslosigkeit im vergangenen Jahr auf dem höchsten Stand aller Zeit, Berlin, Bonn, Genf, Pressemitteilung vom 27.01.2010, online unter <http://www.ilo.org/public/german/region/eurpro/bonn/aktuelles/get10.htm>, erstellt 27.01.2010/abgerufen 20.03.2010.
[13] Unter unsicherer Beschäftigung versteht die ILO Arbeiten, die unter prekären Bedingungen – etwa als Selbstständige im informellen Sektor und als Mithelfer in Familiengeschäften – ohne vertragliche Regelungen, ohne geregelte soziale Absicherung und Mitbestimmung etc. ausgeübt werden.
[14] Vgl. *Leo F. Aichhorn*, Arbeitslosigkeit trotz Wirtschaftswachstum – Sustainable Growth, neuer Weg gegen Jobless Growth, Linz 2004; *Hans Wagner*, The case for a Jobless Growth Economy in the US, o. O. 2009, online unter <http://www.dailymarkets.com/economy/

Jahren und nach dem Platzen der „Dotcom-Blase" im Jahr 2000 der Fall war. Wenn auch die Ursachen für diesen Sachverhalt in der Makroökonomie weiterhin umstritten sind, so ist das Ergebnis dennoch eindeutig: Führten vor den 1990er-Jahren konjunkturelle Erholungen auch zu einer proportionalen Zunahme der Beschäftigung, zeigten sich diese Effekte in den jüngsten Erholungsphasen nur schwach ausgeprägt und deutlich weniger nachhaltig. Nach der Krise sind Rationalisierungs- statt Erweiterungsinvestitionen mit einer entsprechenden Stagnation oder sogar einem Rückgang der Beschäftigtenzahlen zu befürchten.[15] Hinzu kommt (2), dass die ggf. geschaffenen Arbeitsplätze zunehmend in einem hohen Maße als prekäre Beschäftigungen einzustufen sind. Das heißt quantitative Arbeitsplatzzuwächse werden durch Prekarisierung menschlicher Arbeit generiert.

2.3 Arbeitslosigkeit hat weitreichende Folgen

In diese Richtung weisen auch Studien zu den langfristigen Folgen des Jobverlustes. Wissenschaftler der Columbia Universität, des Instituts zur Zukunft der Arbeit (IZA) in Bonn und des Instituts für Arbeitsmarkt- und Berufsforschung (IAB) in Nürnberg[16] können z. B. für Deutschland zeigen, dass nach krisenbedingten Massenentlassungen die Betroffenen auch nach Jahrzehnten über weniger Einkommen verfügen können als vergleichbare Personen, die ihre Arbeitsstelle behalten konnten. Einkommensverluste zeigen sich über die Branchen hinweg sowohl bei Männern und Frauen gleichermaßen. Nachgewiesen wird, dass selbst bei Neuanstellungen in der Regel ein Einkommensverlust von bis zu 30 Prozent hingenommen werden muss im Vergleich zu denjenigen, die ihren Job behalten konnten. Aber nicht nur die Bruttoeinkommen sind betroffen, sondern ebenso Sozialleistungen wie Urlaubs- und Weihnachtsgeld sowie betriebliche Sonderleistungen. Die Gründe hierfür liegen einerseits darin, dass die Löhne bei Wiederbeschäftigung häufig deutlich geringer ausfal-

---

2009/11/19/the-case-for-a-jobless-growth-economy-in-the-us>, erstellt 19.11.2009/abgerufen 15.03.2010; *Gerhard Bosch*, ‚Jobless Growth'? Die Auswirkung der neuen Informations- und Kommunikationstechnologien auf die Beschäftigung, in: Arbeit, Heft 4, Jg. 7 (1998), 299–315; *Özlem Onaran*, Jobless growth in the Central and Eastern European Countries: A country specific panel data analysis for the manufacturing industry, Wien 2007, online unter <http://epub.wu.ac.at/dyn/virlib/wp/mediate/epub-wu-01_bb6.pdf?ID=epub-wu-01_bb6>, erstellt 03/2007/abgerufen 15.03.2010.

[15] Vgl. *Michael Schäfers*, Von der Arbeit zur Tätigkeit, 137–142.
[16] Vgl. *Johannes F. Schmieder/Till von Wachter/Stefan Bender*, The long-term impact of job displacement in Germany during the 1982 recession on earnings, income, and employment, Nürnberg 2010 (IAB-Discussion Paper 1/2010).

len, und andererseits in gehemmten betriebsinternen Aufstiegsmöglichkeiten mit entsprechendem niedrigerem Verdienst im Vergleich zu langjähriger Betriebszugehörigkeit im entlassenden Betrieb. Hinzu kommen die verschärfte Arbeitsmarktlage für über 50-Jährige, der Rückgang des Normalarbeitszeitverhältnisses und die Ausweitung des Niedriglohnsektors und weitere Faktoren, die die wirtschaftliche und soziale Position sowohl am Arbeitsmarkt als auch innerhalb des Betriebs nach Wiederbeschäftigung negativ beeinflussen. Es kommt zu nachhaltigen Einkommensverlusten mit den entsprechenden Auswirkungen auf die erwerbsarbeitszentrierten Sicherungssysteme insgesamt und die dort verortete Höhe der Sicherungsleistungen für den Einzelnen (siehe unten).

Die angeführte Studie widerspricht der politisch prolongierten These, dass eine Rückkehr zur Normalität vor der Krise ohne Abstriche und Einbußen möglich sei. Diese Behauptung ist jedenfalls gegenüber denjenigen, die in der Krise ihre Erwerbsarbeit verlieren, eine Verkennung von Tatsachen.

2.4 Soziale Absicherung

Geringere Einkommen, Kurzarbeit und vor allem Arbeitslosigkeit führen zu erheblichen Ausfällen in der Alterssicherung, da geringere Einlagen bzw. Einzahlungen geleistet werden (können). Das Mannheimer Research Institute for the Economics of Aging (MEA) hat für lohnabhängig Beschäftigte mit durchschnittlichem Einkommen in Deutschland als Folge der Krise eine Schmälerung der staatlichen Rente nach 45 Berufsjahren bei Renteneintritt im Jahre 2015 von 92 Euro errechnet; im Jahre 2020 von 110 Euro, im Jahr 2040 von 194 Euro.[17] Die Krise hat aufgrund von Lohn- und Gehaltsausfällen und fehlender Einkommenssteigerungen also mittel- bis langfristige Auswirkungen auf die Alterssicherung. Derzeit geben ca. 20 Prozent der Haushalte in Deutschland an, durch arbeitsmarktbezogene Krisenwirkungen, wie Einkommensverlusten, Kurzarbeit, Arbeitslosigkeit oder eine erhöhte Arbeitsplatzunsicherheit, von der Krise *direkt* betroffen zu sein.[18]

---

[17] Vgl. *Mannheim Research Institute for the Economics of Aging* (Hg.), Auswirkungen der Finanzkrise auf die Gesetzliche Rentenversicherung, ihre Beitragszahler und ihre Rentner, Mannheim 2009.
[18] Vgl. *Mannheim Research Institute for the Economics of Aging* (Hg.), Deutsche Privathaushalte in der Finanz- und Wirtschaftskrise – Betroffenheit und Reaktionen, Mannheim 2009.

Neben den Folgen für die Alterssicherung bleibt auf die negativen Auswirkungen für Arbeitssuchende beim Bezug von ALG I und ALG II hinzuweisen. Durch die sogenannten „Hartz-Gesetze" wurden erhebliche Einschnitte gesetzt, u. a. hinsichtlich Bezugsdauer und -höhe des Arbeitslosengeldes, Zumutbarkeitskriterien bei der Annahme einer Wiederbeschäftigung, Anrechnung des „Vermögen" usw. In der Krise wirken sich diese politischen Maßnahmen als Einstieg in eine „Abwärtsspirale" und dequalifizierend für die Betroffenen aus.[19]

2.5 Betriebliche Zusammenhänge, kollektive Interessenvertretung und Flexibilisierung der Arbeit

Die beschriebenen Entwicklungen kulminieren am „Ort der Arbeit", sie finden ihren Niederschlag im betrieblichen Alltag, in der „Arbeitspolitik" im weitesten Sinne. So auch in Deutschland, das entgegen erster Prognosen im europäischen Vergleich eher glimpflich durch die Krise(n) kommen dürfte. Der Jahreswirtschaftsbericht der Bundesregierung rechnet im Jahr 2010 im Jahresdurchschnitt mit 3,7 Millionen offiziell registrierten Arbeitsuchenden. Dieses Szenario erzeugt in den Betrieben bei den Beschäftigten, vor allem in den betroffenen Branchen, Angst vor Arbeitsplatzverlust und Abstieg. Letzteres wird wiederum befördert durch die sogenannten „Hartz-Gesetze", die den sozialen Abstieg bei längerer Arbeitslosigkeit vorprogrammieren.

Angst geht vor allem bei Beschäftigten in Kurzarbeit um. Im Jahresdurchschnitt 2009 wurde an 1,1 Millionen Menschen Kurzarbeitergeld ausgezahlt, das sich damit auch für Beschäftigte in kleinen und mittelständischen Unternehmen als bedeutender Faktor erwiesen hat, um die Auswirkungen der globalen Wirtschaftskrise abzufedern und die Arbeitslosigkeit einzudämmen.[20] Grundlage der Anzeige von Kurzarbeit ist, dass das Unternehmen durch die Krise betroffen ist. Und dies wirkt nicht gerade beruhigend auf die Kurzarbeitenden. Viele sehen ihre Aussichten eher düster, neben den hinzunehmenden Lohneinbußen entsteht die Angst, dass Kurzarbeit die Vorstufe zur Arbeitslosigkeit sein könnte.

---

[19] Vgl. *Wolfgang Gern/Franz Segbers* (Hg.), Als Kunde bezeichnet, als Bettler behandelt: Erfahrungen aus der HARTZ IV-Welt, Hamburg 2009.
[20] Vgl. *Bundesagentur für Arbeit* (Hg.), Der Arbeitsmarkt in Deutschland. Ein Jahr Krise auf dem deutschen Arbeitsmarkt, Nürnberg 2009 (Stand November 2009); *Handelsblatt online*, Kurzarbeit hilft vielen kleinen Firmen, online unter <http://www.handelsblatt.com/politik/deutschland/bundesagentur-fuer-arbeit-kurzarbeit-hilft-vielen-kleinen-firmen;2545810>, erstellt 14.03.2010/abgerufen 15.03.2010.

Darin spiegelt sich nicht zuletzt die Erfahrung vieler lohnabhängig Beschäftigter wider, ausschließlich als „Kostenfaktor" unternehmerischen Handelns wahrgenommen zu werden. Der Verkauf ganzer Belegschaften durch Unternehmensfusionen, Betriebsaufspaltungen und „Outsourcing" – verstärkt in den letzten beiden Jahrzehnten durch Großbetriebe – finden ihren Niederschlag in einer gestörten Unternehmens- und Vertrauenskultur. Laut einer branchenübergreifenden Befragung des *SKOPOS Instituts für Markt- und Kommunikationsforschung* wird vor allem die betriebsinterne Kommunikation kritisch beurteilt:

> „Über die Hälfte der Arbeitnehmer (55 %) fühlt sich nur unzureichend über die Auswirkungen der Krise auf das eigene Unternehmen informiert. [...] Mehr als 70 % der Befragten sind davon überzeugt, dass die Unternehmensführung keine Lösungsansätze oder Maßnahmen zur Bewältigung der Krise entwirft. [...] Aufgrund der erlebten mangelnden Wertschätzung und der unzureichenden Informationspolitik fühlt sich rund ein Drittel der Arbeitnehmer (35 %) mit ihren Sorgen und Ängsten allein gelassen. [...] Über die Hälfte der Befragten (57 %) gibt an, dass das Betriebsklima durch die Krise gelitten hat. Ein stärkeres Konkurrenzdenken im Unternehmen führt vermehrt zu Missgunst, Konflikten und Mobbing."[21]

Die Krise verschärft also den Schwund der Vertrauenskultur weiter, einst Markenzeichen und Grundlage des „Standortes Deutschland" und der geltenden Mitbestimmungsregelungen. Der Kampf in den Betrieben verschärft sich angesichts der Krise: zwischen Unternehmensführung und lohnabhängig Beschäftigten, aber auch innerhalb der Belegschaft.

Krisenzeiten sind schlechte Zeiten für *kollektive Interessensvertretungen* der lohnabhängig Beschäftigten zur Durchsetzung von Arbeitnehmerrechten und Lohnerhöhungen. Bundesagentur-Chef *Frank-Jürgen Weise* hat den Arbeitnehmerinnen und Arbeitnehmern für die Hilfe in der Krise gedankt. Sie hätten durch einen Verzicht auf Lohn etwa zur Hälfte (neben Arbeitgebern und Bund) zur Abfederung der Krise beigetragen, dies insbesondere durch den Abbau von Überstunden, Kurzarbeit, Reduzierung der Wochenstunden und den Aufbau negativer Arbeitszeitkonten.[22] Die Ausführungen machen genau die Zwiespältigkeit deutlich, in der die Arbeitnehmerschaft und ihre Interessenvertretungen angesichts der Krise stehen: Durch Lohnverzicht versuchten sie, Arbeitsplätze zu sichern, und dies angesichts der (mehr oder weniger offenen) Androhung von Arbeitsplatzverlust und Arbeitslosigkeit der „Kapitalseite". Inwie-

---

[21] *SKOPOS Instituts für Markt- und Kommunikationsforschung*, SKOPOS Studie: Mitarbeiterführung in der Krise, Hürth 2009, online unter <http://www.skopos.de/newspresse/138-mitarbeiterfuehrung.html>, erstellt 09.12.2009/abgerufen 21.03.2010.
[22] Vgl. *Focus online*, BA-Chef Weise: „Arbeitnehmer bezahlen die Krise", online unter <http://www.focus.de/karriere/perspektiven/ba-chef-weise-arbeitnehmer-bezahlen-die-krise_aid_465812.html>, erstellt 25.12.2009/abgerufen 15.03.2010.

weit dieser (Zwangs)Verzicht erfolgreich sein wird und kann, ist derzeit allerdings eine offene Frage.

Zu erwarten ist jedenfalls eine weitere *negative Flexibilisierung der Arbeit und des Arbeitsmarktes*, die sich bereits deutlich abzeichnet: Die Krise und die Folgewirkungen werden saniert durch Lohneinbußen, Arbeitslosigkeit und Kürzungen bei sozial Benachteiligten, was entsprechende negative Auswirkungen auf die Binnennachfrage haben wird. Als Puffer der Krisenbewältigung am Arbeitsmarkt dienen Randbelegschaften, Zeitarbeit und prekäre Beschäftigung. Das Ergebnis: Die Krise verstärkt die Ungleichheit.[23] Die zunehmende und weitere Aufspaltung, Deregulierung und Flexibilisierung der menschlichen Arbeit in rund um den Globus verteilte Wertschöpfungsketten, die zunehmend seit zwei Jahrzehnten auszumachen ist, stellt ein realistisch zu erwartendes Zukunftsszenario dar.[24]

Angesichts der Krise und ihrer Wirkungen steigt jedenfalls der kapitalistische Verwertungsdruck auf den „Faktor Arbeit" im internationalen Kontext weiter, und dies angesichts der bisher unzureichend regulierten Globalisierung der Finanzmärkte und Internationalisierung des Handels. Womit wir wieder beim Ausgangspunkt der Finanz- und Wirtschaftskrise wären.

3 Perspektiven: Regulierung der Finanzmärkte und Vorrang der menschlichen Arbeit

Ein konzeptionelles Herangehen an die Krise lässt sich derzeit nicht ausmachen. Die weltweiten billionenschweren Bankenstützungen und -übernahmen, Teilverstaatlichungen von Banken und Megakonzernen sowie Konjunkturprogramme der öffentlichen Hände mildern die Folgen der Krise, beseitigen aber keineswegs die Ursachen. Weiterhin scheint die Doktrin des ehemaligen Chefs der US-Notenbank, *Alan Greenspan*, den Ton anzugeben, nach der nicht die Spekulationsexzesse zu bekämpfen sind, sondern die desaströsen Folgen auf die Realwirtschaft und damit die Arbeitswelt, wenn die Spekulationsblasen platzen.[25] Ganz in diese Richtung geht auch die in Deutschland diskutierte Bankenabgabe, die nichts

---

[23] Vgl. *Johannes Giesecke/Philip Wotschack*, Flexibilisierung in Zeiten der Krise: Verlierer sind junge und gering qualifizierte Beschäftigte, in: *Wissenschaftszentrum Berlin für Sozialforschung* (Hg.), WZBrief Arbeit 01/Juni 2009, Berlin 2009.
[24] Vgl. *Michael Schäfers*, Von der Arbeit zur Tätigkeit, 104–117.
[25] Vgl. *Lucas Zeise*, Ende der Party, 108.

anderes als eine Konkursversicherung und ein „nachsorgendes Mittel" darstellt, die die öffentliche Hand entlastet, aber spekulative Geschäfte keineswegs einengt oder abschafft. Ursachenbekämpfung hieße demokratische Regulierung der Finanzmärkte, Kapitalverkehrskontrolle, Besteuerung aller Arten von Finanztransaktionen, Verbot außerbilanzieller Geschäfte der Banken und deren konsequente Unterstellung unter staatliche Aufsicht, Regulierung bis hin zum Verbot der Hedge- und Private-Equity-Fonds, Regulation von Derivaten, Schließung der Offshore-Zentren – um nur einige Mittel und Bereiche zu nennen, an denen eine Ursachenbekämpfung hätte ansetzen müssen. Die u. a. vom ehemaligen Bundesfinanzminister, Peer Steinbrück, in seiner Regierungserklärung im September 2008 in diese Richtung geforderte tiefgreifende „Zivilisierung der Finanzmärkte" scheint wiederum ausgesetzt.[26]

Dennoch findet innerhalb der Zivilgesellschaft ein verstärktes Nachdenken über zukunftsfähige Wege und Lösungen für den Erhalt bzw. den Ausbau solidarischer, gerechter und nachhaltiger Strukturen statt.[27] Denn: Die „Religion des Kapitalismus", die menschliche Arbeit und damit den Menschen selbst in den Prozess der „Zertrümmerung des Seins"[28] verstrickt, hat keine Zukunft.[29] Es geht nicht nur um *die* Finanz- und Wirtschaftskrise, sondern um *Krisen* (Zunahmen von Hunger und Ausgrenzung, zerstörerischer Lebensstil, Klimaveränderungen und die Folgen, Terror und Militarisierung etc.) kulminierenden Ausmaßes, die weit grundsätzlichere (ordnungspolitische) Einschnitte und Eingriffe abverlangen. Erfreulicherweise spielt im Kontext dieser Transformationsdiskussionen auch die Soziallehre der Kirche wieder zunehmend eine Rolle.[30] Dreh- und Angelpunkt dieser „sozialen Fragen" ist und bleibt die menschliche Arbeit. Die Stellung, die ihr zukommen müsste, beschreibt

---

[26] Vgl. *Presse- und Informationsamt der Bundesregierung* (Hg.), Regierungserklärung von Bundesfinanzminister Peer Steinbrück, Berlin 2009 (Stenographische Mitschrift vom 29.09.2008), online unter <http://www.bundesregierung.de/nn_915686/Content/DE/Archiv16/Regierungserklaerung/2008/2008-09-29-regierungserkl_C3_A4rung-steinbr_C3_BCck.html>, erstellt 29.09.2008/aufgerufen 15.03.2010.

[27] Vgl. z.B. *Alex Steffen* (Hg.), WorldChanging. Das Handbuch der Ideen für eine bessere Zukunft, München 2008; *Brot für die Welt, eed, BUND* (Hg.), Zukunftsfähiges Deutschland in einer globalisierten Welt. Ein Anstoß zur gesellschaftlichen Debatte, Frankfurt a.M. 2008.

[28] Vgl. *Walter Benjamin*, Kapitalismus als Religion (Fragment), in: *Rolf Tiedemann/Hermann Schweppenhäuser* (Hg.), Gesammelte Schriften, 7 Bde. Frankfurt a.M. 1991, Bd. VI, S. 100–102.

[29] Vgl. *André Gorz*, Auswege aus dem Kapitalismus. Beiträge zur politischen Ökologie, Zürich 2009.

[30] Vgl. z.B. *Roger de Weck*; Nach der Krise. Gibt es einen anderen Kapitalismus?, München 2009.

die Pastoralkonstitution „Gaudium et spes" des II. Vatikanischen Konzil (Nr. 67): „Die in der Gütererzeugung, der Güterverteilung und in den Dienstleistungsgewerben geleistete menschliche Arbeit hat den Vorrang vor allen anderen Faktoren des wirtschaftlichen Lebens, denn diese sind nur werkzeuglicher Art."[31]

Literaturverzeichnis

Leo F. Aichhorn, Arbeitslosigkeit trotz Wirtschaftswachstum – Sustainable Growth, neuer Weg gegen Jobless Growth, Linz 2004.

Hans Baumann, Die Auswirkungen der Weltwirtschaftskrise auf die europäische Bau- und Holzwirtschaft und gewerkschaftliche Gegenstrategien, o. O. 2009, online unter <http://www.denknetz-online.ch/IMG/pdf/Referat_BHI_0711209.pdf>, erstellt 07.12.2009/abgerufen 20.03.2010.

Walter Benjamin, Kapitalismus als Religion (Fragment), in: *Rolf Tiedemann, Hermann Schweppenhäuser* (Hg.), Gesammelte Schriften, 7 Bde. Frankfurt a. M.: Suhrkamp 1991, Bd. VI, S. 100–102.

BLOGSPAN.NET (Hg.), „Wir sind Krise!" Auswirkungen der Wirtschaftskrise bereits für viele spürbar, Pressemitteilung vom 19.03.2009, online unter <http://www.blogspan.net/presse/wir-sind-krise-auswirkungen-der-wirtschaftskrise-bereits-fur-viele-spurbar/mitteilung/49670>, erstellt 19.03.2009/abgerufen 20.03.2010.

Gerhard Bosch, ‚Jobless Growth'? Die Auswirkung der neuen Informations- und Kommunikationstechnologien auf die Beschäftigung, in: Arbeit, Heft 4, Jg. 7 (1998), 299–315.

Brot für die Welt, eed, BUND (Hg.), Zukunftsfähiges Deutschland in einer globalisierten Welt. Ein Anstoß zur gesellschaftlichen Debatte, Frankfurt a. M. 2008.

Bundesagentur für Arbeit (Hg.), Der Arbeitsmarkt in Deutschland. Ein Jahr Krise auf dem deutschen Arbeitsmarkt, Nürnberg 2009 (Stand November 2009).

Focus online, BA-Chef Weise: „Arbeitnehmer bezahlen die Krise", online unter <http://www.focus.de/karriere/perspektiven/ba-chef-weise-arbeitnehmer-bezahlen-die-krise_aid_465812.html>, erstellt 25.12.2009/abgerufen 15.03.2010.

---

[31] *Karl Rahner/Herbert Vorgrimler* (Hg.), Kleines Konzilskompendium, 16. Auflage, Freiburg i. B. 1982, 522 (Ziff. 67).

Wolfgang Gern/Franz Segbers (Hg.), Als Kunde bezeichnet, als Bettler behandelt: Erfahrungen aus der HARTZ IV-Welt, Hamburg 2009.

Johannes Giesecke/Philip Wotschack, Flexibilisierung in Zeiten der Krise: Verlierer sind junge und gering qualifizierte Beschäftigte, in: *Wissenschaftszentrum Berlin für Sozialforschung* (Hg.), WZBrief Arbeit 01/ Juni 2009, Berlin 2009 (01. 06.2009).

André Gorz, Auswege aus dem Kapitalismus. Beiträge zur politischen Ökologie, Zürich 2009.

Handelsblatt online, Kurzarbeit hilft vielen kleinen Firmen, online unter <http://www.handelsblatt.com/politik/deutschland/bundesagentur-fuer-arbeit-kurzarbeit-hilft-vielen-kleinen-firmen;2545810>, erstellt 14.03.2010/abgerufen 15.03.2010.

Institut für Wirtschaftsforschung Halle, Themenheft: Weltfinanzkrise, Halle 2009, online unter <http://www.iwh-halle.de/d/publik/wiwa/1TH-09.pdf>, erstellt 31.03.2009/abgerufen 15.03.2010.

International Labour Organization, Arbeitslosigkeit im vergangenen Jahr auf dem höchsten Stand aller Zeit, Berlin, Bonn, Genf, Pressemitteilung vom 27.01.2010, online unter <http://www.ilo.org/public/german/region/eurpro/bonn/aktuelles/get10.htm>, erstellt 27.01.2010/ abgerufen 20.03.2010.

International Labour Organization (Hg.), Global Employment Trends January 2010, Genf 2010.

International Labour Organization, Kein Ende der Beschäftigungskrise. Internationale Arbeitsorganisation warnt vor zu frühem Ausstieg aus Konjunkturprogrammen, Berlin, Bonn, Genf, Pressemitteilung vom 09.12.2009.

Mannheim Research Institute for the Economics of Aging (Hg.), Auswirkungen der Finanzkrise auf die Gesetzliche Rentenversicherung, ihre Beitragszahler und ihre Rentner, Mannheim 2009 (meaStudies 09).

Mannheim Research Institute for the Economics of Aging (Hg.), Deutsche Privathaushalte in der Finanz- und Wirtschaftskrise – Betroffenheit und Reaktionen, Mannheim 2009 (meaStudies 10).

Barack Obama, Remarks by the President on the Home Mortgage Crises, Mesa/Arizona 2009, online unter <http://www.whitehouse.gov/the_press_office/Remarks-by-the-President-on-the-mortgage-crisis>, erstellt 18.02.2009/abgerufen 15.03.2010.

Özlem Onaran, Jobless growth in the Central and Eastern European Countries: A country specific panel data analysis for the manufacturing industry, Wien 2007, online unter <http://epub.wu.ac.at/dyn/vir-

lib/wp/mediate/epub-wu-01_bb6.pdf?ID=epub-wu-01_bb6>, erstellt 03/2007/abgerufen 15.03.2010.

Gisbert Otto, Die US-Immobilienblase und die internationale Bankenkrise – Ein gigantischer Schwindel der Finanzeliten, Zürich 2008, online unter <http://www.swg-hamburg.de/Archiv/Beitrage_aus_der_Rubrik_-_Wirt/Die_US_Immobilienblase_und_die.pdf>, erstellt 14.04.2008/abgerufen 15.03.2010.

Presse- und Informationsamt der Bundesregierung (Hg.), Regierungserklärung von Bundesfinanzminister Peer Steinbrück, Berlin 2009 (Stenographische Mitschrift vom 29.09.2008), online unter <http://www.bundesregierung.de/nn_915686/Content/DE/Archiv16/Regierungserklaerung/2008/2008-09-29-regierungserkl_C3_A4rung-steinbr_C3_BCck.html>, erstellt 29.09.2008/aufgerufen 15.03.2010.

Karl Rahner/Herbert Vorgrimler (Hg.), Kleines Konzilskompendium, 16. Auflage, Freiburg i.B. 1982.

Michael Schäfers, Von der Arbeit zur Tätigkeit. Zeitdiagnosen und Wege wider die Resignation, Münster 2001.

Johannes F. Schmieder/Till von Wachter/Stefan Bender, The long-term impact of job displacement in Germany during the 1982 recession on earnings, income, and employment, Nürnberg 2010 (IAB-Discussion Paper 1/2010).

SKOPOS Instituts für Markt- und Kommunikationsforschung, SKOPOS Studie: Mitarbeiterführung in der Krise, Hürth 2009, online unter <http://www.skopos.de/newspresse/138-mitarbeiterfuehrung.html>, erstellt 09.12.2009/abgerufen 21.03.2010.

Alex Steffen (Hg.), WorldChanging. Das Handbuch der Ideen für eine bessere Zukunft, München 2008.

Hans Wagner, The case for a Jobless Growth Economy in the US, online unter <http://www.dailymarkets.com/economy/2009/11/19/the-case-for-a-jobless-growth-economy-in-the-us>, erstellt 19.11.2009/ abgerufen 15.03.2010.

Reiner Wandler, Spaniens Jugend kann nur noch auswandern. Arbeitslosigkeit: Seit dem Ende des Baubooms sind hunderttausende Jugendliche ohne Job. Zu 62 Prozent leben sie wieder bei ihren Eltern, in: die tageszeitung vom 23. März 2010, 11.

Roger de Weck; Nach der Krise. Gibt es einen anderen Kapitalismus?, München 2009.

Lucas Zeise, Ende der Party – Die Explosion im Finanzsektor und die Krise der Weltwirtschaft, Köln 2009.

ANDRÉ HABISCH

Selbstheilungskräfte des Marktes?
Ökonomische Theorien des Marktversagens und ihre Relevanz für die Bewältigung der Krise

Zusammenfassung

Jenseits naiver Markteuphorie und antikapitalistischer Fundamentalkritik sucht der Text ökonomische Theorien des Marktversagens für eine Bewältigung der Wirtschaftskrise fruchtbar zu machen. Nach einer Rekapitulation von Götz Briefs Theorie der ‚abnehmenden Grenzmoral' und George Akerlofs Konzept der negativen Selektion bei asymmetrischer Informationsverteilung werden vor allem zwei ökonomische Selbstregulierungspotentiale skizziert: einzelwirtschaftlich besteht mit der Markenbildung die Chance, z.B. der normativen Nachhaltigkeitsforderung Geltung zu verschaffen; kollektiv besteht in Branchenvereinbarungen eine zentrale Strategie ökonomischer Selbstregulierung. Angesichts der Finanzmarktkrise wird aber deutlich, dass Selbstregulierung eine sanktionsbewerte Festlegung von Mindeststandards durch eine internationale Ordnungspolitik zwar flankieren und vorbereiten, nicht aber ersetzen kann.

1 Vorbemerkung: Die Liberalisierung der Finanzmärkte als politische Entscheidung

Die Wirtschafts- und Finanzkrise, die mit dem spektakulären Zusammenbruch der Investmentbank ‚Lehman Brothers' ihren medienträchtigen Höhepunkt fand, hat grundlegende Diskussionen zum kapitalistischen Wirtschaftssystem wieder aufleben lassen, die insbesondere nach dem Zusammenbruch der planwirtschaftlichen Systeme Mittel und Osteuropas zu Beginn der 90er Jahre des 20. Jahrhunderts in den Hintergrund getreten waren. Nicht wenige Beobachter meinten, im nur knapp abgewendeten Zusammenbruch der globalen Finanzmärkte sowie der sich anschließenden Krise der Realwirtschaft, die in Deutschland zum schärfsten Rückgang des Sozialprodukts seit Bestehen der Bundesrepublik geführt hat, wiederum den Untergang eines Wirtschaftssystems zu erkennen. Die Politik konnte durch eine international koordinierte und in ihrer Radikalität bislang einmalige Stützungsaktion die Finanzmärkte stabilisieren; sie empfahl sich dadurch angesichts der Selbstblockade der einander misstrauenden Finanzorganisationen als der überlegene Koordinationsmechanismus. Nach dem eklatanten Staatsversagen, das vor 20 Jahren zum Zusammenbruch des Sozialismus und zum Regimewechsel in Mittel- und Osteuropa geführt hatte, trat das Bewusstsein der Möglichkeit von Marktversagen wieder deutlich ins kollektive Bewusstsein.

Die Finanzkrise gilt Vielen als Symbol für den Bankrott jenes liberalen Mantra der Überlegenheit des freien Spiels der Kräfte, das den Staat lediglich auf die Rolle eines schlanken Nachtwächters reduziert sehen will. In den Augen vieler Beobachter ist es gerade diese liberale Ideologie, die die Krise wesentlich mit verursacht hat. Angesichts solcher Diskussionen bleibt zunächst festzuhalten: *Die Liberalisierung der Finanz- und Gütermärkte ist eine Entwicklung, die durch Entscheidungen der nationalen und internationalen Politik über Jahrzehnte hinweg kontinuierlich vorangetrieben worden ist.* Dabei haben sich keineswegs nur marktradikale Kräfte, sondern gerade auch linksliberale Politiker engagiert und sich gegen konservative und binnenmarktorientierte Kräfte durchgesetzt. So wurden etwa das Trennbankensystem, das seit dem Seagall Act von 1936 in Folge der Finanzkrise der Jahre 1929 ff. die organisatorische Trennung von Geschäftsbanken einerseits und Investmentbanking andererseits verfügt hatte, endgültig erst von der Regierung des demokratischen Präsidenten Bill Clinton beerdigt (1999). In Deutschland ist als wichtiger Schritt auf dem Weg in die Internationalisierung die Entscheidung von Finanzminister Hans Eichel und Bundeskanzler Gerhard Schröder aus dem Jahr 2001 zu nennen, die den Banken die steuerfreie Veräußerung von Unternehmensanteilen erlaubt haben. Denn sie hat den Weg für die Auflösung der ‚Deutschland AG' und die Öffnung für die internationalen Finanzmärkte frei gemacht. Ziel war das bessere Funktionieren der Finanzmärkte und mehr Kapitalzufluss auch für sozialpolitische (sub-prime für Häuslebauer in den USA) und entwicklungspolitische Projekte.

In der Rückschau fällt es leicht, diese Entscheidungen zu kritisieren. Eine ausgewogene sozialethische Bewertung wird aber zu berücksichtigen haben, dass viele der Ziele, die mit der Internationalisierung der Finanzmärkte erreicht werden sollten, auch in der Tat erreicht wurden. Dazu pars pro toto nur drei Aspekte:

1. Die geradezu explosionsartige wirtschaftliche Entwicklung Chinas und Indiens, in deren Folge in den vergangenen zwei Dekaden mehrere Hundert Millionen Menschen der Armut und dem Hunger entkommen sind, ist vielleicht das schnellste und erfolgreichste Entwicklungsprojekt der menschlichen Zivilisationsgeschichte. Diese ‚Erfolgsgeschichte' der Armutsbekämpfung wäre ohne Investmentbanking und innovative Methoden der Mobilisierung von Investitionskapital im globalen Kontext nicht möglich gewesen. Denn das ‚künstlich' ausgedehnte Anlagevermögen, das global nach rentablen Projekten suchte und

sucht, ist eben nicht nur in unerwünschter Weise in spekulative Blasen der Vermögensmärkte in der westlichen Welt geflossen und hat dort jahrelange Preissteigerungen ausgelöst. Große Teile der Mittel flossen auch in die genannten Schwellenländer, in denen aufgrund des schnellen Wachstums hohe Renditen winken. Sie hat dort diesen sozialethisch erwünschten[1] Entwicklungsprozess beschleunigt.

2. Die schleichende Substitution von einzelnen kleinen Privatanlagen durch Fonds und professionelle Anlagemanager hat erheblich zur spekulativen Dynamik auf globalisierten Finanzmärkten beigetragen: Sie wird immer als weitere Ursache der unerwünschten Veränderungen auf den internationalen Kapitalmärkten gesehen.[2] Doch auch diese Entwicklung ist nicht per se unerwünscht: Ihr liegen letztlich Entwicklungen am Markt und damit Wahlhandlungen bzw. dahinter stehende Hoffnungen und Wünsche von Millionen von Kleinsparern zugrunde. Wie die Portfoliotheorie nach Harry Markowitz gezeigt hat, lässt sich der ökonomische Wert eines Anlagepapiers durch seine Integration in ein Portfolio mit komplementären Risiken erhöhen, weil es zu einer Risikoreduktion ohne Verringerung der zu erwartenden Rendite führt. Das wichtigste Ergebnis der Portfoliotheorie ist also die *Risikodiversifikation*: Für jeden Investor lässt sich ein so genanntes optimales Portfolio aus allen Anlagemöglichkeiten formulieren, das sein Risiko-Chancen-Profil bestmöglich abbildet. Diese Möglichkeit der Risikominimierung durch Diversifikation, die eigentlich nur reichen Vermögensbesitzern offen steht, lässt sich nun durch das ‚Einsammeln' von Sparkapital in Fonds auch für Kleinsparer erreichen. Diese Form der Professionalisierung des Anlagemanagements durch Fondsbildung ist mithin auch eine Reaktion auf wissenschaftlichen Erkenntnisfortschritt, der jenseits einer kleinen Schicht von Vermögensbesitzern für breite Bevölkerungsschichten fruchtbar gemacht werden soll.

---

[1] Natürlich gibt es aus sozialethischer Sicht auch – etwa ökologische – Gründe, die gegenwärtige Entwicklung in den Schwellenländern insbesondere Südasiens, aber auch Lateinamerikas zu kritisieren. Ein generelles Verdikt über diese ‚nachholende' Entwicklung wird sich aber dem in den betroffenen Ländern selbst geäußerten Vorwurf stellen müssen, hier werde aus der Position der bereits arrivierten Länder heraus der Wertekonflikt zwischen dem Drang von Millionen relativ armer Menschen nach Überleben bzw. Verbesserung ihrer Lebenssituation und dem Schutz der globalen Umwelt andererseits unfair bestimmt.
[2] Vgl. dazu *Bernhard Emunds*, Die Krise der globalen Finanzwirtschaft. Eine Analyse und sozialethische Einschätzung, in: Ethik und Gesellschaft 2/2009: Nach dem Kollaps – (Finanz-)Ethische Schlussfolgerungen aus der Krise, online unter <http://www.ethik-und-gesellschaft.de/mm/EuG-2-2009_Emunds.pdf>, abgerufen 12.02.2010.

3. Eine weitere, durchaus erwünschte Leistung internationaler Finanzmärkte ist die Bündelung und effektivere Durchsetzung von Anlegerinteressen. Auch von dieser profitieren nicht nur wenige Vermögensbesitzer, sondern ebenso Kleinsparer, die von ihrem Ersparten etwa ihre Altersversicherung bestreiten und deren Renditen erhöht werden. Dieses Argument ist im angelsächsischen Sprachraum noch relevanter, wo große Teile der Bevölkerung ihr Leben im Alter von kapitalgedeckten Alterssicherungssystemen erwarten und nicht im gleichen Umfang wie etwa in Deutschland staatliche Alterssicherung angeboten bzw. über ein Umlagesystem aus den Einzahlungen der berufstätigen Beitragszahler finanziert wird. Mehr Druck von den Finanzmärkten hier verhilft dazu, eine mitunter selbstgefällige Kaste von Topmanagern, die sich in den Vorständen und Aufsichtsräten der alten Deutschland AG gegenseitig kontrolliert haben (‚Kartell der alten Männer'), verstärktem Wettbewerbsdruck auszusetzen. Das bedeutet in der Praxis börsennotierter Unternehmen weniger Verschwendung und Privilegien für gut verdienende Manager (etwa für ‚consumption on the job' wie teure Dienstwagen, luxuriöse Fortbildungen, Personalaufbau nur zu Statuszwecken etc.) und weniger Toleranz für Fehlentscheidungen und inkompetente Führungskräfte.

In der öffentlichen Diskussion wird oft übersehen, dass die internationalen Finanzmärkte neben finanziellen durchaus auch ethische Leistungsanforderungen an Unternehmen herantragen, die sich an der Börse Kapital besorgen wollen. Die Finanzmärkte sind ein wichtiger Treiber von Forderungen nach verantwortlicher Unternehmensführung (‚Corporate Social Responsibility') – mancher deutsche Vorstand hat das Wort erstmals aus dem Mund eines Londoner Analysten gehört, den er für eine Investition in sein Unternehmen gewinnen wollte. Anleger und Analysten fordern hier eine CSR Gesamtstrategie des Unternehmens – und zwar zunächst zur *Senkung des Verlustrisikos des Investments durch Management von ESG Risiken*:

- Umweltrisiken (‚Environmental risks'): Das Einhalten von Umwelt- und Menschenrechtsstandards bei ausländischen Direktinvestitionen etwa auch an den Produktionsstätten in Entwicklungsländern erhöht die Sicherheit gegen Reputationsrisiken. Umweltrisiken ihrer Geschäftstätigkeit sieht sich etwa die Chemie-Industrie ausgesetzt, die immer wieder durch entsprechende Skandale erschüttert worden ist (etwa im indischen Bophal, wo 1984 Tausende von Menschen als Folge eines Unfalls mit Giftgas gestorben sind).

- Soziale Risiken (‚Social risks'): Die Konsequenzen von Reputationsrisiken als Folge fehlenden Menschenrechtsschutzes musste etwa der US Sportartikelhersteller Nike Ende der 90er Jahre erleben, als sich das Unternehmen mit Vorwürfen der ausbeuterischen Kinderarbeit konfrontiert sah und die Lifestyle orientierten meist jugendlichen Käufer Produkte des Unternehmens boykottierten.

- Risiken unethischer Unternehmensführung (‚Governance risks'): Die mögliche Bedeutung von Risiken unethischer Unternehmensführung musste der SIEMENS Konzern erfahren, der in Folge einer weit verbreiteten Korruptionspraxis nicht nur milliardenschwere Anwaltskosten und eine Strafzahlung von über 800 Mio. Dollar gegenüber der US Börsenaufsicht SEC leisten musste; vielleicht noch schwerer wogen die negativen Rückwirkungen auf Motivation und Identifikation von über 300 000 Mitarbeiterinnen und Mitarbeitern weltweit, die mit den Vorgängen identifiziert wurden.

Es sind mithin gerade die Finanzmärkte, die über CSR Kriterien der Unternehmensbewertung zur Vermeidung von Environmental, Social and Governance risks (ESG risks) sozialethisch erwünschte Entwicklungen in Gang setzen. Dies umfasst auch Themen im Bereich des Personalmanagements wie etwa Arrangements zur Vereinbarkeit von Familie und Beruf (work-life-balance), Erhöhung des Anteils internationaler Führungskräfte und mehr Frauen in Führungspositionen (‚Diversity Management') etc.: Maßnahmen, die langfristig gesehen die Wettbewerbsfähigkeit eines Unternehmens steigern und das Verlustrisiko für Investoren verringern.[3]

Aus sozialethischer Sicht stellt also der Siegeszug von Fondsmanagern, Investmentbankern und globalen Finanzmarkttransaktionen keineswegs per se eine Dekadenzerscheinung des Spätkapitalismus dar. Es tauchen nicht plötzlich – sozusagen als sozialethischer ‚Deus ex machina' – die bösen Investmentbanker auf, die die gute alte Aktionärsdemokratie pervertieren. Die genannten Entwicklungen sind vielmehr ermöglicht durch jahrzehntelange politische Entscheidungen der Liberalisierung der internationalen Finanzmärkte und umfassen viele im Prinzip erwünschte Professionalisierungstendenzen.

Für eine sozialethische Bewertung ist es wichtig zu sehen, dass die heute ebenfalls deutlichen negativen Nebenwirkungen der Finanzmarktliberali-

---

[3] Vgl. *Margit Osterloh/Katja Rost*, Diversity im Top-Management. Studie für die wissenschaftliche Kommission der Antidiskriminierungsstelle der Bundesregierung, Manuskript, Berlin 2009.

sierung (Informationsmissbrauch, Umgehung von Regulierungen als kollektives Ziel ganzer Abteilungen, Täuschung) aus der Sicht der nationalen und internationalen Politik untrennbar verknüpft sind mit den prinzipiell erwünschten Entwicklungen dieser Entscheidungen. Sie stellen in vielerlei Hinsicht eine *unerwünschte Nebenwirkung, eine nichtintendierte Folge intentionalen Handelns* dar.

Statt eines ideologischen Schwarz-Weiß Schemas zwischen naiver Markteuphorie[4] einerseits und einer antikapitalistischen Fundamentalkritik andererseits scheint es aus der Sicht einer wissenschaftlichen Sozialethik vielmehr geboten, die empirischen Zusammenhänge zunächst möglichst methodisch kontrolliert zu analysieren und in einer interdisziplinären Zusammenschau verschiedener Theorieansätze Lösungswege anzudeuten.

2 Ökonomische Theorien des Marktversagens

2.1 Götz Briefs und das Gesetz der ‚abnehmenden Grenzmoral'

Ökonomische Theoriebildung wird außerhalb der scientific community der Wirtschaftswissenschaften meist mit einer liberalen Legitimation von Märkten gleichgesetzt. In der Tat stand am Beginn der Ökonomie als Wissenschaft in der schottischen Aufklärung des 18. Jahrhunderts zunächst die Entdeckung der Gemeinwohlwirkungen des spontanen Zusammenwirkens voneinander unabhängiger wirtschaftlicher Aktivitäten. Adam Smiths Vorstellung von einer unsichtbaren Hand, die in und durch disparate Einzelinteressen der Marktteilnehmer hindurch das Gemeinwohl realisiert, war ursprünglich durchaus metaphysisch als Teil eines deistischen Schöpfungsglaubens verankert. Später – etwa in der österreichischen Schule der Nationalökonomie des frühen 20. Jahrhunderts (C. Menger, F.A. von Hayek) – sind dann auch wissenschaftliche Ar-

---

[4] Der in diesem Zusammenhang häufig verwendete Begriff des ‚Neoliberalismus' ist begriffsgeschichtlich gesehen fragwürdig. Denn als ‚Neoliberale' bezeichneten sich in der deutschen ordnungspolitischen Tradition gerade jene Denker, die die unbeschränkte Wirtschaftsfreiheit durch die Schaffung staatlicher Rahmenbedingungen beschränken wollten. Sie kritisierten den ‚Paläoliberalismus' in den 50er und 60er Jahren mit ähnlichen Argumenten, wie sie die heutige Diskussion gegen den ‚Neoliberalismus' vorbringt; vgl. dazu bereits *Egon Edgar Nawroth*, Die Sozial- und Wirtschaftsphilosophie des Neoliberalismus, Heidelberg 1962 bzw. *Clemens Dölcken*, Katholische Sozialtheorie und liberale Ökonomik. Das Verhältnis von Katholischer Soziallehre und Neoliberalismus im Lichte der modernen Institutionenökonomik, Tübingen 1992.

gumente zur Legitimation von Markt und Wettbewerb entwickelt worden. So leistet der Markt eine effektive Koordination dezentraler einzelwirtschaftlicher Aktivitäten mit geringen Informationsanforderungen (im Gegensatz etwa zur zentralen Preiskontrollkommission der DDR); über Lohn- und Preissignale übt der Markt eine Orientierungsfunktion auf Investitionsentscheidungen der Wirtschaftssubjekte aus: hohe Gewinnspannen ziehen weitere Anbieter eines bestimmten Gutes bzw. einer Dienstleistung an, erhöhen dadurch den Wettbewerbsdruck und bewirken mittelfristig ein Abschmelzen der Profite.

Weniger bekannt unter Nichtökonomen ist dagegen, dass es in der Geschichte der Ökonomie an verschiedenen Stellen auch zu einer *Theorie des Marktversagens* gekommen ist. Ökonomen haben hier mit ihrem eigenen wissenschaftlichen Instrumentarium gezeigt, dass und unter welchen Bedingungen Märkte ihre Koordinationsfunktion nicht mehr ausüben können beziehungsweise ihrer eigenen Zerstörung entgegenarbeiten. Ein früher Theoretiker des Marktversagens ist der katholische Ökonom und Sozialwissenschaftler *Götz Briefs* (1889–1974). In einer Streitschrift gegen den antimodernen Kulturphilosophen und einflussreichen konservativen Dekadenztheoretiker Oswald Spengler bemüht sich Briefs, dessen pauschal-assoziative Untergangsspekulationen mit empirisch basierter Methode zu widerlegen – und zeigt darin bereits sehr frühzeitig im deutschen Sprachraum das Ethos des empirisch arbeitenden Ökonomen und Sozialwissenschaftlers.[5] Briefs hat bereits 1920 hellsichtig auf die Tendenz nicht regulierter Märkte zu einer „sinkenden Grenzmoral" hingewiesen.[6] Ausgehend von einem bestimmten allgemein üblichen Mindestniveau von Geschäftsmoral findet sich zunächst eine Gruppe moralisch weniger sensibler Anbieter, die dieses Niveau geringfügig (marginal) unterschreitet: etwa durch Verwendung minderwertiger Materialien, durch Pfusch am Bau, durch falsche oder unvollständige Beratung bei Finanzgeschäften etc. Diese Gruppe kann dadurch kurzfristig wirtschaftliche Vorteile realisieren, z. B. indem sie niedrigere Preise anbietet oder höhere Renditen

---

[5] Götz Briefs nimmt 1926 einen Ruf an die Technische Hochschule Berlin an, wo er zwei Jahre später gemeinsam mit Paul Riebensahm das Institut für Betriebssoziologie und soziale Betriebslehre als erstes seiner Art im deutschen Sprachraum gründet. Aufgrund der immer stärkeren nationalsozialistischen Einflussnahme emigriert er 1934 in die USA, wo er als Gastprofessor an die Catholic University of America und 1937 als Full Professor an die Washingtoner Georgetown University geht.

[6] Vgl. dazu bereits *Götz Briefs*, Untergang des Abendlandes – Christentum und Sozialismus. Eine Auseinandersetzung mit Oswald Spengler, Freiburg (i. Br.) 1920, 5; sowie später *Götz Briefs*, Grenzmoral in der Pluralistischen Gesellschaft, in: *Erwin von Beckerath/Fritz W. Meyer/Alfred Müller-Armack* (Hg.), Wirtschaftsfragen der Freien Welt. FS Ludwig Erhardt, Frankfurt 1957, 97.

verspricht. Sie „zwingt" im scharfen Wettbewerb andere Gruppen ebenfalls zu einer solchen Unterschreitung, weil denen sonst die Kunden weglaufen. Auf dem neuen, nun niedrigeren Mindestniveau läuft dieser Prozess erneut ab etc. Die Folge ist eine allmähliche Dekadenz des Marktes bei sinkender Produktqualität und schwindendem Vertrauen der Käufer, die sich mittelfristig mit den unerwünschten Folgen des vermeintlich ‚günstigeren' Geschäftes konfrontiert sehen.

Den Prozess sinkender Grenzmoral wird man sich im Falle der Finanzkrise folgendermaßen vorstellen müssen: Die Finanzinnovationen globaler Investmentbanken führten zunächst zu geradezu märchenhaften Gewinnmargen für spezialisierte und global agierende Händler. Sie konnten über Jahre einen Innovationsgewinn (first-mover-advantage) realisieren, der sich insbesondere in Form der nunmehr viel diskutierten hohen Bonuszahlungen ausprägte. Es stellt aber ein Grundaxiom der ökonomischen Theorie dar, dass funktionierender Wettbewerb sukzessiv zu einem Abschmelzen derartiger Innovationsgewinne führt. Nachfrageseitig existieren immer weniger hoch rentable Anlagemöglichkeiten für Investitionskapital; angebotsseitig treten immer mehr Anbieter als Konkurrenten in den Markt ein, weil sie durch die hohen Gewinnmargen angelockt werden (Orientierungsfunktion des Wettbewerbs). Bei sinkender Attraktivität der Anlagemöglichkeiten (weniger Nachfrage) und steigendem Konkurrenzdruck (mehr Angebot) sinken die Gewinne kontinuierlich und pendeln sich auf ein Gleichgewichtsniveau ein. Diese zweite Phase sich konsolidierender Märkte stellt aus sozialethischer Sicht eine besondere Herausforderung dar. Denn die alteingesessenen Akteure haben sich an ein hohes Einkommensniveau gewöhnt, dessen Abschmelzen sie als besonders schmerzhaft empfinden. In dieser Phase kommt es mithin häufig zu illegalen oder doch illegitimen Strategien, die auf einer unfairen Ausbeutung von Informationsasymmetrien und mithin einer mehr oder weniger bewussten Schädigung der Geschäftspartner beziehungsweise betroffener Dritter basieren.

Neueste Befunde experimenteller Verhaltensökonomie bestätigen das Konzept von Götz Briefs auf überraschende Weise. Im spieltheoretischen Modell lässt sich das freiwillige Einhalten moralischer Mindeststandards als Bereitschaft der Akteure modellieren, auch in einer Gefangenendilemma-Situation zur Erstellung eines Gemeinschaftsgutes beizutragen. Dilemmatische Situationen sind dadurch gekennzeichnet, dass opportunistisches (Trittbrettfahrer-) Verhalten zwar kollektiv unerwünscht ist (also die Gemeinschaft der Handelnden als Ganze schädigt), für die handelnden Personen als Einzelne aber vorteilhaft ist, weil es die interne Verteilung des Ergebnisses zu ihrem Vorteil verändert (z. B. die Entsorgung von Abwässern im Fluss).[7] Für alle gemeinsam ist die Einhaltung von Regeln vorteilhaft, für den Einzelnen aber ist es besser, wenn sich alle anderen an die Regeln halten, man selber dies aber nicht braucht. Die ökonomische Theorie sagt voraus, dass es in einer solchen Dilemmasituation überhaupt nicht zur Zusammenarbeit kommen wird, weil rationale Akteure die Ausbeutung durch Trittbrettfahrer antizipieren und deshalb von Anfang an nicht zur Zusammenarbeit (hier: zum freiwilligen Einhalten moralischer Mindeststandards) bereit sind. Experimente mit Studierenden zeigen nun, dass Menschen zunächst trotzdem zu ca. einem Drittel bereit sind zu kooperieren. Allerdings schmilzt nach überraschend hohen Einstiegsniveaus die Kooperationsbereitschaft sukzessiv ab und es ist eine Anpassung an die oben genannte ökonomische Voraussage zu beobachten.[8]

Die Begründung für diesen Befund der ‚Anpassung nach unten' liegt darin, dass solche Akteure, die prinzipiell kooperationsbereit sind, aber ihre Kooperationsbereitschaft vom kooperativen Verhalten anderer Akteure abhängig machen (‚kontingente Kooperation') ihre Verhaltensweise nach und nach enttäuscht und frustriert anpassen. Es ist mithin auch im verhaltensökonomischen Experiment jener Mechanismus zu beobachten, den Götz Briefs als ‚sinkende Grenzmoral' bezeichnet hat. Das bekannte Wort aus der Dreigroschenoper von Bertolt Brecht („Was ist das Ausrauben einer Bank in Vergleich zum Betreiben einer Bank!") bringt diesen Vertrauensverlust in Kontext unzureichend regulierter nationaler Finanzmärkte der ersten Hälfte des 20. Jahrhunderts literarisch auf den Punkt.

2.2 George Akerlof und der ‚Markt für Zitronen'

Etwas ausführlicher theoretisch aufbereitet ist das Konzept des Marktversagens beim Ökonomie-Nobelpreisträger George Akerlof in seinem bekannten Beitrag zur abnehmenden Angebotsqualität auf Gebrauchtwagenmärkten bei asymmetrischer Informationsverteilung.[9] Die klassi-

---

[7] Vgl. dazu auch *Carsten Vogt*, Kooperation im Gefangenen-Dilemma durch endogenes Lernen, Inauguraldissertation, online unter <http://diglib.uni-magdeburg.de/Dissertationen/2001/carvogt.pdf>, abgerufen 19.05.2010.

[8] Vgl. *Erich Fehr/Simon Gächter*, Cooperation and Punishment in Public Goods Experiments, in: American Economic Review 90 (2000) 980–994; sowie den Überblicksartikel *Anders Poulsen*, Cooperation: Evidence from experiments, in: *Gert T. Svendsen/Gunnar L. Svendsen* (Ed.), Handbook of Social Capital, Chaltenham/Northhampton 2009, 36–56.

[9] Vgl. *George A. Akerlof*, The Market for ‚Lemons': Quality Uncertainty and the Market Mechanism, in: Quarterly Journal of Economics 84 (1970/3), 488–500.

sche Theorie effizienten Tausches auf Märkten geht von symmetrisch verteilten Informationen aus: Käufer und Verkäufer kennen die relevanten Eigenschaften des zum Verkauf stehenden Objektes. In der Realität des Wirtschaftslebens ist aber genau diese wichtige Annahme oft nicht erfüllt. Die Anbieter von Gebrauchtwagen auf einem weitgehend unregulierten Markt wissen, ob ihr Fahrzeug ein gutes Angebot („Pfirsich") oder ein Montagsauto („Zitrone") ist. Doch die Kaufinteressenten, die die Qualität des Wagens ihrerseits nicht direkt beurteilen können, haben keine Möglichkeit, zwischen guten und schlechten Angeboten zu unterscheiden. Sie haben lediglich ein – an vergangenen Erfahrungen orientiertes – Gefühl für die durchschnittliche Wahrscheinlichkeit, auf ein gutes Auto zu stoßen. Ihre Zahlungsbereitschaft resultiert aus ihrem Erfahrungswissen bezüglich des üblicherweise zu erwartenden Qualitätsniveaus auf Gebrauchtwagenmärkten. Die Käufer sind also lediglich dazu bereit, einen Preis zu bezahlen, der der Qualität eines *durchschnittlichen* Angebots entspricht.

In dieser Situation ‚asymmetrischer Informationsverteilung' zwischen Verkäufer und Käufer haben Anbieter besserer Fahrzeuge zunächst keine Möglichkeit, ihre überlegene Produktqualität und damit die Berechtigung ihrer überdurchschnittlichen Preisforderung zu beweisen. Bloße Behauptungen sind unglaubwürdig, da auch der Verkäufer von ‚Zitronenautos' aus opportunistischen Gründen das Gleiche behaupten wird. In der dynamischen Analyse setzt nun ein Prozess der Negativauswahl (‚adverse selection') ein: Bessere Angebote verschwinden vom Markt, da sie dort keine Käuferinnen und Käufer mit entsprechend hoher Zahlungsbereitschaft mehr finden. Diese Abwanderungstendenz hat mittelfristig wiederum negative Folgen für die am Durchschnitt orientierte Zahlungsbereitschaft, denn die Käufer passen ihre dafür relevanten Erwartungen nach unten an: die Qualität sinkt wiederum etc. Märkte mit asymmetrischer Informationsverteilung entwickeln sich also nach und nach zu Ramschmärkten, auf denen sich nur mehr Angebote von niedriger Qualität (‚Zitronen' bzw. ‚Montagsautos') und Käufer mit stark beschränkter Zahlungsbereitschaft gegenüberstehen.

Fassen wir zusammen: Ökonomische Theorien des Marktversagens[10] wie etwa das Konzept sinkender Grenzmoral (Götz Briefs) oder der negati-

---

[10] Weitere ökonomische Theorien des Marktversagens stellen die Theorie ‚öffentlicher Güter' bzw. der negativen externen Effekte dar. Darauf kann an dieser Stelle nicht weiter eingegangen werden, vgl. ausführlich *Richard Abel Musgrave/Peggy B. Musgrave/Lore Kullmer*, Die öffentlichen Finanzen in Theorie und Praxis, Bd. 1, 6. Aufl., Tübingen 1994.

ven Selektion bei asymmetrischer Informationsverteilung (George Akerlof) gehen davon aus, dass Märkte keineswegs jene robusten und sich evolutiv immer und überall durchsetzenden sozialen Institutionen sind. Die Autoren zeigen vielmehr die Anfälligkeit von Märkten für opportunistisches Verhalten auf und illustrieren damit, wie voraussetzungsreich die soziale Institution „Markt" ist. Sie machen mit ökonomischer Begrifflichkeit deutlich, dass es jenseits des reinen Vertragsabschlusses zusätzlicher Rahmenbedingungen oder Regulierungen bedarf, wenn Märkte stabil bleiben sollen. Marktwirtschaft – so der ‚neoliberale' Ordnungstheoretiker Franz Böhm – ist ‚kein Naturgewächs, sondern ein Kunstprodukt menschlicher Zivilisation'. Ein anderer Autor – der Ökonomie-Nobelpreisträger Kenneth Arrow – hat in ähnlicher Weise auf die grundlegende Bedeutung von Vertrauen für die Stabilität von ökonomischen Austauschbeziehungen hingewiesen:

> „The market has deficiencies of a kind for which ethics is a remedy. For example, the world is really filled with private information. There is inside information on products and in contracts. In these situations, there is a very strong possibility of one person using this information to take advantage of the other. If this happens frequently, a market may not exist at all because the buyers know that they don't know certain things, and that the sellers can exploit them. Therefore, it's not so much that there are potential unfair gains, but that such uncertainties about private information can make the market inefficient. In fact, if the problem is pronounced, the market may not exist at all."[11]

Zur Lösung der Folgeprobleme von Marktversagen kommt für gewöhnlich staatliche Ordnungspolitik ins Spiel, die geeignete Rahmenbedingungen für einzelwirtschaftliches Verhalten definiert und durchsetzt (zum Beispiel gesetzliche Gewährleistung und Garantieansprüche des Käufers gegenüber dem Verkäufer). Doch die hier ausführlich zitierten Autoren nennen auch andere, von den Marktteilnehmern selbst entwickelte Instrumente zur Erhaltung oder Wiederherstellung des Vertrauens: Etwa Garantieversprechen in Form von Marken wie auch Branchenvereinbarungen. Dem wollen wir uns im Folgenden zuwenden.

---

[11] *Kenneth Arrow*, The Economy of Trust, in: Religion and Liberty, Vol 16/Nr. 3 (2006), 3 und 12–13, hier: 3, online unter <http://www.acton.org/publications/randl/rl_interview_556.php>, abgerufen 19.05.2010.

3 Einzelwirtschaftliche Selbstregulierungspotenziale: Markenbildung

3.1 Die Logik der Marke

Bei George Akerlof spielt die individuelle Selbstbindung des Anbieters eine wichtige Rolle zur Wiederherstellung von Vertrauen und damit zur Überwindung der Qualitätsprobleme auf unregulierten Märkten. Er entwickelt hier das Konzept des Signalgebens (‚Signalling'). Wir haben gesehen, dass der Anbieter auf Gebrauchtwagenmärkten keine Möglichkeit hat, den Kaufinteressenten von der überdurchschnittlichen Qualität seines Angebots zu überzeugen. Obwohl der Kauf somit prinzipiell für beide Seiten vorteilhaft wäre, kommt er doch nicht zustande, weil das Problem der Qualitätsunsicherheit nicht überwunden werden kann. Dies ändert sich, wenn es dem Verkäufer möglich wird, glaubhafte Selbstverpflichtungen zu übernehmen: etwa durch ein Garantieversprechen innerhalb eines bestimmten Zeitraumes. Spricht der Verkäufer ein solches Garantieversprechen aus, dann signalisiert dies dem Käufer, dass die dahinter stehende Qualitätsbehauptung glaubwürdig ist. Glaubwürdige Selbstbindung kann also Vertrauen auf Märkten begründen. Besteht eine entsprechende Selbstbindungsmöglichkeit, dann erweitert dies die Handlungsmöglichkeiten der beteiligten Personen; denn es kommen Transaktionen auch dort zu Stande, wo sie sonst aufgrund von Misstrauen unterblieben wären. Eine andere Variante der Selbstbindung ist das freiwillige Abtreten von Verfügungsrechten zur Ermöglichung von Kontrolle und Tests.

Götz Briefs hat zwei Mechanismen zur Überwindung des Problems der Grenzmoral benannt: Markenbildung und Selbstbindung der Branche. Die Bildung von Marken (‚brands') überwindet wechselseitige Anonymität und erhöht das Vertrauen durch das Vergegenwärtigen einer ‚Transaktionsgeschichte'. Die Markenbildung legitimiert höhere Preisforderungen durch ein besonderes Qualitätsversprechen. Bei der Konstitution einer Marke wird das Qualitätsproblem mithin durch eine Selbstbindung des Produzenten überwunden. Aus dem anonymen Anbieter, über dessen Vertrauenswürdigkeit man keine Aussagen machen kann, wird der nach außen hin identifizierbare Markenproduzent, der ‚mit seinem Namen' für das Qualitätsversprechen steht. Die Marke dokumentiert dabei die Herkunft aus einem durch den Markeninhaber autorisierten Handels- oder Herstellerunternehmen, nicht notwendigerweise aus dem Betrieb des Markeninhabers selber. Markeninhaber kann ein Unternehmen sein, das die entsprechenden Produkte herstellt (Herstellermarke), mit ihnen handelt (Handelsmarke) oder nur über die betreffenden Markenrechte verfügt und diese ggf. an andere Herstellerbetriebe lizenziert (Markentransfer).

Die Marke wirkt wie ein Pfand in den Händen des Käufers. Als ‚Versprechen' wirkt sie allerdings nur dann, wenn sie auch eingehalten wird:

> „Voraussetzung ist freilich, dass Markenprodukte ihre Käufer nicht enttäuschen. Denn gerade bei den großen traditionsreichen Marken reagieren die Käufer verletzt und fast gekränkt, wenn ihre Erwartungen nicht erfüllt werden. Dabei werden Marken und die dahinter stehenden Leistungen von vielen Verbrauchern als etwas Selbstverständliches angesehen [...] Unternehmen müssen deshalb verstehen [...], dass die Marke eine Sache der ganzen Firma ist und nicht nur Sache des Marketing und der Werbung. Jeder Unternehmensbereich – vom Einkauf über Forschung und Entwicklung, Produktion, Personal, Finanzen, Marketingkommunikation bis zum Verkauf – beeinflusst bewusst oder unbewusst den Zustand der Marke – und letztlich jene Wertentscheidung, die sie bei ihren Absatzpartnern und Kunden genießt."[12]

In den Wert einer Marke, den man heute mit betriebswirtschaftlichen Methoden quantifizieren kann, muss über Jahre und Jahrzehnte investiert werden; er bildet einen nicht unerheblichen Teil des Betriebsvermögens. Dem Niedergang eines Unternehmens – wie etwa der Quelle AG, die im Jahr 2009 als Teil des Arcandor-Konzerns Konkurs anmelden musste – geht daher meist ein Niedergang ihrer wichtigsten Handelsmarken voraus. Denn bleibt das Produkt qualitativ hinter dem mit der Marke verbundenen Qualitätsversprechen zurück, dann schädigt dies den Verkäufer stärker als es ihm nützt, weil der Wert seiner Marke als wichtigem Vermögensbestandteil sinkt. Greift dieser Mechanismus, dann ist die Dynamik, auf die eine sinkende Grenzmoral hinwirkt, damit überwunden.

Markenbildung wird mithin in mehrfacher Hinsicht zum Gegenstand unternehmensethischer Reflexion. Die entscheidende Frage, die auch von Lehner angesprochen wurde, ist natürlich: Wenn man eine Marke in dieser Weise als langfristige Selbstbindung zur Verhinderung sinkender Grenzmoral versteht, kann das Qualitätsversprechen der Marke durch investive Managemententscheidungen überhaupt aufrecht erhalten werden? Langfristige Orientierung ist kostenträchtig und dadurch im Alltagsbetrieb ständig bedroht. Markenbildung vollzieht sich nämlich nur durch den Verzicht auf kurzfristige Ertragsvorteile, zum Beispiel:

- den Einsatz minderwertiger Materialien
- den Verzicht auf Forschung und Entwicklung
- den Einsatz von unmotiviertem, schlecht bezahltem und schlecht ausgebildetem Personal.

---

[12] *Ulrich Lehner*, Grußwort, in: *Florian Langenscheidt* (Hg.), Deutsches Markenlexikon, München 2008, 5 f.

Und dabei erscheint es manchmal auch so, als ob man das langfristige Qualitätsversprechen für einen sicheren kurzfristigen Ertrag doch kaum wahrnehmbar unterbietet. Doch dadurch wird das Kapitalgut Marke ein Stück weit in Zahlung gegeben, was sich langfristig stark wertmindernd auswirkt. Denn all dies ist geeignet, die langfristige Selbstbindung ‚Marke' zu beschädigen. Der Vertrauensverlust durch Bruch des Qualitätsversprechens droht permanent – denn qualitätsrelevante Entscheidungen werden im Managementalltag ständig getroffen und zwar nicht nur auf der zentralen Ebene, sondern auch von dezentralen Mitarbeiterinnen und Mitarbeitern, die nicht durchgängig kontrollierbar sind. Markenbindung stellt also hohe Anforderungen an das Management: Gelingt es, eine ‚Qualitätskultur' im Unternehmen zu verankern, die kundenseitig die Einhaltung des Markenversprechens garantiert? Können Tausende von teilweise dezentralen Entscheidungen – von der Beschaffung bis zum Marketing und Vertrieb – auf dem notwendigen Qualitätsniveau gehalten werden? Hier zeigt sich die inhärente ethische Dimension des Managementhandelns, das sich auch als Dienst an den Kunden bzw. den wichtigsten Anspruchsgruppen (‚Stakeholdern') des Unternehmens verstehen lässt.[13]

3.2 Nachhaltigkeit als zusätzliche Sinndimension von Markenmanagement in der Globalisierung

In Zeiten der Globalisierung kommt allerdings noch etwas Zusätzliches dazu. Wir haben oben gesagt, dass der Markeninhaber nicht unbedingt auch den Produktionsprozess selber organisieren muss. Die zunehmende prozessuale und geographische Aufspaltung von Wertschöpfungsprozessen durch die Nutzung von Kostenvorteilen bei Produktion in Entwicklungs- und Schwellenländern stellt die Aufrechterhaltung des Qualitätsversprechens der Marke vor zusätzliche Probleme. Denn dieses muss sich nun auch auf das Management der – zunehmend unübersichtlichen – Wertschöpfungskette an den Produktionsstandorten beziehen, zum Beispiel:

- Soziale Mindeststandards (Arbeitszeiten, Umgang mit Kinderarbeit, Menschenrechtsschutz etc.)
- Lokal angemessene Umweltstandards

---

[13] Vgl. dazu etwa die Managementtradition der ‚Servant Leadership', die sich auch explizit christlicher Bezüge bedient, ursprünglich *Robert K. Greenleaf*, Servant Leadership: A Journey into the Nature of Legitimate Power and Greatness, Mahwah NJ 1977.

- Aus- und Weiterbildungsaktivitäten für Mitarbeiterinnen und Mitarbeiter vor Ort.

Angesichts der Tatsache, dass viele Markenhersteller heute kein einziges Produkt mehr in Europa selbst produzieren, wird Markenmanagement in Zeiten der Globalisierung zum Problem, weil es Produktionsprozesse bei Zulieferern und Zulieferern der Zulieferer organisieren muss. Unternehmen haben mit ausgefeilten Management Systemen zur Kontrolle der Einhaltung (‚Compliance') selbst festgelegter Regeln reagiert: Etwa durch unvorbereitete Kontrollbesuche vor Ort wird überprüft, dass Mindeststandards eingehalten werden und Risiken im Bereich des Umweltverhaltens, der Sozialstandards und der Unternehmensführung vermieden werden.

Die Logik der Markenbildung ist auch auf Arbeitsmärkten allgegenwärtig. Auch hier stellt wechselseitiges Misstrauen eine bedeutende Barriere auf dem Weg zu einer fruchtbaren Zusammenarbeit dar. Eine solche Zusammenarbeit funktioniert nämlich umso besser, je mehr sich Mitarbeiterinnen und Mitarbeiter auf besonderen Herausforderungen ihres betrieblichen Umfeldes spezialisieren und dazu auch betriebsspezifische Kompetenzen erwerben. Von solchen Weiterbildungsmaßnahmen profitiert auch der Arbeitgeber und beteiligt sich deshalb nicht selten an deren Finanzierung. Dies geschieht allerdings nicht, wenn für eine der beiden Seiten die Dauerhaftigkeit des Arbeitsverhältnisses fraglich ist. Ähnlich wie bei ungeklärten Eigentumsverhältnissen Renovierungsarbeiten etwa an einem Gebäude unterbleiben, scheuen auch Vertragspartner am Arbeitsmarkt Investitionen in ihre Zusammenarbeit, wenn nicht klar ist, dass sie auch in den Genuss der Erträge kommen. Arbeitsvertragliche Regelungen wie wechselseitiger Kündigungsschutz tragen diesen Bedürfnissen Rechnung. Wechselseitige Verbindlichkeit ist hier eine Voraussetzung für beiderseitig erwünschte beziehungsspezifische Investitionen, die die Zusammenarbeit effektiver und für beide Seiten attraktiver machen können. Auch hier gilt: Die Markenbildung auf dem Arbeitsmarkt inklusive entsprechender Bemühungen von Unternehmen, sich als attraktiver Arbeitgeber (‚best employer') zu profilieren, leisten einer Umkehr der Tendenz zu ‚abnehmender Grenzmoral' auf Wettbewerbsmärkten Vorschub. Die Marke wirkt auch hier wie ein ‚Pfand', das der ‚Zivilisierung der Märkte' (‚Caritas in Veritate') Vorschub leistet.

An der Logik der Markenbildung als einzelwirtschaftlicher Selbstbindung setzen auch flankierende Maßnahmen wie Ratings, Rankings, Zertifikate etc. als Instrumente der öffentlichen Diskussion um verantwortliche Unternehmensführung (‚Corporate Social Responsibility') an.[14] Sie verleihen dem Qualitätsversprechen der Marke zusätzliche Glaubwürdigkeit in bestimmten Aspekten (z. B. Umweltfreundlichkeit der Produkte, familienfreundliche Arbeitsbedingungen, globale Sozialstandards etc.). Es bestehen erste Evidenzen, dass die Kompetenzvermutung von Kunden bezüglich bestimmter Aspekte z. B. unternehmensethischer Art auch auf die Gesamtwahrnehmung einer Marke zurückwirken bzw. umgekehrt wiederholte ‚schlechte Nachrichten' den Markenwert bedrohen. Auch CSR Instrumente bedienen sich also marktinterner Mechanismen zur Durchsetzung ihres Sanktionspotenzials.

Das gilt auch für die Normen der nach dem Zweiten Weltkrieg gegründeten Internationalen Organisation für Normung ISO (deutsches Mitglied ist das Deutsche Institut für Normung in Berlin). Neben technischen und klassifikatorischen Normen formuliert das ISO auch Verfahrensstandards (z. B. Qualitätsmanagement nach ISO 9000). Dabei wurden hier auch Verfahren bezüglich ökologischer oder sozialer Aspekte der Produktion standardisiert, für die nähere Zukunft ist eine vergleichbare Initiative bezüglich Corporate Social Responsibility (ISO 26000) geplant. Obwohl derartige Verfahrensnormen als industrieweite Standards formuliert werden, so stellen sie systematisch gesehen doch eine einzelwirtschaftliche Selbstbindung dar. Die ISO formuliert lediglich die Norm, nach der durch anerkannte, privatwirtschaftliche Zertifizierer (z. B. den TÜV) Unternehmen auditiert und zertifiziert werden. Zu einer solchen Zertifizierung besteht keinerlei gesetzliche Verpflichtung: sie stellt eine Managemententscheidung dar. Gerade ISO macht dabei aber das Sanktionspotenzial nichtstaatlicher Regulierung offenbar: Denn eine Zertifizierung von Großbetrieben setzt zunehmend voraus, dass auch die Zulieferer zertifiziert sind. Diese fordern mithin ihre Lieferanten auf, entsprechende Zertifikate zu erwerben: Der Druck, bestimmte qualitative Mindeststandards einzuhalten, wird entlang der Wertschöpfungskette weitergegeben und entfaltet eine hohe Verbindlichkeit.

---

[14] Vgl. zu diesen Aspekten die Beiträge in: *André Habisch/Martin Neureiter/René Schmidpeter* (Hg.), Handbuch Corporate Citizenship. Corporate Social Responsibility für Manager, Heidelberg/Berlin 2007.

4 Kollektive Selbstbindungspotentiale: Branchenvereinbarungen und Branchenverbände

Ein anderes Instrument zur Überwindung der Tendenz zu sinkender Grenzmoral stellt die gezielte Kooperation der konkurrierenden Anbieter im Rahmen eines Branchenverbandes dar, der intern verbindliche Mindeststandards festlegt und durchsetzt bzw. abweichendes Verhalten sanktioniert. Im Gegensatz zur individuellen Selbstbindung bei der Markenbildung haben wir es hier mit einer kollektiven Selbstbindung zu tun, denn die Branche insgesamt hat ein gemeinsames Interesse daran, Vertrauen nicht zu enttäuschen bzw. nicht in Verruf zu kommen.

Branchenverbände spielen daher traditionell eine wichtige Rolle bei der Selbstkontrolle. Bereits auf das Jahr 1517 geht die ‚Versammlung eines Ehrbaren Kaufmanns zu Hamburg e. V.' als sich selbst verwaltendes Gremium zurück, die zur Vorgängerinstitution der modernen ‚Industrie- und Handelskammern' wurde. In Artikel 2 der Satzung kommt der Gedanke der Selbstregulierung deutlich zum Ausdruck:

> „Der Verein unterstützt Mitglieder, die begründeten Anlass haben, sich über Mitglieder oder Dritte zu beschweren, weil sie im Geschäftsverkehr Handlungen oder Unterlassungen begangen haben, die mit dem Anspruch auf kaufmännisches Vertrauen nicht zu vereinbaren sind."[15]

Für den deutschen Sprachraum ist die Pflichtmitgliedschaft in Industrie- und Handelskammern für Gewerbetreibende, in Handwerkskammern für Handwerker, in Ärzte-, Apotheker-, Anwaltskammern etc. für Angehörige freier Berufe ein charakteristischer Ausdruck der Selbstkontrolle. In mittelalterlicher Zeit waren es die Zünfte, die umfassende Selbstregulierung (bis hin zur Preisgestaltung) praktizierten. Diese wurden in den liberalen Reformen des frühen 19. Jahrhunderts zunächst aufgelöst (Gewerbefreiheit), um dann im 20. Jahrhundert als berufsständische Körperschaften wieder eingeführt zu werden. Ausdruck kollektiver Selbstbindung ist etwa die Ausgestaltung des Großen Befähigungsnachweises (Meisterbrief), der in der Handwerksordnung (HWO) niedergelegt ist und als Voraussetzung für handwerkliche Selbstständigkeit erst nach der Gesellenprüfung und mehrjähriger Berufspraxis erworben werden kann. Als Eingriff in die Berufsfreiheit (garantiert durch Art. 12 GG) ist er letztlich am Konsumentenschutz, an der Sicherung von Qualitätsstandards und an der Gefahrenabwehr orientiert.

---

[15] Online unter <http://www.veek-hamburg.de/satzung1.php>, abgerufen 28.02.2010.

Unter dem Stichwort der ‚berufsständischen Ordnung' hat auch die ältere Tradition der katholischen Soziallehre – in Fortsetzung der Zunftordnung des Mittelalters – die Selbstregulierungsfunktion von Berufsverbänden betont.[16] Berufsverbände haben sowohl das Wissen als auch die Autorität, um – gegebenenfalls gemeinsam mit politisch-administrativen Gremien – verbindliche Mindeststandards im Sinne eines ‚Verhaltenskodex' festzulegen. Hier ergibt sich also nicht das Problem staatlicher Regulierung, dass branchenfremde Bürokraten gewiefte und professionell agierende Manager kontrollieren sollen. Die Selbstregulierung kennt das Problem asymmetrischer Informationsverteilung nicht in gleichem Maße.

Prekär ist dagegen die faktische Durchsetzbarkeit entsprechender Standards, deren Einhaltung zumindest im internationalen Rahmen freiwillig ist. Ich habe oben bereits auf Befunde der experimentellen Verhaltensökonomik zur Kooperation im Gefangenendilemma hingewiesen. Ist freiwillige Regelbefolgung kostenträchtig, so droht sie mit der Zeit zu erodieren. Weiterführende Experimente haben nun aber gezeigt, dass sich die Kooperationsbereitschaft auch im Gefangenendilemma wesentlich positiver entwickelt, wenn Trittbrettfahrer (‚free-rider') von Kooperateuren effektiv bestraft werden könnten – etwa durch die kostenträchtige Zuweisung von Strafpunkten.[17] Obwohl der Ökonom vorhersagen würde, dass solche kostenträchtigen Strafen nicht zustande kommen würden, wenn und insofern den Strafenden dabei selbst Kosten entstehen, ist im verhaltensökonomischen Experiment das Gegenteil beobachtbar: Strafpunkte an Trittbrettfahrer werden reichlich ausgeteilt, sofern die institutionelle Möglichkeit dazu besteht. Als Folge dieser Regelveränderung steigt zugleich die allgemeine Kooperationsbereitschaft.

Diese Befunde berühren sich mit der These der Ökonomie-Nobelpreisträgerin 2010 Elinor Ostrom und ihrer Mitarbeiter: Lokale Gemeinschaften, die über interne Sanktionsmechanismen formeller oder informeller Art verfügen (‚covenants with a sword'), sind eher dazu in der Lage, effektive Selbstkontrolle auszuüben und infolge dessen Gemeinschaftsgüter

---

[16] Wolf-Gero Reichert hat in einem anregenden Beitrag versucht, diese Perspektiven weiter zu führen und das ‚Ethos des Investmentbankings' für eine internationale (Selbst-)Regulierung des Sektors stark zu machen, vgl. *Wolf-Gero Reichert*, Das Ethos des Investmentbanking. Implikationen für eine prudentielle Regulierung, in: Ethik und Gesellschaft 2/2009: Nach dem Kollaps – (Finanz-)Ethische Schlussfolgerungen aus der Krise, online unter <http://www.ethik-und-gesellschaft.de/mm/EuG-2-2009_Reichert.pdf>, abgerufen 28.02.2010.

[17] Vgl. *Erich Fehr/Simon Gächter*, Cooperation and Punishment in Public Goods Experiments, in: American Economic Review 90 (2000), 980–994.

nachhaltig zu erstellen als andere lokale Gemeinschaften, denen solche Sanktionspotenziale zur Selbstorganisation nicht zur Verfügung stehen („covenants without a sword').[18] Wie solche internen Zwangspotenziale zur Erleichterung effektiver Selbstregulierung am besten auszustatten wären, ist Gegenstand weiterer experimenteller und empirischer Forschung in der Ökonomie. Dem kann an dieser Stelle nicht weiter nachgegangen werden.[19]

5 Schluss: Konsequenzen für Finanzmarktregulierung

Kehren wir abschließend zur Frage der Regulierung von internationalen Finanzmärkten zurück. Angesichts der oben skizzierten unbestreitbaren Vorteile, mit denen Professionalisierungsprozesse auf internationalen Finanzmärkten verbunden sind, ist eine Rückkehr in einen Status quo ante, also einer national abgeschotteten Devisenverkehrswirtschaft, die zwangsläufig koordiniert auf internationaler Ebene ablaufen müsste, weder realistisch noch wünschenswert: Es wird auch weiterhin Investmentbanken und globale Finanzmarkttransaktionen geben.

In der Diskussion ist eine koordinierte Rückkehr (USA) beziehungsweise Einführung (Europa, Asien) des Trennbankensystems, also der Trennung von Kreditvergabe und Investmentbanking auf internationaler Ebene vorgeschlagen worden.[20] Ob das realistisch ist, bleibt abzuwarten. Überall, wo dazu international koordiniertes Handeln notwendig ist, bleibt das nationale Eigeninteresse der Staaten auch im Regulierungsprozess beherrschend. Die angelsächsischen Länder werden vor Maßnahmen zurückschrecken, die die marktbeherrschende Stellung ihrer Banken gefährden würden. Sie werden es nicht riskieren, dass globale Finanzmarktgeschäfte in die Schweiz, nach Asien oder auch an Offshore-Standorte abwandern, von wo aus sie rein technisch gesehen bereits heute realisierbar wären.

---

[18] Vgl. dazu *Elinor Ostrom/James Walker/Roy Gardner*, Covenants with and without a Sword: self-governance is possible, in: American Political Science Review 86 (2), 1992, 404–417 sowie den Überblick bei *Elinor Ostrom/James Walker*, Trust and Reciprocity: Interdisciplinary Lessons from Experimental Research, New York 2003.
[19] Vgl. den Überblick bei *Anders Poulsen*, Social Capital: Evidence from Experiments, in: *Gert T. Svendsen/Gunnar L. Svendsen*, Handbook of Social Capital. The Troika of Sociology, Political Science and Economics, Cheltenham/Northhampton 2008, 36–56. Denkbar wäre es etwa, Bonuszahlungen auch von den Fairness-Bewertungen durch Kolleginnen und Kollegen bzw. Vorgesetzte abhängig zu machen.
[20] Vgl. dazu die oben zitierten Beiträge von Bernhard Emunds und Wolf-Gero Reichert.

Realistischer sind dagegen Regulierungen zur Verschärfung der Haftungsregeln beziehungsweise der Eigenkapitalvorschriften. Auch ein ‚Finanz TÜV' im Sinne eines prozeduralen Zulassungsverfahrens für neue Finanzmarktinstrumente ist ein m. E. gut umsetzbarer Vorschlag, weil er an bestehende nationale Regulierungspraktiken anschlussfähig ist. Gleichzeitig bedürfte es dazu allerdings der Stärkung transnationaler Finanzmarktinstitutionen wie etwa der Baseler Bank für internationalen Zahlungsausgleich (BIZ) und ihrer vielfältigen Konsultativgremien.

Die Enzyklika ‚Caritas in Veritate' von Papst Benedikt XVI. hat erneut auf das Problem fehlender Institutionen globaler Steuerung hingewiesen.[21] Dies zeigt sich insbesondere im Bereich der weitgehend globalisierten Finanzmärkte. Für eine internationale Regulierung fehlen sowohl einheitliche Rechtstraditionen als auch eine demokratische Kontrolle (und entsprechende Akzeptanz) der internationalen Rechtssetzung und -durchsetzung.[22] *Selbstregulierung kann die sanktionsbewehrte Festlegung von Mindeststandards durch eine internationale Ordnungspolitik flankieren, aber nicht ersetzen.* Warum lassen nationale Regulierer bestimmte Geschäftspraktiken immer wieder zu, obwohl sie in anderen Ländern zeitweise oder dauerhaft verboten sind? Zeigt sich hier eine ‚sinkende Grenzmoral' auch unter Finanzmarktregulierern? Auch sie stehen ja miteinander im Wettbewerb und tendieren zumindest teilweise immer auch dazu, durch ‚Großzügigkeit' mehr operatives Geschäft an den eigenen Standort zu holen und dadurch selbst an Bedeutung zu gewinnen.

Ein wichtiger Aspekt der Selbstregulierung nicht nur der Wirtschaft, sondern der Gesellschaft als ganzer ist daher eine intensivere kritische Beobachtung internationaler Unternehmen, aber auch nationaler Regulierungsbehörden durch eine *international vernetzte Zivilgesellschaft*, die sich medial Aufmerksamkeit zu verschaffen vermag. Die Arbeit von Transparency International, der internationalen Koalition gegen Korruption, hat hier Maßstäbe gesetzt, nationale und internationale Ordnungspolitik beeinflusst und mit dem Integritätspakt zugleich innovative Selbstregulierungsinstrumente vorgeschlagen.[23] Sollen unter den Bedingungen des 21. Jahrhunderts ‚Selbstheilungskräfte des Marktes' – im Sinne von gesellschaftlicher Selbstregulierung ohne Eingriff des Staates – mobilisiert werden, dann spielen dabei professionell arbeitende Nichtregierungsor-

---

[21] Vgl. dazu unseren Beitrag *Nils Goldschmidt/André Habisch*, Was die Wirtschaftsethik vom Papst lernen kann, in: Frankfurter Allgemeine Zeitung vom 14.02.2010, 14.
[22] Die gegenwärtigen Budgetprobleme Griechenlands, die ganz handfeste nationalistische Widerstände wachrufen, zeigen die engen Grenzen solcher Lösungen.
[23] Vgl. dazu *Tranparancy International*, Der Integritätspakt, online unter <http://www.transparency.de/Integritaetspakt.80.0.html>, abgerufen 12.04.2010.

ganisationen eine wachsende Rolle. Das gilt auch im Bereich verantwortlicher Unternehmensführung (CSR), wo Initiativen und Plattformen wie AccountAbility, Business in the Community, ISTUD, Unternehmen – Partner der Jugend (UPJ), RepAct Austria, ORSE, Novethic etc. Unternehmen öffentlich kritisieren, beraten, auditieren, ranken etc. und damit kollektive Lernprozesse anstoßen. Die Christliche Sozialethik besitzt von ihrer Entstehung in den Umbrüchen der Industrialisierung des 19. und frühen 20. Jahrhunderts her interessante Bezüge zur gegenwärtigen Situation fortgeschrittener Globalisierung; diese sollten im Hinblick auf die in vielem ähnlichen Problemlagen neu bedacht und interdisziplinär reflektiert werden.

LITERATURVERZEICHNIS

George A. Akerlof, The Market for ‚Lemons‘: Quality Uncertainty and the Market Mechanism, in: Quarterly Journal of Economics 84 (1970) 3, 488–500.

Kenneth Arrow, The Economy of Trust, in: Religion and Liberty 16 (2006) 3, online unter <http://www.acton.org/publications/randl/rl_interview_556.php>, abgerufen 12.04.2010.

Götz Briefs, Untergang des Abendlandes – Christentum und Sozialismus. Eine Auseinandersetzung mit Oswald Spengler, Freiburg (i. Br.) u. a.: Herder 1920.

Götz Briefs, Grenzmoral in der Pluralistischen Gesellschaft, in: *Erwin von Beckerath/Fritz W. Meyer/Alfred Müller-Armack* (Hg.), Wirtschaftsfragen der Freien Welt. FS Ludwig Erhardt, Frankfurt a. M.: Knapp 1957.

Clemens Dölcken, Katholische Sozialtheorie und liberale Ökonomik. Das Verhältnis von Katholischer Sozialllehre und Neoliberalismus im Lichte der modernen Institutionenökonomik, Tübingen: Mohr 1992.

Bernhard Emunds, Die Krise der globalen Finanzwirtschaft. Eine Analyse und sozialethische Einschätzung, in: Ethik und Gesellschaft 2 (2009): Nach dem Kollaps – (Finanz-)Ethische Schlussfolgerungen aus der Krise, online unter <http://www.ethik-und-gesellschaft.de/mm/EuG-2-2009_Emunds.pdf>, abgerufen 12.02.2010.

Erich Fehr/Simon Gächter, Cooperation and Punishment in Public Goods Experiments, in: American Economic Review 90 (2000), 980–994.

Nils Goldschmidt/André Habisch, Was die Wirtschaftsethik vom Papst lernen kann, in: Frankfurter Allgemeine Zeitung vom 14.02.2010, 14.

Robert K. Greenleaf, Servant Leadership: A Journey into the Nature of Legitimate Power and Greatness, Mahwah NJ: Paulist Press 1977.

André Habisch/Martin Neureiter/René Schmidpeter (Hg.), Handbuch Corporate Citizenship. Corporate Social Responsibility für Manager, Heidelberg/Berlin: Springer 2007.

Ulrich Lehner, Grußwort, in: *Florian Langenscheidt* (Hg.), Deutsches Markenlexikon, München: Gabler 2008.

Richard Abel Musgrave/Peggy B. Musgrave/Lore Kullmer, Die öffentlichen Finanzen in Theorie und Praxis, 6. Aufl., Bd. I, Tübingen: Mohr 1994.

Egon Edgar Nawroth, Die Sozial- und Wirtschaftsphilosophie des Neoliberalismus, Heidelberg: Kerle 1962.

Margit Osterloh/Katja Rost, Diversity im Top-Management. Studie für die wissenschaftliche Kommission der Antidiskriminierungsstelle der Bundesregierung, Manuskript, Berlin 2009.

Elinor Ostrom/James Walker, Trust and Reciprocity: Interdisciplinary Lessons from Experimental Research, New York: Russell Sage Foundation 2003.

Elinor Ostrom/James Walker/Roy Gardner Covenants, With and without a Sword: self-governance is possible, in: American Political Science Review 86 (1992) 2, 404–417.

Anders Poulsen, Social Capital: Evidence from Experiments, in: *Gert T. Svendsen/Gunnar L. Svendsen* (Hg.), Handbook of Social Capital. The Troika of Sociology, Political Science and Economics, Cheltenham/Northhampton: Elgar 2008, 36–56.

Wolf-Gero Reichert, Das Ethos des Investmentbanking. Implikationen für eine prudentielle Regulierung, in: Ethik und Gesellschaft 2 (2009): Nach dem Kollaps – (Finanz-)Ethische Schlussfolgerungen aus der Krise), online unter <http://www.ethik-und-gesellschaft.de/mm/EuG-2-2009_Reichert.pdf> abgerufen 28.02.2010.

Carsten Vogt, Kooperation im Gefangenen-Dilemma durch endogenes Lernen, Inauguraldissertation, online unter <http://diglib.uni-magdeburg.de/Dissertationen/2001/carvogt.pdf>, abgerufen 14.02.2010.

PETER ULRICH

Vom unbändigen Kapitalismus zur zivilisierten Marktwirtschaft – ein wirtschaftsethischer Orientierungsversuch

Zusammenfassung

Die aktuelle Finanz- und Wirtschaftskrise lässt sich als symptomatisches Extremereignis verstehen, mit dem eine tief verwurzelte normative Orientierungskrise aufbricht. Sie beruht im Kern auf der ideologisch und institutionell allzu weit getriebenen Verselbständigung und Verabsolutierung des „Denkens in Geld- und Einkommensströmen"[1] gegenüber lebenspraktischen Orientierungsgesichtspunkten. In Frage gestellt ist nicht das marktwirtschaftliche Grundsystem, sondern ein entfesselter und rücksichtsloser Finanzkapitalismus. Falls diese Deutung zutrifft, ist eine nachhaltige Lösung der Krise nicht allein mit herkömmlichen wirtschaftspolitischen Rezepten möglich, sondern nur im Verbund mit neuen gesellschaftspolitischen Ansätzen unter einem zukunftsfähigen zivilisatorischen Fortschrittshorizont, der noch der nachholenden Aufklärung bedarf. Was epochal ansteht und derzeit fehlt, ist aus dieser Perspektive weniger mangelndes finanztechnisches Knowhow zur Steuerung des marktwirtschaftlichen Systems als vielmehr eine umfassende und klare politisch-ökonomische Neuorientierung. Als mögliche Orientierungsidee könnte das Leitbild einer voll entfalteten Bürgergesellschaft und einer in sie eingebetteten, im buchstäblichen Sinn zivilisierten Marktwirtschaft dienen. Skizzenhaft erprobt wird dieser Leitgedanke am aktuellen ordnungspolitischen Brennpunkt einer neuen Finanzmarktverfassung.

1 Symptomatik: Krise, aber welche genau?

Es herrscht eine Finanz-, Wirtschafts- und Sozialkrise – in dieser Verursachungs- und Wirkungskette. Soweit besteht weitgehende Einigkeit. Die konkreten Diagnosen und Therapievorschläge sind jedoch so unterschiedlich wie die politisch-ökonomischen Doktrinen. Zu den grundlegenden Krisenmerkmalen gehört nämlich gerade die symptomatische Unklarheit, was denn da als Problem und was als Lösung zu gelten hat. Wie dieses Verhältnis wahrgenommen wird, hängt stets von normativen Prämissen ab. So galt bekanntlich den politisch tonangebenden Kreisen seit längerem „mehr Markt und mehr Wettbewerb" (Deregulierung, Globalisierung, Privatisierung) nahezu fraglos als die prinzipielle Lösung fast aller wirtschafts- und gesellschaftspolitischen Probleme, niemals aber als deren Kern. Diese *normative Ordnung der Dinge* prägt im Wesentlichen die ideologische und realpolitische Debatte.

---

[1] *Wilhelm Röpke*, Jenseits von Angebot und Nachfrage, Erlenbach-Zürich/Stuttgart 1958, 140.

Mit der Finanz- und Wirtschaftskrise sind solche ideologisch vorbestimmten vermeintlichen Selbstverständlichkeiten der politischen Ökonomie so stark erschüttert worden wie kaum zuvor in der Nachkriegszeit. Trefflich brachte das *Ralf Dahrendorf* nur wenige Wochen vor seinem Tod in einem vielbeachteten Essay auf den Punkt:

> „,Es' begann als Finanzkrise, wuchs sich dann zur Wirtschaftskrise aus und wird mittlerweile von vielen als tiefergehende soziale, vielleicht auch politische Wendemarke gesehen. [...] Die hier verfochtene These ist, dass wir einen tiefgreifenden Mentalitätswandel erlebt haben und dass jetzt, in Reaktion auf die Krise, wohl ein neuerlicher Wandel bevorsteht."[2]

Den Kern des Geschehens sah er weniger in den jetzt viel beschworenen systemischen Ursachen als vielmehr eben in „Mentalitäten", in „vorherrschenden Einstellungen zu Wirtschaft und Gesellschaft." Dem ist m. E. zuzustimmen. Es geht dabei nicht darum, die Rolle systemischer Faktoren zu relativieren, sondern sie in ihren kulturellen und gesellschaftlichen Kontext zu stellen und aus diesem heraus zu verstehen. Drei ineinander verzahnte Problemebenen sind zu unterscheiden: Mentalität, Systemsteuerung und Gesellschaftspolitik. Für die Fragen der systemischen Finanzmarktsteuerung – etwa eine stärkere Eigenkapitalunterlegung von Finanzgeschäften, höhere Transparenzanforderungen, eine griffigere Finanzmarktaufsicht und Genehmigungspflicht für Finanzprodukte, bessere Corporate Governance und Rechnungslegungsvorschriften, unabhängige Ratingagenturen, usw. – mögen Wirtschafts- und Sozialethiker nicht besonders kompetent sein; für die Kontextfragen hingegen schon. Auf ihnen soll nachfolgend der Fokus liegen.

Beginnen wir beim Stichwort „Mentalitäten". Jetzt beklagen ja plötzlich fast alle die Symptome einer moralisch enthemmten Wirtschaftsdoktrin:

- die *Gier von Investoren* nach maximaler Rendite, die wie eine Sucht, quasi als *Denkzwang*, funktionierte und zum Treiber einer Unternehmens- und Wirtschaftspolitik des „Sachzwangs", des „Wir-haben-keine Wahl", wurde;
- die *Shareholder-Value-Doktrin*, auf deren Linie zweifelhafte *Corporate Governance*-Standards *guter* Unternehmensführung etabliert wurden, die sich in der aktuellen Krise als wesentliche Ursache von *schlechtem* Geschäftsgebaren großer Aktiengesellschaften entpuppten;[3]

---

[2] *Ralf Dahrendorf,* Nach der Krise: Zurück zur protestantischen Ethik?, in: Merkur 720 (2009), 373–381, 373.

[3] Vgl. *Ulrich Thielemann/Peter Ulrich,* Standards guter Unternehmensführung. Zwölf internationale Initiativen und ihr normativer Orientierungsgehalt. St. Galler Beiträge zur Wirtschaftsethik Bd. 43, Bern u. a. 2009.

- *Geschäftsmodelle* der Finanzwirtschaft, die man fast nur noch ironisch mit der „*Greater Fool Theory*" des Marktes beschreiben kann: Risiken verschleiern, verbriefen und verstreuen – wer kauft, ist selber schuld;
- Desintegrationserscheinungen im *Selbstverständnis von „Verantwortungsträgern"* der Wirtschaft, die zwar bei weitem nicht immer, aber eben doch immer öfter den Sinn für den kleinen Unterschied zwischen „anständig *Geld* verdienen" und „Geld *anständig* verdienen" verloren haben.

Wie aber ist es zu verstehen, dass das Geschäftsgebaren von so auffallend vielen Akteuren *außer Rand und Band* geriet? Nun, achten wir doch einfach auf die Weisheit der Umgangssprache: Es fehlt offenbar der „Rand", also der Sinn für gesunde *Grenzen* eines eindimensional gewordenen Vorteils- und Gewinnmaximierungsdenkens. Und es fehlt das „Band", also die Einbindung der ökonomischen „Sachlogik" in zwischenmenschliche *Verbindlichkeiten* (des Anstands, der Verantwortung, der Solidarität und der Gerechtigkeit).

2 Herausforderung: „Themenwechsel des Fortschritts"?

Mir liegt eine Individualisierung des Problems von „Rand" und „Band", wie sie den Ethikern gern unterstellt wird, jedoch fern. Viele Leute assoziieren mit Ethik nur *Individualethik* und kaum je *Institutionenethik*. Aus wirtschaftsethischer Sicht ist das keine sinnvolle Alternative, vielmehr geht es stets um die Wechselwirkung zwischen individuellen Haltungen (also persönlichem Ethos) und institutionellen Rahmenbedingungen (also Anreizen und Restriktionen). Ethisch orientiertes, verantwortungsvolles Handeln muss zwar individuell aufgrund eines entsprechenden Bewusstseins *gewollt* sein, aber es muss auch innerhalb der institutionalisierten Selbstbehauptungszwänge für den Einzelnen *zumutbar* sein.[4]

Deshalb hatten die Ordoliberalen, die sich ursprünglich „Neoliberale" nannten, mit gutem Grund die Rolle des *Marktrandes* hervorgehoben. So betonte *Alexander Rüstow*,

> „[…] dass der *Marktrand*, der Marktrahmen, das eigentliche Gebiet des Menschlichen ist, hundertmal wichtiger als der Markt selbst. Der Markt selber hat lediglich eine dienende Funktion. (…) Der Markt ist ein Mittel zum Zweck, ist kein Selbst-

---

[4] Vgl. dazu *Peter Ulrich*, Integrative Wirtschaftsethik. Grundlagen einer lebensdienlichen Ökonomie, 4. vollst. neu bearb. Aufl., Bern u. a. 2008, 167–170.

zweck, während der Rand eine Menge Dinge umfasst, die Selbstzweck sind, die menschliche Eigenwerte sind."[5] (Hervorheb. P. U.)

Dieser „Marktrand" stellt die „Nahtstelle" zwischen marktwirtschaftlichem *System* und gesellschaftlicher *Lebenswelt* dar. Und genau da – im Spannungsfeld zwischen einer tendenziell eigensinnig gewordenen ökonomischen Systemrationalität und der ethisch-praktischen Vernunft – liegen heute zunehmend die realen Herausforderungen der Zeit. Diese sind also, kurz gesagt, zweidimensional. Daher greift es zu kurz, wenn allein von einer *systemischen Krise* gesprochen wird. Entscheidende Fragen betreffen heute nicht nur die interne „Sachlogik" und Funktionsweise des marktwirtschaftlichen Systems, sondern kulturelle und gesellschaftliche Voraussetzungen und mit ihnen normative Orientierungshorizonte des Wirtschaftens. Man denke etwa an das nicht grundlos abhanden gekommene Vertrauen in die Wirtschaftsführer und sogar zwischen ihnen (insbesondere in der Finanzbranche). Man denke an das im internationalen Standortwettbewerb enorm gewachsene Machtgefälle zwischen renditesuchendem Kapital und abhängiger Arbeit, die – von kapitalverwertungsnahen Ausnahmen (Topmanager, Banker, Wirtschaftsanwälte und -berater) abgesehen – tendenziell „billig wie Dreck"[6] wird. Oder man denke an die sich demzufolge stetig öffnende soziale Schere und die sich aufdrängende Frage, *für wen* und *wofür* das System effizient funktionieren soll. „Rein" ökonomisch lassen sich derartige Fragen nicht beantworten, denn Wirtschaften ist ja nicht Selbstzweck, sondern Mittel für das gute Leben und Zusammenleben der Menschen. *Vernünftiges Wirtschaften* schließt entsprechende Sinn- und Gerechtigkeitszusammenhänge ein, nicht etwa aus. Die ökonomische Rationalität, wie sie üblicherweise verstanden wird, ist also noch nicht die *ganze* ökonomische Vernunft. Das ist der systematische Grund, weshalb heute Wirtschafts*ethik* zunehmend gefragt ist.

Mit der Beantwortung der Fragen, die nur in wirtschafts- und sozialethischen Kategorien sachgerecht analysiert und vernünftig beantwortet werden können, stellen sich auch die Weichen dafür, wie jemand das Verhältnis von Bürger, Markt und Staat und in diesem Kontext den Bedarf nach Systemregulierung sieht. So zum Beispiel im Hinblick auf ein besseres „Management von Spekulationsblasen" an den Finanzmärkten; es

---

[5] *Alexander Rüstow*, Paläoliberalismus, Kommunismus und Neoliberalismus, in: *Franz Greiß/Fritz Walter Meyer* (Hgg.), Wirtschaft, Gesellschaft und Kultur. Festschrift für Alfred Müller-Armack, Berlin 1961, 61–70, 68.
[6] *Horst Afheldt*, Wohlstand für niemand? Die Marktwirtschaft entlässt ihre Kinder, München 1994, 58.

genügt dafür kein technokratisches *Systems Engineering*, denn die Hauptprobleme betreffen die *normativen* Prämissen und Kriterien einer „gut" oder „besser" funktionierenden Wirtschaft. Deshalb ist das ja politisch so umstritten.

Meine *erste Kernthese* geht also dahin, dass wir derzeit nicht nur eine Krise des Wirtschaftssystems in Wechselwirkung mit einer überbordenden Mentalität privater Nutzen- und Gewinnmaximierung erleben, sondern eine umfassendere *Orientierungskrise*, in deren Zentrum das unklar gewordene Verhältnis zwischen der Marktwirtschaft und der Gesellschaft, in der wir leben möchten, steht. Nicht nur mehr die Mittel und Methoden, sondern auch der *Fortschrittshorizont* unserer wirtschaftlichen und gesellschaftlichen Entwicklung hat in der aktuellen Krise seine Fraglosigkeit oder vielleicht sogar seine ideologische Unschuld verloren.

Noch einmal sei an dieser Stelle Ralf Dahrendorf zitiert. Vor bald dreißig Jahren schrieb er in seinem Buch *Die neue Freiheit*:

> „Die Geschichte schreitet voran, indem sie das Thema wechselt... Eines Tages wachen Menschen auf und bemerken, dass, was gestern wichtig war, was sie beschäftigte und zerstritt, nicht mehr dieselbe Bedeutung hat. Wir reiben uns die Augen und entdecken, dass wir das Problem, das uns in der letzten Nacht wachhielt, nicht dadurch lösen, dass wir noch mehr oder besseres dazu tun, sondern dadurch, dass wir uns einem anderen Problem zuwenden..."[7]

In solchen Zeiten des geschichtlichen „Themenwechsels", in denen bisher fraglos akzeptierte Fortschrittsorientierungen tiefgreifend erschüttert sind, kommt es auf eine *Grundlagenreflexion* an, d. h. auf ein unvoreingenommenes Nachdenken über die normativen und axiomatischen *Voraussetzungen* und die *Geltungsgrenzen* der gewohnten Denkmuster. Das fällt in der Wissenschaft oft fast noch schwerer als im richtigen Leben: Wie der Wissenschaftstheoretiker Thomas S. Kuhn gezeigt hat, pflegt eine in Frage gestellte „Normalwissenschaft" ihr „Paradigma", also ihre zentralen Denkmuster, in selbstreferenzieller Weise zu verteidigen.[8] Das dem Themenwechsel des Fortschritts nicht mehr gewachsene Paradigma wird zuerst meistens nur von akademischen Außenseitern in Frage gestellt. Außenseiter – zum Beispiel Wirtschaftsethiker gegenüber Standardökonomen – sind Leute, die die Dinge *verkehrt* sehen, indem sie das, was bisher als prinzipielle *Lösung* fast aller Probleme betrachtet wurde, als einen Teil des *Problems* identifizieren. Ganz abwegig braucht das nicht in jedem Fall zu sein, denn seit Einsteins berühmtem Diktum wissen wir ja,

---

[7] *Ralf Dahrendorf,* Die neue Freiheit, Frankfurt a. M. 1980, 26.
[8] Vgl. *Thomas S. Kuhn,* Die Struktur wissenschaftlicher Revolutionen, Frankfurt a. M. 1973 (engl. 1962).

dass man ein Problem nicht mit denselben Denkmustern lösen kann, die es verursacht haben. Fragen wir also: Was ist eigentlich der Problemkern des vermuteten „Themenwechsels des Fortschritts"?

3 Kontext: Die „Grosse Transformation" (in Praxis und Theorie)

Vergegenwärtigen wir uns ganz kurz den real- und ideengeschichtlichen Kontext des Streits um das richtige Verhältnis von Wirtschaft und Gesellschaft. Unter dem Leitbegriff der *Great Transformation* hat der Wirtschaftshistoriker *Karl Polanyi* schon 1944 eine modernisierungsgeschichtliche Perspektive entworfen, in deren Zentrum die Dynamik der fortschreitenden Herauslösung des Wirtschaftssystems aus der Gesellschaft steht. Am denkbaren Endpunkt stünde nach Polanyi „[...] die Behandlung der Gesellschaft als Anhängsel des Marktes. Die Wirtschaft ist nicht mehr in die sozialen Beziehungen eingebettet, sondern die sozialen Beziehungen sind in das Wirtschaftssystem eingebettet."[9]

Dann läge die schon angesprochene Konfusion von Mittel und Zweck auch institutionell vor, und die entsprechende Eigendynamik nähme sachzwanghaft wie bei Goethes Zauberlehrling ihren Lauf. Mit der entfesselten Globalisierung der Märkte waren wir während der letzten zwanzig Jahre gerade Zeitzeugen eines epochalen Schubs der realpolitischen Durchsetzung dieser Transformation. Wer nach den normativen Voraussetzungen einer lebensdienlichen Globalisierungspolitik zu fragen wagte, wurde fast umstandslos als „Globalisierungsgegner" gebrandmarkt. Den Gläubigen des Credos „mehr Markt ist immer gut!" erschien eine mehr oder weniger voraussetzungs- und grenzenlos gedachte Globalisierung nicht etwa als Problem, sondern als die Lösung fast aller Probleme. (Einstein lässt grüßen.)

Die noch präsente Erfahrung, wie sehr die Globalisierungsdebatte der letzten zwanzig Jahre mit teils hochemotional vertretenen weltanschaulichen Positionen verknüpft war und ist, verweist nun aber auf einen wichtigen Punkt: Polanyis These vom sich fortschreitend verselbständigenden und dominant werdenden ökonomischen System ist bei vordergründiger Betrachtung zwar plausibel, aber aus Sicht einer integrativen Wirtschaftsethik ist hier zunächst auf ein grundlegendes Missverständnis hin-

---

[9] *Karl Polanyi*, The Great Transformation. Politische und ökonomische Ursprünge von Gesellschaften und Wirtschaftssystemen, Frankfurt a. M. 1978, 88 f. (engl. 1944).

zuweisen – und dies ist Inhalt meiner *zweiten Kernthese: Es gibt kein von ethischen und politischen Voraussetzungen "freies" marktwirtschaftliches System!*

Jede Ausgestaltung der Marktwirtschaft ist unausweichlich in ein wirtschaftsethisches und politisch-philosophisches „Gedankenbett" eingebettet, also implizit oder explizit an bestimmte normative Leitideen vom guten *gesellschaftlichen* Zusammenleben der Individuen gebunden. Noch die radikalste Konzeption einer deregulierten und entpolitisierten Marktwirtschaft beruht – weit weg von *Laisser-faire*-Ideen eines sich selbst organisierenden Marktes – auf einem bestimmten Wirtschaftsethos und muss rechtsstaatlich institutionalisiert, also politisch durchgesetzt werden. In diesem Sinne gilt rein logisch für jede ordnungspolitische Konzeption der Primat von Ethik und Politik vor dem Markt.

Damit aber verschiebt sich unser Problemkern – von der empirischen Oberfläche zu den normativen Hintergrundüberzeugungen. Das ethisch-politische „Gedankenbett", in dem eine theoretisch und praktisch verselbständigte, "freie" Marktwirtschaft überhaupt denkbar wurde, gilt es erst einmal hermeneutisch-kritisch auszuleuchten und einer *nachholenden ethisch-politischen Modernisierung* auf dem Niveau heutiger praktischer Philosophie zugänglich zu machen. Das ist notabene nicht etwa ein Ansinnen, das sich *gegen* ein effizientes marktwirtschaftliches System richtet, sondern eines der ethisch-vernünftigen Fortschrittsorientierung *für* dieses System.

Die Klassiker der Politischen Ökonomie waren sich im Unterschied zu den neoklassisch „reinen" Ökonomen dieser Ordnung der Dinge noch voll bewusst, namentlich Adam Smith und John Stuart Mill, die nicht zufällig beide auch brillante Moralphilosophen waren.[10] Sie gingen noch von der *aristotelischen Trias* von Ethik, Politik und Ökonomik aus, in dieser Begründungsreihenfolge. Diese zwischenzeitlich verlorene Ordnung der Dinge gewinnt heute aufgrund des Problemdrucks der Praxis neue Aktualität. Das scheint beispielsweise auch der *Frankfurter Allgemeinen Zeitung* zu dämmern, fragte sie doch unter dem Eindruck der Finanz- und Wirtschaftskrise ungewohnt kritisch: „Wo bleibt die fundierte Kritik an

---

[10] Vgl. dazu *Peter Ulrich,* John Stuart Mills emanzipatorischer Liberalismus. Die allgemeine Bürgerfreiheit und ihre sozialökonomischen Implikationen, in: Ders./*Michael S. Aßländer* (Hgg.), John Stuart Mill – Der vergessene politische Ökonom und Philosoph. St. Galler Beiträge zur Wirtschaftsethik Bd. 37, Bern u. a. 2006, 253–282; sowie *Peter Ulrich,* Politische Ökonomie, wirtschaftsethisch rekonfiguriert, in: Zeitschrift für Wirtschafts- und Unternehmensethik 7 (2006), 164–182.

der Wissenschaft der *politischen* Ökonomie, deren Lehrbücher doch die Drehbücher der gegenwärtigen Krise sind?"[11]

Gerade die meinungsbildende FAZ hat allerdings, ähnlich wie ein helvetisches Blatt mit ebenfalls drei Buchstaben im Kürzel, jahrzehntelang diese ihre neue Frage selbst fast hermetisch ausgegrenzt. Warum eigentlich? Der springende Punkt ist das erwähnte „Gedankenbett". Dort, also in den Tiefenstrukturen der neoklassisch-ökonomischen Weltsicht, finden wir die weltanschaulichen „Treiber", die der gewaltigen moralischen *Enthemmung* und institutionellen *Entgrenzung* des marktwirtschaftlichen Systems in Praxis und Theorie den motivationalen Schub gegeben haben. Leuchten wir also ein wenig in diese normative Tiefenstrukturen der vielleicht doch nicht ganz „reinen" ökonomischen Sach- oder Systemlogik hinein.

4 Tiefenstrukturen: Die Metaphysik des Marktes

Die frühen *Neoklassiker* ab den 70er Jahren des 19. Jahrhunderts *spiegelten* gleichsam die real in Gang gekommene *Große Transformation* theoretisch – insofern war das zu der Zeit durchaus eine gute deskriptive Theorie. Die resultierende „reine Ökonomik" modellierte die Tendenz zur Verselbständigung des marktwirtschaftlichen Systems idealtypisch ins Reine. Sie wollte dementsprechend nicht mehr ein Teil der Moralphilosophie sein wie bei den Klassikern, ja noch nicht einmal mehr Politische Ökonomie. Seither kann der *economic approach* die ethischen und politischen *Voraussetzungen* seiner Axiomatik nicht mehr systematisch mitdenken; stattdessen kann die Lösung des politisch-ökonomischen Kernproblems, nämlich das eines legitimen und fairen gesellschaftlichen Interessenausgleichs, nur noch als unmittelbare *Folge* der „reinen" marktwirtschaftlichen Systemlogik ausgegeben werden – womit die Leistungsfähigkeit dieses Systems aber schon im „theoretischen" Ansatz überlastet wird.

Die theoretische Spitze dieses Bemühens stellte die mathematisch-objektiv daherkommende *Allgemeine Gleichgewichtstheorie* dar. Deren praktische Botschaft war das altliberale *Laissez-faire*-Credo des 19. Jahrhunderts. Die neoklassische Gleichgewichtstheorie stellt jedoch weniger eine „soziale Physik" dar, wie Schumpeter[12] meinte, als eine in christlich-

---

[11] *Christian Geyer*, Rot stellt sich tot, in: Frankfurter Allgemeine Zeitung vom 8. April 2009 (Hvh. P. U.).

[12] Vgl. *Joseph Schumpeter*, Geschichte der ökonomischen Analyse, 2 Bde., Göttingen 1965, 1010.

schöpfungstheologischen Überzeugungen wurzelnde, mathematisierte *Metaphysik des Marktes*.[13] In deren Idealwelt gibt es nur Gewinner, keine Verlierer (neudeutsch: „win-win"). Gemäß der darauf beruhenden *altliberalen* Wirtschaftsdoktrin gilt der „freie" Markt als „natürliche" Wirtschaftsordnung, die unmittelbar Anteil an der von Gott bestens eingerichteten Schöpfungsordnung hat. Daher darf darauf vertraut werden, dass hinter dem naturwüchsigen Kräftespiel des Wettbewerbs die „unsichtbare Hand" Gottes – Adam Smiths berühmte *invisible hand*[14] – in segensreicher Weise waltet. „Macht keine Geschichten, der Markt wird's schon richten" – so lautet im Kern die marktmetaphysische Heilsgewissheit.

Nicht zufällig trug das im 19. Jahrhundert verbreitete französische Lehrbuch des Ökonomen (nicht etwa Theologen!) *Frédéric Bastiat* von 1855 den Titel *Harmonies économiques*. Und nicht grundlos finden sich darin Glaubensbekenntnisse wie etwa folgende Kernsätze:

> „Ich möchte die Harmonie der göttlichen Gesetze aufzeigen, die die menschliche Gesellschaft beherrschen."

> „Ich glaube, dass Er, der die materielle Welt geordnet hat, auch die Ordnung der sozialen Welt nicht auslassen wollte. Ich glaube, dass Er die frei Agierenden ebenso zu kombinieren und in harmonische Bewegung zu setzen wusste wie die leblosen Moleküle. […] Ich glaube, es ist für die allmähliche und friedliche Entwicklung der Menschheit ausreichend, wenn diese Tendenzen ungestörte Bewegungsfreiheit erlangen."[15]

An die Schlüsse, die Bastiat daraus zog, glauben die letzten Mohikaner des Marktfundamentalismus noch heute – oder schon wieder:

> „Unablässig und ohne Mitleid sollen wir uns deshalb dafür einsetzen, den ganzen Bereich privater Aktivitäten freizusetzen vom Vordringen der [staatlichen, P. U.] Macht; allein unter dieser Voraussetzung werden wir die Freiheit oder das freie Spiel der harmonischen Gesetze gewinnen, die Gott für die Entwicklung und den Fortschritt der Menschheit bereitgestellt hat."[16]

„Ungestörte Bewegungsfreiheit" für „den ganzen Bereich privater Aktivitäten" ist also geboten, „ohne Mitleid" für die Verlierer. Moralisch verdächtig sind in diesem Weltbild nicht etwa diejenigen, die rücksichts-

---

[13] Vgl. *Peter Ulrich,* Transformation der ökonomischen Vernunft. Fortschrittsperspektiven der modernen Industriegesellschaft, 3. Aufl., Bern u. a. 1993, 202–205; Ders., Integrative Wirtschaftsethik, 178–187.

[14] Vgl. *Adam Smith,* Der Wohlstand der Nationen, hg. v. H. C. Recktenwald, München 1978, 371 (engl. Orig. 1776).

[15] *Frédéric Bastiat,* Harmonies économiques. Œuvres complètes, tome VI, 3ième ed., Paris Guillaumin 1855, 19 (beide Zitate).

[16] *Frédéric Bastiat,* Harmonies économiques, 18.

los ihren eigenen Vorteil oder Gewinn maximieren, sondern vielmehr die wirtschaftlich Erfolglosen.

Die normative Botschaft solcher „sozialer Physik" als Fundament des Marktliberalismus ist nicht schwer zu verstehen. Zelebriert wird eine aus ethisch-politischen Bindungen restlos herausgelöste, konfliktfreie *Harmonie-Ökonomik*. Sie passte natürlich wunderbar zu den frühbürgerlichen Interessen und Legitimationsbedürfnissen. Wie *Max Weber* in seiner berühmten Studie „Die protestantische Ethik und der Geist des Kapitalismus" vor mehr als hundert Jahren gezeigt hat, steigt dieser Geist empor aus den „innerlichsten Formen christlicher Frömmigkeit"[17], die im radikalen Protestantismus Zwinglis und Calvins – die Finanzmetropolen Zürich und Genf lassen grüßen – die ganze Lebensführung durchdringt. Deshalb hat man in den reformierten Gebieten konsequenterweise die Klöster geschlossen.

5 Nachholende Aufklärung: Kritik der ökonomischen Vernunft

Von moderner Wirtschafts*wissenschaft* dürfte man demgegenüber erwarten, dass sie die alte Metaphysik des „freien" Marktes vorbehaltlos vernunftgeleiteter Kritik zuführt. Universitäten sind ja der Idee nach keine „Glaubensgemeinschaften"[18], sondern aufklärerische Stätten methodisch disziplinierten Denkens. Genau deshalb stellt sich heute die Aufgabe einer *wirtschaftsethischen Öffnung* der in Theorie und Praxis dominierenden ökonomischen Denkmuster.

Im Zentrum dieser Aufgabe steht eine gründliche Kritik der (nicht ganz) „reinen" ökonomischen Rationalität (oder „Sachlogik") hinsichtlich ihrer normativen Hintergrundannahmen. Dieser systematisch erste Schritt integrativer Orientierung im wirtschaftsethischen Denken kann hier natürlich nicht voll durchgeführt werden. Es sei nur kurz problematisiert, nach welchem „Prinzip" die ökonomische Quadratur des Kreises, nämlich die *Reduktion* von Gesellschaft auf Marktwirtschaft, erfolgt. In der neoklassisch-ökonomischen Axiomatik wird alle soziale Interaktion als *wechselseitiger Vorteilstausch* zwischen *Homines oeconomici* gedacht, die je ihren privaten Nutzen zu maximieren trachten und sich als Personen

---

[17] *Max Weber*, Die protestantische Ethik und der Geist des Kapitalismus, in: Ders., Gesammelte Aufsätze zur Religionssoziologie I, 9. Aufl., Tübingen 1988, 17–206, 26.

[18] Vgl. *Hans Christoph Binswanger*, Die Glaubensgemeinschaft der Ökonomen, München 1998.

wechselseitig gleichgültig sind. Unterschreiben die Wirtschaftssubjekte freiwillig Tauschverträge, so gilt das als Beweis für eine *win-win*-Situation: Beide Seiten profitieren, und damit scheint das Koordinationsprinzip ‚Markt' nicht nur (pareto-)*effizient*, sondern zugleich (tausch-)*gerecht* und außerdem die Gewährsinstanz der individuellen Freiheit schlechthin zu sein. Wo genau steckt das Problem?

Die wirtschaftsethische Kurzantwort lautet: Das Problem besteht darin, dass die ökonomische Logik des Vorteilstausches nicht identisch mit der ethischen Logik der Zwischenmenschlichkeit ist. Anders gesagt: Das *Marktprinzip* kann nicht an die Stelle des vernunftethisch verstandenen *Moralprinzips* treten.[19] Dieses humanistische Prinzip definiert in sehr formaler, kulturübergreifender Weise die ethische Grundidee, dass sich alle Menschen bedingungslos – oder mit Kants Imperativ formuliert: *kategorisch* – als Personen gleicher Würde und mit gleichen Grundrechten wechselseitig achten und anerkennen sollen. Dahinter kann eine *zivilisierte* Gesellschaft und Weltgemeinschaft nicht zurück, sonst droht sehr rasch die Barbarei der Unterscheidung von Menschen unterschiedlichen Werts nach irgendwelchen Kriterien wie ethnische Abstammung, Religion und Weltanschauung, sozialem Status usw. Dass sich alle Gesellschaftsmitglieder als gleichberechtigte Bürger anerkennen, ist gerade die Voraussetzung dafür, dass sie im Übrigen so unterschiedlich denken und leben können, wie sie mögen. Das erfordert eine unparteiliche, gegenüber den unterschiedlichen privaten Lebensentwürfen der Bürger *neutrale öffentliche Grundordnung*, die als Ermöglichungsbedingung eines bunten gesellschaftlichen Pluralismus selbstbestimmter Lebensformen und Weltanschauungen rechtsstaatlich durchzusetzen ist. Diese prinzipielle Zweistufigkeit ist das Schlüsselkriterium eines wohlverstandenen *politischen Liberalismus* im Sinne von Rawls.[20]

Der nach dem Marktmodell gedachte *ökonomische Liberalismus* ist aus dieser politisch-philosophischen Sicht kein zureichendes Prinzip einer liberalen Gesellschaft, denn im „freien" Markt lassen sich die Individuen stets nur *bedingt* – nämlich gemäß ihrem je privaten Vorteilskalkül – aufeinander ein. Das vernunftethische Grundprinzip der *unbedingten* wechselseitigen Anerkennung der Individuen in ihrer unantastbaren Würde als humane Subjekte und in ihrem Status als gleichberechtigte freie Bürger ist damit nicht erfüllt. Ist die gesellschaftliche oder internationale Ausgangslage unfair, so kann auch das Tausch- oder Handelsergebnis in einem noch so effizienten Markt niemals gerecht sein. Diese *strukturelle Parteilichkeit*

---

[19] Vgl. dazu im Einzelnen *Peter Ulrich*, Integrative Wirtschaftsethik, 45–51, 196–215.
[20] Vgl. *John Rawls*, Politischer Liberalismus, Frankfurt a. M. 1998.

der marktwirtschaftlichen „Systemrationalität" genügt dem politisch-liberalen Kriterium einer *unparteilichen*, neutralen Grundordnung nicht. Das ist im Kern der Grund, weshalb sich der politische oder – wie ich präziser formulieren möchte – der *republikanische Liberalismus*[21], dem es um eine wohlgeordnete Gesellschaft real freier Bürger geht, nicht auf das Konzept des „freien Marktes" und den ihm entsprechenden *ökonomischen Liberalismus* reduzieren lässt. Mit andern Worten: Eine „zivilisierte" Marktwirtschaft ist etwas prinzipiell anderes als eine entgrenzte Markt*gesellschaft* – sie muss im Kern als rechtsstaatlicher Solidarzusammenhang freier Bürger begriffen werden. Nicht Wohlfahrtsziele, sondern gleiche konstitutive *Rechte und Pflichten* aller Bürger bilden den primären Orientierungsgesichtspunkt einer „zivilisierten" Marktwirtschaft im Kontext einer wohlgeordneten Gesellschaft freier und gleichberechtigter Bürger.

6 Fortschrittshorizont: „Zivilisierung" der Marktwirtschaft

Aus diesen Überlegungen folgt, dass wir wieder lernen müssen, klarer zwischen *Wirtschaft und Gesellschaft* zu unterscheiden und – ganz im Sinn der alten aristotelischen Trias – die Vorordnung der Gesellschaft, in der wir leben wollen, vor die „Systemrationalität" der Marktwirtschaft zu gewährleisten. Dafür tun Ansatzpunkte für die buchstäbliche „Zivilisierung" der Marktwirtschaft Not, also für ihre Einbettung in die moderne *civil society*. Es geht um die zeitgemäße Klärung des Leitbilds einer voll entfalteten und wohlgeordneten Bürgergesellschaft und der legitimen und sinnvollen Rolle der Marktwirtschaft in ihr.

Zwei zivilisierende Ansatzpunkte bieten sich an: zum einen Bildung und Kultur – nämlich die Förderung des unverzichtbaren *Bürgersinns* als personaler Voraussetzung; zum andern die rechtsstaatliche Grundordnung – nämlich die Weiterentwicklung der *Bürgerrechte*, die den realen Status freier Bürger auch im „Wirtschaftsleben" konstituieren. Wenden wir uns zuerst ihnen zu.

Um zu verhindern, dass die erwähnte strukturelle Parteilichkeit des Marktes in „tyrannischer"[22] Weise auf die Lebenslage der Bürger im Ganzen durchschlägt und damit deren reale Freiheit und Gleichberechtigung

---

[21] Vgl. *Peter Ulrich*, Integrative Wirtschaftsethik, 317–330.
[22] Vgl. *Michael Walzer*, Sphären der Gerechtigkeit. Ein Plädoyer für Pluralität und Gleichheit, Frankfurt/New York 1992, 46–50.

tangiert, benötigen wir – so meine *dritte Kernthese* – in einer zivilisierten Marktwirtschaft eine neue Kategorie von Bürgerrechten, die sich auf die sozioökonomischen Voraussetzungen unseres Status als real freie Bürger beziehen. Und zwar liberal gedacht als emanzipatorische *Wirtschaftsbürgerrechte*.[23] Herkömmliche Sozialstaatskonzepte korrigieren dagegen die Marktergebnisse vorwiegend durch nachträgliche Umverteilung und lindern nur die Symptome der realen Unfreiheit der Wettbewerbsverlierer, sich selbst zu helfen. Wer den so agierenden Sozialstaat wirklich eindämmen will, der muss im Voraus, als Eingangsbedingung des Wettbewerbs, faire Chancen für alle auf eine selbstbestimmte Lebensführung und Existenzsicherung gewährleisten. Auf eine programmatische Kurzformel gebracht geht es um *mehr emanzipatorische Gesellschaftspolitik* als Voraussetzung für *weniger kompensatorische Sozialpolitik* – in Absicht auf die größtmögliche reale Freiheit aller Bürgerinnen und Bürger. Aus der alten Sozialstaatsdebatte wird so eine gesellschaftspolitische Debatte über die sozioökonomischen Voraussetzungen verallgemeinerungsfähiger bürgerlicher Freiheit.

So ansetzende bürgerliberale Gesellschaftspolitik ist zwar ein Gegenpol zum realpolitisch dominierenden Sozialetatismus, weicht aber gar nicht so radikal ab von unserer ordnungspolitischen Tradition, wie es auf den ersten Blick vielleicht scheint. Schon der Ordoliberalismus und die darauf aufbauende Soziale Marktwirtschaft haben sie intendiert. *Alfred Müller-Armack* dachte bekanntlich eine „zweite Phase"[24] der Sozialen Marktwirtschaft an, und zwar mit folgenden heute wieder höchst aktuellen Überlegungen:

> „Es wird kaum bestritten, dass in der nächsten Phase der Sozialen Marktwirtschaft gesellschaftspolitische Probleme *vor* die ökonomischen treten werden. […] Nach der Lösung des Produktionsproblems im Rahmen einer vollbeschäftigten Wirtschaft verschiebt sich der Aufgabenbereich der Sozialen Marktwirtschaft. Sie muss künftig als Politik einer freien Gesellschaft begriffen werden."[25]

---

[23] Näheres dazu schon in *Peter Ulrich*, Arbeitspolitik jenseits des neoliberalen Ökonomismus – das Kernstück einer lebensdienlichen Sozialpolitik, in: Jahrbuch für Christliche Sozialwissenschaften 38 (1997), 136–152; 149–151. Eingehender: *Ders.*, Integrative Wirtschaftsethik, 279–308.

[24] Vgl. *Alfred Müller-Armack*, Die zweite Phase der Sozialen Marktwirtschaft. Ihre Ergänzung durch das Leitbild einer neuen Gesellschaftspolitik, wiederabgedr. in: *Ders.*, Wirtschaftsordnung und Wirtschaftspolitik. Studien und Konzepte zur Sozialen Marktwirtschaft und zur Europäischen Integration, Freiburg i. B. 1966, 267–291.

[25] *Alfred Müller-Armack*, Die zweite Phase, 273, 289.

Übereinstimmend *Wilhelm Röpke:* „Bisher haben wir überwiegend Wirtschaftspolitik getrieben: nun aber heißt es für uns, Gesellschaftspolitik zu treiben."[26]

Wohl nicht zuletzt infolge der damals zu wenig fortgeschrittenen politisch-philosophischen und wirtschaftsethischen Grundlagenklärung verfehlten die Begründer ihre Intuitionen und Intentionen allerdings weitgehend. Statt eine *emanzipatorische* bürgerliberale Gesellschaftspolitik zu entfalten, reduzierte sich Müller-Armacks „irenische Formel" der Sozialen Marktwirtschaft mehr oder weniger auf die Ergänzung des „freien Marktes" um nachträgliche, *korrektive* Sozialpolitik (samt den symptomatischen Folgen explodierender Sozialstaatskosten). Es ist spannend und brandaktuell, dem konfusen Verhältnis von Marktwirtschaft und Bürgergesellschaft auch noch in der „Stilform" der Sozialen Marktwirtschaft auf den Grund zu leuchten. Nur so lassen sich die entscheidenden Punkte erkennen, wo der von ihren Gründervätern eigentlich angestrebte „Dritte Weg" zu einer voll entfalteten Bürgergesellschaft und einer durch sie zivilisierten Marktwirtschaft weiterzuführen ist.[27]

7 Ordnungspolitischer Brennpunkt: Eine neue Finanzmarktverfassung

Unter dem damit eröffneten Fortschrittshorizont einer *bürgerrechtlich* verfassten Marktwirtschaft schärft sich zugleich der Blick für die grundlegende Problematik der bisher primär *eigentumsrechtlichen* Verfassung der Marktwirtschaft, die durchaus zutreffend als Kapitalismus bezeichnet wird. Dieser ist eben – ganz im Sinne der Unterscheidung *Arthur Richs*[28] zwischen Wirtschaftssystem und Wirtschaftsordnung[28] – nicht als „zwingende" Ausgestaltung *der* Marktwirtschaft (als wirtschaftlichem Koordinationsprinzip oder Grundsystem), sondern als historischer Typus einer umfassenden Wirtschafts- und Gesellschaftsordnung zu verstehen.

---

[26] *Wilhelm Röpke,* Civitas Humana. Grundfragen der Gesellschafts- und Wirtschaftsreform, Erlenbach-Zürich 1944, 82.
[27] Vgl. im Einzelnen *Peter Ulrich,* Marktwirtschaft in der Bürgergesellschaft. Die Soziale Marktwirtschaft vor der nachholenden gesellschaftspolitischen Modernisierung, in: *Michael S. Aßländer/Peter Ulrich* (Hgg.), 60 Jahre Soziale Marktwirtschaft. Illusionen und Reinterpretationen einer ordnungspolitischen Integrationsformel. St. Galler Beiträge zur Wirtschaftsethik Bd. 44, Bern u. a. 2009, 349–380.
[28] Vgl. *Arthur Rich,* Wirtschaftsethik, Bd. II: Marktwirtschaft, Planwirtschaft, Weltwirtschaft aus sozialethischer Sicht, Gütersloh 1990, 176–180.

Zentraler Brennpunkt auf dem Weg zu einer primär bürgerrechtlich statt eigentumsrechtlich geordneten (und insofern im Ansatz postkapitalistischen) Marktwirtschaft ist eine dementsprechende Neuordnung der Finanzmärkte, denen in kapitalistischen Marktwirtschaften nicht zufällig ein immer dominanterer Einfluss auf die Einkommens- und Vermögensverteilung (in Form der sich öffnenden sozialen Schere) und auf die Wirtschafts- und Gesellschaftspolitik (die sich auf kapitalverwertungsorientierte „Standortpolitik" im globalen Wettbewerb verengt) zukommt. In der Finanzkrise kulminierte die schleichende bis galoppierende Verkehrung des Verhältnisses von wirtschaftlichen Mitteln und gesellschaftlichen Zwecken.

Soll die derzeit vielbeschworene neue Finanzmarktordnung mehr als eine technokratische Symptombehandlung sein, so gilt es, die mächtigen privatwirtschaftlichen Akteure der Finanzmärkte, an deren „privatem" Tun ja nichts wirklich privat ist außer der Gewinnzurechnung, in eine eigentliche *Finanzmarktverfassung* auf nationaler und supranationaler Ebene einzubinden. Der Finanzsektor kann nicht mehr als eine privatwirtschaftliche Branche wie jede andere aufgefasst werden, deren Auswüchse der Rechtsstaat (mit geringem Erfolg) bloß korrektiv zu limitieren versucht. Vielmehr ist der Finanzsektor im Kern als eine öffentliche Infrastruktur oder als *Service public* zur Versorgung der Realwirtschaft und der Gesellschaft mit Geld, Kredit und elementaren Finanzdienstleistungen zu begreifen. Ähnlich wie etwa die Energieversorgungs-, Kommunikations- oder Verkehrsinfrastruktur eines Landes hat die Finanzwirtschaft in erster Linie die grundlegende Geld- und Kreditversorgung der Volks- bzw. Weltwirtschaft zu erfüllen (Zahlungsverkehr, Kreditzugang, Liquidität, usw.). Diese Funktionsvoraussetzungen sind im öffentlichen Interesse so bedeutsam, dass dem Staat (für die Volkswirtschaft) bzw. einer noch zu etablierenden supranationalen Finanzbehörde (für die Weltwirtschaft) die übergeordnete *Gewährleistungsverantwortung* für das Funktionieren der finanziellen Infrastruktur zu übertragen ist.[29]

Eine so ansetzende Finanzmarktverfassung läuft nicht etwa auf eine Verstaatlichung der „systemrelevanten" Banken hinaus, sondern bietet gerade umgekehrt einen differenzierten dritten Weg jenseits der platten Alternative zwischen privatem und staatlichem Finanzsektor. Im Rahmen der verfassungsrechtlich festzulegenden Gewährleistungsverantwortung des Staats kann nämlich durchaus die Erfüllung bestimmter Versorgungsauf-

---

[29] Vgl. im Einzelnen *Philippe Mastronardi/Mario von Cranach*, Ein neuer Finanzmarkt nach der Krise: Auf dem Weg zu einer Verfassung des Kapitalismus, in: *Dies.* (Hgg.), Lernen aus der Krise. Ein Dossier von kontrapunkt, Bern u. a. 2010, 136–162.

gaben an privatwirtschaftliche Akteure delegiert werden – in Form von demokratisch legitimierten und durch die Aufsichtsbehörden straff kontrollierten Leistungsaufträgen. Verhindert wird so jedoch die Verselbständigung finanzwirtschaftlicher Interessen, also ihre Ablösung von allen Kriterien der Gemeinwohldienlichkeit und ihre Dominanz über das Gemeinwohl. An einem Brennpunkt der aktuellen ordnungspolitischen Herausforderungen könnte so vielleicht die überfällige nächste Etappe der „Großen Transformation" (Polanyi) eingeleitet werden.

8 Bürgersinn: Der kulturelle Kitt einer zivilisierten Marktwirtschaft

Wo jedoch kein politischer Wille zu nötigen Veränderungen erwächst, bleiben noch so vernünftige Orientierungsideen nutzlos. Den unverzichtbaren zweiten Ansatzpunkt für die „Zivilisierung" der Marktwirtschaft bildet daher der bereits erwähnte *Bürgersinn*. Schon *Wilhelm Röpke* forderte einen „echten Bürgersinn", verstanden als *„esprit civique*, der ihn [den einzelnen Bürger] an das Ganze bindet und seinem Appetit [d. h. Egoismus] Grenzen setzt"[30]. Ganz im Sinne eines republikanischen Liberalismus schreibt er:

> „Nun liegt aber zweifellos in dieser Ideenwelt eine Kraft, die den Liberalismus in einem *dialektischen Prozess* immer wieder über sich selbst hinauszutreiben strebt. Diese Kraft ist der dem Liberalismus wesentliche *Gedanke der Selbstbefreiung des Menschen durch Appell an die Ratio:* die Abwerfung von Bindungen, die Emanzipation des Menschen und die Herstellung seiner Autonomie."[31]

> „Wer jetzt auch noch den Liberalismus als eine primär wirtschaftliche Anschauung begreifen will, ist selbst in einer ‚ökonomistischen' Einengung befangen, die heute vollkommen überholt erscheint. [...] Der *politisch-kulturelle* Liberalismus [...] ist das Primäre und der wirtschaftliche Liberalismus [...] etwas Sekundäres."[32]

Röpke kommt zu einem gesellschaftskritischen Urteil, das wie eine Vorahnung der jüngsten Finanzexzesse erscheint:

> „Dabei werden wir bemerken, nicht ohne Erschrecken, wie weit wir alle bereits in die Denkgewohnheiten einer wesentlich *unbürgerlichen* Welt hinabgezogen sind. Dass das vor allem für die Nationalökonomen selber gilt, haben wir bereits bemerkt, als wir von ihrer Neigung sprachen, sich arglos einem *Denken in Geld- und Einkommensströmen* hinzugeben [...]."[33]

---

[30] *Wilhelm Röpke*, Jenseits von Angebot und Nachfrage, 19 bzw. 170.
[31] *Wilhelm Röpke*, Das Kulturideal des Liberalismus, Frankfurt a. M. 1947, 13.
[32] *Wilhelm Röpke*, Civitas Humana, 51 (Hvh. i. Orig.).
[33] *Wilhelm Röpke*, Jenseits von Angebot und Nachfrage, 140.

Was fortschreitend verloren gegangen zu sein scheint, ist ein republikanisch-liberales Wirtschaftsbürgerethos. Der Kern dieses bürgerliberalen Wirtschaftsethos ist die *Integrität* im Wirtschaftsleben und analog auch die *Geschäftsintegrität* von Unternehmen.[34] Das meint ganz wörtlich und im direkten Gegensatz zum marktliberalen Nutzen- bzw. Gewinnmaximierungsprinzip, das eigene Vorteils-, Nutzen- oder Gewinnstreben vom bürgerlichen Selbstverständnis als guter oder anständiger Bürger *nicht abzuspalten*, sondern private Interessen nur so weit zu verfolgen, wie sie den Legitimitätsbedingungen der Bürgergesellschaft entsprechen. Hier, wenn überhaupt, motiviert sich auch der Abschied von der *Gier* in einer wahrhaftig bürgerlichen Gesellschaft.

Die Pointe daran ist, dass Bürger mit einem solchen integrativen Wirtschaftsethos darin gar keine Einschränkung und keinen Verzicht sehen, denn es geht ja um die Gesellschaft, mit der sie sich identifizieren und für deren *res publica* (öffentliche Ordnung) sie sich deshalb mitverantwortlich fühlen. Der republikanische Bürgersinn bildet den tragenden Boden ethischer Selbstbindung ebenso wie der ordnungspolitischen Mitverantwortung für eine gemeinwohldienliche Wirtschafts- und Gesellschaftsordnung. Zwar ist er kein hinreichender, wohl aber ein notwendiger Faktor, ohne den es letztlich keine wirklich zivilisierte Marktwirtschaft geben kann.

Literaturverzeichnis

Horst Afheldt, Wohlstand für niemand? Die Marktwirtschaft entlässt ihre Kinder, München: Kunstmann 1994.
Frédéric Bastiat, Harmonies économiques. Œuvres complètes, tome VI, 3ième ed., Paris: Guillaumin 1855.
Hans Christoph Binswanger, Die Glaubensgemeinschaft der Ökonomen, München: Gerling Akademie 1998.
Ralf Dahrendorf, Die neue Freiheit, Frankfurt a. M.: Suhrkamp 1980.
Ralf Dahrendorf, Nach der Krise: Zurück zur protestantischen Ethik?, in: Merkur 720 (2009), 373–381.
Christian Geyer, Rot stellt sich tot, in: Frankfurter Allgemeine Zeitung vom 8. April 2009.
Thomas S. Kuhn, Die Struktur wissenschaftlicher Revolutionen, Frankfurt a. M.: Suhrkamp 1973 (engl. 1962).

---

[34] Vgl. dazu *Peter Ulrich,* Integrative Wirtschaftsethik, 462–473.

Philippe Mastronardi/Mario von Cranach, Ein neuer Finanzmarkt nach der Krise: Auf dem Weg zu einer Verfassung des Kapitalismus, in: *dies.* (Hgg.), Lernen aus der Krise. Ein Dossier von kontrapunkt, Bern u. a.: Haupt 2010, 136–162.

Alfred Müller-Armack, Die zweite Phase der Sozialen Marktwirtschaft. Ihre Ergänzung durch das Leitbild einer neuen Gesellschaftspolitik, wiederabgedr. in: *Ders.*, Wirtschaftsordnung und Wirtschaftspolitik. Studien und Konzepte zur Sozialen Marktwirtschaft und zur Europäischen Integration, Freiburg i. Br.: Rombach 1966, 267–291.

Karl Polanyi, The Great Transformation. Politische und ökonomische Ursprünge von Gesellschaften und Wirtschaftssystemen, Frankfurt a. M.: Suhrkamp 1978 (engl. 1944).

John Rawls, Politischer Liberalismus, Frankfurt a. M.: Suhrkamp 1998.

Arthur Rich, Wirtschaftsethik, Bd. II: Marktwirtschaft, Planwirtschaft, Weltwirtschaft aus sozialethischer Sicht, Gütersloh: Gütersloher Verlagshaus 1990.

Wilhelm Röpke, Civitas Humana. Grundfragen der Gesellschafts- und Wirtschaftsreform, Erlenbach-Zürich: Rentsch 1944.

Wilhelm Röpke, Das Kulturideal des Liberalismus, Frankfurt a. M.: Klostermann 1947.

Wilhelm Röpke, Jenseits von Angebot und Nachfrage, Erlenbach-Zürich/Stuttgart: Rentsch 1958.

Wilhelm Rüstow, Paläoliberalismus, Kommunismus und Neoliberalismus, in: *Franz Greiß/Fritz Walter Meyer* (Hg.), Wirtschaft, Gesellschaft und Kultur. Festschrift für Alfred Müller-Armack, Berlin: Duncker & Humblot 1961, 61–70.

Joseph Schumpeter, Geschichte der ökonomischen Analyse, 2 Bde., Göttingen: Vandenhoeck & Ruprecht 1965.

Adam Smith, Der Wohlstand der Nationen, hg. v. *H. C. Recktenwald,* München: DTV 1978 (engl. Orig. 1776).

Ulrich Thielemann/Peter Ulrich, Standards guter Unternehmensführung. Zwölf internationale Initiativen und ihr normativer Orientierungsgehalt. St. Galler Beiträge zur Wirtschaftsethik Bd. 43, Bern u. a.: Haupt 2009.

Peter Ulrich, Transformation der ökonomischen Vernunft. Fortschrittsperspektiven der modernen Industriegesellschaft, 3. Aufl., Bern u. a.: Haupt 1993.

Peter Ulrich, Arbeitspolitik jenseits des neoliberalen Ökonomismus – das Kernstück einer lebensdienlichen Sozialpolitik, in: Jahrbuch für Christliche Sozialwissenschaften 38 (1997), 136–152.

Peter Ulrich, John Stuart Mills emanzipatorischer Liberalismus. Die allgemeine Bürgerfreiheit und ihre sozialökonomischen Implikationen, in: *Ders./Michael S. Aßländer* (Hg.), John Stuart Mill – Der vergessene politische Ökonom und Philosoph. St. Galler Beiträge zur Wirtschaftsethik Bd. 37, Bern u. a.: Haupt 2006, 253–282.

Peter Ulrich, Politische Ökonomie, wirtschaftsethisch rekonfiguriert, in: Zeitschrift für Wirtschafts- und Unternehmensethik 7 (2006), 164–182.

Peter Ulrich, Integrative Wirtschaftsethik. Grundlagen einer lebensdienlichen Ökonomie, 4. vollst. neu bearb. Aufl., Bern u. a.: Haupt 2008.

Peter Ulrich, Marktwirtschaft in der Bürgergesellschaft. Die Soziale Marktwirtschaft vor der nachholenden gesellschaftspolitischen Modernisierung, in: *Michael S. Aßländer/Peter Ulrich* (Hg.), 60 Jahre Soziale Marktwirtschaft. Illusionen und Reinterpretationen einer ordnungspolitischen Integrationsformel. St. Galler Beiträge zur Wirtschaftsethik Bd. 44, Bern u. a.: Haupt 2009, 349–380.

Michael Walzer, Sphären der Gerechtigkeit. Ein Plädoyer für Pluralität und Gleichheit, Frankfurt a. M./New York: Campus 1992.

Max Weber, Die protestantische Ethik und der Geist des Kapitalismus, in: *Ders.*, Gesammelte Aufsätze zur Religionssoziologie I, 9. Aufl., Tübingen 1988, 17–206.

GOTLIND ULSHÖFER

Corporate Social Responsibility (CSR) als soziale Verantwortung in der Wirtschaft – Chancen und Grenzen einer Konzeption angesichts der Wirtschaftskrise

Zusammenfassung

Der Artikel erläutert drei unterschiedliche Interpretationen von „Corporate Social Responsibility" und macht so die Chancen und Grenzen dieser Konzeption deutlich. Die gegenwärtige Rede von „Corporate Social Responsibility" wird als nicht ausreichend klassifiziert, weil die damit verbundene Vorstellung von gesellschaftlicher Verantwortung zu kurz greift. Es bedarf einer normativen Konkretisierung des Begriffes von „gesellschaftlicher" bzw. „sozialer Verantwortung", damit er von Relevanz in der aktuellen Wirtschaftskrise werden kann.

1 Einleitung: CSR oder Unternehmen in gesellschaftlicher Verantwortung

Die ökonomische Krise, die ihren Ausgangspunkt im finanzwirtschaftlichen Bereich hatte, ist inzwischen in der Realwirtschaft angekommen. Der Indikator für wirtschaftliche Aktivitäten, das Bruttoinlandsprodukt, sank in der Bundesrepublik Deutschland im Jahr 2009 um 5 % im Vergleich zum Vorjahr.[1] Dies bedeutet für Unternehmen einen Rückgang der Produktion und damit auch des Gewinns. Einsparungen werden notwendig, die unter anderem entweder zu Kurzarbeit oder zur Entlassung von Mitarbeiterinnen und Mitarbeitern führen. Angesichts dieses Szenariums stellen sich die Fragen, welche gesellschaftliche Verantwortung[2] Unternehmen haben und welches Modell von gesellschaftlicher Verantwortung

---

[1] Vgl. *Bundesministerium für Wirtschaft und Technologie*, Jahreswirtschaftsbericht 2010. Mit neuer Kraft die Zukunft gestalten, Berlin 2010, online unter <http://www.bmwi.de/BMWi/Redaktion/PDF/Publikationen/jahreswirtschaftsbericht–2010,property=pdf,bereich=bmwi,sprache=de,rwb=true.pdf>, abgerufen 12.2.2010, 7.

[2] Zur Diktion: Im Folgenden wird die Übersetzung von *Corporate Social Resonsibility* synonym sowohl mit „sozialer Verantwortung" als auch mit „gesellschaftlicher Verantwortung" wiedergegeben. Dies liegt an der von mir im Folgenden vertretenen Bedeutungszuschreibung von „sozial" als „gesellschaftlich". Dass im Verständnis von „social" genau die ethische Problematik liegen kann, darauf machen *Bernhard Ungericht/Dirk Raith/Thomas Korenjak*, Corporate Social Responsibility oder gesellschaftliche Unternehmensverantwortung? Kritische Reflexionen, empirische Befunde und politische Empfehlungen, Wien 2008, 15, aufmerksam, die scharf zwischen „sozial" und „gesellschaftlich" unterschieden haben wollen.

139

bei der Entwicklung einer nachhaltigen und gerechten Gesellschaft weiter helfen könnte.

Seit den 1990er Jahren wird das Thema der gesellschaftlichen Verantwortung von Unternehmen vor allem mit Hilfe des angelsächsischen Begriffs der *Corporate Social Responsibility (CSR)* diskutiert. Ein „gestiegene[s; G. U.] Interesse am Thema CSR, das durch die Flut von Studien und Veröffentlichungen zum Ausdruck kommt"[3], ist nicht allein im deutschsprachigen Kontext[4] zu verzeichnen und bezieht sich auch nicht nur auf den wissenschaftlichen Diskurs. Es existiert kaum ein transnationales Unternehmen, das nicht auf seiner Webseite oder anhand von CSR- oder Nachhaltigkeitsberichten über seine „gesellschaftliche Verantwortung" bzw. seine Nachhaltigkeitsaktivitäten Rechenschaft gibt und dabei beispielsweise seine Anstrengungen hinsichtlich der Förderung seiner Mitarbeiterinnen und Mitarbeiter oder Verbesserungen im ökologischen Bereich beschreibt. Wird in der Zwischenzeit auch von *corporate responsibility (CR)* geredet, um so deutlich zu machen, dass es nicht nur um soziale Belange unternehmerischen Handelns geht, ist jedoch den verschiedenen Konzeptionen von CSR und CR gemeinsam, dass damit eine Verantwortungszuschreibung für unternehmerisches Handeln ausgedrückt wird, die über die rein ökonomischen Geschäftsaufgaben hinausgeht. Das Unternehmen als gesellschaftlicher Akteur scheint in den Blick zu treten und zum Träger sozialer Verantwortung zu werden. Aber wie sieht konkret „gesellschaftliche Verantwortung von Unternehmen" aus? Welche politischen Entscheidungen und welche ethischen Überlegungen stehen damit in Verbindung?

Die These des Artikels ist, dass die gegenwärtige Rede von *Corporate Social Responsibility* ungenügend ist, weil die damit verbundene Vorstellung von gesellschaftlicher Verantwortung zu kurz greift. Es bedarf einer normativen Konkretisierung des Begriffes von „gesellschaftlicher" bzw. „sozialer Verantwortung", damit das Thema „gesellschaftliche Verantwortung von Unternehmen" in der aktuellen Wirtschaftskrise relevant werden kann. „Gesellschaftliche Verantwortung" und deren Träger gilt es dann im öffentlichen Diskurs als politisches Geschehen zu bestimmen und nicht allein als Aufgabe von Unternehmen.

---

[3] *Janina Curbach*, Die Corporate-Social-Responsibility-Bewegung, Wiesbaden 2009, 9.
[4] Die CSR-Diskussion ist global, da sie sich eben auch auf transnationale Konzerne bezieht. Vgl. zum Beispiel den Stand der Diskussion in den einzelnen europäischen Ländern in: *André Habisch/Jan Jonker/Martina Wegner/René Schmidtpeter* (Hg.), Corporate Social Responsibility across Europe, Berlin und Heidelberg 2005.

2 Corporate Social Responsibility im europäischen Kontext

Die Übernahme von Verantwortung durch Unternehmer – im Sinne von sozialpolitischer Verantwortung – entwickelte sich im Kontext der Sozialen Frage im 19. Jahrhundert und der nötigen Hilfe für Arme und Bedürftige.[5] Dabei handelte es sich um freiwillige Aktivitäten von Unternehmerpersönlichkeiten wie zum Beispiel Alfred Krupp, die oft ambivalent waren. Krupp, beispielsweise, ließ einerseits für seine Arbeiter und Arbeiterinnen Wohnungen bauen, stellte Krankenversorgung bereit und ließ Rentenansprüche aufbauen. Andererseits jedoch legte er den Arbeitnehmerinnen und Arbeitnehmern strenge Vorschriften auf, die deren Freiheitsrechte massiv einschränkten, wie zum Beispiel das Verbot von Partei- und Gewerkschaftsmitgliedschaft.[6] Ein weiterer Typus von gesellschaftlicher Verantwortung von Unternehmern waren die *social entrepreneurs*, also Unternehmer, die sich bewusst an gesellschaftlich Marginalisierte wandten und Betriebe gründeten, um so zu deren gesellschaftlicher Integration beizutragen.[7] Waren dies vor allen Dingen einzelne Unternehmer, so kam es mit der Sozialgesetzgebung unter Bismarck zu einer gesetzlich geregelten Absicherung von Arbeitnehmerinnen und Arbeitnehmern, an der auch die Arbeitgeber beteiligt wurden.

Die aktuelle CSR-Diskussion stellt wiederum die Freiwilligkeit der sozialen und ökologischen Aktivitäten der Unternehmen in den Mittelpunkt, die außerdem über die gesetzlichen Vorgaben hinausgehen sollen, wie dies an der CSR-Konzeption der Europäischen Union (EU) deutlich wird. Im Juni 2001 hat die Europäische Kommission ein sogenanntes Grünbuch mit dem Titel: *Promoting a European Framework for Corporate Social*

---

[5] Zur christlichen Motivation, sich mit der Sozialen Frage zu beschäftigen, vgl. exemplarisch: *Franz-Josef Stegmann/Peter Langhorst*, Geschichte der sozialen Ideen im deutschen Katholizismus, in: *Helga Grebing/Walter Euchner/Franz-Josef Stegmann/Peter Langhorst/Traugott Jähnichen/Norbert Friedrich* (Hg.), Geschichte der sozialen Ideen in Deutschland. Sozialismus – Katholische Soziallehre – Protestantische Sozialethik. Ein Handbuch, 2. Aufl. Wiesbaden 2005, 599–866 und *Traugott Jähnichen/Norbert Friedrich*, Geschichte der sozialen Ideen im deutschen Protestantismus, in: *Helga Grebing/Walter Euchner/Franz-Josef Stegmann/Peter Langhorst/Traugott Jähnichen/Norbert Friedrich* (Hg.), Geschichte der sozialen Ideen in Deutschland. Sozialismus – Katholische Soziallehre – Protestantische Sozialethik. Ein Handbuch, 2. Aufl. Wiesbaden 2005, 867–1094.
[6] Vgl. *Paul Johann*, Alfred Krupp und die Arbeiterbewegung, Düsseldorf 1987.
[7] Ein Beispiel ist der Theologe Gustav Werner, der, motiviert von christlicher Nächstenliebe, versuchte eine Papierfabrik aufzubauen, vgl. *Hartmut Zweigle*, „Herrschen mög' in unserem Kreise Liebe und Gerechtigkeit!" Gustav Werner – Leben und Werk, Stuttgart 2009.

Responsibility[8] veröffentlicht, mit dem eine Auseinandersetzung über die Bedeutung von sozialer Verantwortung von Unternehmen angestoßen werden sollte. Durch *Multi-Stakeholder*-Treffen, bei denen Interessenvertreterinnen und -vertreter von Unternehmen, von Nicht-Regierungsorganisationen (NGO) und aus der Politik zusammenkamen, gelang in den folgenden Jahren ein Austausch über CSR-Aktivitäten und eine Verständigung über eine Definition von sozialer Verantwortung, die zur Basis-Definition von CSR geworden ist. Seitdem wird innerhalb der EU unter CSR „ein Konzept [verstanden; G. U.], das den Unternehmen als Grundlage dient, auf freiwilliger Basis soziale Belange und Umweltbelange in ihre Unternehmenstätigkeit und in die Beziehungen mit ihren Partnern zu integrieren."[9] In den Folgejahren wurde das Konzept weiter diskutiert und so findet sich beispielsweise in der Kommunikation der Kommission an das EU-Parlament folgende Erklärung zur CSR-Definition: „It is about enterprises deciding to go beyond minimum legal requirements and obligations stemming from collective agreements in order to address societal needs."[10] Das heißt, dass es bei CSR um Aktivitäten geht, die über die gesetzlichen Vorgaben hinausgehen und diese nicht ersetzen sollen.

In der CSR-Diskussion in der EU ist Folgendes wichtig: Erstens handelt es sich um ein freiwilliges Konzept. Kein Unternehmen soll dazu gezwungen werden, sich zusätzlich zu seinen ökonomischen Tätigkeiten für Soziales und die Umwelt engagieren zu müssen. Zweitens geht es sowohl um interne als auch um externe Belange von Unternehmen, d.h. es geht direkt um die interne Unternehmenstätigkeit, also beispielsweise darum, wie eine Ware produziert wird, und gleichzeitig auch um die externen Beziehungen zu den Zulieferern, Kunden etc. Drittens handelt es sich um soziale und um ökologische Angelegenheiten, so dass CSR auch mit Nachhaltigkeit in Verbindung gebracht werden kann. Viertens stehen im Zentrum von CSR vor allem die produzierenden Unternehmen als Akteure. Andere wirtschaftliche Akteure, wie zum Beispiel im Bereich des Finanzmarkts Hedgefonds oder Rating-Agenturen, werden

---

[8] Vgl. *Kommission der Europäischen Gemeinschaften*, Grünbuch. Europäische Rahmenbedingungen für die soziale Verantwortung von Unternehmen, Brüssel 2001, online unter <http://eur-lex.europa.eu/LexUriServ/site/de/com/2001/com2001_0366de01.pdf>, abgerufen 22.2.2005.

[9] Online unter <http://ec.europa.eu/enterprise/csr/campaign/index_de.htm.>, abgerufen 31.05.2010.

[10] *Kommission der Europäischen Gemeinschaften*, Implementing the Partnership for Growth and Jobs: Making Europe a Pole of Excellence on Corporate Social Responsibility, online unter <http://eur-lex.europa.eu/LexUriServ/LexUriServ.do?uri=COM:20 06:0136:FIN:en:PDF>, abgerufen 11.12.2008.

höchst selten in Zusammenhang mit CSR und damit ihrer gesellschaftlichen Verantwortung gebracht.[11]

Die Europäische Kommission versteht CSR auch als Teil ihrer „Social Agenda".[12] Dabei ist für den Zeitraum zwischen 2001 und 2006 eine verstärkte Orientierung an den Belangen von Unternehmen auszumachen. Im Papier der Europäischen Kommission von 2006, das davon handelt, wie die Wachstums-Strategie von Lissabon implementiert werden soll, wird diese Unternehmerorientierung deutlich:

> „More than ever Europe needs active entrepreneurs, positive attitudes towards entrepreneurship, and confidence and trust in business. Europe needs a public climate in which entrepreneurs are appreciated not just for making a good profit but also for making a fair contribution to addressing certain societal challenges."[13]

Gesellschaftlich ist CSR als Reaktion auf eine Legitimationskrise der Manager und der großen Unternehmen zu interpretieren:

> „Im Ranking des ‚Vertrauens' in die Integrität verschiedener Personengruppen oder Institutionen [...] rangieren ‚große Wirtschaftsunternehmen' auf dem letzten Platz; demgegenüber wird den mittelständischen Unternehmen großes Vertrauen entgegengebracht. [...] Nicht nur in breiten Bevölkerungskreisen, auch bei der politischen Elite wächst quer durch alle politischen Strömungen die Ansicht, dass in der Wirtschaft zunehmend unverantwortliche Geschäftspraktiken um sich greifen."[14]

Der mit CSR-Aktivitäten erhoffte Reputationsgewinn kann sich dann natürlich auch ökonomisch rechnen und als *business case* gesehen werden. Die Entwicklung in der EU entspricht einer Verschiebung von Verantwortlichkeiten und damit einer Entwicklung neuer *Governance*-Strukturen: Neben den Staat treten weitere Akteure, welche die Strukturen, Gestaltung und Politik der Gesellschaft als Institutionen mitbestimmen wollen.[15] Die Aufgaben für Unternehmen scheinen sich auszuweiten, so dass auch die Verantwortung für soziale und ökologische Belange wichtig

---

[11] Zu diesem Ansatz vgl. *Gotlind Ulshöfer/Gesine Bonnet*, Finanzmärkte und gesellschaftliche Verantwortung – eine Einführung, in: *Dies./Gesine Bonnet* (Hg.), Corporate Social Responsibility auf dem Finanzmarkt. Nachhaltiges Investment, politische Strategien, ethische Grundlagen, Wiesbaden 2009, 9–24.

[12] *Commission of the European Communities*, Implementing the partnership for growth and jobs. Making Europe a pole of excellence on corporate social responsibility, online unter <http://eur-lex.europa.eu/LexUriServ/LexUriServ.do?uri=COM:2006:0136:FIN:en:PDF>, erstellt 22.3.2006/abgerufen 11.2.2010.

[13] *Commission of the European Communities*, Implementing the partnership, 2.

[14] *Ulrich Thielemann/Peter Ulrich*, Standards guter Unternehmensführung. Zwölf internationale Initiativen und ihr normativer Orientierungsgehalt, Bern 2009, 13 und 15 f.

[15] Zur Diskussion um Governance-Strukturen und CSR vgl. *Lothar Rieth*, Global Governance und Corporate Social Responsibility. Welchen Einfluss haben der UN Global Compact, die Global Reporting Initiative und die OECD Leitsätze auf das CSR-Engagement deutscher Unternehmen?, Opladen/Farmington Hills 2009, insbesondere 299–327.

wird. Für eine ethische Bewertung dieser Entwicklung ist wesentlich, was mit *social responsibility* eigentlich bezeichnet wird. Dies steht im Zusammenhang mit den grundsätzlichen Fragen: Wie kann es geschehen, dass Unternehmen für soziale Belange, die über ihre originäre Geschäftstätigkeit hinausgehen, zuständig sein sollen? Ist mit CSR der Rückzug des Staates aus seiner Verantwortung der Gesellschaft gegenüber verbunden, was die EU-Strategie der Identifizierung von CSR mit Sozialpolitik nahelegt? Geht es also im Grunde genommen um eine Orientierung am Marktgeschehen und an der Eigenverantwortung hinsichtlich aller Bereiche gesellschaftlichen Lebens?

3 Bedeutungszuschreibungen von *Social Responsibility*

Die Übersetzung des Begriffes „*Corporate Social Responsibility*" in soziale oder gesellschaftliche Verantwortung (von Unternehmen) steht in enger Relation mit dem Verständnis dessen, was „sozial" eigentlich meint. Wird mit „sozial" vor allen Dingen im Sinne der Sozialen Frage des 19. Jahrhunderts die Unterstützung von gesellschaftlich Marginalisierten und Bedürftigen bezeichnet, so greift der Begriff für die Bedeutung im Rahmen der Wirtschaftskrise zu kurz. CSR würde auf Philanthropie und *Charity* reduziert werden, also auf Aktivitäten, bei denen durch einzelne Aktionen oder Events von Unternehmen Geld oder Sachleistungen an Bedürftige gestiftet werden. Dieses Verständnis unternehmerischer Verantwortung ist zwar auf den ersten Blick moralisch machbar, andererseits ist jedoch genau zu prüfen, in welchem gesellschaftspolitischen Rahmen dieses Verständnis sich vollzieht und ob dadurch „sozial" neu[16] definiert werden soll als Hilfe für Bedürftige, die nur eine Aufgabe von Privatpersonen und nicht mehr vom Staat zu tätigen ist. Ausreichend ist das Verständnis von CSR als *Charity* im Hinblick auf die Verantwortung, die angesichts der Wirtschaftskrise notwendig geworden ist, nicht – wie sich ausgehend von der unten stehenden Analyse der Wirtschaftskrise zeigen wird.

Eine nähere Betrachtung der Verwendung des Begriffs von „sozialer Verantwortung" ist dringend notwendig. Dies hat auch mit der Struktur des Verantwortungsbegriffs zu tun, denn er „ist und bleibt ein sekundäres

---

[16] Im Sinne der Analyse von Lessenich, der in den vergangenen zwanzig Jahren eine Umdeutung von „sozial" hin zu mehr Eigenverantwortung und dem Marktparadigma als führendem Gesellschaftsmodell sieht, vgl. *Stephan Lessenich*, Die Neuerfindung des Sozialen. Der Sozialstaat im flexiblen Kapitalismus, Bielefeld 2008.

Handlungsprinzip, dessen erfolgreiche Umsetzung von empirischen Voraussetzungen und institutionellen Rahmenbedingungen abhängt, die nicht seiner eigenen Einflußnahme unterliegen"[17]. Dabei sind die beiden genannten Bedingungen – die Voraussetzungen und Rahmenbedingungen – für eine normative Verwendung des Begriffs der „sozialen Verantwortung" nicht ausreichend, denn es bedarf primärer Handlungsprinzipien, die sich zum Beispiel von einem christlichen Standpunkt aus gesehen an Gerechtigkeit und Nächstenliebe orientieren. Es ist also nicht von vornherein klar, was mit CSR gemeint ist und in welchem Sinne dann die Konzeption auch fruchtbar für die gegenwärtige Krisensituation gemacht werden kann, da der Begriff „Verantwortung" selbst normativ relativ bedeutungsoffen ist.

3.1 „Soziale Verantwortung" als „ökonomische Verantwortung"

Soziale Verantwortung wird gerade in ökonomischen Kontexten gerne auf ihre wirtschaftliche Dimension reduziert. In diesem Sinne wird die moralische Bedeutung des Verantwortungsbegriffs ausgeblendet, was mit einem bestimmten Verständnis von wirtschaftlichem Geschehen einhergeht. Einer derjenigen Texte, die sich auf diese Interpretation von Verantwortung beschränken, ist der viel zitierte[18] Essay *The Social Responsibility of Business Is to Increase Its Profits*[19] des US-amerikanischen Ökonomen Milton Friedman, der 1970 in der New York Times erschienen war. Mit dieser Schrift reagierte Friedman auf die sich in den siebziger Jahren auch in den USA intensivierenden Debatten um die *responsibility* und die *responsiveness* von Unternehmen, d. h. die Forderung nach gesellschaftlichem Engagement der Unternehmen zur Verbesserung der ökologischen und sozialen Situation.[20]

Für Friedman kann Verantwortung nur Individuen zugeschrieben werden, bzw. maximal der Korporation als künstlicher Person, aber auf kei-

---

[17] *Ludger Heidbrink*, Kritik der Verantwortung. Zu den Grenzen verantwortlichen Handelns in komplexen Kontexten, Weilerswist 2003, 312.
[18] Vgl. z. B. eine rhetorische Analyse des Artikels von Friedman bei *James Arnt Aune*, How to Read Milton Friedman. Corporate Social Responsibility and Today's Capitalism, in: *Steve May/George Cheney/Juliet Roper* (Hg.), The Debate over Corporate Social Responsibility, Oxford 2007, 207–218.
[19] *Milton Friedman*, The Social Responsibility of Business Is to Increase Its Profits, in: *Walther Ch. Zimmerli/Klaus Richter/Markus Holzinger* (Hg.), Corporate Ethics and Corporate Governance, Berlin 2007, 173–179.
[20] Vgl. *George Cheney/Juliet Roper/Steve May*, Overview, in: *Steve May/George Cheney/Juliet Roper* (Hg.), The Debate over Corporate Social Responsibility, Oxford 2007, 3–15, 5.

nen Fall „der Wirtschaft" oder „dem Unternehmen" an sich.[21] Friedman fokussiert seine Argumentation ganz auf die Person des Managers, der in direkter Verantwortung gegenüber den Inhabern einer Unternehmung stehe und dessen Aufgabe es sei „to make as much money as possible while conforming to the basic rules of the society, both those embodied in law and those embodied in ethical custom"[22].

Es geht Friedman als liberalem Ökonomen, der sich für den freien Markt ausspricht und den Einfluss des Staates möglichst gering halten will[23], um die Vorstellung, dass die grundlegende Aufgabe von Unternehmen die Gewinnmaximierung ist. Darin sieht er auch die soziale Verantwortung von Unternehmen beschrieben:

> „there is only one and only one social responsibility of business – to use its resources and engage in activities designed to increase its profits as long as it stays within the rules of the game, which is to say, engage in open and free competition without deception of fraud."[24]

Im Hintergrund steht die Annahme, dass die Aktienbesitzer bzw. Anteilseigner die Eigentümer der Firma sind, denen der Profit gehöre. Außerdem hat Friedman die Vorstellung, dass die Beziehungen zu den Kunden, Angestellten etc. vertraglich geregelt sind, so dass deren Ansprüche entsprechend abgegolten werden und nichts mehr mit sozialer Verantwortung zu tun haben.[25] In Anlehnung an Friedman könnte sich also im Sinne der EU-Definition begründen lassen, dass Unternehmen beispielsweise ökologische Aktivitäten nur dann verfolgen, wenn diese den Profit erhöhen: Die Reduzierung von CSR auf den *business case* und Teil des Geschäftserfolges ist hier angelegt. Dem entspräche dann der von der EU geforderte Freiwilligkeitscharakter der CSR-Maßnahmen.

3.2 Soziale Verantwortung als Stakeholder-Orientierung und Teil des strategischen Managements

Social Responsibility ist auch Kennzeichen des *Stakeholder*-Ansatzes. In der Berücksichtigung der Anspruchsgruppen des Unternehmens und ihrer Interessen, also den *Stakeholdern*, wird das soziale Umfeld des Un-

---

[21] Vgl. *Friedman*, Social Responsibility, 173.
[22] *Friedman*, Social Responsibility, 173.
[23] Siehe beispielsweise: *Milton Friedman*, Kapitalismus und Freiheit, München/Zürich 2004.
[24] *Friedman*, Social Responsibility, 178.
[25] Vgl. *Tom L. Beauchamp/Norman E. Bowie* (Hg.), Ethical Theory and Business, 7. Aufl., Upper Saddle River 2004, 46.

ternehmens in Betracht gezogen, worin sich dann so etwas wie „soziale Verantwortung" ausdrückt. Wie dies geschieht soll im Folgenden am Ansatz des Unternehmensethikers Edward R. Freeman[26] dargestellt werden, denn sein *Stakeholder*-Ansatz geht wenigstens teilweise über eine rein betriebswirtschaftliche Perspektive hinaus. Bei der zentralen Frage, für wessen Nutzen und auf wessen Kosten eine Firma gemanagt werden soll, geht es für ihn dazuhin auch um die „stories about how we could live"[27], also um einen Ansatz, der die Umgebung und die beteiligten Gruppen, die für das Unternehmen relevant sind, in den Blick nimmt. Freeman versteht seinen Ansatz als integrativ, denn er geht nicht von einer Trennung zwischen unternehmerischem und gesellschaftlich-moralischem Bereich aus: „The whole point of the stakeholder approach is to deny the Separation Thesis. [...] There is always a context to business theory, and that context is moral in nature."[28] Aber was sind nun *Stakeholder*, und wie sind sie im Verantwortungskontext verankert?

Unter *Stakeholdern* versteht Freeman all diejenigen Gruppen, „who have a stake in or claim on the firm. Specifically I include suppliers, customers, employees, stockholders, and the local community, as well as management in its role as agents for these groups."[29] Ein wichtiger Aspekt bei der Bestimmung dieser *Stakeholder*-Gruppen ist, dass deren moralische Rechte bezüglich des Unternehmens gleich sind, d.h., dass es keine Bevorzugung der Investoren gibt.[30] Freeman argumentiert vertragstheoretisch und bezieht sich auf John Rawls. Er geht davon aus, dass wenn die *Stakeholder* den Schleier des Nichtwissens hätten, sie zu sechs Regeln kämen,[31] die die Beteiligung der *Stakeholder* an Entschei-

---

[26] Sein Werk von 1984, *R. Edward Freeman*, Strategic Management. A Stakeholder Approach, Boston 1984, wird von vielen Business ethics-Vertreterinnen und -Vertretern als eines der ersten Standardwerke der Stakeholder-Theory gesehen, obwohl er selbst darin seinen Ansatz in eine längere Tradition stellt und sich z.B. auf den US-amerikanischen Organisationstheoretiker Russell L. Ackoff bezieht.
[27] *R. Edward Freeman*, A Stakeholder Theory of the Modern Corporation, in: *Tom L. Beauchamp/Norman E. Bowie* (Hg.), Ethical Theory and Business, 7. Aufl., Upper Saddle River 2004, 55–64, 61.
[28] *R. Edward Freeman*, The Politics of Stakeholder Theory. Some further directions, in: Business Ethics Quarterly 4, 4 (1994), 409–421, 412.
[29] *Freeman*, Stakeholder Theory of the Modern Corporation, 56.
[30] *Freeman*, Politics of Stakeholder Theory, 415.
[31] *Freeman*, Politics of Stakeholder Theory, 416, z.B.:
1. The Principle of entry and exit: der Aus- und der Eintritt in den Vertrag sollte frei und klar geregelt sein.
2. The Principle of Governance: wenn die Regeln des Spiels geändert werden sollen, dann muss dies im einstimmigen Konsens geschehen.
3. The Principle of Externalities: wenn ein Vertrag zwischen A und B bei C Kosten verursacht, so hat C die Option, eine Vertragspartei zu werden und mitzuverhandeln.

dungsprozessen und dem Unternehmen klar angeben. Exemplarisch sei hier das *Principle of Governance* genannt, das vorgibt, dass Regeländerungen nur im Konsens mit allen Beteiligten vorgenommen werden dürfen, und das *Principle of Limited Immortality*, das davon ausgeht, dass Unternehmen über einen längeren Zeitraum existieren sollen, was auch bedeutet, dass dieses Ziel durch das Management entsprechend verfolgt werden sollte.

Es geht Freeman um die Vorstellung, dass das Management die Pflicht hat, sich im Sinne dieser Regeln zu verhalten. Gleichzeitig böten diese Regeln für die *Stakeholder* eine Orientierung, wie eine Unternehmensverfassung aussehen könnte. Freeman geht dann noch einen Schritt weiter, indem er darauf hinweist, dass sich gleichzeitig die Gesetzeslage hinsichtlich der Unternehmen ändern sollte, nämlich anhand solcher Prinzipien[32], die den *Stakeholdern* mehr Rechte und Pflichten einräumen.

Die moralisch begründeten Mitsprache- und Informationsrechte der *Stakeholder*, die Freeman aus seinem an Rawls orientierten Ansatz ableitet, helfen bei der Bestimmung, auf wen sich die „gesellschaftliche Verantwortung" von Unternehmen beziehen könnte. Mit Freeman lassen sich also für das Thema „gesellschaftliche Verantwortung" das Recht auf Information über Produkte und Unternehmensaufstellung sowie Mitspracherechte herleiten. Gleichzeitig macht aber gerade die Frage nach den *Stakeholdern* – und wer ein Recht auf Mitsprache und Information hat – auch die Grenzen dieses Ansatzes deutlich. Es geht Freeman nicht um die Information der ganzen Öffentlichkeit und um einen gesellschaftspolitischen Ansatz, sondern er versteht seinen Ansatz als „strategisches Management", „enabling the firm to survive in turbulent times by becoming

---

    4. The Principle of Contracting Costs: alle Vertragsparteien teilen sich die Kosten, die durch den Vertrag entstehen.
    5. The Agency Principle: jeder Agent muss den Interessen der Stakeholder dienen.
    6. The Principle of Limited Immortality: Das Unternehmen sollte so gemanagt werden als ob es den Interessen der Stakeholder über einen längeren Zeitraum hinaus gehend dient.
[32] *Freeman*, Stakeholder Theory of the Modern Corporation, 64. Diese drei Prinzipien sind: Erstens das Stakeholder Enabling Principle, dass Unternehmen im Interesse ihrer Stakeholder gemanagt werden sollten, nämlich der Beschäftigten, der Investoren, der Kunden und der Angestellten und der umliegenden Gemeinschaften. Zweitens gelte es sich zu orientieren am Principle of Director Responsibility, dass die Führungsebene des Unternehmens die Pflicht hat, das Unternehmen zu leiten in Übereinstimmung mit den Stakeholder Enabling Principles. Und drittens das Principle of Stakeholder Recourse: Stakeholder sollten Anklage bzw. Verfahren gegen die Unternehmensführung erheben können, die sich nicht an die oben genannten Pflichten halten.

more responsive to the many constituencies that could play a role in the firm's success"[33].

3.3 Social Responsibility als gesellschaftspolitische Verantwortung des Unternehmens als Bürger

Die Vorstellung von *Social Responsibility* als gesellschaftspolitischer Verantwortung vertreten vor allen Dingen diejenigen CSR-Ansätze, die Unternehmen als Bürger, d. h. als *Corporate Citizen*, verstehen.[34] Andreas G. Scherer, Guido Palazzo und Dorothée Baumann[35] begründen die soziale Verantwortung von Unternehmen zum Beispiel mit ihrem Verständnis vom Unternehmen als *citoyen*, als Bürger, das deshalb seinen über die ursprünglichen Geschäftsaufgaben hinausgehenden Beitrag zur interaktiven Gestaltung von Gesellschaft zu leisten habe.

Grundlegend ist auch bei diesen Autoren die Annahme, dass die analytische Trennung zwischen einem ökonomischen Bereich und einem politischen nicht mehr zu halten ist.[36] Über den *Stakeholder*-Ansatz von Freeman hinaus nehmen sie jedoch das gesellschaftspolitische Umfeld in den Blick: Zur Realisierung von sozialer Verantwortung bedürfe es eines öffentlichen Diskurses, der die Ziele und sozialen Regeln einer Gesellschaft entwickle.

> „The ‚public interest' is not like in the liberal model of politics the result of the aggregation of individual interests but the result of the *communication process* through which individuals form or change their preferences over time. [...] The aim of such an interactive process is to come up with a common understanding of which goals shall be pursued and what rules are required. [...] Individual freedom thus requires social rules as *preconditions*. In the *republican view* these rules are defined collectively by

---

[33] *Laura Dunham/R. Edward Freeman/Jeanne Liedtka*, Enhancing Stakeholder Practice: A Particularized Exploration of Community, in: Business Ethics Quarterly 16, 1 (2006), 23–42, 25.
[34] Zur Beziehung von CSR und der „Corporate Citizenship" Diskussion zum Beispiel: *Thomas Beschorner*, Corporate Social Responsibility und Corporate Citizenship: Theoretische Perspektiven für eine aktive Rolle von Unternehmen, in: *Holger Backhaus-Maul/Christiane Biedermann/Stefan Nährlich/Judith Polterauer* (Hg.), Corporate Citizenship in Deutschland. Bilanz und Perspektiven, Wiesbaden 2008, 68–86, 68, der Corporate Citizenship (CC) wie folgt erklärt: „CC knüpft also explizit an eine bürgerliche Tradition der liberalen Bürgerpflichten und der republikanischen Bürgerrechte an. CSR, so will ich es hier verstehen, ist dabei ein wichtiger [...] Modus, weil der Begriff der Verantwortung [...] ein dialogisches Moment betont."
[35] Vgl. *Andreas G. Scherer/Guido Palazzo/Dorothée Baumann*, Global Public Rules and Citizenship Rights. A New Responsibility of Private Business Firms, in: *Walther Ch. Zimmerli/Klaus Richter/Markus Holzinger* (Hg.), Corporate Ethics and Corporate Governance, Berlin 2007, 309–326.
[36] Vgl. *Scherer et al.*, Global Public Rules, 321.

the citizens and business firms as much as NGOs and other actors of civil society taking part in this process."[37]

Ganz im Sinne von Peter Ulrichs „Wirtschaftsbürgerverständnis"[38] soll das Argument des Sachzwanges wirtschaftlichen Geschehens hinterfragt werden. „Denn die Geschäftstätigkeit vollzieht sich niemals im sozialen Vakuum. Sie berührt daher stets Ansprüche und Interessen anderer. Und mit diesen tangierten Ansprüchen ist prinzipiell so umzugehen, dass es als fair und verantwortungsvoll bezeichnet werden kann."[39]

4 Problematik und Grenzen des Begriffs „gesellschaftlicher Verantwortung" angesichts der Wirtschaftskrise

Die drei Varianten der Bedeutung von *Social Responsibility* weisen gleichzeitig auf die Problematik und die Grenzen des Begriffs von *Corporate Social Responsibility* hin. Ich möchte diese in fünf Punkten aufführen, bevor ich im abschließenden Kapitel die Potenziale von CSR benenne.

Erstens liegt dem Begriff eine gewisse Vieldeutigkeit zugrunde, so dass es kein einheitliches Verständnis gibt. Die Bedeutung, die „gesellschaftlicher Verantwortung" von Unternehmen zugeschrieben wird, hängt eng mit dem jeweils zugrunde liegenden Verständnis von Wirtschaft zusammen. *Zweitens* geschieht zumindest in einer der Bedeutungsvarianten die Reduktion von sozialer Verantwortung auf ökonomische Verantwortung. Das Problem an einem Verständnis von gesellschaftlicher Verantwortung als ökonomischer Verantwortung ist, dass sich soziales Geschehen und soziale Gebilde wie zum Beispiel Gesellschaften und die damit verbundenen Handlungen und Steuerungsmöglichkeiten nicht genau abbilden lassen. Wird Wirtschaft als freier Markt rekonstruiert, auf dem Individuen ihren Nutzen verfolgen sollen, wie das bei Milton Friedman der Fall ist, kann es im Grunde genommen keine *social responsibility* im Sinne von gesellschaftspolitischer Verantwortung geben, denn Unternehmen werden als vertragliche Konstrukte verstanden, die allein zur Gewinnerzielung von Individuen organisiert werden. Soziale Verantwortung wird in diesem Interpretationskontext als ökonomische Verantwortung gesehen, die auf Gewinnmaximierung für die Eigentümer zielt. Betrachtet man die aktuelle Wirtschaftskrise, so scheint dieses Modell, bei dem die Verant-

---

[37] *Scherer et al.*, Global Public Rules, 315 f.
[38] *Peter Ulrich*, Integrative Wirtschaftsethik. Grundlagen einer lebensdienlichen Ökonomie, Bern 1997.
[39] *Thielemann/Ulrich*, Standards guter Unternehmensführung, 40.

wortung allein in der Gewinnorientierung des Unternehmens und der damit verbundenen Gewinnorientierung des Einzelnen liegt, wenigstens teilweise seinen Beitrag zur Krise geleistet zu haben.[40] Zurückbezogen auf das Thema Verantwortung wird hier vor allen Dingen die individuelle Verantwortung des eigenen Wohlergehens in den Vordergrund gerückt. Auf einer unternehmenspolitischen Ebene führten Veränderungen der Strukturen des Finanzmarkts[41] zu einer Ausrichtung der Unternehmenspolitik der Aktiengesellschaften allein am Shareholder-Value und damit an der Profitmaximierung des Unternehmens.

Woher kommt diese Vorstellung? Milton Friedmans Ansatz steht für einen typischen neoklassischen Ansatz der Ökonomik, der einen methodologischen Individualismus[42] zugrundelegt. Liegt die Vorstellung daher in dem methodologischen Individualismus der Wirtschaftswissenschaften und insbesondere der Finanzwissenschaft begründet? Der Soziologe Donald MacKenzie weist in seiner Untersuchung zur Beziehung zwischen Finanzwissenschaften und den Finanzmärkten darauf hin, dass es zur Feststellung einer klaren Kausalität einen Forschungsbedarf gibt: „Just how important financial economics was in ‚the cultural frames of actors' […] involved in the ‚financialization' of American corporations – in the sense of the growing priority of the maximization of market value – largely remains to be investigated."[43]

Drittens kann von einer Verantwortungsdiffusion bezüglich der Zuschreibung von Verantwortlichkeiten gesprochen werden: Führt man sich beispielsweise das *Stakeholder*-Modell vor Augen, ist auf einer ersten Ebene die Idee, dass Anspruchs- und Interessengruppen des Unternehmens bei Entscheidungsprozessen des Unternehmens in Betracht gezogen bzw. beteiligt werden, unter den Prämissen von Fairness und Beteiligung ein wichtiger Ansatz. Auf einer zweiten Ebene ist jedoch selbst das an Anspruchs- und Interessengruppen orientierte Modell der *Stakeholder*, wie es Freeman entwickelt hat, aufgrund der Verflechtungen von

---

[40] Vgl. beispielsweise die Erzählungen und Berichte von ehemaligen Investmentbankern, deren Erzählduktus die Gier, die innerhalb des Systems zu herrschen schien, in den Mittelpunkt stellt, exemplarisch: Anne T., Die Gier war grenzenlos. Eine deutsche Börsenhändlerin packt aus, Berlin 2009.
[41] Zum Finanzmarkt-Kapitalismus: *Paul Windolf* (Hg.), Finanzmarkt-Kapitalismus. Analysen zum Wandel von Produktionsregimen, Wiesbaden 2005.
[42] Vgl. *Gotlind Ulshöfer*, Biotechnischer Fortschritt als Herausforderung für den *Homo oeconomicus*. Wirtschaftsethische Überlegungen, in: *Nicole C. Karafyllis* (Hg.), Biofakte. Versuch über den Menschen zwischen Artefakt und Lebewesen, Paderborn 2003, 131–154.
[43] *Donald MacKenzie*, An Engine, not a Camera. How Financial Models shape markets, Cambridge/London 2008, 261.

Finanzmarktgeschehen nicht mehr ausreichend zur Bestimmung von gesellschaftlicher Verantwortung als Modell für einen Ausweg aus der Wirtschaftskrise. Die Problematik von Freemans Ansatz liegt in der Frage nach der Verankerung von *Stakeholder*-Mitsprache sowie in der relativen Überschaubarkeit des Modells. Bei ihm scheint klar zu sein, wer zu den *Stakeholdern* gerechnet werden kann. Diese Übersichtlichkeit ist jedoch bei vielen Finanzmarktgeschehnissen nicht immer gegeben. MacKenzies Untersuchung macht deutlich, dass beispielsweise bei der Entwicklung neuer Produkte für den Finanzmarkt viele Akteure gemeinsam handeln und verantwortlich sind. Prozesse der Kooperation, aber auch ein zufällig sich entwickelndes Zusammenspiel zwischen Finanzwissenschaftlern, Praktikern und Politikern liegen entsprechenden Innovationen und ihrer Einführung auf dem Finanzmarkt zugrunde.[44] Unter verantwortungstheoretischen Gesichtspunkten wird die Zuordnung problematisch. Dies wird auch deutlich, wenn man sich die Entwicklung der Wirtschaftskrise vor Augen führt und versucht, Verantwortlichkeiten auf den Zusammenhang zwischen politischen und wirtschaftlichen Entscheidungen zurückzuführen. Selbst wenn politische Entscheidungen an Gesetzesentwicklungen festgemacht werden können, ist empirisch jedoch nur schwer belegbar, welche gesetzliche Regelung welche Auswirkungen hatte.

Die Krise der *Subprime*-Kredite auf dem US-amerikanischen Immobilienmarkt, die als Anfangspunkt der Finanzkrise genannt werden kann,[45] hatte beispielsweise nicht nur wirtschaftliche Gründe, sondern war politisch mit verursacht.[46] Mit Hilfe der *Subprime*-Kredite sollte es auch Menschen mit niedrigem Einkommen in den USA möglich sein, zu Haus- bzw. Wohnungsbesitz zu gelangen. Dies war eine politische Vorgabe, d. h., damit dieses Ziel verwirklicht werden konnte, brauchte es die entsprechende Gesetzgebung bezüglich einer Kreditvergabe mit relativ wenigen Sicherheiten. Was sich wiederum problematisch gerade für Menschen mit niedrigem Einkommen auswirken konnte, weil bei fallenden Immobilienpreisen die Deckung und Rückzahlung der Kredite nicht mehr gegeben war. Das Gesetz bot auch keinen ausreichenden Schutz gegenüber

---

[44] Vgl. *MacKenzie,* An Engine, not a Camera, v. a. 69–89.
[45] Vgl. zum Beispiel die Analyse: *Bundesverband Deutscher Banken,* Finanzmarktkrise: Ursachen und Hintergründe 28.2.2009, online unter <http://www.bankenverband.de/themen/politik-gesellschaft/inter-esse/archiv/infodienst-inter-esse/infodienst-inter-esse/infodienst-inter-esse/02–2009/finanzmarktkrise-ursachen-und-hintergrunde>, abgerufen 11.2.2010.
[46] Für eine detaillierte Analyse der verschiedenen Gründe der Krise, z. B. *Michael Aßländer,* Lehren aus der Krise – Verantwortung und die Ordnung der Märkte, in: *Gotlind Ulshöfer/Beate Feuchte* (Hg.), Finanzmarktakteure und Unternehmensverantwortung. Ordnungspolitik – Transparenz – Anlagestrategien, Wiesbaden 2010 (im Erscheinen).

Kreditvergabepraktiken, die nicht im Interesse derjenigen mit geringen Einkommen waren:

> „Insbesondere die Praxis der Kreditinstitute, mit niedrigen festen Zinssätzen zu Beginn der Rückzahlungsphase zu locken, um im Anschluss daran eine variable Zinsanpassung durchzuführen, erwies sich bei steigenden Zinssätzen als fatal und führte für viele Hypothekenschuldner in den finanziellen Ruin."[47]

Nach dem 11. September 2001 betrieb die US-Notenbank dazuhin eine Niedrigzinspolitik, so dass Geld billig zu haben war und eine große Menge davon auf dem Markt war. Diese Liquiditätsschwemme ermöglichte es den Banken, günstige Kreditangebote aufzulegen, für deren Absicherung wiederum neue Produktformen entwickelt wurden, die die Risiken dieser Kredite für das einzelne Institut mindern sollten. Der Zusammenhang zwischen dem Immobilienmarkt, den damit verbunden Finanzierungen und der Ausweitung der Finanzkrise lag in den Verbriefungen, die wiederum ermöglicht worden waren, weil aufgrund von Gesetzesänderungen neue Finanzmarktprodukte erlaubt worden waren.

Viertens ist eine weitere Problematik des CSR-Begriffs, die eng mit der Verantwortungsdiffusion verknüpft ist, der Aspekt der Sozialisierung der Verantwortung. Arbeitsorganisatorisch ergibt sich, dass die Aufteilung von Arbeitsvorgängen zu einer Desintegration des Bedeutungszusammenhangs der Arbeit führt, was wiederum Unklarheiten in den Verantwortungsbezügen zur Folge hat. Dieser von Zygmunt Bauman als „Mediatisierung"[48] bezeichnete Vorgang erschwert es, Verantwortlichkeiten in Bezug auf Arbeitsvorgänge unternehmensintern herzustellen. Von Sozialisierung der Verantwortung kann aber auch bei Zuschreibungen von Verantwortlichkeit gesprochen werden, bei denen Verursacher und diejenigen, die die Kosten des Schadens übernehmen, auseinanderfallen, wie dies beispielsweise durch den Eingriff des Staates zur Rettung von Banken geschehen ist. Die Bereitstellung von Kapital rettete verschiedene Finanzinstitutionen. Dabei ergab sich jedoch, dass die dazu notwendigen Gelder teilweise über Kredite finanziert wurden, die wiederum Teil des Staatshaushaltes sind, der wiederum durch Steuern der Bürgerinnen und Bürger finanziert wird.

Fünftens zeigt sich in der Wirtschaftskrise auch die Problematik, die im moralischen Selbstverständnis der Akteure und Akteurinnen liegt, das eben nicht einem Verständnis von „sozialer Verantwortung" im Sinne von „gesellschaftlicher Verantwortung" und Orientierung an einem Gemein-

---

[47] *Assländer*, Lehren aus der Krise, (im Erscheinen).
[48] *Zygmunt Bauman*, Dialektik der Ordnung. Die Moderne und der Holocaust, Hamburg 1992, 209–210.

wohl zu entsprechen scheint. Wenn durch gesetzliche Regelungen Verantwortlichkeiten zuschreibbar und rechtlich einklagbar gemacht wurden, dann begannen die Investmentbanker neue Produkte zu entwickeln:

> „Stießen die Geschäftsbanken bei der Expansion ihrer Geschäfte an eine Regulierungsgrenze, z. B. aufgrund der Kapitaldeckungsvorschriften, dann erfanden die Investmentbanker einfach ein neues, etwas anderes Produkt, das in den Regulierungsvorschriften noch nicht enthalten war. Durch die Erfindung solcher neuer Produkte, aber auch durch die Kreation neuer, regulatorisch noch nicht erfasster Gesellschaftsformen für spezialisierte Tochterunternehmen konnten die Geschäftsbanken die Volumina ihrer Transaktionen sowie den Umfang ihrer Aktiva und Passiva an den Vorschriften vorbei weiter ausdehnen."[49]

Nicht alle Aktivitäten können hier auf die Handlungen allein von Einzelnen zurückgeführt werden bzw. es ergeben sich aus gemeinsamem Handeln neue Handlungsformen und Ideen. Die Problematik liegt dann in der Motivation zur gesellschaftlichen Verantwortung – unabhängig, ob hier von einer Handlung Einzelner oder kollektivem Handeln ausgegangen wird.

5 CORPORATE SOCIAL RESPONSIBILITY ALS AUSGANGSPUNKT GESELLSCHAFTLICHER VERANTWORTUNG IN DER WIRTSCHAFT

Was trägt CSR als Modell gesellschaftlicher Verantwortung angesichts der Wirtschaftskrise aus? Trotz der aufgezeigten Problembereiche und Grenzen kann meines Erachtens *Corporate Social Responsibility* als Ausgangspunkt für weitere Überlegungen hinsichtlich gesellschaftlicher Verantwortung in der Wirtschaft dienen. Damit der Begriff jedoch für ein nachhaltiges und gerechtes Gesellschaftsverständnis sinnvoll verwendet werden kann, gilt es *Social Responsibility* genauer ethisch zu bestimmen, denn als rein ökonomisches Modell im Sinne von Milton Friedman bzw. im Sinne einer relativ oberflächlichen EU-Definition.

Die Chance der Diskussionen um CSR liegt grundsätzlich darin, durch den Begriff der „gesellschaftlichen" bzw. „sozialen Verantwortung" das Thema von außerökonomischen Aspekten unternehmerischen Handelns in einem wirtschaftlichen Bereich zur Sprache zu bringen und deren verantwortlichen Umgang einfordern zu können. Betrachtet man Unternehmen als gesellschaftliche Akteure, deren Handeln in einem organisatio-

---

[49] *Bernhard Emunds*, Die Krise der globalen Finanzwirtschaft – eine Analyse und sozialethische Einschätzung, in: Ethik und Gesellschaft 2 (2009), 1–19, online unter <http://www.ethik-und-gesellschaft.de/mm/EuG-2-2009_Emunds.pdf>, abgerufen 11.2.2010, 13 f.

nalen Feld[50] stattfindet, das also „in Gesellschaft hineinwirkt" und mit ihr in reziprokem Austausch steht, werden soziale und ökologische Dimensionen unternehmerischen Handelns nicht mehr als „systemextern" zu betrachten sein, sondern als Teil unternehmerischer Tätigkeit. Milton Friedman weist in seinem Ansatz vor allen Dingen auf die Bedeutung der Gewinnorientierung unternehmerischen Handelns hin. Obwohl von Friedman genau diese Bedeutung von Gewinnorientierung unternehmerischen Handelns zu lernen ist, muss im Gegensatz zu Friedman gesagt werden, dass der CSR-Begriff dazu genutzt werden kann, darauf hinzuweisen, dass es bei der Frage nach unternehmerischer Tätigkeit nicht nur um die Verantwortlichkeiten von Einzelnen geht, sondern soziale bzw. gesellschaftliche Verantwortung auf Handlungen einer Organisation wie ein Unternehmen bezogen wird. Gerade angesichts der Steuerungsproblematik einer globalen Weltgesellschaft ist dieser Aspekt von Bedeutung. Ein Ausweg aus einer gewissen Diffusion von Verantwortung ist, Organisationen wie Unternehmen und auch Akteure des Finanzmarkts zum Beispiel Rating-Agenturen etc. als moralische Akteure zu betrachten[51] und ihnen für ihre Handlungen eben auch moralische Verantwortlichkeit zuzuschreiben.

Die Bestimmung von *Social Responsibility* im Sinne einer gesellschaftlichen Verantwortung scheint noch nicht zu genügen, um ethische Kriterien dessen zu entwickeln, wie eine gute Gesellschaft aussehen kann. Ohne die Bestimmung der primären Handlungsprinzipien lässt sich gerade der Begriff der „sozialen Verantwortung" auf vielfältige Weise gebrauchen. Wie gezeigt, kann dann soziale Verantwortung als ökonomische Verantwortung gedeutet werden, die mit einer gesellschaftspolitischen Orientierung nichts mehr zu tun hat.

Wie kann eine sinnvolle Interpretation von CSR aussehen? CSR in ihrer gesellschaftspolitischen Dimension wahrzunehmen, bedeutet dann im Sinne der vorgestellten dritten Deutung von *Social Responsibility*, gesamtgesellschaftlich einen Diskurs über die Dimensionen und Prämissen einer guten Gesellschaft zu führen. Aus christlicher Perspektive sind dabei die Orientierung an Gerechtigkeitsprinzipien und eine Orientierung am Ge-

---

[50] Vgl. *Stefanie Hiß*, Warum übernehmen Unternehmen gesellschaftliche Verantwortung? Ein soziologischer Erklärungsversuch, Frankfurt a. M. 2006, 126.
[51] Dies kann zum Beispiel über die Vorstellung von Unternehmen als moralische Personen geschehen. Vgl. dazu *Patricia Werhane*, Persons, Rights and Corporations, Englewood Cliffs 1985; *Annette Kleinfeld*, Persona Oeconomica. Personalität als Ansatz der Unternehmensethik, Heidelberg 1998; zu den Problembereichen bei der Konstruktion von kollektiver Verantwortung vgl. *Weyma Lübbe*, Verantwortung in komplexen kulturellen Prozessen, Freiburg/München 1998.

meinwohl notwendig.[52] Dabei gilt es, CSR für die verschiedenen Ebenen wirtschaftlichen Handelns stark zu machen, sowohl auf individueller als auch auf unternehmerischer und gesellschaftlicher Ebene.[53] Ein auf seinen gesellschaftlichen Kontext bezogenes Verständnis von CSR bedeutet dann auch, dass nach einer entsprechenden wirtschaftspolitischen Rahmenordnung gefragt werden muss, die CSR-Anreize schafft bzw. gesetzliche Vorgaben macht, um so die Motivation zu gesellschaftlicher Verantwortung zu steigern. Außerdem sollte CSR dann nicht allein als Aufgabe von Unternehmen betrachtet werden, sondern auch weitere wirtschaftliche Akteure wie Finanzmarktakteure betreffen.[54]

Wie könnte ein normativer Begriff von *Social Responsibility* angesichts der Wirtschaftskrise konkret weiterhelfen? Unternehmen geben Berichte über ihre CSR-Aktivitäten heraus, die wiederum von Finanzmarktanalysten bei Ethischem Investment und damit zusammenhängenden Nachhaltigkeitsfonds benutzt werden.[55] Trotzdem hielt das Interesse auch an den CSR-Aktivitäten von Unternehmen die Finanzmarktakteure nicht davon ab, mit immer neuen Produkten ihr Geschäft voranzutreiben, die selbst nicht nachhaltig waren. Dies steht natürlich auch im Zusammenhang mit einer gewissen Diskrepanz zwischen „virtuellen Werten und Produkten" des Finanzmarkts und „realen" Gütern der „Realwirtschaft", da sich die beiden Bereiche auseinander entwickelt haben. Die Geldströme, die die Finanzwirtschaft bilden, sind für die „Realwirtschaft", also die Produktion von Waren und die Erstellung von direkten Dienstleistungen, die

---

[52] Zur Begründung vgl. *Eilert Herms*, Globalisierung aus der Sicht christlicher Sozialethik, in: *Ders.*, Die Wirtschaft des Menschen. Beiträge zur Wirtschaftsethik, Tübingen 2004, 253–283, der sich für eine „Festschreibung der sozialen Verpflichtung des Betriebs von Wissenschaft, Technik und Wirtschaft in der Rechtsordnung" ausspricht mit dem Ziel „einer freiheitlichen, gerechten und friedlichen Ordnung des Zusammenlebens […], die die ursprüngliche Würde, Bildungsbedürftigkeit und Rechte jedes Menschen wahrt" (273).
[53] Wie dies geschehen kann vgl. zum Beispiel bei Lothar Rieth die verschiedenen Ansätze des UN Global Compact, Global Reporting Initiative, die CSR fördern sollen (Vgl. *Rieth*, Global Governance und Corporate Social Responsibility) oder auch die schon erwähnten Thielemann und Ulrich, die zwölf Initiativen-Standards guter Unternehmensführung darstellen (Vgl. *Thielemann/Ulrich*, Standards guter Unternehmensführung).
[54] Vgl. dazu auch *Gotlind Ulshöfer*, Corporate Social Responsibility auf dem Finanzmärkten: Ebenen der Verantwortung, in: *Dies./Gesine Bonnet* (Hg.), Corporate Social Responsibility auf dem Finanzmarkt. Nachhaltiges Investment, politische Strategien, ethische Grundlagen, Wiesbaden 2009, 27–44.
[55] Zur Frage der Ausweitung der Bedeutung des Ethischen Investments bzw. von Nachhaltigkeitskriterien beim Ethischen Investment vgl. *Silke Riedel*, Die Integration von Nachhaltigkeitsratings in konventionelle Ratings: Wie gelingt das Mainstreaming?, in: *Gotlind Ulshöfer/Gesine Bonnet* (Hg.), Corporate Social Responsibility auf dem Finanzmarkt. Nachhaltiges Investment, politische Strategien, ethische Grundlagen, Wiesbaden 2009, 133–147.

sich an und mit Waren vollziehen, zum Funktionieren zwar notwendig. Andererseits waren die Finanzmarktprodukte teilweise eben nicht mehr bezogen auf realwirtschaftliche Vorgänge. Hätte hier eine Orientierung an „sozialer Verantwortung" geholfen? Oder ist hier vielmehr die Vorstellung in den Vordergrund zu rücken, dass der Finanzmarkt gegenüber der Realwirtschaft eine „dienende Funktion"[56] hat – eine Vorstellung, die der Vorstandssprecher der GLS-Bank Thomas Jorberg beispielsweise stark macht? Wie eine „dienende Funktion" der Finanzmärkte aussehen kann, beschreibt Bernhard Emunds anhand von vier Aspekten.[57] Erstens ermöglicht die Finanzwirtschaft der Realwirtschaft über Kredite die Finanzierung von Transaktionen und Projekten. Zweitens ermöglicht sie die Abwicklung des Zahlungsverkehrs sowie die Versorgung mit Geld. Drittens hat die Finanzwirtschaft die Funktion eines Intermediärs, weil sie zwischen Personen und Institutionen, die eine Finanzierung benötigen, und denjenigen, die eine Geldanlage tätigen wollen, vermittelt. Viertens ermöglicht sie ein Risikomanagement, wie sich bei Versicherungen bzw. Derivaten zeigt. Real- und finanzwirtschaftliche Akteure interagieren und beeinflussen sich gegenseitig. Obwohl der Aspekt der „Dienlichkeit" der Finanzwirtschaft gegenüber der Realwirtschaft wichtig bei einer Neuorientierung der Finanzmarktordnung ist,[58] ergibt sich die Frage, ob damit die ethische Beurteilung von finanzwirtschaftlichem Geschehen genau erfasst werden kann. Die Soziologin Karin Knorr Cetina unterscheidet in ihrer Analyse von Märkten zwischen *network markets*, die in soziale Netzwerke und Beziehungen „eingebettet" sind, und *flow markets* wie zum Beispiel globale Währungsmärkte. Letztere haben für sie das Kennzeichen, dass es zwar auch Netzwerkstrukturen gibt, diese jedoch nicht die Märkte durch die damit verbundenen Beziehungen strukturieren. Sie sieht in den *flow*-Märkten eine Diskontinuität zwischen der physischen Welt und der dort gebildeten *timeworld*. Bei den von ihr untersuchten *Global Foreign Exchange Markets* werden die Aktivitäten in einer einzigen, gemeinsamen Zeitzone vermerkt, in der *Greenwich Mean Time*, unabhängig von der jeweils lokalen Zeit in den großen Finanzzentren wie Frankfurt, New York, Singapur oder London. Diese Art der Märkte konstituieren sich also nicht mehr aufgrund der räumlichen Nähe, sondern der zeitlichen Gemeinsamkeiten: „What holds participants to-

---

[56] Vgl. *Thomas Jorberg*, Ordnungspolitischer Vorrang für die Finanzierung der Realwirtschaft, in: WISO direkt. Analysen und Konzepte zur Wirtschafts- und Sozialpolitik 23 (2008), 1–4, online unter <http://library.fes.de/pdf-files/wiso/05879.pdf>, abgerufen 11.2.2010.
[57] Vgl. *Emunds*, Die Krise der globalen Finanzwirtschaft, 18 f.
[58] Ebd., 18.

gether across space is a ‚community of time' rather than a community of space, as in traditional societies."[59] Für die Rekonstruktion von Finanzmarktakteuren als moralischen Akteuren bedeutet dies, dass ihre Konstituierung nicht nur von räumlichen Gegebenheiten bestimmt ist. Obwohl „Dienlichkeit" als ethisches Bewertungskriterium angesichts der Verhältnisse wichtig zu sein scheint, ist es nicht weitreichend genug.

Für eine ethische Beurteilung der aktuellen Entwicklungen einer neuen Finanzmarktstruktur ist daher meines Erachtens der Begriff der „gesellschaftlichen Verantwortung" sinnvoll. Durch ihn kann nach den Folgen der Handlungen auf den flow- und auf den network-Märkten und nach deren Auswirkungen auf die Beteiligten und Betroffenen gefragt werden. Im Sinne einer prospektiven Verantwortung stellt sich die Frage nach der Nachvollziehbarkeit und Kontrollierbarkeit der Finanzmarkt- und Wirtschaftsaktivitäten. Außerdem lässt sich mit dem Aspekt der „gesellschaftlichen Verantwortung" auch für Finanzmarktakteure die Frage stellen, wann diese Aktivitäten zu unterlassen sind, weil sie der Realwirtschaft schaden.

Die Frage nach der *Social Responsibility* im genannten Sinne bezüglich von Unternehmen und anderen wirtschaftlichen Akteuren hat also auch eine hermeneutische Funktion, die der Aufdeckung und Zuschreibung von Verantwortlichkeiten dient. Wird die primäre Handlungsprämisse im Sinne einer christlichen Perspektive an Gerechtigkeit, Gemeinwohl und Nächstenliebe orientiert, dann können aus diesen für die konkrete Beurteilung der oben gestellten Fragen fallbezogen Kriterien entwickelt werden.

Literaturverzeichnis

Anne T., Die Gier war grenzenlos. Eine deutsche Börsenhändlerin packt aus, Berlin: Econ 2009.

Michael Aßländer, Lehren aus der Krise – Verantwortung und die Ordnung der Märkte, in: *Gotlind Ulshöfer/Beate Feuchte* (Hg.), Finanzmarktakteure und Unternehmensverantwortung. Ordnungspolitik – Transparenz – Anlagestrategien, Wiesbaden: VS Verlag 2010 (im Erscheinen).

---

[59] *Karin Knorr Cetina*, How are Global Markets Global? The Architecture of a Flow World, in: *Karin Knorr Cetina/Alex Preda* (Hg.), The Sociology of Financial Markets, Oxford 2006, 38–61, 56.

James Arnt Aune, How to Read Milton Friedman. Corporate Social Responsibility and Today's Capitalism, in: *Steve May/George Cheney/Juliet Roper* (Hg.), The Debate over Corporate Social Responsibility, Oxford: Oxford University Press 2007, 207–218.

Zygmunt Bauman, Dialektik der Ordnung. Die Moderne und der Holocaust, Hamburg: Europäische Verlagsanstalt 1992.

Tom L. Beauchamp/Norman E. Bowie (Hg.), Ethical Theory and Business, 7. Aufl., Upper Saddle River: Pearson Education 2004.

Thomas Beschorner, Corporate Social Responsibility und Corporate Citizenship: Theoretische Perspektiven für eine aktive Rolle von Unternehmen, in: *Holger Backhaus-Maul/Christiane Biedermann/Stefan Nährlich/Judith Polterauer* (Hg.), Corporate Citizenship in Deutschland. Bilanz und Perspektiven, Wiesbaden: VS Verlag 2008, 68–86.

Bundesministerium für Wirtschaft und Technologie, Jahreswirtschaftsbericht 2010. Mit neuer Kraft die Zukunft gestalten, Berlin 2010, online unter <http://www.bmwi.de/BMWi/Redaktion/PDF/Publikationen/jahreswirtschaftsbericht–2010,property=pdf,bereich=bmwi,sprache=de,rwb=true.pdf>, abgerufen 12.2.2010.

Bundesverband Deutscher Banken, Finanzmarktkrise: Ursachen und Hintergründe 28.2.2009. Online unter <http://www.bankenverband.de/themen/politik-gesellschaft/inter-esse/archiv/infodienst-inter-esse/infodienst-inter-esse/infodienst-inter-esse/02–2009/finanzmarktkrise-ursachen-und-hintergrunde>, abgerufen 11.2.2010.

George Cheney/Juliet Roper/Steve May, Overview, in: *Steve May/George Cheney/Juliet Roper* (Hg.), The Debate over Corporate Social Responsibility, Oxford: Oxford University Press 2007, 3–15.

Commission of the European Communities, Implementing the partnership for growth and jobs. Making Europe a pole of excellence on corporate social responsibility, online unter <http://eur-lex.europa.eu/LexUriServ/LexUriServ.do?uri=COM:2006:0136:FIN:en:PDF>, abgerufen 11.2.2010.

Janina Curbach, Die Corporate-Social-Responsibility-Bewegung, Wiesbaden: VS Verlag 2009.

Laura Dunham/R. Edward Freeman/Jeanne Liedtka, Enhancing Stakeholder Practice: A Particularized Exploration of Community, in: Business Ethics Quarterly 16, 1 (2006), 23–42.

Bernhard Emunds, Die Krise der globalen Finanzwirtschaft – eine Analyse und sozialethische Einschätzung, in: Ethik und Gesellschaft 2 (2009), 1–19, online unter <http://www.ethik-und-gesellschaft.de/mm/EuG-2-2009_Emunds.pdf>, abgerufen 11.2.2010.

R. Edward Freeman, Strategic Management. A Stakeholder Approach, Boston: Pitman 1984.

R. Edward Freeman, The Politics of Stakeholder Theory. Some further directions, in: Business Ethics Quarterly 4, 4 (1994), 409–421.

R. Edward Freeman, A Stakeholder Theory of the Modern Corporation, in: *Tom L. Beauchamp/Norman E. Bowie* (Hg.), Ethical Theory and Business, 7. Aufl., Upper Saddle River: Pearson Education 2004, 55–64.

Milton Friedman, Kapitalismus und Freiheit, München und Zürich: Piper 2004.

Milton Friedman, The Social Responsibility of Business Is to Increase Its Profits, in: *Walther Ch. Zimmerli/Klaus Richter/Markus Holzinger* (Hg.), Corporate Ethics and Corporate Governance, Berlin et al.: Springer 2007, 173–179.

André Habisch/Jan Jonker/Martina Wegner/René Schmidtpeter (Hg.), Corporate Social Responsibility across Europe, Berlin und Heidelberg: Springer 2005.

Ludger Heidbrink, Kritik der Verantwortung. Zu den Grenzen verantwortlichen Handelns in komplexen Kontexten, Weilerswist: Velbrück 2003.

Eilert Herms, Globalisierung aus der Sicht christlicher Sozialethik, in: *Eilert Herms*, Die Wirtschaft des Menschen. Beiträge zur Wirtschaftsethik, Tübingen: Mohr Siebeck 2004, 253–283.

Stefanie Hiß, Warum übernehmen Unternehmen gesellschaftliche Verantwortung? Ein soziologischer Erklärungsversuch, Frankfurt a.M.: Campus 2006.

Traugott Jähnichen/Norbert Friedrich, Geschichte der sozialen Ideen im deutschen Protestantismus, in: *Helga Grebing/Walter Euchner/Franz-Josef Stegmann/Peter Langhorst/Traugott Jähnichen/Norbert Friedrich* (Hg.), Geschichte der sozialen Ideen in Deutschland. Sozialismus – Katholische Soziallehre – Protestantische Sozialethik. Ein Handbuch, 2. Aufl. Wiesbaden: VS Verlag 2005, 867–1094.

Paul Johann, Alfred Krupp und die Arbeiterbewegung, Düsseldorf: Schwann 1987.

Thomas Jorberg, Ordnungspolitischer Vorrang für die Finanzierung der Realwirtschaft, in: WISO direkt. Analysen und Konzepte zur Wirtschafts- und Sozialpolitik 23 (2008), 1–4, online unter <http://library.fes.de/pdf-files/wiso/05879.pdf>, abgerufen 11.2.2010.

Annette Kleinfeld, Persona Oeconomica. Personalität als Ansatz der Unternehmensethik, Heidelberg: Physica-Verlag 1998.

Karin Knorr Cetina, How are Global Markets Global? The Architecture of a Flow World, in: *Karin Knorr Cetina/Alex Preda* (Hg.), The Sociology of Financial Markets, Oxford: Oxford University Press 2006, 38–61.

Kommission der Europäischen Gemeinschaften, Grünbuch. Europäische Rahmenbedingungen für die soziale Verantwortung von Unternehmen, online unter <http://eur-lex.europa.eu/LexUriServ/site/de/com/2001/com2001_0366de01.pdf>, abgerufen 22.2.2005.

Kommission der Europäischen Gemeinschaften, Implementing the Partnership for Growth and Jobs: Making Europe a Pole of Excellence on Corporate Social Responsibility, online unter <http://eur-lex.europa.eu/LexUriServ/LexUriServ.do?uri=COM:2006:0136:FIN:en:PDF>, abgerufen 11.12.2008.

Stephan Lessenich, Die Neuerfindung des Sozialen. Der Sozialstaat im flexiblen Kapitalismus, Bielefeld: transcript 2008.

Weyma Lübbe, Verantwortung in komplexen kulturellen Prozessen, Freiburg und München: Alber 1998.

Donald MacKenzie, An Engine, not a Camera. How Financial Models shape markets, Cambridge und London: MIT Press 2008.

Silke Riedel, Die Integration von Nachhaltigkeitsratings in konventionelle Ratings: Wie gelingt das Mainstreaming?, in: *Gotlind Ulshöfer/Gesine Bonnet* (Hg.), Corporate Social Responsibility auf dem Finanzmarkt. Nachhaltiges Investment, politische Strategien, ethische Grundlagen, Wiesbaden: VS Verlag 2009, 133–147.

Lothar Rieth, Global Governance und Corporate Social Responsibility. Welchen Einfluss haben der UN Global Compact, die Global Reporting Initiative und die OECD Leitsätze auf das CSR-Engagement deutscher Unternehmen?, Opladen und Farmington Hills: Budrich UniPress 2009.

Andreas G. Scherer/Guido Palazzo/Dorothée Baumann, Global Public Rules and Citizenship Rights. A New Responsibility of Private Business Firms, in: *Walther Ch. Zimmerli/Klaus Richter/Markus Holzinger* (Hg.), Corporate Ethics and Corporate Governance, Berlin et al.: Springer 2007, 309–326.

Franz-Josef Stegmann/Peter Langhorst, Geschichte der sozialen Ideen im deutschen Katholizismus, in: *Helga Grebing/Walter Euchner/Franz-Josef Stegmann/Peter Langhorst/Traugott Jähnichen/Norbert Friedrich* (Hg.), Geschichte der sozialen Ideen in Deutschland. Sozialismus – Katholische Soziallehre – Protestantische Sozialethik. Ein Handbuch, 2. Aufl. Wiesbaden: VS Verlag 2005, 599–866.

Ulrich Thielemann/Peter Ulrich, Standards guter Unternehmensführung. Zwölf internationale Initiativen und ihr normativer Orientierungsgehalt, Bern et al.: Haupt Verlag 2009.
Peter Ulrich, Integrative Wirtschaftsethik. Grundlagen einer lebensdienlichen Ökonomie, Bern et al.: Haupt 1997.
Gotlind Ulshöfer, Biotechnischer Fortschritt als Herausforderung für den *Homo oeconomicus*. Wirtschaftsethische Überlegungen, in: *Nicole C. Karafyllis* (Hg.), Biofakte. Versuch über den Menschen zwischen Artefakt und Lebewesen, Paderborn: Mentis 2003, 131–154.
Gotlind Ulshöfer, Corporate Social Responsibility auf den Finanzmärkten: Ebenen der Verantwortung, in: *Dies./Gesine Bonnet* (Hg.), Corporate Social Responsibility auf dem Finanzmarkt. Nachhaltiges Investment, politische Strategien, ethische Grundlagen, Wiesbaden: VS Verlag 2009, 27–44.
Gotlind Ulshöfer/Gesine Bonnet, Finanzmärkte und gesellschaftliche Verantwortung – eine Einführung, in: *Dies./Gesine Bonnet* (Hg.), Corporate Social Responsibility auf dem Finanzmarkt. Nachhaltiges Investment, politische Strategien, ethische Grundlagen, Wiesbaden: VS Verlag 2009, 9–24.
Bernhard Ungericht/Dirk Raith/Thomas Korenjak, Corporate Social Responsibility oder gesellschaftliche Unternehmensverantwortung? Kritische Reflexionen, empirische Befunde und politische Empfehlungen, Wien: LIT Verlag 2008.
Patricia Werhane, Persons, Rights and Corporations, Englewood Cliffs: Prentice Hall 1985.
Paul Windolf (Hg.), Finanzmarkt-Kapitalismus. Analysen zum Wandel von Produktionsregimen, Wiesbaden: VS Verlag 2005.
Hartmut Zweigle, „Herrschen mög' in unserem Kreise Liebe und Gerechtigkeit!" Gustav Werner – Leben und Werk, Stuttgart: Calwer Verlag 2009.

MICHAEL SCHRAMM

Nachhaltiger Kapitalismus.
Sozialethische Kriterien einer Politik des Strukturwandels

Zusammenfassung

Der Strukturwandel gehört essenziell zur Natur des Kapitalismus. Wie die Finanzkrise unzweifelhaft gezeigt hat, tut man gut daran, diesen Strukturwandel der Märkte nicht einfach sich selbst zu überlassen, sondern über multiple Steuerungsmedien zu gestalten. Das Ziel muss dabei immer in einem „nachhaltigen Kapitalismus" liegen.

In einer globalisierten Welt kommt man dem Ziel eines „nachhaltigen Kapitalismus" jedoch nicht einfach durch den Ruf nach dem guten alten Staat näher, denn einen Weltstaat gibt es nicht. Daher bedarf es eines pluralen Sets multipler Steuerungsmedien. Das Stichwort lautet: „Netzwerkgovernance" (Governance eines Netzwerks von politischen, gesellschaftlichen und wirtschaftlichen Akteuren).

Der Beitrag der Christlichen Sozialethik zu einer Netzwerkgovernance eines nachhaltigen Kapitalismus liegt nicht auf der Ebene der Lösung „technischer" Probleme, sondern bezieht sich auf grundlegendere Orientierungsfragen: So sind auf der ethischen Begründungsebene Solidarität und Gerechtigkeit die sozialethischen Kriterien einer nachhaltigkeitsorientierten Netzwerkgovernance, auf der ethischen Anwendungsebene geht es um das sozialethische Kriterium der Angemessenheit, und auf der Implementierungsebene ist die Sachgerechtigkeit das entscheidende Kriterium.

Am „schwarzen Montag", dem 15. September 2008, begann die Welt, im Elend zu versinken: Die Investmentbank *Lehman Brothers Holdings Inc.* meldete Insolvenz an[1], und in der Folge brachen weltweit die Finanzmärkte zusammen. Zunächst begann das artifizielle Luftschloss des real existierenden *Finanzmarkt*kapitalismus einzustürzen („Global Financial

---

[1] Im Gefolge der Subprime-Krise musste *Lehman* im Laufe des Jahres 2008 zunächst massive Abschreibungen vornehmen. Anders als bei drei anderen großen Banken (Bear Stearns, Fannie Mae und Freddie Mac), die zuvor unter dem Motto „too big to fail" mit Milliarden von Stützungsgeldern aufgefangen worden waren, wollte Finanzminister Henry Paulson nicht erneut Steuermilliarden zur Verfügung stellen und ließ *Lehman* fallen, was am 15. September 2008 zum Insolvenzantrag (nach Chapter 11 des US-Insolvenzrechts) führte. Etwa 25.000 *Lehman*-Mitarbeitern wurde gekündigt, so dass einige Tage nach der Insolvenz nur noch gut 150 Menschen für *Lehman* arbeiteten. Aus der Insolvenzmasse wurde das US-Geschäft *Lehmans* von der britischen Universalbank *Barclays* übernommen. Weitere Geschäfteile kaufte etwa der japanische Broker *Nomura Holdings* (Asiengeschäft plus Investmentbanksparte in Europa und im Nahen Osten). Besucht man heute die Homepage von *Lehman* (*http://www.lehman.com/*), so ist dort nur kurz und bündig zu lesen: „Lehman Brothers Holdings Inc. has filed for bankruptcy protection in the U.S.".

Meltdown"), und schon bald lag das ehedem so glitzernde „Kasino"[2] in Trümmern. Nichts war mehr wie zuvor. Und die Nerven lagen blank. Die Finanzjongleure wurden zu kollektivem Suizid aufgefordert.[3] Der Zusammenbruch riss in der Folge dann aber auch zunehmend die weltweite *Real*wirtschaft mit in den Abgrund („Economy Meltdown"). Und hiervon waren nicht zuletzt die ärmeren Länder der Erde besonders betroffen[4]. Eine Systemdebatte über den Kapitalismus ließ nicht lange auf sich warten. So diagnostizierte etwa die „Weltmacht Habermas"[5] das „Zerplatzen der letzten neoliberalen Sprechblasen [...]. Ich hoffe, dass die neoliberale Agenda nicht mehr für bare Münze genommen, sondern zur Disposition gestellt wird"[6].

1 Der (lange nicht gehörte) Ruf nach dem Staat

Im Chaos der brennenden Finanzmärkte erscholl von allen möglichen Seiten zudem ein Notschrei, den man schon längere Zeit (so) nicht mehr gehört hatte: der Ruf nach dem guten alten Staat. Als Antwort darauf versuchte die Politik in einer Art Doppelstrategie, einerseits die Bevölkerung zu beruhigen (etwa durch symbolische Garantieerklärungen für normale Bankeinlagen deutscher Sparer), andererseits aber durch Bereitstellung enormer Summen, die weitere Eskalation des Brandherds einzudämmen: „Wenn es auf den Weltfinanzmärkten brennt [...], dann muss gelöscht werden, auch wenn es sich um Brandstiftung handelt. Anschließend müssen die Brandstifter aber daran gehindert werden, so etwas wieder zu tun.

---

[2] Selbst Autoren, die bis dato nicht unbedingt als Kapitalismuskritiker auffällig geworden waren, verwendeten nunmehr diesen moralisch aufgeladenen Begriff: *Hans-Werner Sinn*, Kasino-Kapitalismus. Wie es zur Finanzkrise kam, und was jetzt zu tun ist, 2. Aufl., Berlin 2009.
[3] So forderten aufgebrachte Demonstranten vor der New Yorker Börse die Banker der Wall Street auf, die Konsequenzen aus ihrem Fehlverhalten und ihrer Unfähigkeit zu ziehen: „Jump! You fuckers" stand auf den Transparenten.
[4] Hierzu etwa *Bernhard Emunds/Wolf-Gero Reichert*, Finanzwirtschaft – kein Selbstzweck. Die Finanzkrise trifft vor allem die Schwellen- und Entwicklungsländer, in: Herder Korrespondenz 63 (2009), 237–242.
[5] So der Titel des Leitartikels in: Die Zeit Nr. 25 (2009).
[6] *Jürgen Habermas*, Nach dem Bankrott (Interview), in: Die Zeit Nr. 46, 06. November 2008, 53–54, 53. Ähnlich hat auch Friedhelm Hengsbach die Systemdebatte eingeklagt: „Ich rede von Strukturmoral. Die Krise wurde mitverursacht durch den schleichenden Umbau des rheinischen Kapitalismus in den angelsächsischen Finanzkapitalismus. Das ist für mich ein moralischer Strukturbruch" (*Friedhelm Hengsbach*, in: *Friedhelm Hengsbach/Karl Homann*, »Moralappelle sind ein Alibi«, in: Die Zeit Nr. 40 vom 24. September 2009, 27–28, 27).

Die Brandbeschleuniger müssen verboten werden, und es muss für einen besseren Brandschutz gesorgt werden".[7]

Dieser „Ruf nach dem Staat" ist ein analytisch noch zu unpräzises, aber dennoch relevantes Indiz für die Erkenntnis, dass man Märkte nicht einfach sich selbst überlassen darf, sondern über multiple Steuerungsmedien gestalten muss. Diese Erkenntnis gewann infolge der Finanz- und Wirtschaftskrise erfreulicherweise an Boden.

> „Beispiellos ist diese Krise deshalb, weil sie von einem ruckartigen Wechsel der gängigen doktrinären Leitbilder begleitet wurde. Diejenigen, die während der letzten dreißig Jahre die drei marktradikalen wirtschaftsliberalen Glaubenssätze wie eine flatternde Fahne vor sich hergetragen [...] haben [...], gestehen *[nun]* [...] ein, dass sie nicht mehr an die Selbstheilungskräfte des Marktes glauben."[8]

Ein für mich besonders beeindruckendes Beispiel hierfür lieferte unerwarteterweise Alan Greenspan, von 1987 bis 2006 Chairman der US-Notenbank Federal Reserve System (FED). Er bekannte am 23. Oktober 2008 vor dem Congressional Committee for Oversight and Government Reform, dass sich sein liberalistischer „conceptual framework", seine „ideology", es sei richtig, dass die Märkte sich selbst regulierten, als falsch herausgestellt habe. Nachdem ihn der Kommissionsvorsitzende Henry Waxman inquisitorisch mit einer Reihe von regulierungsfeindlichen Zitaten konfrontiert hatte, bekannte Greenspan kleinlaut:

> „I made a mistake in presuming that the self-interest of organizations, specifically banks and others, were such that they were best capable of protecting their own shareholders and their equity in the firms. [...] So the problem here is, something which looked to be a very solid edifice, and indeed a critical pillar to market competition and free markets, did break down. And I think that, as I said, shocked me. I still do not fully understand why it happened. And obviously, to the extent that I figure out where it happened and why, I will change my views. And if the facts change, I will change."

Waxman fragt ihn dann, ob ihn seine Weltsicht, seine „Ideologie", zu Statements und Entscheidungen geführt habe, die er heute lieber nicht vorgenommen hätte, und Greenspan antwortet:

> „Yes, I've found a flaw [...] a flaw in the model that I perceived as the critical functioning structure that defines how the world works, so to speak. [...] That's precisely the reason I was shocked, because I had been going for 40 years or more with very considerable evidence that it was working exceptionally well."

---

[7] *Peer Steinbrück*, in: *Angela Merkel/Peer Steinbrück*, Den Finanzmarkt stabilisieren – Vertrauen wieder herstellen. Regierungserklärung von Bundeskanzlerin Angela Merkel und Bundesfinanzminister Peer Steinbrück vor dem Deutschen Bundestag, Berlin 15.10.2008, Berlin: Presse- und Informationsamt der Bundesregierung, 14.

[8] *Friedhelm Hengsbach*, Ein anderer Kapitalismus ist möglich! Wie nach der Krise ein Leben gelingt, Bad Homburg 2009, 9.

Doch das tat es offenbar nicht, Greenspan war geschockt und hatte den Mut, seine fehlerhafte „ideology", sein falsches „Spielverständnis"[9], auch zu bekennen („Greenspan's Confession").[10]

Ein vertrauensseliges Setzen auf die Selbstheilungskräfte des Marktes wird es nicht richten. Der moderne Kapitalismus verlangt nach moralökonomischer Gestaltung – sei es durch den Staat oder durch eine „Netzwerkgovernance" von Politik, Zivilgesellschaft und Unternehmen[11].

2 Mikroanalyse des kapitalistischen Strukturwandels

Wir leben in unruhigen Zeiten. Im Gegensatz zur strukturell relativ statischen Vormoderne ist die Moderne eine außerordentlich dynamische Konstruktion. In vielerlei Hinsicht ändert sich das Leben in modernen (oder postmodernen) Gesellschaften ständig. Dies betrifft auch den Wirtschaftsbereich, der sich vor allem durch einen ständigen „Strukturwandel" kennzeichnet.

2.1 Strukturwandel makroanalytisch: „Schöpferische Zerstörung"

Fortwährend verändert der Kapitalismus sein Gesicht. Der Strukturwandel betrifft bekanntlich zunächst einmal die Wirtschaftssektoren: So waren während des Wandels von der Agrar- zur Industriegesellschaft, die sich in Deutschland etwa ab der Mitte des 19. Jahrhunderts vollzog, 1850 nur 4 % aller Arbeitsplätze in der Industrie, aber noch 56 % in der Landwirtschaft angesiedelt. 1913 gehörten bereits 23 % aller Arbeitsplätze zum industriellen Sektor, während die landwirtschaftlichen Arbeitsplätze auf

---

[9] Dieser Begriff bei *Nick Lin-Hi/Andreas Suchanek*, Eine wirtschaftsethische Kommentierung der Finanzkrise, in: Forum Wirtschaftsethik 17 (2009) 1, 20–27: „Die Finanzkrise zeigt eindrucksvoll, dass sowohl die Befolgung und die Auslegung als auch die Implementierung und Durchsetzung von Spielregeln immer auch erheblich vom Spielverständnis aller Beteiligten mit geprägt werden. So war es nicht zuletzt die Überzeugung sich selbst regulierender, ‚freier' Märkte – mit anderen Worten die Unterschätzung der Bedeutung, die Spielregeln für funktionsfähige Märkte haben –, die Alan Greenspan und viele andere Akteure zu ihren ‚Spielzügen' veranlasst haben" (25).

[10] „Greenspan's Confession" ist natürlich vielfach dokumentiert, beispielsweise in der online-Ausgabe der „Washington Post": *http://www.washingtontimes.com/weblogs/potus-notes/2008/Oct/24/he-found-flaw/*, abgerufen 24.03.2010.

[11] Zu Begriff und Realisierungschancen einer „Netzwerkgovernance": *Felix Wannenwetsch*, Netzwerkgovernance. Effektivität und Legitimität der Global Governance in multisektoralen Verhandlungsnetzwerken aus Sicht eines Ressourcen orientierten Stakeholder-Ansatzes, Dissertationsarbeit Universität Hohenheim 2010.

34% abgesunken waren. Dieser Strukturwandel hat sich weiter fortgesetzt.[12] Der Strukturwandel betrifft aber zum Beispiel auch Berufe: So war etwa der Beruf des Kutschers erledigt, als das Automobil seinen Siegeszug antrat. Auch der Beruf des Schriftsetzers verlor seine Zukunft, als man diese Arbeit viel komfortabler mithilfe von Computern erledigen konnte. Der kapitalistische Strukturwandel zerstört gleichzeitig alte und erschafft neue Berufe. Die Bilanz des Kapitalismus in Sachen Berufsarten ist allerdings deutlich positiv: So gab es um das Jahr 1000 etwa 100 verschiedene Berufe, während es heute über 40.000 sind.

In einer außerordentlich treffenden Formulierung hat daher Joseph A. Schumpeter (*1883; †1950)[13] den Kapitalismus makroökonomisch als „Prozess der schöpferischen Zerstörung"[14] gekennzeichnet, als Wirtschaftssystem, das beständig seine „Strukturen [...] schafft und zerstört"[15]. Kapitalistische Marktwirtschaften sind innovativ („Entdeckungsverfahren"[16]), zugleich aber auch destruktiv („Zerstörungsverfahren"). Es handelt sich um einen Prozess, der – so Schumpeter – „unaufhörlich die alte Struktur zerstört und unaufhörlich eine neue schafft. Dieser Prozess der ‚schöpferischen Zerstörung' ist das für den Kapitalismus wesentliche Faktum"[17]. Die unaufhörliche Veränderung gehöre essenziell zum Kapitalismus, sie sei nicht etwa ein Systemfehler, sondern strukturell konsequent und völlig unausweichlich: „Der Kapitalismus ist also von Natur aus eine Form oder Methode der ökonomischen Veränderung und ist nicht nur nie stationär, sondern kann es auch nie sein".[18] Vielmehr produziere dieser unausweichlich „evolutionäre Charakter des kapitalistischen Prozesses"[19] laut Schumpeter einen „ewigen Sturm der schöpferischen Zerstörung"[20].

---

[12] Heute sind nur noch 2–3% der Arbeitsplätze im Landwirtschaftssektor, dem 1. Sektor, übriggeblieben, ca. 35% in der Industrie (2. Sektor), während bereits über 60% im Dienstleistungssektor (3. Sektor) angesiedelt sind.

[13] Es wird auch die These vertreten, dass die Begriffsprägung auf Werner Sombart zurückgehe.

[14] *Joseph A. Schumpeter*, Kapitalismus, Sozialismus und Demokratie, Bern 1946, 134.

[15] Ebd., 139.

[16] Zu diesem Begriff vgl. *Friedrich August von Hayek*, Der Wettbewerb als Entdeckungsverfahren, in: ders.: Freiburger Studien. Gesammelte Aufsätze, Tübingen: Mohr 1969, 249–265. „Der fundamentale Antrieb, der die kapitalistische Maschine in Bewegung setzt und hält, kommt von den neuen Konsumgütern, den neuen Produktions- oder Transportmethoden, den neuen Märkten, den neuen Formen der industriellen Organisation, welche die kapitalistische Unternehmung schafft" (*Joseph A. Schumpeter*, Kapitalismus, 137).

[17] *Joseph A. Schumpeter*, Kapitalismus, 137–138.

[18] Ebd., 136.

[19] Ebd., 136.

[20] Ebd., 138.

2.2 Mikroanalytische Ontologie des Strukturwandels

*Makro*ökonomisch dürfte der Begriff der „schöpferischen Zerstörung" als Faktenbeschreibung relativ unstrittig sein. Ich neige jedoch zu der Auffassung, dass erst eine *mikroökonomische* und mikr*ontologische* Analyse Einsichten erschließt, die in der Konsequenz auch Folgen im Hinblick auf eine angemessene Gestaltung des Strukturwandels nach sich ziehen. Worum geht es?

2.2.1 Mikroanalytische (Transaktionskosten-)Ökonomik

Der transaktionskostenökonomische Approach, etwa derjenige von Oliver E. Williamson (Nobelpreis 2009), geht mikroanalytisch von einer „kleinen" Einheit aus, nämlich der einzelnen Transaktion. Die Frage ist: Welche Faktoren tragen dazu bei, dass eine einzelne Transaktion zustande kommt – oder eben nicht zustande kommt. Ethisch gewendet geht es also um „the *[moral]* integrity of a transaction"[21].

Dieser mikroanalytische Approach wird in der Governanceethik Josef Wielands durch deren Fokussierung auf *moralökonomische* Transaktionen (Transaktionsprozesse) aufgegriffen: „Die Grundeinheit der Analyse der Governanceethik ist [...] die moralische Dimension einer gegebenen und abgrenzbaren wirtschaftlichen Transaktion"[22]. Dabei werden die moralökonomischen Transaktionen $Tm_{1...n}$ ontologisch als „[f]ragmentierte und temporalisierte Basis"[23] realer Ereignisse gefasst: Transaktionen sind lokale und abgeschlossene Ereignisse („fragmentiert"), die kommen und gehen („temporalisiert").

Der in unserem Zusammenhang entscheidende Vorteil eines mikroanalytischen Zugangs besteht darin, dass er in der Lage ist, den Prozess des Strukturwandels konzeptionell in den Griff zu bekommen. Denn der Strukturwandel, den wir makroökonomisch beobachten können, ist ja nicht die ausschließliche Folge des Handelns individueller Akteure; er ist auch nicht die ausschließliche Folge des Operierens kollektiver Akteure und auch nicht einfach das Ergebnis formaler Institutionen („Spielregeln"). All diese Faktoren spielen gemeinsam eine Rolle und kulminieren jeweils in einer einzelnen *Transaktion*, die sich in anderen Transaktionen fortpflanzt und so die Evolution des Strukturwandels konstituiert.

---

[21] *Oliver E. Williamson*, The Mechanisms of Governance, New York/Oxford 1996, 11.
[22] *Josef Wieland*, Normativität und Governance. Gesellschaftstheoretische und philosophische Reflexionen der Governanceethik (Studien zur Governanceethik, Bd. 3), Marburg 2005, 32.
[23] Ebd., S. 21.

2.2.2 Mikroanalytische Ontologie

Die theoriestrategische Entscheidung, mikroanalytisch vorzugehen, hängt wiederum von *ontologischen Prämissen* ab[24]:

1. Wielands Governanceethik greift in gesellschaftstheoretischer Hinsicht auf die Systemtheorie Niklas Luhmanns zurück, die wiederum auf bestimmten ontologischen Prämissen beruht, welche genau der Fragmentierung und Temporalität bei Wieland entsprechen. So geht Luhmann (mit der Prozessphilosophie Whiteheads) etwa von der ontologischen Annahme einer „radikalen Verzeitlichung des Elementbegriffs"[25] aus: „Wir werden das im Anschluss an Whitehead deutlicher herausarbeiten, wenn wir die Temporalität der Elemente sozialer Systeme (Ereignisse) analysieren werden."[26] Dabei setzt sich Luhmanns „Temporalität der Elemente" erstens ab von der Metaphysik der *„Substanz"* (und der zufälligen „Akzidenzien"), die vor allem von Aristoteles und Thomas von Aquin ausgearbeitet wurde. Die „Ontologie" der Systemtheorie greift explizit auf die Kategorien der Prozessphilosophie Alfred North Whiteheads (*1861; †1947) zurück: „Luhmann denkt so radikal wie vor ihm nur die Kosmologie von Alfred North Whitehead das Ereignis als den Stoff, aus dem bei ihm allerdings nicht die Welt, sondern nur die Systeme gemacht sind."[27]

2. Die systemtheoretische Ontologie Luhmanns lässt sich daher folgendermaßen charakterisieren: ‚Material' besteht ein soziales System (z.B. das Wirtschaftssystem) aus „Ereignissen", formal aus der Systemstruktur (= dem programmierten Code), wobei sich die Programme ändern können, während die Ereignisse (z.B. Transaktionen wie Zahlungen) nur ‚werden' und vergehen (= sich ereignen). An der Supermarktkasse erfolgt eine Zahlung, und wenn sie vorbei ist, existiert bis zur nächsten Zahlung, durch die sich die Wirklichkeit des Systems reproduziert, nur

---

[24] Näher hierzu: *Michael Schramm*, Ökonomische Moralkulturen. Die Ethik differenter Interessen und der plurale Kapitalismus (Ethik und Ökonomie; Bd. 5), Marburg 2008, 77–92.

[25] *Niklas Luhmann*, Soziale Systeme. Grundriß einer allgemeinen Theorie, Frankfurt a.M. 1984, 28.

[26] Ebd., 62, Fn. 65.

[27] *Dirk Baecker*, Niklas Luhmann, Soziale Systeme: Grundriß einer allgemeinen Theorie. Vorwort von Dirk Baecker zur koreanischen Übersetzung von Yo-song Park, 2006. „Prozesse [...] bestehen aus irreversiblen Ereignissen" (*Luhmann*, Soziale Systeme, 74). „Aber nicht wie aus fertigen Stückchen, die durch den Prozeß nur zusammengesetzt werden, sondern aus Ereignissen im Sinne selbstreferentieller Elemente, die sich durch Bezug auf sich selbst *[= bei Luhmann: systemisch codiert]* mit anderen Ereignissen verknüpfen. Dazu grundlegend Alfred N. Whitehead, Prozeß und Realität" (ebd., 74, Fn. 94).

die systemische Regel (± Zahlen). Luhmanns „Ereignis" ist dabei Ereignis immer nur *eines* Systems (= systemisch codierte Monolingualität). Übergänge von einem zum anderen System sind nur im Sinne einer „strukturellen Kopplung" möglich – und das heißt bei Luhmann: als Übersetzung von einer (monolingualen) Systemsprache in eine andere (ebenfalls monolinguale) Sprache. In der Governanceethik Josef Wielands hingegen treten die „distinkten Logiken"[28] *polylingual = simultan* in den ebenfalls fragmentierten und temporalisierten Transaktionen (Ereignissen) auf.

2.2.3 Wirtschaftsethische Konsequenz aus dem mikroanalytischen Approach

Das, was real tatsächlich geschieht, sind Ereignisse oder Transaktionen. Der mikroanalytische Approach verdeutlicht, dass nicht nur individuelle Akteure allein, nicht nur kollektive Akteure allein, nicht nur informale Institutionen (Moralkulturen) allein und auch nicht formale Institutionen allein (Spielregeln; Gesetze) relevant sind, sondern dass potenziell immer alle Faktoren zusammenspielen müssen, um eine bestimmte Transaktion zu generieren. Transaktionen sind – mikroontologisch gesehen – daher grundsätzlich pluraler strukturiert als es die Ordnungsethik Karl Homanns vorsieht, welche den Spielregeln *allein* einen systematisch grundsätzlich überlegenen Ort zuschreibt. Das bedeutet auch, dass man durch das bloße Einklagen eines Primats der Moral (Peter Ulrich) keine Notwendigkeit der Entstehung von moralisch erwünschten Transaktionen sicherstellen kann. Und zudem sind nicht alle Entscheidungssituationen, mit denen Unternehmen konfrontiert sind, *Dilemma*situationen (Homann). Vielmehr sind auch *Kontingenz*situationen, in denen die ökonomischen Effekte unternehmensethischer Investitionen ungewiss sind, in Rechnung zu stellen.[29]

Im Ergebnis ist also festzuhalten, dass eine moralisch erwünschte Gestaltung des (im Kapitalismus unvermeidlichen) Strukturwandels immer *plural* anzusetzen hat, dass man ein Set *multipler Steuerungsmedien* zum Einsatz bringen muss. (a) Hingegen wird beispielsweise eine rein tugendethisch ansetzende Strategie Schiffbruch erleiden, denn mit Ausnahme

---

[28] *Josef Wieland*, Eine Theorie der Governanceethik, in: Zeitschrift für Wirtschafts- und Unternehmensethik 2 (2001), 8–33, 26.

[29] Zum Unterschied von Dilemma- und Kontingenzsituationen vgl. näher Michael Schramm, Moralische Interessen in der Unternehmensethik, in: *Udo Ebert* (Hg.), Wirtschaftsethische Perspektiven VIII. Grundsatzfragen, Unternehmensethik, Institutionen, Probleme internationaler Kooperation und nachhaltiger Entwicklung (Schriften des Vereins für Socialpolitik; Bd. 228/VIII), Berlin 2006, 13–39.

vollkommener Tugendheiliger – und als Theologe neige ich zu der Vermutung, dass Vollkommenheit eine überirdische Qualität ist – werden real existierende Akteure nur in einem (halbwegs) entgegenkommenden Umfeld ihre Tugendhaftigkeit umsetzen können.[30] Zudem neigen rein individualethisch ansetzende Problemlösungsstrategien dazu, die Probleme nur dem Versagen ganz vereinzelter (individueller oder kollektiver) Akteure zuzuschreiben – nach dem Muster: Es waren nur einige „bad apples", die uns die Misere beschert haben, aber an den Strukturen müssen wir eigentlich nichts ändern. (b) Aber auch eine ausschließlich auf (Spiel)Regeln abhebende Strategie kann isoliert nur teilweise erfolgreich sein, da Regelwerke erstens immer zu spät kommen und zweitens immer systematisch lückenhaft sind (und von daher immer auch Raum für Umgehungsstrategien lassen). Um nicht missverstanden zu werden: Es ist etwa mit Blick auf die Vermeidung zukünftiger Finanzkrisen völlig unstrittig, dass wir dringend Reformen der Spielregeln brauchen, die das Verhalten auch eines nur rational eigeninteressierten Homo Oeconomicus in die richtigen Bahnen lenken. Die Frage ist aber, ob mit einem verbesserten Ordnungsrahmen das Problem bereits ad acta gelegt werden kann. Genau letzteres wird von einer Sichtweise nahegelegt, die besagt: Nicht die Gier sei das Problem, sondern ausschließlich eine falsche Anreizstruktur aufgrund verfehlter oder fehlender Spielregeln. In diesem Sinn sei „Gier [...] eine wichtige Antriebskraft für die Menschen, um zu Wohlstand zu gelangen"[31]. Hätten wir also nur die richtigen Spielregeln, dann würden wir mit dem rationalen und eigeninteressierten – moralisierender formuliert: gierigen – Homo Oeconomicus in der kapitalistischen Wirtschaft ausgezeichnet fahren. Doch das ist m. E. ein allzu schlicht gestricktes Problemlösungsmuster.

2.2.4 Der Ruf nach dem Staat (Regeln) und die unverzichtbare Akteursmoral

Ich neige sehr zu der Vermutung, dass die frohe Kunde, die Gier des Homo Oeconomicus sei immer von Vorteil, wenn sie nur durch geeignete

---

[30] Die Governanceethik „teilt [...] deren *[der griechischen Tradition]* Überzeugung, dass individuelle Tugend zu ihrer Generierung und Realisierung stets eines institutionellen Rahmens bedarf. So wie für Platon und Aristoteles die informalen (Brauch, Sitte) und formalen Institutionen (Recht) und die Organisationen der Polis (Staat, Hauswirtschaft) die Voraussetzungen jeder praxisrelevanten Tugendethik (IS) waren, so formuliert die Governanceethik genau diesen Zusammenhang als Funktion eines distinkten Governanceregimes" (*Josef Wieland*, Glaubwürdigkeit und eine Ethik der Governance (KIeM-Working Paper Nr. 06/2004), Konstanz 2004, 4–5).

[31] *Karl Homann*, „Der linke Funke ist übergesprungen" (Interview), in: Wirtschaftswoche Nr. 16 vom 11. April 2009, 26–27, 26.

Spielregeln kanalisiert werde, eine zu simplifizierende Botschaft darstellt. Das wissen Politiker, die ja diese Regelwerke installieren sollen, ganz genau:

> „Das was diese Krise an allererster Stelle zeigt, ist, dass kein Regelsystem, kein Regelwerk [...] bestehen kann, wenn ihre einzelnen wirtschaftlichen Akteure glauben, frei von moralischer Bindung, frei von unternehmerischer Ethik, ohne gesamtgesellschaftliches Verantwortungsgefühl agieren zu können [...]. Der Staat kann durch Regulierung nie ersetzen, was an moralischer Selbstverpflichtung von verantwortlichen wirtschaftlichen Akteuren nicht mehr empfunden wird."[32]

Der Staat ist völlig außerstande, die (fehlende) Moral der individuellen und kollektiven Akteure zu ersetzen. Genau das hatte seinerzeit auch schon kein anderer als Oswald von Nell-Breuning erklärt:

> „Die heute weitverbreitete Haltung, in jeder Schwierigkeit oder Verlegenheit nach Fremdhilfe, insbesondere nach Staatshilfe, zu schreien, verstößt gegen das Subsidiaritätsprinzip. [...] Wenn alle, anstatt den Staat zu tragen, sich an ihn hängen wie das kleine Kind an die Schürze der Mutter, dann ist die staatsbürgerliche Moral bereits zusammengebrochen und kann der Zusammenbruch des Staates nicht mehr lange auf sich warten lassen."[33]

Der „Ruf nach dem Staat" hat – ebenso wie der „Ruf nach Verantwortung"[34] (oder nach mehr Tugend und weniger Gier) – als *ein* Baustein (von mehreren) zur Problemlösung durchaus seine Berechtigung. Doch exklusiv oder isoliert werden beide Teilstrategien auf der Strecke bleiben.

3 Das Ziel eines „nachhaltigen Kapitalismus"

Die Rufe „nach Verantwortung" oder „nach dem Staat" sind noch nicht die Lösungen der Probleme, wohl aber relevante Indizien für die Erkenntnis, dass man Märkte nicht einfach sich selbst überlassen darf, sondern über multiple Steuerungsmedien gestalten muss.[35] Dabei steht der

---

[32] Norbert Röttgen, Rede des CDU-Abgeordnete Norbert Röttgen im Deutschen Bundestag am 7. Oktober 2008.

[33] *Oswald von Nell-Breuning*, Baugesetze der Gesellschaft, Freiburg (Br.)/Basel/Wien 1968/1990, 104.

[34] Kritisch hierzu bereits: *Franz-Xaver Kaufmann*, Der Ruf nach Verantwortung. Risiko und Ethik in einer unüberschaubaren Welt (Herder Spectrum; 4138), Freiburg (Br.)/Basel/Wien 1992.

[35] Interessanterweise spricht selbst Karl Homann dem appellativen Moralisieren eine nützliche Funktion zu: „Allerdings sollte man das Moralisieren nicht verteufeln. Das ist keine Lösung für die Probleme, aber es kann ein Indikator dafür sein, dass Dinge aus dem Ruder gelaufen sind. Nur ist es wenig sinnvoll, in einer Welt des Wettbewerbs als Lösung die Moral des Einzelnen einzufordern" (Karl Homann, in: *Friedhelm Hengsbach/Karl Homann*, »Moralappelle sind ein Alibi«, in: Die Zeit Nr. 40 vom 24. September 2009, 27–28, 27).

essenziell zum Kapitalismus gehörende, systemisch konsequente und völlig unausweichliche Strukturwandel zunächst einmal natürlich in einem bemerkenswerten Spannungsverhältnis zur Forderung von „Nachhaltigkeit". Die durchaus kontrastive (allgemeine) Herausforderung besteht also darin, den (unabwendbaren und auch erwünschten) Strukturwandel „nachhaltig" zu gestalten. Genau dieses Erfordernis wird zumindest teilweise auch von Seiten der Wirtschaft prominent herausgehoben: „Ein Patentrezept [...] gegen die Krise gibt es nicht, wohl aber ein patentes Wort: die Nachhaltigkeit. [...] Die Luftschlösser der Immobilienblase waren nicht nachhaltig[36] [...] Ich [...] möchte aufzeigen, wie sich Nachhaltigkeit im unternehmerischen Denken und Handeln erweisen muss."[37] Gleiches gilt für die Politik und die Gesellschaft im Ganzen.

3.1 „Nachhaltigkeit" als Herausforderung

Das Anliegen der „Nachhaltigkeit" (*sustainability*) hat die internationale politische Agenda der letzten dreißig Jahre bekanntlich nachhaltig geprägt.[38] Der prominente Begriff signalisiert zweifelsohne ein essenziell wichtiges Problem, aber im Hinblick auf eine ausgearbeitete und imple-

---

[36] So auch *Nick Lin-Hi/Andreas Suchanek*, Kommentierung der Finanzkrise, 24: „Jahrelang verdienten alle Beteiligten gut an dem Geschäft mit verbrieften Immobilienkrediten: Die Banken verdienten an Kreditprovisionen, die Finanzinvestoren hatten eine lukrative Anlagemöglichkeit, Mitarbeiter profitierten über Bonuszahlungen von den Rekordgewinnen der Finanzwelt, einkommensschwache Bürger konnten sich ein Eigenheim leisten, Immobilienmakler verdienten an den Provisionen usw. Angesichts dieser Erfolge gab es kaum jemanden, der nicht an dem Spiel teilnehmen und gewinnen wollte. Im Nachhinein zeigt sich allerdings, dass das ‚Spiel' offensichtlich nicht nachhaltig war".

[37] *Franz Fehrenbach*, Nachhaltigkeit und Unternehmertum („Börsenzeitung im Dialog", am 27. Oktober 2009 in Stuttgart), Stuttgart 2009, 2.

[38] Bekanntlich kamen Idee und Begriff ursprünglich aus dem forstwirtschaftlichen Bereich und machten dann in den letzten dreißig Jahren eine bemerkenswerte Karriere: Zu nennen sind insbesondere der Brundtland-Bericht (*World Commission on Environment and Development*, Our Common Future, Oxford (Great Britain) 1987), der 1992 Rio Earth Summit sowie in der Folge die Prozesse der Agenda 21 (*United Nations*, Agenda 21. United Nations Conference on Environment & Development, Rio de Janeiro 1992), der 2002 World Summit on Sustainable Development in Johannesburg (*United Nations*, Report of the World Summit on Sustainable Development (Johannesburg, South Africa; 26 August – 4 September 2002), New York 2002) mit den konsequenten Folgeprozessen (*United Nations Division for Sustainable Development*, The Road from Johannesburg. World Summit on Sustainable Development. What was achieved and the Way forward, New York 2003) sowie die erneuerte EU Sustainable Development Strategy (EU SDS) (*Eurostat/European Commission*, Sustainable development in the European Union. 2009 monitoring report of the EU sustainable development strategy, Luxembourg 2009).

mentierungsfähige Theorie der Nachhaltigkeit ist man sich alles andere als einig. Hinsichtlich der einschlägigen Definition des Brundtland-Reports („Humanity has the ability to make development sustainable – to ensure that it meets the needs of the present without compromising the ability of future generations to meet their own needs"[39]) ist zwar kein Dissens zu erwarten, doch bleibt diese Definition noch so allgemein und unbestimmt, dass sich aus ihr keine eindeutigen Handlungsempfehlungen ableiten lassen. Gemeinsame Basis scheinen lediglich zwei Bedeutungselemente zu sein:

Das erste konsensuelle Bedeutungselement betrifft die Tatsache, dass der *Gegenstandsbereich* von Nachhaltigkeit die wirtschaftliche, soziale und ökologische Dimension menschlicher Existenz umfasst („Drei-Säulen-Modell"). Die für den deutschsprachigen Raum gängige Formulierung stammt von der Enquete-Kommission des Deutschen Bundestages: „Nachhaltigkeit ist die Konzeption einer dauerhaft zukunftsfähigen Entwicklung der ökonomischen, ökologischen und sozialen Dimension menschlicher Existenz. Diese drei Säulen der Nachhaltigkeit stehen miteinander in Wechselwirkung und bedürfen langfristig einer ausgewogenen Koordination."[40] Auch in der „Johannesburg Declaration on Sustainable Development" von 2002 wird hierauf zurückgegriffen:

> „Ten years ago, at the United Nations Conference on Environment and Development, held in Rio de Janeiro, we agreed that the protection of the environment, and social and economic development are fundamental to sustainable development." (No. 8)

Das zweite Bedeutungselement umschließt im Hinblick auf die *Umsetzungsmethoden* die formalen Merkmale Zukunftsorientierung[41] sowie Prozessualität[42] zu sein, wie sie in der (ebenfalls noch sehr offenen) Arbeitsdefinition bei Laws et al. explizit formuliert wird:

---

[39] *World Commission on Environment and Development*, Our Common Future, Oxford (Great Britain) 1987, 8.

[40] *Enquete-Kommission des Deutschen Bundestages „Schutz des Menschen und der Umwelt"*, Konzept Nachhaltigkeit. Vom Leitbild zur Umsetzung, Bonn 1998, 37.

[41] So konzeptualisiert etwa Andreas Suchanek „Nachhaltigkeit" – interaktionsökonomisch konsequent – als Strategie der „Vermeidung gesellschaftlicher Endspiele" (*Andreas Suchanek*, Überlegungen zu einer interaktionsökonomischen Theorie der Nachhaltigkeit (Diskussionspapier Nr. 04-7, Wittenberg-Zentrum für globale Ethik), Wittenberg 2004, 7).

[42] Auch bereits im Brundtland-Report wird diese Prozessualität explizit benannt: „Sustainable development is […] a process of change in which the exploitation of resources, the direction of investments, the orientation of technological development, and institutional change are made consistent with future as well as present needs" (*World Commission on Environment and Development*, Our Common Future, Oxford (Great Britain) 1987, 9).

„Sustainability is a form of ongoing inquiry. This perspective treats sustainability as a provisional goal. Action is important not just for furthering the goal, but also for informing the (re)interpretation of the goal. Sustainable development is a process of learning in which action is shaped by goals and goals are revised in the light of experience. The commitment to sustainability is understood as a commitment to this process, rather than to a fixed conception of the goal."[43]

Bei pragmatisch orientierten Unternehmern liest sich das etwas weniger hochgestochen (oder gestelzt): „Nachhaltigkeit heißt also: keine Strohfeuer zu entfachen."[44] Aber auch hier steht die Orientierung an der Zukunftsfähigkeit, die durch Strohfeuer ja gewissermaßen verbrannt wird, im Mittelpunkt.

Nun, wie auch immer sich die theoriestrategischen Debatten entwickeln werden – spätestens seit der Finanzkrise dürfte klar sein, dass nicht nur die ökologischen, sondern auch die *ökonomischen* (und in der Konsequenz die sozialen) Kontinuitätsbedingungen unserer Globalgesellschaft außerordentlich prekär sind. Nicht nur das Ökosystem Erde und die gesellschaftliche Kohäsion sind zerbrechlich, sondern auch das (sich weiter globalisierende) Wirtschaftssystem. Von daher kann es überhaupt keinen Zweifel daran geben, dass die Idee der Nachhaltigkeit auch für die nationalen und internationalen Wirtschaftspolitiken eine ganz entscheidende Herausforderung darstellt.

3.2 Steuerung als Netzwerkgovernance

Hier greife ich nun auf die Schlussfolgerung zurück, die ich oben aus der mikroanalytischen Analyse des Strukturwandels gezogen habe: dass nämlich eine moralisch erwünschte Gestaltung des (im Kapitalismus unvermeidlichen) Strukturwandels immer *plural* anzusetzen hat und man ein Set *multipler Steuerungsmedien* zum Einsatz bringen muss.

Dieses Erfordernis führt theoriestrategisch zur Figur einer „Netzwerkgovernance", einer Steuerung (Governance) der Probleme eines noch nicht hinreichend nachhaltigen Kapitalismus also, die sich – hier bezogen auf die Vielfalt von Akteuren – durch ein Netzwerk von politischen (Regierungen; globale politische Organisationen), gesellschaftlichen (etwa Non Governmental Organizations) und wirtschaftlichen Akteuren (Unternehmen) konstituiert: „Netzwerke […], die sich aus Akteuren des

---

[43] *David Laws/Roland W. Scholz/Hideaki Shiroyama/Lawrence Susskind/Tatsujiro Suzuki/Olaf Weber*, Expert views on sustainability and technology implementation, in: International Journal of Sustainable Development and World Ecology 11 (2004), 247–261, 252–253.

[44] *Franz Fehrenbach*, Nachhaltigkeit und Unternehmertum, 4.

öffentlichen Sektors, der Zivilgesellschaft und der Privatwirtschaft rekrutieren, werden zunehmend als ein Steuerungsmedium verstanden und positioniert."[45] Die Figur der „Netzwerkgovernance" lässt sich dabei grundsätzlich folgendermaßen bestimmen:

> „Netzwerkgovernance stellt eine Form der Global Governance dar, wobei sich politische, wirtschaftliche und zivilgesellschaftliche Akteure zur gemeinsamen Bearbeitung komplexer globaler Problemstellungen in Governance-Netzwerken koordinieren und ihre spezifischen Ressourcen poolen. Die Koordination in Netzwerken ist dabei durch die Reziprozität und die relative Stärke der strukturellen Kopplung der Akteure sowie die Dauerhaftigkeit der Akteursbeziehungen charakterisiert."[46]

Eine solche Netzwerkbildung ist aufgrund der Problemstruktur des Ziels eines nachhaltigen Kapitalismus zweckmäßig. Die Herausforderung, vor die sich die Netzwerkgovernance gestellt sieht, besteht darin, *„moralisch legitime Standards* zu entwickeln und wirksam, das heißt *effektiv zu implementieren"*[47]. Um nachhaltig wirksam sein zu können, müssen dabei zwei unterschiedliche Defizite oder Dilemmata überwunden werden: zum einen das „Effektivitätsdefizit" (bzw. das „operative Dilemma") und zum anderen das „Legitimitätsdefizit" (bzw. das „partizipative Dilemma").[48]

> „Das *operative Dilemma* hat vier verschiedene Dimensionen: 1. Geografie (Grenzen der Nationalstaaten und Regionen für grenzüberschreitende Aufgabenstellungen), 2. Zeit (steigender Zeitdruck für Entscheidungen, wenn überhaupt noch erfolgreiches Handeln möglich sein soll), 3. Ressourcen (fehlende Expertise, Finanzmittel etc. der Regierungen und Verwaltungen, um zeitnahe und effektive Entscheidungen zu treffen) und 4. Komplexität (Interferenzen der Probleme und Entscheidungen auf den drei Institutionenebenen). Das *partizipative Dilemma* bezeichnet den Sachverhalt, dass wichtige politische Akteure – z.B. Entwicklungsländer, KMU, Nichtregierungsorganisationen (NGOs), Gemeinden – nicht in die Entscheidungsprozesse, deren Folgen sie zu tragen haben, eingebunden sind"[49],

und dass den Maßnahmen, die von irgendwem ergriffen werden, daher die allgemeine Legitimität fehlt. In jedem Fall: „Die gegenwärtige Finanzkrise bietet ein Lehrbeispiel für dieses operative und partizipative Dilem-

---

[45] *Josef Wieland/Jürgen Volkert/Michael Schramm*, Corporate Social Responsibility (CSR) und Netzwerkgovernance. Eine Projektskizze (KIeM Working Paper Series; No. 25), Konstanz 2007, 4.
[46] *Felix Wannenwetsch*, Netzwerkgovernance, 81.
[47] Ebd., 89.
[48] *Josef Wieland*, Corporate Social Responsibility. Die Aufgaben privater und öffentlicher Akteure, in: *Josef Wieland* (Hg.), CSR als Netzwerkgovernance – Theoretische Herausforderungen und praktische Antworten. Über das Netzwerk von Wirtschaft, Politik und Zivilgesellschaft (Studien zur Governanceethik, Bd. 7), Marburg: Metropolis 2009, 7–15, spricht vom „operativen" und „partizipativen Dilemma", *Felix Wannenwetsch*, Netzwerkgovernance, vom „Effektivitätsdefizit" und „Legitimitätsdefizit".
[49] *Josef Wieland/Jürgen Volkert/Michael Schramm*, Corporate Social Responsibility, 4.

ma und die Notwendigkeit, dieses zu überwinden"[50]. Netzwerke aller drei relevanten Akteursgruppen werden nun als Instrument verstanden, mit dem sich sowohl das „Effektivitätsdefizit" als auch das „Legitimitätsdefizit" überwinden lassen.

3.2.1 (Mit-)Steuerung durch die Zivilgesellschaft

Ganz allgemein müssen wir mit allen Gruppen der Gesellschaft überlegen, was wir wirklich wollen.

> „Ein politischer Neustart jenseits des Finanzkapitalismus schließt an die zunächst unter Schockwirkung erzeugte öffentliche Lernbereitschaft an. Er besteht darin, dass die ökonomische Dynamik des Kapitalismus mit den normativen Überzeugungen einer demokratischen, tendenziell egalitären Gesellschaft vermittelt wird."[51]

Welche Werte sind uns wirklich wichtig? Diese kulturelle Selbstverständigung sollte z. B. ökonomistischen Verengungen vorbeugen.

3.2.2 (Mit-)Steuerung durch die Politik

Dass wir über politische Steuerungsprozesse neue (Spiel-)Regeln brauchen, wird wohl von niemandem ernsthaft bestritten. Hierbei handelt es sich weitgehend um ökonomische Implementierungsdiskurse. In Bezug auf die Finanzkrise seien folgende Merkposten kurz angeführt: 1. Banken- und Finanzaufsicht. 2. Eigenkapitalminima und Haftung. 3. „Finanz-TÜV". 4. Neuordnung bei den Rating Agencies. 5. Tobin-Steuer (Finanztransaktionssteuer).[52]

3.2.3 (Mit-)Steuerung durch Organisationen (Unternehmen)

„Die Idee der Nachhaltigkeit formuliert nicht nur große Herausforderungen für die Politik. Sie führt auch zu veränderten Anforderungen an Unternehmen."[53] Die diesbezüglichen Signale sind derzeit allerdings – wie sollte es anders sein – widersprüchlich:

Auf der einen Seite scheint zumindest in Teilen der Finanzindustrie das Kasino längst wieder eröffnet worden zu sein. Auf der anderen Seite aber

---

[50] *Josef Wieland*, Corporate Social Responsibility, 8.
[51] *Friedhelm Hengsbach*, Ein anderer Kapitalismus ist möglich, 45.
[52] Näheres zu diesen Punkten bei *Hans-Werner Sinn*, Kasino-Kapitalismus; *Friedhelm Hengsbach*, Ein anderer Kapitalismus ist möglich; *Jörg Hübner*, „Macht euch Freunde mit dem ungerechten Mammon!". Grundsatzüberlegungen zu einer Ethik der Finanzmärkte, Stuttgart 2009.
[53] *Ingo Pies/Peter Sass/Roland Frank*, Anforderungen an eine Politik der Nachhaltigkeit – eine wirtschaftsethische Studie zur europäischen Abfallpolitik (Wirtschaftsethik-Studie Nr. 2005-3), Halle/Wittenberg 2005, 1.

wurde im Januar 2010 beispielsweise bekannt, dass die *Robert Bosch GmbH*, der weltweit größte Autozulieferer, die Geschäftsbeziehungen zu einer Bank abgebrochen habe, weil diese bereits wieder überzogene Boni an Bankmanager ausgeschüttet habe. Unternehmenschef Franz Fehrenbach erklärte hierzu: „Ist eine Bank der Meinung, die Finanzierung von Boni sei ein Unternehmenszweck, dann machen wir mit ihr keine Geschäfte mehr." Nun gibt es natürlich auch bei *Bosch* selber Manager-Boni, aber interessanterweise wird hier der Versuch gemacht, die Anreize „nachhaltiger" auszurichten:

> „Auch bei Bosch haben wir eine Ergebniskomponente in der Vergütung unseres oberen Führungskreises. Über das feste Grundeinkommen hinaus honorieren wir jedoch nicht bloß die Zielerreichung im laufenden Jahr, vielmehr auch über drei Jahre hinweg. So belohnen wir den längerfristigen ebenso wie den kurzfristigen Erfolg – und das übrigens nicht erst seit 2008, sondern schon seit 2003."[54]

4 (Christliche) Sozialethik eines „nachhaltigen Kapitalismus"

Sieht man die Dinge realistisch, so wird man von vornherein sagen (müssen), dass die theologische Sozialethik die wirtschaftsethischen Probleme ausdifferenzierter Marktwirtschaften nicht mit den Bordmitteln ihrer *religiösen* Grundlagen lösen kann. Denn deren Basisdokument, die Bibel, kann von vornherein keine fertigen „Kochrezepte" bieten, wie unsere gesellschaftlichen Probleme der modernen Gesellschaft gelöst werden können, denn „[d]iese *[moderne]* Welt gab es ja gar nicht, als das Wort der Offenbarung erging"[55]. Insofern haben theologische Ethiken „keine technischen Lösungen anzubieten"[56]. In religiösen Traditionen kondensieren moralische „Prinzipien, keine Handlungsanweisungen, wie Sie den Finanzmarkt regulieren"[57].

---

[54] *Franz Fehrenbach*, Nachhaltigkeit und Unternehmertum, 5.
[55] *Karl Rahner*, Sendung und Gnade. Beiträge zur Pastoraltheologie, Innsbruck/Wien/München 1959, 14. Deswegen ist selbstverständlich einzuräumen, „und zwar in deutlichster Weise, daß die Christen *als solche* nicht einfach ein fertiges, konkretes Programm für den Staat, die Kultur, Wirtschaft usw. haben und es auch gar nicht haben können" (ebd., 19).
[56] *Papst Benedikt XVI.*, Caritas in Veritate, Rom 2009, Nr. 9.
[57] *Karl Homann*, in: *Friedhelm Hengsbach/Karl Homann*, »Moralappelle sind ein Alibi«, in: Die Zeit Nr. 40 vom 24. September 2009, 27–28, 27.

4.1 Drei Ebenen moralischer Probleme und die Kompetenz der theologischen Sozialethik

Im Hinblick auf die Entscheidung wirtschaftsethischer Probleme ist dies jedoch nur die halbe Wahrheit. Denn es gibt grundlegendere Fragen als die „technischen" Probleme. Um diese Fragetypen zu differenzieren, möchte ich folgendes Schaubild zur Struktur einer jeden (wirtschafts-) ethischen Argumentation voranstellen:

Begründung	Wer? Solidarität	ideal
	Was? Gerechtigkeit	
Anwendung	Angemessenheit	real
Implementation	Moral (Religion)	aktual (tatsächlich)
	Wirtschaft	
	Politik	

4.1.1 Begründungsebene: Solidarität und Gerechtigkeit als sozialethische Kriterien

Problemlagen verweisen auf eine ethische Grundlagenfrage: *Wer* gehört zur „Solidargemeinschaft" derjenigen, denen man bei einer ethisch verantworteten Entscheidung idealiter verpflichtet ist? Es geht hier um eine ontologische Solidaritätsfrage (*Wer* gehört zu „uns"?) und um eine moralkulturelle Identitätsfrage (*Wer* wollen „wir" sein?). Um die Frage im Licht der Gerechtigkeitstheorie von John Rawls zu formulieren: *Wer* ist als Partei im „Urzustand" überhaupt zugelassen?

Die Antwort der christlichen Religion auf diese Frage ist nun *ein* Angebot auf einem Markt von möglichen „Identitätssemantiken". Dabei greift die christliche Antwort auf diese identitätssemantischen *Wer*-Fragen zurück auf Jesus von Nazareth, der in Bezug auf die *ontologische Solidaritätsfrage* mit seiner Fremden- (Lk 10,25–37) und Feindesliebe (Mt 5,44 f.) den Begriff des „Nächsten" so definiert hat, dass kein Mensch mehr ausgeschlossen bleibt: Jeder ist der „Nächste" und gehört zur Solidargemeinschaft! Dies wirkt sich auch auf die *moralkulturelle Identitätsfrage* aus: Das Angebot der christlichen Identitätssemantik sieht vor, dass sich Menschen nicht nur aufgrund der Potenziale ihrer Kooperationserträge definieren, sondern als eine Gesellschaft von Menschen, die sich grundsätzlich im Sinn der christlichen Nächstenliebe anerkennen. Diese christliche Antwort auf die identitätssemantischen Fragen muss nicht identisch sein mit anderen, ebenfalls kohärenten (vernünftigen) Angeboten auf dem pluralen Markt moderner Identitätssemantiken⁵⁸. Der – hier natürlich noch *ideale* – moral point of view der christlichen Identitätssemantik ist erst dann erreicht, wenn von vornherein ausnahmslos alle Menschen dieses Erdballs als Mitglieder der globalen Solidargemeinschaft („Menschheitsfamilie") angesehen werden. In diesem Sinn handelt es sich um eine „katholische" *Identitätssemantik*, wobei ich den Begriff „katholisch" hier selbstverständlich nicht in einem konfessionell (kirchlich) verengten Sinn, sondern in seiner ursprünglichen Bedeutung verwende: „weltumspannend" gehören *alle* Menschen zu den ethisch relevanten „Nächsten"⁵⁹.

Wenn geklärt ist, *wer* überhaupt zu berücksichtigen ist, brechen ethische *Was*-Fragen auf: *Was* ist fair, *was* unparteilich, *was* gerecht? Diesbezüglich gibt es ein breites Angebot moralphilosophischer Konzeptionen, darunter etwa den Utilitarismus von John Harsanyi, die Gerechtigkeitstheorie von John Rawls oder die Diskursethik von Karl-Otto Apel und Jürgen Habermas. Die christliche Antwort auf diese *Was*-Frage wird sich dabei nicht vorschnell mit einer der angebotenen Konzeptionen identifizieren. Sie wird zwar meistens ähnlich wie Rawls oder Habermas argumentieren, aber beispielsweise gibt es in tragischen Situationen („tragic choices") m. E. gar keine andere Möglichkeit als utilitaristisch zu entscheiden. Das spezifische Ideal einer christlichen Wirtschaftsethik besteht hier aber in einer „vorrangigen Option für die Armen" (oder in Rawls' Terminologie: für die „am wenigsten Begünstigten").

---

[58] Es ist anzumerken, dass sich dieses identitätssemantische Angebot der christlichen Religion von der Modellierung des Problems bei John Rawls *unterscheidet*. Bekanntlich konzipiert Rawls „society" als „a cooperative venture for mutual advantage". Bleibt diese Definition noch deutungsoffen, so präzisiert der (sonst von mir sehr geschätzte) Moralphilosoph seine Gerechtigkeitstheorie in Bezug auf die zur „original position" überhaupt zugelassenen Parteien dann aber dahingehend, dass der Urzustand von vornherein nur für „the normal range" (*John Rawls*, Political Liberalism (Expanded Edition), New York 1993/2005, 25) offen stehe, d. h. für „full and active participants in society" (ebd., 272, f. 10). „Thus the problem of special health care and how to treat the mentally defective are aside" (ebd.). Völlig zu Recht erklärt der Sozialphilosoph Wolfgang Kersting hierzu: „Bei Rawls haben wir [...] eine Betriebsversammlung [...] des Kooperationsunternehmens Marktgesellschaft *[vor uns]* [...]. Dieser ökonomische Ausgang prägt den Problemhorizont und die Lösungswege" (*Wolfgang Kersting*, Theorien der sozialen Gerechtigkeit, Stuttgart/Weimar 2000, 167–168). f.). Auf jeden Fall unterscheidet sich Rawls' Ansatz von der christlichen Antwort auf die identitätssemantische Solidaritätsfrage.

[59] Dieser Approach charakterisiert grundlegend eine „katholische" Wirtschaftsethik und prägt ihre Wahrnehmungen im Lichte einer „*global* justice" (vgl. Teile von *Elke Mack/ Michael Schramm/Stephan Klasen/Thomas Pogge* (Ed.), Absolute Poverty and Global Justice. Empirical Data – Moral Theories – Initiatives (Law, Ethics and Economics), London 2009).

Auf der Begründungsebene werden also Zielvorstellungen formuliert, die die Richtung bestimmen, in der wir nach Lösungen suchen sollen (Heuristik). Die theologische Sozialethik ist auf dieser Ebene eine kompetente Anbieterin einer spezifischen (hier: christlichen) Identitätssemantik.

4.1.2 Anwendungsebene: Angemessenheit als sozialethisches Kriterium

Auf einer zweiten Ebene, der Anwendungsebene, stellen wir nun aber fest, dass in lokalen Situationen ein Widerstreit zwischen verschiedenen moralischen Zielen (Werten) bestehen kann. Es geht hier um Anwendungsprobleme wie in Kants klassischem Fall, der sich um die Frage drehte, ob ich einen „itzt mit Mordsucht Umhergehenden" anlügen dürfe, wenn er mich nach dem Aufenthaltsort des Opfers fragt. Will man Kants moralisierender Antwort (kategorisches Lügeverbot) nicht von vornherein folgen, wird man sich dem Gedanken nähern, dass in einem ethischen Anwendungsdiskurs die Frage *eigens* diskutiert werden muss, welches die vergleichsweise bessere (angemessene) Option in dieser lokalen Situation ist. Auf dieser Ebene muss beispielsweise ebenfalls austariert werden, wie man mit dem Trade Off zwischen idealer moralischer Legitimität (Berücksichtigung *aller*!) einerseits und der auch ethisch relevanten Effizienz (Entscheidungskosten usw.) umgeht. Insgesamt wird man hier feststellen: Gänzlich „saubere" Lösungen gibt es realiter nicht! Die Frage ist also, welche Mischlösung die moralisch vergleichsweise angemessenere ist.

4.1.3 Implementierungsebene: Sachgerechtigkeit als sozialethisches Kriterium

Schließlich sind wir konfrontiert mit *Wie*-Fragen: *Wie* können die auf Begründungs- und Anwendungsebene benannten wirtschaftsethischen Ziele zweckmäßig umgesetzt werden? Dabei handelt es sich zumeist um „ökonomische" Mittelfragen, die in das Gebiet der Spezialistenkompetenz ausdifferenzierter Einzelwissenschaften (zum Beispiel der Wirtschaftswissenschaften) fallen. Hier gibt es keine Kompetenz einer theologischen Wirtschaftsethik als *theologischer* Wirtschaftsethik, denn „hinsichtlich einer effizienten Umsetzung moralischer Zielvorstellungen ist die Logik der Ökonomik dem [...] Repertoire einer sich um Praxisrelevanz mühenden *[theologischen]* Sozialethik deutlich überlegen"[60]. Zudem gibt es auf der Implementationsebene auch noch andere als die moralischen Ansprüche: Ökonomische Argumente (Kosten) oder politische Aspekte (Macht,

---

[60] *Hans-Joachim Höhn*, Die Zeit der Gesellschaft – Sozialethik als Zeitdiagnose, in: Jahrbuch für Christliche Sozialwissenschaften 43 (2002), 260–287, 262.

Kontrolle) konkurrieren gegebenenfalls mit den moralischen Gesichtspunkten (Identitätssemantiken; Unparteilichkeit). Faktisch hat die Moral auf dieser Ebene auch keine Dominanz über die anderen Aspekte. Doch wahrscheinlicher wird ihre Verwirklichung dann, wenn es tatsächlich gelingt, mehrere Ziele – z. B. moralische Ansprüche und wirtschaftliche Kostenaspekte – miteinander zu verbinden. Denn: „When morality comes up against profit, it is seldom profit that loses" (so Shirley Chisholm, in den USA die erste schwarze Bewerberin um eine Nominierung als Präsidentschaftskandidatin).

5 Die Theorie sozialethischer Kriterien und die faktische Subventionspolitik

Auf der einen Seite haben die betroffenen Staaten während der Finanzkrise einhellig beschlossen, keine der „systemrelevanten" Banken mehr dem Untergang preiszugeben (so wie das bei *Lehman Brothers* geschehen war). Und so wurden auch von der Bundesregierung Hunderte von Milliarden Euro bereitgestellt. Auf der anderen Seite aber werden Subventionen von der ökonomischen Standardtheorie kritisch betrachtet.[61] Dies ist ein Standardbeispiel für einen *Anwendungs*diskurs: Welche Reaktion ist in *dieser* Anwendungssituation moralisch angemessen? Natürlich gibt es dazu unterschiedliche Meinungen. Unter dem Strich jedoch würde ich sagen, dass der Staat in pathologischen Fällen (wie dieser Finanz- und Wirtschaftskrise), in denen von der „schöpferischen Zerstörung" nur die „Zerstörung" übrig bliebe, faktisch gar nicht anders kann und ein entschlossenes Krisenmanagement betreiben muss – und zwar ganz gegen die „idealen" Ratschläge in normalen Zeiten.

Dennoch ist diese Subventionspolitik insofern ein gefährliches Spiel, als sie Erwartungen und Begehrlichkeiten weckt. Der Staat gerät in die Gefahr, zu einer „kooperativen Geisel" zu werden.[62] Und genau an dieser Stelle gewinnt der *Implementierungs*diskurs über die sachgerechte Problemlösung Relevanz. Denn merkwürdiger- oder nicht-merkwürdigerweise haben sich in der gleichen Zeit die Staaten mit dem Angebot öffentlicher Rettungspakete auch für Großkonzerne wie etwa Opel gegenseitig überboten. Denkt man diese Logik konsequent zu Ende, würde im Grun-

---

[61] Etwa *Walter Kortmann*, Subventionen: Die verkannten Nebenwirkungen, in: Wirtschaftsdienst 84 (7/2004), 462–472.
[62] So die Formulierung bei *Friedhelm Hengsbach*, Ein anderer Kapitalismus ist möglich, 37.

de jedes einzelwirtschaftliche Interesse „systemrelevant". Insofern ist es zumindest problematisch, die Krise einzelner Unternehmen staatlich auffangen zu wollen. Dies passt nicht in eine Wettbewerbsordnung, die eben auch die „schöpferische Zerstörung" (und damit den Auf- und Abstieg von Unternehmen) beinhaltet. Eine selektive Rettung einzelner Unternehmen würde voraussetzen, dass der Staat das „Entdeckungsverfahren" Wettbewerb durch eine zentrale Planung unterlaufen würde. Von daher gilt: Subventionen ja (in pathologischen Fällen und in gravierenden Transformationsprozessen), aber nicht als Dauer- oder Normalzustand.

6 Die Theologie eines moralischen Realismus und die gemeinsame Suche nach dem Richtigen

Es gibt einen Punkt, der theologische Ethiken von allen anderen Ethiken (philosophischen oder ökonomischen Ethiken etwa) unterscheidet – und das ist die theologische Vermutung, dass es über die Fakten des Universums hinaus „da draußen" bzw. in Gott eine moralische Ordnung gibt. Die Frage einer objektiv existierenden moralischen Ordnung wird von atheistischen und theistischen Positionen aus also unterschiedlich beantwortet werden. Der religionskritische Physiker Steven Weinberg hat hierzu prägnant formuliert: „It is wrong to torture children. And the reason it is wrong to torture children is *because I say so*. [...] I mean that not only I say so, [...] probably most of us say so. But it is *not a moral order out there*. It is something *we* impose."[63] Ich neige zu der Vermutung, dass im Rahmen einer atheistischen Weltsicht gar keine andere Möglichkeit bestehen kann. Der Graben zwischen „is" und „ought" bleibt unüberbrückbar, und die Moral ist etwas, das *wir* exklusiv *mental* einführen. „Out there" gibt es keine Moral, sondern ausschließlich Fakten. Die Lage ändert sich nur dann, wenn man in einer metaphysischen Beschreibung der Wirklichkeit das Element des *Göttlichen* integriert. Erst dann kann man von einer objektiven moralischen Ordnung sprechen, die mit dem Element des Göttlichen die Dinge verwebt. Diese Annahme des moralischen Realismus („Es gibt eine objektive moralische Ordnung!") ist ein Effekt der theologischen Sicht, nicht deren Ursache. Allerdings verbindet sich auch die theologische Vermutung einer mit dem Göttlichen verbundenen, also objektiven moralischen Ordnung „out there" oder „between us" von der Sache her nicht mit einer heteronomen Moral. Denn auch religiöse

---

[63] *Steven Weinberg*, Cosmic Questions. Steven Weinberg and John Polkinghorne – an Exchange (1999).

Menschen müssen *selbst* entscheiden, ob sie eine moralische Norm als richtig oder falsch erachten; auch sie haben die moralische Wahrheit nicht in der Tasche (denn sie sind nicht Gott) und müssen – wie alle anderen auch – *selbst* Hypothesen aufstellen, was moralisch akzeptabel ist und was nicht. Und zudem muss dann diese re-konstruierte Moral mit den diversen Sachgesetzlichkeiten vermittelt werden. In dieser gemeinsamen Suche nach dem wirtschaftsethisch Richtigen sind schlussendlich alle Menschen guten Willens miteinander verbunden.

Literaturverzeichnis

Dirk Baecker, Niklas Luhmann, Soziale Systeme: Grundriß einer allgemeinen Theorie. Vorwort von Dirk Baecker zur koreanischen Übersetzung von Yo-song Park (2006), online unter http://homepage.mac.com/baecker/sozialesysteme.pdf, abgerufen 24.03.2010.

Bernhard Emunds/Wolf-Gero Reichert, Finanzwirtschaft – kein Selbstzweck. Die Finanzkrise trifft vor allem die Schwellen- und Entwicklungsländer, in: Herder Korrespondenz 63 (2009) 5, S. 237–242.

Enquete-Kommission des Deutschen Bundestages, „Schutz des Menschen und der Umwelt", Konzept Nachhaltigkeit. Vom Leitbild zur Umsetzung, Bonn 1998.

Eurostat/European Commission, Sustainable development in the European Union. 2009 monitoring report of the EU sustainable development strategy, Luxembourg: Office for Official Publications of the European Communities 2009.

Franz Fehrenbach, Nachhaltigkeit und Unternehmertum („Börsenzeitung im Dialog", am 27. Oktober 2009 in Stuttgart), Stuttgart 2009, online unter <http://csr.bosch.com/content/language2/downloads/Nachhaltigkeit_und_Unternehmertum.pdf>, abgerufen 24.03.2010.

Jürgen Habermas, Nach dem Bankrott (Interview), in: Die Zeit Nr. 46 vom 06. November 2008, 53–54.

Friedrich August von Hayek, Der Wettbewerb als Entdeckungsverfahren, in: ders., Freiburger Studien. Gesammelte Aufsätze, Tübingen: Mohr 1969, 249–265.

Friedhelm Hengsbach/Karl Homann, »Moralappelle sind ein Alibi«, in: Die Zeit Nr. 40 vom 24. September 2009, 27–28.

Friedhelm Hengsbach, Ein anderer Kapitalismus ist möglich! Wie nach der Krise ein Leben gelingt, Bad Homburg: VAS 2009.

Hans-Joachim Höhn, Die Zeit der Gesellschaft – Sozialethik als Zeitdiagnose, in: Jahrbuch für Christliche Sozialwissenschaften 43 (2002), 260–287.

Karl Homann, „Der linke Funke ist übergesprungen" (Interview), in: Wirtschaftswoche Nr. 16, 11. April 2009, 26–27.

Karl Homann, Wirtschaftsethik. Die Funktion der Moral in der modernen Wirtschaft, in: Josef Wieland (Hg.), Wirtschaftsethik und Theorie der Gesellschaft, Frankfurt a. M.: Suhrkamp 1993, 32–53.

Jörg Hübner, „Macht euch Freunde mit dem ungerechten Mammon!". Grundsatzüberlegungen zu einer Ethik der Finanzmärkte, Stuttgart: Kohlhammer 2009.

Franz-Xaver Kaufmann, Der Ruf nach Verantwortung. Risiko und Ethik in einer unüberschaubaren Welt (Herder Spectrum 4138), Freiburg (Br.)/Basel/Wien: Herder 1992.

Sabine Kinkartz, Die Ethik der Gier, Deutsche Welle (dw-world.de), 25. September 2008, online unter http://www.dw-world.de/dw/article/0,,3669607,00.html, abgerufen 24.03.2010.

Walter Kortmann, Subventionen: Die verkannten Nebenwirkungen, in: Wirtschaftsdienst 84 (2004) 7, 462–472.

Wolfgang Kersting, Theorien der sozialen Gerechtigkeit, Stuttgart/Weimar: Metzler 2000.

David Laws/Roland W. Scholz/Hideaki Shiroyama/Lawrence Susskind/ Tatsujiro Suzuki/Olaf Weber, Expert views on sustainability and technology implementation, in: International Journal of Sustainable Development and World Ecology 11 (2004), 247–261.

Nick Lin-Hi/Andreas Suchanek, Eine wirtschaftsethische Kommentierung der Finanzkrise, in: Forum Wirtschaftsethik 17 (2009) 1, 20–27.

Victor Lowe, The Concept of Experience in Whitehead's Metaphysics, in: *George L. Kline* (Ed.), A. N. Whitehead. Essays on his Philosophy, New Jersey 1963, 124–133.

Niklas Luhmann, Soziale Systeme. Grundriß einer allgemeinen Theorie, Frankfurt a. M.: Suhrkamp 1984.

Elke Mack/Michael Schramm/Stephan Klasen/Thomas Pogge (Ed.), Absolute Poverty and Global Justice. Empirical Data – Moral Theories – Initiatives (Law, Ethics and Economics), London: Ashgate 2009.

Oswald von Nell-Breuning, Baugesetze der Gesellschaft, Freiburg (Br.)/ Basel/Wien: Herder 1968/1990.

Ingo Pies/Peter Sass/Roland Frank, Anforderungen an eine Politik der Nachhaltigkeit – eine wirtschaftsethische Studie zur europäischen Abfallpolitik (Wirtschaftsethik-Studie Nr. 2005-3), Halle/Wittenberg: Martin-Luther-Universität Halle-Wittenberg 2005.

Karl Rahner, Sendung und Gnade. Beiträge zur Pastoraltheologie, Innsbruck/Wien/München: Tyrolia 1959.

John Rawls, Political Liberalism (Expanded Edition), New York: Columbia University Press 1993/2005.

Norbert Röttgen, Rede des CDU-Abgeordnete Norbert Röttgen im Deutschen Bundestag am 7. Oktober 2008; Video online unter: <http://webtv.bundestag.de/iptv/player/macros/_v_f_514_de/od_player.html?singleton=true&content=185457>, abgerufen 24.03.2010.

Michael Schramm, Moralische Interessen in der Unternehmensethik, in: Ebert, Udo (Hg.): Wirtschaftsethische Perspektiven VIII. Grundsatzfragen, Unternehmensethik, Institutionen, Probleme internationaler Kooperation und nachhaltiger Entwicklung (Schriften des Vereins für Socialpolitik; Bd. 228/VIII), Berlin: Duncker & Humblot, 13-39.

Michael Schramm, Ökonomische Moralkulturen. Die Ethik differenter Interessen und der plurale Kapitalismus (Ethik und Ökonomie; Bd. 5), Marburg: Metropolis 2008.

Joseph A. Schumpeter, Kapitalismus, Sozialismus und Demokratie, Bern: Francke 1946.

Hans-Werner Sinn, Kasino-Kapitalismus. Wie es zur Finanzkrise kam, und was jetzt zu tun ist, 2. Aufl., Berlin: Econ 2009.

Peer Steinbrück, in: *Angela Merkel/Peer Steinbrück*, Den Finanzmarkt stabilisieren – Vertrauen wieder herstellen. Regierungserklärung von Bundeskanzlerin Angela Merkel und Bundesfinanzminister Peer Steinbrück vor dem Deutschen Bundestag, Berlin 15.10.2008, Berlin: Presse- und Informationsamt der Bundesregierung 2008.

Andreas Suchanek, Überlegungen zu einer interaktionsökonomischen Theorie der Nachhaltigkeit (Diskussionspapier Nr. 04-7, Wittenberg-Zentrum für globale Ethik), Wittenberg 2004.

United Nations Division for Sustainable Development, The Road from Johannesburg. World Summit on Sustainable Development. What was achieved and the Way forward, New York: United Nations 2003.

United Nations, Agenda 21. United Nations Conference on Environment & Development, Rio de Janeiro: United Nations 1992.

United Nations, Report of the World Summit on Sustainable Development (Johannesburg, South Africa; 26 August – 4 September 2002), New York: United Nations 2002.

Felix Wannenwetsch, Netzwerkgovernance. Effektivität und Legitimität der Global Governance in multisektoralen Verhandlungsnetzwerken aus Sicht eines Ressourcen orientierten Stakeholder-Ansatzes, Dissertationsarbeit Universität Hohenheim 2010.

Steven Weinberg, Cosmic Questions. Steven Weinberg and John Polkinghorne – an Exchange (1999), online unter http://www.counterbalance.org/cqinterv/swjp-frame.html, abgerufen 24.03.2010.

Alfred N. Whitehead, Process and Reality. An Essay in Cosmology. Gifford Lectures Delivered in the University of Edinburgh During the Session 1927–28 (Corrected Edition, ed. by D. R. Griffin/D. W. Sherburne), New York/London: Free Press 1929/1978.

Josef Wieland/Jürgen Volkert/Michael Schramm, Corporate Social Responsibility (CSR) und Netzwerkgovernance. Eine Projektskizze (KIeM Working Paper Series; No. 25), Konstanz: KieM 2007.

Josef Wieland, Corporate Social Responsibility. Die Aufgaben privater und öffentlicher Akteure, in: *Josef Wieland* (Hg.), CSR als Netzwerkgovernance – Theoretische Herausforderungen und praktische Antworten. Über das Netzwerk von Wirtschaft, Politik und Zivilgesellschaft (Studien zur Governanceethik, Bd. 7), Marburg: Metropolis 2009.

Josef Wieland, Eine Theorie der Governanceethik, in: Zeitschrift für Wirtschafts- und Unternehmensethik 2 (2001), 8–33.

Josef Wieland, Glaubwürdigkeit und eine Ethik der Governance (KIeM-Working Paper Nr. 06/2004), Konstanz: KieM 2004.

Josef Wieland, Normativität und Governance. Gesellschaftstheoretische und philosophische Reflexionen der Governanceethik (Studien zur Governanceethik, Bd. 3), Marburg: Metropolis 2005.

Oliver E. Williamson, The Mechanisms of Governance, New York/Oxford: Oxford University Press 1996.

World Commission on Environment and Development, Our Common Future, Oxford (Great Britain): Oxford Paperbacks 1987; dt.: *Volker Hauff*, Unsere gemeinsame Zukunft. Der Bericht der Weltkommission für Umwelt und Entwicklung, Greven: Eggenkampt 1987.

BERNHARD EMUNDS

Das Ende der aufgeblähten Finanzwirtschaft.
Sozialethische Überlegungen zur politischen Neuordnung der Finanzmärkte

Zusammenfassung

Die Rezession der Weltwirtschaft hat einerseits die Verschuldung der Nationalstaaten, andererseits die Arbeitslosigkeit und – in wirtschaftlich weniger entwickelten Ländern – die informelle Erwerbsarbeit ansteigen lassen. Sie geht auf einen „boom and bust"-Zyklus der internationalen Banken sowie der Finanz- und Immobilienmärkte in vielen Industrie- und Schwellenländern zurück. Nicht erst *in*, sondern auch schon *vor* der Krise war die Finanzwirtschaft völlig „außer Rand und Band" geraten. Die Überlebenschancen unzähliger Menschen in den Ländern des Südens werden sich verschlechtern und der Wohlstand vieler Menschen in den Ländern des Nordens ist bedroht, wenn es nicht gelingt, die internationale Finanzwirtschaft wieder unter Kontrolle zu bringen. Sie muss in den Dienst einer Wertschöpfung für die Mehrheit der Menschen gestellt werden; ihre Tendenz, in wirtschaftlich guten Jahren Risiken zu akkumulieren, die schließlich in einem großen Crash zum Vorschein kommen, muss beendet werden.

Nach einer ersten Charakteristik der in den letzten Jahrzehnten neu entstandenen Finanzwirtschaft (Abschnitt 1), behandelt der Beitrag die Entwicklung der auf Stabilisierung zielenden Finanzregulierung (Abschnitt 2). Anschließend werden die Ursachen der globalen Finanzkrise untersucht (Abschnitt 3) und einige Ziele für den notwendig gewordenen tiefgreifenden Umbau der Finanzwirtschaft plausibilisiert (Abschnitt 4). Dabei stellen sich u. a. einige grundlegende Fragen zur Rolle des Staates bei der Ausrichtung der Wirtschaft auf das Gemeinwohl. Der Beitrag endet mit einer kurzen Skizze des notwendigen Umbaus (Abschnitt 5).

1 Die Entstehung der globalen Finanzwirtschaft

In den ersten drei Jahrzehnten nach dem Zweiten Weltkrieg war die Finanzwirtschaft weitgehend national fragmentiert. In dieser Zeit lassen sich die Finanzsysteme[1] der Industrieländer recht gut zwei Typen zuordnen.[2] In Japan, Deutschland, aber auch in anderen Ländern des westlichen Kontinentaleuropa spielten die Geschäftsbanken mit ihrem Kredit- und Einlagengeschäft bei der Unternehmensfinanzierung und der

---

[1] Ein nationales Finanzsystem wird gebildet aus den in dem Land ansässigen Finanzinstituten, den Märkten für Finanztitel, die von diesen angeboten werden bzw. deren Emission sie begleitet haben, sowie aus der Zentralbank und der Finanzaufsicht, die für dieses Land zuständig sind.

[2] Vgl. u. a. *Franklin Allen/Douglas Gale*, Comparing financial systems, Cambridge/Mass 2000.

Ersparnisbildung der privaten Haushalte die alles beherrschende Rolle. Da es ihnen zudem erlaubt war (und ist), zahlreiche andere Finanzdienstleistungen anzubieten (Universalbanken) sowie Aktien zu besitzen und (z. B. über Aufsichtsratsmandate) Unternehmen zu kontrollieren, werden die damaligen Finanzsysteme dieser Länder als (rein) bankendominiert bezeichnet. Im anglo-amerikanischen Raum gab und gibt es dagegen marktdominierte Finanzsysteme, in denen die Märkte für Aktien und Rentenpapiere (langfristige handelbare Schuldtitel) für die Finanzierung der Unternehmen und für die Vermögensbildung der privaten Haushalte bedeutsam waren und sind. Den Geschäftsbanken (commercial banks) und Sparkassen (thrift institutions)[3] war es dort über Jahrzehnte streng verboten, Unternehmensanteile zu erwerben oder über das Kredit- und Einlagengeschäft hinaus ein breiteres Spektrum von Finanzdienstleistungen anzubieten. Streng von diesen getrennt gab es andere Finanzinstitute, die auf Wertpapiergeschäfte spezialisiert sind (Trennbankensystem). Bedeutsam waren vor allem die Investmentbanken, die sich auf den Handel mit Wertpapieren, die Unterstützung von Unternehmen bei der Ausgabe neuer Wertpapiere und die Vermögensverwaltung für Kunden konzentrierten.

Veränderungsprozesse in den nationalen Finanzsystemen aller Industrieländer haben seit den 80er Jahren zu einer partiellen Angleichung der beiden System-Typen geführt. Auch wenn die unterschiedlichen Profile von stärker Kapitalmarkt- und stärker Geschäftsbanken-geprägten Finanzsystemen nicht völlig verschwunden sind, hat sich doch weltweit durchgängig eine neue Gesamtkonstellation der Finanzwirtschaft herausgebildet. Ausgangspunkt dieser Entwicklungen war, dass sich in den USA und in Großbritannien immer mehr Investment- und Pensionsfonds ausbreiteten, deren Mitarbeiter – auch im Auftrag der privaten Haushalte – Portefeuilles professionell zusammenstellen. In Zusammenhang mit den Aktivitäten dieser Portfolio-Spezialisten veränderte das Segment der Investmentgeschäfte allmählich sein Gesicht. Es entstand eine neue Form der kapitalmarktdominierten Finanzwirtschaft, die durch eine hohe Umschlaghäufigkeit der Wertpapiere, gesamtwirtschaftlich bedeutsame Finanz- und Immobilienmärkte und ein hohes Tempo der Erfindung („Finanzinnovation") neuer Finanzprodukte („Derivate", also abgeleitete Finanztitel) gekennzeichnet ist. Seit den 80er Jahren beschloss der Kongress der Vereinigten Staaten mehrere Gesetze, welche das Trennbanken-

---

[3] Im Folgenden werden Sparkassen und Kreditgenossenschaften unter die Geschäftsbanken gerechnet. Die Begriffe „Geschäftsbank" und „Kreditinstitut" werden synonym verwendet.

system, also die strikte Aufteilung der Finanzwirtschaft in zwei Segmente (hier Geschäftsbanken mit Krediten und Einlagen, dort Investmentbanken mit Wertpapiergeschäften), Schritt für Schritt aufweichen. Unterdessen gewannen in den Finanzsystemen des anderen Typs, also vor allem in Japan und Kontinentaleuropa, die Wertpapiermärkte (einschließlich der Märkte für Derivate) an Bedeutung. Große Kapitalgesellschaften nutzten vermehrt die Anleihemärkte als günstige Alternative zum Bankkredit. Nach anglo-amerikanischem Vorbild entwickelte sich schnell ein bedeutsames Investmentbanking, das hier allerdings von Anfang an mit den Geschäftsbanken eng verbunden war.

In der neuen globalen Gesamtkonstellation der Finanzwirtschaft, die das Ergebnis dieser Veränderungen in beiden Finanzsystem-Typen ist, kommt dem Segment der Investmentgeschäfte eine besondere Bedeutung zu. Aufgrund der hohen Gewinne aus den Finanzinnovationen und der schnell steigenden Gebühreneinnahmen für die Beratung bei und die Durchführung von Wertpapiergeschäften erwies es sich für die Banker als höchst einträglich. Obwohl beide Segmente heute eng miteinander verbunden sind (vgl. 3.1), unterscheiden sie sich ganz erheblich im Grad der Internationalisierung. Das Segment der Investmentgeschäfte ist über die verschiedenen Länder hinweg erstaunlich uniform und verbindet aufgrund großer grenzüberschreitender Transaktionsvolumina die nationalen Finanzsysteme miteinander. Das Kredit- und Einlagengeschäft wickeln die einzelnen Institute dagegen primär mit den Inländern ihres Stammsitzes ab.

Ein Aspekt der beschriebenen Prozesse verdient es, eigens herausgestellt zu werden: das Größenwachstum. Auffällig ist das Wachstum zuerst einmal bei den Investmentgeschäften. So nahm z. B. das Volumen der Transaktionen mit Aktien, Anleihen und nicht-wechselkursbezogenen Derivaten zwischen 1995 und 2005 weltweit fast dreimal so schnell zu wie das Welt-Bruttoinlandsprodukt, also der Wert aller in einem Jahr auf der ganzen Welt neu bereitgestellten Güter[4]. Zwischen 1970 und 2005 dürfte das Wachstum dieser Transaktionen sogar etwa 15mal so groß gewesen sein wie das des Welt-Bruttoinlandsproduktes.[5] Diese erstaunlichen Zuwachsraten gehen u. a. darauf zurück, dass in den letzten drei Jahrzehnten immer mehr Finanztitel entstanden. Zunehmend stiegen Unternehmen in die Kapitalmarktfinanzierung ein, wurden zu börsennotierten Aktiengesellschaften und/oder gaben Anleihen aus. Neue Formen von Derivaten

---

[4] Der Begriff „Güter" steht für Waren und Dienstleistungen.
[5] Vgl. *Paul H. Dembinski*, Finance servante ou finance trompeuse? Rapport de l'Observateur de la Finance, Paris 2008, 124.

wurden erfunden und breiteten sich schnell aus. Diese Derivate beziehen sich in vielen Fällen auf andere Finanztransaktionen – oder ihrerseits auf andere Derivate, so dass vielfach mehrere Schichten von Finanztiteln entstanden sind, die sich letztlich jeweils nur auf eine Gruppe „darunter liegender" Geschäfte beziehen. Hinzu kommt, dass die einmal ausgegebenen Finanztitel auch häufiger den Besitzer wechselten.[6] Um den Besitz von und die Spekulation mit immer mehr Aktien, Anleihen und Derivaten finanzieren zu können, erhöhten die einzelwirtschaftlichen Akteure ihre Verschuldung – vielfach durch Aufnahme von Bankkrediten. Mit dem starken Wachstum des Segments der Investmentgeschäfte ging insofern auch eine erhebliche Zunahme der von den Geschäftsbanken ausgegebenen Kredite einher. Insgesamt entsteht so das Bild einer sich über drei Jahrzehnte immer stärker aufblähenden Finanzwirtschaft, deren Geschäfte zu einem erheblichen Teil immer selbstbezüglicher werden, d. h. sich immer weiter von der realwirtschaftlichen Wertschöpfung (einschließlich des *Handels* mit Waren) entfernen.

2 Stabilisierung der Finanzwirtschaft

Entgegen einem verbreiteten Missverständnis ist die Finanzwirtschaft in den Industrieländern insgesamt nicht eine besonders wenig, sondern eine besonders stark regulierte Wirtschaftsbranche – die allerdings in den letzten dreißig Jahren vor Ausbruch der Finanzkrise durch wachsende Regulierungslücken und -schwächen gekennzeichnet ist. Der entscheidende Grund für diese vergleichsweise hohe Regulierungsdichte dürfte sein, dass eine elastische Geldversorgung, die bisher einzig und allein durch funktionsfähige Geschäftsbanken gewährleistet werden kann, für jede moderne hoch-arbeitsteilige Wirtschaft unerlässlich ist. Daneben gab und gibt es natürlich auch Vorschriften, mit denen die Regierungen versuch(t)en, die Finanzwirtschaft auf die Berücksichtigung weitergehender politischer Zielsetzungen zu verpflichten. Neben dem Schutz von weniger gut informierten Kunden der Finanzinstitute gehören dazu u. a. Verpflichtungen zu einer flächendeckenden und diskriminierungsfreien Versorgung aller Haushalte mit Finanzdienstleistungen.

---

[6] Zum Anstieg der Umschlaghäufigkeit vgl. *Paul Windolf*, Eigentümer ohne Risiko. Die Dienstklasse des Finanzmarktkapitalismus, in: Zeitschrift für Soziologie 37 (2008), 516– 535. Bei der Berechnung der Volumina spielt natürlich auch der starke Kursanstieg bei den Aktien eine wichtige Rolle.

Wenn die Stabilisierung des Bankensektors vorrangig der Sicherung einer elastischen Geldversorgung dient, stellt sich die Frage, *wie* die Geschäftsbanken die Wirtschaftsakteure mit zusätzlichem Geld ausstatten. Das geschieht vor allem dadurch, dass sie ihnen Kredite geben. Bei der Kreditvergabe entsteht für die Bank ja nicht nur ein Zahlungsanspruch gegenüber dem Kreditnehmer (ihr Aktivum). Vielmehr räumt sie ihm auch in seinen Sichteinlagen – bei einem privaten Haushalt also auf seinem Girokonto – ein (höheres) Guthaben ein, mit dem er seine Rechnungen begleichen kann. Dieses Guthaben des Kunden auf einem Konto der kreditgebenden Bank ist aus deren Sicht eine Verbindlichkeit (ihr Passivum), die freilich eine ganz besondere Eigenschaft hat: In der betreffenden Volkswirtschaft wird sie beinahe allgemein als Zahlungsmittel akzeptiert – ist mithin selbst Geld. Mit der Vergabe neuer Kredite durch Geschäftsbanken ist deshalb Geldschöpfung verbunden.[7] Der Absicherung dieser für modernes Wirtschaften unerlässlichen Funktion der Banken dient ein ganzes Arsenal an Bestimmungen. Dabei müssen sowohl Unterbrechungen der Geldversorgung durch Bankenzusammenbrüche als auch übermäßige Ausdehnungen der Geldmenge verhindert werden. Letztere können einerseits eine Überhitzung der Konjunktur und Inflation verursachen, andererseits aber auch eine Preisblase auf den Vermögensmärkten, insbesondere einen starken Anstieg von Wertpapierkursen oder Immobilienpreisen.

Im Mittelpunkt dieser Regeln steht seit Anfang des 20. Jahrhunderts die enge Bindung der Kreditinstitute an die Zentralbank.[8] Gegen das Hinterlegen bestimmter Wertpapiere erhalten diese von ihr das Bargeld (Münzen und Banknoten), das sie benötigen, um es an die eigenen Kunden auszuzahlen, die nicht alle Transaktionen mit Kontoguthaben abwickeln. Weil die Zentralbank den Kreditinstituten für diese Geschäfte Zinsen berechnet, kann sie mit einer Erhöhung dieser Zinsen die Kreditvergabe für die Geschäftsbanken weniger attraktiv machen und so einer zu starken Ausdehnung der Geldmenge entgegenwirken. Das wirkt stabilisie-

---

[7] Vgl. z.B. *Nicholas Kaldor/James Trevithick*, Art. ‚Geldtheorie und Geldpolitik V. Aus keynesianischer Sicht', in: Handwörterbuch der Wirtschaftswissenschaft, Bd. 3, Stuttgart 1981, 412–423.
[8] Anders als sonst üblich wird hier die Bindung der Geschäftsbanken an die Zentralbank als Teil der die Finanzwirtschaft stabilisierenden Regeln verstanden. Die folgende Darstellung gibt dabei die postkeynesianischen Überzeugung „loans make deposits" – „deposits make reserves" wieder, die der traditionellen Sichtweise der Wirkung von Geldpolitik diametral entgegengesetzt ist. Vgl. *Bernhard Emunds*, Finanzsystem und Konjunktur. Ein postkeynesianischer Ansatz, Marburg 2000, 121–137. Der Einfachheit halber bleibt im Folgenden die Mindestreserveregelung unberücksichtigt.

rend, weil – wie die Geschichte der Finanzwirtschaft lehrt[9] – Phasen übermäßiger monetärer Expansion häufig in einer Bankenkrise enden. Wenn die Geschäftsbanken trotz der konjunkturdämpfenden Zinspolitik dann doch „in schwierige Fahrwasser geraten", schützt sie die Zentralbank vor Zusammenbrüchen, indem sie ihnen – sofern sie nicht erheblich unsolider als die Branche insgesamt gewirtschaftet haben – garantiert, dass sie von ihr jederzeit unbegrenzt so viel Bargeld erhalten können, wie sie benötigen, um alle Auszahlungswünsche ihrer Einleger bedienen zu können. Tritt die Zentralbank in dieser Funktion auf, dann spricht man vom „Lender of Last Resort" (Kreditgeber der letzten Instanz). Dabei stabilisiert sie die Banken, in dem sie das Vertrauen der Bankkunden nachhaltig stärkt, auch im Notfall ihre Bankeinlagen eins zu eins in Bargeld umtauschen zu können. Dem Zweck einer Stabilisierung des Bankensektors dienen diverse weitere Regeln, wie z. B. die Verpflichtung zu einer Einlagenversicherung.

Von besonderer Bedeutung für die Stabilisierung des Bankensektors ist außerdem die risikobegrenzende („prudentielle") Regulierung vor allem in Form von Kapitaldeckungsvorschriften.[10] Diese entsprechen den Empfehlungen, die der Baseler Ausschuss für Bankenaufsicht im sog. Baseler Akkord („Basel I" von 1988, zuletzt „Basel II") festgelegt hat. Die Deckungsvorschriften binden das zulässige Gesamtniveau der Verlustrisiken, die ein Kreditinstitut in seinen verschiedenen Geschäftsbereichen eingeht, an die Höhe seines Eigenkapitals (ggf. zuzüglich ihres langfristigen Fremdkapitals). Dazu werden die möglichen Verluste der Bank (z. B. aus Kreditausfällen) unter Beachtung einer geschätzten Eintrittswahrscheinlichkeit addiert und in ein gefordertes Mindest-Eigenkapital umgerechnet. Dieses soll als Risikopuffer dienen, der die Bankengläubiger, insbesondere die Einleger vor Verlusten schützt, weil die Verluste der Bank zunächst einmal zu Lasten der Eigenkapitalgeber gehen. Zugleich sollen die Kapitaldeckungsvorschriften in Zeiten einer besonders dynamischen monetären Expansion ähnlich wirken wie Geschwindigkeitsbegrenzungen im Straßenverkehr; denn die Institute sollen nur in dem Tempo ihre Geschäftstätigkeit ausdehnen und dabei zusätzliche Risiken eingehen können, in dem auch ihr Eigenkapital wächst.

---

[9] Vgl. *Charles P. Kindleberger*, Manias, panics, crashes. A history of financial crises, New York 1996; und *Carmen Reinhart/Kenneth Rogoff*, Dieses Mal ist alles anders. Acht Jahrhunderte Finanzkrisen, München 2010.

[10] Für eine Darstellung der deutschen Bankenregulierung vgl. *Wolfgang Sprißler/Michael Kemmer*, Externes Rechnungswesen, in: *Jürgen von Hagen/Johann Heinrich von Stein* (Hg.) Geld-, Bank- und Börsenwesen. Handbuch des Finanzsystems, Stuttgart 2000, 1295–1408, hier: 1358–1406.

Die Regeln zur Stabilisierung des Bankensektors entsprechen eigentlich auch dem langfristigen Interesse der jeweiligen Bankaktionäre am Fortbestand ihres Instituts. Trotzdem nehmen die Bankenvorstände aufgrund ihrer – heute vorherrschenden – kurzfristigen Gewinnorientierung die regulatorischen Beschränkungen der Geschäftstätigkeit (fast) ausschließlich als Reduktion von Gewinnchancen wahr. Nicht wenige versuchen systematisch, sie zu umgehen. Dabei nutzen die Finanzinstitute zum einen die Möglichkeiten, die Aktivitäten durch räumliche Verlagerung der staatlichen Kontrolle ihres Stammlandes zu entziehen. Zum anderen können die Banken Verbote, Einschränkungen oder zusätzliche Kostenbelastungen, welche die staatlichen Stellen für bestimmte, klar definierte Finanztransaktionen beschließen, umgehen, indem sie gezielt ein neues Finanzinstrument „kreieren" (bzw. von Investmentbankern anderer Institute erfinden lassen). Dann wird ein neuer Finanztitel so entworfen, dass man mit ihm weiterhin die gewünschten Transaktionen durchführen kann, er aber nicht unter die von den staatlichen Stellen neu eingeführten Handlungsbeschränkungen fällt bzw. von der gerade beschlossenen Belastung mit zusätzlichen Kosten nicht betroffen ist.

Das hohe Tempo der Produktinnovation in der Finanzwirtschaft ist auch der entscheidende Grund dafür, dass im Bereich der Finanzwirtschaft bereits vor knapp 15 Jahren der Versuch einer Regulierung unter Einbezug der regulierten privaten Akteure gemacht wurde. Für einen erheblichen Teil ihrer Finanzinnovationen erheben die findigen Erfinder aus dem Investmentbanking nämlich den Anspruch, dass sie zu einer kontinuierlichen Verbesserung des institutsinternen Risikomanagements führen. Da staatlich beschlossene Regeln, zumal international koordinierte, nur langsam verändert werden können, sahen vor dem Ausbruch der Finanzkrise viele die Gefahr, dass den Marktteilnehmern die Verwendung überholter Methoden der Messung von Risiken, die durch Eigenkapital abzudecken sind, vorgeschrieben werden könnten. In diesem Fall würden die Institute zu einer schlechteren Risikovorsorge angehalten, als sie ihnen bei aktuellem „state of the art" eigentlich möglich wäre.

Unter Bezugnahme auf diese Sichtweise wurde 1996 bei der Ergänzung des ersten Baseler Akkords von 1988 vorgesehen[11], dass die nationalen Regulierungsbehörden bei der Eingrenzung der Gefahr, dass den Banken durch Preisverfall der von ihnen gehandelten Wertpapiere, Devisen oder Edelmetalle große Verluste entstehen (Marktrisiken des sog. Han-

---

[11] Zum Folgenden vgl. *Susanne Lütz*, Zwischen „Regime" und „kooperativem Staat". Bankenregulierung im internationalen Mehr-Ebenen-System, in: Zeitschrift für internationale Beziehungen 6 (1999), 9–40, hier: 22–33.

delsbuches), einen neuen Regulierungsmodus wählen können, der die zu regulierenden Akteure einbezieht. Die nationalstaatlichen Behörden können den Banken erlauben, die Marktpreisrisiken, die durch Eigenkapital abgedeckt werden müssen, mit einem eigenen, intern bereits zur Risikosteuerung des Portfolios eingesetzten Modell (einem sog. Value at Risk-Modell) zu bestimmen. Die meisten großen Industrieländer nutzen diese Kann-Bestimmung, so dass ihre nationalen Aufsichtsbehörden vor allem die Qualität und praktische Anwendung der Modelle überwachen, ihre Leistungsfähigkeit überprüfen und Verbesserungen aufgrund internationaler Erfahrungen anregen (qualitative Regulierung). „Basel II", die in der Europäischen Union seit 2007 geltende Nachfolgevereinbarung des ersten Baseler Akkords, dehnte den Modus qualitativer Regulierung über das Marktrisiko hinaus auch auf das Risiko ausfallender Kredite (Kreditrisiko) und auf das Verlustrisiko durch Verfahrens- bzw. Organisationsmängel oder menschliches Versagen (operationelle Risiken) aus.[12]

3 Verschärfter Regulierungsbedarf: Zu den Ursachen der globalen Finanzkrise

Finanzkrisen sind kurze Phasen der wirtschaftlichen Entwicklung, in denen mehrere größere finanzwirtschaftliche Akteure (drohen) insolvent (zu) werden und/oder in denen die Preise auf mehreren Vermögensmärkten stark sinken. Typischerweise brechen Finanzkrisen am Ende einer *konjunkturellen* Aufschwungphase aus. In ihnen entlädt sich gewissermaßen eine Spannung, die sich in konjunkturell guten Zeiten durch finanzwirtschaftliche Übertreibungen aufgebaut hatte. Ohne Gegenmaßnahmen staatlicher Stellen, z. B. der Zentralbank, neigt jede private Finanzwirtschaft zu „boom and bust". Denn bei der Bewertung möglicher Geschäftsstrategien gewichten die privaten Banken nicht nur die Chancen, schnell hohe Gewinne zu erzielen, stärker als die längerfristige Zunahme von Risiken. Vielmehr führt bei ihnen die branchenweite Ausdehnung der Geschäftstätigkeit mit hoher Wahrscheinlichkeit auch zu höheren Gewinnen[13], sodass ohne politische Gegenmaßnahmen Phasen

---

[12] Vgl. *Deutsche Bundesbank*, Neue Eigenkapitalanforderungen für Kreditinstitute (Basel II), in: Deutsche Bundesbank Monatsbericht September 2004, 75–100; *Hans-Werner Sinn*, Kasino-Kapitalismus. Wie es zur Finanzkrise kam und was jetzt zu tun ist, Berlin 2009, 151–170.

[13] Auch dieser Zusammenhang leuchtet anhand der Kreditvergabe des Bankensektors schnell ein: Vergeben die Banken insgesamt mehr Kredite, dann steigt nicht nur ihr Geschäftsvolumen, sondern zugleich auch der Gewinn, den sie durchschnittlich mit je-

finanzwirtschaftlicher Expansion schnell in einen sich selbst verstärkenden kumulativen Prozess übergehen. Spätestens seit der Entstehung eines modernen Bankensektors und damit einer Geldwirtschaft, in der sich die Geldmenge vom Münzgeld entkoppelt hat, stellt diese finanzielle Instabilität eine erhebliche Bedrohung für die stetige gesamtwirtschaftliche Entwicklung dar.[14]

Die globale Finanzkrise ist insofern das jüngste Beispiel aus einer langen Geschichte wiederkehrender Finanzkrisen. Bedeutet dies aber, dass der Bedarf grundlegender Reformen, also der Einführung einer strikten Regulierung der Finanzwirtschaft, gar nicht so groß bzw. dass das Ziel einer krisenfreien Finanzwirtschaft völlig unrealistisch ist? Wer diese Frage mit einem klaren Ja beantwortet, übersieht, dass es nach der letzten Weltwirtschaftskrise eine lange Phase ohne nennenswerte Finanzkrisen gegeben hat. Erst in den 80er und 90er Jahren kam es wieder zu begrenzten Finanzkrisen: einerseits in Schwellen- und Transformationsländern, andererseits in den Bankensektoren einzelner Industrieländer, sofern diese z.B. durch problematische Immobilienkredite besonders geschwächt waren (vgl. z.B. Skandinavien, Japan). Insofern ist es angemessener, die globale Finanzkrise als Indiz für tiefgreifende strukturelle Fehlentwicklungen der Finanzwirtschaft zu deuten. Diese lassen sich unter den Schlagworten „zu viel Risiko in den Bilanzen der Finanzinstitute" und „zu viel Geld auf den Vermögensmärkten" zusammenfassen (3.1). Zurückzuführen sind sie auf solche einzelwirtschaftlichen Strategien, die sich aus gesamtwirtschaftlicher Sicht als hoch problematisch erwiesen haben (3.2). Der Ausbreitung entsprechender Geschäftsmodelle unter den Finanzinstituten nicht entgegengewirkt zu haben, erweist sich insofern als folgenschweres Politikversagen (3.3).

3.1 Zu viel Risiko und zu viel Geld

Der Ursachenaspekt „zu viel Geld auf den Vermögensmärkten" geht neben realwirtschaftlichen Entwicklungen (wie z.B. der Umverteilung „von

---

der ausgeliehenen Geldeinheit erwirtschaften können; denn mit der Kreditexpansion wächst zugleich auch die Menge des umlaufenden Geldes bzw. die Höhe des (nominellen) Einkommens der privaten Wirtschaftsakteure und damit gesamtwirtschaftlich die Wahrscheinlichkeit, dass die Kreditnehmer den Schuldendienst auf die aufgenommenen Kredite vereinbarungsgemäß leisten.

[14] Vgl. *Kindleberger*, Manias, panics, crashes, 11–16; *Hyman P. Minsky*, John Maynard Keynes. Finanzierungsprozesse, Investition und Instabilität des Kapitalismus, Marburg 1990; *Hyman P. Minsky*, Can »it« happen again? Armonk/NY 1982; *Bernhard Emunds*, Finanzsystem und Konjunktur, 41–165, 179–230.

unten nach oben" in vielen Industrieländern) vor allem darauf zurück, dass seit den 1980er Jahren zwischen dem Segment der Investmentgeschäfte und dem der Geschäftsbanken eine enge, symbiotische Verbindung entstanden ist. *Zum einen* stellen die Investmentbanker nämlich ihren Kollegen in den Geschäftsbanken Finanzinnovationen zur Verfügung, ohne die diese ihre Geschäftstätigkeit in den letzten zwanzig Jahren nicht so stark ausgedehnt hätten. Die Bereitstellung von immer neuen, scheinbar noch ausgeklügelteren Instrumenten des Risikomanagements dürfte die Entscheidungsträger in den Geschäftsbanken immer wieder dazu verleitet haben, die Begrenzungen der Geschäftstätigkeit, die sie sich aus Sicherheitsgründen selbst gesetzt hatten, zu überschreiten. Darüber hinaus bieten die Finanzinnovationen den Kreditinstituten Möglichkeiten, staatliche Einschränkungen ihrer Geschäftsexpansion zu umgehen. Dabei geht es nicht nur darum, dass die Kreditinstitute in einem Regulierungswettlauf mit den Regulierenden ständig neue Finanzinstrumente einsetzen, die bisher von den Beschränkungen noch nicht erfasst sind (vgl. 2). Vielmehr ermöglicht es die sog. Verbriefung („securitization") von Krediten den Geschäftsbanken auch, gezielt die zeitliche Dauer von Geschäften zu verkürzen, so dass die Gewinne früher anfallen und die durch Eigenkapital abzudeckenden Risiken die Bankbilanz schneller verlassen.[15] *Zum anderen* haben die Geschäftsbanken in den letzten 20 Jahren vermehrt Kredite an die Käufer von Vermögenswerten gegeben und sich zugleich selbst als Käufer von Wertpapieren, Immobilien oder Warenterminkontrakten betätigt. Dadurch sind immer mehr Gelder direkt – d. h. ohne den Umweg über Einkommen aus der Realwirtschaft – auf diese Märkte geflossen und haben dort für einen langfristigen Anstieg der Vermögenspreise, also für das Wachstum einer großen Preisblase gesorgt. Schaut man auf die Entwicklung der Aktienkurse und Immobilienpreise in großen Industrieländern sowie auf die Kursentwicklung auf einigen Rohstoff-Terminmärkten, dann zeigt sich, dass dieser Anstieg zwar auf den Aktienmärkten von Phasen vorübergehender Kursverluste unterbrochen wurde, aber insgesamt bis Mitte 2007 zu sehr hohen Vermögenswerten führte. So hatten seit Anfang der 1990er Jahre in 16 OECD-Ländern die Hauspreise durchschnittlich um ca. 60 % und die Aktienkurse um

---

[15] Traditionell behalten die Geschäftsbanken das Recht, den vereinbarten Schuldendienst eines Kreditnehmers zu kassieren, bis der Kredit ganz zurückbezahlt ist. Bei der Verbriefung verkaufen sie diese Ansprüche dagegen an andere wirtschaftliche Akteure weiter. Zu diesem Zweck bündeln sie die Zahlungsansprüche aus sehr vielen ähnlichen Krediten und machen aus diesen Bündeln handelbare Wertpapiere (ABS: „asset backed securities"). ABS mit Zahlungsansprüchen aus Hypotheken von wenig kreditwürdigen Hauskäufern in den USA („subprime-Kredite") waren der erste Krisenherd der globalen Finanzkrise.

140 % zugelegt.[16] Mit diesem Wachstum der Preisblase ging in den Industrieländern bezeichnender Weise ein deutlich höheres Wachstum der Kredite und der Geldmenge als des Bruttoinlandsprodukts einher.[17]

Das Wachstum der globalen Preisblase in den letzten 20 Jahren dürfte nicht nur auf kreditfinanzierte *Spekulation*[18] zurückgehen, sondern auch auf eine Kernaktivität im Segment der Investmentgeschäfte: das ständige Neu-Arrangieren von Vermögenspositionen. Die Portefeuilles der Fonds und vieler vermögender Haushalte werden durch Umschichtungen kontinuierlich ‚optimiert'; und die Konzerne werden von den Investmentbankern so beraten, dass sie immer wieder Unternehmensteile abstoßen und neue hinzukaufen oder mit anderen Konzernen fusionieren. Bei diesen Umschichtungen von Vermögenswerten wurde zumeist auch deren Finanzierung ‚optimiert' und dabei der Anteil, den die Käufer nicht aus Eigenmitteln, sondern durch Aufnahme neuer Schulden finanzierten, immer weiter erhöht. Durch die Verbindung zwischen dem Segment der Geschäftsbanken und dem der Investmentgeschäfte waren die zusätzlichen Kreditmittel ja auch leicht aufzutreiben. Das bei diesen Aktivitäten neu geschaffene Geld ermöglichte dann den Anstieg der Vermögenspreise sowie die extrem hohen Gewinne im Finanzsektor und die Spitzeneinkommen vieler Banker. Damit wird deutlich: Dass sich die Finanzwirtschaft in den letzten drei Jahrzehnten immer weiter „aufgebläht" hat, hängt ursächlich mit der Verschmelzung des Geschäftsbankensegments mit dem Segment der Investmentgeschäfte zusammen.

3.2 Der Kern der finanzwirtschaftlichen Übertreibungen

Wie lassen sich die skizzierten finanzwirtschaftlichen Übertreibungen verstehen? Wie kam es nun dazu, dass sich auf Gewinn ausgerichte-

---

[16] *Claudio Borio/Mathias Drehmann*, Towards an operational framework for financial stability. „Fuzzy" measurement and its consequences (BIS Working Papers 284), Basel 2009, 15; *Ansgar Belke/Daniel Gros*, Global liquidity, world savings glut and global policy coordination (DIW Discussion Paper 973), Berlin 2010, 1, nennen die folgenden Zahlen: Rohstoffpreisindex +80 % (2001–07), in den Industrieländern: Aktien +100 % (2003–07), Häuserpreise +50 % (2001–07).

[17] In den zehn Jahren zwischen 1996 und 2006 lag in den Industrieländern, laut *Belke/Gros*, Global Liquidity, 9f., der Zuwachs breit definierter Geldmengenaggregate um 20 % über dem Wachstum des Bruttoinlandsprodukts.

[18] ‚Spekulation' bezeichnet hier ausschließlich den gezielten Versuch eines Marktteilnehmers, durch geschicktes Ausnutzen *kurzfristiger* Preisschwankungen Gewinne zu erzielen Vgl. *Victoria Chick*, Some methodological issues in the theory of speculation, in: *Donald Edward Moggridge* (Hg.), Keynes, macroeconomics and method, Aldershot 1990, 113–124; *Emunds*, Finanzsystem und Konjunktur, 167–172.

te Finanzinstitute und Privatpersonen, die sich für geschickte Investoren halten, intensiv an *solchen* Transaktionen beteiligten, die gesamtwirtschaftlich zu Fehlentwicklungen führten? Schließlich mussten sie damit rechnen, dass es irgendwann zu – für sie schmerzhaften – Korrekturen kommen würde.

Eine *erste Erklärung* ist, dass die Beteiligten die steigenden Risiken teilweise gar nicht erkannt, teilweise nicht als relevant wahrgenommen haben. Zu den Gründen für die Risikoblindheit gehört, dass wir Menschen Ereignisse, die über einen längeren Zeitraum nicht auftreten, für extrem unwahrscheinlich halten und schließlich gar nicht mehr mit der Möglichkeit ihres Eintritts rechnen – und eine globale Finanzkrise hatte es seit 1929 nicht mehr gegeben.[19] Noch kurzsichtiger wirk(t)en die in den Finanzinstituten vorwiegend verwendeten Risikomodelle. Bei diesen wird nämlich die Wahrscheinlichkeit, dass z. B. bei einem Portfolio von Wertpapieren bestimmte Verluste eintreten („value at risk"), anhand der Entwicklung der entsprechenden Kurse in den letzten Monaten berechnet. Was bei solchen Modellen ganz aus dem Blick gerät, sind Problemkonstellationen, die ein paar Jahre lang nicht mehr aufgetreten sind. Dazu gehören vor allem gesamtwirtschaftliche Schwächephasen, in denen sehr viele wirtschaftliche Akteure in Zahlungsschwierigkeiten geraten und deshalb gleichzeitig z. B. ihre Schulden nicht vertragsgemäß bedienen können oder auch die gleichen Wertpapiere verkaufen (Systemrisiken).

Trotz der weiten Verbreitung solcher blinder Flecken hat es natürlich in den Finanzinstituten viele Mitarbeiter und Vorstände gegeben, die bereits in der Phase finanzwirtschaftlicher Übertreibungen wahrnahmen, dass ihr „Haus" ganz erhebliche Risiken einging, in dem es in dem großen, sich immer schneller drehenden Karussell mitfuhr. Aber als Fondsmanager oder Analysten, die über ein begrenztes Portfolio entschieden, und ggf. auch als Vorstände, welche die Geschäftspolitik insgesamt zu verantworten hatten, mussten sie damit rechnen, abgelöst zu werden, wenn sie in einer Hausse durch vorsichtigere Entscheidungen geringere Gewinne als Kollegen oder Konkurrenten erzielten. Aus einer engen, nur auf das eigene Wohl beschränkten Perspektive ist es für den Einzelnen tatsächlich „rationaler", mit dem Strom zu schwimmen, als der eigenen abweichenden Einschätzung zu folgen. Dann streicht man in den Zeiten des

---

[19] Dass die Möglichkeit von Finanzkrisen immer weiter verdrängt wird, ist für *Hyman P. Minsky*, Stabilizing an unstable economy. A twentieth century fund report, New Haven – London 1986, 13–95, der entscheidende Grund dafür, dass sich die US-amerikanischen Finanzinstitute – bei ihm schon seit den 1960er Jahren – allmählich von ihren bisherigen soliden Geschäftsstrategien lösten und höhere Risiken eingingen.

Booms gemeinsam mit den anderen hohe Gewinne ein, um dann später, im Moment des „bust", in einer langen Reihe derer zu stehen, die sich alle geirrt haben. Bleibt man dagegen in Phasen allgemeiner Begeisterung deutlich hinter dem „benchmark" zurück, wird man in vielen Instituten als Fondsmanager und Analyst – und ggf. auch als Vorstand – seine Position räumen müssen. Der organisationsinterne Druck, die allmähliche Entstehung von Großrisiken zu vernachlässigen, wurde durch die gängigen Entgeltsysteme verstärkt. Diese belohnten jährlich oder in anderen kurzen Abständen die erzielten Gewinne durch Zulagen und zahlten diese sofort aus, so dass sie durch später anfallende Verluste nicht mehr geschmälert werden konnten.

Das Ausblenden von Risiken durch die Vorstände und Mitarbeiter der Finanzinstitute entspricht im Übrigen den ökonomischen Interessen ihrer Aktionäre.[20] Die mit der Rechtsformen von Kapitalgesellschaften verbundene Begrenzung der Eigentümerhaftung auf das in das Unternehmen bzw. Institut eingebrachte (und dann ggf. durch einbehaltene Gewinne vermehrte) Eigenkapital dürfte für die – auch wohlstandsmehrende – Dynamik der kapitalistischen Wirtschaft von zentraler Bedeutung sein. Sie wird jedoch spätestens dann problematisch, wenn die Kapitalgesellschaften in riskanten Geschäftsfeldern agieren und sehr hoch verschuldet sind. Nimmt eine Kapitalgesellschaft mehr Schulden auf, dann kann sie sich an mehr Geschäften beteiligen, so dass die Eigenkapitalgeber – wenn alles gut läuft – umso höhere Gewinne einstreichen können (Leverage-Effekt). Mit der Ausdehnung der Geschäftstätigkeit steigen aber (ceteris paribus) natürlich auch die Verluste, die dann anfallen, wenn es „mal nicht so gut läuft". Allerdings tragen – und das ist hier der springende Punkt – die Eigenkapitalgeber die Verluste nur bis zu der Höhe des von ihnen eingebrachten Eigenkapitals. Jenseits dieser Grenze muss die Kapitalgesellschaft Konkurs anmelden, so dass dann die Gläubiger, die Beschäftigten und – mehr oder minder direkt – die Gesamtheit der Bürgerinnen und Bürger für die fehlgeschlagenen Geschäftsstrategien geradestehen.

Vor Ausbruch der Finanzkrise waren viele international orientierte Finanzinstitute extrem hoch verschuldet, d. h. ihr Eigenkapital war im Vergleich zur Bilanzsumme sehr gering. Dies bedeutete für die Eigenkapitalgeber, dass sie vor allem dann sehr viel verdienen und nur sehr wenig verlieren konnten, wenn die Vorstände besonders riskante, bei gutem Verlauf aber außerordentlich einträgliche Geschäftsstrategien wählten: Die

---

[20] Das ist die zentrale Pointe von *Sinn*, Kasino-Kapitalismus, dessen Darstellung im Folgenden resümiert wird. A. a. O., 89, schreibt er, dieser Zusammenhang sei „der mikroökonomische Kern der Finanzkrise".

hohen Gewinne in den Boom-Zeiten mehrten ihr Vermögen. Da sie diese Zuwächse durch hohe Ausschüttungen in Sicherheit bringen konnten, wussten sie, dass für sie im Moment des „bust" nicht mehr viel auf dem Spiel stehen würde. Sie hafteten ja nur in der Höhe des im Unternehmen verbliebenen Eigenkapitals, das im Vergleich zu den großen Rädern, die gedreht wurden, außerordentlich gering war; der Rest der Verluste wäre im Fall des Falles von Anderen zu tragen. Faktisch waren das dann die nationalstaatlichen Regierungen (bzw. die Bürgerinnen und Bürger), die mit dem Ziel, einen Kollaps des Bankensystems insgesamt abzuwenden, einsprangen und Konkurse verhinderten.

Die *zweite Erklärung* für die finanzwirtschaftlichen Übertreibungen ist eine besondere, für Boom-Phasen typische Konstellation bei den Gewinnen und Verlusten, die bei denjenigen Akteuren anfallen, die sich an den Transaktionen mit Vermögenswerten beteiligen. Diesen für das Verständnis der Krisenursachen zentralen Punkt verfehlt, wer die Finanzmärkte als Casino karikiert. Anders als Glücksspiele sind nämlich – solange die Preisblase auf den Vermögensmärkten wächst – die Spekulation und das skizzierte ständige Neuarrangieren von Vermögenswerten für alle Beteiligten ein Positiv-Summen-Spiel.[21] Obwohl es nicht zu einer Wertschöpfung kommt – es entsteht keine Ware oder Dienstleistung, die für das Wohlbefinden (oder gar Überleben) anderer Akteure von Bedeutung wäre –, werden (beinahe) alle, die an den Transaktionen beteiligt sind, reicher. Die Gesamtheit ihrer Gewinne übersteigt die Summe ihrer Verluste bei Weitem. Da die Geschäfte so gut laufen, stabilisiert sich die Nachfrage nach den haussierenden Vermögensgütern – vermittelt über den von ihr verursachten Preisauftrieb – selbst.

Am Ende, wenn die Preisblase platzt, werden einige der Marktteilnehmer hohe Verluste zu tragen haben. Ihnen stehen aber hohe Gewinne anderer Beteiligter gegenüber: aus Gebühren, die in der Hausse kassiert wurden, oder weil die „Wertzuwächse" (Kurs- bzw. Preissteigerungen) durch rechtzeitigen Ausstieg realisiert und gesichert werden konnten. Aber auch nach dem Platzen der Preisblase müssen die Transaktionen mit Vermögenswerten insgesamt den attraktiven Charakter eines Positiv-Summen-Spiel nicht verlieren: Betrachtet man die Gewinne und Verluste, die während des *ganzen* „boom-and-bust"-Zyklus anfallen, dann kann bezogen auf die Gesamtgruppe derer, die an den Transaktionen beteiligt waren, die Summe aller realisierten Gewinne die Summe aller realisierten Verluste übersteigen. Das ist dann der Fall, wenn die Regierungen

---

[21] Vgl. *Victoria Chick*, Art. ‚Speculation', in: *Philip Arestis/Malcom Sawyer* (Hg.), The Elgar companion to radical political economy, Aldershot 1994, 380–384.

(und Zentralbanken) – meist zur Stabilisierung des Bankensektors – einen Teil der Verluste übernehmen. Insgesamt ist dann durch Transaktionen mit bestehenden Vermögensgütern bei den Akteuren der privaten Finanzwirtschaft neues Einkommen entstanden; dem allerdings stehen keine neu bereitgestellten Güter gegenüber. Geht man davon aus, dass die zum Teil als Bürgschaften zugesagten Rettungspakete tatsächlich direkt oder indirekt in großem Umfang zu Zahlungen der Regierungen an die Finanzwirtschaft führen und dass die Finanzinstitute ihre einschlägigen Geschäftsmodelle in den kommenden Monaten und Jahren nicht grundlegend verändern müssen, ja aufgrund antizipierter künftiger Rettungsmaßnahmen möglicherweise noch weiter ausbauen, dann legt es sich nahe, diesen Teilbereich der Finanzwirtschaft als eine Art Rent-Seeking-Ökonomie[22] zu beschreiben. Schließlich entspricht den Einkommen, welche die besser abschneidenden Finanzinstitute mit den Transaktionen auf belebten Vermögensmärkten erzielen, vielfach keine Wertschöpfung. Außerdem gehen bei einer solchen Entwicklung die genannten Einkommen nicht nur auf Verluste der weniger gut informierten Marktteilnehmer[23] zurück, sondern eben auch zu einem erheblichen Teil auf Zahlungen der Staaten.

Gemeinsam mit dem strukturell bedingten blinden Fleck bei der Wahrnehmung steigender Risiken ist die Positiv-Summen-Eigenschaft von haussierenden Vermögensmärkten, die zumindest für die gut positionierten Finanzinstitute höchst einträglich ist, der Kern jenes Booms, der direkt in die globale Finanzkrise führte.

3.3 Ein Desaster der Regulierung

Entsprechend der hier skizzierten Analyse der strukturellen Krisenursachen kann man es ex post als den zentralen Fehler der politischen Akteure in Ländern mit marktdominierten Finanzsystemen identifizieren, dass sie sich dem Zusammenwachsen der beiden Segmente nicht entgegen-

---

[22] Als „rent seeking"-Ökonomien (vgl. z. B. *Joseph E. Stiglitz*, Volkswirtschaftslehre, München 1999, 455, 628 f.) bezeichnen viele Ökonominnen und Ökonomen die Volkswirtschaften einiger Entwicklungsländer, in denen die Unternehmen viel Geld für die Beeinflussung politischer Entscheidungsträger (z. B. für Einführung, Erhalt oder Ausbau von Wettbewerbsbeschränkungen) ausgeben. Vor allem dann, wenn sich diese Ausgaben mehr lohnen als Investitionen (in den Produktionsapparat oder in Forschung und Entwicklung) wirken sich Rent-Seeking-Strukturen sehr negativ auf das Wohlstandsniveau der betreffenden Länder aus.
[23] So schon *Oswald von Nell-Breuning*, Volkswirtschaftlicher Wert und Unwert der Börsenspekulation, in: Stimmen der Zeit 114 (1927), 46–56.

gestellt, sondern diese Entwicklung im Gegenteil durch Deregulierung sogar noch befördert haben. Der spiegelbildliche Fehler der politischen Akteure in Ländern mit früher rein bankendominierten Finanzsystemen liegt entsprechend darin, dass sie den Bedeutungszuwachs der Kapitalmärkte und die Entstehung eines anglo-amerikanisch geprägten Segments der Investmentgeschäfte nach Kräften gefördert haben – oder zumindest, dass sie dies taten, ohne der Ausbreitung der etablierten heimischen Geschäftsbanken auch in diese neuen, sich schnell entwickelnden Geschäftsbereiche entgegen zu treten.

Darüber hinaus muss konstatiert werden, dass sich das etablierte Regelset als ungeeignet erwiesen hat, die zentrale Aufgabe der Finanzregulierung, nämlich die Stabilisierung des Bankensektors, zu erreichen. Es ist nicht gelungen, die in konjunkturell guten Zeiten starke Dynamik der Finanzinstitute, ihre schnelle Ausdehnung der Geschäftstätigkeit, so stark abzubremsen, dass es im Umfeld eines konjunkturellen Einbruchs weder zu Bankenzusammenbrüchen noch zu „crashs" auf Vermögensmärkten kommt.

Was die *enge Bindung der Geschäftsbanken an die Zentralbank* angeht, so hat sie im Augenblick der Krise funktioniert. Indem die Zentralbanken der Industrieländer in großem Umfang als „Lender of Last Resort" die Refinanzierung der Geschäftsbanken übernahmen, konnte jede von ihnen den Zusammenbruch des heimischen Bankensektors verhindern. Nicht erreicht wurde dagegen das Ziel dieser Bindung in Zeiten des Überschwangs, nämlich die dann zu dynamische Geschäftsexpansion der Banken zu bremsen. Dem etablierten Verständnis ihrer Zuständigkeiten gemäß haben die Verantwortlichen in den Zentralbanken bei ihren zinspolitischen Entscheidungen nur auf die Entwicklung der Preise auf den Gütermärkten geschaut. Der starken Expansion der Kredite für Finanztransaktionen und dem Anstieg der Preise für viele Vermögenswerte traten sie nicht entgegen. Die Vertreter der „Federal Reserve" begriffen zwischenzeitlich den Anstieg der Immobilienpreise sogar als wichtige Stütze für die US-amerikanische Konjunktur nach den Verwerfungen des Jahres 2001.

Aber auch die andere wichtige Bremse finanziellen Überschwangs, die *risikobegrenzende Regulierung*, hat in den letzten zwanzig Jahren versagt. Vor allem US-amerikanische Politiker gaben den Einflüsterungen von Wall Street-Lobbyisten und dem Einfluss eines marktradikalen Wirtschaftsliberalismus nach. Um die heimische Finanzindustrie nicht zu stark zu belasten, ließen sie gezielt in der risikobegrenzenden Regulierung ihrer Kreditinstitute einige neu entstandene Lücken offen. Ähnlich wie viele Kollegen in anderen Industrieländern gingen sie davon aus, dass die Bankvorstände bei der Expansion ihrer Geschäfte aus eigenem Interesse nur so viele Risiken zusätzlich schultern würden, wie ihr Institut ohne Gefährdung der eigenen Existenz tragen könne, und dass die Vorstände und ihre hoch bezahlten Spezialisten die Fähigkeit des eigenen Instituts, Risiken zu übernehmen, besser einschätzen könnten als die eher schlecht als recht bezahlten Bürokraten in der Bankenaufsicht.

Außerdem hat die Krise offengelegt, dass die Kapitaldeckungsvorschriften in ihrer bisherigen Form tatsächlich – wie von einigen Ökonomen vorhergesagt[24] – den „boom and bust"-Zyklus der Finanzwirtschaft eher verstärken als dämpfen. Sie haben gerade dann auf die Geschäftsexpansion der Kreditinstitute keine Bremswirkung, wenn diese am dringendsten benötigt wird. Schließlich haben die Banken „in guten Zeiten" verlockende Gewinnmöglichkeiten vor Augen und wünschen deshalb, ihre Geschäftstätigkeit mit hohem Tempo auszudehnen. Aber gerade in diesen Zeiten steigt auch – aufgrund der Gewinne und der Wertsteigerungen der Aktiva – das Eigenkapital der Banken, in Relation zu dem die Beschränkungen festgelegt sind, besonders schnell. Verstärkt wird diese prozyklische Wirkung der Kapitaldeckungsvorschriften durch die skizzierte *qualitative* Ausgestaltung dieser Regulierung in vielen Ländern, bei der es die Bankenaufsicht den Instituten selbst überlässt, mit Hilfe hauseigener Modelle die Höhe der Risiken zu bestimmen, die sie durch Eigenkapital abzusichern haben. Da in wirtschaftlich guten Zeiten die Banker in den Instituten immer optimistischer und – bezogen auf das eigene Risikomanagement – immer „selbstsicherer" werden, hat die neuere Ausgestaltung der Kapitaldeckungsvorschriften deren Bremswirkung gegenüber einer in guten Zeiten häufig zu überschwänglich-optimistischen Übernahme von Risiken durch die Geschäftsbanken weiter geschwächt.

---

[24] Vgl. z. B. *Jürg Blum/Martin Hellwig*, Die makroökonomischen Wirkungen von Eigenkapitalvorschriften für Banken, in: *Dieter Duwendag* (Hg.), Finanzmärkte, Finanzinnovationen und Geldpolitik, Berlin 1996, 41–71; *Claudio E. V. Borio*, Towards a macroprudential framework for financial supervision and regulation?, Basel 2003; *Claudio E. V. Borio/Craig H. Furfine/Philip Lowe*, Procyclicality of the financial system and financial stability. Issues and policy options, in: *Bank for International Settlements*, Marrying the macro- and microprudential dimensions of financial stability, Basel 2001, 1–57.

4 Zielreflexion: Eine Finanzwirtschaft im Dienst an der Realwirtschaft

Im Folgenden wird entfaltet, dass die Finanzwirtschaft einer grundlegenden Neuordnung durch die Regierungen der Nationalstaaten bedarf; sie ist wieder auf das Gemeinwohl auszurichten (4.3 und 4.4). Zum Verständnis dieser Position ist allerdings zuerst zu klären, was es heißt, wirtschaftliche Institutionen gemeinwohlorientiert auszugestalten (4.2) und welche Rolle dem Staat dabei zukommt (4.1).

4.1 Der Staat in der Wirtschaft – eine katholisch-soziale statt einer ordoliberalen Aufgabenbestimmung

In katholischen sozialethischen Veröffentlichungen gibt es seit einiger Zeit die Tendenz, die Unterschiede zwischen dem Ordoliberalismus und der Katholischen Soziallehre der Nachkriegszeit gering zu veranschlagen.[25] Kaum noch ist im Bewusstsein, dass die neuscholastisch argumentierenden katholischen Sozialethiker in den 50er und 60er Jahren wirtschafts- und sozialpolitische Positionen der Ordoliberalen heftig attackierten.[26] In Walter Euckens 1952 posthum veröffentlichtem Werk „Grundsätze der Wirtschaftspolitik"[27], das für das Fortwirken ordoliberalen Gedankenguts in den Wirtschaftswissenschaften von zentraler Bedeutung ist, wird dem Staat vorrangig und beinahe ausschließlich die Aufgabe zugewiesen, eine Wettbewerbsordnung zu etablieren, die ein System vollkommen flexibler Preise ermöglicht. Dieses spiegele dann alle Knappheiten zuverlässig wider und lenke die Produktion sowie die Investitionen der Unternehmen so, dass den Bedürfnissen und Wünschen der Menschen auf die Dauer bestmöglich entsprochen wird.[28] Zur Herstellung eines solchen

---

[25] *Manfred Spieker*, Katholische Soziallehre und soziale Marktwirtschaft, in: Ordo 45 (1994), 169–194, hier 191, z. B. zitiert zustimmend Wilhelm Weber, der von einer „erstaunlichen ordnungspolitischen Nähe und zum Teil totalen konzeptionellen Übereinstimmung" zwischen Katholischer Soziallehre und Neoliberalismus (im Sinne des Ordoliberalismus) gesprochen hatte. *Clemens Dölken*, Katholische Soziallehre und liberale Ökonomik. Das Verhältnis von katholischer Soziallehre und Neoliberalismus im Lichte der modernen Institutionenökonomik, Tübingen 1992, präsentiert einen Integrationsversuch, der als ursprüngliche Divergenzpunkte – abgesehen vom Menschenbild („Individualismus-Thematik") – fast ausschließlich erkenntnistheoretische und metaethische Fragen bearbeitet.

[26] Vgl. z. B. *Bernhard Emunds*, Ungewollte Vaterschaft. Katholische Soziallehre und Soziale Marktwirtschaft, in: Ethik und Gesellschaft 2010/1.

[27] *Walter Eucken*, Grundsätze der Wirtschaftspolitik, Bern/Tübingen 1952.

[28] Vgl. *Eucken*, Grundsätze, 31–40, 156. Zum Folgenden: a. a. O. 254–291 („konstituierende Prinzipien").

Preissystems habe der Staat zuerst und vor allem dafür zu sorgen, dass auf allen Märkten vollständige Konkurrenz herrscht („Grundprinzip").[29] Hinzu kommen eine Währungsordnung ohne Inflation[30], die Garantie eines offenen Zugangs zu den Märkten, des Privateigentums und der Vertragsfreiheit sowie die Durchsetzung einer uneingeschränkten Haftung der Wirtschaftsakteure und damit letztlich die Abschaffung von Kapitalgesellschaften[31] – all dies unter Vermeidung abrupter Veränderungen in der Wirtschaftspolitik. Sorgt der Staat mit diesen Mitteln für eine funktionsfähige Wettbewerbsordnung, dann hat er für Eucken weithin seine wirtschaftspolitische Pflicht getan – weithin, denn auch in seinen Augen kann es trotz tadelloser Wettbewerbsordnung in begrenztem Umfang zu Fehlentwicklungen kommen, die der Staat dann zu korrigieren hat.[32] Entgegenwirken solle er: jeder Monopolbildung durch eine Art Kartellamt, einer zu starken Spreizung von Markteinkommen durch progressive Einkommenssteuern, ökologischen und sozialen externen Effekten – sofern sie eindeutig festgestellt seien – durch begrenzte Verbote und solchen Konstellationen, in denen das Sinken bereits sehr niedriger Löhne die Arbeiter zu Mehrarbeit zwinge, durch Einführung eines Mindestlohns.

Aber abgesehen von diesen begrenzten Ausnahmefällen drängten Eucken und – unter dem Einfluss der „Grundsätze" – die ihm folgenden ordoliberalen Ökonomen durchgängig auf eine Beschränkung der Wirtschafts- und Sozialpolitik. Gegen die altliberale „Laissez Faire"-Position, dass für eine – zum Wohle aller – hochproduktive Wirtschaft lediglich Rechtsstaatlichkeit sowie die Freiheit wirtschaftlicher Betätigung zu garantieren seien, hoben sie zwar die Notwendigkeit einer staatlichen Sicherung des Wettbewerbs hervor. Aber – mit den genannten Ausnahmen – habe der Staat eben auch *nur* diese Aufgabe! Sei es ihm nämlich gelungen, auf allen Märkten und jeweils auf beiden Marktseiten für Wettbewerb zu sorgen, dann entstehe quasi von selbst aus den zahllosen Handlungen der vie-

---

[29] Vgl. a.a.O. 254f. Das Ziel der vollständige Konkurrenz auf einem Markt, das heute in der Theorie der Wirtschaftspolitik als unrealistisch gilt, bedeutet: Auf dem Markt gibt es keinen Nachfrager oder Anbieter, der so viel anbieten oder nachfragen kann, dass er mit Entscheidungen, mehr oder weniger anzubieten bzw. nachzufragen, den Preis beeinflussen würde. Deshalb nimmt jeder von ihnen in seinen Entscheidungen den Preis als ein von ihm nicht zu beeinflussendes Datum hin (vgl. a.a.O. 248).
[30] Vgl. a.a.O. 257–264. Dieser Abschnitt enthält einen aus heutiger Sicht radikal klingenden Vorschlag, jene Inflationsgefahren zu bannen, die auf die elastische Kredit- bzw. Geldversorgung der Geschäftsbanken zurückgehen.
[31] Vgl. a.a.O. 279–285. Eucken war gegen die für Kapitalgesellschaften typische Haftungsbeschränkung – auch um der Entstehung wirtschaftlicher Machtzentren durch Konzernbildung einen Riegel vorzuschieben.
[32] Vgl. a.a.O. 291–304 („regulierende Prinzipien").

len beteiligten Akteure eine „natürliche, gottgewollte Ordnung"[33]. Dieser „Ordo" garantiere den Individuen Freiheit und eine bestmögliche Erfüllung ihrer Bedürfnisse, so dass jeder weitere staatliche Eingriff Freiheitsräume unnötig einschränke und Wohlstand reduziere.

Die katholischen Sozialethiker kritisierten den Ordoliberalismus in mehreren Punkten. Besonders vehement lehnten sie das ordoliberale Bild der Wirtschaft als eines Marktwettbewerbs zwischen unzähligen Kleinanbietern, die dann jeweils auf anderen Märkten als Nachfrager auftreten, als unrealistisch ab; Nell-Breuning sprach spöttisch gar von einem „atomistisch-individualistischen Gewühle und Getriebe"[34]. Die Lebensperspektiven von Arbeitern, die sich dem Direktionsrecht der Unternehmer unterstellen müssen, dynamische Oligopol-Kämpfe zwischen Großunternehmen und der für die Bereitstellung einiger Güter unumgängliche öffentliche Sektor kämen in diesem Bild der Wirtschaft nicht vor.[35] Vor allem aber wurde die (weitgehende) Beschränkung der Wirtschaftspolitik auf die Herstellung und Bewahrung des Wettbewerbs kritisiert. Dieser läge die falsche Unterstellung zugrunde, dass – Wettbewerb vorausgesetzt – Unternehmen in jedem Fall dem Gemeinwohl dadurch am besten dienten, dass sie ihre Einzelinteressen verfolgten. In Wirklichkeit sei es Aufgabe der Wirtschaftspolitik, die private Wirtschaft auf das Gemeinwohl hin zu lenken. Dabei wurde der Gemeinwohlbeitrag der Wirtschaft als ein mit der „Natur" dieses Kultursachbereichs bereits vorgegebener Sachzweck verstanden: die Deckung des Bedarfs *aller* Gesellschaftsglieder.[36]

Bezieht man die damals vertretenen Positionen auf die gegenwärtige, von der Finanzkrise bestimmte Situation, dann wird man zuerst einmal festhalten müssen, dass beide Richtungen, die neuscholastische Katholische Soziallehre und der Ordoliberalismus, die wirtschaftspolitische Aufgabe als besonders dringlich hervorhoben, die Geld schöpfenden Geschäfts-

---

[33] A.a.O. 53. als ein – von Eucken mit Sympathie referierter – „großer Gedanke" der Laissez Faire-Position.

[34] *Oswald von Nell-Breuning*, Wirtschaft und Gesellschaft I. Grundfragen, Freiburg (i. Br.) 1956, 119.

[35] A.a.O. 109–113. *Oswald von Nell-Breuning*, Wirtschaft und Gesellschaft III. 3. Zeitfragen 1955–1959, Freiburg/Br. 1960, 100; *Oswald von Nell-Breuning*, Den Kapitalismus umbiegen. Schriften zu Kirche, Wirtschaft und Gesellschaft, Düsseldorf 1990, 231–233.

[36] Zu diesem Kernpunkt der katholisch-sozialen Kritik am Ordoliberalismus vgl. u.a. *Nell-Breuning*, Wirtschaft und Gesellschaft I, 104 f.; *Joseph Höffner*, Neoliberalismus und christliche Soziallehre, in: *Karl Gabriel/Hermann-Josef Große Kracht* (Hg.): Joseph Höffner (1906–1987). Soziallehre und Sozialpolitik, Paderborn 2006, 187–195, hier: 193f; *Edgar Nawroth*, Zur Sinnerfüllung der Marktwirtschaft, Köln 1965, 23–38, 55–75, 89–96, 114–137.

banken im Zaum zu halten.[37] Neben allgemeinen Inflationsbefürchtungen konnte dabei im Blick sein, dass eine starke Zunahme jener Kredite, die (letztlich) an die Käufer von Aktien fließen, eine Aktienmarkt-Hausse verursachen kann, die nicht selten in einem Crash endet.[38] Mit seiner Kritik an den für Kapitalgesellschaften typischen Haftungsbeschränkungen verweist der Ordoliberalismus auf einen kritischen Punkt, der auch für den Weg der Finanzwirtschaft in die 2007/8 ausgebrochene Krise von erheblicher Bedeutung ist (vgl. 3.2).[39] Auch bei der Krisen*bewältigung* ist mit der politischen Macht der Großbanken eigentlich ein im Ordoliberalismus zentrales Thema virulent geworden.[40] Offenbar hat der Umstand, dass für eine moderne Wirtschaft die elastische Geldversorgung unverzichtbar ist, zumindest den Großbanken („too big to fail") zu einer extremen Machtposition gegenüber den nationalstaatlichen Regierungen verholfen. In den Monaten nach dem Zusammenbruch von Lehman Brothers konnte „die Politik" nicht anders, als – dem Willen der Finanzbranche entsprechend – umfangreiche steuerfinanzierte Hilfspakete zu schnüren, um den Bankensektor zu retten. Auch in der jüngsten Krisenwelle, in der einige EU-Mitgliedsländer in Zahlungsschwierigkeiten gerieten, wagen es die nationalstaatlichen Regierungen nicht, einen partiellen Forderungsverzicht durchzusetzen, bei dem die Finanzinstitute einen Teil ihrer nicht völlig unerwarteten Verluste selber tragen müssten. Umso auffälliger ist, dass in der deutschen wirtschaftspolitischen Debatte keine ordoliberal geprägten Ökonomen auftreten, um angesichts dieser Entwicklungen eine Zerschlagung und Entmachtung der Großbanken zu fordern. Dies könnte die nationalstaatlichen Regierungen davor bewahren, in Zukunft noch einmal in eine ähnliche Situation der Ohnmacht zu geraten, und so indirekt – vermittelt über die Erwartungen der Banken, die dann keine Rettungspakete mehr antizipieren würden – zur Krisenprävention beitragen.

---

[37] Vgl. *Eucken*, Grundsätze, 257–264; Oswald von Nell-Breuning, Vom Geld, in: *Oswald von Nell-Breuning/J. Heinz Müller*, Vom Geld und vom Kapital, Freiburg/Br. 1962, 13–103, hier: 30–34, 73–76, 91–93.
[38] Vgl. *Oswald von Nell-Breuning*, Grundzüge der Börsenmoral. Studien zur katholischen Sozial- und Wirtschaftsethik 4, Freiburg/Br. 1928, 86–92.
[39] Zum Problem der Haftung vgl. a. *Sinn*, Kasino-Kapitalismus, 82, 89–92, 115; *Kommission für gesellschaftliche und soziale Fragen der Deutschen Bischofskonferenz* (Hg.), Auf dem Weg aus der Krise. Beobachtungen und Orientierungen. Stellungnahme einer von der Kommission für gesellschaftliche und soziale Fragen der Deutschen Bischofskonferenz berufenen Arbeitsgruppe zur Finanz- und Wirtschaftskrise (Die deutschen Bischöfe. Kommissionen 30), Bonn 2009, 11, 24 f.
[40] Vgl. u. a. *Eucken*, Grundsätze, 175–179.

Obwohl es also noch ordoliberale Einsichten gibt, die in die intellektuelle Bearbeitung der Krise und ihres Managements einzubringen sind, wird hier das Desaster der Finanzkrise vor allem als ein Argument zugunsten der – natürlich zu modernisierenden – katholisch-sozialen Position begriffen: Um dafür zu sorgen, dass die Privatwirtschaft dem Gemeinwohl dient, reicht es nicht aus, für Wettbewerb zu sorgen.[41] Vielmehr bedarf es eines gehörigen Maßes politischer Steuerung, damit sich das Wirtschaften vieler gewinnorientierter einzelwirtschaftlicher Akteure nicht allzu weit von den Vorstellungen der Bürgerinnen und Bürger von einer guten Wirtschaftsordnung entfernt. Konkret geht es im Bereich der Finanzwirtschaft um eine konsequente, die Finanzinstitute wirksam einschränkende Regulierung und um effektive Möglichkeiten der Zentralbanken (und ggf. anderer staatlichen Stellen), den zuletzt sehr großen Zyklen bei den monetären Größen und bei den Vermögenspreisen entgegenzuwirken.

Bei der politischen Antwort auf die Finanzkrise stehen die Bürgerinnen und Bürger der Industrieländer sowie einiger Schwellen- und Transformationsländer letztlich an einer Wegscheide: Tolerieren sie es, dass ihre Regierungen – abgesehen von ein paar kosmetischen Korrekturen – der privaten Finanzwirtschaft weiterhin freien Lauf lassen? Dann würden sich Teilbereiche der Finanzwirtschaft immer mehr zu einer Sonderwelt entwickeln, die von der Realwirtschaft und erst recht von den Bedürfnissen und Wünschen der Menschen entkoppelt ist. Einige wenige Akteure könnten darin hohe Einkommen kassieren. Alle anderen aber hätten von solchen – sich immer weiter aufblähenden – Bereichen der Finanzwirtschaft keine nennenswerten Vorteile. Im Gegenteil, vermittelt über staatliche Rettungspakete würden sie sogar für einen Teil dieser Spitzeneinkommen durch höhere Steuern oder schlechtere staatliche Leistungen zur Kasse gebeten. Oder werden die Bürgerinnen und Bürger der betreffenden Länder ihre politischen Vertreter erfolgreich dazu drängen, Geschäftsbereiche ohne nennenswerten Wohlstandsbeitrag konsequent „auszutrocknen" und die private Finanzwirtschaft insgesamt auf die Interessen aller Bürgerinnen und Bürger – oder zumindest doch der weit überwiegenden Mehrheit von ihnen – auszurichten? Die Regulierung der Finanzwirtschaft – einer wirtschaftlichen Branche, die in den letzten beiden Jahrzehnten völlig „aus dem Ruder gelaufen" ist – erweist sich damit als Nagelprobe für die Demokratie. An ihr wird sich zeigen, ob sich die Wirtschaft so weit verselbständigt hat und so dominant geworden ist, dass

---

[41] Hier wird natürlich nicht ausgesagt, die Finanzwirtschaft entspreche dem Euckenschen Ideal vollständiger Konkurrenz. Wohl aber wird behauptet, dass die Wettbewerbsmängel nicht das Hauptproblem sind.

die Bürgerinnen und Bürgern in Fragen der Wirtschaftsordnung faktisch nicht mehr in der Lage sind, mit Hilfe politischer Institutionen demokratisch über sich selbst zu bestimmen.[42] Können sie – bei allen Schwierigkeiten und Grenzen, die Entwicklung eines funktional differenzierten gesellschaftlichen Handlungsbereichs zu lenken – die Wirtschaft noch auf solche Ziele ausrichten, die von den Akteuren bei ihren einzelwirtschaftlichen Handlungen nicht bereits mit intendiert werden?

Vor dem Hintergrund dieser Fragen wird deutlich, warum es gerade in der aktuellen Krise sinnvoll ist, die zentrale wirtschaftsethische Perspektive der traditionellen Katholischen Soziallehre weiterzuführen und die politischen Akteure aufzufordern, wieder konsequent zu versuchen, die Wirtschaft u.a. durch sinnvolle und konsequente Regelsetzung sowie geld- und fiskalpolitische Interventionen auf das Gemeinwohl auszurichten. Nach dem Ende des neuscholastischen Naturrechts wird man dabei das Gemeinwohl, auf das hin die Wirtschaft auszurichten ist, freilich nicht mehr als einen in der Schöpfungsordnung vorgegebenen Sachzweck dieses Institutionengeflechts begreifen können. „Gemeinwohl" wird vielmehr zum Sammelbegriff für die im demokratischen Prozess zu konkretisierenden Vorstellungen der Bürgerinnen und Bürger (oder zumindest ihrer weit überwiegenden Mehrheit) von einer guten Gesellschaftsordnung, in Bezug auf die Wirtschaft also zum Sammelbegriff für ihre funktionalen Erwartungen und ihre weitergehenden normativen Ansprüche an wirtschaftliche Institutionen. Insofern wird man die ontologische Wirtschaftsethik der Katholischen Soziallehre in eine politische Wirtschaftsethik transformieren müssen.

4.2 Ausrichtung der Wirtschaft auf das Gemeinwohl

Die Politische Wirtschaftsethik, an deren Grundlegung im Nell-Breuning-Institut gearbeitet wird, knüpft an das demokratische Selbstverständnis der Bürgerinnen und Bürger moderner Gesellschaften an.[43] Sie

---

[42] Vgl. dazu die z.T. holzschnittartigen Analysen von *Joachim Hirsch*, Der nationale Wettbewerbsstaat. Staat, Demokratie und Politik im globalen Kapitalismus, Berlin 1995, und *Colin Croach*, Postdemokratie, Frankfurt a.M. 2008.

[43] Zur Politischen Wirtschaftsethik vgl. *Friedhelm Hengsbach*, Wirtschaftsethik. Aufbruch – Konflikte – Perspektiven, Freiburg/Br. 1991; *Bernhard Emunds*, Von einem Frosch, der kein Prinz ist. Oder: Warum die ökonomische Rationalität nicht diskursethisch transformiert werden kann, in: *Walter Lesch/Alberto Bondolfi* (Hg.), Theologische Ethik im Diskurs. Eine Einführung, Tübingen/Basel 1995, 313–344; *Bernhard Emunds*, Art. ‚Wirtschaft/Ökonomie', in: *Hans Jörg Sandkühler* (Hg.), Enzyklopädie Philosophie, 2. Aufl. (im Erscheinen).

versteht Wirtschaft erst einmal als Teilbereich einer Gesellschaft und Gesellschaft grundlegend als demokratisches Gemeinwesen. Wenn Menschen sich als Bürgerinnen und Bürger einer demokratischen Gesellschaft begreifen, erheben sie den Anspruch, dass sie ihre Institutionen selber gemäß eigener Interessen und nach gemeinsamen Vorstellungen von einem guten Zusammenleben gestalten. Das gilt auch für wirtschaftliche Institutionen. Die gemeinsame Gestaltung von Institutionen bedeutet nicht, dass jeweils die Menschen, die miteinander zu tun haben, sich darauf einigen müssten, wer wie handelt, damit bestimmte Ziele erreicht werden. Vielmehr gibt es in unserer Gesellschaft für die Bereitstellung der meisten Güter Institutionen, in denen die Handlungen der Beteiligten vor allem mit Hilfe von Zahlungen koordiniert werden: auf Märkten durch die Zahlungen, die mit Kauf/Verkauf verbunden sind, und in Unternehmen dadurch, dass die Leitung des Unternehmens die Handlungen aller an der Leistungserstellung Beteiligten so koordiniert, dass ein Gewinn entsteht. In einer demokratischen Gesellschaft ist also auch die „Eigenlogik" der Marktwirtschaft an den Grundkonsens der Bürgerinnen und Bürger zurückgebunden: an ihren Wunsch, dass die von ihnen benötigten und gewünschten Güter bereitgestellt werden und dass dabei die Beteiligten so miteinander umgehen, wie es den gemeinsamen oder zumindest doch weithin geteilten Vorstellungen von einem guten Wirtschaften entspricht.

Das „Gemeinwohl" – das ist der Begriff, mit dem traditionell diese Rückbindung des gesamten Wirtschaftsgeschehens an den Grundkonsens der Bürgerinnen und Bürger zum Ausdruck gebracht wird[44] – hat in modernen Gesellschaften einen harten Kern: Institutionen sind so zu gestalten, dass alle Menschen so viel *reale Freiheit* wie möglich haben. Die gesellschaftlichen – und internationalen – Strukturen sind so zu gestalten, dass alle Menschen möglichst gute Voraussetzungen haben, um zu überleben, die eigene Persönlichkeit entfalten und sich am gesellschaftlichen Leben beteiligen zu können.[45] Welchen Teilzielen dabei ein Vorrang zukommt, ergibt sich aus weiterführenden ethischen Überlegungen, vor allem durch die Beachtung ökologischer Nachhaltigkeitsgrenzen sowie durch den Einbezug von Gerechtigkeitsprinzipien und pragmatischen Effizienzvergleichen.

---

[44] Die Unterschiede zwischen „Gemeinwohl" als Dienstwert und „Gemeingut" als Selbstwert werden hier übergangen. Für eine erste Information vgl. *Oswald von Nell-Breuning*, Gerechtigkeit und Freiheit. Grundzüge katholischer Soziallehre, München 1985, 41–52.
[45] Vgl. u. a. *Amartya Sen*, Development as freedom, Oxford 2001.

Wenn die Wirtschaft als Ganze dem Gemeinwohl zu dienen hat, dann geht es neben der Bereitstellung gerechter Arbeitsplätze zuerst einmal darum, dass die Interaktionen in den wirtschaftlichen Institutionen (gemeinsam mit Handlungen in anderen Bereichen) zur Bereitstellung jener Güter führen, derer die Menschen bedürfen bzw. die sie sich wünschen. Gerade um des Gemeinwohls willen wird es den Menschen in den wirtschaftlichen Institutionen freigestellt, innerhalb eines durch Regeln, insbesondere durch gesetzliche Vorschriften definierten Freiraums ihren Eigennutz zu verfolgen. Wenn die Gesamtheit der einzelwirtschaftlichen Handlungen in einem Teilbereich der Wirtschaft dem Gemeinwohl massiv schadet, dann bedarf es einer Änderung der gesellschaftlichen Regeln und einer neuerlichen Selbstbindung der Handelnden, die Regeln des Wirtschaftens zu beachten, vor allem die gesetzlichen Vorschriften nicht nur dem Buchstaben, sondern auch dem Geist nach einzuhalten.

Die Ausrichtung der Wirtschaft auf das Gemeinwohl beinhaltet auch die Forderung, die wirtschaftlichen Institutionen so zu gestalten, dass die Bürgerinnen und Bürger *motiviert* sind, sich in ihnen zu engagieren. Dieser Aspekt ist eng verbunden mit einer ganzen Reihe von Ansprüchen der wirtschaftlichen Gerechtigkeit – z.B. an die Ausgestaltung von Arbeitsverhältnissen. Im vorliegenden Kontext ist vor allem von Bedeutung, dass es den Gerechtigkeitsvorstellungen der Bürgerinnen und Bürger in der Bundesrepublik – wie auch in anderen Industrieländern – diametral widerspricht, wenn einzelne Akteure mit solchen einzelwirtschaftlichen Tätigkeiten, deren Beitrag zum Wohlstandsniveau der Gesellschaft höchst fraglich ist, sehr viel Geld verdienen können.

4.3 Ausrichtung der Finanzwirtschaft auf das Gemeinwohl

Die private Finanzwirtschaft, zu der Finanzmärkte und gewinnorientiert geführte Finanzinstitute gehören, ist ein Teilbereich der Wirtschaft. Wie die Wirtschaft als Ganze ist sie auf das Gemeinwohl ausgerichtet. Für diese Ausrichtung lassen sich zwei „basics" benennen, die aufgrund der aktuellen Krise und des ihr vorangehenden Booms auf den Finanzmärkten brisant geworden sind: Zum einen zeigt sich die Gemeinwohlverträglichkeit der Finanzwirtschaft darin, dass sie die gesamtwirtschaftliche Entwicklung nicht (oder kaum) stört. Zum anderen dienen die Finanzinstitute dadurch dem Gemeinwohl, dass sie Dienstleistungen erbringen, die für andere Akteure nützlich sind. Den Unternehmen außerhalb der Finanzwirtschaft sollen es die Institute erleichtern, Waren zu produzieren oder Dienstleistungen zu erbringen, die für Menschen überlebensnotwendig sind oder von denen sie sich eine Steigerung ihres Wohlbefindens erhoffen. In diesem Sinne gilt: Die Finanzwirtschaft ist kein Selbstzweck, sondern hat der Realwirtschaft zu dienen!

Wodurch dient die Finanzwirtschaft der Realwirtschaft? Vier Aufgaben seien hier genannt. Davon wurde die *erste* bereits kurz vorgestellt: Durch ihre Kreditvergabe statten die Geschäftsbanken die wirtschaftlichen Akteure mit dem Geld aus, das sie für ihre Transaktionen benötigen. *Zweitens* wickeln die Kreditinstitute über die Einlagenkonten einen Großteil des Zahlungsverkehrs in der Volkswirtschaft ab. Die *dritte* Leistung der Finanzwirtschaft ist die Finanzintermediation, d.h. die Finanzinstitute vermitteln zwischen zwei Typen von Wirtschaftsakteuren: zwischen Akteuren, die aktuell mehr Geld ausgeben wollen, als ihnen aus dem laufenden Einkommen oder aus ihrer bisherigen Ersparnis zur Verfügung steht, die aber in Zukunft weitere zusätzliche Einnahmen erwarten, einerseits und Akteuren, deren Einkommen die aktuellen Ausgabenwünsche übersteigt andererseits. Der ersten Gruppe versuchen die Finanzinstitute kostengünstige und verlässliche Möglichkeiten der Finanzierung zu bieten. Zugleich bemühen sie sich darum, der zweiten Gruppe von Wirtschaftsakteuren Möglichkeiten der Geldanlage zu erschließen, die ihren Vorstellungen in Bezug auf Laufzeit, Rendite, Sicherheit und Wiederverkäuflichkeit der Anlage sowie ggf. in Bezug auf ethische Zielsetzungen entsprechen. Gelingt beides den Finanzinstituten gut, dann fließt viel Geld von der zweiten zu der ersten Akteursgruppe. *Viertens* bietet die Finanzwirtschaft den Akteuren zahlreiche Möglichkeiten, Risiken zu managen, u.a. diese an andere Akteure weiter zu reichen. Dabei geht es um Risiken, mit denen die Menschen in ihrem täglichen Leben konfrontiert sind oder welche die Geschäftstätigkeit von Unternehmen erschweren, aber auch um Risiken, die mit Finanzierung oder Geldanlage verbunden sind. Ein solches Risikomanagement bieten z.B. Versicherungen an, wird z.T. aber auch durch Terminmärkte (Märkte für künftig abzuwickelnde Geschäfte) und Märkte für andere Derivate ermöglicht.

4.4 Beeinträchtigungen des Gemeinwohls durch die Finanzwirtschaft

Die oben vorgestellte Analyse der Krisenursachen hat die 2008/09 geplatzte Preisblase auf den internationalen Vermögensmärkten vor allem auf ein starkes Wachstum jener Kredite zurückgeführt, die zur Finanzierung von Finanztransaktionen vergeben wurden. So wird in der Krise in doppelter Weise deutlich, dass die Gemeinwohl-Ausrichtung eines erheblichen Teils der Finanzwirtschaft sehr fraglich geworden ist. Zum einen hat das Platzen der globalen Preisblase und das Offenbarwerden der eingegangenen Risiken die Weltwirtschaft in eine derart tiefe Krise gestürzt, dass die Rede von einer „Störung der gesamtwirtschaftlichen Entwicklung" eigentlich zu harmlos klingt. Zum anderen hat bereits das Wachstum der Preisblase über zwei Jahrzehnte vielen Bankern in den entsprechenden Abteilungen der Institute sehr hohe Einkommen beschert. Diese gingen zu einem erheblichen Teil auf Geldschöpfung und den von ihr verursachten Anstieg der Buchwerte von Vermögensgütern zurück – und eben nicht auf Wertschöpfung! Schließlich konnten die Finanzinstitute mit dem Kauf und späteren Verkauf dieser Aktiva sowie mit Finanzdienstleistungen rund um solche Vermögensumschichtungen (Portfolio-Optimierung, Mergers & Acquisitions etc.) sehr viel Geld verdienen – solange nur die Preisblase auf den Finanz- und Immobilienmärkten wuchs und u. a. durch die Geldschöpfung der Geschäftsbanken zur Finanzierung der Käufe von Finanztiteln oder Immobilien immer mehr Geld auf diesen Märkten in Umlauf kam.

Vor dem Hintergrund der oben vorgetragenen Analysen (vgl. 3.2) steht aus dieser Sicht in Frage, ob ein Teil der Geschäftsmodelle im Segment der Investmentgeschäfte nicht weithin auf Einnahmen zielt, denen kein Beitrag zum Wohlstandsniveau der Gesellschaft entspricht. Bezieht man die staatlichen Rettungspakete für die Finanzwirtschaft mit ein – die ohne eine tiefgreifende Neuordnung der Finanzwirtschaft immer wieder fällig werden könnten und dann einen wichtigen Beitrag zur längerfristigen Attraktivität solcher Geschäfte leisten würden – und beachtet zudem die für die Finanzierung dieser Rettungsmaßnahmen notwendigen Steuererhöhungen und Ausgabenkürzungen, dann wird man den Verzicht auf eine Wirtschaftsordnungspolitik, welche den Finanzinstituten die Möglichkeit eines solchen Geschäftsmodells nimmt, als eine krasse Ungerechtigkeit identifizieren. Wenn die nationalstaatlichen Regierungen diesen Geschäftsmodellen nicht durch geeignete Regulierung entgegenwirken, bieten sie den Entscheidungsträgern in den Finanzinstituten faktisch hohe Anreize für solche wirtschaftlichen Aktivitäten, die durch Steigerung der Krisenanfälligkeit der Wirtschaft langfristig das Wohlstandsniveau der Gesellschaft massiv reduzieren werden. Dabei belasten die Rettungsmaßnahmen die – Steuern zahlende und öffentliche Dienste nutzende – Allgemeinheit und vor allem die auf staatliche Leistungen besonders angewiesenen Benachteiligten. Dieser Zusammenhang steht in einem eklatanten Widerspruch zu den grundlegenden Gerechtigkeitsvorstellungen der meisten Bürgerinnen und Bürger. Wird nicht versucht, ihn durch eine grundlegende Neuregulierung der Finanzwirtschaft zu beseitigen, wird dies das Vertrauen vieler in die Demokratie und zudem ihre Motivation, sich in den wirtschaftlichen Institutionen zu engagieren, schwächen.

5 Der notwendige Umbau der Finanzwirtschaft

Trotz des noch tief sitzenden Schocks der globalen Finanzkrise tun sich die nationalstaatlichen Regierungen schwer, bei der Regulierung der transnational agierenden Finanzkonzerne eine gemeinsame Linie zu finden und sich auf eine konzertierte Strategie zu einigen. Aber diese „Mühen der Ebene" in der internationalen Politikkoordination sollten nicht dazu verleiten, sich bei der ethischen Reflexion voreilig auf kleinteilige, scheinbar eher durchsetzbare Veränderungsziele zu beschränken. Dafür ist das Scheitern des institutionellen Arrangements, das sich in den letzten 25 Jahren in der Finanzwirtschaft der Industrieländer sowie vieler Schwellen- und Transformationsländer etabliert hat, zu fundamental: Teile der Finanzwirtschaft haben sich zu einem hypertrophen Gebilde entwickelt, in dem durch eine Vielzahl von Transaktionen bei wachsender Verschuldung und steigenden Vermögenspreisen hohe Einkommen erzielt werden. Den Spitzeneinkommen der Banker in diesen Bereichen der Finanzwirtschaft entspricht kein (nennenswerter) Beitrag zum Gemeinwohl, insbesondere zur Erweiterung der realen Freiheit der Menschen. Aufgrund solcher Geschäfte werden der Bedarf und die Wünsche der Menschen nicht besser abgedeckt; den realwirtschaftlichen Unternehmen und den öffentlichen Stellen wird durch viele dieser Finanztransaktionen das Bereitstellen von Gütern in keiner Weise erleichtert. Im Gegenteil, die hypertrophen Teilbereiche der Finanzwirtschaft schaden dem Gemeinwohl, beeinträchtigen insbesondere die reale Freiheit der Menschen: Sie destabilisieren die gesamtwirtschaftliche Entwicklung der beteiligten Länder und setzen die Menschen damit zusätzlichen Risiken bezüglich Erwerbstätigkeit, Einkommen und Vermögen aus. Die hohen Gewinne, die unter diesen Bedingungen mit Investmentgeschäften erzielt werden können, steigern für die Kapitalgesellschaften aller Branchen den Renditedruck. Dieser legt den Managern Geschäftsstrategien nahe, die zu Lasten der Beschäftigten gehen und/oder mit besonders hohen Umweltbelastungen verbunden sind.[46] Hinzu kommen die zusätzlichen Belastungen für die öffentlichen Haushalte, die sich in höheren Steuern und Abgaben

---

[46] Vgl. *Bernhard Emunds*, Renditedruck der Finanzmärkte – Schwere Zeiten für die Unternehmensethik, in: Zeitschrift für Wirtschafts- und Unternehmensethik, im Erscheinen.

sowie in schlechteren öffentlichen Leistungen und Abstrichen bei der sozialen Sicherheit bemerkbar machen (werden).

Um der Lebensperspektiven der Menschen willen, um der politischen Freiräume willen, ohne die es keine demokratische Selbstbestimmung gibt, müssen die Regierungen der beteiligten Nationalstaaten und die von ihnen bestimmten multilateralen Organisationen eine durchgreifende Neustrukturierung der Finanzwirtschaft in Angriff nehmen, mit der diese konsequent in den Dienst am Gemeinwohl gestellt wird: Die Bedürfnisse der Unternehmen und privaten Haushalte bezüglich der Geldversorgung und der Abwicklung des Zahlungsverkehrs sowie – zu großen Teilen – der Bereitstellung zusätzlicher Finanzmittel und des Angebots sicherer Anlageformen können hervorragend durch kleine und mittelgroße Kreditinstitute abgedeckt werden. Dazu bedarf es keiner großen Finanzkonzerne. Diese nämlich haben die höchst nachteilige Eigenschaft, dass sie die politischen Entscheidungsträger unter Druck setzen können und schon allein wegen ihrer Größe von den Regierungen gegen Konkurs abgesichert werden müssen („too big to fail"). Die Finanzkonzerne sind deshalb in deutlich kleinere, voneinander unabhängige Teil-Unternehmen zu zerlegen. Allerdings sind heute die finanzwirtschaftlichen „player" durch wechselseitige Ansprüche untereinander derart stark voneinander abhängig, dass auch schon der Konkurs einer mittelgroßen Bank zum Systemkollaps führen kann. Diese Gefahr deutlich zu verringern, ist ein wichtiges Ziel der aktuellen Bemühungen um ein transparentes Verfahren der Abwicklung von Banken.

Die Zerlegung der Großbanken ist vor allem für eine konsequente Entflechtung der Finanzwirtschaft zu nutzen. Von zentraler Bedeutung ist die Trennung zwischen dem Kredit- und Einlagengeschäft auf der einen Seite und dem Segment der Investmentgeschäfte auf der anderen Seite. Entsprechend dem in angloamerikanischen Finanzsystemen früher geltenden Trennbanken-Prinzip darf kein Finanzunternehmen in beiden Segmenten tätig sein.[47] Den Geschäftsbanken ist der Eigenhandel mit Wertpapieren, Derivaten und Immobilien zu verbieten. Zudem dürfen sie keine Kre-

---

[47] Die hier angedeutete Zweiteilung würde für Kontinentaleuropa eine völlige Neugestaltung der Finanzwirtschaft bedeuten. US-amerikanische und britische Autoren erinnert sie an das alte Trennbanken-System, weshalb sich dort auch zahlreiche Befürworter finden: neben führenden Ökonomen auch einflussreiche Politiker wie Paul Volcker, ehemaliger Vorsitzender der Federal Reserve und heute Berater des US-Präsidenten, oder der aktuelle britische Notenbank-Chef Mervyn King (vgl. *Nikolaus Pieper*, Großbanken müssen zerschlagen werden, in: Süddeutsche Zeitung vom 22. Oktober 2009, 1). In Richtung Entflechtung weisen auch die Bestrebungen der Obama-Administration, den Eigenhandel der Finanzinstitute stark einzuschränken.

dite an Unternehmen bzw. Institute aus dem Segment der Investmentgeschäfte vergeben.[48] Fremdfinanzierung, also der Einsatz eines Hebels („Leverage") beim Kauf von Vermögenswerten, wäre Letzteren nur noch durch die Emission neuer Anleihen, nicht mehr durch die Aufnahme von Bankkrediten möglich. Das Wertpapiersegment, das mittlerweile auch in den herkömmlich bankendominierten Finanzsystemen für die Finanzierung von Unternehmen und Staaten sowie für die Vermögensanlage sehr bedeutsam ist, und das Segment des Handels mit Derivaten, die vielfach für das Management von Risiken unerlässliche Instrumente darstellen, blieben folglich im Prinzip erhalten. Sie würden allerdings von der Geldschöpfung der Kreditinstitute getrennt, die dort in den letzten Jahren künstlich eine sehr hohe Profitabilität erzeugt hat (vgl. 3.2). Auf diese Weise würde die gefährliche Dynamik der kreditfinanzierten Entstehung von Preisblasen auf den Vermögensmärkten erheblich gebremst. Zugleich würde der steigenden Verschuldung der Finanzunternehmen entgegengewirkt, mit der – aufgrund der Rechtsform als Kapitalgesellschaft – die Haftung für eingegangene Risiken immer weiter erodiert.

Die hier skizzierte Neuordnung der Finanzwirtschaft – Zerschlagung der Finanzkonzerne sowie Zweiteilung und Schrumpfung der Finanzwirtschaft – ist durch weitreichende Veränderungen in der prudentiellen Regulierung und durch eine Weiterentwicklung bei den Instrumenten der geldpolitischen Steuerung zu ergänzen. Die risikobezogene Regulierung muss so ausgebaut werden, dass sie flächendeckend alle Institute, Produkte und Märkte erfasst. Von grundlegender Bedeutung sind zugleich die Verschärfung und der Umbau der Kapitaldeckungsvorschriften für die Geschäftsbanken.[49] In Zukunft sollen sie gerade in konjunkturell guten Zeiten zum Aufbau von Eigenkapital zwingen und damit endlich die in diesen Phasen durch schnelle Ausdehnung der Geschäftstätigkeit eingegangenen Risiken wirksam begrenzen. Dazu ist aber das Experiment der qualitativen Regulierung zu beenden; diese sollte durch einfache und wesentlich strengere Regeln mit eindeutigen quantitativen Untergrenzen (Eigenkapital/Bilanzsumme) ersetzt werden. Außerdem muss u. a. durch die Einführung vorsichtiger Methoden zur Bewertung der erworbenen Aktiva (im Boom niedriger als bisher) und der eingegangenen Risiken (im Boom höher als bisher) die Gefahr einer prozyklischen Wirkung

---

[48] Vgl. die ausführlichere und z.T. weitergehende Darstellung bei *Nouriel Roubini/Stephen Mihm*, Das Ende der Weltwirtschaft und ihre Zukunft. Crisis Economics, Frankfurt a. M. – New York 2010, 308–311.

[49] Vgl. *Wissenschaftlicher Beirat beim Bundesministerium für Wirtschaft und Technologie*, Reform von Bankenregulierung und Bankenaufsicht nach der Finanzkrise, Berlin 2010, 27–32.

der Vorschriften minimiert werden. Gerade angesichts der hohen Bedeutung, die fast alle Autoren den renovierten Kapitaldeckungsvorschriften für die künftige Regulierung der Finanzwirtschaft zuweisen, muss es den Finanzinstituten in Zukunft erheblich erschwert werden, diese Beschränkungen ihrer Geschäftstätigkeit durch die Erfindung neuer, von der Regulierung noch nicht erfasster Produkte zu umgehen. Deshalb sollte eine Zulassungspflicht für Finanzprodukte eingeführt werden, die durch eine Art globalen Finanz-TÜV zu überwachen wäre.

Damit die enge Bindung der Geschäftsbanken an die Zentralbank in Zeiten des Überschwangs wirksam wird, nämlich ihre dann zu dynamische Geschäftsexpansion effektiv bremst, empfehlen nicht wenige Autoren den Zentralbanken, in Zukunft nicht nur auf (Gütermarkt-) Inflationen, sondern auch auf Preisblasen der Vermögensmärkte mit einer restriktiveren Zinspolitik zu reagieren. Dabei übersehen sie freilich, dass wir heute in den Industrieländern mit einer neuen Konstellation konfrontiert sind, bei der sich die Preisniveau-Entwicklung auf den Vermögensmärkten völlig von der auf den Gütermärkten entkoppelt hat. Schließlich ist in den letzten 30 Jahren auf den Aktien- und einigen Immobilienmärkten eine große Preisblase immer weiter gewachsen, während es auf den Gütermärkten keine nennenswerte Inflation mehr gab. Zu dieser neuen Konstellation passt keine restriktive Zinspolitik. Damit würden die Zentralbanken die beteiligten Volkswirtschaften in eine lange Schwächephase zwingen, wodurch es zu einer erheblichen Beeinträchtigung der Einkommensentwicklung und der Beschäftigung käme. Die Finanzpolitiker wären dann völlig mit der Aufgabe überfordert, die in der Krise stark gestiegene Staatsverschuldung wieder abzubauen. Um nicht zwischen Pest, der Entstehung einer neuen großen Preisblase, und Cholera, einer anhaltenden Stagnation bei galoppierender Staatsverschuldung, wählen zu müssen, bedarf es neuer Steuerungsinstrumente. Mit diesen muss es den Zentralbanken in Zukunft ermöglicht werden, Kreditzuflüsse auf die Vermögensmärkte einzuschränken, ohne zugleich auch das realwirtschaftliche Wachstum „abzuwürgen". Bei Entstehen und Wachstum einer Preisblase sollten sie in der Lage sein, selektiv nur diejenigen Bankkredite zu verteuern, die für die Käufe von (bestimmten) Vermögenswerten genutzt werden.[50] Zu diesem Zweck könnten z. B. die Eigenkapitalnormen für

---

[50] Wird die oben skizzierte Zweiteilung der Finanzwirtschaft konsequent umgesetzt, dann können nur noch nicht-finanzwirtschaftliche Akteure, also vor allem private Haushalte (z. B. als Hauskäufer) und realwirtschaftliche Unternehmen, Bankkredite für den Erwerb von Vermögenswerten erhalten. Unterbleibt diese Fundamentalreform der Finanzwirtschaft jedoch, dann ist das hier vorgeschlagene Instrument zur Steuerung der Bankkreditzuflüsse für die Käufe bestimmter Vermögenswerte auch für die Kredite z. B.

Geschäftsbanken so umgebaut werden, dass bei Bedarf nur die Eigenkapitalanforderungen für diejenigen Kredite erhöht werden können, mit denen der Schuldner den Kauf z. B. von Aktien oder bereits vorhandenen Immobilien finanziert.[51]

Mit dem hier skizzierten Umbau der Finanzwirtschaft würde nicht nur deren Krisenanfälligkeit und damit ihr Potential, die Gesamtwirtschaft zu destabilisieren, begrenzt. Vielmehr würden zugleich auch die Möglichkeiten eingeschränkt, auf den Vermögensmärkten oder in ihrem Umfeld mit solchen Finanzaktivitäten und -dienstleistungen viel Geld zu verdienen, die zur Mehrung des Wohlstands nichts oder kaum etwas beitragen.

LITERATURVERZEICHNIS

Franklin Allen/Douglas Gale, Comparing financial systems, Cambridge/Mass.: MIT-Press 2000.

Ansgar Belke/Daniel Gros, Global liquidity. World savings glut and global policy coordination (DIW Discussion Paper 973), Berlin: Deutsches Institut für Wirtschaftsforschung 2010.

Jürg Blum/Martin Hellwig, Die makroökonomischen Wirkungen von Eigenkapitalvorschriften für Banken, in: Dieter Duwendag (Hg.), Finanzmärkte, Finanzinnovationen und Geldpolitik (Schriften des Vereins für Socialpolitik NF 242), Berlin: Duncker & Humblot 1996, 41–71.

Claudio E. V. Borio, Towards a macroprudential framework for financial supervision and regulation? (BIS Working Papers 128), Basel: Bank for International Settlements 2003.

Claudio E. V. Borio/Mathias Drehmann, Towards an operational framework for financial stability. „Fuzzy" measurement and its consequences (BIS Working Papers 284), Basel: Bank für Internationalen Zahlungsausgleich 2009.

Claudio E. V. Borio/Craig H. Furfine/Philip Lowe, Procyclicality of the financial system and financial stability. Issues and policy options, in: *Bank for International Settlements* (Hg.), Marrying the macro- and

---

an Investmentbanken oder Fonds einzusetzen – und wäre so erst recht für die Bekämpfung von Preisblasen von zentraler Bedeutung.

[51] *Thomas I. Palley,* Asset price bubbles and counter-cyclical monetary policy. Why central banks have been wrong and what should be done, in: Intervention 7 (2010), 91–107, schlägt vor, die Mindestreserveforderungen auf die Aktiva statt auf die Passiva der Banken zu beziehen und sie dann für eine selektive Verteuerung von Krediten für bestimmte Vermögenstransaktionen zu nutzen.

microprudential dimensions of financial stability (BIS Papers 1), Basel: Bank for International Settlements 2001, 1–57.

Deutsche Bundesbank, Neue Eigenkapitalanforderungen für Kreditinstitute (Basel II), in: Deutsche Bundesbank Monatsbericht September 2004, 75–100.

Victoria Chick, Some methodological issues in the theory of speculation, in: *Donald Edward Moggridge* (Hg.), Keynes. Macroeconomics and method, Aldershot: Edward Elgar 1990, 113–124.

Victoria Chick, Art. ‚Speculation', in: *Philip Arestis/Malcom Sawyer* (Hg.), The Elgar companion to radical political economy, Aldershot: Edward Elgar 1994, 380–384.

Colin Croach, Postdemokratie, Frankfurt a. M.: Suhrkamp 2008.

Paul H. Dembinski, Finance servante ou finance trompeuse? Rapport de l'Observateur de la Finance, Paris: Desclée de Brouwer 2008.

Clemens Dölken, Katholische Soziallehre und liberale Ökonomik. Das Verhältnis von katholischer Soziallehre und Neoliberalismus im Lichte der modernen Institutionenökonomik, Tübingen: Mohr 1992.

Bernhard Emunds, Von einem Frosch, der kein Prinz ist. Oder: Warum die ökonomische Rationalität nicht diskursethisch transformiert werden kann, in: *Walter Lesch/Alberto Bondolfi* (Hg.), Theologische Ethik im Diskurs. Eine Einführung, Tübingen/Basel: Francke 1995, 313–344.

Bernhard Emunds, Finanzsystem und Konjunktur. Ein postkeynesianischer Ansatz, Marburg: Metropolis 2000.

Bernhard Emunds, Ungewollte Vaterschaft. Katholische Soziallehre und Soziale Marktwirtschaft, in: Ethik und Gesellschaft 2010/1.

Bernhard Emunds, Art. ‚Wirtschaft/Ökonomie', in: *Hans Jörg Sandkühler* (Hg.), Enzyklopädie Philosophie, 2. Aufl.: im Erscheinen.

Bernhard Emunds, Renditedruck der Finanzmärkte – Schwere Zeiten für die Unternehmensethik, in: Zeitschrift für Wirtschafts- und Unternehmensethik, im Erscheinen.

Walter Eucken, Grundsätze der Wirtschaftspolitik, posthum herausgegeben von Edith Eucken und K. Paul Hensel, Bern/Tübingen: Francke – Mohr 1952.

Friedhelm Hengsbach, Wirtschaftsethik. Aufbruch – Konflikte – Perspektiven, Freiburg/Br. u. a.: Herder 1991.

Joachim Hirsch, Der nationale Wettbewerbsstaat. Staat, Demokratie und Politik im globalen Kapitalismus, Berlin: ID-Archiv 1995.

Joseph Höffner, Neoliberalismus und christliche Soziallehre, in: *Karl Gabriel/Hermann-Josef Große Kracht* (Hg.): Joseph Höffner (1906–

1987). Soziallehre und Sozialpolitik, Paderborn: Schöningh 2006, 187–195.

Nicholas Kaldor/James Trevithick, Art. ‚Geldtheorie und Geldpolitik V. Aus keynesianischer Sicht', in: Handwörterbuch der Wirtschaftswissenschaft, Bd. III, Stuttgart u. a.: Gustav Fischer 1981, 412–423.

Charles P. Kindleberger, Manias, panics, crashes. A history of financial crises, 3. Aufl., New York: John Wiley 1996.

Kommission für gesellschaftliche und soziale Fragen der Deutschen Bischofskonferenz (Hg.), Auf dem Weg aus der Krise. Beobachtungen und Orientierungen. Stellungnahme einer von der Kommission für gesellschaftliche und soziale Fragen der Deutschen Bischofskonferenz berufenen Arbeitsgruppe zur Finanz- und Wirtschaftskrise. Die deutschen Bischöfe, Kommissionen 30, Bonn: Sekretariat der Deutschen Bischofskonferenz 2009.

Susanne Lütz, Zwischen „Regime" und „kooperativem Staat". Bankenregulierung im internationalen Mehr-Ebenen-System, in: Zeitschrift für internationale Beziehungen 6 (1999), 9–40.

Hyman P. Minsky, John Maynard Keynes. Finanzierungsprozesse, Investition und Instabilität des Kapitalismus, Postkeynesianische Ökonomie 5, Marburg: Metropolis 1990.

Hyman P. Minsky, Can »it« happen again? Armonk/NY: Sharpe 1982.

Hyman P. Minsky, Stabilizing an unstable economy. A twentieth century fund report, New Haven – London: Yale University Press 1986.

Edgar Nawroth, Zur Sinnerfüllung der Marktwirtschaft, Köln: Bachem 1965.

Oswald von Nell-Breuning, Volkswirtschaftlicher Wert und Unwert der Börsenspekulation, in: Stimmen der Zeit 114 (1927), 46–56.

Oswald von Nell-Breuning, Grundzüge der Börsenmoral. Studien zur katholischen Sozial- und Wirtschaftsethik 4, Freiburg/Br.: Herder 1928.

Oswald von Nell-Breuning, Wirtschaft und Gesellschaft I. Grundfragen, Freiburg/Br.: Herder 1956.

Oswald von Nell-Breuning, Wirtschaft und Gesellschaft III. Zeitfragen 1955–1959, Freiburg/Br.: Herder 1960.

Oswald von Nell-Breuning, Vom Geld, in: Oswald von Nell-Breuning/ J. Heinz Müller, Vom Geld und vom Kapital, Freiburg/Br.: Herder 1962, 13–103.

Oswald von Nell-Breuning, Gerechtigkeit und Freiheit. Grundzüge katholischer Soziallehre, 2. Aufl., München: Olzog 1985.

Oswald von Nell-Breuning, Den Kapitalismus umbiegen. Schriften zu Kirche, Wirtschaft und Gesellschaft, Düsseldorf: Patmos 1990.
Thomas I. Palley, Asset price bubbles and counter-cyclical monetary policy. Why central banks have been wrong and what should be done, in: Intervention 7 (2010), 91–107.
Nikolaus Pieper, Großbanken müssen zerschlagen werden, in: Süddeutsche Zeitung vom 22.10.2009, 1.
Carmen Reinhart/Kenneth Rogoff, Dieses Mal ist alles anders. Acht Jahrhunderte Finanzkrisen, München: FinanzBuch 2010.
Nouriel Roubini/Stephen Mihm, Das Ende der Weltwirtschaft und ihre Zukunft. Crisis Economics, Frankfurt a. M. – New York: Campus 2010.
Amartya Sen, Development as freedom, Paperback-Ausgabe, Oxford: Oxford University Press 2001.
Hans-Werner Sinn, Kasino-Kapitalismus. Wie es zur Finanzkrise kam und was jetzt zu tun ist, Berlin: Econ 2009.
Manfred Spieker, Katholische Soziallehre und soziale Marktwirtschaft, in: Ordo 45 (1994), 169–194.
Wolfgang Sprißler/Michael Kemmer, Externes Rechnungswesen, in: *Jürgen von Hagen/Johann Heinrich von Stein* (Hg.), Geld-, Bank- und Börsenwesen. Handbuch des Finanzsystems, 40. Aufl., Stuttgart: Schäffer-Poeschel 2000, 1295–1408.
Joseph E. Stiglitz, Volkswirtschaftslehre, 2. Aufl., München: Oldenbourg 1999.
Paul Windolf, Eigentümer ohne Risiko. Die Dienstklasse des Finanzmarktkapitalismus, in: Zeitschrift für Soziologie 37 (2008), 516–535.
Wissenschaftlicher Beirat beim Bundesministerium für Wirtschaft und Technologie, Reform von Bankenregulierung und Bankenaufsicht nach der Finanzkrise, Berlin 2010, online unter <http://www.bmwi.de/BMWi/Navigation/wirtschaft,did=344680.html>, abgerufen 1.7.2010.

JOCHEN OSTHEIMER/MARKUS VOGT

Maßstäbe und Wirkungen staatlicher Steuerung im Umweltschutz

Zusammenfassung
Die staatliche Steuerungsfähigkeit in den komplexen Herausforderungen der Globalisierung ist begrenzt, aber zugleich in neuer Weise gefragt und notwendig. Effektiv entfalten kann sie sich nur im Zusammenwirken mit den dynamischen Kräften des Marktes und der Zivilgesellschaft. Kern der ethischen Herausforderung ist die Vernetzung der unterschiedlichen Rationalitäten in Politik, Ökonomie und Ökologie. Eine solche Kohärenz herzustellen ist unter dem aktuellen Problemdruck der Finanzkrise besonders schwierig.

1 Finanzkrise und Umweltschutz: ein Anlass zum vernetzten Denken

Die Finanz- und Wirtschaftskrise hat viele gesellschaftliche Bereiche arg in Mitleidenschaft gezogen. Gleichwohl, so wird gerne mit Hinweis auf die Doppeldeutigkeit des chinesischen Schriftzeichens für Krise/Chance betont, bietet sie auch Chancen der Erneuerung. Ob sich dieser Optimismus mit Blick auf die Lage der Umwelt bestätigt, wird im Folgenden untersucht.

Einerseits sind Energie- und Ressourcenverbrauch, Treibhausgas- und Schadstoffemissionen oder auch die Vernichtung ökologisch wertvoller Flächen zurückgegangen, weil die wirtschaftliche Produktion geschrumpft ist. Wird weniger hergestellt, wird weniger Umwelt verbraucht. Insofern bietet die Wirtschaftskrise der Natur eine kleine Verschnaufpause. Andererseits heißt Umweltschutz in der Epoche der fortgeschrittenen und globalisierten Industrialisierung, dass es nicht genügt, die Natur einfach unberührt zu lassen, sondern sie muss aktiv bewahrt werden. Dazu sind Investitionen und technische Innovationen erforderlich; doch genau dafür fehlt es an Geld. Die öffentlichen Haushalte sind infolge der Wirtschaftskrise massiv überschuldet, und viele Unternehmen im produzierenden Gewerbe und im Dienstleistungssektor befinden sich in einer Kreditklemme.

Bisher wurde die Wirtschaftskrise kaum als Chance für eine ökologische Umgestaltung und Kursänderung der wirtschaftlichen Entwicklung genutzt. Das eklatanteste Beispiel für dieses Versäumnis ist die Abwrackprämie, die offiziell Umweltprämie heißen soll und vom Bundeswirtschaftsministerium in einer „Richtlinie zur Förderung des Absatzes von Personenkraftwagen" umgesetzt wurde. Von „öko" ist bei dieser Maßnahme wenig zu spüren. Nicht nur, dass sie keine Auflage zum Kauf eines umwelt- und klimaschonenden Fahrzeugs enthielt, auch wurde ignoriert, dass aufgrund der hohen Umweltbelastung bei der Herstellung eines Autos die Gesamtbilanz notwendigerweise negativ ausfallen muss, wenn ein Pkw vorzeitig verschrottet wird. Grün war lediglich die Rhetorik zur Begründung der Richtlinie. Das eigentliche Ziel war dagegen die Förderung eines wichtigen Wirtschaftszweigs und der Schutz von Arbeitsplätzen, also ein ökonomisch-soziales Anliegen.

Das vernetzte Miteinander der drei Zieldimensionen Wirtschaft, Soziales und Umwelt, wie es im Leitbild der Nachhaltigkeit programmatisch angestrebt wird[1], wurde nicht hinreichend bedacht. Erklären lässt sich dies erstens mit divergierenden Zeithorizonten. Umwelt- und Klimaschutz wirken meist zeitverzögert, in Jahren oder Jahrzehnten; der gerettete Arbeitsplatz wird dagegen sofort wahrgenommen. Folglich ist jede Regierung, die ihre Chancen auf Wiederwahl verbessern will, gut beraten, in solchen Notfällen kurzfristig zu agieren. Zweitens hat Umweltschutz häufig mit dem Problem zu kämpfen, dass der Kreis der Kostenträger und der Kreis der Nutzenempfänger nicht übereinstimmen. Weniger klimaschädliche Autos müssen klein und sparsam sein – und werden von den deutschen Herstellern nur begrenzt angeboten. Also hätte eine Umweltprämie den deutschen Haushalt belastet und ausländische Unternehmen und Arbeitnehmer unterstützt, was in einer Krisenlage kaum zu vermitteln ist (dass dies dann trotzdem eingetroffen ist, war so nicht geplant; die Ursache liegt also bei den Kunden und nicht bei der Regierung).

Gleichwohl besteht die Chance zu einer nachhaltigen Ausrichtung der Wirtschaft nach wie vor. Der aktuell vorherrschende allgemeine Zweifel am Wachstumscredo und die Einsicht in die ökologischen Notwendigkeiten als aktuelles Zeichen der Zeit[2] verleihen den Regierungen dafür eine ausreichende Legitimation, die jedoch trotz aller Beteuerungen nicht genutzt wird. Dabei wäre mehr Nachhaltigkeit sinnvoll. Sie bringt etwa mit Blick auf den Klimawandel eine recht hohe volkswirtschaftliche Rendite[3],

---

[1] Vgl. *Markus Vogt*, Prinzip Nachhaltigkeit. Ein Entwurf aus theologisch-ethischer Perspektive, München 2009, 134–179.

[2] Vgl. *Jochen Ostheimer*, Zeichen der Zeit lesen. Erkenntnistheoretische Bedingungen einer praktisch-theologischen Gegenwartsanalyse, Stuttgart 2008, 15–36.

[3] Die Zahlen aus dem Stern-Bericht sind bekannt: Die Gesamtkosten der durch den Klimawandel verursachten Schäden werden sich jährlich auf 5 bis 20 % des globalen Bruttoinlandsprodukts belaufen, entsprechende Vorkehrungen nur auf 1 % bzw. nach neue-

und sie sorgt für mehr globale Stabilität, was angesichts der zahlreichen (bewaffneten) Konflikte und der hohen Migrationsströme unverzichtbar ist. Diese Friedensdividende lässt sich zwar nicht direkt messen, aber nach ihr zu streben ist politisch sinnvoll und ethisch unbedingt geboten.

Die wechselseitige Überlagerung der Finanz-, Klima-, Energie-, Ressourcen- und Sicherheitskrise zeigt eine tiefe Ambivalenz des gegenwärtigen Globalisierungsprozesses. Die Welt befindet sich inmitten einer Vielzahl gleichzeitiger Umbrüche. Nur auf der Basis einer Analyse der inneren Zusammenhänge der verschiedenen Krisenphänomene, die die Wechselwirkungen zwischen Ökologie, Ökonomie und Sozialem stärker beachtet, kann die Politik Handlungsfähigkeit zurückgewinnen. So haben sich beispielsweise in Deutschland die Investitionen im Energiebereich angesichts der Verknappung fossiler Energien (die bisher nur aufgrund der Finanzkrise noch vergleichsweise wenig auf die Preise durchschlägt) längst als Motor für einen expandierenden Exportmarkt bewährt. Eine stärkere Beachtung der ökologischen und sozialen Dimension kann auch die Wirtschaft selbst stabilisieren.

Investitionen in neue Bereiche wie Bildung und Forschung, Energie und Klimaschutz oder auch globale Entwicklung und Zusammenarbeit haben in Zeiten einer krisenhaften Verknappung der Mittel jedoch mit vielfältigen Widerständen zu kämpfen. Sie sind nur durchsetzbar auf der Grundlage eines klaren strategischen Konzeptes und eines breiten gesellschaftlichen Konsenses über die ethischen Grundlagen, Prioritäten und Grenzen staatlicher Steuerung. Dies schließt einen Kulturwandel hinsichtlich des Verständnisses von Wohlstand sowie der Zuordnung staatlicher, wirtschaftlicher und zivilgesellschaftlicher Verantwortung mit ein.

Wiederholt haben Bürger und Unternehmen in der gegenwärtigen Krise nach einem helfenden Staat gerufen, der dem auch gerne nachgekommen ist, weil er, welch Missverständnis, vermeinte, einen Ruf nach einem starken Staat zu vernehmen. Doch zu einer Regulierung der Finanzmärkte zeigte er sich bislang nicht in der Lage. Stattdessen hat man „die Bankenkrise mit demselben Mittel bekämpft, das zur Krise geführt hat: man pumpte viel billiges Geld in das System."[4] Das treibt lediglich zu neuen Spekulationen an, gegenwärtig vor allem in den Bereichen Ernährung,

---

ren Schätzungen auf etwa 2 %; vgl. *Nicholas Stern*, The economics of climate change, Cambridge u. a. 2007; *Ders.*, Der Global Deal. Wie wir dem Klimawandel beggnen und ein neues Zeitalter von Wachstum und Wohlstand schaffen, München 2009. Daraus ergibt sich bei frühzeitigen Investitionen in Klimaschutz eine mögliche Rendite von 3 bis 19 %.

[4] *Alois Glück*, Warum wir uns ändern müssen. Wege zu einer zukunftsfähigen Kultur, München 2010, 25.

Landwirtschaft und Rohstoffe. Nach dem Abenteuer in der virtuellen Welt, das in der „Dotcom-Blase" endete, scheinen die großen Anleger nun ihren Gewinn bei „Mutter Natur" zu suchen.

2 Maßstäbe staatlicher Steuerung im Umweltschutz

Im Folgenden wird auf einer grundsätzlichen Ebene darüber nachgedacht, welche Maßstäbe sinnvollerweise die staatliche Umweltpolitik leiten sollen. In ethischer Hinsicht wird zunächst Umweltschutz als solcher und dann als staatliche Aufgabe begründet. Anschließend wird in einer verfassungsrechtlichen Perspektive zwischen Umweltschutz als Grundrecht und als Staatsziel unterschieden. Abschließend werden zentrale Leitlinien für das Handeln des Staates und das heißt insbesondere der Verwaltung formuliert.

2.1 Ethische Begründungen staatlicher Umweltverantwortung

Umwelt ist ein Kollektivgut. Eine intakte Natur ist zum Nutzen aller; sie zu erhalten ist Aufgabe aller. Umweltschutz liegt im Allgemeininteresse. Er ist daher sowohl Staatsaufgabe als auch Bürgeraufgabe, im Ganzen eine Gemeinwohlaufgabe. Bei Umweltgütern, die wie ein stabiles Klima oder die Biodiversität globaler Natur sind, ändert sich an dieser prinzipiellen Feststellung nichts; lediglich die Umsetzung sieht sich mit besonderen Schwierigkeiten konfrontiert, weil Interessen, Fähigkeiten und Objekt des Handelns noch stärker divergieren.

Ausgehend von dieser Bestimmung der Umwelt als Gemeinschaftsgut kann Umweltschutz sowohl im Rahmen von Klugheitserwägungen als auch rechtsethisch begründet werden. Erstens ist er eine Sache der Klugheit, wie das Nachhaltigkeitskonzept zeigt, das ja immer ein Naturnutzungskonzept ist und dem dauerhaften Nießbrauch den Vorrang gegenüber der kurzfristigen Übernutzung einräumt. Die ethisch entscheidende Aufgabe ist dann, die unterschiedlichen Nutzungsansprüche zu erfassen, gegeneinander abzuwägen sowie Formen zu finden, die eine dauerhaft stabile Bewirtschaftung sicherstellen.[5] Die Erfahrung zeigt, dass die Institution Eigentum in vielen Fällen sinnvoll ist, weil sich auf diese Weise zum einen Konflikte leichter vermeiden lassen und zum anderen oft-

---

[5] Vgl. *Elinor Ostrom*, Die Verfassung der Allmende. Jenseits von Staat und Markt, Tübingen 1999.

mals eine höhere Sorgfalt im Umgang mit der Umwelt an den Tag gelegt wird.⁶ Aus dem Grundsatz der Sozialpflichtigkeit des Eigentums leiten sich dann wiederum bestimmte Pflichten ab, zu denen auch Umweltschutzanforderungen gehören können.

Zweitens lässt sich rechtsethisch argumentieren: „Wer zur Umweltzerstörung beiträgt, greift in die Rechte anderer ein." Die naturalen Grundgüter zu erhalten ist „eine Gerechtigkeitspflicht […], ein kategorischer Imperativ der stärksten Verbindlichkeit, ein kategorischer Rechtsimperativ."⁷

Die zweite Argumentation ist die ethisch schärfere, aber politisch, insbesondere in globalen Zusammenhängen, deutlich schwieriger umsetzbar. Zudem ist sowohl grundsätzlich als auch im Einzelfall zu klären, welche Eingriffe in die Umwelt rechtsethisch relevant sind und welche nicht. Denn Leben heißt immer die Umwelt zu verändern. Daher ist im Konkreten zu klären, welche Formen von Umweltnutzung durch ökonomischen Gewinn gerechtfertigt werden und welche als Verletzung einer Gerechtigkeitspflicht kategorisch verboten sind.⁸

Dieser Einwand macht deutlich, dass immer auch zu klären ist, was unter Umwelt verstanden wird. Denn davon hängen die Umweltschutzmaßnahmen ab.⁹ (a) Im weitesten Sinn meint dieser Begriff sowohl die natürliche Umwelt als auch die soziale mitsamt der Technosphäre. Auch wenn diese Bestimmung für politisch-praktische Zwecke zu weit ist, darf sie doch nicht übersehen werden, weil der Mensch von Natur aus ein Kulturwesen ist. (b) In einem etwas engeren Sinn umfasst dieser Begriff die gesamte Biosphäre, deren Teil der Mensch ist. (c) Drittens kann, was meist der Fall ist, aus diesem Bereich der Aspekt der Rohstoffe ausgeklammert werden; zur Umwelt gehören dann Luft, Wasser, Boden, Pflanzen und Tiere. Allerdings ist der Begriff der Rohstoffe seinerseits nicht eindeutig. (d) Noch etwas weiter zugespitzt bezieht sich der Umweltbegriff auf Luft, Wasser und Boden. Viele Missverständnisse in der öffentlichen De-

---

⁶ So argumentiert schon Thomas von Aquin; vgl. zur Bedeutung der Eigentumslehre für den Zugang katholischer Sozialethik zur Umweltfrage *Thorsten Philipp*, Grünzonen einer Lerngemeinschaft. Umweltschutz als Handlungs-, Wirkungs- und Erfahrungsort der Kirche, München 2009, 81–86.
⁷ *Otfried Höffe*, Moral als Preis der Moderne. Ein Versuch über Wissenschaft, Technik und Umwelt, Frankfurt a. M. 1993, 173ff, Zitate: 173, 187; vgl. auch *Anton Leist*, Ökologische Ethik II: Gerechtigkeit, Ökonomie, Politik, in: *Julian Nida-Rümelin* (Hg.), Angewandte Ethik. Die Bereichsethiken und ihre theoretische Fundierung. Ein Handbuch, Stuttgart 1996, 425–427.
⁸ Vgl. auch *Anton Leist*, Ökologische Gerechtigkeit als bessere Nachhaltigkeit, in: Aus Politik und Zeitgeschichte 24 (2007), 3–10.
⁹ Vgl. *Otfried Höffe*, Sittlich-politische Diskurse. Philosophische Grundlagen, politische Ethik, biomedizinische Ethik, Frankfurt a. M. 1981, 138–141.

batte resultieren daraus, dass jeweils unterschiedliche Begriffe bzw. Bereiche von Umwelt vorausgesetzt werden.[10]

Nach der Begründung von Umweltschutz als solchem kann in einem zweiten Schritt die besondere Verantwortung des Staates in diesem Handlungsfeld hergeleitet werden, ebenfalls in einer doppelten Weise. Insofern der Schutz von Boden, Luft und Wasser sowie von Landschaft und Klima dem Allgemeinwohl dient[11], für das der Staat in besonderer Weise Verantwortung trägt, ist eine staatliche (Mit)Verantwortung in diesem Feld eine Selbstverständlichkeit. „Der moderne Staat – gerade auch in Deutschland – hat stets Aufgaben wahrgenommen, die jetzt Umweltschutz heißen."[12]

Zudem besitzt allein der Staat die für den Schutz des Allgemeinwohls sowie individueller Rechtsansprüche erforderlichen Mittel. „Die Dimension der Aufgabe, die Notwendigkeit von Anordnung und Durchsetzung gegenüber vielen und auch mächtigen Nutzern erfordern schließlich Mittel und Macht, über die nur der Staat verfügt."[13] Insbesondere im Blick auf die globalen und langfristigen Herausforderungen, die die Handlungsmöglichkeiten des Einzelnen bei Weitem überschreiten, ist zumindest eine Impuls gebende und Rahmen setzende Verantwortung des Staates unverzichtbar, um die konkurrierende und oft auf kurzfristige Interessen angelegte Umweltnutzung durch Produzenten und Konsumenten gerecht einzugrenzen.

Bei der Ausgestaltung staatlicher Umweltschutzmaßnahmen ergeben sich vielfältige Abgrenzungsprobleme. Grundsätzlich ist zu erörtern, wie weit die Pflicht des Staates geht, Risikovorsorge zu betreiben und ökologische Gefahren zu vermeiden.[14] Denn zum einen gehen zahlreiche Bürger bestimmte Risiken wissentlich und freiwillig ein, etwa wenn sie in Gebiete ziehen, die hochwassergefährdet sind. Zum anderen sind durch den

---

[10] Zur grundlegenden Einführung des Begriffs „Umwelt" für staatlichen Natur-, Ressourcen- und Strahlenschutz vgl. *SRU* [Der Rat von Sachverständigen für Umweltfragen], Umweltgutachten 1987, Stuttgart 1987, Nr. 1–40. Zur Differenzierung zwischen Naturschutz, Tierschutz und Nachhaltigkeit für umweltethische Begründungsmodelle vgl. *Wilhelm Korff*, Umweltethik, in: *Hans-Werner Rengeling* (Hg.), Handbuch zum europäischen und deutschen Umweltrecht, Bd. 1, 2. Aufl., Köln u. a. 2003, 46–53.

[11] Zur Relecture der klassischen Gemeinwohltheorie im Blick auf Umwelt als öffentliches Gut vgl. *Vogt*, Prinzip Nachhaltigkeit, 463–466.

[12] *Dietrich Rauschning*, Staatsaufgabe Umweltschutz, in: Deutschland nach 30 Jahren Grundgesetz. Staatsaufgabe Umweltschutz. Veröffentlichungen der Vereinigung der Deutschen Staatsrechtslehrer Bd. 38, Berlin/New York 1980, 170.

[13] Ebd., 172, vgl. 206.

[14] Vgl. *Ortwin Renn*, Risk Governance. Coping with Uncertainty in a Complex World (Risk, Society and Policy), London: Earthscan 2008.

Eingriff in die Umwelt bedingte Gefährdungen oftmals von individueller Sensibilität und Vulnerabilität abhängig. Belastungen durch Radioaktivität oder bestimmte Chemikalien wirken auf verschiedene Menschen sehr unterschiedlich, was durch Grenzwerte in ihrer Allgemeinheit gerade nicht erfasst werden kann. Zudem sind Schädigungen in der Regel nicht monokausal auf bestimmte Belastungen zurückzuführen, woraus sich grundlegende Nachweisprobleme ergeben.

Offen ist ferner, wie weit die Vorsorgepflicht des Staates in zeitlicher Hinsicht reicht und wie unterschiedliche Naturnutzungsansprüche unterschiedlicher Generationen miteinander zu vermitteln sind.

Zudem ist – angesichts der bescheidenen Ergebnisse der Klimakonferenz von Kopenhagen im Dezember 2009 – deutlich, dass Umweltschutz so grundlegende Aufgaben einschließt, dass der Staat sie nicht im Alleingang bewältigen kann.[15] Die Herausforderungen des Umweltschutzes betreffen fundamentale Werte und kulturelle Vorstellungen, die die gesamte Gesellschaft angehen. Ihre Bewältigung setzt die Eigenverantwortung und öffentliche Kommunikation in vielen gesellschaftlichen Handlungsfeldern wie etwa Wissenschaft und Bildung, Wirtschaft und Konsum voraus. Umweltschutz zeigt zugleich die Notwendigkeit und die Grenzen staatlicher Handlungsmöglichkeiten. Diese paradoxe Spannung lässt sich nur durch eine veränderte Zuordnung von Staat, Gesellschaft und Wirtschaft zur Ermöglichung von akteursspezifischer Verantwortung auflösen.

Ein weiteres Abgrenzungsproblem bei der staatlichen Umweltverantwortung ist die Gefahr, dass die Staatstätigkeit überhandnimmt. Zurückhaltung beim Erweitern und vor allem Klugheit bei der Ausgestaltung der Staatsaufgaben ist geboten. Gerade in Deutschland führt die hohe Zahl von mehreren tausend Umweltgesetzen und -verordnungen oft zu erheblichem Kontrollaufwand oder zu Verzögerungen von Baugenehmigungen. Die Qualität des Umweltschutzes hängt nicht von der Menge der zu beachtenden Vorschriften ab. Vielmehr gilt auch hier, dass der Staat sich weitestgehend aus den Details heraushalten und lediglich kohärente verbindliche und verlässliche Rahmenbedingungen vorgeben soll. Innovative technische Lösungen müssen wesentlich in den Unternehmen selbst erfunden und angewendet werden. Eigenverantwortung ist daher in vielen Bereichen des Umweltschutzes unverzichtbar.

---

[15] *Peter Sloterdijk*, Das 21. Jahrhundert beginnt mit dem Debakel vom 19. Dezember 2009. Interview mit A. Kreye, in: Süddeutsche Zeitung, Nr. 294, 21.12.2009, 10.

2.2 Grundrecht oder Staatsziel: die Bedeutung des Umweltschutzes in der Verfassung

Umweltschutz umfasst Maßnahmen zum Erhalt der natürlichen Lebensgrundlagen des Menschen. Diese beinhalten den Schutz von Boden, Wasser und Luft, von Artenvielfalt und Landschaftsästhetik sowie der menschlichen Gesundheit vor belastenden Chemikalien, Strahlen und Lärm. Ob derartige Maßnahmen eine genuine Aufgabe des Staates darstellen, wird insbesondere seit den 1980er Jahren in einigen europäischen Ländern intensiv und kontrovers diskutiert.

Hinsichtlich der verfassungsrechtlichen Interpretation von Umweltschutz gibt es zwei Linien. Die einen sehen den Umweltschutz in den Stand eines durch die Verfassung gewährleisteten Rechts erhoben, das der einzelne Bürger für sich in Anspruch zu nehmen berechtigt ist. Für andere steht die Aufnahme des Umweltschutzes in die Staatszielbestimmungen im Vordergrund, was eine größere interpretatorische Freiheit gestattet.[16]

2.2.1 Ein Grundrecht auf Umweltschutz?

Eine besondere Pflicht des Staates zum Schutz der Umwelt besteht dann, wenn Umweltgüter über ihre ästhetische und ökonomische Wertdimension hinaus als „kritische Ressource" die Voraussetzung menschlicher Existenz sind wie etwa sauberes Wasser oder saubere Luft.[17] Dabei wird aber letztlich nur ein Abwehrrecht gegen die Gefährdung von Gesundheit und Eigentum formuliert, nicht schon ein individueller Anspruch auf eine bestimmte Umweltqualität.[18] Eine unmittelbar verfassungsrechtliche Herleitung der Legitimation und Pflicht des Staates zum Umweltschutz ist problematisch. Diese kann besser aus der Willensbildung der demokratisch legitimierten Organe abgeleitet werden.

2.2.2 Umweltschutz als Staatszweck?

Während ein Grundrecht einen subjektiven Anspruch des Einzelnen darstellt, handelt es sich bei einem Staatsziel um eine objektive Verpflich-

---

[16] Vgl. *Doris Hattenberger,* Der Umweltschutz als Staatsaufgabe. Möglichkeiten und Grenzen einer verfassungsrechtlichen Verankerung des Umweltschutzes, Wien/New York 1993, 1–3.
[17] Vgl. *Leist,* Ökologische Gerechtigkeit, 4.
[18] Vgl. *Rauschning,* Staatsaufgabe Umweltschutz, 179–185; *Hattenberger,* Umweltschutz als Staatsaufgabe, 40–127; *Michael Kloepfer,* Umweltschutzrecht, München 2008, 36–40.

tung des Staates, die alle Staatsorgane in die Pflicht nimmt. „Der Begriff ‚Staatsaufgaben', verstanden als Gegenstandsbereich staatlicher Betätigung und Einflussnahme im Sinn einer Kompetenzaufteilung zwischen Staat und Gesellschaft, führt zur Frage nach der Zweckbestimmung des Staates."[19] Staatszwecke sind vorverfassungsrechtliche, präpositive Determinanten des Staatshandelns und damit für die Entstehung des Staates konstitutive Faktoren. Im Unterschied zur frühneuzeitlichen Tradition geht die moderne Staatszwecklehre davon aus, dass das politische System in seiner Zwecksetzung autonom und nicht durch gesellschaftlich vorgegebene, für wahr gehaltene und damit invariante Zwecke bestimmt ist. Als Staatsaufgabe erscheint demzufolge, was Parlament und Regierung in einem rechtmäßigen Verfahren an Programmen auf den Weg bringen.[20] Daher ist es sprachlich klarer, statt vom „Staatszweck" von „Staatszielen" oder „Staatsaufgaben" zu reden, weil dieser Ausdruck „sich schon seinem alltäglichen Sinn nach auf die Frage bezieht, was der Staat soll, und zwar ohne jede essentialistische Nebenbedeutung."[21] Im Sinne eines demokratisch verantworteten Staatszwecks ist die Legitimation des Staates, Umweltschutzaufgaben zu übernehmen, unbestreitbar.[22]

Inhaltlich rechtfertigen lässt sich die verfassungsrechtliche Verankerung des Umweltschutzes zumindest in zweifacher Weise. Erstens entspricht sie der öffentlichen Wertschätzung der Umwelt. Zweitens werden im freiheitlichen Verfassungsstaat als Staatsziele insbesondere Gemeinwohl, Friedenssicherung, Wohlfahrt und Freiheit genannt. Diesen vier klassischen Staatszwecken kann die Bewahrung der natürlichen Lebensgrundlagen schlüssig subsumiert werden.[23] Die Bestimmung von Umweltschutz als staatliche Aufgabe ist eine konsistente Ausfaltung staatlicher Zielbestimmung. Kritikern, die eine immer stärkere Ausweitung freiheitsabsorbierender staatlicher Eingriffe befürchten, lässt sich entgegenhalten, dass Umweltschutz heute zur Sicherung von Gemeinwohl, Frieden, Wohlfahrt und Freiheit notwendig ist.

Da eine intakte Umwelt ein Gut ist, das allgemein als wichtig eingeschätzt wird, das aber nicht ausschließlich der Individualsphäre zugeordnet werden kann, ist ein Schutz über den Weg der Grundrechte wenig aussichts-

---

[19] *Hattenberger*, Umweltschutz als Staatsaufgabe, 12; vgl. *Dietrich Murswieck*, Staatsziel Umweltschutz (Art. 20a GG), in: Neue Zeitschrift für Verwaltungsrecht 15 (1996), 223.
[20] Vgl. *Franz-Xaver Kaufmann*, Diskurse über Staatsaufgaben, in: *Dieter Grimm* (Hg.), Staatsaufgaben, Baden-Baden 1994, 18f.
[21] *Ebd.*, 17.
[22] Vgl. *Rauschning*, Staatsaufgabe Umweltschutz, 170.
[23] Vgl. *Hattenberger*, Umweltschutz als Staatsaufgabe, 14–17, 128–173.

reich. Die Aufnahme des Umweltschutzes in die Staatszielbestimmung erhöht dessen abwägungsrelevantes Gewicht, ohne dass diese Verpflichtung umfassend gerichtlich durchgesetzt werden kann oder die Staatsorgane auf einen bestimmten Weg der Zielerreichung verpflichtet sind. Vielmehr wird durch diese Festlegung der Umweltschutz als unbeliebige Aufgabe von den Irrungen und Wirrungen der Tagespolitik und der Wahlrhythmik abgekoppelt und dem politischen Handeln zeitüberdauernd – wie es auch der Sache angemessen ist – als immer neu zu aktualisierende Aufgabe vorgegeben.[24]

In das Grundgesetz der Bundesrepublik Deutschland wurde Umweltschutz erst spät als ein eigenes Thema eingeführt; zuvor wurden lediglich einzelne Bereiche des Umweltschutzes in den Zuständigkeitskatalogen der Artikel 74 und 75 genannt (Schutz vor möglichen Gefahren der Kernenergie; Abfallbeseitigung; Luftreinhaltung; Landschaftsschutz u. a.). 1994 wurde dann mit der Einfügung des Artikels 20a Umweltschutz als Staatsziel verankert:

> „Der Staat schützt auch in Verantwortung für die künftigen Generationen die natürlichen Lebensgrundlagen und die Tiere im Rahmen der verfassungsmäßigen Ordnung durch die Gesetzgebung und nach Maßgabe von Gesetz und Recht durch die vollziehende Gewalt und die Rechtsprechung."[25]

Diese Staatszielbestimmung stellt eine allgemeine Verpflichtung des Gesetzgebers und der Verwaltung zum entsprechenden Handeln dar, kann jedoch nicht unmittelbar als Grundlage für einklagbare Rechte herangezogen werden.

2.3 Leitlinien für die staatliche Wahrnehmung von Umweltverantwortung

Vorsorge-, Verursacher-, Integrations- und Kooperationsprinzip sind die vier grundlegenden Leitlinien der Umweltpolitik in Deutschland. Sie sind teilweise älter als die Verankerung des Umweltschutzes in der Verfassung, die zwar die übergeordnete Idee formuliert, zu ihrer Umsetzung aber konkreter Regelungsprinzipien bedarf. Das Vorsorgeprinzip verpflichtet über die Gefahrenabwehr hinaus zur Minderung von Risiken für Mensch und Natur. Das Verursacherprinzip konkretisiert sich insbesondere in der Internalisierung von Kosten sowie im Haftungsrecht (vgl. dazu etwa die kontroversen Diskussionen bei Gentechnik oder Atomkraft). Das noch

---

[24] Vgl. *Kloepfer*, Umweltschutzrecht, 40–44; *Murswieck*, Staatsziel Umweltschutz.
[25] Die Formulierung „und die Tiere" wurde durch eine Änderung am 1.8.2002 hinzugefügt.

recht neue Integrationsprinzip soll vor allem zum Schutz der Umwelt *in ihrer Gesamtheit* verpflichten und so die bloße Verlagerung von Belastungen von einem Umweltmedium auf andere verhindern. Das Kooperationsprinzip zielt auf eine Beteiligung der betroffenen Akteursgruppen und eine Mitsprache bei Entscheidungen, also auch auf Verfahrenstransparenz und Informationspflicht.

Von besonderer Bedeutung dabei ist eine mögliche Umkehrung der Beweispflicht. Denn einzelnen Bürgern fehlt es nicht selten an finanziellen und technischen Mitteln, um eine Schädigung infolge bestimmter Umwelteingriffe eindeutig nachzuweisen. Es ist im Einzelnen zu prüfen, in welchen Bereichen eine solche Umkehr sinnvoll ist, damit das Recht auf Schutz vor gefährlichen Umwelteinflüssen nicht leer, weil faktisch nicht durchsetzbar ist.

Umweltschutz stellt wie etliche andere staatliche Tätigkeiten auch einen Eingriff in die Freiheit bestimmter Personen(gruppen) dar. Freiheitseinbußen können allein darüber gerechtfertigt werden, dass sie zum Schutz anderer wichtiger Güter geeignet, erforderlich und verhältnismäßig sind. Deshalb ist eine unbegrenzte Verantwortung des Staates für die Natur auch von der Staatszwecklehre her nicht angemessen. Die Abgrenzung ist hier jedoch stets problematisch, denn Umweltschutz wirkt häufig präventiv. Vorsorgeregelungen entziehen sich aber einer genauen Kontrolle ihrer Erforderlichkeit und Wirksamkeit, da es ja gerade nicht zum befürchteten Schaden kommen soll und eher Ziele vorgegeben als Schäden zugerechnet werden. Aufgrund des Querschnittscharakters grundlegender Probleme lassen sich die Verantwortungsbereiche und Aufgaben oft nicht eindeutig abgrenzen.

Mit der Verwendung dynamischer unbestimmter Rechtsbegriffe, die im technischen Sicherheitsrecht wohl unvermeidlich sind, überträgt der Gesetzgeber die Entscheidung über die Intensität der Umweltschutzanforderungen der Exekutive.[26] Damit gewinnt die Umweltverwaltung einen zentralen Stellenwert für den konkreten Vollzug des staatlichen Umweltschutzes. Nach Erwägungen von Kosten-Nutzen-Rechnungen hat die Exekutive über die Kontrolldichte zu entscheiden, wobei auf der einen Seite Vollzugsdefizite, auf der anderen Seite Kontrollkosten und Freiheitseinbußen zu minimieren sind. Zudem ist zu bedenken, dass den Bürgern und den korporativen gesellschaftlichen Akteuren Verantwortung

---

[26] Vgl. *Rauschning*, Staatsaufgabe Umweltschutz, 199f.

entzogen und ihr Engagement gelähmt werden kann, wenn der Staat zu viele Aufgaben übernimmt.[27]

Das größte methodische Problem des Umweltrechtes besteht darin, dass es kein klar abgrenzbares Rechtsgebiet darstellt, weil viele Handlungsfelder betroffen sind. Daher sind die Schaffung von Kohärenz und die Implementation in unterschiedlichen Bereichen, also die Überwindung rein sektoraler Denkweisen und Handlungskonzepte, zentrale Herausforderungen. Aus diesem Grund wurde in Deutschland jahrzehntelang an der Einführung eines einheitlichen Umweltgesetzbuchs gearbeitet. Das Ziel dieses Vorhabens war es, die Vielzahl an unterschiedlichen Gesetzen zum Umwelt- und Naturschutz zu vereinheitlichen und zu harmonisieren und Genehmigungsverfahren zu vereinfachen. Dies wäre im Interesse einer größeren Handlungsfähigkeit der verschiedenen gesellschaftlichen Akteure unbedingt notwendig und könnte zugleich den Naturschutz voranbringen. Das Vorhaben wurde allerdings Anfang 2009 für gescheitert erklärt.[28]

Es ist als eine Form von Politikversagen zu kritisieren, wenn der Gesetzgeber kein umfassendes und kohärentes Umweltrecht vorlegt und damit faktisch Entscheidungen an die Gerichtsbarkeit verlagert, wie es in den vergangenen Jahren immer wieder zu beobachten gewesen ist.

3 Chancen und Wirkungen staatlicher Steuerung im Marktgeschehen

3.1 Handlungsmöglichkeiten des Nationalstaats

Die Umweltverschmutzung im heutigen Ausmaß ergibt sich wesentlich aus der Differenz zwischen individueller und kollektiver Rationalität beim wirtschaftlichen Umgang mit natürlichen Ressourcen. Der wirtschaftliche Erfolg und der relativ hohe Wohlstand für viele war und ist teils mit dem Preis zunehmender Umweltbelastung und -zerstörung bezahlt. Die wichtigste Ursache dafür besteht darin, dass in der Wirtschaft der Faktor Umwelt meist als freies Gut aufgefasst wird, was vor allem daran liegt, dass in diesem Bereich Eigentumsrechte als Voraussetzung für

---

[27] Vgl. *Hattenberger*, Umweltschutz als Staatsaufgabe, 19–20.
[28] Vgl. *Michael Kloepfer* (Hg.), Das kommende Umweltgesetzbuch, Berlin 2006; *Ders.*, Umweltschutzrecht; *Hans-Joachim Koch/Susan Krohn,* Das Naturschutzrecht im Umweltgesetzbuch. Den Auftrag der Föderalismusreform erfüllen (Forum Umweltgesetzbuch 7, hg. vom Umweltbundesamt), Berlin 2008.

Tauschbeziehungen nicht (ausreichend klar) definiert sind. Damit wird übersehen, dass das Gut Umwelt knapp und seine Nutzung rivalisierend ist. Daraus resultiert eine Überstrapazierung der Umwelt, und infolgedessen ergeben sich Umweltprobleme, die als Marktversagen interpretiert werden können, d. h. als „schwerwiegende statische und dynamische Ineffizienzen"[29]. Dieser strukturell angelegte Mechanismus der Externalisierung von Kosten widerspricht dem Prinzip der Marktwirtschaft und legitimiert staatliche Eingriffe. Denn der Markt allein ist nicht in der Lage, dieses Problem zu lösen, weil sich die verschiedenen Akteure infolge prohibitiv hoher Transaktionskosten wechselseitig blockieren.

Dem Staat stehen unterschiedliche Formen der Intervention zur Verfügung; und wie bei allem staatlichen Handeln sollten auch hier die Maßnahmen gleichermaßen möglichst wirksam, möglichst freiheitlich und mit einem möglichst geringen Aufwand verbunden sein.[30] Der Staat kann erstens selbst aktiv werden und in seiner eigenen Sphäre für Umweltschutz sorgen, zum Beispiel Verwaltungsgebäude energetisch sanieren. Zweitens und nun auf andere Akteure bezogen kann er auf freiwillige Maßnahmen wie etwa Selbstverpflichtungen durch die Umweltverschmutzer setzen. Dazu bieten sich moralische Appelle, die Androhung einer Gesetzesinitiative oder die Schaffung von Programmen wie EMAS (Eco-Management and Audit Scheme), ISO 14000 (International Organization for Standardization) oder GRI (Global Reporting Initiative) an.[31] Drittens vermag der Staat etwa durch Subventionen Anreize für ein umweltfreundlicheres Verhalten zu schaffen. Die damit verbundenen ökonomisch-politischen Probleme wie Mitnahmeeffekte, Ineffizienz oder Forcierung des Lobbyismus liegen auf der Hand; ein Beispiel, das gegenwärtig als ein solches Problem diskutiert wird, sind die Einspeisetarife für Strom aus erneuerbaren Quellen.

Neben staatlicher Verwaltung, der Unterstützung freiwilliger Maßnahmen und Subventionen verfügt der Staat als vierte Handlungsmöglichkeit über das Instrument des Rechts. Er kann Ge- und Verbote erlassen, die die Wirtschaftsakteure unter Androhung von Sanktionen zu beachten haben. Damit handelt sich der Staat aber ein Kompetenzproblem ein. Er

---

[29] *Gebhard Kirchgässner*, Umweltschutz als Staatsaufgabe, in: *Dieter Grimm* (Hg.): Staatsaufgaben, Baden-Baden 1994, 464–483, 461; vgl. auch *Hans-Werner Sinn*, Das grüne Paradoxon. Plädoyer für eine illusionsfreie Klimapolitik, München 2008, 375–389.
[30] Vgl. *Kirchgässner*, Umweltschutz als Staatsaufgabe.
[31] So sind beispielsweise die Kirchen in Deutschland sehr stark in dem von der Europäischen Union aufgelegten Umweltmanagementprogramm EMAS engagiert und stellen darin mit über 500 Einrichtungen derzeit (März 2010) die größte Gruppe der zertifizierten EMAS-Organisationen dar.

muss wissen, welche Probleme genau vorliegen und was von wem getan werden kann bzw. muss. Mit Blick auf den Klimawandel muss er beispielsweise einen Maßstab entwickeln, um erlaubte Emissionsmengen unterschiedlicher Verschmutzer festzulegen; er muss also bestimmen, inwiefern Ungleiche gleich bzw. ungleich zu behandeln sind. Dabei kommt es nicht nur auf Gerechtigkeit an, sondern zugleich auch auf Effizienz sowie auf Nebenfolgen wie z. B. Standortverlagerung und Arbeitsplatzabbau (die nicht selten als Druckmittel bei politischen Verhandlungen genutzt werden). Nicht zuletzt verlieren Unternehmen den Anreiz, umweltschonendere Technologien zu entwickeln, weil dies erstens mit Kosten verbunden ist und zweitens im Falle eines Erfolges leicht eine Verschärfung der Auflagen nach sich zieht. Stattdessen wird oftmals in Lobbyarbeit investiert, weil hier der Ertrag höher ist.

Wegen dieser Schwierigkeiten, die als Informations- und Kontrollprobleme zusammengefasst werden können, sind fünftens marktwirtschaftlich ausgerichtete Instrumente oftmals vorzuziehen. Diese machen spürbar, dass die Umwelt ein knappes Gut ist, und sorgen somit dafür, dass die ökologischen Kosten internalisiert werden. Eine solche Kostenwahrheit kann durch Umweltsteuern erreicht werden. Dabei reklamiert der Staat das Eigentumsrecht an den Umweltgütern zunächst für sich und legt die Höhe der Abgabe fest, zu welcher die Produzenten das Gut „Umwelt" erwerben können. Dadurch geht der Aufwand für den Umweltverbrauch in die Kostenkalkulation und damit in den Endpreis des Produktes ein. Dies kann erstens die Effizienz erhöhen und zweitens einen Anreiz schaffen, umweltbewusstere Technologien zu entwickeln, um die eigenen Produkte konkurrenzfähig zu halten. Die Schwierigkeit besteht allerdings darin, die richtige Höhe der Abgaben zu ermitteln, so dass einerseits die Umwelt effektiv geschützt, die Konkurrenzfähigkeit aber andererseits nicht zerstört wird. Dieses Problem umgehen Umweltzertifikate, die anders als Steuern vorab den Umweltverbrauch auf eine bestimmte Menge begrenzen, die dann versteigert oder auf eine andere Weise zugeteilt wird. Insbesondere in Verbindung mit einer sukzessiven Verringerung und Abwertung der handelbaren Zertifikate wird die Marktdynamik zugunsten eines effektiven und effizienten Umweltschutzes genutzt.

Ein sechster Weg verbindet rechtliche mit marktnahen Vorgaben. Haftungsregeln zwingen bereits aus ökonomischen Eigennutzerwägungen zu einem vorsichtigen Umgang mit der Umwelt. Wichtig ist dabei, dass das Prinzip der Gefährdungs- und nicht der Verschuldungshaftung möglichst weitgehend angewandt wird und dass der Umstand einer behördlichen Genehmigung das Recht auf Schadensersatz nicht schmälert.

Im Ganzen werden die marktnahen Instrumente der Steuern und Zertifikate sowie der Haftung insbesondere von ökonomischer Seite gegenüber den rechtlich-bürokratischen Maßnahmen als vorteilhaft bewertet. Es ist dabei von besonderer Bedeutung, dass der Staat darauf achtet, dass seine unterschiedlichen Steuerungsimpulse sich nicht wechselseitig beeinträchtigen. Zudem ist auf sämtliche Formen des Interventionismus und Adhocismus zugunsten einer verlässlichen Ordnungspolitik zu verzichten.[32]

Diese Vorgabe lässt sich im Sinne des Subsidiaritätsprinzips deuten. Subsidiarität wird damit in Weiterentwicklung der klassischen Lehre als Steuerungsprinzip aufgefasst.[33] Sein Gegenstand ist die Zuordnung von Staat, Markt und Zivilgesellschaft. Denn es ist weder möglich noch wünschenswert, dass der Staat in Sachen Umweltschutz alle anfallenden Aufgaben allein erledigt. Gleichermaßen ist es nicht vernünftig, ausschließlich auf die unsichtbare Hand des Marktes oder auf die zivilgesellschaftlichen Akteure zu vertrauen. Umweltschutz braucht das Zusammenspiel zwischen Gesetzgebung und öffentlicher Verwaltung, Unternehmen, Verbänden, Initiativen und Bürgern. Staatliche Umweltverantwortung zielt auf eine partizipative Kultur der Nachhaltigkeit.[34]

3.2 Die Notwendigkeit supra- und internationaler Akteure in der Umweltpolitik

Umweltschutz als Staatsaufgabe ist nicht nur eine Aufgabe der Nationalstaaten, sondern wird vermehrt zu einer Herausforderung der internationalen Zusammenarbeit, weil sich etliche der aktuellen Umweltprobleme nur gemeinschaftlich bewältigen lassen. Daher ist es erforderlich, dass die

---

[32] Vgl. auch *Sinn*, Das grüne Paradoxon.
[33] Vgl. *Günter Wilhelms*, Subsidiarität im Kontext der ausdifferenzierten Gesellschaft, in: *Alois Baumgartner/Gertraud Putz* (Hg.), Sozialprinzipien. Leitideen in einer sich wandelnden Welt, Innsbruck 2001; zu Steuerungsproblemen vgl. *Helmut Willke*, Systemtheorie II: Interventionstheorie. Grundzüge einer Theorie der Intervention komplexe Sozialsysteme, Stuttgart 1999, 218–268; *Ders.*, Systemtheorie III: Steuerungstheorie. Grundzüge einer Theorie der Steuerung komplexer Sozialsysteme, Stuttgart/Jena 1995; *Ders.*, Heteropia. Studien zur Krisis der Ordnung moderner Gesellschaften, Frankfurt a. M. 2003.
[34] Vgl. hierzu insbesondere den dritten, akteursbezogenen Teil der Agenda 21 (Kapitel 23–32 mit der Gesamtüberschrift „Stärkung der Rolle wichtiger Gruppen"); *BMU* [Bundesministerium für Umwelt, Naturschutz und Reaktorsicherheit] (Hg.), Konferenz der Vereinten Nationen für Umwelt und Entwicklung im Juni 1992 in Rio de Janeiro – Dokumente (Agenda 21, Konventionen, Rio-Deklaration, Walderklärung), Bonn 1992, 217–243.

Staaten entsprechende supranationale Umweltschutzinstitutionen schaffen. Im Folgenden wird exemplarisch auf die Tätigkeiten der Europäischen Union sowie auf das Thema Umweltvölkerrecht eingegangen.

3.2.1 Europäische Union

Einen ersten großen Startpunkt in der europäischen Umweltgeschichte bildete das Europäische Naturschutzjahr 1970. Seit 1973 definiert die EG bzw. EU ihre umweltpolitischen Ziele in mehrjährig angelegten Umweltaktionsprogrammen (UAP), die der europäischen Umweltpolitik mittelfristige Zielsetzungen vorgeben und das umweltpolitische Handeln der Gemeinschaft in einen konzeptionellen Rahmen einbetten. Damit sind diese Programme älter als die erste Aufnahme von Umweltschutz in einen EG-Vertrag, was Ausdruck eines eher pragmatischen Zugangs ist. Das aktuelle UAP, das 2002 in Kraft trat und bis 2012 gilt, trägt den Namen *Unsere Zukunft liegt in unserer Hand*. Es benennt vier thematische Schwerpunkte der europäischen Umweltpolitik: Bekämpfung der Klimaänderungen; Schutz der Natur und der biologischen Vielfalt; Umwelt, Gesundheit und Lebensqualität; nachhaltige Nutzung und Bewirtschaftung der natürlichen Ressourcen und des Abfalls. Hinzu kommen verschiedene weitere Umweltprogramme oder Maßnahmen zur Förderung regionaler und nationaler Umweltprojekte wie z. B. das Programm LIFE plus.

Neben den positiven Impulsen, die von derartigen Maßnahmen ausgehen, wird jedoch auf grundsätzlicher Ebene „die Verschiebung von Einfluss und Verantwortung aus der Umweltpolitik in andere Ressorts [kritisiert], bei denen die Stärkung der Wettbewerbsfähigkeit der europäischen Industrie im Mittelpunkt des Interesses steht".[35]

Diese Entwicklung zeigt klar, wie sehr in der Politik Umwelt unter einer ökonomischen und nicht unter einer moralischen Perspektive, wie sehr also die Natur als Tauschressource und nicht als konditionales Gut wahrgenommen wird. Zugleich wird deutlich, wie wichtig internationale Kooperationen sind, um im Wettbewerb um Standortvorteile einen Ausverkauf der Natur zu verhindern. Drittens lässt sich gut erkennen, dass eine Internationalisierung des Umweltschutzes handlungsfähige nationale Akteure braucht, was in Deutschland aufgrund des Föderalismus besondere Anstrengungen erfordert.[36]

---

[35] *SRU* [Der Rat von Sachverständigen für Umweltfragen], Umweltgutachten 2004. Umweltpolitische Handlungsfähigkeit sichern, Stuttgart 2004, XI.
[36] Vgl. *Hans-Joachim Koch*, Das Subsidiaritätsprinzip im europäischen Umweltrecht, Stuttgart u. a. 2005; *Ders.*, Rechtliche Vorgaben für ein Umweltgesetzbuch: Verfassungs-

3.2.2 Umweltvölkerrecht

Das Umweltvölkerrecht ist ein vergleichsweise junges, noch in Entwicklung begriffenes Gebiet im internationalen Recht.[37] Ein erster wichtiger Meilenstein in diesem Prozess war die UN-Konferenz in Stockholm 1972, die zur Institutionalisierung eines Umweltprogramms der Vereinten Nationen (UNEP) führte. In Stockholm wurde teilweise Völkergewohnheitsrecht aufgegriffen, teilweise wurden neue Ansätze erarbeitet, insbesondere durch die Integration von Umweltschutz in die Konzepte von ökonomischer und sozialer Entwicklung. Maßgeblich bei dieser Konferenz war der Interessengegensatz zwischen Norden und Süden. Seither prägen Kompromisse zwischen diesen beiden Gruppen die Entwicklung des Umweltvölkerrechts bzw. die Abkommen bei globalen Konferenzen. Das Anliegen der Industrienationen, verbindliche Standards zu etablieren, wird mit Hilfen für wirtschaftliche, soziale und technische Entwicklung in südlichen Ländern „erkauft". Dieser Interessengegensatz war auch beim Erdgipfel von Rio 1992 zu spüren, der einen weiteren maßgeblichen Entwicklungsschritt darstellt. Die dort verabschiedeten Konventionen zur Biodiversität und zum Klimaschutz sind seither zentrale Bezugspunkte für die Entwicklung des Umweltvölkerrechts.

Bei den Verpflichtungen, die das Umweltvölkerrecht den Staaten als Völkerrechtssubjekten auferlegt, ist insbesondere das Prinzip der gemeinsamen, aber unterschiedlichen Verantwortung bedeutsam. Dabei treffen heterogene Gerechtigkeitsvorstellungen aufeinander: Insbesondere nach Maßgabe der Leistungsfähigkeit und nach Maßgabe der Verursachung (z. B. beim Klimawandel durch CO_2-Ausstoß) unterliegen die Industrienationen besonderen Verpflichtungen.[38] Darüber hinaus ist der Rechtscharakter der Grundsätze häufig unklar; vor allem fehlt es an Instanzen, die die Einhaltung überwachen können. So war die Frage der Kontrolle der Reduktionsvereinbarungen ein, wenn nicht sogar der zentrale Konfliktpunkt zwischen China und den USA bei den Klimaverhandlungen in Kopenhagen im Dezember 2009.

---

recht, in: *Michael Kloepfer* (Hg.), Das kommende Umweltgesetzbuch, Berlin 2006, 22f.

[37] Vgl. *Ulrich Beyerlin*, Umweltvölkerrecht, München 2000; *Astrid Epiney*, „Gerechtigkeit" im Umweltvölkerrecht, in: Aus Politik und Zeitgeschichte 24 (2007), 31–38.

[38] Vgl. *Bettina Kellersmann*, Die gemeinsame, aber differenzierte Verantwortlichkeit von Industriestaaten und Entwicklungsländern für den Schutz der globalen Umwelt, Berlin u. a. 2000; vgl. auch *Epiney*, Gerechtigkeit, 32–34; *Vogt*, Prinzip Nachhaltigkeit, 406–426; *Ottmar Edenhofer/Christian Flachsland*, Ein Global Deal für den Klimaschutz. Herausforderungen an die Energie- und Klimapolitik, in: Amosinternational 2 (2008), 24–33.

Als ein weiteres Prinzip mit grundlegender ethischer Relevanz hat sich im internationalen Umweltrechtsdiskurs das Konzept des gemeinsamen Erbes der Menschheit etabliert, das die Übertragung des Nachhaltigkeitsprinzips auf hoheitsfreie Räume darstellt.[39] Es findet beispielsweise in der Seerechtskonvention von 1982 erfolgreich Anwendung, besitzt allerdings noch nicht den Status eines Völkergewohnheitsrechts. Hier wird deutlich, dass die zentrale Herausforderung im Wandel des Völkerrechts von einem Koexistenz- zu einem Kooperationsrecht besteht.[40] Denn die Lösung der dringendsten globalen Probleme erfordert eine aktive Zusammenarbeit und damit zugleich auch völlig neue Wege der fairen Verteilung von Rechten und Pflichten. Diese muss den extrem unterschiedlichen Voraussetzungen an Leistungsfähigkeit, an Verursachung und an Gefährdungspotentialen (z. B. durch Anstieg des Meeresspiegels oder Veränderung der Niederschlagsverteilungen) Rechnung tragen. Bei der Suche nach akzeptanzfähigen Modellen für einen Interessenausgleich ist der Selbstbestimmung sowie der (dauerhaften) Ernährungssicherheit im Rahmen einer nachhaltigen Entwicklung als besonders wichtigen Gütern ein Vorrang gegenüber sonstigen Interessen einzuräumen. Dabei tragen Staaten wie Unternehmen gleichermaßen eine große Verantwortung. Denn der Raubbau an den natürlichen Ressourcen schreitet unvermindert voran. Wichtig ist daher auch ein Schutz kleiner Unternehmen und der Subsistenzwirtschaft vor dem Konkurrenzdruck globaler Märkte und finanzstarker transnationaler Unternehmen. Bevor es zu einer für alle Beteiligten vorteilhaften Marktöffnung kommen kann, muss es zunächst funktionierende Märkte geben – und das heißt immer auch: funktionierende Rechtsstaaten.

3.2.3 Eine nachhaltige Weltordnung

Zur Bewältigung der multiplen Krise von Ernährung, Energie und Klima muss die Weiterentwicklung des Umweltvölkerrechts innerhalb der kommenden Jahrzehnte einen globalen Weltvertrag und entsprechende internationale Institutionen für die gerechte und vorsorgend risikomindernde Nutzung der natürlichen Umwelt schaffen. Nachhaltigkeit muss dabei als integrierendes Prinzip alle Institutionen, Abkommen und Maßnahmen durchdringen. Doch genau dies wurde beispielsweise bei den Millenniumsentwicklungszielen verfehlt. Nachhaltigkeit wird als Ziel 7 genannt und damit sektoral neben andere Ziele gestellt, ohne dass bedacht

---

[39] Vgl. *Kloepfer*, Umweltschutzrecht, 170.
[40] Vgl. *Epiney*, Gerechtigkeit, 34.

wird, dass Nachhaltigkeit ein zentrales qualitatives Merkmal aller Maßnahmen sein muss.[41]

Eine nachhaltige Weltordnung erfordert neue Formen der Kooperation von (supra-)staatlichen, wirtschaftlichen und zivilgesellschaftlichen Akteuren. Zu diesem Zweck muss Subsidiarität als Steuerungsprinzip für eine verschachtelte Mehrebenenpolitik regionaler, nationaler, internationaler und globaler Institutionen, d. h. als Weltordnungspolitik weiterentwickelt werden.[42] Ihr Ziel muss sein, in der Unübersichtlichkeit der internationalen Gemengelage in neuer Weise Verantwortung und Solidarität zu ermöglichen und zu forcieren. Denn die Globalisierung hat die Nationalstaaten in eine Situation des globalen Wettbewerbs hineinmanövriert. Staaten kämpfen darum, als Wirtschaftsstandort attraktiv zu sein, und unterstützen „ihre" Unternehmen, etwa durch eine Hochrüstung der Fischfangflotte, die im Ganzen weder wirtschaftlich noch ökologisch ist.[43]

4 Das grüne Dilemma: gutes Gewissen oder gutes Ergebnis

In der aktuellen Finanz- und Wirtschaftskrise kehren viele Staaten zu einer von nationalen und weitgehend ökonomischen Interessen definierten Politik zurück. Dadurch spitzt sich das Spannungsverhältnis zwischen Ökologie und Ökonomie auf neue Weise zu. Denn der globale Umwelt- und Klimaschutz ist auf die Bereitschaft zur Kooperation angewiesen. National oder regional beschränkter Klimaschutz führt leicht zu einem „grünen Paradoxon".[44] Grüne Umweltpolitik, so das vernichtende Urteil von Hans-Werner Sinn angesichts der staatlichen Klimaschutzmaßnahmen, bewirke das Gegenteil von dem, was sie anstrebe. Sie sei gut gemeint, aber ohne Sinn für die (wirtschaftliche) Realität, weil sie bloß die Nachfrage-, nicht aber die Angebotsseite der Energiemärkte im Blick habe und daher lediglich die Nachfrage global verschiebe, aber nicht reduziere. Der grüne Aktionismus erzeuge zudem eine Vielfalt an letztlich widersprüchlichen Vorgaben und Eingriffen. Insbesondere sei der Zerti-

---

[41] Vgl. *Vogt*, Prinzip Nachhaltigkeit, 427–432.
[42] Vgl. dazu *Jürgen Habermas*, Die postnationale Konstellation. Politische Essays, Frankfurt a. M. 1998, 91–169, bes. 109.
[43] Vgl. *Peter Cornelius Mayer-Tasch* (Hg.), Meer ohne Fische? Profit und Welternährung, Frankfurt a. M./New York 2007.
[44] Vgl. *Sinn*, Das grüne Paradoxon. In eine ähnliche Stoßrichtung gehen mehrere im Auftrag von Bundesministerien erstellte Gutachten, vgl. *Wissenschaftlicher Beirat beim Bundesministerium für Wirtschaft und Technologie*, Zur Förderung erneuerbarer Energien, 16. Januar 2004 sowie *Wissenschaftlicher Beirat beim Bundesministerium der Finanzen*, Klimapolitik zwischen Emissionsvermeidung und Anpassung, Berlin 2010.

fikatehandel, der als ökonomischer Schlüssel für einen effektiven und effizienten Klimaschutz vorgeschlagen wird, nicht mit direkten Eingriffen wie zum Beispiel der Ökosteuer kompatibel; außerdem müsse er global erfolgen, andernfalls sei er kontraproduktiv. Denn in international offenen Märkten führe eine nationale Verteuerung des Primärenergieverbrauchs letztlich nur zu Verlagerungen; und eine ungleiche Besteuerung von Kohlendioxidemissionen je nach Brennstoff und Verbrennungsart verhindere, dass der Markt die effizientesten Einsparmechanismen entwickle.

Weil jedoch eine Einigung auf ein globales Emissionshandelssystem sehr unwahrscheinlich ist, schlägt der Wissenschaftliche Beirat des deutschen Finanzministeriums in einem Gutachten vom März 2010 vor, die Anstrengungen im Klimaschutz nicht auf die Vermeidung (d. h. primär Reduktion des CO_2-Ausstoßes), sondern auf die Anpassung an die Folgen des Klimawandels zu richten.[45] Denn die adaptive Strategie ist im Unterschied zur Vermeidungsstrategie nicht ausbeutbar, weil Kostenträger und Nutznießer weitgehend identisch sind und daher keine Kooperation vorausgesetzt wird. Diese Haltung, die in vielen Ländern verbreitet ist, mag aus nationaler Sicht sinnvoll sein, ist jedoch von einem ethischen Standpunkt aus ein eklatanter Verstoß gegen globale und intergenerationelle Gerechtigkeit.

Analysiert man den ökonomischen Zugang zu Umwelt- und Klimaschutz, für den hier Sinn exemplarisch steht, auf den zugrundeliegenden ethischen Argumentationstyp, zeigt sich eine konsequenzialistische Denkweise. Bestritten wird nicht das ethische Anliegen des Klimaschutzes als solches, sondern die Wirksamkeit staatlicher Steuerung im Umweltschutz, wenn die gegebenen Bedingungen globaler Märkte ignoriert werden. Als entscheidend wird nicht die Gesinnung, sondern allein das Endergebnis angesehen. Die effizientesten Wege dazu würden vom Markt gefunden, und Gewinne seien ein verlässlicher Indikator dafür.[46]

Anders drückt sich das moralische Empfinden und ethische Denken bei vielen Umweltbewegten aus. „Es ist überall nichts in der Welt, ja überhaupt auch außer derselben zu denken möglich, was ohne Einschränkung für gut könnte gehalten werden, als allein ein *guter Wille*."[47] Dieser Grundgedanke der kantischen Moralphilosophie kann gleichsam als

---

[45] Vgl. *Wissenschaftlicher Beirat beim Bundesministerium der Finanzen*, Klimapolitik zwischen Emissionsvermeidung und Anpassung.
[46] Vgl. *Friedrich August von Hayek*, Wettbewerb als Entdeckungsverfahren, Kiel 1968.
[47] *Immanuel Kant*, Grundlegung zur Metaphysik der Sitten, Werkausgabe Bd. 7, hg. *Wilhelm Weischedel*, Frankfurt a. M. 1996, BA 1.

grünes Ideal gelten. Die Pflicht zum Umweltschutz wird als ein kategorischer Imperativ angesehen, der sich mit einem fast schon religiös aufgeladenen Streben nach einem reinen Gewissen verbindet.

Diesem Unterschied in der ethischen Begründungsweise korrespondiert eine moralisch-emotionale Divergenz, was sich dann in unterschiedlichen Programmen und Vorgehensweisen ausdrückt. Der philosophische Streit zwischen Deontologie und Teleologie hat im Umweltschutz sein politisches Korrelat. Am Beispiel der staatlichen Steuerung im Umweltschutz wird deutlich, dass die Polarität zwischen dem Denken von den Maßstäben her und dem Denken von den Wirkungen her unter den Bedingungen unvollkommener Rahmenordnungen und sich wandelnder Herausforderungen immer wieder neu aufbricht.

Literaturverzeichnis

Ulrich Beyerlin, Umweltvölkerrecht, München: Beck 2000.

BMU [Bundesministerium für Umwelt, Naturschutz und Reaktorsicherheit] (Hg.), Konferenz der Vereinten Nationen für Umwelt und Entwicklung im Juni 1992 in Rio de Janeiro – Dokumente (Agenda 21, Konventionen, Rio-Deklaration, Walderklärung), Bonn: Bundesministerium für Umwelt, Naturschutz und Reaktorsicherheit 1992.

Ottmar Edenhofer/Christian Flachsland, Ein Global Deal für den Klimaschutz. Herausforderungen an die Energie- und Klimapolitik, in: Amos international 2 (2008), 24–33.

Astrid Epiney, „Gerechtigkeit" im Umweltvölkerrecht, in: Aus Politik und Zeitgeschichte 24 (2007), 31–38.

Alois Glück, Warum wir uns ändern müssen. Wege zu einer zukunftsfähigen Kultur, München: Herbig 2010.

Jürgen Habermas, Die postnationale Konstellation. Politische Essays, Frankfurt a. M.: Suhrkamp 1998.

Doris Hattenberger, Der Umweltschutz als Staatsaufgabe. Möglichkeiten und Grenzen einer verfassungsrechtlichen Verankerung des Umweltschutzes, Wien/New York: Springer 1993.

Friedrich August von Hayek, Wettbewerb als Entdeckungsverfahren, Kiel: Institut für Weltwirtschaft 1968.

Otfried Höffe, Sittlich-politische Diskurse. Philosophische Grundlagen, politische Ethik, biomedizinische Ethik, Frankfurt a. M.: Suhrkamp 1981.

Otfried Höffe, Moral als Preis der Moderne. Ein Versuch über Wissenschaft, Technik und Umwelt, Frankfurt a. M.: Suhrkamp 1993.
Immanuel Kant, Grundlegung zur Metaphysik der Sitten, Werkausgabe Bd. 7, hg. *Wilhelm Weischedel*, Frankfurt a. M.: Suhrkamp 1996, 7–102.
Franz-Xaver Kaufmann, Diskurse über Staatsaufgaben, in: *Dieter Grimm* (Hg.), Staatsaufgaben, Baden-Baden: Nomos 1994, 15–41.
Bettina Kellersmann, Die gemeinsame, aber differenzierte Verantwortlichkeit von Industriestaaten und Entwicklungsländern für den Schutz der globalen Umwelt, Berlin u. a.: Springer 2000.
Gebhard Kirchgässner, Umweltschutz als Staatsaufgabe, in: *Dieter Grimm* (Hg.), Staatsaufgaben, Baden-Baden: Nomos 1994, 453–485.
Michael Kloepfer (Hg.), Das kommende Umweltgesetzbuch, Berlin: Duncker & Humblot 2006.
Michael Kloepfer, Umweltschutzrecht, München: Beck 2008.
Hans Joachim Koch, Das Subsidiaritätsprinzip im europäischen Umweltrecht, Stuttgart u. a.: Boorberg 2005.
Hans-Joachim Koch, Rechtliche Vorgaben für ein Umweltgesetzbuch: Verfassungsrecht, in: *Michael Kloepfer* (Hg.), Das kommende Umweltgesetzbuch, Berlin: Duncker & Humblot 2006, 21–31.
Hans-Joachim Koch/Susan Krohn, Das Naturschutzrecht im Umweltgesetzbuch. Den Auftrag der Föderalismusreform erfüllen (Forum Umweltgesetzbuch 7, hg. vom Umweltbundesamt), Berlin 2008.
Wilhelm Korff, Umweltethik, in: *Hans-Werner Rengeling* (Hg.), Handbuch zum europäischen und deutschen Umweltrecht, Bd. 1, 2. Aufl., Köln u. a.: Heymann 2003, 35–53.
Anton Leist, Ökologische Ethik II: Gerechtigkeit, Ökonomie, Politik, in: *Julian Nida-Rümelin* (Hg.), Angewandte Ethik. Die Bereichsethiken und ihre theoretische Fundierung. Ein Handbuch, Stuttgart: Kröner 1996, 386–456.
Anton Leist, Ökologische Gerechtigkeit als bessere Nachhaltigkeit, in: Aus Politik und Zeitgeschichte 24 (2007), 3–10.
Peter Cornelius Mayer-Tasch (Hg.), Meer ohne Fische? Profit und Welternährung, Frankfurt a. M./New York: Campus 2007.
Dietrich Murswieck, Staatsziel Umweltschutz (Art. 20a GG), in: Neue Zeitschrift für Verwaltungsrecht 15 (1996), 222–230.
Jochen Ostheimer, Zeichen der Zeit lesen. Erkenntnistheoretische Bedingungen einer praktisch-theologischen Gegenwartsanalyse, Stuttgart: Kohlhammer 2008.

Elinor Ostrom, Die Verfassung der Allmende. Jenseits von Staat und Markt, Tübingen: Mohr Siebeck 1999.
Thorsten Philipp, Grünzonen einer Lerngemeinschaft. Umweltschutz als Handlungs-, Wirkungs- und Erfahrungsort der Kirche, München: Oekom-Verlag 2009.
Dietrich Rauschning, Staatsaufgabe Umweltschutz, in: Deutschland nach 30 Jahren Grundgesetz. Staatsaufgabe Umweltschutz. Veröffentlichungen der Vereinigung der Deutschen Staatsrechtslehrer Bd. 38 (hg. Rudolf Bernhardt), Berlin/New York: de Gruyter 1980, 167–210.
Ortwin Renn, Risk Governance. Coping with Uncertainty in a Complex World (Risk, Society and Policy), London: Earthscan 2008.
Hans-Werner Sinn, Das grüne Paradoxon. Plädoyer für eine illusionsfreie Klimapolitik, München: Econ 2008.
Peter Sloterdijk, Das 21. Jahrhundert beginnt mit dem Debakel vom 19. Dezember 2009. Interview mit A. Kreye, in: Süddeutsche Zeitung, Nr. 294, 21.12.2009, 10.
SRU [Der Rat von Sachverständigen für Umweltfragen], Umweltgutachten 1987, Stuttgart: Kohlhammer 1988.
SRU [Der Rat von Sachverständigen für Umweltfragen], Umweltgutachten 2004. Umweltpolitische Handlungsfähigkeit sichern, Stuttgart: Kohlhammer 2004.
Nicholas Stern, The economics of climate change, Cambridge u. a.: Cambridge Univ. Press 2007.
Nicholas Stern, Der Global Deal. Wie wir dem Klimawandel begegnen und ein neues Zeitalter von Wachstum und Wohlstand schaffen, München: Beck 2009.
Markus Vogt, Prinzip Nachhaltigkeit. Ein Entwurf aus theologisch-ethischer Perspektive, München: Oekom-Verlag 2009.
Günther Wilhelms, Subsidiarität im Kontext der ausdifferenzierten Gesellschaft, in: *Alois Baumgartner/Gertraud Putz* (Hg.), Sozialprinzipien. Leitideen in einer sich wandelnden Welt, Innsbruck: Tyrolia-Verlag 2001, 125–141.
Helmut Willke, Systemtheorie III: Steuerungstheorie. Grundzüge einer Theorie der Steuerung komplexer Sozialsysteme, Stuttgart/Jena: Fischer 1995.
Helmut Willke, Systemtheorie II: Interventionstheorie. Grundzüge einer Theorie der Intervention in komplexe Sozialsysteme, Stuttgart: Lucius & Lucius 1999.
Helmut Willke, Heteropia. Studien zur Krisis der Ordnung moderner Gesellschaften, Frankfurt a. M.: Suhrkamp 2003.

Wissenschaftlicher Beirat beim Bundesministerium der Finanzen, Klimapolitik zwischen Emissionsvermeidung und Anpassung, Berlin 2010.
Wissenschaftlicher Beirat beim Bundesministerium für Wirtschaft und Technologie, Zur Förderung erneuerbarer Energien, Köln: 16. Januar 2004.

JOACHIM WIEMEYER

Die Europäische Union in der Wirtschafts- und Finanzkrise

Zusammenfassung

In dem Beitrag wird analysiert, ob die EU sich angesichts der Wirtschafts- und Finanzkrise als handlungsfähig erwiesen hat, um kurzfristige Krisenfolgen abzufangen und längerfristige Reformstrategien zu entwickeln. Dabei wird berücksichtigt, ob die EU die Interessen ihrer neuen Mitgliedsländer in Mittel- Osteuropa und auch die Situation der bei den G20-Treffen nicht beteiligten Schwellen- und Entwicklungsländer in ihr Handeln einbezogen hat. Die Frage der globalen Verantwortung für ein neues, weltweites Regelwerk, das in Zukunft Finanzkrisen vermeiden kann, wird thematisiert. Mit der griechischen Schuldenkrise wurde sie mit einer zusätzlichen Herausforderung konfrontiert. Es wird deutlich, dass eine abschließende Bewertung noch nicht möglich ist, weil sich viele neue Formen der Regulierung der Finanzmärkte noch in der Phase der Konkretion und Umsetzung befinden.

Die durch die Finanzierungsschwierigkeiten im US-amerikanischen Häusermarkt 2008 ausgelöste weltweite Wirtschafts- und Finanzkrise wirft die Frage nach überstaatlichen und globalen Lösungsansätzen auf. Da im weltweiten Kontext die EU der größte Binnenmarkt ist, der EURO nach dem Dollar die zweitwichtigste Reservewährung der Welt darstellt, die europäischen Länder in den weltweiten Finanzinstitutionen wie dem Internationalen Währungsfonds (IWF), der Weltbank und in der Bank für Internationalen Zahlungsverkehr (BIZ) als größte Anteilseigner bei einem gemeinsamen Auftreten potentiell den größten Einfluss haben, liegt es nahe, nach der Rolle der EU in der aktuellen Wirtschafts- und Finanzkrise zu fragen.

Das Agieren der EU in der Wirtschafts- und Finanzkrise kann aus der Sicht unterschiedlicher Wissenschaften aus einem je spezifischen Erkenntnisinteresse heraus analysiert werden. So wird die Politikwissenschaft vor allem die Entscheidungsprozesse zwischen den einzelnen EU-Ländern, der EU-Kommission, dem EU-Parlament, der Europäischen Zentralbank etc. untersuchen und ggf. nach einer Verschiebung von Entscheidungskompetenzen innerhalb der EU-Gremien bzw. von den Nationalstaaten auf die europäische Ebene aufgrund der Krise fragen. In den Wirtschaftswissenschaften wird man vor allem die makroökonomische Entwicklung (Wachstum, Arbeitsmarkt, Inflation) in der EU bzw. der Eurozone insgesamt, in den einzelnen EU-Ländern sowie die Wirksamkeit wirtschaftspolitischer Maßnahmen in den Blick nehmen.

Es liegt daher nahe, in einem ersten Schritt danach zu fragen, nach welchen Gesichtspunkten bzw. Kriterien aus der normativen Perspektive der Christlichen Sozialethik das Verhalten der EU in der Finanz- und Wirtschaftskrise zu beurteilen ist. Im Anschluss daran wird die Frage der europäischen Reaktion auf die Wirtschafts- und Finanzkrise hinsichtlich eines gemeinsamen bzw. nationalen Handelns behandelt. Im dritten Schritt wird dann die Problematik aufgegriffen, wie die EU mit Mitgliedsstaaten umgeht, die vor allem als neue Mitgliedsländer in Mittel- und Osteuropa negativ tangiert wurden. Im vierten Schritt ist dann darauf einzugehen, inwieweit die EU Verantwortung für die Neugestaltung der globalen Finanzmärkte übernimmt. In einem fünften Schritt ist zu bedenken, inwiefern die EU die Lage der von der weltweiten Finanz- und Wirtschaftskrise besonders betroffenen Entwicklungs- und Schwellenländer in den Blick nimmt. Im sechsten Schritt werden mittelfristig angelegte Reformschritte, die zukünftige Krisen vermeiden sollen, behandelt. Durch die Schuldenkrise Griechenlands als eines EURO-Mitglieds wurden bei der EU gravierende interne Probleme offenbar, worauf im siebten Schritt einzugehen ist.

1 Sozialethische Perspektiven

1.1 Grundzüge der EU-Wirtschaftspolitik

Die EU stellt im weltweiten Kontext die intensivste Zusammenarbeit von Staaten auf der Basis der Gleichberechtigung dar. Die EU hat innerhalb ihrer Mitgliedsstaaten einen stabilen Raum des Friedens geschaffen. Sie verfügt über rechtsstaatliche Strukturen und beruht auf demokratischen Grundlagen. Dabei ist umstritten, ob die demokratische Legitimation der EU eher über die Einflussnahme nationaler Parlamente auf europäische Entscheidungen (so das Bundesverfassungsgerichtsurteil 2009 zum Lissabonner Vertrag) oder über das direkt gewählte Europäische Parlament (so Integrationsbefürworter) erfolgen soll. Die EU sichert für die einzelnen Bürger grundlegende Freiheitsrechte wie Freizügigkeit für Arbeitnehmer und Unternehmer. Zu den Grundfreiheiten gehört auch die Freiheit des Kapitalverkehrs für Güter und Dienstleistungen.

Innerhalb der EU ist eine grundlegende Spannung angelegt, ob und wie Politikbereiche gemeinsam auf europäischer Ebene geregelt werden sollen oder ob sie in der Kompetenz der einzelnen Nationalstaaten verbleiben. Solidarität zwischen Mitgliedsstaaten verlangt ein gemeinsames Handeln auf europäischer Ebene[1], während Subsidiarität die Entscheidungsfreiheit und Eigenverantwortung der Mitgliedsländer betont.[2] Dies ist bei den jeweiligen Problembereichen und bei je neuen Herausforderungen stets wieder auszutarieren.

In diesem Kontext soll und kann nicht auf die Vielzahl der Politikbereiche[3] eingegangen werden, die in der EU bearbeitet werden, in der Zuständigkeit von 27 EU-Kommissaren liegen und in einer großen Zahl von unterschiedlichen Ministerräten bearbeitet werden. Vielmehr sollen die Bereiche von Wirtschaft, Finanzen und Währung noch etwas näher thematisiert werden.

Die EU bekennt sich zu einer sozialverpflichteten Marktwirtschaft mit einer ökologischen Orientierung. Dabei ist allerdings das Verhältnis von Markt und Wettbewerb zu sozialen und ökologischen Rahmenordnungen nicht spannungsfrei, weil es immer wieder gilt, die Freiheit des Wettbewerbs im Binnenmarkt mit ökologischen und sozialen Komponenten auszutarieren. Zur Gestaltung von Markt und Wettbewerb spielen drei Instrumente der EU-Wirtschaftspolitik eine zentrale Rolle: Dies sind erstens die Wettbewerbspolitik, zweitens die Subventionspolitik und drittens die Vergabepolitik. Die EU-Kommission ist eine Wettbewerbsbehörde, die gegen die Bildung privater Wirtschaftsmacht, z.B. Preisabsprachen bzw. Marktaufteilungen zwischen Unternehmen, vorgeht sowie Großfusionen überwacht und genehmigen muss. Um Verfälschungen des Wettbewerbs im freien Binnenmarkt durch staatliche Subventionen zu verhindern, indem ein Land versucht, seine Unternehmen gegenüber Konkurrenten in anderen Mitgliedsländern zu stützen, werden solche Subventionen von einer Genehmigung und Überwachung durch die EU-Kommission abhängig gemacht. Subventionen dürfen nur befristet gewährt werden. Sie werden üblicherweise mit Auflagen, z.B. mit Umstrukturierungen, Anteilsverkäufen und einem Abbau von Überkapazitäten, verbunden. Weiterhin schreibt die EU vor, dass öffentliche Aufträge oberhalb einer Bagatellgrenze europaweit auszuschreiben sind, um Anbietern aus allen EU-Ländern gleiche Chancen zu eröffnen, am Markt

---

[1] Vgl. *Joachim Wiemeyer*, Solidarität in der EU-Politik: Anwendungsfelder und Implementationsprobleme, in: Jahrbuch für Christliche Sozialwissenschaften 48 (2007), 271–295.
[2] Vgl. *Frank Ronge*, Legitimität durch Subsidiarität: Der Beitrag des Subsidiaritätsprinzips zur Legitimation einer überstaatlichen politischen Ordnung in Europa, Baden-Baden 1998.
[3] Vgl. *Werner Weidenfeld/Wolfgang Wessels*, Europa von A bis Z, 11. Aufl., Baden-Baden 2009.

in anderen EU-Ländern teilzunehmen und damit auch den Wettbewerb für öffentliche Aufträge innerhalb der EU zu intensivieren.

Ein weiteres Feld der EU-Politik ist die Verbraucherschutzpolitik. Durch einheitliche europaweite Regelungen sollen die Konsumenten, z. B. auch Sparer und Kapitalanleger, vor Übervorteilung durch Anbieter geschützt werden. Weitere Bereiche der EU-Politik umfassen sozialpolitische Maßnahmen. Dabei spielen zum einen institutionelle Vorschriften eine Rolle, z. B. bei grenzüberschreitenden Unternehmen die Möglichkeit, einen Europäischen Betriebsrat einzuführen. Weitere europäische sozialpolitische Standards betreffen den Arbeits- und Gesundheitsschutz, Fragen der Gleichbehandlung von Mann und Frau in der Arbeitswelt sowie die Bekämpfung anderer Formen der Diskriminierung nach Herkunft, Religion etc. (Antidiskriminierungsrichtlinie). Zu den Vorschriften gehören dann auch Regelungen über Massenentlassungen von Arbeitnehmern. Es werden ein hoher Beschäftigungsstand und eine Reduzierung der Arbeitslosigkeit angestrebt. Die Verminderung der Arbeitslosigkeit soll nicht dadurch erreicht werden, dass bestimmte Personengruppen (z. B. ältere Arbeitnehmer, Frauen) ihre Erwerbsbeteiligung reduzieren, sondern neue Arbeitsplätze geschaffen werden. Hemmnisse, den Arbeitsplatz EU-weit zu suchen, wurden durch Anrechnungssysteme in der sozialen Sicherung, vor allem der Alterssicherung, beseitigt.

In der ökologischen Rahmensetzung spielt vor allem die Reduzierung des CO_2-Ausstoßes eine wesentliche Rolle. Dazu hat die EU für Großemittenten Emissionszertifikate vergeben, die weiter veräußert werden können. Damit soll der CO_2-Ausstoß begrenzt werden, aber auch möglichst kostengünstig erfolgen. Es gibt eine Vielfalt weiterer umweltpolitischer Instrumente, z. B. hinsichtlich der Abfallbeseitigung und der Wasserreinhaltung.

Auf dem Gebiet der Währung haben 1998 als Rechnungseinheit und 2002 als Münz- und Papiergeld eine Reihe von EU-Ländern ihre eigene nationale Währung aufgegeben und mit dem EURO eine gemeinsame Währung eingeführt.[4] Die Anzahl der Länder, die den EURO als offizielles Zahlungsmittel führen, stieg von 11 1998 auf 16 2007. Langfristig sollen alle EU-Länder den EURO einführen. Für die Steuerung der Geldversorgung ist die Europäische Zentralbank mit Sitz in Frankfurt zuständig. Die Bank ist nach Vorbild der Deutschen Bundesbank politisch unabhängig.

---

[4] Vgl. aus sozialethischer Sicht: *Sachverständigengruppe Weltwirtschaft und Sozialethik*, Stabilität und soziale Gerechtigkeit – Zur Einführung des Euro, hrsg. von der Wiss. Arbeitsgruppe für weltkirchliche Aufgaben der Deutschen Bischofskonferenz, Bonn 1999.

Dies bedeutet, dass politische Instanzen (EU-Kommission, nationale Regierungen und das Europäische Parlament) auf die geldpolitischen Entscheidungen keinen Einfluss nehmen können und eine Finanzierung von Defiziten im Staatshaushalt aus der „Notenpresse" unzulässig ist. Damit soll die Stabilität des Geldwertes gesichert werden. Zwei weitere Elemente sollten die dauerhafte Stabilität des EURO gewährleisten. Die eine Bedingung ist die Eintrittsvoraussetzung zur Übernahme des EURO. Nur Länder mit einer niedrigen Inflationsrate, niedrigen Zinsen, einer begrenzten staatlichen Neuverschuldung unter drei Prozent und einem Schuldenstand von 60 % des Bruttosozialprodukts können Mitglied werden.[5] Der Europäische Stabilitäts- und Wachstumspakt sieht vor, dass die EU-Kommission dauerhaft die Finanzpolitik der einzelnen EU-Länder überwacht und ggf. sogar Sanktionen (Strafzahlungen) gegen Mitgliedsländer verhängt werden, die ein übermäßiges Defizit aufweisen. Aus sozialethischer Sicht dienen diese Bestimmungen dazu, die Preisstabilität zu gewährleisten und eine übergroße Staatsverschuldung zu vermeiden. Im neuen EU-Vertrag gibt es erstmals ein eigenes Kapitel (Art. 136–138 – Vertrag über die Arbeitsweise der Europäischen Union) über die Zusammenarbeit der EU-Länder, die den EURO eingeführt haben. So können die EURO-Länder in Zukunft zusammen den Währungsraum in internationalen Gremien vertreten.

Im Kontext der Währungsunion wurde innerhalb der EU auch ein makroökonomischer Dialog etabliert. In diesem Dialog sollte eine Abstimmung der Wirtschafts- und Finanzpolitik der Mitgliedsstaaten erreicht werden. Gegenstand des Dialoges sollte vor allem die staatliche Ausgabenpolitik sein. Dieser makroökonomische Dialog hat bisher keine große Wirksamkeit entfaltet.

Die EU selbst ist verpflichtet, einen ausgeglichenen Haushalt vorzulegen. Sie darf keine Schulden aufnehmen. Da die EU selbst einen Haushalt hat, der max. lediglich 1,24 % des Bruttosozialprodukts der Mitgliedsländer umfasst, kann er allein aus Eigenmitteln der EU (Zolleinnahmen) und Beiträgen der Mitgliedsländer finanziert werden. Ein solches Haushaltsvolumen hat keine gesamtwirtschaftliche Bedeutung und ist zu gering, um etwa in einer Rezession die Wirtschaft zu stützen.

Auf globaler Ebene will die EU bei der Gestaltung der internationalen Umwelt-, vor allem der Klimapolitik, der Handels-, Währungs- und Ent-

---

[5] Protokoll Nr. 12 über das Verfahren bei einem übermäßigen Defizit, abgedruckt in: *Bundeszentrale für Politische Bildung* (Hg.), Vertrag von Lissabon, Bonn 2008, 291 f. Die Artikel der Verträge, Protokolle und Erklärungen werden im Folgenden aus diesem Band zitiert.

wicklungspolitik eine aktive Rolle spielen. Sie will Konzepte für eine gerechte Gestaltung der Globalisierung entwickeln. Die EU ist zusammen mit den einzelnen EU-Ländern mit einem Anteil von ca. 60 % weltweit der weitaus wichtigste Geber von Entwicklungshilfe.[6]

1.2 Die normative Perspektive auf das Handeln der EU in der Wirtschafts- und Finanzkrise

Nachdem einige Grundelemente der EU-Politik, mit Schwerpunkt der Wirtschafts- und Sozialpolitik, benannt wurden, stellt sich die Problematik, nach welchen sozialethischen Kriterien die EU-Politik in der Wirtschafts- und Finanzkrise zu bewerten ist. Aus sozialethischer Sicht sind nationaler Egoismus versus gemeinsames Handeln, Rücksichtnahme auf Schwächere in der Gemeinschaft, weltweite Gemeinwohlverantwortung, Beachtung der berechtigten Anliegen von Entwicklungs- und Schwellenländern (Option für die Armen) sozialethische Gesichtspunkte. Daneben sind weitere sozialethisch relevante Ziele (Globale Umwelt- und Klimapolitik) zu beachten. Dementsprechend lässt sich in institutioneller Hinsicht zunächst die Frage stellen, ob die EU ihre Bewährungsprobe in der Krise als Solidargemeinschaft durch kooperatives Handeln bestanden hat und sich nicht in nationalen Einzelgängen auseinanderdividiert hat bzw. sich von anderen Ländern oder privaten Wirtschaftsakteuren auseinanderdividieren lassen hat. Über die Handlungsfähigkeit hinaus stellt sich zweitens die Frage, ob die Gemeinschaft vor allem den neuen Mitgliedsstaaten in Mittel- und Osteuropa, die besonders hart von der Krise betroffen wurden, Hilfen gewährt hat oder ob sie vorwiegend eine Kooperation der Starken und Etablierten gewesen ist. Die dritte Frage, die sich aus sozialethischer Sicht stellt, ist, ob die Gemeinschaft ein eigenes Konzept für globale Regeln und Institutionen entwickelt und wirksam vertreten hat, die sicherstellen, dass in Zukunft nicht erneut so große Wirtschafts- und Finanzkrisen auftreten können. Die vierte zentrale Frage lautet, ob die EU bei ihrem Handeln auch die Situation der von der Wirtschafts- und Finanzkrise besonders negativ betroffenen Entwicklungs- und Schwellenländer in den Blick genommen hat. Diese vier zentralen normativen Gesichtspunkte bilden damit die Gliederung für die nächsten Abschnitte. Dabei ist weiterhin zu berücksichtigen, ob die EU in ihrem Krisenhandeln andere wichtige sozialethische Anliegen mit berücksich-

---

[6] Vgl. *Europäisches Parlament*, Bericht über die Auswirkungen der weltweiten Finanz- und Wirtschaftskrise auf die Entwicklungsländer und auf die Entwicklungszusammenarbeit (A 7/0034/2010; Berichterstatter: Enrique Guerrero Salom) v. 9.3.2010, 6.

tigt oder diese angesichts des Ausmaßes der Wirtschaftskrise eher zurückgestellt (z. B. Umwelt- und Klimaschutz) hat.

2 Das Handeln in der Krise

Bevor auf das akute Handeln in der Krise eingegangen wird, ist zuvor noch die Frage zu stellen, ob die EU ausreichend präventiv etwas zur Krisenvermeidung getan hat oder eher durch ihre Politik das Ausbrechen einer Finanzkrise begünstigt hat. Dabei ist vor allem auf die Finanzmarktintegrationspolitik der EU einzugehen. Es war ein Anliegen der EU-Kommission, die Integration der EU-Finanzmärkte voranzutreiben. Anfang 2008 sah die EU-Kommission aufgrund der Probleme der Subprime-Kredite auf dem amerikanischen Häusermarkt zwar gewisse Notwendigkeiten zur Weiterentwicklung der Finanzmarktregulierung, war aber optimistisch: „Die Regulierung der Finanzmärkte in der EU hat sich bewährt."[7] Sie wurde schnell eines Besseren belehrt.

Im Rahmen dieser Finanzmarktstrategie wurde von der EU-Kommission der deutsche Bankenmarkt mit seiner starken Stellung der Landesbanken, der Sparkassengruppe und des Genossenschaftssektors als problematisch angesehen.[8] Das deutsche Bankensystem ist im europäischen Vergleich durch eine besonders große Anzahl von Kreditinstituten gekennzeichnet. Durch die staatliche (kommunale) Garantie für Landesbanken und Sparkassen kamen diese besonders preisgünstig an Fremdmittel. Dies wurde von der Konkurrenz der deutschen Privatbanken wie von Banken anderer Länder als Wettbewerbsverzerrung angesehen. Die Gewinnraten des deutschen Bankenwesens waren geringer als in anderen EU-Ländern (vor allem Großbritannien). Diese geringen Gewinnraten wurden vor allem darauf zurückgeführt, dass Landesbanken, Sparkassen und Genossenschaftsbanken nicht am Kapitalmarkt gehandelt werden und weder

---

[7] *Kommission der Europäischen Gemeinschaften*, Mitteilung der Kommission an das Europäische Parlament und den Rat, Europas Finanzsystem zukunftsfähig machen, KOM (2008) 122 endgültig v. 27.2.2008, 3. Ein Jahr später beginnt ein Dokument der EU-Kommission mit den Sätzen: „Die Finanzkrise hat erhebliche Schwachstellen bei der Einzel- und Systemaufsicht offengelegt. Mit den bestehenden Aufsichtsregulungen konnte die Krise weder verhindert, noch gesteuert oder beigelegt werden." Dies., Mitteilung der Kommission, Europäische Finanzaufsicht KOM (2009) 252 endgültig v. 27.5.2009.

[8] Vgl. *Stephan Paul/André Uhde*, Einheitlicher europäischer Bankenmarkt? Einschätzung der Wettbewerbssituation vor und nach der Finanzkrise, in: Wirtschaftsdienst/Sonderheft 2010, 26–34; *Harald Noack/Mechthild Schrooten*, Die Zukunft der Landesbanken – Zwischen Konsolidierung und neuem Geschäftsmodell, Kurzgutachten im Auftrag der Friedrich-Ebert-Stiftung, Bonn 2009.

börslich noch außerbörslich von privaten Banken auch aus anderen EU-Ländern, etwa zur Intensivierung des Wettbewerbs, übernommen werden können. Nur durch die Abschaffung der Gewährträgerhaftung bei den Landesbanken war vor Ausbruch der Wirtschafts- und Finanzkrise der marktliberalen EU-Politik ein Erfolg beschieden.[9] Da die Landesbanken von der Finanzkrise besonders betroffen wurden, stellt sich die Frage, wieweit auch die Politik der EU-Kommission indirekt dafür verantwortlich war.

Hingegen blieben der Sparkassensektor und die Genossenschaftsbanken in Deutschland in ihrer Struktur erhalten. In der Finanzkrise erwiesen sich der Sparkassen- und Genossenschaftssektor als stabilisierende Elemente, vor allem auch für die Realwirtschaft. Da sie von der Krise kaum betroffen waren, konnten Sparkassen und Genossenschaftsbanken die Kreditvergabe an kleinere und mittlere Unternehmen fortführen, so dass die vielfach befürchtete Kreditklemme nicht aufgetreten ist.

Neben den verfehlten Bestrebungen, die deutsche Bankenstruktur aufzubrechen, gibt es zwei weitere Defizite der EU-Politik vor Ausbruch der Finanzkrise. Erstens gab es auf europäischer Ebene keine weitreichenden Regulierungen von Finanzmarktakteuren wie Hedgefonds. Trotz Vorstößen u.a. von Deutschland zur besseren Transparenz von Hedgefonds scheiterten diese Bemühungen vor allem an Widerständen von Großbritannien, wo viele Hedgefonds ihren Sitz haben bzw. vom Londoner Finanzzentrum aus gemanagt werden, wenn auch ihre Sitze etwa aus steuerlichen Gründen auf den Cayman-Inseln oder den Bahamas liegen. Ein zweites Problem liegt in der unzureichenden Besteuerung von Kapitaleinkommen in Europa. Während die Finanzmärkte integriert wurden und eine grenzüberschreitende Anlage von Kapital erleichtert wurde, blieben die Vorschriften bezüglich des Bankgeheimnisses (vor allem gegenüber Steuerbehörden) und der Besteuerung von Zins-, Dividendeneinkommen, Kursgewinnen etc. uneinheitlich, so dass selbst innerhalb der Gemeinschaft Steuerflucht möglich blieb, von einem gemeinsamen Vorgehen gegen Steueroasen in Drittländern ganz zu schweigen.

Wie hat die EU nach Ausbruch der Krise reagiert? Es sind drei Bereiche zu unterscheiden: der Finanzmarkt, die Stützung besonders betroffener Sektoren oder Unternehmen der Realwirtschaft und die Stabilisierung der Konjunktur. Nach kurzen Irritationen über nationale Alleingänge, etwa

---

[9] Vgl. *Hans-Peter Burghof*, Füllhorn oder Pandorabüchse? Woher kommen die neuen Vorschläge zur Bankenaufsicht?, in: Wirtschaftsdienst 2/2010, Zeitgespräch: Nach der Krise: Wirksame Regelungen auf dem Finanzmarkt?, 88–91, hier 89f.

die Garantie Irlands für alle Geldanlagen bei irischen Banken, fand die Gemeinschaft zu einem gemeinsamen Handeln.[10]

Im Bereich der Finanzwirtschaft wurde vor allem die Europäische Zentralbank aktiv, die im großen Umfang für die Banken Liquidität zur Verfügung stellte und die Leitzinsen drastisch senkte. Weiterhin wurden die Garantien für Bankeinlagen in der Gemeinschaft insgesamt angehoben, so dass es nicht zu einem Bankrun privater Anleger kam, die ihre Sparguthaben von den Banken abheben wollten. Der gesicherte Betrag wurde von 20 000 Euro auf 50 000 Euro angehoben, bis Ende 2010 soll er auf 100 000 Euro steigen. Ebenso wurden Bilanzierungsvorschriften für Banken gelockert, so dass die Banken, z. B. Wertverluste ihrer Wertpapiere nicht unmittelbar abschreiben mussten. Es gelang so, kurzfristig die Funktionsfähigkeit des Finanzmarktes und des Bankensystems sicherzustellen, indem die EU-Staaten Garantien für Guthaben bei Banken in Höhe von mehreren Billionen Euro aussprachen. Der Vertrauensverlust des privaten Sektors gegenüber den Finanzinstituten und unter diesen konnte so gestoppt werden.

Da sich die Finanzmarktkrise massiv in der Realwirtschaft niederschlug, versuchten die einzelnen EU-Länder z. T. mit Beihilfen und Subventionen zur Rettung von Arbeitsplätzen betroffene Unternehmen zu stabilisieren. Bei diesen Hilfsmaßnahmen bestanden aus europäischer Sicht zwei Gefahren:[11] erstens konnte ein europaweit agierendes Unternehmen, das Hilfe von einem Nationalstaat erhielt, gedrängt werden, nur im Land des Subventionsgebers Arbeitsplätze zu erhalten, während sie in anderen EU-Ländern verlorengehen konnten. So wurde die Problematik angesichts der in Deutschland für die Firma Opel diskutierten Beihilfen deutlich. Ebenso wollte der französische Staatspräsident Sarkozy französische Automobilhersteller (Renault) veranlassen, die Produktion in der Slowakei zurückzufahren und die Beschäftigung in Frankreich zu halten. Eine solche Bindung von Subventionen an Arbeitsplatzzusagen in bestimmten Ländern wurde von der EU-Kommission untersagt. So durfte z. B. die deutsche Abwrackprämie für Autos nicht auf den Kauf von Autos deutscher Hersteller beschränkt werden. Vielmehr profitierten davon vor allem ausländische Anbieter. Ein zweites Problem konnte sich aus Wettbewerbsverzerrungen durch Subventionen ergeben. Hohe Subventionen

---

[10] Vgl. *Martin Koopmann*, Europäische Union, in: *Konrad-Adenauer-Stiftung* (Hg.), Die Finanzmarktkrise, Internationale Perspektiven, Berichte und Analysen aus 24 Ländern, Berlin 2008, 120–125.
[11] Vgl. *Kommission der Europäischen Gemeinschaften*, Gesamtbericht über die Tätigkeit der Europäischen Union, 26, online unter <http://europa.eu/generalreport/de/2009/index.html>, abgerufen 8.4.2010.

für einen Wettbewerber in einem EU-Land könnten zu Lasten anderer an sich leistungsfähigerer Konkurrenten in anderen EU-Ländern gehen. Aus diesem Grund behielt die EU-Kommission ihr Genehmigungs- und Prüfungsverfahren grundsätzlich bei. Sie erleichterte und verkürzte aber die Genehmigungsverfahren für Subventionen in der Krise.[12] Bei notwendigen Bankenrettungen wurde die Genehmigung von staatlichen Hilfen innerhalb eines Wochenendes erteilt.

Um einen massiven Einbruch der realen Wirtschaft durch Nachfragerückgänge im privaten Sektor zu verhindern, wird in der Ökonomie, vor allem von keynesianisch orientierten Ökonomen, eine Ausweitung der staatlichen Nachfrage vorgeschlagen. Wenn eine Volkswirtschaft stark in die internationale Arbeitsteilung eingebunden ist, können aber die von einem Land ausgehenden Nachfrageimpulse weitgehend ins Ausland gehen und dort und nicht wie beabsichtigt im Inland zusätzliche Nachfrage und Beschäftigung stimulieren. Da im EU-Binnenmarkt die Volkswirtschaften der EU-Länder eng verflochten sind, ist eine von einzelnen EU-Ländern ausgehende Stimulierung der Wirtschaft durch Ausweitung staatlicher Haushalte allein für die eigene Volkswirtschaft wenig wirksam. Falls aber alle oder die Mehrzahl der EU-Länder eine expansive Fiskalpolitik betreiben, bleiben die Impulse fast ausschließlich im EU-Raum, da die EU insgesamt nur rund 10 % ihrer Wirtschaftsleistung importiert bzw. exportiert. Daher kam es in der Wirtschaftskrise darauf an, möglichst viele EU-Länder zu einer expansiven Fiskalpolitik zu motivieren. Dies gelang auch gegen Ende 2008. Die EU-Länder kündigten Mehrausgaben in Höhe von 170 Mrd. Euro an, die EU-Kommission zusätzlich 30 Mrd. Euro. Diesem entspricht in den Jahren 2009 und 2010 zusammen ein Volumen in Höhe von ca. 2 % des Bruttosozialprodukts.[13] Die EU-Länder verpflichteten sich 2009 und 2010 die Staatsausgaben – auch kreditfinanziert – entsprechend deutlich zu erhöhen. Dabei konnten auch die Stabilitätskriterien des Stabilitäts- und Wachstumspaktes von 3 % Neuverschuldung gemessen am Bruttosozialprodukt überschritten werden. Damit gelang es, das Ausmaß der Wirtschaftskrise – entgegen vielen Befürchtungen Ende 2008 – zu begrenzen und für 2010 wieder auf einen Wachstumspfad zurückzukehren.

Da die EU selbst keine Schulden aufnehmen darf, konnte sie nur dadurch konjunkturelle Impulse setzen, dass für die Folgejahre geplante Ausgaben aus den Strukturfonds (Sozial- und Kohäsionsfonds) vorgezogen wurden. Weiterhin sollte das Kreditvolumen der Europäischen Investitions-

---

[12] Vgl. ebd., 9.
[13] Vgl. ebd., 10.

bank vor allem für kleinere und mittlere Unternehmen ausgeweitet werden.[14]

Die EU-Kommission empfahl den Mitgliedsstaaten bei ihren Konjunkturprogrammen auf Zukunftsinvestitionen zu setzen und die Mittel für Zwecke zu verwenden, die aus der Sicht der EU-Politik mittelfristige Bedeutung haben. Dies gilt vor allem für Maßnahmen zur Steigerung der Energieeffizienz, der Energieeinsparung, der Technologieförderung und des Umweltschutzes.[15]

Nachdem die konjunkturellen Impulse gewirkt haben und sich eine Rückkehr zum wirtschaftlichen Wachstum abzeichnete, hat die EU-Kommission Vorschläge entwickelt, wie die einzelnen EU-Länder ihre hohe staatliche Neuverschuldung wieder zurückführen können.[16] Für die Europäische Zentralbank stellt sich das Problem, wie die hohe Liquidität wieder eingefangen werden kann, damit durch den Geldüberhang keine inflationären Prozesse entstehen.

3 Die EU-Mitgliedsstaaten ausserhalb des EURO-Raumes

Gerade die Wirtschafts- und Finanzkrise hat gezeigt, dass sich die Einführung des EURO bewährt hat. Wenn es die gemeinsame Währung nicht geben würde, wären zwischen den heutigen Mitgliedsländern des EURO in einer solchen Krise massive Auf- und Abwertungen erfolgt, etwa eine Flucht aus den Randstaaten der EU in eine noch bestehende DM. Deshalb hat sich auch im deutschen Interesse – weil sonst die deutsche Exportwirtschaft noch härter getroffen wäre – die Einführung des EURO bewährt. Unter der Krise haben besonders einige der neuen Mitgliedsländer der EU in Mittel- und Osteuropa gelitten.[17] Dies ist deshalb der Fall, weil eine Reihe dieser Länder in den letzten Jahren ein hohes Leistungsbilanzdefizit aufwiesen. In diese Länder ist externes Kapital geflossen, zum Teil in Form von Direktinvestitionen, zum Teil als Anlagekapital in die Finanzmärkte sowie weiterhin in Form von Fremdwährungskrediten an

---

[14] Vgl. ebd., 18.
[15] Vgl. ebd., 11 und 13.
[16] Vgl. O. V., Umsetzung des Stabilitäts- und Wachstumspakts, Strategie für eine Rückzug aus der expansiven Fiskalpolitik, Bundesministerium für Finanzen, Monatsbericht Dezember 2009, S. 49–53.
[17] Vgl. *Joachim Zweynert*, Die Probleme sind teilweise hausgemacht – zur Politischen Ökonomie der Krise in Ostmitteleuropa, in: Wirtschaftsdienst 89 (2009), 292–296 und *Ognian N. Hishow*, Die Finanzsysteme der neuen EU-Mitgliedsstaaten in Ost- und Südosteuropa, in: Osteuropa-Wirtschaft 55 (2009), 200–222.

private Haushalte und Unternehmen. In der Wirtschaftskrise wurde das Anlagekapital zum Teil zurückgezogen, was einen Abwertungsdruck auf die Währungen auslöste. Bei einer starken Abwertung würden sich massiv die Kredite der dortigen Unternehmen und Haushalte, die wegen niedriger Zinsen in Fremdwährungen aufgenommen worden waren, verteuern. Es wurde eine Kettenreaktion befürchtet, indem die Zahlungsunfähigkeit von Haushalten und Unternehmen auch Banken in Schwierigkeiten bringt und somit die ganze Volkswirtschaft gefährdet. Zur Abwendung dieser Probleme hat die EU gemeinsam mit dem Internationalen Währungsfonds (IWF) für einige Länder wie Ungarn, Lettland und Rumänien umfangreiche Hilfspakete geschnürt, um den Wechselkurs und die Wirtschaft zu stabilisieren. So wurden für Lettland mehr als 7,5 Mrd. Euro durch die EU-Kommission (3,1 Mrd.), den IWF (1,7 Mrd.) und einzelne EU-Länder (vor allem wegen der engen wirtschaftlichen Verflechtung aus Skandinavien, 1,9 Mrd. Euro) sowie weitere Geber für den Zeitraum 2009 bis 2011 zugesagt. Weiterhin ermöglichte die EU-Kommission zur Stabilisierung der Wirtschaften dieser Länder einen schnelleren Mittelabfluss aus den Strukturfonds, um dort die Konjunktur zu stützen.[18]

Die Krisen in einigen Ländern Mittel- und Osteuropas waren zwar durch die globale Wirtschafts- und Finanzkrise ausgelöst worden, aber diese Länder waren in unterschiedlichem Ausmaß von der Krise betroffen. So waren die Probleme in Lettland, Ungarn, Rumänien, Bulgarien größer als in Polen und Tschechien. Andere Transformationsländer Mittel- und Osteuropas wie die Slowakei und Slowenien hatten bereits den EURO eingeführt. Die Folgen für die einzelnen Volkswirtschaften hingen vor allem auch davon ab, welche Wirtschaftspolitik die einzelnen Mitgliedsländer nach ihrem EU-Beitritt durchgeführt hatten. In einigen Ländern hatten populistische Parteien Stimmenzuwächse erhalten, was eine konsequente Reformpolitik eher behinderte. Vor allem in Rumänien und Bulgarien wurde das hohe Ausmaß der Korruption von der EU-Kommission kritisiert. Für Bulgarien wurde eine Sperrung von EU-Mitteln verhängt, da eine sachgerechte Mittelverwendung nicht gewährleistet war. Insofern deckte die globale Wirtschafts- und Finanzkrise bereits vorhandene Defizite auf und verschärfte sie lediglich.

Zudem tangierte die Wirtschafts- und Finanzkrise in den neuen Mitgliedsländern unmittelbar einen Teil der Altmitglieder. Nach dem Fall des „Eisernen Vorhangs" hatten westliche, allen voran österreichische Banken, stark in die ehemaligen Ostblockstaaten expandiert. Wirtschaft-

---

[18] Vgl. *Kommission der Europäischen Gemeinschaften*, Gesamtbericht 2009, 12.

liche Zusammenbrüche dieser Länder hätten daher auch viele westliche Banken und damit indirekt auch Altmitglieder der EU wirtschaftlich hart getroffen.

4 Die Wahrnehmung globaler Verantwortung durch die EU

Während vor Ausbruch der Finanzkrise globale Wirtschaftsfragen im Konzert der Gipfel-Treffen der G7 (USA, Japan, Deutschland, Frankreich, Großbritannien, Italien, Kanada sowie der Einbeziehung der EU) besprochen wurden, später erweitert durch die Einbeziehung Russlands zur G8, erhielten in der Wirtschaftskrise Gipfeltreffen der G20 größere Bedeutung. Die für die Weltwirtschaft wichtigsten Staaten wurden beteiligt, nämlich Argentinien, Australien, Brasilien, China, Indien, Indonesien, Mexiko, Saudi-Arabien, Südafrika, Südkorea, Türkei.

Im Vorfeld der G20-Konferenzen trafen sich die Staats- und Regierungschefs der EU-Länder, um eine gemeinsame Haltung der EU abzustimmen und mit eigenen Vorschlägen auf die Konferenzergebnisse einzuwirken.[19] In drei Gipfeltreffen der G20 wurden Vereinbarungen zur Stabilisierung der Finanzmärkte, zur Sicherung des Welthandels und zur Stabilisierung der Weltwirtschaft getroffen. Während in der Weltwirtschaftskrise nach 1929 solche Weltwirtschaftskonferenzen mit verheerenden Folgen gescheitert waren, konnte das Finanzsystem stabilisiert und der freie Welthandel weitgehend gesichert und durch eine expansive Geldpolitik der Notenbanken sowie durch staatliche Nachfrage der wirtschaftliche Zusammenbruch abgemildert werden.

Auf den Konferenzen wurden ebenso auch neue Regeln zur Regulierung der Finanzmärkte ins Auge gefasst. Diese umfassen Bestimmungen über die Eigenkapitalausstattung von Banken, die Ausgestaltung von Vergütungssystemen der Manager, die Einbeziehung von bisher nichtregulierten Finanzmarktprodukten, Finanzmarktakteuren und Finanzmarktplätzen (Finanz- und Steueroasen) in die globale Regulierung. Weiterhin sollte in den Finanzmärkten mehr Transparenz geschaffen werden, indem bisher direkt zwischen Banken und anderen Finanzmarktakteuren gehandelte Titel in eine Börsennotierung überführt werden. Weitere Probleme betreffen Ratingagenturen, die das Beratungsgeschäft mit der Bewertung von Wertpapieren vermischt hatten.

---

[19] Vgl. ebd., 27.

Weiterhin wurde der IWF beauftragt, die Einführung einer Devisentransaktionssteuer (Tobin-Tax) zu prüfen. Als eine Ursache der Finanzkrise wurden auch gravierende makroökonomische Ungleichheiten zwischen großen Volkswirtschaften angesehen, nämlich erhebliche Leistungsbilanzüberschüsse von China, Japan und Deutschland auf der einen Seite und ein gravierendes Leistungsbilanzdefizit der USA auf der anderen Seite.

In den Verhandlungen über die Finanzmarktregulierung war umstritten, wieweit die Dynamik und Innovationsfähigkeit der Finanzmärkte eingeschränkt werden sollte. Vor allem die USA und Großbritannien sehen ihre Finanzmärkte in New York und London als einen gesamtwirtschaftlich wichtigen Sektor an. In diesem Sektor haben sie vor anderen Ländern Vorsprünge, die sie nicht gefährden wollen.

Während die G20 Gipfel nur politische Grundsatzentscheidungen treffen, werden die Details der Beschlüsse und ihre Umsetzung auf anderen Ebenen, z. B. bei der Bank für Internationalen Zahlungsverkehr (BIZ) in Basel weiter beraten und konkretisiert. Daher ist noch nicht abzusehen, ob und in welchem Ausmaß die politischen Absichtserklärungen der Gipfeltreffen tatsächlich umgesetzt werden.

Zwar repräsentieren die G20 rund 80 % des weltweiten Sozialprodukts und des Welthandels. Es gibt aber noch rund weitere 180 Staaten weltweit, die in die Beratungen der großen 20 nicht einbezogen worden waren. Auch die EU bemühte sich, deren Interessen mit in den Blick zu nehmen.

5 Die Behandlung der Schwellen- und Entwicklungsländer in der Krise

Zwar war das Wachstum der Entwicklungs- und Schwellenländer von 6,1 % 2008 auf 2,1 % im Jahr 2009 gesunken[20], es war aber im Gegensatz zu allen EU-Staaten, wo die Wirtschaftsleistung um 5 % und mehr zurückging (mit Ausnahme Polens), nicht negativ. Trotzdem stiegen Arbeitslosigkeit und Armut in vielen Entwicklungsländern an und ließen einen Anstieg der hungernden und frühzeitig sterbenden Menschen befürchten. Auf den G20-Treffen wurde auch auf Initiative der EU beschlossen, das Finanzvolumen des Internationalen Währungsfonds erheblich aufzustocken. Durch diesen erhöhten Finanzierungsspielraum sollte den Ent-

---

[20] Vgl. *Europäisches Parlament*, a. a. O., 6.

wicklungsländern signalisiert werden, dass ihre Interessen mitberücksichtigt werden, obwohl sie nicht unmittelbare Gipfelteilnehmer waren. Das erhöhte Finanzvolumen sollte dem IWF ermöglichen, allen Ländern, die aufgrund der Wirtschaftskrise kurzfristig Finanzhilfen benötigen, diese zu gewähren. Zwei weitere Beschlüsse zu Gunsten der Entwicklungsländer wurden gefasst: Erstens sollten die Märkte der Industrieländer für Exporte aus Entwicklungsländern offengehalten werden. Es sollte keine Krisenpolitik durch nationalen Protektionismus zu Lasten der Dritten Welt durchgeführt werden. Zweitens sollte die staatliche Entwicklungshilfe, die in den letzten Jahren gestiegen war, um das Erreichen der weltweiten Entwicklungsziele bis 2015 zu erreichen, nicht gekürzt werden. Die EU-Kommission erstellte eine Strategie zur Unterstützung der Entwicklungsländer.[21] Der Entwicklungsausschuss des Europäischen Parlaments forderte die Mitgliedstaaten der EU auf, die Selbstverpflichtungen einzuhalten und ihre Entwicklungsetats auf 0,56 % des BIP 2010 und 0,7 % 2015 zu steigern, um die auf dem Millenniumsgipfel 2000 bei der UNO in New York beschlossenen Entwicklungsziele, vor allem die Halbierung der Armut bis 2015, tatsächlich zu erreichen.[22]

Aufgrund der erheblichen Haushaltsdefizite der Industrieländer besteht die Gefahr, dass bei der notwendigen Rückführung der Neuverschuldung in den Industrieländern auch Kürzungen der Entwicklungshilfe in den Blick geraten. Da aufgrund der Wirtschafts- und Finanzkrise die Zahl der Armen um rund 100 Millionen Menschen[23], vor allem auch hungernden Menschen, weltweit steigt, wäre dies unvertretbar. Die EU will ihre Mitgliedsländer zur Einhaltung der Zusagen veranlassen, was angesichts gravierender Haushaltsprobleme einzelner EU-Länder unwahrscheinlich sein könnte.

Die EU-Kommission hat weiterhin in der Krise in ihrer Entwicklungszusammenarbeit einzelnen Partnerländern, vor allem aus den AKP-Staaten, eine vorgezogene Budgethilfe in Höhe von 3 Mrd. Euro gewährt.[24]

6 Reformanstrengungen zur Bewältigung der Krise

Die EU-Kommission hatte nach Ausbruch der Krise eine hochrangige Expertenkommission unter Vorsitz des früheren Präsidenten der Europä-

---

[21] Vgl. *Kommission der Europäischen Gemeinschaften*, Gesamtbericht 2009, 27.
[22] Vgl. *Europäisches Parlament*, a.a.O., 7.
[23] Vgl. ebd., 20.
[24] Vgl. *Kommission der Europäischen Gemeinschaften*, Gesamtbericht 2009, 27 f.

ischen Bank für Wiederaufbau und Entwicklung, Jacques De-Larosière, eingesetzt, die vor allem über eine bessere Finanzaufsicht in der EU beraten sollte. Die Vorschläge dieses Gremiums wurden nicht umfassend umgesetzt, weil sie auf Widerstände der Mitgliedstaaten stießen. Es wird zunächst ein Gremium (ca. 60 Personen) eingesetzt, das über Systemrisiken in makroökonomischer Hinsicht (Entstehung von Blasen in bestimmten Sektoren wie Immobilien oder Wertpapiermärkte) wachen und vorbeugende Maßnahmen anregen soll. Diesem „European Systemic Risk Board" gehören die Chefs der Europäischen Zentralbank und der nationalen Notenbanken und die Leiter der Aufsichtsbehörden sowie der EU-Kommission an. Neben dieser Makroüberwachung gibt es auch die Mikroüberwachung, die auf die einzelnen Finanzinstitute gerichtet ist. Angesichts der engen Verflechtungen der Finanzmärkte innerhalb der EU hätte es nahegelegen, einheitliche Regeln zu formulieren und ihre Überwachung durch europäische Behörden sicherzustellen. Die EU-Staaten waren zu einer so weiten Kompetenzübertragung nicht bereit. Außerdem wollten mehrere EU-Länder den Sitz einer solchen Überwachungsbehörde haben. Daraus ergab sich dann ein EU-typischer Kompromiss. So wird keine einheitliche Europäische Aufsichtsbehörde geschaffen, sondern drei Behörden, die an drei verschiedenen Standorten (London, Paris und Frankfurt) ihren Sitz haben und ihre Tätigkeit zum 1.1.2011 aufnehmen. Es gibt für Banken und Versicherungen unterschiedliche Überwachungsbehörden sowie für Wertpapiere und Ratingagenturen. Weiterhin haben diese Aufsichtsbehörden kein unmittelbares Durchgriffsrecht, z. B. indem sie die Schließung einer Bank anweisen können, sondern sie sollen lediglich die nationalen Überwachungsbehörden koordinieren und eine einheitliche Handhabung der Regulierung gewährleisten. Dies wird von vielen Experten, z. B. vom Sachverständigenrat zur Begutachtung der gesamtwirtschaftlichen Entwicklung, kritisiert.[25] Zu Ratingagenturen gibt es inzwischen eine EU-Verordnung[26], die die in der Finanzkrise aufgedeckten Probleme, wie die Interessenkonflikte von gleichzeitiger Bewertung und Beratung, beheben soll.

---

[25] Vgl. *Sachverständigenrat zur Begutachtung der Gesamtwirtschaftlichen Entwicklung*, Jahresgutachten 2009/10, TZ 247f.; ebenso *Sebastian Dullien*, Erlahmender Reformenthusiasmus, in: Wirtschaftsdienst 2/2010, Zeitgespräch: Nach der Krise: Wirksame Regelungen auf dem Finanzmarkt?, S. 75–79, hier 78 f. Hingegen gehen die Befürchtungen von *Hans-Peter Burghof*, Lösung der Finanzkrise, in: Wirtschaftsdienst 6/2009, 354 f. in die gegenteilige Richtung, weil er eine zu starke Harmonisierung befürchtet. Gleichgerichtete Auflagen für alle Banken in Europa könnten die Krisenanfälligkeit erhöhen.
[26] Vgl. Verordnung (EG) Nr. 1060/2009 des Europäischen Parlaments und des Rates v. 16.9. über Ratingagenturen, Amtsblatt der Europäischen Union L 302 v. 17.11.2009.

Die Finanzkrise hat weiterhin erhebliche Ungleichgewichte der makroökonomischen Entwicklung in der EURO-Zone offengelegt.[27] Die wirtschaftspolitischen Strategien der Mitglieder der EURO-Zone waren unterschiedlich. Ebenso ging die Lohnentwicklung weit auseinander. Während Deutschland gegenüber vielen Ländern der EURO-Zone einen Leistungsbilanzüberschuss erzielte, wiesen andere Länder ein erhebliches Leistungsbilanzdefizit auf. Finanziert wurde dieses Leistungsbilanzdefizit dadurch, dass z. B. deutsche Banken in erheblichem Umfang Staatsanleihen von Griechenland, Spanien, Portugal usw. erwarben. Ein einheitliches Währungsgebiet bedarf aber nicht nur einer Koordination der Fiskalpolitik, vor allem der Neuverschuldung der beteiligten Länder, sondern insgesamt einer stärkeren wirtschaftspolitischen Abstimmung.

7 Das Griechenlandproblem

Im Herbst 2009 offenbarte die neue griechische Regierung, dass ihre staatliche Neuverschuldung weit über den bisher der EU gemeldeten Sätzen lag. So wurde Anfang 2009 lediglich eine Neuverschuldung in Höhe von 3,7 % des Bruttoinlandsprodukts (BIP) nach Brüssel gemeldet, tatsächlich belief sich die Neuverschuldung 2009 auf 12,7 % des BIP[28], die gesamte Schuldenlast beläuft sich auf über 112 % des BIP. Während die EU-Verträge (Vertrag über die Arbeitsweise der Europäischen Union Art. Nr. 126) Länder zu einer Vermeidung übermäßiger Haushaltsdefizite verpflichten, würde Griechenland ohne einschneidende Maßnahmen 2010 und 2011 eine ähnliche Neuverschuldung aufweisen und der gesamte Schuldenstand würde auf 135,4 % am BIP steigen.[29] Im Kontext der griechischen Schuldenkrise wurde deutlich, dass Griechenland seine Daten bereits bei Beitritt zum EURO 2002 manipuliert hatte. So hatte Griechenland eine Neuverschuldung des Staates in Höhe von 1,8 % des BIP gemeldet, tatsächlich betrug sie 3,3 % des BIP.[30] Griechenland hatte jahrelang falsche Zahlen über seine Verschuldung an die Statistikbehörde der EU (Eurostat) gemeldet.

---

[27] Vgl. dazu *Sebastian Dullien/Hansjörg Herr/Christian Kellermann*, Der gute Kapitalismus, ... und was sich dafür nach der Krise ändern müsste, Bielefeld 2009, 78 ff.
[28] Vgl. *Ifo-Institut*, Fakten zu Griechenland und anderen Schuldnerstaaten der EU, 2, online unter <http://www.cesifo-group.de/portal/page/portal/ifoContent/N/politikdebatte/ifospezial/spezialgreekcont/special-greek-facts.pdf>, abgerufen 8.4.2010.
[29] Vgl. *O. V.*, Umsetzung des Stabilitäts- und Wachstumspaktes, a. a. O., 53.
[30] Vgl. *Ifo-Institut*, Fakten zu Griechenland, 2.

Zum Teil hatten internationale Investmentbanken wie Goldmann Sachs Griechenland dabei geholfen, seine tatsächliche Verschuldung zu verschleiern. Als Folge der hohen Verschuldung und des enormen Kreditbedarfs Griechenlands stiegen die Zinsen für griechische Staatsanleihen deutlich an. Griechenland musste doppelt so hohe Zinsen für Staatsanleihen wie Deutschland zahlen (hohe Risikozuschläge). Die griechische Krise führte dazu, dass auch die öffentlichen Haushalte weiterer EURO-Staaten in das kritische Blickfeld der Finanzmärkte gerieten, weil diese Staaten auch hohe Haushaltsdefizite und einen schnell wachsenden Gesamtschuldenstand aufwiesen. Diese Staaten wurden im Jargon der Finanzmärkte als PIIGS (Portugal, Italien, Irland, Griechenland und Spanien) bezeichnet. Manche Finanzspekulanten wurden auch gegen diese Staaten aktiv.

Nach dem Aufdecken der griechischen Schuldensituation wurde die Gefahr beschworen, dass Griechenland vor einem Staatsbankrott[31] steht, weil neue Schulden immer nur zu höheren Zinsen (Risikozuschlag) zu erhalten sind, die Höhe der Zinsen aber in einen Teufelskreis führt, weil bei extrem hohen und schnell wachsenden Zinsbelastungen eine Rückführung der Neuverschuldung immer schwieriger wird. Auf Druck der EU-Kommission und der EURO-Partner musste Griechenland ein drastisches Programm zur Reduzierung seines Haushaltsdefizits vorlegen. Dies stieß in Griechenland auf Proteste und Widerstände wie Streiks. Da in Griechenland Korruption und Steuerhinterziehung ein hohes Ausmaß einnehmen, stellte sich zudem die Frage der politischen Durchsetzbarkeit und Realisierbarkeit weiterreichender Maßnahmen der Haushaltskonsolidierung durch Steueranhebungen und Ausgabenkürzungen. Die Gefahr, dass Griechenland bei der notwendigen Kreditaufnahme auch bei dem Angebot hoher Zinsen keine Kredite mehr erhält und damit ein Staatsbankrott droht, blieb bestehen. Die Gefahr eines Staatsbankrotts eines EURO-Landes stellt aber für die Währungsgemeinschaft insgesamt eine Gefahr dar, zumal auch Domino-Effekte durch Einbeziehung anderer Länder befürchtet werden.

Im Januar 2010 kündigte die EU-Kommission einen Vorschlag an, die Kompetenzen der Statistikbehörde (Eurostat) der Gemeinschaft zu stärken, um in Zukunft Zahlen der Mitgliedsländer genauer überprüfen zu

---

[31] Der IFO-Schnelldienst 4/2010 63. Jg. widmete aus Anlass der Griechenlandkrise mehrere Beiträge (Charles B. Blankert/Erik R. Fasten; Jörg Axel Kämmmer/Hans-Peter Schäfer; Jörg Asmussen; Christian Tietje; Michael Kühl/Renate Ohr) ökonomischen und rechtlichen Aspekten von Staatsschulden und Staatsbankrotten.

können.[32] 2005 waren solche Maßnahmen noch vom Ministerrat als Eingriff in die nationale Souveränität der einzelnen EU-Länder abgelehnt worden.

Bei der Einführung des EURO war auf deutsches Drängen ausdrücklich der Stabilitäts- und Wachstumspakt in die EU-Verträge aufgenommen worden. Dieser sieht vor, dass eine Haftung von Staatsschulden eines Mitgliedslandes durch andere Mitgliedsländer ausdrücklich ausgeschlossen wird (Art. 125 des Vertrages über die Arbeitsweise der EU). Vielmehr schreibt Art. 126 vor, dass die Mitgliedsstaaten ein hohes Staatsdefizit zu vermeiden haben. Dieser Artikel gibt ein Verfahren vor, um gegen Mitgliedsländer mit einem hohen Haushaltsdefizit vorzugehen.

Um einen möglichen Staatsbankrott Griechenlands abzuwenden, wurden verschiedene Maßnahmen diskutiert, wobei vor allem umstritten war, ob die Gemeinschaft alleine Griechenland helfen sollte oder Externe wie der Internationale Währungsfonds beteiligt werden sollten. Die Beteiligung von Externen wie dem Internationalen Währungsfonds erschien manchen als Prestigeverlust, weil dann eine EU-fremde und stark von den USA gesteuerte Institution Einfluss auf Europa gewinnen könnte. Dabei hatten EU-Staaten, die nicht dem EURO angehören, bereits gemeinsame Hilfen von der EU und vom Internationalen Währungsfonds erhalten. Weiterhin sind die EU-Staaten zusammengenommen die wichtigsten Anteilseigner des IWF.

Nach einer kontroversen Diskussion einigten sich die Staats- und Regierungschefs der EU darauf, dass im Falle von Schwierigkeiten Griechenlands, auf privaten Kapitalmärkten neue Kredite aufzunehmen, sowohl der IWF wie die dem EURO angehörenden EU-Länder Griechenland verzinsliche Darlehen gewähren werden. Dabei ist der Anteil, den die EU-Länder an der Europäischen Zentralbank halten, maßgeblich für den Beitrag, den sie für Griechenlandkredite beisteuern müssen, so dass Deutschland den größten Teil der Hilfen tragen müsste.

Als Folge der Griechenlandkrise wurde auch vorgeschlagen, einen eigenen Europäischen Währungsfonds zu errichten. Da die Umsetzung aber eine Änderung der EU-Verträge erfordern würde, die sich lange hinziehen könnte, konnte dieser Vorschlag keine kurzfristige Lösung für das „Griechenland-Problem" darstellen. Es muss abgewartet werden, ob in den kommenden Jahren dieses Projekt realisiert wird.

---

[32] Vgl. O. V., Europäische Wirtschafts- und Finanzpolitik, Bundesministerium für Finanzen, Monatsbericht Januar 2010, 34–36., hier 36.

Die Entwicklung in Griechenland ruft aus sozialethischer Sicht die Frage hervor, welche normativen Gesichtspunkte leitend sein sollen. Jede Gemeinschaft beruht darauf und kann nur funktionieren, wenn alle Beteiligten sich an gemeinsam vereinbarte Regeln halten.[33] Griechenland hat aber gegen Regeln, denen die griechische Regierung und das griechische Parlament freiwillig zugestimmt haben, nicht nur einmalig und geringfügig, sondern jahrelang und systematisch verstoßen. Generell gilt, dass vielfältige menschliche Gemeinschaften solche Mitglieder ausschließen würden. Im Kontext von Griechenland gab es im politischen Raum Stimmen, die zumindest den Ausschluss Griechenlands aus dem EURO forderten. Die EU sieht im Vertrag über die Europäische Union aber keinen Ausschluss von Mitgliedsländern vor, sondern kennt nur eine Aussetzung des Stimmrechts (Art. 7), wenn in einem EU-Land fundamentale Grundwerte[34] (im Art. 2 niedergelegt) missachtet werden. Ein Land kann lediglich nach Art. 50 selbst seinen Austritt aus der EU erklären. Hier liegen offensichtlich Lücken der Vertragsbestimmungen vor, weil auch bei schwerwiegenden, wiederholten bzw. systematischen Vertragsverletzungen kein Ausschluss möglich ist. Ein solches institutionalisiertes Ausschlussverfahren wäre auch angesichts von Problemen in anderen Mitgliedsländern (Korruption in Rumänien und Bulgarien) als Reformhebel sinnvoll.

In der EU wurde Griechenland politisch hingegen überwiegend als Fall einer gemeinschaftsinternen Solidarität diskutiert. Eine solche finanzielle Solidarität der Hilfen für einen einzelnen Mitgliedsstaat ist in den EU-Verträgen (Art. 122) ausdrücklich vorgesehen, wenn es sich um Naturkatastrophen oder sonst nicht beeinflussbare Notlagen handelt. Dies ist aber im Fall der griechischen Finanzkrise ausdrücklich nicht gegeben, weil wirtschafts- und finanzpolitisches Fehlverhalten der griechischen Regierung und des Parlaments vorliegen. Die beschlossenen Hilfen für Griechenland waren Ausdruck der generellen Dynamik der EU, immer nur Erweiterungen des Mitgliedskreises der Gemeinschaft anzuzielen und durch finanzielle Anreize eine Homogenisierung anzustreben.

Selbst wenn Griechenland in den nächsten Jahren die Maßnahmen der Haushaltskonsolidierung durchsetzt und die notwendigen innenpolitischen Reformen der Korruptionsbekämpfung, einer bessere Steuererhebung, Reduzierung des überdimensionierten öffentlichen Sektors etc.

---

[33] Vgl. zu einer vertragstheoretischen Interpretation der EU: *Joachim Wiemeyer*, Europäische Union und weltwirtschaftliche Gerechtigkeit. Die Perspektive der Christlichen Sozialethik, Münster 1998, 72–74.

[34] Vgl. zur Wertediskussion: *Christof Mandry*, Europa als Wertegemeinschaft, Eine theologisch-ethische Studie zum politischen Selbstverständnis der Europäischen Union, Baden-Baden 2009.

durchführt, ist offen, ob Griechenland nicht in eine längerfristige wirtschaftliche Stagnation gerät. Das hohe Haushaltsdefizit Griechenlands[35] war auch darauf zurückzuführen, dass es ebenfalls ein hohes Leistungsbilanzdefizit als Folge einer schwindenden Wettbewerbsfähigkeit der griechischen Wirtschaft in Höhe von ca. 14 % des Bruttosozialproduktes aufwies, was lediglich in Höhe von 2,5 % durch Transfers (Geschenke) von den anderen EU-Ländern finanziert wurde. Für das restliche Defizit musste Griechenland sich im Ausland verschulden. Die erhebliche Größenordnung des Defizits war auch darauf zurückzuführen, dass in Griechenland die Löhne seit Einführung des Euros erheblich schneller gestiegen waren als in anderen EURO-Ländern, vor allem Deutschland.[36] Trotz der hohen Haushaltsdefizite wurden in Griechenland der öffentliche Dienst erweitert und dort hohe Lohnanhebungen gewährt.

Die anderen EU-Länder stimmten letztlich auch aus Eigeninteresse Hilfen für Griechenland zu. Die griechischen Staatsschulden wurden nämlich von Banken und anderen Kapitalanlegern in ihren Ländern gehalten, etwa 32 Mrd. Euro im deutschen und 55 Mrd. Euro im französischen Besitz.[37] Ein Staatsbankrott Griechenlands könnte also erneut eine Bankenkrise auslösen und erhebliche Steuermittel zur Rettung erforderlich machen. Daher könnten finanzielle Hilfen für Griechenland sich als kostengünstiger erweisen.

8 Schlussfolgerungen

In der Wirtschafts- und Finanzkrise hat sich die EU also als handlungs- und gemeinschaftsfähig erwiesen. Die einzelnen EU-Länder sind nicht in einen nationalen Egoismus geflüchtet, in dem jeder versucht, sich selbst ohne Rücksicht auf die Nachbarn zu retten. Vielmehr hat das abgestimmte Konjunkturprogramm die Dauer der Rezession und das Ausmaß der Wirtschaftskrise begrenzt. Die Konjunkturprogramme sollten längerfristig angelegte Ziele wie im Umweltschutz und bei der Energieeinsparung berücksichtigen. Die Einlagen der Sparer wurden kurzfristig geschützt, weitere Bankenzusammenbrüche wurden verhindert und der Finanzmarkt wurde stabilisiert. Auch wurden die EU-Länder bei den G20-Treffen aktiv, um eine Reform des weltweiten Finanzsystems ein-

---

[35] Von 1999–2008 um 30,2 % (Griechenland) gegenüber Deutschland (3,8 %); vgl. *IFO-Institut*, Fakten über Griechenland a.a.O., 3 f.
[36] Vgl. *Dullien/Herr/Kellermann*, a.a.O., 80.
[37] Vgl. *IFO-Institut*, Fakten über Griechenland, a.a.O., 2.

zuleiten. Dazu wurden erste Schritte der Vereinbarungen umgesetzt. Für besonders in Schwierigkeiten geratene EU-Länder wurden Hilfspakete geschnürt (Lettland, Rumänien und Ungarn) bzw. für den Eventualfall (Griechenland) bereitgestellt. Weiterhin wurden Beschlüsse gefasst, die Aufsicht über Finanzmärkte in Zukunft besser zu koordinieren. Dafür wurden Gremien geschaffen, die sowohl Systemrisiken auf makroökonomischer Ebene abschätzen und vorbeugen sollen wie auch Institutionen (Banken, Versicherungen, Ratingagenturen etc.) überwachen sollen. Da man sich hier nicht zu weiterreichenden europäischen Kompetenzen durchringen konnte, muss die Zukunft zeigen, ob die Koordinierung hinreichen wird.

Im Frühjahr 2010 war aber auch eine Vielzahl von Aspekten als Folgerung aus der Finanzkrise noch ungeklärt. Dies gilt erstens für gesamtwirtschaftliche Zusammenhänge auf weltwirtschaftlicher wie auf europäischer Ebene.[38] Auf der einen Seite stehen Länder wie China, Deutschland, Japan und einige ölexportierende Länder mit erheblichen Leistungsbilanzüberschüssen. Hier besteht die Herausforderung, wie diese gravierenden Überschüsse abgebaut werden können. Innerhalb der EU stellt sich die Frage, wie eine ausgeglichenere Wirtschaftsentwicklung innerhalb der EURO-Länder erreicht werden kann, weil in der Vergangenheit z. B. die Lohnentwicklung in den EURO-Ländern relativ stark auseinanderlief. Der bisher relativ wirkungslose makroökonomische Dialog müsste zu einer stärkeren Abstimmung führen und auch Verfahren beinhalten, die Lohnentwicklung in den EURO-Staaten mit einzubeziehen. Der neue EU-Vertrag (Art. 121 (4)) hat die Möglichkeiten der EU-Kommission erweitert, Mitgliedsländer mit einer Wirtschafts- und Finanzpolitik, die den europäischen Vorgaben nicht entspricht, zu rügen. Es gibt Überlegungen, das makroökonomische Gewicht des EU-Haushalts, das max. 1,24 % des Bruttosozialprodukts beträgt, zu erhöhen, indem hier gesamtwirtschaftlich relevante Dimensionen geschaffen werden. Noch weitergehende Vorschläge zielen auf eine europaweite Arbeitslosenversicherung ab, um so eine stärkere EU-weite Umverteilung einzuführen.[39]

Die EU-Kommission hatte, nachdem sich eine Stabilisierung der Wirtschaft abzeichnete, Vorschläge vorgelegt, wie die hohen staatlichen Defizite in mehrjährigen Schritten abgebaut werden können. Dabei wurden für einzelne Länder differenzierte Vorgaben für Zeitpunkt und Ausmaß der Konsolidierungsschritte gemacht.[40] Außerdem muss die Europäische

---

[38] Vgl. *Sebastian Dullien*, a. a. O., 78 f.
[39] Vgl. dazu *Dullien/Herr/Kellermann*, Der gute Kapitalismus, 192–194.
[40] Vgl. *O. V.*, Der Europäische Stabilitäts- und Wachstumspakt.

Zentralbank den hohen Liquiditätsüberhang wieder einsammeln, um inflationäre Gefahren zu vermeiden. Die Frage lautet also, ob die europäischen Länder wieder in eine Phase des Wirtschaftswachstums kommen, dessen Höhe ausreicht, um Staatsdefizite hinreichend zu senken, und zugleich höhere Preissteigerungsraten vermeiden zu können.

Bei den G20-Treffen gab es eine Reihe von Grundsatzbeschlüssen, um Hilfen für Entwicklungsländer bereitzustellen und bestimmte Bereiche der Finanzmärkte neu zu regeln. Dabei wurden konkrete Maßnahmen und Prüfaufträge an andere Institutionen (z.B. IWF) oder die Bank für Internationalen Zahlungsverkehr (BIZ) vergeben, die die Details ausarbeiten sollen. Weiterhin sollen bestimmte Vereinbarungen erst bis Ende 2010 getroffen und später umgesetzt werden. Es muss daher offenbleiben, ob es erstens zu konkreten Vereinbarungen kommt oder bereits auf der Regierungsebene Verhandlungen erfolglos bleiben und Vorhaben verwässert werden. Zweitens muss sich dann zeigen, ob Länder bzw. Ländergruppen (EU) die Beschlüsse tatsächlich umsetzen oder ob nicht bestimmte Lobbies, also wie in der Vergangenheit der „Wallstreet-Finanzministerium"-Komplex[41] in den USA, die Umsetzung wirksamer Maßnahmen verhindern. Drittens stellt sich die Frage, ob die vereinbarten Regulierungen hinreichend sein werden, um zukünftige Finanzkrisen zu vermeiden. Oder werden Finanzmarktakteure wie in der Vergangenheit Regeln bloß formal einhalten, ihre Zielsetzung und ihren Geist aber unterlaufen bzw. neue Finanzprodukte und Finanzinnovationen hervorbringen, die neue Regulierungslücken entstehen lassen? Weiterhin stellt sich die Frage, ob die vereinbarten Regelungen überall streng gehandhabt werden oder manche nationalen Regulierungsbehörden, um ihren nationalen Finanzmarktakteuren kurzfristigen Vorteil zu verschaffen, diese nur „lasch" anwenden oder Finanzmarktakteure in wenig regulierte Finanzplätze ausweichen können.

Die zur Lösung anstehenden Problembereiche lassen sich wie folgt näher beschreiben: Erstens ist offen, wie der Finanzsektor an den Kosten der Krisenbeseitigung beteiligt werden kann bzw. wie vor einer neuen Finanzmarktkrise, etwa durch Aufbau eines europäischen Sicherungsfonds, vorgesorgt werden kann. Hierbei werden zwei Instrumente diskutiert: Zum einen die Erhebung einer Bankenabgabe, zum anderen eine Transaktionssteuer. Letztere würde auf Devisenkäufe wie den Wertpapierhandel erhoben.

---

[41] Vgl. *Jagdisch Bhagwati*, Verteidigung der Globalisierung, Bonn 2008, 313.

Ein weiteres Problem liegt darin, dass als eine wesentliche Ursache der Finanzmarktkrise die Vergütungssysteme, vor allem im Investmentbanking, angesehen wurden. Die extrem hohen und an kurzfristigen Gewinnen (ohne ausreichende Haftung bei Verlusten) orientierten Vergütungen hätten ein besonders risikoreiches Verhalten gefördert. Hier ist es notwendig, neue Vergütungsregelungen, die ein eher längerfristig ausgerichtetes Geschäftsgebaren fördern und eine ausreichende Haftung beinhalten, einzuführen.

In der Krise hatten sich die neuen Bilanzierungsvorschriften, die eine marktnahe Bewertung von Wertpapieren vorschreiben, als krisenverschärfend erwiesen. In der Hochkonjunktur weisen die Bilanzen der Banken sehr große Geschäftserfolge auf, während in einer Wirtschaftskrise hohe Verluste anfallen. Daher sind neue Bilanzvorschriften notwendig, die mehr Stabilität in die Unternehmensentwicklung bringen. Neue Bilanzierungsvorschriften werden erst 2013 verbindlich.[42]

Viele Banken waren in Schwierigkeiten geraten, weil sie im Verhältnis zu ihrem Geschäftsvolumen eine zu geringe Eigenkapitalausstattung aufwiesen. Die Problematik bei Eigenkapitalregelungen besteht darin, zu definieren, was als haftendes Eigenkapital einer Bank überhaupt gilt, und näher festzulegen, welche Geschäfte jeweils in welchem Ausmaß mit Eigenkapital zu unterlegen sind, z. B. wie viel Eigenkapital soll eine Bank für einen fast sicheren Staatskredit aufbringen im Verhältnis zu einem Kredit an einen Hedgefonds oder einen anderen Spekulanten, der auf Kredit riskante Devisen- oder Wertpapiergeschäfte tätigt. Ebenso stellt sich die Frage, wie viel Eigenkapital für alle Geschäfte einer Bank einschließlich Garantiezusagen aufgebracht werden muss. Konkrete Vorschläge sollen bis Ende 2010 verabschiedet und nach Lage der Finanzmärkte bis Ende 2012 in Kraft treten.[43]

Ursprünglich wollte die EU bereits Ende 2009/Anfang 2010 neue Regeln für Hedgefonds und Private Equity-Fonds vereinbaren. Eine solche stärkere Regulierung dieser Fonds scheiterte aber zunächst am Widerstand der britischen Regierung. Da viele Hedgefonds in London angesiedelt sind bzw. dort ihre Geschäfte betreiben, wollte die britische Regierung zu strenge Regulierungen vermeiden[44], weil sie eine Abwanderung befürch-

---

[42] Vgl. *Bundesministerium für Finanzen*, Stand der Umsetzung der Beschlüsse der G20-Staats- und Regierungschefs zur Finanzmarktregulierung, unveröffentl. Manuskript v. 17. März 2010, 6.
[43] Vgl. ebd., 1.
[44] Vgl. O. V., Europa ringt um neue Hedge-Fonds-Regulierung, in: Frankfurter Allgemeiner Zeitung vom 13.3. 2010, 12.

tet. Der bereits im April 2009 vorgelegte Vorschlag der EU-Kommission, der u. a. eine Registrierungspflicht für Hedgefonds, die Publizierung von Überwachungsdaten und Mindeststandards einer Aufsicht enthielt, war ein Jahr später immer noch nicht verabschiedet. Umstritten ist u. a., ob Fonds, die ihren Sitz außerhalb der EU haben, sich in jedem einzelnen der 27 EU-Ländern registrieren lassen müssen, wenn sie in Europa Geschäfte tätigen wollen.

Ein weiteres ungelöstes Problem liegt in der Erhöhung der Transparenz von bestimmten Geschäften. Vielfach hatten Banken lediglich untereinander, aber nicht transparent über Börsen, z. B. Derivate bzw. Kreditausfallversicherungen (CDS) abgeschlossen (sogenannte over counter Geschäfte). Solche Geschäfte sind für den Gesamtmarkt intransparent. Um hier Transparenz zu schaffen, wird ein verpflichtender Börsenhandel vorgeschlagen.

Ungeklärt ist bisher auch die Frage, wie insolvente Banken geordnet abgewickelt werden können, ohne an den Finanzmärkten Panik auszulösen. Eine europäische Lösung ist bis Ende 2010 geplant.[45]

Ein letztes Problem stellen die wenig regulierten Finanzplätze und Steueroasen dar, die auch als „Nicht-kooperative Juristriktionen"[46] bezeichnet werden. Vielfach wird auf diesen Finanzplätzen auch Geld aus Steuerhinterziehung, Korruption und anderen illegalen Geschäften gewaschen. Es gibt Schätzungen, dass das Aufkommen aus Steuerhinterziehung und Korruption in solchen Finzoasen mit 641–941 Mrd. Dollar etwa das Zehnfache der jährlichen Entwicklungshilfe ausmacht.[47] Zwar hat die Publizierung einer OECD-Liste von Steueroasen dazu geführt, dass sich viele dieser Juristriktionen bereiterklärt haben, neue Steuerabkommen zu schließen, um die Mitteilungspflichten an die Länder, aus denen das Kapital fließt, zu erhöhen. Es ist aber nicht gewiss, dass damit auch die unzureichende Regulierung von Finanzmarktakteuren, z. B. Banken und Hedgefonds, tatsächlich beseitigt und auch das Waschen von Geld aus illegalen Geschäften eingedämmt werden wird. Auch Deutschland hat bisher nicht alle internationalen Vereinbarungen zur Bekämpfung von Geldwäsche und Terrorismusbekämpfung vollständig umgesetzt.[48]

Im politischen Raum wurde bisher nicht problematisiert, dass in 19 von 27 Mitgliedsländern der EU die jeweils 5 größten Banken einen Marktanteil von mehr als 50 % erreichen. Dort kann nicht nur der Markt zu

---

[45] Vgl. *Bundesministerium für Finanzen*, Stand der Umsetzung, 3.
[46] Vgl. ebd.,4.
[47] Vgl. *Europäisches Parlament*, a. a. O., 6.
[48] Vgl. *Bundesministerium für Finanzen*, Stand der Umsetzung, 5.

Lasten von Sparern und privaten Kreditnehmern sowie kleinen und mittleren Unternehmen zu wenig Wettbewerb aufweisen. Vielmehr kann eine gleichgerichtete Strategie der jeweils dominierenden Banken in einem Land krisenverschärfend wirken. Durch eine größere Vielfalt von Finanzinstituten kann eine größere Stabilität des Finanzsystems erreicht werden.[49]

Aus diesen Gründen ist eine abschließende Bewertung der EU-Politik in der Krise nicht möglich, sondern es kann nur eine Zwischenbilanz gezogen werden. Diese Zwischenbilanz lautet, dass eine Vielzahl richtiger Initiativen und Ideen von der EU-Kommission vorgeschlagen wurde, ob sie aber tatsächlich in internationale Vereinbarungen einfließen und als EU-Recht im Innern umgesetzt werden, was sozialethisch erwünscht wäre, muss abgewartet werden.

Literaturverzeichnis

Jagdisch Bhagwati, Verteidigung der Globalisierung, Bonn: Pantheon 2008.

Bundesministerium für Finanzen, Stand der Umsetzung der Beschlüsse der G20-Staats- und Regierungschefs zur Finanzmarktregulierung, unveröffentl. Manuskript v. 17. März 2010.

Bundeszentrale für Politische Bildung (Hg.), Vertrag von Lissabon, Bonn 2008.

Hans-Peter Burghof, Lösung der Finanzkrise, in: Wirtschaftsdienst 6/2009, 354f.

Hans-Peter Burghof, Füllhorn oder Pandorabüchse? Woher kommen die neuen Vorschläge zur Bankenaufsicht?, in: Wirtschaftsdienst 2/2010, Zeitgespräch: Nach der Krise: Wirksame Regelungen auf dem Finanzmarkt?, 88–91.

Sebastian Dullien, Erlahmender Reformenthusiasmus, in: Wirtschaftsdienst 2/2010, Zeitgespräch: Nach der Krise: Wirksame Regelungen auf dem Finanzmarkt?, 75–79.

Sebastian Dullien/Hansjörg Herr/Christian Kellermann, Der gute Kapitalismus, … und was sich dafür nach der Krise ändern müsste, Bielefeld: Transcript 2009.

---

[49] Vgl. *Gerhard Schick*, Finanzmarktregulierung zwischen Licht und Schatten, in: Wirtschaftsdienst 2/2020, Zeitgespräch: Nach der Krise: Wirksame Regelungen auf dem Finanzmarkt?, 84–87, hier 86.

Europäisches Parlament, Bericht über die Auswirkungen der weltweiten Finanz- und Wirtschaftskrise auf die Entwicklungsländer und auf die Entwicklungszusammenarbeit (A 7/0034/2010; Berichterstatter: Enrique Guerrero Salom) v. 9.3.2010, 6.

Ognian N.Hishow, Die Finanzsysteme der neuen EU-Mitgliedsstaaten in Ost- und Südosteuropa, in: Osteuropa-Wirtschaft 55 (2009), 200–222

Ifo-Institut, Fakten zu Griechenland und anderen Schuldnerstaaten der EU, 2, online unter <http://www.cesifo-group.de/portal/page/portal/ifoContent/N/politikdebatte/ifospezial/spezialgreekcont/special-greek-facts.pdf>, abgerufen 8.4.2010.

IFO-Schnelldienst 63 (2010) 4 (Schwerpunktheft „Griechenlandkrise").

Kommission der Europäischen Gemeinschaften, Mitteilung der Kommission an das Europäische Parlament und den Rat, Europas Finanzsystem zukunftsfähig machen, KOM (2008) 122 endgültig v. 27.2.2008.

Kommission der Europäischen Gemeinschaften, Mitteilung der Kommission, Europäische Finanzaufsicht KOM (2009) 252 endgültig v. 27.5.2009.

Kommission der Europäischen Gemeinschaften, Gesamtbericht über die Tätigkeit der Europäischen Union, 26, online unter <http://europa.eu/generalreport/de/2009/index.html>, abgerufen 8.4.2010.

Martin Koopmann, Europäische Union, in: *Konrad-Adenauer-Stiftung* (Hg.), Die Finanzmarktkrise, Internationale Perspektiven, Berichte und Analysen aus 24 Ländern, Berlin 2008, 120–125.

Christof Mandry, Europa als Wertegemeinschaft, Eine theologisch-ethische Studie zum politischen Selbstverständnis der Europäischen Union, Baden-Baden: Nomos 2009.

Harald Noack/Mechthild Schrooten, Die Zukunft der Landesbanken – Zwischen Konsolidierung und neuem Geschäftsmodell, Kurzgutachten im Auftrag der Friedrich-Ebert-Stiftung, Bonn 2009.

O. V., Umsetzung des Stabilitäts- und Wachstumspakts, Strategie für eine Rückzug aus der expansiven Fiskalpolitik, Bundesministerium für Finanzen, Monatsbericht Dezember 2009, 49–53.

O. V., Europäische Wirtschafts- und Finanzpolitik, Bundesministerium für Finanzen, Monatsbericht Januar 2010, 34–36.

O. V., Europa ringt um neue Hedge-Fonds-Regulierung, in: Frankfurter Allgemeiner Zeitung vom 13.3. 2010, 12.

Stephan Paul/André Uhde, Einheitlicher europäischer Bankenmarkt? Einschätzung der Wettbewerbssituation vor und nach der Finanzkrise, in: Wirtschaftsdienst/Sonderheft 2010, 26–34.

Frank Ronge, Legitimität durch Subsidiarität: Der Beitrag des Subsidiaritätsprinzips zur Legitimation einer überstaatlichen politischen Ordnung in Europa, Baden-Baden: Nomos 1998.

Sachverständigenrat zur Begutachtung der Gesamtwirtschaftlichen Entwicklung, Jahresgutachten 2009/10, TZ 247 f.

Sachverständigengruppe Weltwirtschaft und Sozialethik, Stabilität und soziale Gerechtigkeit – Zur Einführung des Euro, hrsg. von der Wiss. Arbeitsgruppe für weltkirchliche Aufgaben der Deutschen Bischofskonferenz, Bonn 1999.

Gerhard Schick, Finanzmarktregulierung zwischen Licht und Schatten, in: Wirtschaftsdienst 2/2020, Zeitgespräch: Nach der Krise: Wirksame Regelungen auf dem Finanzmarkt?, 84–87.

Werner Weidenfeld/Wolfgang Wessels, Europa von A bis Z, 11. Aufl., Baden-Baden: Nomos 2009.

Joachim Wiemeyer, Europäische Union und weltwirtschaftliche Gerechtigkeit. Die Perspektive der Christlichen Sozialethik, Münster: Lit 1998.

Joachim Wiemeyer, Solidarität in der EU-Politik: Anwendungsfelder und Implementationsprobleme, in: Jahrbuch für Christliche Sozialwissenschaften 48 (2007), S. 271–295.

Joachim Zweynert, Die Probleme sind teilweise hausgemacht – zur Politischen Ökonomie der Krise in Ostmitteleuropa, in: Wirtschaftsdienst 89 (2009), 292–296.

JOHANNES WALLACHER

Global Financial Governance nach der Finanzkrise: Herausforderungen und Perspektiven

Zusammenfassung

Dieser Beitrag erörtert Herausforderungen und Perspektiven der notwendigen Weiterentwicklung der Weltwirtschaftsordnung, besonders im Hinblick auf die internationalen Finanzmärkte. Grundlage dafür sind Governance-Theorien, die globale Verflechtungen analysieren und auf dieser Basis Optionen für eine Gestaltung von Globalisierungsprozessen anzielen. Global Governance beschreibt seit einigen Jahren ein Ordnungsmodell internationaler Beziehungen, das verschiedene Steuerungsformen von staatlichen und nicht-staatlichen Akteuren auf nationaler, regionaler und globaler Ebene umfasst. Insofern sich diese Überlegungen auf die Steuerung des internationalen Finanzsystems konzentrieren, spricht man auch von Global Financial Governance.

Auf dieser Grundlage wird deutlich, dass es im internationalen Finanzsystem entgegen einer weit verbreiten Meinung auch schon vor der aktuellen Finanzkrise eine Vielfalt von Ordnungselementen gab. Diese unterschieden sich allerdings erheblich, sowohl was die Form und die Akteure als auch den Grad der Verbindlichkeit der Steuerung angeht (Kapitel 1). Das Hauptproblem ist, dass sie kaum aufeinander abgestimmt sind, sodass sie durch die hohe Innovationsdynamik des Finanzsektors relativ einfach umgangen werden können. Diese Ordnungsdefizite sind im Zuge der aktuellen Finanzkrise offensichtlich geworden (Kapitel 2). Auf der Basis dieser Analyse werden dann abschließend sowohl Grundlinien einer ethischen Orientierung als auch Handlungsoptionen für eine Neuordnung der globalen Finanzmärkte entfaltet (Kapitel 3).

Die Globalisierung umschreibt den Prozess einer bisher nicht gekannten Verdichtung und Beschleunigung grenzüberschreitender Interaktionen, welche die Menschen und Staaten weltweit zu einem komplexen Gefüge wechselseitiger, oft ungleichgewichtiger Abhängigkeiten vernetzt. Die Finanz- und Wirtschaftskrise, die 2007 mit der Aufblähung und Überhitzung der Immobilien- und Hypothekenmärkte in den USA ihren Ausgang genommen hat, führt uns dies bis heute ganz deutlich vor Augen. Die US-Immobilienkrise konnte sich aufgrund verschiedener struktureller Fehlentwicklungen im internationalen Finanzgefüge weltweit wie ein Flächenbrand ausbreiten.[1] Sie hat sehr schnell die Realwirtschaft erfasst und auch die ärmeren Länder, die bisher kaum von den Vorteilen der Verflechtung des internationalen Kapitalverkehrs profitieren konnten, in Mitleidenschaft gezogen.[2]

---

[1] Vgl. einführend dazu *Wolfgang Münchau*, Flächenbrand. Krise im Finanzsystem, Bonn 2008, oder *Hans-Werner Sinn*, Kasino-Kapitalismus: Wie es zur Finanzkrise kam, und was jetzt zu tun ist, Berlin 2009.

[2] Vgl. dazu etwa *Georg Stoll*, Etwas Hilfe genügt nicht. Die Finanzkrise verschärft die Lage der armen Länder, in: HerderKorrespondenz 64 (2010), Nr. 1, 39–43.

Vor diesem Hintergrund stellt sich unweigerlich die Frage nach einem angemessenen Ordnungsrahmen für die Weltwirtschaft, der solche Krisen zukünftig wirksam verhindern oder zumindest unwahrscheinlicher machen kann. Unmittelbar nach der Krise war die Bereitschaft gestiegen, in globaler Abstimmung eine strukturelle Neuordnung der weltweiten Finanzmärkte einzuleiten. Inzwischen muss man jedoch erkennen, dass der Weg dorthin doch viel dorniger ist als zunächst erhofft.

Dieser Beitrag möchte Herausforderungen und Perspektiven der notwendigen Weiterentwicklung der Weltwirtschaftsordnung im Hinblick auf die internationalen Finanzmärkte skizzieren. Dazu werden zunächst einmal die verschiedenen Steuerungsformen der internationalen Finanzmärkte skizziert, die sich in den letzten Jahrzehnten herausgebildet haben. Im Anschluss daran werden die spezifischen Herausforderungen erörtert, die im Zuge der aktuellen Finanzkrise offensichtlich geworden sind (Kapitel 2). Auf dieser Basis werden dann abschließend Perspektiven einer auf das Weltgemeinwohl ausgerichteten Ordnung der globalen Finanzmärkte entfaltet (Kapitel 3).

1 Global Financial Governance vor der aktuellen Krise

Auch wenn es im internationalen Finanzsystem noch mehr als in anderen Bereichen, wie z. B. dem Welthandel, weithin an verbindlichen Rahmenbedingungen fehlt, ist die verbreitete Auffassung nicht richtig, dass die grenzüberschreitenden Finanzgeschäfte völlig ungeregelt ablaufen. Da Finanztransaktionen wesentlich stärker als andere Geschäfte mit Unsicherheiten behaftet sind und daraus erhebliche wirtschaftliche wie gesellschaftliche Risiken erwachsen, ist es schon aus volkswirtschaftlicher Sicht notwendig, die Finanzmärkte und die auf diesen Märkten tätigen Akteure durch funktionsfähige Institutionen zu beaufsichtigen und zu steuern. Daher hat die Politik schon immer regulierend in das Finanzgeschehen eingegriffen.[3]

Seit den 1970er Jahren änderte sich die Situation jedoch grundlegend, als das Bretton-Woods-System fester Wechselkurse zusammenbrach und zunächst die Industriestaaten ihre Kapitalverkehrskontrollen in mehreren Schüben deutlich reduzierten. Dem konnte sich im zunehmend verschär-

---

[3] Einen historischen Abriss dazu gibt *Susanne Lütz*, Geld regiert die Welt, oder: Wer steuert die Globalisierung der Finanzmärkte?, in: *Volker Rittberger* (Hg.), Wer regiert die Welt mit welchem Recht? Beiträge zur Global Governance-Forschung, Baden-Baden 2009, 73–95.

fenden Wettbewerb um internationale Investoren kaum mehr ein Land entziehen. Damit war die Grundlage für eine bisher ungekannte Verflechtung des internationalen Kapitalverkehrs geschaffen, deren Folgen sich als insgesamt ambivalent erwiesen haben. Einerseits war die Liberalisierung der weltweiten Kapitalmärkte für viele Länder ein zentraler Motor wirtschaftlicher Entwicklung, andererseits haben aber auch seit den 1980er Jahren die Zahl und die Heftigkeit von Währungs- und Bankenkrisen weltweit deutlich zugenommen.[4] Durch das insgesamt sehr viel höhere Ausmaß an außenwirtschaftlicher Offenheit ist besonders die Gefahr von massiven Ansteckungseffekten gewachsen, wie etwa bei der Asienkrise (1997/1998) deutlich zu beobachten war.

In allen diesen Krisen wurden Ordnungsdefizite offenkundig, denen man durch international koordinierte Hilfen und verschiedene Steuerungsbemühungen zu begegnen suchte. Daraus entstanden im Laufe der Zeit verschiedene Formen der Handlungskoordination, die meist unter dem Begriff *Global Governance* zusammengefasst werden. Insofern sich solche Steuerungsmechanismen ausdrücklich auf weltwirtschaftliche Beziehungen oder Finanztransaktionen beziehen, spricht man auch von *Global Economic*[5] bzw. von *Global Financial Governance*.

Die Beschäftigung mit *Global Governance* ist seit einigen Jahren ein zentrales Forschungsfeld der aktuellen Internationalen Politischen Ökonomie.[6] Einen bedeutenden Schritt dafür leisteten die beiden Politikwissenschaftler *James Rosenau* und *Ernst-Otto Czempiel* mit ihrem 1992 veröffentlichten Buch „*Governance without Government*"[7], was zur Leitidee für den *Global-Governance*-Diskurs wurde. Der Begriff geht bewusst über das klassische Regierungshandeln hinaus, das über verbindliche Gesetze und entsprechende sanktionsbewehrte Durchsetzungsinstrumente steuert. *Governance*-Theorien beschreiben ein Ordnungsmodell internationaler Beziehungen, das verschiedene Steuerungsformen von staatlichen und nicht-staatlichen Akteuren auf nationaler, regionaler und globaler Ebene umfasst.[8] Meist werden dabei verschiedene Strömungen von Theorien Internationaler Beziehungen aufgenommen und zu einem

---

[4] Vgl. *Michael Frenkel/Lukas Menkhoff*, Stabile Weltfinanzen? Die Debatte um eine neue internationale Finanzarchitektur, Berlin u. a. 2000, 4.
[5] Vgl. dazu *Heribert Dieter*, Global Economic Governance nach der Finanzkrise, in: *Stiftung Entwicklung und Frieden* (Hg.), Globale Trends 2010, Frankfurt 2010, 339–356.
[6] Vgl. dazu *Stefan Schirm*, Internationale Politische Ökonomie, Baden-Baden 2004, bes. 237–287.
[7] *James Rosenau/Ernst-Otto Czempiel* (eds.), Governance without Government. Order and Changes in World Politics, Cambridge/Mass 1992.
[8] Vgl. dazu etwa *Dirk Messner/Franz Nuscheler*, Das Konzept Global Governance: Stand und Perspektiven, Institut für Entwicklung und Frieden, Report 67, Duisburg 2003,

Konzept integriert, weshalb manche dieses Vorgehen auch als „produktiven Theorieeklektizismus" bezeichnen.[9] Ungeachtet aller Differenzen im Detail spielen in allen *Global-Governance*-Konzepten drei Steuerungsformen eine wichtige Rolle: Steuerung durch zwischenstaatliche Vereinbarungen, eine stärkere Zusammenarbeit der Staaten sowie die Handlungskoordination über Marktmechanismen. Dies ist auch ganz deutlich bei den Regulierungsbemühungen der internationalen Finanzmärkte in den vergangenen Jahren zu erkennen.[10]

1.1 Steuerung durch zwischenstaatliche Vereinbarungen

Aufgrund der vielfältigen Interdependenzen und der Ausdifferenzierung der politischen Handlungsebenen sind die einzelnen Staaten offensichtlich nicht mehr in Lage, die internationalen Finanzmärkte in alleiniger Regie zu steuern. Mehr denn je sind sie gezwungen, sich untereinander auf *international verbindliche Rahmenbedingungen* zu verständigen. Der Multilateralismus zielt auf eine politische Steuerung globaler Prozesse unter Einbeziehung möglichst vieler Staaten, um Probleme in institutionell geregelten Bahnen verbindlich lösen zu können. Grundlegende Voraussetzung dafür ist, bestimmte Souveränitätsrechte abzugeben. Mit der UNO, den Bretton-Woods-Institutionen und dem Allgemeinen Zoll- und Handelsabkommen GATT, dem Vorläufer der Welthandelsorganisation WTO, wurde schon 1945 das Fundament für eine multilaterale Ordnung der Weltwirtschaft gelegt, auf dem dann zahlreiche internationale Regime für vielfältige neue Problemfelder aufbauen konnten. Für die Finanzmärkte spielte, ungeachtet mancher Schwächen, bis heute besonders der Internationale Währungsfonds (IWF) eine wichtige Rolle, v. a. beim Management der lateinamerikanischen Schuldenkrise Anfang der 1980er Jahre. Eine seiner zentralen Aufgaben bestand und besteht weiter darin, den betroffenen Staaten im Krisenfall unter bestimmten Auflagen kurzfristige Kredite zu gewähren, damit diese ihre Zahlungsschwierigkeiten überbrücken können.

---

oder *Michael Reder*, Global Governance. Philosophische Modelle der Weltpolitik, Darmstadt 2006.

[9] Vgl. *Stefan Klingebiel/Dirk Messner*, Franz Nuscheler (*1938). Empirische Forschung und Global Governance, in: Entwicklung und Zusammenarbeit 45 (2004), Nr. 1, 28–31, 39.

[10] Vgl. dazu *Henrik Enderlein*, Global Governance der internationalen Finanzmärkte, in: Aus Politik und Zeitgeschichte, Beilage zur Wochenzeitung „Das Parlament" 8/2009, 3–8.

Global Financial Governance kann auch auf regionale Integrationsprojekte aufbauen, die in unterschiedlichen Graden der Integration inzwischen in vielen Regionen der Welt (EU, ASEAN u. a.) anzutreffen sind. Aufgrund gemeinsamer Traditionen und korrespondierender Wertesysteme fällt es den Mitgliedsstaaten in solch „regionalen Kernen" im Allgemeinen leichter, Teile ihrer Souveränität abzutreten und zu kooperieren, um somit ihre Handlungs- und Einflussmöglichkeiten zu erweitern. Im Sinne eines „Interdependenzmanagers" kommt den Nationalstaaten die Aufgabe zu, zwischen den verschiedenen Handlungsebenen (national, regional, global) zu koordinieren. Sie stehen dabei grundsätzlich vor der Herausforderung, multilaterale Lösungen zu erarbeiten und gleichzeitig die Interessen der eigenen Gesellschaft zu wahren, denn sie bleiben auch in Zeiten globaler Verflechtungen die entscheidende Instanz für die Gewährleistung des Gemeinwohls.

1.2 Internationale Koordinierung der Finanzmarktregulierung

Ein zweiter zentraler Steuerungsmechanismus, der in den letzten Jahren stetig an Bedeutung gewonnen hat, ist die internationale Konsultation und Koordinierung der Staaten bei der Finanzmarktregulierung. Dabei spielt die Bank für Internationalen Zahlungsausgleich (BIZ) in Basel schon seit längerem eine wichtige Rolle.[11] Ihr Ziel ist es, die Koordination und Zusammenarbeit der nationalen Zentralbanken und Aufsichtsbehörden zu gewährleisten. Als Reaktion auf neue Herausforderungen kamen immer neue Aufgaben hinzu. So wurde 1974 als Reaktion auf diverse Bankenpleiten der Basler Ausschuss für Bankenregulierung und -überwachung gegründet und an der BIZ angesiedelt. Er soll die komplizierte Aufsicht international tätiger Banken und ihrer Auslandsniederlassungen regeln. Dieses Expertengremium legt z. B. Mindeststandards für die nationale Regulierung der Risikovorsorge von Banken fest, die eine bestimmte Eigenkapitalausstattung vorsehen. Auch wenn diese Empfehlungen zunächst keinen Rechtscharakter haben, handelt es sich um Richtlinien, die nach und nach in nationales Recht umgesetzt wurden.

Im Laufe der Zeit suchte der Basler Ausschuss die Methoden der Risikomessung stetig an neue, bisher noch nicht berücksichtigte Risiken anzupassen. So ermittelte man das Risiko, dass die Preise bzw. Kurse von Wertpapieren, Devisen oder Edelmetallen, mit denen die Bank handeln, fallen können, zunächst durch standardisierte Verfahren. Da ständig

---

[11] Vgl. *Herrmann Sautter*, Weltwirtschaftsordnung, München 2004, 176–181.

neue Finanztitel erfunden wurden, deren Risiken auch abgesichert werden mussten, bezog man seit 1988 auch die zu beaufsichtigenden Banken selbst in die Regulierung mit ein. Seit dem können die Banken nun auch eigene Modelle vorlegen, um die Marktpreisrisiken ihres Portfolios zu ermitteln (*Value at Risk*-Modelle). Diese müssen von den nationalen Aufsichtsbehörden geprüft und genehmigt werden.

Seit Mitte der 1990er Jahre bemühten sich die Regierungen, Zentralbanken und Aufsichtsbehörden vor allem der Industrieländer darum, die international abgestimmte Regulierung der Banken auch auf die Entwicklungs- und Transformationsländer auszudehnen. Zugleich intensivierte man die Bemühungen, die Regulierung und Aufsicht der anderen Finanzinstitute wie Versicherungen, Pensions- und Investmentfonds zu koordinieren. Denn es war deutlich, dass ein Teil davon offensichtlich weit größere Risiken einging als die Geschäftsbanken. Einige entziehen sich sogar gezielt jeder wirksamen Finanzaufsicht durch Registrierung in einem Offshore-Finanzzentrum. Da mehrfach deutlich wurde, dass die Aktivitäten solcher Institute das gesamte internationale Finanzsystem destabilisieren können, sollten für sie vergleichbare Regeln der Risikovorsorge eingeführt und eine internationale Aufsicht aufgebaut werden. Dabei spielt neben der *International Organization of Securities Commissions (IOSCO)* vor allem das *Forum für Finanzmarktstabilität* eine zentrale Rolle, das als Reaktion auf die Asienkrise 1999 gegründet wurde. Arbeitsgruppen dieses Forums haben im Jahr 2000 Empfehlungen im Hinblick auf hochverschuldete institutionelle Investoren (u. a. Hedge Fonds), die Volatilität kurzfristiger Finanzanlagen und Offshore-Zentren vorgelegt. Die wichtigsten Staaten konnten sich allerdings nicht darauf einigen, diese umzusetzen.

In den letzten Jahren wurden viele Steuerungsbemühungen der internationalen Finanzmärkte vermehrt auf die sogenannte *Club-Governance* verlagert. Hier schließt sich eine beschränkte Anzahl von Staaten, die politisch etwas voranbringen wollen, zu einem Club mit informellen Strukturen zusammen.[12] Bekanntestes Beispiel dafür ist die Gruppe der führenden Nationen der Weltwirtschaft, die schrittweise um weitere relevante Staaten erweitert wurde, von der G-5 zunächst bis zur G-7/G-8 und heute zur G-20. Dieser Club hat in den 1990er Jahren eine stärkere Abstimmung der großen Staaten bei Finanzmarktfragen erleichtert. Allerdings gelang es bisher kaum, die Impulse, die von den Gipfeltref-

---

[12] Vgl. *Ulrich Schneckener*, Globales Regieren durch Clubs: Definition, Chancen und Grenzen von Club Governance, Stiftung Wissenschaft und Politik-Aktuell 2009/A 47, Berlin 2009.

fen dieses Forums ausgingen, für eine nachhaltige Steuerung der Finanzmärkte zu nutzen.

1.3 Handlungskoordination über Marktmechanismen (Private Governance)

Global Financial Governance beschränkt sich nicht nur auf die Verdichtung zwischenstaatlicher Kooperation, sondern bezieht in den Prozess der Steuerung auch – entsprechend ihrer gewachsenen Einflussmöglichkeiten – nicht-staatliche Akteure ein. Dazu gehören vor allem die privaten Finanzakteure selbst, die ihre Handlungen über Markt und Wettbewerb koordinieren. Ihre Systemlogiken[13] von „Selbstverpflichtung und Selbstkontrolle" wie von *best-practice*-Lösungen sollen bewusst genutzt werden, um damit einen Weg der globalen Handlungskoordination zu erreichen, der für die privaten Akteure von Finanzdienstleistungen nachvollziehbar und zustimmungsfähig ist.

Der wichtigste Fall von *Private Governance* im Finanzbereich sind die Rating-Agenturen, welche die Qualität (Bonität) von Unternehmen, aber auch die Zahlungsfähigkeit von ganzen Ländern analysieren. Die Bewertungen (Ratings) der bekanntesten Agenturen sind weltweit verbreitet. Die Ratings wirken sich unmittelbar auf die Finanzierungsmöglichkeiten von Unternehmen bzw. von Staaten aus, da niedrigere Einstufungen höhere Kosten für Kapital oder im Extremfall sogar den Ausfall externer Finanzierungsquellen bedeuten. Mit ihren Informationen können die Rating-Agenturen wichtige Entscheidungshilfen für Finanzmarktakteure bieten, für die großen institutionellen Investoren sind höchste Einstufungen meist sogar Grundvoraussetzung für ihr Engagement. Umgekehrt ist es in der Vergangenheit immer wieder zu Fehleinschätzungen gekommen, wie z. B. in der Asienkrise, so dass der enorme Einfluss von Rating-Agenturen zunehmend auch kritisch angefragt wird.

Ein weiteres Beispiel für *Private Governance* ist der Versuch, die Anleger in eine mögliche Steuerung der Finanzmärkte einzubeziehen. So setzen viele auf ethikbezogene Investmentprodukte, mit denen die Fi-

---

[13] Der Soziologe *Helmut Willke*, Atopia. Studien zur atopischen Gesellschaft, Frankfurt 2001, interpretiert globale Beziehungen auf der Grundlage der Systemtheorie. Die Ausdifferenzierung der Gesellschaft in einzelne Funktionssysteme mit ihren je eigenen Logiken überschreitet nationalstaatliche Grenzen und dadurch entstehen auf globaler Ebene einzelne Weltsysteme, wie z. B. das Weltfinanzsystem. Die einzelnen Akteure sind in dem Maß Teil eines solchen Weltsystems, in dem sie sich den entsprechenden Modi der Kommunikation anschließen.

nanzmärkte in eine ethisch sinnvolle Richtung gesteuert werden sollen. Die Anleger und Anlegerinnen ersetzen Formen der Geldanlage, die sie als ethisch zweifelhaft ansehen (z. B. Aktien von Unternehmen in der Rüstungs- oder Suchtmittelindustrie oder extrem kurzfristige Anlagen), durch Anlagen in ethisch förderungswürdige Branchen bzw. Unternehmen oder Investments mit längerem Zeithorizont. Der Markt für solche Geldanlagen ist in den letzten Jahren deutlich gewachsen und immer mehr Finanzinstitute bieten inzwischen eine große Vielfalt entsprechender Finanzprodukte an.

Insgesamt hat also die Vielfalt der Mechanismen zur Steuerung der internationalen Finanzmärkte in den letzten Jahren erheblich zugenommen. Neben zwischenstaatlichen Vereinbarungen und der internationalen Koordinierung nationalstaatlicher Regulierung jeweils auf verschiedenen Ebenen (regional, supranational) haben besonders privatwirtschaftliche Aktivitäten stetig an Bedeutung gewonnen. Regierungshandeln und Koordination über Marktmechanismen sind dabei nicht per se getrennt, sondern treten oft auch in gemischter Form auf. Solche Kombinationen verschiedener Steuerungsformen zwischen verschiedenen Akteuren werden in Anlehnung an die Netzwerktheorien[14] auch als *Multistakeholder*-Initiativen bezeichnet. Ein Beispiel dafür ist das Zusammenspiel des internationalen Baseler Ausschusses, der nationalen Aufsichtsbehörden und den privaten Banken, die damit selbst in den Prozess der Regulierung einbezogen werden. Der Baseler Ausschuss legt nur Mindestanforderungen für die Vorgehensweise der Selbstregulierung fest, während die nationalen Aufsichtsbehörden die Qualität und praktische Anwendung der Modelle überwachen und ihre Leistungsfähigkeit ständig überprüfen. Ziel ist es, Verbesserungen aufgrund internationaler Erfahrungen im Sinne der Logik von *best-practices* anzuregen.

2 Lehren aus der aktuellen Finanzkrise

Auch wenn das internationale Finanzsystem entgegen einer weit verbreiteten Sicht also alles andere als unreguliert ist, hat die aktuelle Finanzmarktkrise doch die Ordnungsdefizite des internationalen Finanzsystems

---

[14] Netzwerktheorien unterstreichen die Bedeutung von globalen Politiknetzwerken, in denen staatliche, privatwirtschaftliche und zivilgesellschaftliche Akteure gemeinsam nach konkreten Lösungen für spezifische globale Herausforderungen suchen (vgl. *Wolfgang H. Reinicke*, Global Public Policy: Governing without Government?, Washington DC 1998).

schonungslos offen gelegt. Als besonders problematisch hat sich die mangelnde Kohärenz und Abstimmung der verschiedenen Steuerungsformen erwiesen. Denn diese weisen einen sehr unterschiedlichen Charakter auf, vor allem im Hinblick auf die Verbindlichkeit, den völkerrechtlichen Status und die Frage der demokratischen Legitimität. Die große Vielfalt wird auch deshalb zum Problem, weil eine internationale Instanz fehlt, welche in der Lage wäre, die verschiedenen Elemente aufeinander abzustimmen. Derzeit ist das kaum der Fall, sodass die verschiedenen Steuerungsversuche sich teilweise widersprechen, zueinander in Konflikt stehen und nicht selten auch bewusst gegeneinander ausgespielt wurden. Im Zweifelsfall hat man sich meist nur auf den kleinsten und unverbindlichen gemeinsamen Nenner einigen können.

Dies liegt zum einen daran, dass es einer sich immer mehr global vernetzten Zivilgesellschaft im Bereich der Finanzmarktsteuerung aufgrund der komplexen Verflechtungen offensichtlich noch schwerer als in anderen Bereichen (wie z. B. beim Thema Transnationale Unternehmen und Menschenrechte) fällt, Drohpotenzial und Sanktionsmacht gegenüber einzelnen Akteuren auf den Finanzmärkten aufzubauen. Zum anderen haben bereits die für die Weltwirtschaft maßgeblichen Staaten offensichtlich unterschiedliche Interessen. So wehren sich vor allem die USA und Großbritannien gegen verbindliche und strukturell wirksame Regulierungen der internationalen Finanzmärkte, weil die Finanzmarktakteure dort eine ungleich höhere Bedeutung für die jeweiligen Volkswirtschaften haben und damit auch die gesellschaftliche Meinung und die Position ihrer Regierungen stärker beeinflussen können als in Deutschland oder Frankreich.[15]

2.1 Problematik rein reaktiver und status-quo-orientierter Regulierung

Als Folge davon konnte man sich zwischenstaatlich bisher meist nur darauf einigen, ex post auf Probleme zu reagieren, die in zurückliegenden Krisen aufgetreten sind. Zudem waren die Regulierungsbemühungen in der Regel darauf beschränkt, die Aufsicht finanzwirtschaftlicher Transaktionen zu verbessern. Hauptsächlich ging es dabei darum, das allen Finanztransaktionen inhärente Marktversagen der ungleichen Verteilung von Informationen besser zu managen und nicht unbedingt zu korri-

---

[15] Eine solche gesellschaftsorientierte Erklärung für das abweichende Verhalten von Regierungen im Bereich der Global Financial Governance gibt z. B. *Stefan Schirm*, Internationale Politische Ökonomie, Baden-Baden 2004, 237–259, auf der Basis liberaler Politischer Theorien Internationaler Beziehungen.

gieren. Es waren also immer nachträgliche Korrekturen im Rahmen des bestehenden kapitalmarktdominierten Finanzsystems, ohne dass man sich darauf verständigen konnte, den Status Quo zu verändern. Dadurch entstand ein Flickenteppich einzelner Regulierungsmaßnahmen, dessen Schlupflöcher immer größer wurden, weil die Anpassung der Regulierungsstandards nicht annähernd Schritt halten kann mit der Innovation von immer neuen Finanzprodukten.

So haben sich höhere Regulierungsstandards für bestimmte Produkte oder Marktsegmente als weitgehend wirkungslos erwiesen, weil Investoren und Spekulanten angesichts der hohen Innovationsdynamik problemlos auf andere Derivate oder ungeregelte Marktbereiche ausweichen konnten. Teilweise haben an sich sinnvolle Regulierungsmaßnahmen auch nicht-intendierte Anreize für sich selbst verstärkende Effekte gegeben. Ein Beispiel dafür sind die verschiedenen Eigenkapitalvorschriften des Baseler Auschusses, die – wie bereits erwähnt – im Laufe der Zeit immer wieder an neue Risiken angepasst wurden und eigentlich die Kreditvergabe von Banken begrenzen sollten. Mit dieser Begrenzung wurde jedoch ungewollt ein starker Anreiz dafür geschaffen, neue Möglichkeiten der Verbriefung von Krediten zu schaffen und existierende Kredite in handelbare Wertpapiere zu verwandeln. Damit konnten die Banken Kredite aus der Bilanz entfernen und in den Kapitalmarkt einschleusen, was zusätzlichen Spielraum für die Vergabe von weiteren Krediten eröffnete. Somit wurde ein Verfahren geschaffen, mit dem man die bestehenden Regulierungsvorschriften auf legale Weise faktisch aushebeln konnte.

Dies verdeutlicht das zentrale Kernproblem, nämlich die hohe Innovationsdynamik in diesem Bereich, die durch das Investmentbanking noch einmal einen neuen Schub bekommen hat. Innovationen sind aus volkswirtschaftlicher Sicht eigentlich grundsätzlich positiv. Im Finanzbereich können sie sich jedoch als höchst problematisch erweisen, weil diese sogenannten Innovationen die Hebelwirkung der Risiken, die mit Finanztransaktionen verbunden sind, deutlich verstärken können. Immer neue Finanzprodukte, die entwickelt werden, um Risiken vermeintlich zu streuen und damit besser zu steuern, sind faktisch das Schmiermittel für neue und noch größere Risiken. Denn diese angeblichen Innovationen machen es erst möglich, diese Risiken bewusst zu verschleiern und bestehende Regulierungen zu umgehen. Eine der deutlichen Lehren aus der Finanzkrise ist, dass der Wettlauf um eine wirksame Regulierung nicht zu gewinnen sein wird, solange es nicht gelingt, diese Dynamik zumindest zu kontrollieren.

2.2 Probleme isolierter Club Governance

Im Gefolge der Krise wurde ein Trend verstärkt, der sich schon im Vorfeld abzeichnete, dass nämlich die Abstimmung und Kooperation wichtiger Regierungen in finanz- und wirtschaftspolitischen Fragen in das Zentrum von Global Economic Governance rückte. So wurde die Gruppe der führenden Industriestaaten G-7/G-8 um die wichtigsten Schwellenländer zur G-20 erweitert. Die G-20 war das zentrale internationale Forum, in dem die Staats- und Regierungschefs dieser Länder im Herbst 2008 zunächst die Maßnahmen zur akuten Krisenbekämpfung koordinierten und dann im Frühjahr und Herbst 2009 Überlegungen zur Neuordnung der Finanzmärkte anstellten. Die dort verkündeten Maßnahmen sind ein Fortschritt, bestenfalls aber ein Anfang, weil zentrale Problemfelder wie die massiven globalen Ungleichgewichte so gut wie nicht adressiert wurden.[16] Noch schwerer wiegt, dass bis heute kaum zu erkennen ist, wie etwa die Beschlüsse von Pittsburgh im September 2009 politisch umgesetzt werden.

Dies ist auch einer der zentralen Einwände gegen solche Foren, die als informelles Gremium oft nicht in der Lage oder willens sind, ihre eigenen Ankündigungen auch wirklich umzusetzen. Eng damit verknüpft ist die Frage der politischen Legitimation. Vor diesem Hintergrund ist es wichtig, nüchtern die Chancen und Schwierigkeiten solcher Clubs zu analysieren, um ihre Rolle für Global Economic Governance bewerten zu können.[17]

Es gehört zum Wesen solcher Ordnungsstrukturen, dass sich hier eine beschränkte Anzahl von Staaten, die politisch etwas voranbringen wollen, zu einem Club mit informellen Strukturen zusammenschließt. In der Regel sind dies die Staaten, die über die erforderlichen wirtschaftlichen und politischen Handlungsmöglichkeiten verfügen, um bestimmte Probleme anzugehen. Solche Clubs können eine Verständigung ihrer Mitglieder erleichtern und durch eigene Verpflichtungen (etwa zur Aufsicht von Märkten und Finanzakteuren) eine Vorreiterrolle übernehmen. Sie können so andere Staaten ermutigen oder sogar unter Zugzwang setzen, sich dem anzuschließen. Wenn es gelingt, sich auf gemeinsame Ziele und Lösungen zu verständigen, können solche Clubs auch Impulse für multilaterale Vereinbarungen geben und so als eine Art Pfadfinder wirken.

---

[16] Vgl. dazu *Heribert Dieter*, Aufbruch oder kosmetische Reformen in Pittsburgh?, Stiftung Wissenschaft und Politik-Aktuell 2009/A 53, Berlin 2009.

[17] Vgl. dazu *Ulrich Schneckener*, Globales Regieren durch Clubs. Definition, Chancen und Grenzen von Club Governance, Stiftung Wissenschaft und Politik-Aktuell 2009/A 47, Berlin 2009.

Allerdings stellen sich bei solchen Clubs immer Anfragen an die politische Legitimität, besonders wenn sich die Zugehörigkeit allein an der wirtschaftlichen und politischen Leistungsfähigkeit bemisst. Die G-20 wurde zwar inzwischen um wichtige Schwellenländer erweitert, repräsentiert aber nach wie vor nur sehr unzureichend die Staatenwelt, da die Entwicklungsländer nicht vertreten sind. Dies birgt nicht nur die Gefahr, dass die Interessen der schwächeren Länder unter den Tisch fallen. Die fehlende Repräsentativität könnte auch die Kohärenz der internationalen Wirtschaftsordnung untergraben, wenn die Aktivitäten solcher Clubs nicht eng mit politischen Initiativen im Rahmen der Vereinten Nationen abgestimmt werden.

2.3 Das Versagen von Private Governance

Die Frage der Legitimität stellt sich in noch größerem Maße für die verschiedenen Formen von *Private Governance*. Zumal die Finanzmarktkrise einmal mehr verdeutlicht hat, dass Marktmechanismen im Finanzbereich noch mehr als bei realwirtschaftlichen Transaktionen allein schon nicht geeignet sind, die Stabilität und Effizienz der Märkte zu gewährleisten, geschweige denn eine faire Verteilung der damit verbundenen Chancen und Risiken zu sichern. Das Problem der Informationsungleichgewichte zwischen verschiedenen Marktteilnehmern lässt sich entgegen der lange dominanten Doktrin des Wirtschaftsliberalismus nicht durch privatwirtschaftliche Selbstkontrolle überwinden.

Das zeigt sich vor allem an den Rating-Agenturen. Gemäß der Logik marktbasierter Handlungskoordination wurden sie von vielen als die vermeintlich effizientesten Instanzen angesehen, um die Informationsasymmetrien auszugleichen und damit die notwendige Markttransparenz zu sichern. Dies hat sich jedoch einmal mehr als Trugschluss erwiesen, denn gerade in diesem Feld kommen verschiedene Probleme zusammen. Zum einen besteht hier entgegen der proklamierten Wettbewerbsidee ein Angebotsoligopol, denn faktisch gibt es drei US-amerikanische Agenturen (Fitch, Standard & Poor und Moody's), die den Bewertungsmarkt mehr oder weniger dominieren. Zum anderen gibt es massive Interessenkonflikte, denn die Agenturen bewerten oft die Finanzprodukte ihrer eigenen Auftraggeber. Da die Agenturen keinerlei staatlicher Aufsicht unterliegen, können solche Interessenkonflikte die Unabhängigkeit der Einstufungen beeinträchtigen. Dies wiegt umso schwerer, wenn man den immensen Einfluss bedenkt, den die Bewertung der Agenturen auf die Marktentwicklung hat. Nicht erst bei der aktuellen Krise wurde deutlich, welch massive Folgen kurzfristige Änderungen der Bewertungen nach sich ziehen können. So haben schon im Vorfeld der Asienkrise kurzfristige Änderungen der Ratings ebenso schnell massive Kapitalabflüsse ausgelöst. Dies kann die nationale Kapitalbildung gerade in Entwicklungs- und Transformationsländern empfindlich beeinträchtigen.

Dies verweist auf ein großes Ungleichgewicht in der Steuerung von Finanztransaktionen, das in den letzten Jahren immer mehr zugenommen hat. Auf der einen Seite gewinnen einzelne private Finanzmarktakteure immer größeren Einfluss auf die Steuerung der Märkte, auf der anderen Seite müssen diese kaum für die Verluste bzw. Kosten aufkommen, die durch ihre riskanten Transaktionen hervorgerufen werden. Denn das für einen angemessenen Umgang mit Risiken zentrale Prinzip der Haftung ist durch die nationalen und internationalen Ordnungsdefizite in weiten Teilen außer Kraft gesetzt.

3 Perspektiven gemeinwohlorientierter Global Financial Governance

3.1 Ethische Grundorientierung für Global Financial Governance

Im internationalen Finanzsystem gibt es zwar, wie die vorangegangenen Überlegungen gezeigt haben, eine Vielfalt von Steuerungsmechanismen. Allerdings sind diese in ihrer Gesamtheit bereits kaum geeignet, die Stabilität und Effizienz der Märkte zu gewährleisten. Noch weniger ermöglichen sie es, die damit verbundenen Chancen und Risiken gerecht zu verteilen.[18]

Deshalb reicht es auch nicht aus, die Bemühungen um *Global Financial Governance* allein auf die Analyse von globalen Strukturen und deren vielfältige Steuerungsmechanismen zu beschränken. In einer politisch-strategischen Perspektive[19] besteht der Anspruch von *Global Governance*

---

[18] Vgl. *Johannes Wallacher*, Ungleiche Ausgangsbedingungen. Die Bedeutung der Finanzmärkte für die Armutsbekämpfung, in: Herder-Korrespondenz 56 (2002), Nr. 5, 262–267.
[19] Die Unterscheidung zwischen deskriptiv-analytischer und politisch-strategischer Sicht von *Global Governance* treffen etwa *Ulrich Brand* u. a. (Hg.), Global Governance. Alternativen zur neoliberalen Globalisierung, Münster 2000, 22. *Global-Governance*-Theorien, die eine bestimmte Zielausrichtung verfolgen, sollte man von rein beschreibenden Formen abgrenzen. Letztere beschränken sich vermeintlich auf die Analyse globaler Strukturen, ruhen zumindest implizit aber selbst auf einer Reihe von normativen Prämissen, ohne diese explizit zu machen und systematisch zu begründen.

auch darin, eine Orientierung für die Gestaltung der Globalisierung zu geben. Die von Willy Brandt initiierte *Commission on Global Governance* hat in ihrem Abschlussbericht *Our Global Neighbourhood* 1995 die normative Leitperspektive formuliert, staatliche Steuerungsfähigkeit in einer interdependenten Welt zurück zu gewinnen.

Es geht dabei nicht allein um staatliche Steuerungsfähigkeit, sondern um eine bestimmte inhaltliche Ausrichtung dieser Steuerung, die entfaltet und aus ethischer Sicht auch eigens begründet werden muss. Eine tragfähige Begründung ist auf einen normativen Standpunkt angewiesen, der weiter reicht als eine rein kurzfristige wirtschaftliche Betrachtung, ohne freilich die spezifischen Zusammenhänge in der Finanzwirtschaft zu vernachlässigen.

Ein Ausgangspunkt[20] für eine solche Ethik der Finanzmärkte, auf den sich die Weltgemeinschaft faktisch bereits verständigt hat, sind die Menschenrechte. Diese umfassen sowohl die bürgerlichen und politischen Rechte des Zivilpakts als auch die wirtschaftlichen, sozialen und kulturellen Rechte des Sozialpakts. In der Logik eines solches Standpunkts liegt eine vorrangige Option für alle, die von diesen Rechten ausgeschlossen sind. Genauso gilt es diejenigen zu schützen, deren Rechte durch die negativen Folgen von Finanzkrisen gefährdet werden. Aus dieser Perspektive ist wirtschaftliches Handeln niemals Selbstzweck. Es ist vor allem danach zu beurteilen, ob und in welcher Form es dazu beiträgt, alle Menschen dazu zu befähigen, selbstbestimmt und aus eigener Kraft ein menschenwürdiges Leben zu führen und am gesellschaftlichen Leben teilhaben zu können. Alle Maßnahmen zur Steuerung der Finanzmärkte auf nationaler wie internationaler Ebene sind an dieser Zielvorstellung zu messen.

Der Finanzwirtschaft kommt allerdings selbst noch einmal eine besondere Stellung innerhalb des Wirtschaftsgeschehens zu. Als Intermediäre von Kapitalangebot und Kapitalnachfrage haben die Kreditinstitute eine zentrale Dienstleistungsfunktion für die Realwirtschaft. Das Angebot der Finanzinstitute ist daher daran zu messen, ob sie den wirtschaftenden Menschen und Unternehmen wirklich Vorteile bringen, indem sie ihnen bessere Möglichkeiten der Geldanlage, der Finanzierung oder der Absicherung von Risiken bieten. Daher stellt sich letztlich die Frage, inwiefern die Finanzwirtschaft die Realwirtschaft dabei unterstützt, ihre die-

---

[20] Der Argumentationsgang kann in diesem Rahmen nur in Grundlinien skizziert werden. Für eine ausführliche Darlegung sei auf *Johannes Müller/Johannes Wallacher*, Entwicklungsgerechte Weltwirtschaft. Perspektiven für eine sozial- und umweltverträgliche Weltwirtschaft, Kapitel 5, oder *WA-DBK* (Hg.), Globale Finanzen und menschliche Entwicklung, Bonn 2001 verwiesen.

nende Funktion für eine breitenwirksame Entwicklung aller Menschen wahrzunehmen. Anders formuliert geht es also darum, die Finanzwirtschaft wieder stärker an die Aufgaben und Ziele der Gesellschaft zurückzubinden. Dies kann dann gelingen, wenn die weltweiten Finanz- und Wirtschaftsbeziehungen so gestaltet werden, dass die beteiligten Länder und die breite Bevölkerung in angemessener Weise von ihren Wohlfahrtseffekten profitieren können.

Eine solche Ausrichtung der Finanzwirtschaft lässt sich auch vom *Weltgemeinwohl* her begründen. Grundlage dafür ist die wechselseitige weltweite Verflechtung und Rückgebundenheit (Reziprozität) aller Menschen und Gesellschaften. Daraus kann die Einsicht erwachsen, dass eine langfristige Sicherung der eigenen Interessen letztlich auf gerechten Strukturen beruht. Diesen Weg verfolgt der vom Entwicklungsprogramm der Vereinten Nationen (UNDP) vorgelegte Ansatz der *Global Public Goods*[21], der das wirtschaftstheoretische Konzept der öffentlichen Güter auf die Ebene internationaler Zusammenarbeit überträgt. Solch globale öffentliche Güter sind neben intakten natürlichen Lebengrundlagen, universal gültigen Werten, Frieden und Sicherheit auch eine Welt ohne Armut sowie geordnete Finanzmärkte und ein stabiler Welthandel.

Solche Güter langfristig zu sichern ist ebenso wichtig wie sie kurzfristig zu erhalten bzw. zu gewährleisten. Daher liegt es eigentlich im wohlverstandenen Eigeninteresse aller Länder, sich ausreichend für solche Güter einzusetzen. Allerdings zeigen gerade die Finanzmärkte, dass Kosten und Nutzen der Sicherung globaler öffentlicher Güter in der Weltgesellschaft sehr ungleich verteilt sind, gerade auch in zeitlicher Hinsicht. So können einzelne Akteure und Bevölkerungsgruppen unverhältnismäßig hohe Vorteile aus der derzeitigen (Un-)Ordnung des internationalen Finanzsystems zu Lasten des Großteils der Weltgesellschaft ziehen. Daher muss man auch nüchtern und realistisch feststellen, dass eine Stabilisierung und gerechte Ordnung der Finanzwirtschaft nicht einfach eine *Win-Win*-Situation darstellt, durch die sich alle Beteiligten gleichermaßen besser stellen. Dies unterstreicht nochmals, dass eine ausschließliche Orientierung an Eigeninteressen nicht ausreicht, zumal wenn diese sich in kurzfristigen Partikularinteressen ohne Rücksicht auf die legitimen Bedürfnisse Anderer erschöpfen. Deshalb kann das Eigeninteresse durchaus als Argument im Sinne einer zusätzlichen Motivation, nicht aber als Ersatz für ethisch begründete Erfordernisse verstanden werden.

---

[21] Vgl. *Inge Kaul* u. a. (eds.), Global Public Goods. International Cooperation in the 21st Century, New York 1999 und hier besonders der Beitrag von *Charles Wyplos*, International Financial Instability, 152–189.

3.2 Politische Umsetzung gemeinwohlorientierter Governance

Die vorangehenden Überlegungen bieten zunächst einmal nur eine Grundorientierung für die angestrebte *Global Financial Governance*. Um politisch relevant und umsetzbar zu werden ist diese Orientierung weiter zu entfalten, was eine gründliche Analyse verlangt. Diese muss die vielfältigen politischen, ökonomischen und auch soziokulturellen Zusammenhänge und Ursachengefüge untersuchen und aufdecken, die zwischen den Strukturen der Finanzwirtschaft auf nationaler wie internationaler Ebene einerseits und den konkreten Folgen für die Lebensbedingungen der Menschen anderseits bestehen, um von hierher nach angemessenen Lösungen zu suchen.

Die Ergebnisse von – auch guten und gründlichen – Analysen sind selten eindeutig, sondern es kann zu in der Sache begründeten und darum legitimen Meinungsunterschieden kommen. Dies gilt besonders für die Handlungsebene, denn aus ein und derselben Analyse lassen sich oft verschiedene politische Optionen ableiten. Diese müssen sich jedoch immer wieder an dem Ziel der Gemeinwohlorientierung messen lassen. Dieser nie eindeutige Vermittlungsprozess erfordert es, zusätzliche Kriterien hinzuzuziehen. Angemessene Handlungsoptionen sollten daher auch unter der Rücksicht der Problemlösungsfähigkeit, der Realisierbarkeit und der Legitimation bewertet werden.

3.2.1 Problemlösungsfähigkeit der Maßnahmen

Was die Fähigkeit angeht, die derzeitigen Ordnungsdefizite angemessen zu beheben, so stellt sich vor allem die Grundsatzfrage, wie man die Finanzmarktakteure dazu bringen kann, wirklich risikokonform zu agieren. Dazu müssen die Fehlanreize, welche derzeit übermäßige Risiken hervorrufen und teilweise auch belohnen, beseitigt und durch geeignete Steuerungsmechanismen ersetzt werden, welche einen unangemessenen Umgang mit Risiken bestrafen.

Aspekte, die in diesem Zusammenhang relevant sind, sind zum einen die *Neuordnung der Währungsbeziehungen*.[22] Deren Notwendigkeit beruht weitgehend auf der Ansicht, dass die Wechselkursbewegungen nicht allein von wirtschaftlichen Grunddaten in den einzelnen Ländern (Inflation, Verschuldung, Wachstum u.a.) bestimmt werden, sondern wesentlich auch von spekulativen Einflüssen, die – wie derzeit im Fall von

---

[22] Vgl. dazu *UNCTAD*, Trade and Development Report 2009: Responding to the global crisis – Climate change mitigation and development, Geneva-New York 2009, 127 f., sowie WA-DBK (Hg.), Globale Finanzen und menschliche Entwicklung, 51–54.

Griechenland und anderen hoch verschuldeten Ländern der Euro-Zone zu beobachten ist – selbst verstärkend wirken können.

Zum anderen geht es um die *Regulierung des Kapitalverkehrs*. Höhere Eigenkapitalvorschriften, verbesserte Aufsicht und höhere Transparenzstandards, d. h. die Maßnahmen, die derzeit im Fokus der politischen Überlegungen stehen, sind eine wichtige Grundlage dafür, allein aber nicht ausreichend. Denn die Akteure werden vermutlich weiter versuchen, höhere Standards durch Finanzinnovationen zu umgehen oder auszuhebeln. Daher gibt es gute Argumente dafür, die hohe Innovationsdynamik in diesem Bereich zu kontrollieren und gegebenenfalls auch einzuschränken. Die Vorschläge, die hierzu vorliegen, reichen vom Verbot einzelner hoch-spekulativer Produkte, deren Risiken nicht absehbar sind, bis zur Empfehlung, eine staatliche Prüfstelle bzw. einen TÜV für Finanzprodukte[23] einzurichten, der alle Innovationen auf Transparenz und Risiko prüft und – ähnlich wie bei der Zulassung von Lebensmitteln oder Medikamenten – nur solche Finanzprodukte zulässt, welche nicht so riskant sind, dass sie offensichtlich das Gemeinwohl gefährden. Gegen solch weitreichende Schritte wenden die Finanzanbieter oft ein, dass dies zu Lasten der Markteffizienz gehe. Dies ist zum einen aber nicht unbedingt erwiesen, weil unkontrollierte Innovationen durchaus auch die Effizienz mindern können, wie man aus den verschiedenen Krisen der letzten Jahre lernen konnte. Zum anderen ist auch Effizienz niemals ein Selbstzweck, sondern immer am übergeordneten Ziel der Gemeinwohlverträglichkeit zu bemessen.

Ein weiterer zentraler Punkt ist die *Einbindung des privaten Sektors in die Vorbeugung und Bewältigung von Krisen*. Die Finanzinstitute sind an den Kosten zu beteiligen, die ihre Anlagestrategien mit verursacht haben. Eine solche Internalisierung externer Effekte nach dem Verursacherprinzip setzt sich schrittweise in der Umweltpolitik durch und sollte auch auf den Finanzsektor übertragen werden. Nur durch ein solches *bailing in*[24] wird man auch angemessene Antworten auf die unzureichende Haftungsproblematik und die im Finanzsektor weit verbreiteten *moral-hazard*-Probleme geben können. Hier geht es um die Frage, ob Staaten und supranationale Organisationen wie der IWF durch ihr Verhalten und ihre Vorgaben risikoreiches Verhalten noch verstärken und damit zu Finanz-

---

[23] Zu dieser Idee, die u. a. auch Joseph Stiglitz eingebracht hat, vgl. etwa *Bernhard Emunds*, Goodbye Wallstreet – Hello Wallstreet! Wirtschaftsethische Überlegungen zum Bedarf, die neue kapitalmarktdominierte Finanzwirtschaft „umzubiegen", in: *Martin Dabrowski* u. a. (Hg.), Globalisierung und globale Gerechtigkeit, Paderborn 2009, 55–83, 79.

[24] Vgl. dazu *Michael Frenkel/Lukas Menkhoff*, Stabile Weltfinanzen? Die Debatte um eine neue internationale Finanzarchitektur, Berlin u. a. 2000, 93–100.

krisen beitragen. Nach den staatlichen Maßnahmen zur Bankenrettung infolge der *Subprime*-Krise wird etwa darüber diskutiert, ob man dadurch für die Finanzinstitute Anreize geschaffen hat, noch größere Risiken einzugehen. Denn die inzwischen noch größeren Investmentbanken können ja darauf setzen, dass sie aufgrund ihrer Systemrelevanz im Zweifelsfall durch staatliche Hilfen abgesichert werden (*too big to fail*-Problematik). Auch wenn es nicht möglich sein dürfte, solche *moral-hazard*-Probleme vollständig auszuschalten, könnte man sie deutlich begrenzen, indem man die privaten Akteure in geeigneter Weise in die Prävention und Bewältigung von Krisen einbeziehen würde.

Entscheidend dafür ist allerdings, damit auch eine Steuerungswirkung zu verbinden. Der Vorschlag, zu diesem Zweck Fonds zur Sicherung von Banken („Bankenrettungsfonds") zu gründen, die sich aus eigenen Beiträgen der Banken speisen, ist diesbezüglich unzureichend. Die Lenkungswirkung wäre sehr viel höher schon bei einer geringen Steuer auf alle spekulationsrelevanten Finanztransaktionen wie zum Beispiel der Handel mit Aktien, Derivaten, Devisen oder Rohstoffen. Schon bei einem sehr niedrigen Durchschnittssteuersatz von 0,05 % auf solche Transaktionen würde man den Anreiz für kurzfristige und risikoreiche Spekulationen verringern. Da Spekulationsgeschäfte in der Regel eine sehr kurzfristige Laufzeit haben, werden diese im Vergleich zu längerfristigen Anlagen teurer und unattraktiver. Als positiven Nebeneffekt kann man dadurch in Zeiten knapper Haushaltskassen relativ einfach vergleichsweise viele Mittel für die Finanzierung globaler Aufgaben sichern.

3.2.2 Realisierbarkeit und Legitimation der Finanzmarktsteuerung

Der Weltgemeinschaft fällt es offensichtlich sehr schwer, sich bei der Finanzmarktsteuerung jenseits der kurzfristigen Eigeninteressen der einzelnen Staaten auf ein gemeinsames Ziel und Lösungen zu verständigen, die der Problemstellung angemessen sind. Dies zeigt sich besonders daran, dass substanziellere Forderungen zur Neuordnung der Finanzmärkte bisher nicht durchsetzbar waren. Es gelang weder, die anhaltend hohe Innovationsdynamik des Investmentbankings zu begrenzen, noch sich auf eine Besteuerung spekulationsrelevanter kurzfristiger Finanztransaktionen zu verständigen. Auch der Vorschlag, das klassische Universalbankengeschäft vom Investmentbanking strukturell zu trennen („Trennbankensystem"), um so die *too big to fail*-Problematik zu begrenzen, fand wenig Widerhall. Nach wie vor scheinen die partikularen Interessen der großen Finanzinstitute fast alle substanziellen Reformvorhaben auszubremsen. Dies wiegt umso schwerer, als die notwendige Neuordnung der Finanzmärkte aufgrund der globalen Verflechtungen nur durch eine weltweite Kooperation der Staaten zu erreichen sein wird.

Die aktuellen politischen Verhandlungen verdeutlichen, wie langsam solche Prozesse vorangehen und wie steinig der Weg dorthin ist.

Dies dürfte die Grundauffassung aller *Global Governance*-Theorien bestätigen, dass man neben zwischenstaatlichen Vereinbarungen auch andere Formen der Kooperation von Staaten wie auch den Beitrag von nichtstaatlichen Akteuren, allen voran der Finanzwirtschaft selbst wie auch der globalen Zivilgesellschaft berücksichtigen sollte. Daher sollten verschiedene politische Pfade gleichzeitig und untereinander abgestimmt verfolgt werden. Um zu vermeiden, dass dadurch neue Inkohärenzen entstehen, sind diese allerdings jeweils auf die dargelegte Grundorientierung hin auszurichten. Es ist dann jeweils neu auszuloten, welcher politische Weg in der aktuellen Situation gangbar und im Hinblick auf die genannten ethischen Ziele am wirksamsten ist. Dabei sollte man sich jedoch bewusst sein, dass die beiden Kriterien der Realisierbarkeit und der Legitimation in einem gewissen Spannungsfeld stehen können.

Grundsätzlich sollten die Finanzmärkte durch möglichst faire, transparente und verbindliche multilaterale Regeln gesteuert werden. Dies ist der politisch weitreichendste Pfad, der am schwierigsten umzusetzen ist, weil die einzelnen Staaten erhebliche Souveränitätsrechte abtreten müssten. Umgekehrt wird man nur so die notwendigen Reformen durch global geltende Regeln verbindlich umsetzen können. Wünschenswert wäre nicht nur eine Einigung in einzelnen Problembereichen, sondern auch eine zentrale multilaterale Instanz, welche in der Lage wäre, die verschiedenen Governance-Strukturen aufeinander abzustimmen. So wird etwa schon seit einiger Zeit darüber diskutiert, neue multilaterale Finanzorganisationen wie eine World Financial Authority[25] auf gleicher Stufe zur Welthandelsorganisation zu schaffen, welche u. a. die Tätigkeit der schon bestehenden supranationalen Organisationen wie IWF und Weltbank koordiniert und über entsprechende Sanktionsmechanismen verfügt.

Da die politischen Perspektiven für die Realisierung solcher weitreichender Reformen derzeit nicht sehr günstig sind, sollte man gleichzeitig weiter auf eine stärkere Koordinierung der Staaten bei der Finanzmarktregulierung setzen. Dies dürfte die Chancen der politischen Umsetzbarkeit steigern und lässt sich auch mit dem Verweis auf die Legitimität begrün-

---

[25] Vgl. zu diesem Vorschlag, der schon im Gefolge der Asienkrise gemacht wurde und auf Eatwell und Taylor zurückgeht, *Michael Frenkel/Lukas Menkhoff*, Stabile Weltfinanzen? Die Debatte um eine neue internationale Finanzarchitektur, Berlin u. a. 2000, 100 f.

den.[26] Wenn die Bürgerinnen und Bürger einzelner Staaten von ihren Regierungen bestimmte Reformen wie etwa die Einführung einer Steuer auf alle spekulationsrelevanten Finanztransaktionen einfordern, können diese Staaten auch ohne einen globalen Konsens vorangehen. Von einer solchen „Koalition der Willigen" könnte dann auch ein Signal an andere Staaten ausgehen.

Eine wichtige Rolle dabei können regionale Zusammenschlüsse wie die EU spielen, in denen es teilweise schon weit fortgeschrittene institutionelle Formen der Kooperation gibt. Wenn die EU-Staaten sich stärker abstimmen würden und eine einheitliche Strategie bei der Steuerung internationaler Finanzmärkte verfolgen würden, könnten sie notwendige Reformen vorantreiben.[27] Dies gilt auch für Club-Formate wie die G-20, die derzeit faktisch im Zentrum der internationalen Bemühungen um die Neuordnung der Finanzmärkte stehen. Allerdings können Clubs wie die G-20 nur dann „Pfadfinder" für mehr verbindliche multilaterale Regeln sein, wenn sie ihre Abstimmungen in den Dienst eines gerechten Interessenausgleichs zwischen allen Staaten und nicht nur ihren eigenen Mitgliedern stellen. Dazu wäre es wichtig, dass sie in ihren Abstimmungsprozessen auch die Anliegen nicht vertretener Gruppen einbeziehen. So ist etwa zu überlegen, wie die G-20-Prozesse strukturell an die verschiedenen Initiativen im Rahmen der Vereinten Nationen rückgebunden werden können. Außerdem wäre ein kontinuierlicher Dialog der G-20 mit den regionalen Organisationen der Entwicklungsländer wünschenswert.

Trotz aller offensichtlichen Grenzen, das Finanzsystem über Markt- und Wettbewerbsmechanismen zu steuern, sollte man daran festhalten, auch *private Akteure in die Ordnung der Finanzmärkte einzubeziehen.* So gehen die Bemühungen des Baseler Ausschusses und der nationalen Aufsichtsbehörden, die Banken selbst am Prozess der Regulierung zu beteiligen, ihre Selbstregulierung zu kontrollieren und eine kontinuierliche Suche nach einem bestmöglichen Risikomanagement anzuregen, grundsätzlich in die richtige Richtung (vgl. 1.3). Allerdings muss man – wie schon erwähnt – gleichzeitig darauf achten, dass diese Fortschritte im Risikomanagement nicht durch neue Finanzinnovationen wieder ausgehebelt werden können. Daher wäre es wichtig, diese Prozesse der Selbstkontrolle inhaltlich mit den Überlegungen zur Kontrolle von Fi-

---

[26] Eine solche Option der „koordinierten Weltwirtschaft" favorisiert etwa *Stefan Schirm*, Koordinierte Weltwirtschaft? Neue Regeln für effizientere und legitimere Märkte, in: Zeitschrift für Internationale Beziehungen 16 (2009), Nr. 2, 311–324.
[27] Vgl. *Heribert Dieter*, Das Management der Finanzkrise: Nutzt Europa seine Chance? SWP-aktuell 6, Februar 2009.

nanzinnovationen wie der Regulierung des kurzfristigen Kapitalverkehrs zu verbinden. Dies verweist ganz deutlich darauf, dass die Steuerungsleistung der privaten Finanzakteure nur ein Baustein einer integrierten Strategie zur Neuordnung der internationalen Finanzmärkte sein kann. Dieser kann internationale Ordnungspolitik durch zwischenstaatliche Vereinbarungen oder koordiniertes Handeln der Staaten durchaus sinnvoll ergänzen, aber niemals ersetzen. Das gleiche gilt auch für den Versuch, durch Formen des ethikbezogenen Investments die Finanzmärkte von Seiten der Kapitalgeber her zu steuern.[28]

Der Wert privatwirtschaftlicher Steuerung hängt ganz wesentlich von ihrer Motivation und ihrem Grundverständnis ab. Sehen private Akteure sie alternativ zu rechtlich bindenden Regeln mit dem vorrangigen Ziel, unliebsame Vorschriften zu vermeiden? Oder sind sie ein komplementärer Steuerungsmechanismus, mit dem man schnell und flexibel auf bestimmte Probleme reagieren und Lernprozesse anstoßen kann? Die Glaubwürdigkeit der einflussreichen Finanzmarktakteure hängt letztlich davon ab, ob und inwieweit sie bereit sind, konstruktiv an verbindlicheren Steuerungsmechanismen mitzuwirken. Diese ordnungspolitische Mitverantwortung erwächst auch daraus, dass sie durch gezielte Lobbyarbeit einen sehr starken Einfluss auf die Setzung und Änderung von Regeln auf nationaler wie internationaler Ebene nehmen. Solange die großen Finanzinstitute, vor allem an der „Wall Street" und in London, nach wie vor alle substanzielleren Reformvorhaben für eine „internationale Finanzarchitektur" ausbremsen, die in ihren Augen alle unter dem Verdacht stehen, eigene Gewinnchancen zu schmälern bzw. zusätzliche Kosten zu verursachen, wird die Finanzbranche ihren durch die Krise mehr als angeschlagenen Ruf schwerlich verbessern können.

Dies ist allerdings dringend notwendig, zum einen weil die Branche nur so auf Dauer eine gesellschaftliche Legitimation für ihr Handeln behalten wird. Zum anderen weil die erforderliche Rückbindung des Finanzsystems an die (Welt-)Gesellschaft nur durch ein konstruktives und aufeinander abgestimmtes Zusammenspiel von staatlichen und privaten Akteuren zu erreichen sein wird.

---

[28] Vgl. dazu ausführlich *WA-DBK* (Hg.), Mit Geldanlagen die Welt verändern? Eine Orientierungshilfe zum ethikbezogenen Investment, Bonn 2010.

Literaturverzeichnis

Ulrich Brand u. a. (Hg.), Global Governance. Alternativen zur neoliberalen Globalisierung, Münster: Westfälisches Dampfboot 2000.

Heribert Dieter, Das Management der Finanzkrise: Nutzt Europa seine Chance? SWP-aktuell 6, Februar 2009.

Heribert Dieter, Aufbruch oder kosmetische Reformen in Pittsburgh?, Stiftung Wissenschaft und Politik-Aktuell 2009/A 53, Berlin 2009.

Heribert Dieter, Global Economic Governance nach der Finanzkrise, in: Stiftung Entwicklung und Frieden, Globale Trends 2010, Frankfurt a. M.: Fischer 2010, 339–356.

Bernhard Emunds, Goodbye Wallstreet – Hello Wallstreet! Wirtschaftsethische Überlegungen zum Bedarf, die neue kapitalmarktdominierte Finanzwirtschaft „umzubiegen", in: *Martin Dabrowski* u. a. (Hrsg.), Globalisierung und globale Gerechtigkeit, Paderborn: Schöningh 2009, 55–83.

Henrik Enderlein, Global Governance der internationalen Finanzmärkte, in: Aus Politik und Zeitgeschichte, Beilage zur Wochenzeitung „Das Parlament" 8/2009, 3–8.

Michael Frenkel/Lukas Menkhoff, Stabile Weltfinanzen? Die Debatte um eine neue internationale Finanzarchitektur, Berlin u. a.: Springer 2000.

Jörg Huffschmid, Politische Ökonomie der Finanzmärkte, Hamburg: VSA 1999.

Inge Kaul u. a. (eds.), Global Public Goods. International Cooperation in the 21st Century, New York: Oxford University Press 1999.

Stefan Klingebiel/Dirk Messner, Franz Nuscheler (*1938). Empirische Forschung und Global Governance, in: Entwicklung und Zusammenarbeit 45 (2004), Nr. 1, 28–31.

Susanne Lütz, Geld regiert die Welt, oder: Wer steuert die Globalisierung der Finanzmärkte?, in: *Volker Rittberger* (Hg.), Wer regiert die Welt mit welchem Recht? Beiträge zur Global Governance-Forschung, Baden-Baden: Nomos 2009, 73–95.

Dirk Messner/Franz Nuscheler, Das Konzept Global Governance: Stand und Perspektiven, Institut für Entwicklung und Frieden, Report 67, Duisburg 2003.

Johannes Müller/Johannes Wallacher, Entwicklungsgerechte Weltwirtschaft. Perspektiven für eine sozial- und umweltverträgliche Weltwirtschaft, Stuttgart u. a.: Kohlhammer 2005.

Wolfgang Münchau, Flächenbrand. Krise im Finanzsystem, Bonn: Bpb 2008.

Michael Reder, Global Governance. Philosophische Modelle der Weltpolitik, Darmstadt: WBG 2006.

Wolfgang H. Reinicke, Global Public Policy: Governing without Government?, Washington DC: Brookings Inst. Press 1998.

James Rosenau/Ernst-Otto Czempiel (eds.), Governance without Government. Order and Changes in World Politics, Cambridge/Mass: Cambridge University Press 1992.

Herrmann Sautter, Weltwirtschaftsordnung, München: Vahlen 2004.

Stefan Schirm, Internationale Politische Ökonomie, Baden-Baden: Nomos 2004.

Stefan Schirm, Koordinierte Weltwirtschaft? Neue Regeln für effizientere und legitimere Märkte, in: Zeitschrift für Internationale Beziehungen 16 (2009), Nr. 2, 311–324.

Ulrich Schneckener, Globales Regieren durch Clubs: Definition, Chancen und Grenzen von Club Governance, Stiftung Wissenschaft und Politik-Aktuell 2009/A 47, Berlin 2009.

Hans-Werner Sinn, Kasino-Kapitalismus: Wie es zur Finanzkrise kam, und was jetzt zu tun ist, Berlin: Econ 2009.

Georg Stoll, Etwas Hilfe genügt nicht. Die Finanzkrise verschärft die Lage der armen Länder, in: HerderKorrespondenz 64 (2010), Nr. 1, 39–43.

UNCTAD, Trade and Development Report 2009: Responding to the global crisis – Climate change mitigation and development, Geneva-New York 2009.

WA-DBK (Wissenschaftliche Arbeitsgruppe für Weltkirchliche Aufgaben der Deutschen Bischofskonferenz) (Hg.), Globale Finanzen und menschliche Entwicklung, Bonn 2001.

WA-DBK (Hg.), Mit Geldanlagen die Welt verändern? Eine Orientierungshilfe zum ethikbezogenen Investment, Bonn 2010.

Johannes Wallacher, Ungleiche Ausgangsbedingungen. Die Bedeutung der Finanzmärkte für die Armutsbekämpfung, in: Herder-Korrespondenz 56 (2002), Nr. 5, 262–267.

Helmut Willke, Atopia. Studien zur atopischen Gesellschaft, Frankfurt a. M.: Suhrkamp 2001.

Charles Wyplos, International Financial Instability, in: *Inge Kaul* u. a. (eds.), Global Public Goods. International Cooperation in the 21st Century, New York: Oxford University Press 1999, 152–189.

REINHARD ZINTL

Provokationen der Krise: Zum Verhältnis von Unternehmen, Zivilgesellschaft und politischen Institutionen auf der internationalen Ebene

Zusammenfassung

Die zentrale Lehre aus der gegenwärtig noch andauernden Krise ist sicherlich, dass Bedarf an Veränderungen der Beziehung zwischen Politik und Wirtschaft – auch im internationalen Zusammenhang – besteht. Worin genau dieser Bedarf besteht, ist allerdings umstritten. Die folgenden Überlegungen sollen einige ordnungspolitische Aspekte der Situation beleuchten und insbesondere der Frage nachgehen, welche Rolle die „Zivilgesellschaft" bei alledem spielen könnte. Die Kernthese ist, dass hier nicht so viel von einer Stärkung einer transnationalen Zivilgesellschaft zu erwarten ist wie von der Unterstützung der Herausbildung ausgewogener Zivilgesellschaften in allen Staaten: Im Kern geht es darum, bestimmte gleiche Grundinstitutionen in allen souveränen politischen Gebilden durchzusetzen – nicht nur sehr grundlegende Verfassungstatbestände wie Demokratie und Rechtsstaatlichkeit, sondern spezifische Requisiten einer starken Zivilgesellschaft wie Vereinigungsfreiheit, Pressefreiheit, Streikrecht. Solche Eigenschaften haben Folgen für die Bedingungen, unter denen der Wettbewerb der Staaten stattfindet. Sie schaffen eine nationalstaatliche Infrastruktur für die Prozesse, die auf der zwischenstaatlichen Ebene ablaufen.

1 Zum Thema

Zwar stimmen die in der Öffentlichkeit vorgetragenen Diagnosen zu den Ursachen der Finanzkrise nicht in allen Hinsichten überein, jedoch spielt noch vor den wirtschaftspolitischen Sünden der Staaten das Verhalten der Wirtschaftssubjekte eine tragende Rolle – die außer Kontrolle geratene Gier, die Ausbeutung von Informationsasymmetrien, auch regelrechte Irrationalität.[1] Nur wenige Betrachter gehen so weit, den Kapitalismus hiermit als grundlegend gescheitert oder entlarvt anzusehen. Die meisten sehen die Chance, aus den Erfahrungen der Krise für die Zukunft zu lernen. Vor allem besteht nach übereinstimmender Auffassung Bedarf an Veränderungen der Beziehung zwischen Politik und Wirtschaft. Worin genau dieser Bedarf besteht, ist allerdings umstritten. Ist es zu wünschen, dass vornehmlich mehr konkrete staatliche Intervention im Einzelfall stattfindet, oder sollte eher die allgemeine politische Kontrolle und Steuerung der Wirtschaft intensiviert werden, oder sollten die Staaten vor allem ih-

---

[1] Die Finanzmärkte sind in dieser Hinsicht wohl untypische Märkte: z. B. scheint hier Herdenverhalten eine größere Rolle zu spielen als auf Gütermärkten.

re Rolle als Regelsetzer wahrnehmen und Veränderungen der Spielregeln des Marktes einführen, der aber ansonsten weiterhin ein sich vor allem selbst steuernder Bereich bleibt? Welche Formen der trans- und internationalen Kooperation sind hierbei plausibel, und wer sollte Träger der Veränderungen sein?

Die folgenden Überlegungen sollen einige ordnungspolitischen Aspekte der Situation beleuchten und insbesondere der Frage nachgehen, welche Rolle die „Zivilgesellschaft" bei alledem spielen könnte. Zunächst soll grundlegend und kurz skizziert werden, welche Sorten ethischer Fragen sich im Zusammenhang mit Märkten stellen und wer in ihnen welche Verantwortung wofür trägt:

2 Markt und Moral

Das Ethos der Institution „Markt" ist nicht einfach ein Ethos des Egoismus, des Alleingangs, des Sich-gegen-Andere-Durchsetzens. Es ist vielmehr zuerst ein Ethos der *Freiheit*, des Respekts vor der Freiheit des Anderen, und im enger wirtschaftlichen Felde ein Ethos der Freiwilligkeit in der Kooperation. Erst in diesem Rahmen ist die Verfolgung der je eigenen Ziele statthaft – auch in harter Konkurrenz zu den Zielen Anderer, die das gleiche Recht haben. Jeder sorgt erst einmal für sich selbst – aber der Zustand ist gerade kein Krieg aller gegen alle.

Die Spielregeln des Marktes enthalten dementsprechend mindestens einen geschützten Autonomiebereich (und darin die Institution „Privateigentum"), den Schutz der Freiwilligkeit der Kooperation, die Verpflichtung zur Einhaltung von Verträgen und zum Schadensersatz bei Verletzung der Rechtssphäre Anderer. Drei Typen von institutionellen Vorkehrungen können wir dabei unterscheiden:

Erstens Regeln, die den rechtlichen *Status* eines jeden Akteurs gegen ihn selbst sichern: Die Personen haben kein frei verfügbares Eigentum an sich selbst; sie können mit ihrer Freiheit keinen Handel treiben. Ihr rechtlicher Status ist nicht lediglich unverletzlich, sondern auch unveräußerlich. Beschränkungen der individuellen Handlungsfreiheit von dieser Art sind nicht paradox: Sie sind fundamental und Voraussetzung dafür, dass die Regeln freiwilligen Verkehrs funktionieren können. Der Rechtsstatus selbst kann nicht Vertragsgegenstand sein (er darf durch die Transaktion nicht gefährdet werden) – wären Versklavungsverträge möglich, wäre die Erosion freiheitlicher Institutionen in diese selbst eingebaut.

Zweitens Regeln, die den *Umgang* der Personen miteinander ordnen und die Akteure vor fremdem Übergriff sichern – die bestimmen, was man mit seinem Eigentum anfangen darf und in welcher Weise Kooperation mit anderen zulässig ist.

Drittens Einrichtungen *externen Zwangs*, der die Freiwilligkeit im Vertragsabschluss und die angemessene Erfüllung von Verträgen sichert. Eine externe Zwangsinstanz ist unverzichtbar zum Schutze der Freiwilligkeit im Vertragsabschluss. Diese Instanz unterbindet Verträge vom Typ „Geld oder Leben" und sorgt so erst dafür, dass „Freiwilligkeit" eine ethisch überhaupt diskutable Kategorie wird. Die externe Zwangsinstanz ist darüber hinaus nützlich, wenn auch nicht in allen Fällen unverzichtbar, für die Durchsetzung von Verträgen (sie ist beispielsweise dort entbehrlich, wo drohender Reputationsverlust bei potentiellen Kooperationspartnern kostspieliger ist als die Drohung mit dem Gang zum Gericht).

Profitorientierung und allgemeiner die Verfolgung des je eigenen Interesses ist – im Rahmen der Spielregeln – legitim.[2] Das bedeutet aber nicht, dass keine moralischen Anforderungen an die Beteiligten gestellt werden:

Zum einen enthalten die Regeln ihrem Geiste nach so etwas wie *Mäßigungserwartungen* an die Handelnden hinsichtlich dessen, was sie aus der Kooperation herausschlagen wollen. Man könnte es das Ethos respektierter gleicher Autonomie nennen. Verträge sollen freiwillig zustande kommen, Notlagen sollen nicht ausgenutzt werden, man soll dem Anderen nicht zumuten, was man selbst als in der umgekehrten Lage als unzumutbar ansehen würde.[3]

Des Weiteren braucht es ein gewisses Maß an dem, was man *Tugend* nennen kann – die Bereitschaft, Regeln auch dann einzuhalten, wenn es keine lückenlose externe Kontrolle gibt. Gerade in Situationen komplexer Arbeitsteilung gibt es so viele Undurchschaubarkeiten, dass unendlich Spielräume dafür existieren, Verträge nicht korrekt zu erfüllen („Shir-

---

[2] Sehr gerne wird in diesem Zusammenhang Friedman zitiert, meist aber unvollständig: „The social responsibility of business [is] to use its resources and engage in activities designed to increase its profits so long as it stays within the rules of the game, which is to say, engages in open and free competition without deception or fraud." (*Milton Friedman*, The Social Responsibility of Business is to Increase its Profits, in Hoffman et al. (eds.), Business Ethics. Readings and Cases in Corporate Morality, Boston 2001, 156–160; 160). Vgl. auch allgemeiner *Ders.*, Kapitalismus und Freiheit, Frankfurt 2002.

[3] Dass diese Moral eine ziemlich robuste psychische Grundlage zu haben scheint, zeigen die Befunde der experimentellen Spieltheorie. Vgl. nur *Werner Güth* et al., An Experimental Analysis of Ultimatum Bargaining, in: Journal of Economic Behavior and Organization, 3 (1982), 367–388.

king", „Moral Hazard" usw.). Gäbe es nicht die Möglichkeit, einander in gewissem Umfang zu trauen, kämen viele Sorten von Kooperation gar nicht zustande. Und Vertrauen besteht ja im Kern darin, dass man dem anderen zutraut, sich selbst zu zügeln, wenn er Versuchungen ausgesetzt ist. Auch hier gibt es Gründe für die Vermutung, dass die Nachfrage nach Tugend sich das zugehörige Angebot verschafft.[4]

Schließlich ist von den Beteiligten die wechselseitige Respektierung der individuellen Verfügung über Eigentum unter Gesichtspunkten der jeweiligen *Privatnützigkeit* verlangt. Wenn die Akteure die Spielregeln richtig verstanden haben, wissen sie nicht nur, dass sie ihre Versprechen halten sollen, sondern sie wissen auch, dass sie keine Ansprüche an andere Akteure haben, wenn diese ihnen gegenüber keine Versprechen abgegeben haben und im Übrigen die Spielregeln nicht verletzt haben.

Mit dem letzten Punkt ist zugleich gesagt, was nicht von Haus aus zur Ethik des Marktes gehört: In einem funktionierenden Markt erfüllen die Akteure und der Prozess insgesamt eine Reihe von gesellschaftlichen Funktionen (Versorgung mit Gütern, Effizienzsteigerung, technischen Fortschritt usw.) – aber das ist ein Effekt wohlgestalteter Regeln der Verfolgung eigener Zwecke (wie schon Adam Smith deutlich ausgesprochen hat), und nicht die Folge der Erfüllung eines Kataloges gesellschaftlicher Pflichten, die den Handelnden Kriterien ihrer Entscheidungen vorgeben. In genau diesem Sinne und nur in diesem Sinne muss der Markt eine Ethik-freie Zone[5] sein, wenn er der Gesellschaft etwas nützen soll.

Das bedeutet aber im Umkehrschluss: Es gibt offensichtlich ethisch offene Fragen, für die der Markt zwar nicht haftbar gemacht werden kann, die ihn aber betreffen. Betrachten wir kurz die wichtigsten dieser Fragen:

Marktzutritt und Marktfähigkeit: Genügt es uns, wenn alle Mitglieder einer Rechtsgemeinschaft das Spiel zu gleichen Bedingungen spielen, oder sollen wir uns darum kümmern, mit welchen Voraussetzungen sie in das Spiel einsteigen? Ist Chancengleichheit ethisch wichtig? Und wenn sie wichtig ist: Worauf bezogen ist sie wichtig, wie viel davon ist wichtig?

Unterschiedliche Verhandlungsmacht, Informationsasymmetrien: Wenn man als normativen Ausgangspunkt die gleiche und größtmögliche Autonomie aller gewählt hat, dann sollte man sich fragen, ob hierzu schon alles gesagt und getan ist, wenn der Rechtsstatus aller Beteiligten gleich und gleich sicher ist. Oder soll darüber hinaus die gleiche Verhandlungsmacht, bestimmt nach einigermaßen gleichen Kosten des Verzichts auf Koope-

---

[4] Vgl. hierzu grundlegend *Michael Baurmann*, Der Markt der Tugend, Tübingen 1996.
[5] Vgl. insbesondere *David Gauthier*, Morals by Agreement, Oxford 1986.

ration, uns interessieren? Sollen Informationsasymmetrien als ethisch irrelevant gelten?

Konkurrenz und Unterwerfung unter anonymen Zwang: Soll alles, worauf die Akteure sich freiwillig einlassen, als ethisch unproblematisch angesehen werden? Das ist kein Problem des Umgangs gegenüberliegender Markt-Seiten miteinander, sondern ein Problem auf der gleichen Markt-Seite (ein Problem der Interdependenz, nicht der Interaktion). Welches Maß an Auslieferung der Akteure an den Wettbewerb soll es geben? Man tut ja, wenn es um das Überleben oder den Erfolg im Wettbewerb geht, offensichtlich die Dinge nicht notwendig deshalb, weil man sie gerne tut, sondern vielmehr deshalb, weil sie erfolgsträchtig sind und weil man andere Akteure nicht daran hindern kann, sie zu tun. Man kann nun sagen, dass eine allgemeine Beschränkung der individuellen (Wettbewerbs-) Autonomie gelegentlich wenigstens für einen Teil der Akteure und manchmal für alle ein Zugewinn an (individuell nutzbarer) Freiheit ist und obendrein auch erwünschte Folgen für ihre Umgebung hat. Ein Dopingverbot macht Hochleistungssportler frei, nicht zu dopen. Analoges gilt für den in unserem Zusammenhang interessanten Fall des möglichen Verbots hochriskanter Investitionen. Die Handlungslogik in spekulativen Blasen sieht ja oft so aus: Alle wissen, dass irgendwann die Blase platzt. Wer „zu früh" aussteigt, ist weniger erfolgreich als diejenigen, die noch im Spiel bleiben. Handelt er, als Bankangestellter, auf fremde Rechnung, wird er für seine Verzagtheit von seinen Vorgesetzten bestraft. Wenn hingegen am Ende das Ganze zusammenbricht, sind alle bis zum Schluss Dabeigebliebenen im gleichen Boot – und alle können nicht gut bestraft werden. Es ist hier also individuell rational, sehenden Auges in den kollektiven Untergang zu laufen. Das Rationalitätsproblem liegt dann nicht beim einzelnen Akteur, sondern bei den Spielregeln.

Risiken, Notlagen, Fangnetze, Ungleichheiten überhaupt: Wie weit sollen die Risiken reichen können, denen man im Wettbewerb notwendig ausgeliefert ist? Sollen die Akteure sich gegen bestimmte Risiken versichern müssen? Sollen diejenigen, die die Versicherungen nicht bezahlen können, entsprechende Zuschüsse aus anderen Quellen erhalten? Aus welchen Quellen?

Externe Effekte: Die Entscheidungen von Ressourceneigentümern im Markt haben Folgen – externe Effekte – für unterschiedliche Nichteigentümer: für Arbeitnehmer, für Kunden, für die Gemeinde oder sogar die Region, in der ein Unternehmen seinen Standort hat, für die Umwelt, für künftige Generationen. Diese betroffene Umgebung ist überwiegend nicht an den Entscheidungen der Eigentümer von Ressourcen beteiligt.

Ihre Interessen werden in ihnen nicht berücksichtigt. Das bedeutet nicht, dass diese Interessen ethisch unerheblich sind.

Wie kann oder soll man in einer Marktgesellschaft mit solchen Fragen umgehen?

3 Laisser-faire und die ordnungpolitische Gestaltung von Märkten

Eine Möglichkeit besteht sicherlich darin, die aufgezählten Themen sämtlich als Angelegenheit der Politik und nicht des Marktes einzuordnen. In diesem Fall würde man gewissermaßen den Markt als das Feld der (unmittelbaren) Effizienz und die Politik als das Feld der Gerechtigkeit und gesamtgesellschaftlichen Vorsorge ansehen. Man würde bei einer solchen Separation allerdings übersehen, dass es sehr wohl möglich ist, die Spielregeln des Marktes unterschiedlich auszugestalten. Auch hierfür ist ja die Politik unausweichlich zuständig. Wenn man aber Gestaltungsmöglichkeiten hat, kann man nicht den Standpunkt einnehmen, es sei unmöglich, ethische Standards *innerhalb* der Marktarena zur Geltung zu bringen (manchmal wird dieses Argument *gegen* die Marktwirtschaft ins Feld geführt, manchmal *für* sie, in beiden Fällen ist es falsch).

Selbstverständlich ist eine der möglichen Antworten auf die genannten Fragen, dass es am besten sei, wenn die Gestaltung von Regeln so zurückhaltend wie möglich erfolgt. Das führt zu einer Ordnung der Dinge, die man als Laisser-faire bezeichnen kann.

Laisser-faire bedeutet, dass keine Ausgestaltung der Spielregeln der ökonomischen Arena über das notwendige rechtliche Minimum hinaus erfolgt. Innerhalb des Marktes soll allein die förmlich-rechtliche Freiwilligkeit der Kooperation geschützt sein. Regulation soll es nicht geben. Was auch immer es ist, worauf sich Akteure ohne Zwang einlassen, soll erlaubt sein, nach der Devise *„volenti non fit iniuria"*. Der Staat soll dieses Recht gleicher Freiwilligkeit aller durchsetzen, nicht weniger, aber auch nicht mehr.

Argumente für eine Ordnung des Laisser-faire stützen sich normalerweise auf die Fortschrittsdynamik so beschaffener Institutionen, manchmal verbunden mit dem Hinweis auf die positiven Effekte, die es auch für die Langsameren und Schwächeren aufweise (diese sind zwar in nahezu jeder konkreten Situation auf der Verliererseite, aber insgesamt sei es auch für sie von Vorteil, in einer prosperierenden und nicht in einer stagnierenden Gesellschaft zu leben).

Die Konzeption des Laisser-faire hat zwar Affinitäten zur Idee des Minimalstaates oder auch Nachtwächterstaates (der sich allein um die Durchsetzung des Rechts kümmert), ist aber begrifflich hiervon unabhängig. Befürworter des Minimalstaates werden zwar in der Regel auch Befürworter von Laisser-faire in der ökonomischen Arena sein. Das gilt aber nicht umgekehrt: Befürworter von Laisser-faire können durchaus einen aktiven (seltener einen aktiv umverteilenden, häufiger einen reparierenden, nachschießenden) Staat wünschen; das gegenwärtige politische Verhalten der Banken, das weitgehend der Devise folgt „Gewinne privatisieren, Verluste sozialisieren", ist ein Beispiel für diese Kombination.

Wie gesagt – Laisser-faire ist eine zulässige Konzeption der Beziehung von Politik und Markt, aber nicht die einzige. Die Alternativen zu dieser Konzeption sind vielgestaltig:

Als Ordnungspolitik im weiteren Sinne kann jede rechtliche Ausgestaltung von „Inhalt und Schranken" des Eigentums (Artikel 14 Grundgesetz) angesehen werden.[6] Insbesondere das Vertragsrecht ist hier wichtig. Wenn die Gesetze in allgemeiner Form regulieren, was man mit seinem Eigentum anstellen kann und was man nicht mit ihm anstellen kann, wie man sein Eigentum persönlich und in Kooperation mit Anderen nützen kann, dann wird nicht mehr alles, worauf Leute sich freiwillig einlassen mögen, zugleich als akzeptabel gelten können. Man hat es weiterhin – solange die Privatnützigkeit des Eigentumsgebrauchs respektiert ist – mit einer Marktwirtschaft zu tun, jedoch wird sich der Charakter des Marktes je nach Ausgestaltung des Eigentums- und Vertragsrechts sehr unterschiedlich ausnehmen.

Gestaltungsbeispiele sind das Kartellrecht, das Arbeitsrecht, die Unternehmensverfassung, Setzung von Produktstandards, Setzung von Produktionsstandards und von Verfahrensregeln. Ziel der Normierungen kann die institutionelle Stabilisierung des Wettbewerbs sein, die Beschränkung der Ausnutzung von Informationsasymmetrien (insbeson-

---

[6] Ich verwende den Terminus ‚Ordnungspolitik' in einem sehr weiten Sinne, im Wesentlichen in Abgrenzung zur ‚Intervention', die auf den Einzelfall zielt. Bei Eucken (Grundsätze der Wirtschaftspolitik, Tübingen 1952), für den der Begriff zentral ist, geht es vor allem um Monopolzähmung. Vgl. im übrigen *Alfred Müller-Armack*, Wirtschaftslenkung und Marktwirtschaft Freiburg 1966; *Hartmut Kliemt*, Das Denken in Ordnungen und die Möglichkeiten ordnungspolitischen Handelns," in: *Walter Eucken Institut* (Hg.), Ordnung in Freiheit. Symposium aus Anlaß des 100. Jahrestages des Geburtstages von Walter Eucken am 17. Januar 1991, Tübingen 1992, 31–59.

dere in der Beziehung zwischen Prinzipalen und Agenten), die Neutralisierung von Verhandlungsmacht, die Internalisierung externer Effekte.

Zwei Fragen sind nun zu stellen. Erstens: Können bzw. sollen wir sämtliche ethischen Probleme, die sich in der Marktarena stellen, als Probleme der Regelsetzung ansehen? Und zweitens: Können wir hoffen, diejenigen Probleme, die wir durch Regelsetzung angehen, auf diese Weise ein für alle Male zu lösen?

Zunächst zur Frage danach, was sich überhaupt ordnungspolitisch anpacken lässt: Hier kann man, vereinfacht, sagen, dass es leichter ist, die marktinternen Verhältnisse ordnungspolitisch zu bearbeiten als die mittelbaren Wirkungen der Wirtschaftstätigkeit. Zwar kennen wir oft in groben Zügen, was die Regeln des Marktes wahrscheinlich in Hinsicht auf Zukunft, Minderheiten, Klima, Dritte Welt oder auch gesellschaftliche Ungleichheit bewirken oder nicht bewirken. Und oft genug können wir sehr wohl benennen, warum wir in diesen Hinsichten etwas als wünschenswert oder nicht wünschenswert einschätzen. Es ist sogar durchaus möglich, dass es breiten Konsens in einer Gesellschaft darüber gibt, was man etwa hinsichtlich der Ungleichheit von Einkommen und Vermögen für grundsätzlich ethisch vertretbar oder wünschbar hält, oder was ein fairer und nachhaltiger Umgang mit der Zukunft ist.

Ordnungspolitisch kann all das aber nur in engen Grenzen bearbeitet werden. Grundsätzlich bestehen dabei zwei Möglichkeiten: Man kann erstens an den Handlungsregeln selbst ansetzen und man kann zweitens an den Entscheidungsverfahren ansetzen.

Im ersten Fall werden den Wirtschaftssubjekten entweder bestimmte Handlungen ganz verboten oder es wird ihnen auferlegt, die externen Kosten ihres Tuns in ihren Kalkulationen zu berücksichtigen. Zu nennen ist beispielsweise die Einrichtung eines Marktes für Emissionsrechte. Aber es ist offensichtlich, dass man auf diese Weise nur bestimmte Ausschnitte erfassen kann. Wie soll man etwa die Belange künftiger Generationen in Form von Rechengrößen bereits jetzt einbauen?

Im zweiten Fall ist der Weg, die Betroffenen zu Beteiligten zu machen, also Stakeholder-Mitbestimmung zu institutionalisieren. Das wird vielerorts für die Beschäftigten von Unternehmen praktiziert (verbreitet in Betriebsräten, manchmal in Aufsichtsräten). Für diese gilt allerdings, dass sie eine sehr spezifische Sorte von Stakeholdern sind: Sie sind zwar nicht Eigentümer, haben aber das gleiche Interesse wie die Eigentümer an einer möglichst guten Verwertung der Ressourcen, die in dem Unternehmen stecken (Konflikte zwischen Eigentümern und Belegschaft bestehen nicht über die Verwertung, sondern nur hinsichtlich der Aufteilung des Kooperationsgewinns). Das bedeutet, dass die meisten uns ethisch interessierenden externen Effekte hierdurch nicht berührt sind. Eine breitere Nichteigentümer-Partizipation an den Entscheidungen von Eigentümern ist zwar im Prinzip durchaus institutionalisierbar, aber auch hier gilt, dass jedenfalls eine umfassende Lösung schwer vorstellbar ist (ob sie wünschenswert ist, wird weiter unten zu betrachten sein).

Es scheint schon von daher plausibel, durchaus pragmatisch nach der jeweils bestmöglichen Kombination von ordnungspolitischer Gestaltung des Wettbewerbs mit politischer Intervention zu suchen, also auch subsidiäre und komplementäre staatliche Intervention zum Zwecke der Vorsorge und Nachsorge, der Ergänzung, der Bereitstellung von Ressourcen usw. vorzusehen.

Es gibt aber noch einen zweiten Grund, aus dem man mit den Ansprüchen und Erwartungen an die Ordnungspolitik zurückhaltend sein sollte. Dieser Grund ist epistemischer Natur.

Die Finanzkrise ist hier ein lehrreicher Fall. Sie zeigt, wie oben schon angesprochen, sicherlich kein Versagen des Marktes „an sich", sondern zunächst einmal die Grenzen seiner Laisser-faire-Variante. Man kann aber vermuten, dass auch eine aktive Ordnungspolitik nicht sicher präventiv gewirkt hätte. Die Krise ist ja *auch* ein Resultat der fortwährenden und fortschreitenden Entwicklung von robusten, spontanen und einfachen Märkten hin zu komplexeren Märkten, die produktiver, effizienter, voraussetzungsvoller, abstrakter – und empfindlicher sind.[7] Reinstes Beispiel für diese Entwicklung ist der immer scharfsinnigere Umgang mit Unsicherheit und den Unwägbarkeiten der Zukunft. Der Scharfsinn der Akteure besteht darin, im Rahmen der geltenden Regeln immer bessere Instrumente – Strategien – zu erfinden: Strategien, die im Augenblick der Regelsetzung noch nicht erfunden waren und im Allgemeinen auch nicht antizipiert werden konnten. Manche dieser Strategien haben unintendierte Folgen für das Funktionieren des Regelwerks insgesamt. Nun kann man zwar neue Strategien ex post als rationale Antworten auf die Anreize deuten, die das gegebene Regelwerk bietet, und hieraus dann wiederum ordnungspolitische Anregungen ziehen – aber man kann nicht grundsätzlich vorab wissen, was an Strategien erfunden werden könnte.

Dieser unberechenbare Scharfsinn der Akteure ist obendrein zumindest teilweise geschult durch die Modellierungen, die die ökonomische Theorie bereitstellt. Das klassische Modell des Marktprozesses soll zwar ei-

---

[7] Lesenswert hierzu: *Mancur Olson*, Macht und Wohlstand, Tübingen 2003.

gentlich den Markt beschreiben und nicht ihn beeinflussen (idealer Weise verhält sich das Tun des Ökonomen zum Marktprozess wie das Tun des Meteorologen zum Wetter). Die Subjekte lösen ihre Probleme, der Theoretiker schaut zu und ist imstande, das Ganze zusammenzusetzen und notfalls Justierungen der Anreizkonstellation vorzuschlagen. Wenn aber die Handelnden (und nicht nur die Regelsetzer) die Modelle der Theoretiker kennen, haben diese Modelle unweigerlich Handlungsfolgen. Überspitzt gesagt: Mit der Übernahme der Modellierungen durch die Handelnden selbst verändert sich die modellierte Praxis – und es kommt erst recht unvorhersehbare Unbestimmtheit ins Spiel.

Insgesamt ist also ordnungspolitisches Lernen dauerhaft notwendig. Krisen zeigen nicht immer ein intellektuelles Versagen der gestaltenden Politik an (und auch nicht immer ein moralisches Versagen der Handelnden).

Was wir nun gesehen haben, sind die Möglichkeiten und die Grenzen, dessen, was die Regeln setzende Politik *kann*. Nicht unwichtig ist nun aber auch, was sie *will* und warum sie es will bzw. *nicht will*. Hier kommt die Zivilgesellschaft ins Spiel.

4 Die Zivilgesellschaft

Unter Zivilgesellschaft im weiteren Sinne soll im Folgenden die Umgebung der Politik verstanden werden, die selbst eine politische Bedeutung hat, als agierende und reagierende Öffentlichkeit, organisiert oder auch nicht organisiert. Sie ist hier wichtig nicht als ein privater Rückzugsbereich (was sie notwendig auch ist), sondern als ein politisch nicht kontrolliertes Widerlager der Politik. Totalitäre Regime können eine Zivilgesellschaft in diesem Sinne nicht dulden – sie schalten ihre Umgebung gleich, politisieren sie, machen sie zum Vorfeld. Zivilgesellschaftliche Gegenmacht gegen einen potentiell übermächtigen Staat ist überlebenswichtig für eine freiheitliche Verfassung.[8]

Sie ist lebenswichtig, weil ohne eine pluralistische Vorstellung vom Gemeinwohl eine freiheitliche Gesellschaft ja nicht einmal gedacht werden kann: Es gilt in einer freiheitlichen Gesellschaft als legitim und essentiell, dass unterschiedliche Ideen und Interessen in den politischen Entscheidungsprozeß eingebracht werden, und zwar durchaus mit dem Ziel, sie

---

[8] Vgl. aus der sehr breiten Literatur hierzu nur *Ernest Gellner*, Bedingungen der Freiheit. Die Zivilgesellschaft und ihre Rivalen, Stuttgart 1995.

auch durchzusetzen. Also ist Konflikt legitim. Dieser Konflikt muss aber, wenn er ein politisches Gemeinwesen nicht zerreißen soll, in gemeinsame Überzeugungen eingebettet sein. Das sind vor allem der geteilte Respekt vor individuellen Rechtssphären und Rechtsgleichheit, die Respektierung von Spielregeln des Umgangs miteinander, die Respektierung von Regeln verbindlicher Kollektiventscheidung und schließlich sicher auch Überzeugungen über den Kernbestand von politischen Leistungsaufgaben. Was als Gemeinwohl gelten kann, ist hiernach nicht vorab inhaltlich bestimmt und jenseits der Interessen evident. Vielmehr kann jedes Resultat des Interessenkonflikts, das unter Respektierung der Spielregeln (einschließlich der in ihnen inkorporierten Sorgfaltspflichten und Fairnessvorstellungen) zustande gekommen ist, diese Kennzeichnung beanspruchen.

Es sollte vielleicht festgehalten werden, dass der hier verwendete – an sich klassische – Begriff von Zivilgesellschaft weiter ist als eine Begrifflichkeit, in der zwischen Zivilgesellschaft einerseits und der Interessengruppenlandschaft andererseits unterschieden wird und in der die Zivilgesellschaft – im engeren Sinne – nur aus denjenigen Gruppen besteht, die keine ökonomischen – „partikularen" – Interessen vertreten, sondern Anliegen vertreten, die im allgemeinen Interesse liegen (gelegentlich etwas respektlos als PIGs – „Public Interest Groups" – apostrophiert).[9] Gegen eine solche Grenzziehung und Ausgrenzung, die ja zunächst lediglich eine sprachliche Konvention ist, ist selbstverständlich nicht viel einzuwenden[10], sofern aus ihr nicht problematische Konsequenzen gezogen werden. Vor allem wäre die Vorstellung problematisch, dass die „allgemeinen" Anliegen von höherer Dignität seien als die „partikularen" (und etwas profaneren) Interessen und daher womöglich im Zusammenhang mit politischen Entscheidungen eine andere Rolle als diese spielen sollten. Hierfür spricht nichts:

Die Anliegen, die die Public Interest Groups vertreten, sind ja in einer politisch wesentlichen Hinsicht genau so partikular wie diejenigen Anliegen, die von den klassischen Interessengruppen vertreten werden –

---

[9] Das ist die Terminologie etwa von Habermas (Vgl. *Jürgen Habermas*, Faktizität und Geltung, Frankfurt 1992, 399 ff.).
[10] Immerhin ist anzumerken, dass die Grenzziehungen zwischen der einen und der anderen Sorte von Gruppen oft schwierig ist: Wenn Lehrerverbände eine Erhöhung der Bildungsausgaben anmahnen, ist die Begründung allgemein, aber die Implikationen für spezifischen Beschäftigungs- und Aufstiegschancen der Mitglieder der Gruppe sind offensichtlich. Umgekehrt und etwas despektierlich könnte man sagen, dass keine Interessengruppe es sich leisten kann, ihr Anliegen nicht als gemeinwohlverträglich und womöglich überdies als gemeinwohlförderlich zu präsentieren.

eben weil sie Anliegen der Mitglieder einer Gruppe sind. Zuerst denken wir bei Gruppeninteressen und Interessengruppen selbstverständlich an Gegenstände, die bereits ihrem Inhalt nach nur eine bestimmte Personengruppe berühren und mit anderen Interessen konkurrieren – etwa an Einkommensinteressen, wie sie vor allem von Verbänden im Bereich der Wirtschaft vertreten werden. Partikular, allerdings nicht notwendig vom Inhalt her, ist aber auch jede von einer begrenzten Personengruppe vertretene Konzeption des Gemeinwohls, also dessen, was diese Gruppe als für alle gut propagiert – man denke nur an die Position der katholischen Kirche zur Abtreibung, an die Position von Greenpeace in Umweltfragen oder an eine „Deutschland den Deutschen"-Initiative. Auch diese Vorstellungen und Ziele sind zunächst einmal ja nur die Vorstellungen und Ziele der jeweiligen Gruppe Gleichgesinnter, und diese Vorstellungen können mit den Vorstellungen anderer Gruppen konfligieren. In einer freien Gesellschaft werden Diversität und Konflikt nicht nur der partikularen ‚Interessen', sondern auch der aufs Allgemeine gerichteten ‚Meinungen' der Normalfall sein. Alle Gruppen vertreten zunächst einmal nur sich selbst, sind „selbsternannte" Anwälte ihres Anliegens. Das ist nicht im Mindesten ehrenrührig, sondern liegt in der Natur der Sache. Keine Gruppe hat ein hierüber hinausgehendes Mandat.

Es gibt also gute normative Gründe, hinsichtlich der angemessenen politischen Rolle von Gruppierungen keinen Unterschied zwischen beiden Typen von Gruppen zu machen – Public Interest Groups sollten keine Beteiligungsprivilegien gegenüber Private Interest Groups haben.

Für die Art und Weise, in der die Gruppen an wirtschaftlichen und politischen Entscheidungen beteiligt sein können oder sollten, gilt nun folgendes:

In der Marktarena gibt es, wie sich oben bereits angedeutet hat, gute Gründe, mit der Stakeholder-Mitbestimmung innerhalb der Unternehmen zurückhaltend zu sein, soweit sie über die Mitbestimmung der Beschäftigten hinausgeht. Wenn man einmal ganz von den Problemen ihrer Institutionalisierung (wer hat welches Mandat, wer soll mit welchem Gewicht an Entscheidungen beteiligt sein?) absieht, bleibt immer noch der Einwand, dass weitgehende oder sogar umfassende Stakeholder-Mitbestimmung[11] Zielkonflikte innerhalb einer Unternehmung erzeugt, die deren Funktionieren beeinträchtigen. Sie beschädigt die funktionale Arbeitsteilung in einer Gesellschaft, die eine überaus wichtige Errungenschaft ist. Im Kern

---

[11] Vgl. nur die Visionen von R. *Edward Freeman*, Stakeholder Theory of the Modern Company, in: W. *Michael Hoffmann* et al. (eds.), Business Ethics. Readings and Cases in Corporate Morality, Boston 2001, 160–168.

läuft sie ja darauf hinaus, den (ökonomischen) Kontrollmechanismus „Abwanderung" durch den (politischen) Kontrollmechanismus „Teilhabe" zu überlagern oder zu ersetzen.[12]

Wie steht es aber mit der Gruppen-Mitbestimmung in der politischen Arena? Hier gibt es erst recht Gründe, „Stakeholder-Mitbestimmung" nicht einzurichten, auch hier ganz unabhängig davon, ob es sich um Gruppen handelt, die private Interessen vertreten, oder um Gruppen mit öffentlichen Anliegen: In der politischen Arena würde Stakeholder-Mitbestimmung nicht wie im Markt Abwanderung durch Teilhabe überlagern oder ganz ersetzen, sondern zwei Teilhabe-Mechanismen miteinander vermengen und in Konkurrenz zueinander bringen: einerseits die Mitentscheidung derjenigen, die ein allgemeinpolitisches Mandat haben, und andererseits die Mitentscheidung derjenigen, die ein Mandat spezieller Organisationen haben. Die Angehörigen der Interessengruppen würden also in zwei Rollen mitbestimmen – was nichts anderes bedeutet als privilegierte Teilhabe. Bestimmte Vorstellungen von Runden Tischen, in denen „Politiker" und „die relevanten gesellschaftlichen Gruppen" gemeinsam entscheiden sollen, beruhen auf einem sehr problematischen Demokratieverständnis.[13]

Das Mittel gegen Abgehobenheit der Politik ist nicht Entscheidungspartizipation der Gruppen, sondern ungehinderter und gleicher Zugang jeglicher Gruppe zu den Trägern des politischen Mandats, verbunden mit einer auch institutionell abgesicherten Argumentations- und Rechenschaftspflicht der Mandatsträger. Solche Pflichten sind zugleich für die Mandatsträger nicht einfach lästig, sondern durchaus hilfreich: Sie erlauben und ermöglichen ihnen eine breitere Abwägung; sie sind den internen Machtkonstellationen weniger ausgeliefert als dann, wenn die Politik hinter verschlossenen Türen stattfindet. Dass die Gruppen nicht mitregieren, bedeutet auf der anderen Seite keineswegs, dass die Politik nach Belieben mit ihnen umgehen kann.

---

[12] Vgl. hier vor allem *Albert O. Hirschman*, Abwanderung und Widerspruch, Tübingen 1974.
[13] Eine Randbemerkung sei hier erlaubt: Als problematisch sollte unter legitimatorischen Aspekten die weit verbreitete Form der Beschickung von Hochschulräten und vergleichbaren Institutionen angesehen werden: Unbestreitbar sind die Universitäten der Gesellschaft rechenschaftspflichtig, die sie alimentiert. Das macht aber die Übertragung der Kontroll-Rechte an Gruppen mit partikularem Mandat nicht unbedingt plausibel. Erst recht eigentümlich mutet eine Konstruktion wie die des deutschen Akkreditierungsrates im Hochschulwesen an, in dem diejenigen, die ein politisches Mandat haben (KMK), sich sogar in einer Minderheitenposition gegenüber Vertretern diverser gesellschaftlicher Gruppen befinden.

Wenn das so ist, wird die Politik so unabhängig von den Interessengruppen wie notwendig, ohne für sie zu einer fremden Macht zu werden. Zugleich sind Interessengruppen, je weniger sie mitregieren, umso mehr von der Zumutung befreit, alles, was sie wollen, unter Gemeinwohlgesichtspunkten prüfen oder als gemeinwohlträchtig verkaufen zu müssen. Sie können partikularistisch sein, ohne dass ihnen das zum Vorwurf gemacht werden kann.

Tragend für all das ist also nicht eine förmliche Mitbestimmungsmacht der Gruppen der Zivilgesellschaft, sondern vielmehr ihre Einwirkung auf die Entscheidungen, die sie selbst nicht treffen. Ob das Ganze gut oder weniger gut funktioniert, hängt nun ganz wesentlich davon ab, wie diese Einwirkungsmöglichkeiten über die Gruppen hinweg verteilt sind. Hier liegen die wirklichen Probleme.

Nicht alle Bürger nehmen hinsichtlich aller ihrer Interessen mit gleichen Chancen an dem Spiel teil. Sowohl die Organisierbarkeit als auch die Konfliktfähigkeit von Interessen sind ungleich verteilt.[14] Hinsichtlich der Organisierbarkeit schneiden die öffentlichen Interessen schlechter ab als die spezifischen – die Träger des Interesses mögen zahlreich sein, aber es ist für sie nicht von existentieller Bedeutung, sie unterscheiden sich voneinander in allen anderen Hinsichten, sie kennen und erkennen einander nicht ohne weiteres. All das ist für spezifische Interessen anders – sie sind existentiell, ihre Träger teilen etliche Aspekte ihrer Lebenslage, sie können einander identifizieren. Hinsichtlich der Konfliktfähigkeit sieht es nicht anders aus: Entscheidend ist hier vor allem die Fähigkeit einer Gruppe zu deutlich spürbarer Leistungsverweigerung. Diese Fähigkeit ist am höchsten für die Interessen, die unmittelbar um die Produktion herum organisiert sind, also für die wichtigsten der spezifischen Interessen. Bilanz: Die Organisierbarkeit und Konfliktfähigkeit von Interessen ist am größten für spezifische und intensive Interessen der im Arbeitsleben stehenden Personen.[15]

---

[14] Hierzu hat vor allem Mancur Olson Grundlegendes geschrieben. Vgl. *Mancur Olson*, Die Logik des kollektiven Handelns, Tübingen 1969, und *Ders.*, Aufstieg und Niedergang von Nationen, Tübingen 1985.

[15] Das ist übrigens auch in der Sicht strikt liberaler Theoretiker wie Milton Friedman ein problematischer Tatbestand: So wenig wie der Markt soll die Politik die Produzenteninteressen gegen die Konsumenteninteressenten durchsetzen (Lehrer sollten nicht über Bildungspolitik, die Rüstungsindustrie nicht über Sicherheitspolitik befinden). Auf jeden Fall sollen nicht die Einkommensinteressen der Produzierenden ausschlaggebend sein, und daher auch nur sehr beschränkt ihre professionellen Überzeugungen davon, was gesellschaftlich notwendig ist, denn das eine ist in aller Regel mit dem anderen eng verbunden.

Es kommt hinzu, dass solche Ungleichheiten umso deutlicher ausfallen, je höher in einem politischen Gemeinwesen die faktischen und rechtlichen Schwellen für die Teilnahme der Bürger am öffentlichen Leben sind – je disparitärer die Bildungschancen, je ungleicher die Verteilung von Einkommen und Vermögen, je schwieriger der Zugang zu Medien, je geringer die Transparenz des politischen Segments etc. sind, umso kleiner wird der Kreis derjenigen sein, die überhaupt mitspielen dürfen und umso mehr werden es ihre spezifischen Interessen sein, die artikuliert werden – eben ihre Interessen an der Bewahrung ihrer Position, einkommensmäßig und auch sonst.

Wir können an dieser Stelle die folgende Zwischenbilanz ziehen: Man kann erwarten, dass die Gesetzgebung ordnungspolitisch umso aktiver und anspruchsvoller sein wird, je breiter und tiefer die Artikulation von Gesichtspunkten, Problemen, Kriterien ist, die aus der Zivilgesellschaft in den politischen Prozess einfließen werden. Je eingeschränkter die Rolle der Zivilgesellschaft ist und je disparitärer die Artikulation ist, umso einseitiger und passiver wird die Gesetzgebung sein.

Von hier aus können wir nun betrachten, wie sich das Zusammenspiel der Kräfte dort darstellt, wo die Beziehung zwischen Wirtschaft und Politik nicht nur als innerstaatliche Sache anzusehen ist.

5 Die Internationale Ebene: Welche Zivilgesellschaft?

Interdependenz von Staaten und Grenzen überschreitenden Wettbewerb gab es schon immer. Verschärfungen der Interdependenz, dank stark sinkender Transaktionskosten, sind allerdings in den letzten Jahren zu beobachten. Eine wichtige Erscheinung in diesem Globalisierungsprozess ist die Entstehung neuer, transnationaler Akteure und die Ablösung internationaler durch transnationale Beziehungen besonders hinsichtlich Information, Transport, Finanzierung.

Die Folge der Reduzierung von Transaktionskosten für die Staaten ist, einfach gesagt, die Verschärfung des Wettbewerbes unter ihnen. Sie hatten früher mehr Zeit, bis sie anderswo eingeführte Innovationen übernehmen mussten und sie konnten sogar auf Dauer eigene Profile konservieren. Das wird immer schwieriger. Die territorial organisierte Herrschaft ist immer weniger der Filter, durch den alle Entwicklungen erst einmal hindurch müssen und in dem die Entwicklungen an die lokalen Bedingungen angepasst werden.[16] Der moderne Nationalstaat hat vielleicht nicht weniger zu verantworten als früher, aber er kontrolliert weniger von dem, was er verantworten muss.

Die Situation zwischen den Staaten ist, soweit sie sich als Wettbewerbssituation darstellt, mangels einer umgebenden Instanz mit ordnungspolitischer Gestaltungsmacht zunächst einmal am ehesten mit der Ordnung des Laisser-faire zu vergleichen. Die einzelnen Territorialstaaten verlieren in der Unterwerfung unter den internationalen Wettbewerb zwar an Kontrolle über die Folgen ihrer Handlungen, aber nicht an rechtlicher Souveränität. Die jeweilige Faktorausstattung der Staaten unterscheidet sich stark und von daher unterscheiden sich auch die jeweils bevorzugten Strategien. Es genügt ein einfaches Beispiel: Scharfe Umweltstandards oder Unfallverhütungsstandards verteuern die Produktion. Ihre weltweite Einführung kann mit guten allgemeinen Argumenten befürwortet werden, sorgt jedoch zunächst einmal auch dafür, dass die Industrieländer den Vorsprung, den sie haben, erst einmal absichern und sich Konkurrenz vom Halse halten können. Es gibt also neben dem guten Argument mit dem allgemeinen Interesse auch ein weniger gutes partikulares Argument, das protektionistischen Charakter hat. Allgemeiner: Sowohl Regulierungsvorschläge als auch Deregulierungsvorschläge können unter Gesichtspunkten des allgemeinen Interesses als auch unter protektionistischen Gesichtspunkten gesehen und beurteilt werden.

Solange es keine Wettbewerbsverfassung für den Wettbewerb der Staaten gibt, ist also eine Gemengelage von Deregulierungs- und Regulierungsprozessen zu erwarten, abhängig davon, was für einen Staat angesichts der Antworten der anderen Staaten jeweils von Vorteil ist. Laisser-faire-Anhänger mögen das begrüßen und auf die Selbstreinigung des Wettbewerbs durch Krisen, in diesem Falle eben eine globale Krise, setzen. Andere, die Meisten, sehen eher Bedarf an ordnungspolitischen Schritten, um die Risiken zu verringern.[17] Zu klären ist in diesem Falle, wie das institutionell bewerkstelligt werden kann.

---

[16] Vgl. nur *David Held*, Democracy and the Global Order. From the Modern State to Cosmopolitan Governance, Cambridge 1995.

[17] Legt man universalistische Maßstäbe an, so scheint dies als ethisch wünschenswert: Unter solchen Maßstäben betrachtet man ja konkrete Rechtsgemeinschaften ohnehin nur als Teilelemente der Menschheit als *moral community*. Wenn es also ‚soziale Errungenschaften' in einer bestimmten Gemeinschaft gibt, sollten sie nicht als Privileg protektioniert werden, sondern besser global durchgesetzt werden. Was auch immer lediglich in den Grenzen einer separaten politischen und Rechtsgemeinschaft als jedermanns Anrecht angesehen wird, ist insofern immer noch ein partikulares Recht. Bezogen auf Schutz- und Abwehrrechte erscheint uns das ohnehin als selbstverständlich – ein Territorialstaat, der etwa solche Rechte nur als Rechte seiner Bürger definiert, gilt als barba-

Weitgehender Konsens besteht hier sicherlich darin, dass der Nationalstaat faktisch und – mit guten Gründen – auch normativ nicht obsolet ist. Die Idee, durch eine übergeordnete Autorität, den Weltstaat, Regeln setzen zu lassen, muss dementsprechend an dieser Stelle nicht diskutiert werden. Plausibler und realistischer sind bilaterale und vor allem multilaterale Bindungen vertraglicher Natur, die Souveränität insofern bewahren, als Verpflichtungen widerruflich gelten; und der Zusammenschluss zu problemspezifischen supranationalen Instanzen, in denen Souveränität in begrenzten Ausschnitten abgetreten wird, am ehesten um den Preis einstimmiger Entscheidung.

Die Beispiele hierfür sind zahlreich und müssen hier nicht im Einzelnen beschrieben werden. Auch Erfolge sind unbestreitbar. Dennoch ist nicht zu leugnen, dass immer wieder im Zweifelsfall das einzelstaatliche situative Interesse oder was dafür gehalten wird, sich gegen das durchsetzt, was auch aus seiner Sicht eine konstitutionell vorzugswürdige Praxis wäre. Die Intention dieser opportunistischen nationalen Politik ist immer protektionistisch, auch wenn sie nicht so aussieht: Wenn es um Schutz vor Importen geht, wird sie Handelshemmnisse etablieren; wenn es um Einkommen aus dem Export geht, wird sie freihändlerisch sein. Gegenwärtig ist das sinnfälligste Beispiel das britische Interesse an der Erhaltung des Finanzplatzes London und entsprechendem Widerstand gegen Regulierungen und Bindungen. Die Vitalität des immer noch partikularen Nationalstaats ist offensichtlich also hier und da immer noch unangemessen groß.

Nun können wir versuchen, die Zivilgesellschaft wieder ins Bild zu bringen: Sollten vielleicht die nationalstaatlichen Egoismen, wenn schon übernationale Institutionalisierung nicht möglich und auch nicht wünschenswert ist, von einer sich allmählich entfaltenden *transnationalen* Zivilgesellschaft gebändigt werden? Sollte dieser Entfaltungsprozess nicht nach Kräften gefördert werden?

Um hierzu etwas mehr sagen zu können, ist es nützlich, sich genauer anzuschauen, welche der zivilgesellschaftlichen Gruppen auf welcher Ebene agieren.

Der erste Eindruck ist, dass Public Interest Groups – vor allem in der Form von Nicht-Regierungs-Organisationen – transnational und inter-

---

risch. Bezogen auf positive Ansprüche, auf Lebens- und Entfaltungsmöglichkeiten von Menschen, erscheint in universalistischer Perspektive die Beschränkung von Verantwortlichkeiten auf den Territorialstaat zwar nicht unbedingt als barbarisch, aber doch als eine Angelegenheit, die ethisch nicht begründbar ist und nach Kräften überwunden werden sollte.

national durchaus sichtbar und auch einflussreich sind. Woran fehlt es also? Das Problem könnte darin bestehen, dass die Gruppen, die spezifische Einkommensinteressen schützen, sich lieber auf die Ebene konzentrieren, auf der am Ende die Entscheidungen fallen. Die Ebene, auf der beispielsweise Wahlen entschieden werden. Die Folge dieser Prioritätensetzung könnte dann sein, dass auf der internationalen Ebene zunächst Entscheidungen getroffen werden, die den Public Interest Groups entgegenkommen. Sofern dann auf der nationalen Ebene die andere Seite der Zivilgesellschaft protektionistisch interveniert, wird die Entscheidung lokal unterlaufen oder sogar von den Politikern selbst sofort umgedeutet (deutsche Politiker schützen nicht Finanzplätze, sondern die Automobilindustrie). Die lokale Defektion höhlt dann das ursprüngliche Übereinkommen auf der oberen Ebene aus.

Diese Divergenz wird sicherlich nie ganz zu vermeiden sein, sie wird aber umso ausgeprägter zu beobachten sein, je schwächer die Public Interest Groups in einem Staat sind. Insbesondere wird sie in Staaten zu beobachten sein, in denen es keine starke Zivilgesellschaft gibt, sondern in denen die wirtschaftlichen Eliten zugleich die politische Macht haben und andere gesellschaftliche Gruppen überhaupt nicht artikulationsfähig sind. Am geringsten ausgeprägt wird sie in den Staaten sein, in denen beide Sorten von Gruppen stark und legitim sind.

Wenn das so ist, hat das aber Folgen dafür, auf welcher Ebene man am besten ansetzen sollte. Die Fähigkeit der Staatengesellschaft, Ordnungspolitik zu betreiben, ist insoweit nicht eine Sache der internationalen, sondern der intranationalen Strukturen.

6 Die transnationale Rolle der nationalen Zivilgesellschaften

Im Kern geht es darum, bestimmte gleiche Grundinstitutionen in allen souveränen politischen Gebilden durchzusetzen – nicht nur sehr grundlegende Verfassungstatbestände wie Demokratie und Rechtsstaatlichkeit, sondern spezifische Requisiten einer starken Zivilgesellschaft wie Vereinigungsfreiheit, Pressefreiheit, Streikrecht. Solche Eigenschaften haben Folgen für die Bedingungen, unter denen der Wettbewerb der Staaten stattfindet. Sie schaffen eine nationalstaatliche Infrastruktur für die Prozesse, die auf der zwischenstaatlichen Ebene ablaufen; sie sorgen dafür, dass das, was dort geschieht, nicht anschließend schlicht verpufft.

Es ist nicht das entscheidende Merkmal dieser Zivilgesellschaften, dass sie transnational oder international orientiert sind (was sicherlich eine wünschenswerte Eigenschaft ist). Wichtiger ist es, dass sie in sich ausgewogen sind, dass jeweils beide Sorten von Interessen Gewicht haben und Gehör finden – sowohl die einkommensorientierten als auch diejenigen, die allgemeine Interessen artikulieren.

Erwähnenswert ist vielleicht zum Schluss, dass solche Überlegungen den klassischen Gedanken aufnehmen, dass die Binnenstruktur von Gesellschaften eine entscheidende Rolle für ihre Außenbeziehungen spielt. Das ist die tragende Idee etwa der Überlegungen von Kant zum ewigen Frieden[18]: Nicht ein Weltstaat ist in seiner Sicht das Mittel der Friedenssicherung, sondern eine Welt von Staaten, die allesamt „republikanisch" verfasst sind. Die Überlegung dahinter: Die denkbare Verfassung eines Gemeinwesens von Staaten weist einen fundamentalen Unterschied zur Verfassung des gewöhnlichen Staates auf, der aus Individuen besteht: Anders als im Zusammenleben von Individuen, in dem individuelle Unberechenbarkeit und kollektive Unübersichtlichkeit eine äußerliche Zwangsgewalt notwendig machen, ist im Zusammenleben der Staaten eine sich selbst tragende Ordnung möglich, und das umso mehr, je mehr die innere Verfassung der Staaten rechtsstaatlich und demokratisch ist.

Analog kann man für die Bedingungen der Möglichkeit einer Verfassung des Wettbewerbes der Staaten argumentieren.

LITERATURVERZEICHNIS

Michael Baurmann, Der Markt der Tugend, Tübingen: Mohr 1996.
Walter Eucken, Grundsätze der Wirtschaftspolitik, Tübingen: Mohr 1952.
R. Edward Freeman, Stakeholder Theory of the Modern Company, in: W. Michael Hoffmann et al. (eds.), Business Ethics. Readings and Cases in Corporate Morality, Boston: McGraw Hill 2001, 160–168.
Milton Friedman, Kapitalismus und Freiheit, Frankfurt a. M.: Piper 2002.
Milton Friedman, The Social Responsibility of Business is to Increase its Profits, in: Hoffman, W. M.; Frederick, R. E.; Schwarz, M. S. (eds.), Business Ethics. Readings and Cases in Corporate Morality, Boston: McGraw Hill 2001, 156–160.

---

[18] *Immanuel Kant*, Zum ewigen Frieden, (1795), in: Werkausgabe, hg. von *Wilhelm Weischedel*, Bd XI, Frankfurt a. M. 1977, 195–251.

David Gauthier, Morals by Agreement, Oxford: Oxford University Press 1986.

Ernest Gellner, Bedingungen der Freiheit. Die Zivilgesellschaft und ihre Rivalen, Stuttgart: Klett Cotta 1995.

Werner Güth et al., An Experimental Analysis of Ultimatum Bargaining, in: Journal of Economic Behavior and Organization, 3 (1982), 367–388.

Jürgen Habermas, Faktizität und Geltung, Frankfurt a. M.: Suhrkamp 1992.

David Held, Democracy and the Global Order. From the Modern State to Cosmopolitan Governance, Cambridge: Polity Press 1995.

Albert O. Hirschman, Abwanderung und Widerspruch, Tübingen: Mohr 1974.

Immanuel Kant, Zum ewigen Frieden, (1795), in: Werkausgabe, hg. von Wilhelm Weischedel, Bd XI, Frankfurt a. M.: Suhrkamp 1977, 195–251.

Hartmut Kliemt, Das Denken in Ordnungen und die Möglichkeiten ordnungspolitischen Handelns, in: Walter Eucken Institut (Hg.), Ordnung in Freiheit. Symposium aus Anlaß des 100. Jahrestages des Geburtstages von Walter Eucken am 17. Januar 1991, Tübingen: Mohr 1992, 31–59.

Alfred Müller-Armack, Wirtschaftslenkung und Marktwirtschaft (zuerst 1947) in: Ders. (Hg.), Wirtschaftsordnung und Wirtschaftspolitik, Freiburg: Kastell 1966. 78–134.

Mancur Olson, Die Logik des kollektiven Handelns, Tübingen: Mohr 1969.

Mancur Olson, Aufstieg und Niedergang von Nationen, Tübingen: Mohr 1985.

Mancur Olson, Macht und Wohlstand, Tübingen: Mohr 2003.

LITERATURBERICHT

GERHARD KRUIP

Aktuelle sozialethische Beiträge zu Wirtschaftsethik und Unternehmensethik.

Ein Literaturüberblick

Zusammenfassung
Der Überblick beleuchtet und analysiert den wirtschaftsethischen Diskurs der letzten zehn Jahre in der (katholisch-) christlichen Sozialethik. Im Blick auf den gesamten Diskurs wird festgestellt, dass im vergangenen Jahrzehnt zwar auch Grundsatzfragen geführt wurden. Aber zugleich befassten sich die Sozialethiker/innen zunehmend mit aktuellen und konkreten wirtschafts- und unternehmensethischen Problemkomplexen. Die Unternehmensethik kann in gewisser Weise als Neuentdeckung christlicher Wirtschaftsethik gelten. Herausforderungen für den zukünftigen Diskurs liegen vor allem in der ökologischen und interkulturellen Wirtschaftsethik.

1 VORBEMERKUNGEN

Der folgende knappe Literaturüberblick bezieht sich hauptsächlich auf Beiträge von katholischen Sozialethikern/innen in Deutschland[1] aus dem Zeitraum 2000–2009. Allein für diesen Zeitraum und diese Gruppe von Autoren/innen wurden etwa 500 Titel (Beiträge und Monographien) zum Themenfeld Wirtschafts- und Unternehmensethik[2] erfasst und et-

---

[1] Im Folgenden spreche ich meist nur noch von den Sozialethikern/innen oder der Sozialethik, meine aber weiterhin die genannte Gruppe der katholischen Sozialethiker/innen in Deutschland.
[2] Eine allgemeine Übersicht über Entwicklungen in der Sozialethik habe ich vorgestellt in *Gerhard Kruip*, Fortschritte im Selbstverständigungsprozess. Ansätze, Methode und Themen der Sozialethik, in: Herder Korrespondenz Spezial (2008), 45–48. Die unterschiedlichen Ansätze, die bis heute in der Sozialethik fortgeführt werden, sind gut dokumentiert in *Karl Gabriel* (Hg.), Gesellschaft begreifen – Gesellschaft gestalten. Konzeptionen christlicher Sozialethik im Dialog, Münster 2002. Vgl. auch die gelungenen Übersichten von *Ingeborg Gabriel*, Paradigmenwechsel in der Sozialethik, in: *Johann*

was mehr als 200 davon näher ausgewertet. Um den vorgegebenen Umfang dieses Artikels nicht zu überschreiten, kann davon jedoch nur ein Teil erwähnt, geschweige denn kommentiert werden. Ich habe mich darum bemüht, diese Auswahl in fairer Weise nach Kriterien der Relevanz, Originalität, Qualität und Repräsentativität der Beiträge vorzunehmen. Ich bitte alle Kolleginnen und Kollegen schon jetzt um Entschuldigung für die Fälle, in denen mir das nicht gelungen ist und sich jemand dadurch ungerecht behandelt fühlt.

Die zeitliche Eingrenzung auf die vergangenen zehn Jahre lässt sich m. E. dadurch rechtfertigen, dass man bis 2000 grob zwei Zehnjahresperioden der Diskussion beobachten kann, während danach eine dritte Phase beginnt. Eine moderne wirtschaftsethische Debatte im engen Dialog mit den Wirtschaftswissenschaften findet in Deutschland erst etwa ab Beginn der 1980er Jahre statt.[3] Die erste Phase mit ersten Entwürfen und Positionsbestimmungen dauerte dann bis 1989/1990.[4] Der Fall der Mauer und der Zusammenbruch des real existierenden Sozialismus haben den Kontext auch dieser Diskussion deutlich verändert. Immer weniger konnten plausible Alternativen zum kapitalistischen System vorgeschlagen werden, mehr und mehr war nur noch von Alternativen innerhalb dieses Systems die Rede, was half, ideologische Schranken abzubauen, die Auseinandersetzung mit diesen Fragen enorm befruchtete und zu dynamischen Ausdifferenzierungsprozessen von Methoden, Themen und Positionen führte. Es konsolidierte sich ein wirtschaftsethischer Diskurs auf der Ba-

---

Reikerstorfer/Martin Jäggle (Hg.), Vorwärtserinnerungen. 625 Jahre Katholisch-Theologische Fakultät der Universität Wien, Göttingen 2009, 145–171 und *Joachim Wiemeyer*, Von der „natürlichen Ordnung" zur gesellschaftlichen Dynamik, in: *Reinhard Göllner* (Hg.), „Es ist so schwer, den falschen Weg zu meiden". Bilanz und Perspektiven der theologischen Disziplinen, Münster 2004.

[3] Einer der Impulse zu dieser Debatte waren m. E. die beiden Büchlein *Bruno Molitor*, Die Moral der Wirtschaftsordnung, Köln 1980 und *Peter Koslowski*, Ethik des Kapitalismus, Tübingen 1982.

[4] Einen guten Überblick über diese erste Phase gibt beispielsweise *Joachim Wiemeyer*, Neuere Literatur zur Wirtschaftsethik, in: Jahrbuch für Christliche Sozialwissenschaft 29 (1988), 213–226. Vgl. *Friedhelm Hengsbach*, Interesse an Wirtschaftsethik, in: Jahrbuch für Christliche Sozialwissenschaft 29 (1988), 127–150. Das Jahrbuch 1990 war dann überwiegend dem Thema Wirtschaftsethik gewidmet. Darin habe ich einen Beitrag zu einer „befreiungstheologischen" Wirtschaftsethik geleistet: *Gerhard Kruip*, Gibt es eine befreiungstheologische Wirtschaftsethik? Beispiele aus der katholischen Kirche Mexikos, in: Jahrbuch für Christliche Sozialwissenschaften 31 (1990), 156–178. Noch bin ich der Auffassung, dass sich die aus der Befreiungstheologie stammende „Option für die Armen" als wirtschaftspolitische Maxime eignet: *Gerhard Kruip*, Die Option für die Armen als wirtschaftspolitische Maxime, in: *Gerhard Schick* (Hg.), Wirtschaftsordnung und Fundamentalismus, Berlin 2003, 117–129. Vgl. *Walter Schmidt*, Option für die Armen? Erkenntnistheoretische, sozialwissenschaftliche und sozialethische Überlegungen zur Armutsbekämpfung, München/Mering 2005.

sis der grundsätzlichen Akzeptanz des Marktes als Koordinationsinstanz der Wirtschaftsakteure, während fundamental kapitalismuskritische Positionen stärker in die Defensive gerieten. Ende der 1980er Jahre wurde im *Verein für Socialpolitik* auch der Ausschuss „Wirtschaftswissenschaft und Ethik" gegründet, der die Diskussion maßgeblich vorangetrieben hat.[5] Als sichtbare Ergebnisse dieser Konsolidierungsphase können das 1993 erschienene Lexikon der Wirtschaftsethik und das 1999 vom katholischen Sozialethiker Wilhelm Korff herausgegebene Handbuch der Wirtschaftsethik[6] betrachtet werden, in denen ein guter Überblick über den Stand der bis dato erreichten Diskussion gegeben wird.[7] Im vergangenen Jahrzehnt wurden zwar auch weiterhin Grundsatzfragen geführt, zugleich aber befassten sich die Sozialethiker/innen zunehmend mit aktuellen und konkreten wirtschafts- und unternehmensethischen Problemkomplexen, so dass sich ein sehr vielseitiges und reichhaltiges Bild ergibt.

---

[5] Mehr und mehr wurden auch katholische Sozialethiker/innen in diesen Ausschuss aufgenommen. Er ist zu einem der wichtigsten „Diskurszusammenhänge" für den interdisziplinären Austausch von Ökonomen, Philosophen und Sozialethikern zu Fragen der Wirtschaftsethik geworden. Die Diskussionsbeiträge werden seit 1994 in der Reihe „Wirtschaftsethische Perspektiven" veröffentlicht. Für mich persönlich war der Austausch in der von der Deutschen Bischofskonferenz berufenen „Sachverständigengruppe Weltwirtschaft und Sozialethik" (seit 1989) besonders wichtig. Auch verschiedene katholische Akademien (Kath. Akademie Rottenburg-Stuttgart, Franz-Hitze-Haus Münster, Rabanus-Maurus-Akademie Wiesbaden und andere) haben früh Gesprächsforen zur Wirtschaftsethik organisiert. Ein inzwischen unübersichtlich groß gewordener „Diskurszusammenhang" ist das 1993 gegründete „Deutsche Netzwerk Wirtschaftsethik", siehe <http://www.dnwe.de/>.
[6] *Georges Enderle* u. a. (Hg.), Lexikon der Wirtschaftsethik, Freiburg u. a. 1993 bzw. *Wilhelm Korff* (Hg.), Handbuch der Wirtschaftsethik, Gütersloh 1999.
[7] Als guter Überblick über diese zweite Phase eignet sich auch *Michael Schramm*, Christliche Wirtschaftsethik. Markt und Moral in der Moderne, in: *Hans-Joachim Höhn* (Hg.), Christliche Sozialethik interdisziplinär, Paderborn u. a. 1997, 207–222. Vgl. auch die kurze Gesamtdarstellung von *Alois Baumgartner*, Wirtschaftliche Effizienz und soziale Gerechtigkeit, in: *Marianne Heimbach-Steins* (Hg.), Christliche Sozialethik, Regensburg 2004, Bd. 2, 82–108 und zwei theologische Dissertationen, die die unterschiedlichen Ansätze analysieren: *Jochen Gerlach*, Ethik und Wirtschaftstheorie. Modelle ökonomischer Wirtschaftsethik in theologischer Analyse, Gütersloh 2002; *Andreas Heeg*, Ethische Verantwortung in der globalisierten Ökonomie. Kritische Rekonstruktion der Unternehmensethikansätze von Horst Steinmann, Peter Ulrich, Karl Homann und Josef Wieland, Frankfurt a. M. u. a. 2002.

2 Entwicklungen in der Diskussion über Grundsatzfragen

Es war die wirtschaftsethische Position Karl Homanns, die ab Ende der 1980er Jahre die sozialethische Diskussion stark geprägt hat.[8] Der Gedanke einer notwendigen Unterscheidung von Spiel*zügen* und Spiel*regeln* war dabei leichter rezipierbar, weil auch der traditionellen Katholischen Soziallehre die Komplementarität von „Zuständereform" und „Gesinnungsreform" (QA 77) durchaus ein Begriff war und es vor diesem Hintergrund für viele sehr plausibel erschien, dass erstrebte Verhaltensänderungen auch durch Veränderungen der von Strukturen und Institutionen ausgehenden Anreizwirkungen zumindest unterstützt werden müssten. Auf heftige Kritik stieß jedoch die starke Betonung des Vorrangs der Veränderungen der Spiel*regeln*, laut Homann der entscheidende Ort der Moral in modernen Gesellschaften, so dass zumindest der Eindruck entstehen konnte, es komme auf die individuelle Moralität der Akteure überhaupt nicht mehr an. Würde dies stimmen, könnte es gar keine Akteure mehr geben, die innerhalb der bestehenden Spielregeln Gerechtigkeitsdefizite wahrnehmen und sich für eine Veränderung einsetzen. Spielregeln gestalten sich nämlich nicht von selbst.[9] Seine These, dass die für eine Veränderung von Spielregeln notwendigen sozialethischen Einsichten durch eine „ökonomische Theorie der Moral"[10] zu gewinnen seien, stieß ebenfalls auf Widerstand. Aber auch der große Antipode von Karl Homann, der diskursethisch ansetzende Vertreter einer „integrativen Wirtschaftsethik"[11], Peter Ulrich, blieb von der Kritik seitens der Sozialethiker/innen nicht verschont.[12] Während Homann eine Überbeto-

---

[8] Homann hat einen grundsätzlichen Aufsatz zu seiner Position 1990 auch in diesem Jahrbuch veröffentlicht: *Karl Homann*, Wettbewerb und Moral, in: Jahrbuch für Christliche Sozialwissenschaften 31 (1990), 43–56.

[9] Vgl. *Michael Schramm*, Spielregeln gestalten sich nicht von selbst. Institutionenethik und Individualethos in Wettbewerbssystemen, in: *Detlef Aufderheide/Martin Dabrowski* (Hg.), Wirtschaftsethik und Moralökonomik. Normen, soziale Ordnung und der Beitrag der Ökonomik, Berlin 1997, 147–176.

[10] So z. B. *Karl Homann/Ingo Pies*, Wirtschaftsethik in der Moderne: Zur ökonomischen Theorie der Moral, in: Ethik und Sozialwissenschaften 5 (1994) 1, 3–12. Vgl. die pointierte Kritik dazu von *Matthias Möhring-Hesse/Michael Schäfers*, Politische Regulation der Ökonomie, in: Ethik und Sozialwissenschaften 5 (1994), 51–53 und *Bernhard Emunds*, Von einem Frosch, der kein Prinz ist. Oder: Warum die ökonomische Rationalität nicht diskursethisch transformiert werden kann, in: *Walter Lesch/Alberto Bondolf* (Hg.), Theologische Ethik im Diskurs. Eine Einführung, Tübingen/Basel: Francke 1995.

[11] *Peter Ulrich*, Integrative Wirtschaftsethik. Grundlagen einer lebensdienlichen Ökonomie, Bern/Stuttgart/Wien 1997.

[12] *Michael Schramm*, Wirtschaftsethik als Moralparänese?, in: Ethik und Sozialwissenschaften 11 (2000) 4, 619–621. Zur Kontroverse zwischen den beiden Schulen von Ulrich und Homann vgl. auch *Markus Breuer/Philippe Mastronadi/Bernhard Waxenberg*

nung der ökonomischen Anreizanalyse vorgeworfen wird, wird an Ulrich häufig kritisiert, er übersehe in seiner Wirtschaftsethik das Gewicht der Zwänge des Marktes und der Gesetze der Ökonomie.[13]

Ähnlich wie bei Ulrich wurde von vielen Sozialethikern/innen betont, ein genuin moralischer Standpunkt sei nicht durch die je individuelle Interessenskalkulation und die Einsicht in die Nützlichkeit von Regeln (also rein vertragstheoretisch) zu gewinnen, sondern allein auf der Basis einer eigenständigen ethischen Perspektive, so dass sich jedenfalls für die moralische Argumentation ein Primat der Ethik vor der Ökonomik ergebe.[14] Vor allem Autoren, die insgesamt vor einer zu starken Ökonomisierung warnen, betonen gegen einen „Imperialismus" der Ökonomik, die Ethik sei ihr „eindeutig überzuordnen"[15]. Große Unterschiede unter den Sozialethikern/innen gibt es freilich nach wie vor in der Frage, ob dieser ethische Standpunkt aus letztlich nur christlich fundierbaren, gleichwohl als „naturrechtlich" verstandenen Einsichten in das Wesen des Menschen und seiner Gesellschaft zu gewinnen sei,[16] oder durch kantische Theorieansätze wie von John Rawls[17] oder Jürgen Habermas[18], die

---

(Hg.), Markt, Mensch und Freiheit. Wirtschaftsethik in der Auseinandersetzung, Bern 2009.

[13] So ähnlich wie viele andere *Alois Baumgartner*, Wirtschaftliche Effizienz, 82–108.

[14] Vgl. z.B. *Franz Furger*, Es geht nicht ohne ein ethisches Fundament. Zur Diskussion über das Verhältnis von Ethik und Ökonomie, in: Herder-Korrespondenz 45 (1991) 12, 568–572.

[15] *Thomas Hausmanninger*, Wettbewerb als gesellschaftliches Leitprinzip? Kulturethische Überlegungen zur Ökonomisierung gesellschaftlicher Handlungssysteme, in: *Friedemann Maurer/Rainer-Olaf Schultze/Theo Stammen*, Kulturhermeneutik und kritische Rationalität. Festschrift für Hans-Otto Mühleisen zum 65. Geburtstag, Lindenberg 2006, 624–646, 637. Vgl. *Bernhard Laux*, Ökonomische Vernunft und ihr Anderes – oder: Warum baut Nike Kathedralen?, in: *Monika Eigenstetter/Marianne Hammerl* (Hg.), Wirtschafts- und Unternehmensethik – ein Widerspruch in sich? Kröning 2005, 193–214; *Bernhard Laux*, Wirtschaftsethik des Christentums, in: Orientierungen zur Wirtschafts- und Gesellschaftspolitik 119 (2009) 1, 14–23. Christa Schnabl warnt in einem interessanten Beitrag aus der gender-Perspektive vor einer umfassenden Ökonomisierung: *Christa Schnabl*, Religion und Ökonomie. Anmerkungen aus der Genderperspektive, in: *Heinz Schmidt* (Hg.), Ökonomie und Religion. Fatal Attraction – Fortunate Correction, Heidelberg 2006.

[16] So argumentieren beispielsweise *Elmar Nass*, Der humangerechte Sozialstaat. Ein sozialethischer Entwurf zur Symbiose aus ökonomischer Effizienz und sozialer Gerechtigkeit, Tübingen 2006 und *Alexander Saberschinsky*, Menschenrechte und christliches Menschenbild, in: Die neue Ordnung 56 (2002), 84–95.

[17] Vor allem Joachim Wiemeyer, aber auch viele andere beziehen sich in ihrer sozialethischen Argumentation immer wieder auf das Gedankenexperiment von Rawls.

[18] Eine stark diskursethisch beeinflusste Position, die sogar in das neue Handbuch der Katholischen Soziallehre Eingang gefunden hat, vertritt beispielsweise *Hans-Joachim Höhn*, Moral im Diskurs. Die Relevanz der Diskursethik für die Katholische Soziallehre, in: *Anton Rauscher* (Hg.), Handbuch der Katholischen Soziallehre, Berlin 2008, 203–213.

die faire Berücksichtigung der Interessen aller und eine diskursive Verständigung über die für alle gültigen Regeln anzielen. Jedenfalls könne erst auf einer von der ökonomischen Reflexion zunächst einmal unabhängigen ethischen Basis, so inzwischen ein recht breiter Konsens unter Sozialethikern/innen, im zweiten Schritt geprüft werden, durch welche Anreizsysteme die entsprechenden Normen auch „implementiert" werden könnten.[19] Einige betonen jedoch mit Homann, dass die Schwierigkeiten der Anwendung und Implementierung durchaus auch auf Fragen der Begründung zurückwirken könnten, so dass eventuell auch Begründungsstrategien neu überdacht werden müssten. Michael Schramm fasst anknüpfend an die Luhmannsche Systemtheorie das Verhältnis von Begründungsdiskurs und Implementierungsstrategie als eine „strukturelle Kopplung" auf: Beide Diskurse müssten parallel geführt werden, der eine könne nicht vom anderen abgeleitet werden, so dass „nur" eine wechselseitige „Irritation" erfolgen könne, woraus jedoch bei Errichtung geeigneter Koordinations- und Kooperationsmechanismen eine wechselseitige Lern- und Evolutionsfähigkeit möglich werde.[20]

Karl Homann hatte immer wieder für die Prüfung institutioneller Reformen einen „HO-Test"[21] vorgeschlagen: Spielregeln seien als richtig zu betrachten, wenn sie auch dann noch zu den gewünschten Ergebnissen führen, wenn sich die Beteiligten konsequent eigeninteressiert (also als „homines oeconomici") verhalten. Obwohl die Perspektive des homo oeconomicus auch von den Ökonomen in der Regel nicht als eine Art Menschenbild oder allgemeine empirische Aussage über das übliche Verhalten von Menschen verstanden wird,[22] wird bei den aus ökonomischer Perspektive gemachten Vorschlägen für Reformen in der Umsetzung dann doch oft selbstverständlich davon ausgegangen, dass sich Menschen überwiegend eigeninteressiert verhalten. Tatsächlich aber haben Menschen durchaus auch genuin „moralische Interessen"[23] und han-

---

[19] Vgl. dazu etwa *Michael Schramm*, Kontingenzeröffnung und Kontingenzmanagement – Christliche Sozialethik als theologische Systemethik, in: Jahrbuch für Christliche Sozialwissenschaften 43 (2002), 85–116 und *Gerhard Kruip,* Eine Implementierungstheorie der Moral, in: ebd., 117–125.

[20] Michael Schramm, ‚Strukturelle Kopplungen' im moralökonomischen Kontingenzmanagement. Zum Ethikkonzept der Governanceethik, Stuttgart-Hohenheim 2003 (Hohenheimer Working Papers zur Wirtschafts- und Unternehmensethik 1).

[21] Zum Beispiel in *Karl Homann/Franz Blome-Drees,* Wirtschafts- und Unternehmensethik, Göttingen 1992.

[22] Vgl. grundlegend *Gebhard Kirchgässner,* Homo oeconomicus. Das ökonomische Modell individuellen Verhaltens und seine Anwendung in den Wirtschafts- und Sozialwissenschaften, Tübingen 1991.

[23] Vgl. *Michael Schramm,* Das Management moralischer Interessen. Zur Praxisrelevanz von Tugenden in der Wirtschafts- und Unternehmensethik, Stuttgart-Hohenheim 2005

deln oft nicht unmittelbar egoistisch, so dass auch ein HO-Test, jedenfalls dann, wenn es um konkrete Maßnahmen geht, durchaus hinterfragt werden kann und muss.[24]

Ohne die Stimmen der Kritiker/innen in einer differenzierten Weise selbst sprechen zu lassen, hat Elke Mack eine Art „Apologie" der Thesen Homanns verfasst, wobei sie teilweise versucht, mit der unbestrittenen moralischen Integrität der Person Karl Homann dessen moraltheoretische Positionen zu verteidigen.[25] An anderer Stelle sind jedoch auch Unterschiede zwischen seiner und ihrer Position erkennbar. So hat sie einen Vorschlag für eine Methode *theologischer* Wirtschaftsethik vorgelegt, die sich am bekannten Dreischritt Sehen–Urteilen–Handeln orientiert. Neben der Sachstandsanalyse bezieht sie im Schritt Sehen aber auch eine Hermeneutik christlicher Überlieferung ein, von der sie offenbar eine durch einen Transzendenzbezug gewährleistete Fundierung der philosophisch zu begründenden ethischen Position (Urteilen) erwartet, auf deren Basis dann die Anwendung und mit ihr eine Analyse ökonomischer Anreizsysteme (Handeln) erfolgen kann.[26] Allerdings bleibt hierbei unklar, welche genaue Funktion diese Hermeneutik christlicher Tradition für die ethische Begründung übernimmt. Mack neigt dazu, die in der ethischen Tradition des Judentums und Christentums inhärente moralische Rationalität, die durchaus philosophisch rekonstruiert werden kann (etwa bei der Option für die Armen) zu unterschätzen und zu übersehen, dass auch Christen, wenn sie argumentativ einen moralischen Standpunkt zu finden versuchen, philosophisch (allgemein-menschlich vernünftig) argumentieren müssen. Der Bezug auf bzw. die Verwurzelung in einer christlichen Ethostradition kann zu moralischem Handeln motivieren, moralische Wahrnehmungsfähigkeit stärken und Horizonte weiten, aber nicht im eigentlichen Sinn moralisch etwas begründen.[27]

(Hohenheimer Working Papers zur Wirtschafts- und Unternehmensethik; 6).

[24] Vgl. z. B. *Johannes Wallacher*, Abschied vom Homo Oeconomicus? Über die Rationalität unseres wirtschaftlichen Handelns, in: Stimmen der Zeit 221 (2003) 11, 762–772.

[25] *Elke Mack*, Die deutsche Christliche Sozialethik und die Theorie Karl Homanns, in: *Ingo Pies u. a.* (Hg.), Freiheit durch Demokratie. Festschrift für Karl Homann zum 65. Geburtstag, Berlin 2008, 143–155.

[26] *Elke Mack*, Anmerkungen zur Methode einer christlichen Wirtschafts- und Sozialethik, in: Zeitschrift für Wirtschafts- und Unternehmensethik (zfwu) 2 (2002), 174–200.

[27] Vgl. auch die Kritiken an Mack von *Friedhelm Hengsbach*, Verzaubert vom Implementieren? Elke Macks theologische Wirtschaftsethik, in: Zeitschrift für Wirtschafts- und Unternehmensethik (zfwu) 2 (2002), 201–204 und *Dietmar Mieth*, Integrative Wirtschaftsethik aus der Sicht christlicher Sozialethik, in: *Dietmar Mieth/Olaf Schumann/Peter Ulrich* (Hg.), Reflexionsfelder integrativer Wirtschaftsethik, Tübingen 2004, 177–194.

3 Aktuelle Einzelthemen

Nicht zuletzt dank der starken Einbindung von Sozialethikern/innen in Beratungsgremien der Bischofskonferenz (Kommission VI), der katholischen Verbände und politischen Institutionen (etwa den Stiftungen der Parteien) auf den verschiedensten Ebenen widmen sich Sozialethiker/innen auch immer wieder konkreten wirtschaftsethischen Einzelfragen. Dabei gehen praktisch alle von der Richtigkeit des Modells der Sozialen Marktwirtschaft aus. Der Markt kann als gesellschaftliche Institution zur Koordination der Aktivitäten der Wirtschaftssubjekte genutzt werden, wenn man sich gleichzeitig aber der Tatsache bewusst bleibt, dass der Markt zu seinem Funktionieren eine Rahmenordnung braucht, die zusätzlich, sollen die sozialen und ökologischen Risiken des Marktes aufgefangen werden, an metaökonomischen Zielen zu orientieren ist.[28] Das Modell der Sozialen Marktwirtschaft lässt sich durchaus mit Kernelementen der Tradition katholischer Sozialethik verbinden, es sollte aber nicht vergessen werden, dass noch in den 1950er Jahren sowohl Ordoliberale der Katholischen Soziallehre, wie umgekehrt Vertreter der Katholischen Soziallehre der Sozialen Marktwirtschaft auch skeptisch gegenüberstanden, was unter anderem mit der in Quadragesimo Anno vorgeschlagenen „berufsständischen Ordnung", dem anderen Menschenbild der Soziallehre und einer anderen Aufgabenzuschreibung an den Staat zu tun hatte.[29]

---

[28] Vgl. ausführlicher *Gerhard Kruip,* In der Legitimationskrise. Neue Aufgaben für die Soziale Marktwirtschaft, in: Herder Korrespondenz 62 (2008) 10, 498–502.

[29] Daran hat jüngst Bernhard Emunds erinnert: *Bernhard Emunds*, Ungewollte Vaterschaft. Katholische Soziallehre und Soziale Marktwirtschaft, in: Ethik und Gesellschaft (e+g) 1/2010 (online unter www.ethik-und-gesellschaft.de). Vgl. auch: *Anton Rauscher*, Katholische Soziallehre und Soziale Marktwirtschaft, in: *Anton Rauscher,* Handbuch der Katholischen Soziallehre, Berlin 2008, 539–548. Vgl. auch *Ursula Nothelle-Wildfeuer,* Die päpstliche Sozialverkündigung und ihr Verhältnis zur Marktwirtschaft von Rerum novarum bis Deus caritas est, in: Freiburger Universitätsblätter 45 (2006), 19–33 und *Manfred Spieker,* Der Einfluß der christlichen Gesellschaftslehre auf die Marktwirtschaft, in: *Ingo Resch* (Hg.), Mehr als man glaubt. Christliche Fundamente in Recht, Wirtschaft und Gesellschaft, Gräfelfing 2000, 219–255. Demgegenüber scheint mir Wolfgang Ockenfels Wilhelm Röpke als einen wichtigen Vertreter des Ordoliberalismus allzu sehr christlich-sozialethisch zu vereinnahmen: *Wolfgang Ockenfels,* Wilhelm Röpke als christlicher Wirtschaftsethiker, in: Ordo. Jahrbuch für die Ordnung von Wirtschaft und Gesellschaft 50 (1999), 53–59. Im Gegensatz zum Modell der Sozialen Marktwirtschaft hat die Ausgestaltung des deutschen Sozialstaats viel stärker „katholische Wurzeln". Siehe hierzu *Karl Gabriel,* Die ‚katholischen' Grundlagen des Sozialstaats und ihre Relevanz für die aktuelle Diskussion um sein Profil und Programm, in: *Hermann-Josef Große Kracht/Ulrike Kostka/Michael Schramm* (Hg.), Der fraglich gewordene Sozialstaat. Aktuelle Streitfelder – ethische Grundlagenprobleme, Paderborn u. a. 2006, 9–25.

Innerhalb des Paradigmas der Sozialen Marktwirtschaft kommt dem Sozialstaat und der Sozialpolitik eine enorme Bedeutung zu,[30] weshalb es notwendig ist, hier auch entsprechend einschlägige Veröffentlichungen zu erwähnen. Nach der ersten Amtszeit Gerhard Schröders (2002) zeigte sich vor allem an der anhaltend hohen strukturellen Arbeitslosigkeit ein erheblicher Reformbedarf des deutschen Sozialstaats, auf den auch die Kommission VI noch unter Bischof Josef Homeyer eindringlich hingewiesen hatte.[31] Dieses „Impulspapier" unter dem Titel „Das Soziale neu denken" löste unter Sozialethikern heftige Kontroversen aus[32] und bestimmte auch eines der Berliner Werkstattgespräche zur Sozialethik.[33]

Unter der Leitperspektive der „Beteiligungsgerechtigkeit"[34] erscheint anhaltende Arbeitslosigkeit tatsächlich als ein Problem, das dringend gelöst werden müsste. Entsprechend beschäftigen sich Sozialethiker/innen mit der Ausgestaltung des Arbeitsmarktes,[35] sind sich aber nicht einig, ob sozialethisch eine Flexibilisierung oder ein Erhalt des bisherigen Arbeitsrechtes (Kündigungsschutz etc.) geboten ist. Eine ähnliche Kontroverse zeigt sich auch bei der Frage nach einem allgemeinen gesetzlichen Mindestlohn, der von manchen gefordert,[36] von anderen aber abgelehnt wird[37].

---

[30] *Joachim Wiemeyer*, Der Stellenwert von Sozialpolitik in einer marktwirtschaftlichen Ordnung, in: *Detlef Aufderheide/Martin Dabrowski* (Hg.), Internationaler Wettbewerb – nationale Sozialpolitik? Wirtschaftsethische und moralökonomische Perspektiven der Globalisierung, Berlin 2000, 135–145.

[31] *Kommission VI für gesellschaftliche und soziale Fragen der Deutschen Bischofskonferenz*, Das Soziale neu denken. Für eine langfristig angelegte Reformpolitik, Bonn 2003.

[32] Vgl. *Karl Gabriel/Friedhelm Hengsbach/Dietmar Mieth*, Abkehr vom ‚Gemeinsamen Wort' der Kirchen? Stellungnahme zum Impulspapier ‚Das Soziale neu denken', in: Orientierung 68 (2004) 1, 11–12, und meine Replik *Gerhard Kruip*, Das Soziale weiter denken, in: Stimmen der Zeit 129 (2004) 6, 398–408.

[33] Die Tagung ist dokumentiert in *Hermann-Josef Große Kracht/Ulrike Kostka/Michael Schramm* (Hg.), Der fraglich gewordene Sozialstaat. Aktuelle Streitfelder – ethische Grundlagenprobleme, Paderborn u.a. 2006. Darüber hinaus gibt es eine Reihe weiterer Arbeiten, die sich mit den nötigen Reformen des Sozialstaats befassen, z.B. *Martin Lampert*, Der Sozialstaat im 21. Jahrhundert. Gefährdungen Lösungsstrategien Wertung, Saarbrücken 2006.

[34] Vgl. wegweisend *Josef Homeyer u. a.*, Mehr Beteiligungsgerechtigkeit. Beschäftigung erweitern, Arbeitslose integrieren, Zukunft sichern: Neun Gebote für die Wirtschafts- und Sozialpolitik, Memorandum einer Expertengruppe, 29.10.1998, Bonn 1998.

[35] Vgl. z. B. *Joachim Wiemeyer*, Die Ordnung des Arbeitsmarktes aus wirtschaftsethischer Sicht. Eine Problemskizze, in: *Wulf Gaertner* (Hg.), Wirtschaftsethische Perspektiven V, Methodische Ansätze, Probleme der Steuer- und Verteilungsgerechtigkeit, Ordnungsfragen, Berlin 2000.

[36] *Matthias Möhring-Hesse*, Wenig neu, doch neu genug. Der Staat muss seinen Mindestlohn selbst setzen, in: Herder Korrespondenz 61 (2007) 10, 507–511.

[37] *Gerhard Kruip*, Fordert christliche Sozialethik einen allgemeinen Mindestlohn?, in: *Bernhard Nacke* (Hg.), Orientierung und Innovation Beiträge der Kirche für Staat und

Eine besonders interessante Perspektive hinsichtlich derzeitiger Veränderungen der Arbeitswelt hat kürzlich ein Beitrag von Matthias Möhring-Hesse eröffnet: Die wachsende Autonomie besonders hochqualifizierter Arbeiternehmer/innen in der Gestaltung ihrer Arbeitsabläufe – ein Prozess, der ja durchaus verbreiteten Vorstellungen einer Humanisierung der Arbeitswelt entspricht – kann auch dadurch negative Auswirkungen haben, so dass sie letzten Endes zu Formen von Selbstausbeutung führen kann.[38]

In Zusammenhang mit Arbeitsmarktreformen oder dem nötigen Umbau sozialer Sicherung werden immer wieder Vorschläge eines „bedingungslosen Grundeinkommens" intensiv diskutiert. Auf den ersten Blick sieht es so aus, als könnte dadurch tatsächlich das soziokulturelle Existenzminimum für alle gesichert werden, ohne dass Anreize zur Arbeitsaufnahme fehlen würden, so dass mehr Menschen an der Erwerbsarbeit beteiligt werden könnten.[39] Einige Befürworter behaupten, es wären durch Bürokratieabbau sogar Einsparungen möglich und das Grundeinkommen könnte dazu beitragen, auch andere Formen gesellschaftlich sinnvoller Arbeit als nur die Erwerbsarbeit zu honorieren. Berücksichtigt man jedoch die zur Erreichung der Finanzierbarkeit nötigen Veränderungen des Modells, so verliert es viel von seinem Charme: das Grundeinkommen müsste relativ niedrig angesetzt werden und sowohl die Transferentzugsrate für Hinzuverdienste wie auch der Steuersatz müssten sehr viel höher ausfallen, als ursprünglich vorgeschlagen.[40] Eine mögliche Lösung könnte darin liegen, ein Grundeinkommen eben doch nicht bedingungslos, sondern als von Arbeitsleistungen abhängiges, „aktivierendes Grundeinkommen" auszuzahlen.[41]

Gesellschaft, Freiburg (Breisgau) 2009, 418–431.

[38] *Matthias Möhring-Hesse,* Die Vernutzung von Arbeitsvermögen in „Guter Arbeit", in: *Wolfgang Thierse/Heiner Ludwig* (Hg.), Arbeit ist keine Ware. Über wirtschaftliche Krisen, normative Orientierung und politische Praxis, Freiburg (Breisgau) 2009, 104–127.

[39] Vgl. z. B. *Michael Schramm,* Subsidiäre Befähigungsgerechtigkeit durch das Solidarische Bürgergeld, in: *Thomas Straubhaar* (Hg.), Bedingungsloses Grundeinkommen und Solidarisches Bürgergeld – mehr als sozialutopische Konzepte, Hamburg 2008, 177–218.

[40] *Georg Cremer/Gerhard Kruip,* Reich der Freiheit oder Hartz IV für alle? Sozialethische und ökonomische Überlegungen zum bedingungslosen Grundeinkommen, in: Stimmen der Zeit 227 (2009) 6, 415–425. Vgl. *Bernhard Emunds,* Arbeitsmarkt und Mindestsicherung. Sozialethische Anmerkungen zu einem Politikfeld im Umbruch, in: *Martin Dabrowski/Judith Wolf* (Hg.), Aufgaben und Grenzen des Sozialstaats, Paderborn u. a. 2007, 151–180.

[41] *Elke Mack,* Subsidiäres und aktivierendes Grundeinkommen – eine Alternative zum bestehenden System in Deutschland, in: *Nese Sevsay-Tegethoff* (Hg.), Eine Perspektive für die soziale Marktwirtschaft? Bedingungsloses Grundeinkommen; kontroverse Fragen an ein umstrittenes (Gesellschafts-)Konzept von morgen, München 2008, 17–25.

Sozialethiker/innen in Deutschland haben sich auch noch mit weiteren relevanten Einzelthemen befasst, auf die hier nur kurz hingewiesen werden kann, beispielsweise mit Fragen der Einkommensverteilung[42], der häufig als zu hoch kritisierten Managergehälter[43] oder der seit Jahren diskutierten Notwendigkeit einer Steuerreform[44] zur Entlastung der niedrigen und mittleren Einkommen, der Rücknahme der „kalten" Progression sowie zur Steuervereinfachung. Auch Gesundheitswesen und Krankenversicherung bedürfen angesichts wachsender Finanzierungsprobleme einer dringenden Reform, was massive Fragen der gerechten Gestaltung des Gesundheitswesens[45] aufwirft, von denen die Kontroverse um die Gesundheitsprämie (Kopfpauschale) und die Bürgerversicherung[46] nur einen Teil darstellen. Angesichts des demographischen Wandels wird das bisherige System der Altersversorgung[47] ebenfalls Schwierigkeiten hervorrufen, wobei es zugleich familiengerechter[48] ausgestaltet werden müsste. Die Gerechtigkeit zwischen den Generationen ist durchaus auch ein wirtschaftsethisches Problem[49]. Im Zuge der Bestrebungen, im sozialen Bereich durch marktorientierte Reformen Effektivität und Effizienz zu steigern, rückte auch die Sozialwirtschaft[50] zunehmend in den Bereich

---

[42] *Joachim Wiemeyer*, Einkommensverteilung als wirtschaftsethische Herausforderung, in: *Volker Arnold* (Hg.), Wirtschaftsethische Perspektiven VI, Berlin 2002, 153–188.

[43] *Joachim Wiemeyer*, Die Höhe der Managergehälter und die Frage der „sozialen Gerechtigkeit", in: Wirtschaftsdienst 84 (2004) 6, 354–357.

[44] *Joachim Wiemeyer*, Sozialethische Impulse für eine Steuerreform, in: Stimmen der Zeit 222 (2004) 4, 244–256. Gerade ist auch ein Themenheft zur Steuergerechtigkeit der neuen sozialethischen Zeitschrift „Amosinternational" erschienen: Jg. 4 (2010) H. 2.

[45] Vgl. u. a. *Gerhard Kruip*, Gerechtigkeit im Gesundheitswesen – zwischen wachsenden Ansprüchen und ökonomischen Zwängen, in: *Thomas Sternberg* (Hg.), Soziale Gerechtigkeiten. Beiträge zu einer neuen Sozialkultur, Münster 2006, 75–105.

[46] *Ulrike Kostka*, Die Zukunft der sozialen Sicherung gegen Krankheitsrisiken. Gesundheitsprämie oder Bürgerversicherung?, in: *Hermann-Josef Große Kracht/Ulrike Kostka/Michael Schramm*, Der fraglich gewordene Sozialstaat. Aktuelle Streitfelder – ethische Grundlagenprobleme, Paderborn u. a. 2006, 113–126.

[47] Vgl. *Martin Lampert*, Alterssicherung im Spannungsfeld von demographischer Entwicklung und intergenerationeller Gerechtigkeit, München 2009.

[48] *Jörg Althammer/Andreas Mayert*, Familiengerechte Reform der gesetzlichen Rentenversicherung. Notwendigkeit und Ausgestaltungsmöglichkeiten einer verstärkten Berücksichtigung von Kindererziehungszeiten in der gesetzlichen Rentenversicherung, Bonn 2008.

[49] *Joachim Wiemeyer*, Gerechtigkeit zwischen Generationen als wirtschaftsethisches Problem, in: Ethica 12 (2004) 1, 71–94.

[50] *Joachim Wiemeyer*, Besonderheiten der Sozialwirtschaft – Grenzen des Wettbewerbs?, in: *Detlef Aufderheide/Martin Dabrowski*, Markt und Wettbewerb in der Sozialwirtschaft. Wirtschaftsethische und moralökonomische Perspektiven für den Pflegesektor, Berlin 2007, 125–148. Marianne Heimbach-Steins hat in diesem Zusammenhang eine interessante Kriteriologie für die Übernahme unterschiedlicher Verantwortlichkeiten im Wohlfahrtsbereich entwickelt: *Marianne Heimbach-Steins*, Wohlfahrtsverantwortung. Ansätze zu einer sozialethischen Kriteriologie für die Verhältnisbestimmung von So-

wirtschaftsethischer Überlegungen. Ein in Zukunft sicherlich noch an Bedeutung gewinnendes Thema ist der notwendige Umbau unserer Wirtschaft unter dem Prinzip der Nachhaltigkeit[51], u. a., um den Klimawandel so weit als möglich noch zu vermeiden oder zumindest seine nachteiligen Folgen zu mindern.[52]

Entwicklungspolitische Fragen mit ihren wirtschaftspolitischen Aspekten gehören spätestens seit den 1970er Jahren zu den sozialethisch bearbeiteten Themenfeldern und besitzen auch heute weiterhin eine hohe Relevanz.[53] Zunehmend werden sie heute vor dem Hintergrund der „Globalisierung"[54] und mit Rückgriff auf entsprechende philosophische Debatten[55] jedoch als Fragen „Globaler Gerechtigkeit" bearbeitet.[56] Dabei geht es darum, zu klären, welche Hilfspflichten reiche Länder gegenüber den Armen haben und ob daraus mehr folgt als die Forderung

---

zialstaat und freier Wohlfahrtspflege, in: *Martin Dabrowski/Judith Wolf* (Hg.), Aufgaben und Grenzen des Sozialstaats, Paderborn u.a. 2007, 9–42. Vgl. *Karl Gabriel*, Wirtschaftsethik und Dritter Sektor, in: Zeitschrift für Wirtschafts- und Unternehmensethik (zfwu) 9 (2008) 3, 315–331.

[51] *Markus Vogt*, Prinzip Nachhaltigkeit. Ein Entwurf aus theologisch-ethischer Perspektive, München 2009.

[52] *Andreas Lienkamp*, Klimawandel und Gerechtigkeit. Eine Ethik der Nachhaltigkeit in christlicher Perspektive, Paderborn 2009; vgl. ganz neu auch *Ottmar Edenhofer/Hermann Lotze-Campen/ Johannes Wallacher/Michael Reder*, Global aber gerecht. Klimawandel bekämpfen, Entwicklungen ermöglichen. München 2010.

[53] Vgl. *Martin Joe Ibeh/Joachim Wiemeyer* (Hg.), Entwicklungszusammenarbeit im Zeitalter der Globalisierung. Paderborn 2006; *Johannes Müller/Johannes Wallacher*, Entwicklungsgerechte Weltwirtschaft. Perspektiven für eine sozial- und umweltverträgliche Globalisierung, Stuttgart 2005.

[54] Vgl. *Markus Vogt*, Globale Nachbarschaft. Christliche Sozialethik vor neuen Herausforderungen, München 2000; *Joachim Wiemeyer*, Globalisierung als Herausforderung der Christlichen Sozialethik. Bobachtungen und weiterführende Überlegungen, in: *Andreas Fritzsche/Manfred Kwiran* (Hg.), Kirche(n) und Gesellschaft, München 2000, 228–238.

[55] Vgl. *Barbara Bleisch/Peter Schaber* (Hg.), Weltarmut und Ethik, Paderborn 2007.

[56] Vgl. u. a. *Johannes Wallacher*, Perspektiven einer globalen Sozialordnung aus sozialethischer Sicht, in: *Detlef Aufderheide/Martin Dabrowski* (Hg.), Internationaler Wettbewerb – nationale Sozialpolitik? Wirtschaftsethische und moralökonomische Perspektiven der Globalisierung, Berlin 2000, 299–306; *Gerhard Kruip*, Vom „Sinn für Ungerechtigkeit" zur „Globalisierung der Gerechtigkeit", in: *Ian Kaplow/Christoph Lienkamp* (Hg.), Sinn für Ungerechtigkeit. Ethische Argumentationen im globalen Kontext, Baden-Baden 2005, 100–116; *Elke Mack*, Globale Solidarität mit den Armen, in: Jahrbuch für Christliche Sozialwissenschaft 48 (2007), 297–336; *Elke Mack/Michael Schramm/Stephan Klasen/Thomas Pogge* (Hg.), Absolute Poverty and Global Justice. Empirical Data – Moral Theories – Initiatives, Farnham (England) 2009; *Gerhard Kruip*, Weltarmut und globale Gerechtigkeit. Wozu verpflichtet uns die Not der Menschen in anderen Teilen der Welt?, in: *Christian Spieß* (Hg.), Freiheit – Natur – Religion. Studien zur Sozialethik, Paderborn 2010, 241–261.

nach Fairness und Chancengerechtigkeit im Welthandel[57] und einer für das Funktionieren der Märkte notwendigen globalen Rahmenordnung. Lässt sich auf der Grundlage der Forderung nach globaler Gerechtigkeit das Rawlssche Differenzprinzip auch global anwenden und ist dann der Aufbau weltweiter sozialer Sicherungssysteme notwendig? Auf lange Sicht ist sicherlich so etwas wie eine Globalisierung der Sozialen Marktwirtschaft anzustreben.[58]

Es ist nicht überraschend, dass die aktuelle Finanzmarktkrise ebenfalls aus sozialethischer Sicht intensiv bearbeitet worden ist. Einige Sozialethiker, die sich wie Bernhard Emunds schon in den 1990er Jahren mit Finanzmarktkrisen, z. B. der Asienkrise 1997, befasst hatten, hatten auch schon früher eine klarere und effektivere Regulierung der Finanzmärkte gefordert.[59] Eine der Ursachen der Krise ist die erhebliche Beschleunigung, die mit einer zunehmend kapitalmarktorientierten Finanzwirtschaft einhergeht.[60] Der zunehmende Renditedruck in der gesamten Wirtschaft droht auch, das Verhältnis der Unternehmen zu ihren Arbeitnehmern/innen negativ zu beeinflussen.[61] Wird hier nicht rechtzeitig gegengesteuert, ist sogar die Soziale Marktwirtschaft in Gefahr.[62] Eine sehr gute und hilfreiche Ursachenanalyse zur Krise mit entsprechenden sozialethisch begründeten Lösungsvorschlägen hat auch Joachim Wiemeyer vorgelegt.[63] Die jüngste

---

[57] Vgl. *Johannes Wallacher*, Perspektiven eines entwicklungsgerechten Welthandels, in: *Michael Fischer/Gerhard Kruip* (Hg.), Gerechtigkeiten, Münster 2007, 153–164.

[58] *Reinhard Marx*, Die Krise als Lernort. Globalisierung der Sozialen Marktwirtschaft, in: *Jürgen Rüttgers* (Hg.), Wer zahlt die Zeche? Wege aus der Krise, Essen 2009.

[59] So z. B. *Bernhard Emunds*, Regulierung internationaler Finanzmärkte – eine wirtschaftsethische Reflexion, in: Jahrbuch für Christliche Sozialwissenschaft 41 (2000), 197–201.; vgl. *Johannes Wallacher*, Ungleiche Ausgangsbedingungen. Die Bedeutung der Finanzmärkte für die Armutsbekämpfung, in: Herder-Korrespondenz 56 (2002), 262–267; *Gerhard Kruip*, Globale Finanzmärkte und menschliche Entwicklung. Eine christlichsozialethische Perspektive, in: *Christoph Giersch* (Hg.), Money makes the world go round? Ethik als notwendiges Gestaltungsprinzip für Banken und Kapitalmärkte. München/Mering 2007, 55–70.

[60] *Bernhard Emunds*, Goodbye Wallstreet, Hello Wallstreet. Über den Bedarf, die kapitaldominierte Finanzwirtschaft umzubiegen, in: *Karlies Abmeier/Martin Dabrowski/Judith Wolf* (Hg.), Globalisierung und globale Gerechtigkeit, Paderborn 2009, 55–83.

[61] *Bernhard Emunds*, Schwund des Arbeitsvermögens unter dem Renditedruck der Finanzwirtschaft, in: *Wolfgang Thierse/Heiner Ludwig* (Hg.), Arbeit ist keine Ware. Über wirtschaftliche Krisen, normative Orientierung und politische Praxis, Freiburg (Breisgau) 2009, 42–67.

[62] *Bernhard Emunds*, Modernisierung des deutschen Finanzsystems – Ende der Sozialen Marktwirtschaft?, in: *Volker Caspari* (Hg.), Theorie und Geschichte der Wirtschaft. Festschrift für Bertram Schefold, Marburg: 2009, 147–160.

[63] *Joachim Wiemeyer*, Krise der Finanzwirtschaft – Krise der sozialen Marktwirtschaft? Sozialethische Überlegungen, in: *Konrad Adenauer Stiftung* (Hg.), Lehren aus der Finanzmarktkrise – ein Comeback der Sozialen Marktwirtschaft. Band I: Ordnungspolitische und sozialethische Perspektiven, Sankt Augustin/Berlin 2008, 21–30. Vgl. auch

Griechenlandkrise wäre vermutlich leichter und weniger kostenträchtig zu bewältigen gewesen, wenn es, wie von Sozialethikern Anfang des vergangenen Jahrzehnts mit Blick auf hoch verschuldete Entwicklungsländer in einem größeren Projekt untersucht, ein geregeltes Verfahren für ein Insolvenzrecht für Staaten schon geben würde.[64]

4 Neuentdeckung der Unternehmensethik

Unter der starken Dominanz des Homannschen Ansatzes, der die Moral in den Spielregeln, nicht in den Spielzügen verortete, schien zunächst kein Platz zu bleiben für die ethische Reflexion des Handelns von Unternehmen. Trotzdem erlebte die Unternehmensethik in den letzten Jahren einen bemerkenswerten Aufschwung. Meinem Eindruck nach hängt dies mit zwei Faktoren zusammen: Im direkten Kontakt mit Akteuren aus der Wirtschaft nahmen auch Wirtschaftsethiker/innen erstens immer mehr deren Perspektive als Handelnde ein und konnten sich dabei ein konkretes Bild davon machen, dass die Spielregeln den „Spielern" doch auch große Bandbreiten an ethisch unterschiedlich bewertbaren Spielzügen erlauben. Außerdem ist die Einhaltung der Spielregeln sehr viel kostengünstiger zu haben, wenn sich die Beteiligten freiwillig an sie halten, weil sonst die Kontroll- und Sanktionskosten enorm anstiegen. Insbesondere beim Korruptionsskandal in der bayerischen Bauindustrie wurde die Erfahrung gemacht, dass die Unternehmen selbst zur Wiederherstellung ihrer Reputation Unternehmensethik konkret nachfragen. Der zweite Faktor ist darin zu sehen, dass insbesondere für transnationale Unternehmen und Prozesse die notwendige Rahmenordnung des Marktes noch weitgehend fehlt,[65] die Unternehmen hier also durch Vereinbarungen und freiwillige Selbstverpflichtungen in Form eines „soft law" selbst für einen gewissen Ersatz sorgen müssen.[66]

---

die Stellungnahme der *Kommission VI für gesellschaftliche und soziale Fragen der Deutschen Bischofskonferenz*, Auf dem Weg aus der Krise. Beobachtungen und Orientierungen, Bonn 2009.

[64] *Martin Dabrowski/Andreas Fisch/Karl Gabriel/Christoph Lienkamp*, Das Insolvenzrecht für Staaten. Philosophische Begründungen – Ökonomische Beurteilung – Sozialethische Bewertung, Münster/Hamburg 2003.

[65] Zum Grundproblem vgl. *Wilhelm Korff*, Ethische Probleme der Weltwirtschaftsordnung, in: Aus Politik und Zeitgeschichte B 50/92 (04.12.1992), 03–12.

[66] Vgl. u. a. *Johannes Wallacher*, Unternehmensethik im Kontext von Global Governance, in: *Johannes Wallacher/Michael Reder/Tobias Karcher* (Hg.), Unternehmensethik im Spannungsfeld der Kulturen und Religionen, München 2006, 85–107.

Bemerkenswerterweise haben sich gerade auch Homann-Schüler im Feld der Unternehmensethik engagiert, was freilich keine Abkehr von den Grundthesen Homanns bedeuten muss.[67] So weit ich sehen kann, ist es André Habisch, der sich unter den Sozialethikern am intensivsten auf die Themenkomplexe „Corporate Social Responsibility" und „Corporate Citizenship" eingelassen hat.[68] Er betont immer wieder, dass das gesellschaftliche Engagement von Unternehmen ein win-win-Szenario darstellt, weil sowohl die Gesellschaft wie auch die Unternehmen selbst dabei durchaus profitieren.[69] Dabei kommt es darauf an, im Kleinen und vor Ort gemeinsam zwischen Politik, Zivilgesellschaft und Unternehmen konkrete Alltagsprobleme zu lösen.[70] Michael Schramm nimmt in den letzten Jahren immer stärker Bezug auf die Governance-Ethik von Josef Wieland.[71] Dabei kann er klar herausarbeiten, dass es den Unernehmen gar nicht so einfach möglich ist, ökonomische Erfolge durch moralisches Management eindeutig anzuzielen, weil diese gar nicht so klar kalkulierbar sind. Deshalb haben neben den ökonomischen Interessen von Unternehmen durchaus auch deren „moralische Interessen" eine Chance und können zur Ausbildung einer Art von „institutionellen Tugenden" führen, nämlich bestimmten Governance-Strukturen, über die in den Unternehmen sichergestellt werden kann, dass moralische Interessen in Handlungsentscheidungen systematisch einbezogen werden.[72]

---

[67] Vgl. *André Habisch*, Die Verantwortung von Unternehmen in der globalen Marktwirtschaft. Zur Relevanz der Arbeiten von Karl Homann für die neuere CSR-Diskussion, in: *Ingo Pies u. a.* (Hg.), Freiheit durch Demokratie. Festschrift für Karl Homann zum 65. Geburtstag, Berlin 2008, 157–172.
[68] Vgl. mit vielen anschaulichen Beispielen *André Habisch*, Corporate Citizenship. Gesellschaftliches Engagement von Unternehmen in Deutschland, Berlin 2003 und den Handbuch-Artikel *André Habisch*, Unternehmensethik, in: *Anton Rauscher* (Hg.), Handbuch der Katholischen Soziallehre, Berlin 2008, 591–603. Vgl. auch *Gerhard Kruip*, Verantwortung wofür? Unternehmen vor wachsenden Herausforderungen globaler Märkte und universeller Geltungsansprüche, Düsseldorf 2008.
[69] *André Habisch*, Gesellschaftliches Engagement als win-win-Szenario, in: *Kaeven Gazdar/André Habisch/Klaus R. Kirchhoff*, Erfolgsfaktor Verantwortung, Heidelberg/Berlin 2006, 81–98.
[70] *André Habisch*, Unternehmen in der aktiven Bürgergesellschaft, in: Aus Politik und Zeitgeschichte 43 (2005), 40–46.
[71] Grundlegend *Josef Wieland*, Die Ethik der Governance. 5., neu durchges. Aufl., Marburg 2007.
[72] Vgl. z. B. *Michael Schramm*, Das Management moralischer Interessen. Zur Praxisrelevanz von Tugenden in der Wirtschafts- und Unternehmensethik, Stuttgart-Hohenheim 2005 und *Michael Schramm*, Das Korruptionsdilemma und die Relevanz moralischer Interessen im unternehmensethischen Integritätsmanagement, in: *Detlef Aufderheide/Martin Dabrowski* (Hg.), Corporate Governance und Korruption. Wirtschaftsethische und moralökonomische Perspektiven der Bestechung und ihrer Bekämpfung, Berlin 2005, 83–110.

Bei allen Fortschritten der unternehmensethischen Reflexion und der Betonung ihrer Potenziale darf freilich nicht übersehen werden, dass aus Sicht einer für die Notwendigkeit staatlicher Steuerung sensiblen „Politischen Wirtschaftsethik" nicht nur das Vertrauen in die Möglichkeiten der Unternehmensethik nicht zu hoch eingeschätzt werden darf, sondern auch die Erwartung an staatliche Regulierung nicht zu niedrig gehängt werden sollte. Jedenfalls gemeinsam könnten die Staaten durch geeignete Regelsetzungen sehr wohl viel mehr tun, um den Wirtschaftsprozess sozial und ökologisch verträglicher zu gestalten und auch den Weltmarkt deutlicher „metaökonomischen Zielen" (Müller-Armack) zu unterwerfen.[73]

Christlichen Sozialethikern/innen steht es gut an, ihre unternehmensethischen Überlegungen schließlich auch auf die Kirchen anzuwenden, denn sie sind wichtige ökonomische Akteure[74]: Sie stehen unter dem Imperativ, ihr Geld richtig und ihren ethischen Grundsätzen entsprechend anzulegen, ihren Umgang mit Arbeiternehmern/innen moralisch richtig zu gestalten und nicht zuletzt bei den seit Jahren durchgeführten und sicher noch verstärkt auf sie zukommenden Einsparungsmaßnahmen[75] ethische Gesichtspunkte mit einzubeziehen.

5 Herausforderungen

Angesichts der Vielfalt der hier nur allzu kurz erwähnten Themen, die alle auch in der Zukunft noch eine Rolle spielen werden, ist es schwierig, Forschungsdesiderata zu formulieren. Mit ihren relativ geringen personellen und finanziellen Mitteln wird die Sozialethik auch weiterhin versuchen müssen, die jeweils aktuell in der Gesellschaft diskutierten „sozialen Fragen" (im weitesten Sinne) aufzugreifen, den jeweiligen Sachstand zu analysieren, sozialethische Orientierung zu geben und sich in die Diskussion

---

[73] Vgl. *Bernhard Emunds*, Renditedruck der Finanzmärkte – schwere Zeiten für die Unternehmensethik, in: Zeitschrift für Wirtschafts- und Unternehmensethik (zfwu) 2010/1 (im Erscheinen).

[74] Vgl. *Norbert Feldhoff*, Kirchenfinanzen in der Krise, Mönchengladbach 2004; *Norbert Feldhoff*, Kirche als Unternehmen, in: *Anton Rauscher*, Handbuch der Katholischen Soziallehre, Berlin 2008, 641–654; *Joachim Wiemeyer*, Kirchen und religiöse Gemeinschaften, in: *Wilhelm Korff u. a.* (Hg.), Handbuch der Wirtschaftsethik, Gütersloh 1999, 555–573.

[75] Vgl. *Gerhard Kruip*, Katholische Kirche in der Finanzkrise. Gibt es theologische und ethische Kriterien „richtigen" Sparens?, in: *Thomas Franz/Hanjo Sauer* (Hg.), Glaube in der Welt von heute. Theologie und Kirche nach dem Zweiten Vatikanischen Konzil. Band 2: Diskursfelder, Würzburg 2006, 468–485.

um konkrete Lösungsvorschläge einzuschalten. Der notwendige ökologische Umbau der Gesellschaft, der demographische Wandel und die Bewältigung der aus den Rettungsaktionen und Konjunkturprogrammen zur Überwindung der Finanzmarktkrise resultierenden Staatsverschuldung werden dabei sicherlich zentrale Themen sein.

Zunehmend wird auch das Thema der Interkulturalität in der Wirtschaftsethik eine Rolle spielen. Jetzt schon ist deutlich, wie sehr international agierende Unternehmen ihre Mitarbeiter/innen mit interkultureller Kompetenz ausstatten müssen. Je mehr aber auch versucht wird, tatsächlich weltweit geltende *Spielregeln* für die Weltwirtschaft zu etablieren, um so mehr müssen diese auf Werten und moralischen Prinzipien aufbauen, die aus einer globalen interkulturellen Verständigung mindestens über gemeinsame Interessen hervorgehen müssen, damit sie auch wirklich funktionieren können. Auch ein „pluraler Kapitalismus", in dem verschiedene „ökonomische Moralkulturen" koexistieren, bedarf eines Minimums an sozialethischen Gemeinsamkeiten.[76]

Aber schon innerhalb unseres eigenen Landes stellt sich bei manchen Debatten die Frage, ob die notwendigen Gemeinsamkeiten nicht inzwischen aufgebraucht sind. Darüber hinaus gibt es offenbar eine große Diskrepanz zwischen den von Ökonomen/innen und Sozialwissenschaftlern/innen erhobenen „Fakten" und der von den Menschen „gefühlten Ungerechtigkeit". Auch wenn man sich manchmal eine gründlichere „ökonomische Alphabetisierung" wünschen würde, so ist es doch sehr ernst zu nehmen, dass die Menschen offenbar zunehmend das Vertrauen in die Politiker/innen, die Wissenschaftler/innen, die Unternehmen und inzwischen auch zunehmend die Kirchen verlieren. Dabei haben sie durchaus recht, wenn sie meinen, dass es so nicht weitergehen kann. Friedhelm Hengsbach hat kürzlich in einem kleinen Büchlein diese Stimmung m. E. gut aufgegriffen, die Probleme gut beschrieben und richtige Ziele formuliert, ohne allerdings konkrete und realistische Lösungen vorzuschlagen[77].

In der Mitte des vergangenen Jahrzehnts gab es eine von Daniel Deckers[78] angestoßene Diskussion darüber, ob die kirchliche Sozialverkündigung in der gegenwärtigen Gesellschaft noch genügend Resonanz finde. Sicher,

---

[76] Vgl. hierzu den interessanten und anregenden Beitrag von *Michael Schramm*, Ökonomische Moralkulturen. Die Ethik differenter Interessen und der plurale Kapitalismus, Marburg 2008.
[77] *Friedhelm Hengsbach*, Ein anderer Kapitalismus ist möglich! Wie nach der Krise ein Leben gelingt, Bad Homburg 2009.
[78] *Daniel Deckers*, Warum bewegt das soziale Sprechen der Kirche so wenig?, in: *Anton Rauscher* (Hg.), Die Orientierungskraft der christlichen Soziallehre. Probleme, Perspektiven, Herausforderungen, Köln 2005, 1–11.

die Verhältnisse sind unübersichtlicher geworden, die sozialethischen Positionen haben sich pluralisiert und vor allem trocknet das katholische Milieu als Resonanzboden kirchlicher Sozialverkündigung zunehmend aus. Trotzdem zeigt die hohe Auflage eines bischöflich-sozialethischen Beitrags[79], dass es offenbar doch noch ein breites Interesse daran gibt, zu hören und zu lesen, was Kirche, Christen und christliche Sozialethiker/innen zu aktuellen Themen zu sagen haben. Dies in Zukunft nicht zu verspielen gehört sicherlich auch zu den Herausforderungen christlicher Sozialethik.

Literaturverzeichnis

Jörg Althammer/Andreas Mayert, Familiengerechte Reform der gesetzlichen Rentenversicherung. Notwendigkeit und Ausgestaltungsmöglichkeiten einer verstärkten Berücksichtigung von Kindererziehungszeiten in der gesetzlichen Rentenversicherung, Bonn: Sekretariat der DBK 2008 (Arbeitshilfen, 214).

Volker Arnold (Hg.), Wirtschaftsethische Perspektiven VI., Berlin: Duncker & Humblot 2002.

Detlef Aufderheide/Martin Dabrowski (Hg.), Wirtschaftsethik und Moralökonomik. Normen, soziale Ordnung und der Beitrag der Ökonomik, Berlin: Duncker & Humblot 1997.

Detlef Aufderheide/Martin Dabrowski (Hg.), Internationaler Wettbewerb – nationale Sozialpolitik? Wirtschaftsethische und moralökonomische Perspektiven der Globalisierung, Berlin: Duncker & Humblot 2000.

Detlef Aufderheide/Martin Dabrowski (Hg.), Markt und Wettbewerb in der Sozialwirtschaft. Wirtschaftsethische und moralökonomische Perspektiven für den Pflegesektor, Berlin: Duncker & Humblot 2007.

Alois Baumgartner, Wirtschaftliche Effizienz und soziale Gerechtigkeit, in: *Marianne Heimbach-Steins* (Hg.), Christliche Sozialethik. Ein Lehrbuch, Regensburg: Pustet 2004, Bd. 2, 82–108.

Barbara Bleisch/Peter Schaber (Hg.), Weltarmut und Ethik, Paderborn: Mentis 2007.

Markus Breuer/Philippe Mastronadi/Bernhard Waxenberg (Hg.), Markt, Mensch und Freiheit. Wirtschaftsethik in der Auseinandersetzung: aus Anlass des 20-jährigen Bestehens des Instituts für Wirtschaftsethik der Universität St. Gallen, Bern: Haupt 2009.

---

[79] *Reinhard Marx*, Das Kapital. Ein Plädoyer für den Menschen, München 2008.

Volker Caspari (Hg.), Theorie und Geschichte der Wirtschaft. Festschrift für Bertram Schefold, Marburg: Metropolis-Verl. 2009.

Georg Cremer/Gerhard Kruip, Reich der Freiheit oder Hartz IV für alle? Sozialethische und ökonomische Überlegungen zum bedingungslosen Grundeinkommen, in: Stimmen der Zeit 227 (2009) 6, 415–425.

Martin Dabrowski/Andreas Fisch/Karl Gabriel/Christoph Lienkamp, Das Insolvenzrecht für Staaten. Philosophische Begründungen – Ökonomische Beurteilung – Sozialethische Bewertung, Münster/Hamburg: Lit 2003.

Martin Dabrowski/Judith Wolf (Hg.), Aufgaben und Grenzen des Sozialstaats, Paderborn u. a.: Schöningh 2007.

Daniel Deckers, Warum bewegt das soziale Sprechen der Kirche so wenig?, in: *Anton Rauscher* (Hg.), Die Orientierungskraft der christlichen Soziallehre. Probleme, Perspektiven, Herausforderungen, Köln: Bachem 2005, 01.11.40.

Ottmar Edenhofer/Hermann Lotze-Campen/Johannes Wallacher/Michael Reder, Global aber gerecht. Klimawandel bekämpfen, Entwicklungen ermöglichen. München: Beck 2010.

Monika Eigenstetter/Marianne Hammerl (Hg.), Wirtschafts- und Unternehmensethik – ein Widerspruch in sich?, Kröning: Asanger 2005.

Bernhard Emunds, Von einem Frosch, der kein Prinz ist. Oder: Warum die ökonomische Rationalität nicht diskursethisch transformiert werden kann, in: *Walter Lesch/Alberto Bondolfi* (Hg.), Theologische Ethik im Diskurs. Eine Einführung, Tübingen/Basel: Francke 1995.

Bernhard Emunds, Regulierung internationaler Finanzmärkte – eine wirtschaftsethische Reflexion, in: Jahrbuch für Christliche Sozialwissenschaft 41 (2000), 197–201.

Bernhard Emunds, Arbeitsmarkt und Mindestsicherung. Sozialethische Anmerkungen zu einem Politikfeld im Umbruch, in: *Martin Dabrowski/Judith Wolf* (Hg.), Aufgaben und Grenzen des Sozialstaats, Paderborn u. a.: Schöningh 2007, 151–180.

Bernhard Emunds, Goodbye Wallstreet, Hello Wallstreet. Über den Bedarf, die kapitaldominierte Finanzwirtschaft umzubiegen, in: *Karlies Abmeier/Martin Dabrowski/Judith Wolf* (Hg.), Globalisierung und globale Gerechtigkeit, Paderborn: Schöningh 2009, 55–83.

Bernhard Emunds, Modernisierung des deutschen Finanzsystems – Ende der Sozialen Marktwirtschaft?, in: *Volker Caspari* (Hg.), Theorie und Geschichte der Wirtschaft. Festschrift für Bertram Schefold, Marburg: Metropolis-Verlag 2009, 147–160.

Bernhard Emunds, Schwund des Arbeitsvermögens unter dem Renditedruck der Finanzwirtschaft, in: *Wolfgang Thierse/Heiner Ludwig* (Hg.), Arbeit ist keine Ware. Über wirtschaftliche Krisen, normative Orientierung und politische Praxis, Freiburg (Breisgau): Herder 2009, 42–67.

Bernhard Emunds, Ungewollte Vaterschaft. Katholische Soziallehre und Soziale Marktwirtschaft, in: Ethik und Gesellschaft (e+g) 1/2010 (online unter www.ethik-und-gesellschaft.de).

Bernhard Emunds, Renditedruck der Finanzmärkte – schwere Zeiten für die Unternehmensethik, in: Zeitschrift für Wirtschafts- und Unternehmensethik (zfwu) 2010/1 (im Erscheinen).

Georges Enderle u. a. (Hg.), Lexikon der Wirtschaftsethik, Freiburg u. a.: Herder 1993.

Norbert Feldhoff, Kirchenfinanzen in der Krise, Mönchengladbach: Bachem 2004 (*Katholische Sozialwissenschaftliche Zentralstelle,* Kirche und Gesellschaft Nr. 315).

Norbert Feldhoff, Kirche als Unternehmen, in: *Anton Rauscher* (Hg.), Handbuch der Katholischen Soziallehre, Berlin: Duncker & Humblot 2008, 641–654.

Michael Fischer/Gerhard Kruip (Hg.), Gerechtigkeiten, Münster: Lit 2007.

Thomas Franz/Hanjo Sauer (Hg.), Glaube in der Welt von heute. Theologie und Kirche nach dem Zweiten Vatikanischen Konzil. Band 2: Diskursfelder, Würzburg: Echter 2006.

Andreas Fritzsche/Manfred Kwiran (Hg.), Kirche(n) und Gesellschaft, München: Bernward bei Don Bosco 2000.

Franz Furger, Es geht nicht ohne ein ethisches Fundament. Zur Diskussion über das Verhältnis von Ethik und Ökonomie, in: Herder-Korrespondenz 45 (1991) 12, 568–572.

Ingeborg Gabriel, Paradigmenwechsel in der Sozialethik, in: *Johann Reikerstorfer/Martin Jäggle* (Hg.), Vorwärtserinnerungen. 625 Jahre Katholisch-Theologische Fakultät der Universität Wien, Göttingen: V&R unipress 2009, 145–171.

Karl Gabriel, Die ‚katholischen' Grundlagen des Sozialstaats – und ihre Relevanz für die aktuelle Diskussion um sein Profil und Programm, in: *Hermann-Josef Große Kracht/Ulrike Kostka/Michael Schramm* (Hg.), Der fraglich gewordene Sozialstaat. Aktuelle Streitfelder – ethische Grundlagenprobleme, Paderborn u. a.: Schöningh 2006, 9–25.

Karl Gabriel, Wirtschaftsethik und Dritter Sektor, in: Zeitschrift für Wirtschafts- und Unternehmensethik (zfwu) 9 (2008) 3, 315–331.

Karl Gabriel/Friedhelm Hengsbach/Dietmar Mieth, Abkehr vom ‚Gemeinsamen Wort' der Kirchen? Stellungnahme zum Impulspapier ‚Das Soziale neu denken', in: Orientierung 68 (2004) 1, 11–12.
Karl Gabriel u. a. (Hg.), Gesellschaft begreifen – Gesellschaft gestalten. Konzeptionen christlicher Sozialethik im Dialog, Münster: Regensberg 2002 (Jahrbuch für Christliche Sozialwissenschaften 43).
Wulf Gaertner (Hg.), Wirtschaftsethische Perspektiven V. Methodische Ansätze, Probleme der Steuer- und Verteilungsgerechtigkeit, Ordnungsfragen, Berlin: Duncker und Humblot 2000.
Kaeven Gazdar/André Habisch/Klaus R. Kirchhoff (Hg.), Erfolgsfaktor Verantwortung. Heidelberg/Berlin: Springer 2006.
Jochen Gerlach, Ethik und Wirtschaftstheorie. Modelle ökonomischer Wirtschaftsethik in theologischer Analyse, Gütersloh: Gütersloher Verlagshaus 2002.
Christoph Giersch (Hg.), Money makes the world go round? Ethik als notwendiges Gestaltungsprinzip für Banken und Kapitalmärkte. München/Mering: Hampp 2007.
Reinhard Göllner (Hg.), „Es ist so schwer, den falschen Weg zu meiden". Bilanz und Perspektiven der theologischen Disziplinen, Münster: Lit 2004.
Hermann-Josef Große Kracht/Ulrike Kostka/Michael Schramm (Hg.), Der fraglich gewordene Sozialstaat. Aktuelle Streitfelder – ethische Grundlagenprobleme, Paderborn u. a.: Schöningh 2006.
André Habisch, Corporate Citizenship. Gesellschaftliches Engagement von Unternehmen in Deutschland, Berlin: Springer 2003.
André Habisch, Unternehmen in der aktiven Bürgergesellschaft, in: Aus Politik und Zeitgeschichte 43 (2005), 40–46.
André Habisch, Gesellschaftliches Engagement als win-win-Szenario, in: *Kaeven Gazdar/André Habisch/Klaus R. Kirchhoff* (Hg.), Erfolgsfaktor Verantwortung, Heidelberg/Berlin: Springer 2006, 81–98.
André Habisch, Die Verantwortung von Unternehmen in der globalen Marktwirtschaft. Zur Relevanz der Arbeiten von Karl Homann für die neuere CSR-Diskussion, in: *Ingo Pies u. a.* (Hg.), Freiheit durch Demokratie. Festschrift für Karl Homann zum 65. Geburtstag, Berlin: Wiss. Verlag 2008, 157–172.
André Habisch, Unternehmensethik, in: *Anton Rauscher* (Hg.), Handbuch der Katholischen Soziallehre, Berlin: Duncker & Humblot 2008, 591–603.
Thomas Hausmanninger, Wettbewerb als gesellschaftliches Leitprinzip? Kulturethische Überlegungen zur Ökonomisierung gesellschaftlicher

Handlungssysteme, in: *Friedemann Maurer/Rainer-Olaf Schultze/ Theo Stammen* (Hg.), Kulturhermeneutik und kritische Rationalität. Festschrift für Hans-Otto Mühleisen zum 65. Geburtstag, Lindenberg: Josef Fink 2006, 624–646.

Andreas Heeg, Ethische Verantwortung in der globalisierten Ökonomie. Kritische Rekonstruktion der Unternehmensethikansätze von Horst Steinmann, Peter Ulrich, Karl Homann und Josef Wieland, Frankfurt a. M. u. a.: Peter Lang 2002.

Marianne Heimbach-Steins/Gerhard Kruip/Axel-Bernd Kunze (Hg.), Bildungsgerechtigkeit – Interdisziplinäre Perspektiven, Bielefeld: Bertelsmann 2009.

Marianne Heimbach-Steins (Hg.), Christliche Sozialethik. Ein Lehrbuch, Regensburg: Pustet 2004.

Marianne Heimbach-Steins, Wohlfahrtsverantwortung. Ansätze zu einer sozialethischen Kriteriologie für die Verhältnisbestimmung von Sozialstaat und freier Wohlfahrtspflege, in: *Martin Dabrowski/Judith Wolf* (Hg.), Aufgaben und Grenzen des Sozialstaats, Paderborn u. a.: Schöningh 2007, 9–42.

Friedhelm Hengsbach, Interesse an Wirtschaftsethik, in: Jahrbuch für Christliche Sozialwissenschaft 29 (1988), 127–150.

Friedhelm Hengsbach, Verzaubert vom Implementieren? Elke Macks theologische Wirtschaftsethik, in: Zeitschrift für Wirtschafts- und Unternehmensethik (zfwu) 2 (2002), 201–204.

Friedhelm Hengsbach, Ein anderer Kapitalismus ist möglich! Wie nach der Krise ein Leben gelingt, Bad Homburg: VAS-Verlag für Akademische Schriften 2009.

Hans-Joachim Höhn (Hg.), Christliche Sozialethik interdisziplinär. Paderborn u. a.: Schöningh 1997.

Hans-Joachim Höhn, Moral im Diskurs. Die Relevanz der Diskursethik für die Katholische Soziallehre, in: *Anton Rauscher* (Hg.), Handbuch der Katholischen Soziallehre, Berlin: Duncker & Humblot 2008, 203–213.

Karl Homann, Wettbewerb und Moral, in: Jahrbuch für Christliche Sozialwissenschaften 31 (1990), 43–56.

Karl Homann/Franz Blome-Drees, Wirtschafts- und Unternehmensethik, Göttingen: Vandenhoeck & Ruprecht 1992.

Karl Homann/Ingo Pies, Wirtschaftsethik in der Moderne: Zur ökonomischen Theorie der Moral, in: Ethik und Sozialwissenschaften 5 (1994) 1, 3–12.

Josef Homeyer u. a., Mehr Beteiligungsgerechtigkeit. Beschäftigung erweitern, Arbeitslose integrieren, Zukunft sichern: Neun Gebote für die Wirtschafts- und Sozialpolitik. Memorandum einer Expertengruppe, 29.10.1998, Bonn: Sekretariat der Deutschen Bischofskonferenz 1998.

Martin Joe Ibeh/Joachim Wiemeyer (Hg.), Entwicklungszusammenarbeit im Zeitalter der Globalisierung, Paderborn: Schöningh 2006.

Ian Kaplow/Christoph Lienkamp (Hg.), Sinn für Ungerechtigkeit. Ethische Argumentationen im globalen Kontext, Baden-Baden: Nomos 2005.

Gebhard Kirchgässner, Homo oeconomicus. Das ökonomische Modell individuellen Verhaltens und seine Anwendung in den Wirtschafts- und Sozialwissenschaften, Tübingen: Mohr 1991.

Kommission VI für gesellschaftliche und soziale Fragen der Deutschen Bischofskonferenz, Das Soziale neu denken. Für eine langfristig angelegte Reformpolitik, Bonn: Sekretariat der DBK 2003.

Kommission VI für gesellschaftliche und soziale Fragen der Deutschen Bischofskonferenz, Auf dem Weg aus der Krise. Beobachtungen und Orientierungen, Bonn: DBK 2009.

Konrad Adenauer Stiftung (Hg.), Lehren aus der Finanzmarktkrise – ein Comeback der Sozialen Marktwirtschaft. Band I: Ordnungspolitische und sozialethische Perspektiven, Sankt Augustin/Berlin: KAS 2008.

Wilhelm Korff, Ethische Probleme der Weltwirtschaftsordnung, in: Aus Politik und Zeitgeschichte B 50/92 (04.12.1992), 3–12.

Wilhelm Korff u. a. (Hg.), Handbuch der Wirtschaftsethik, Gütersloh: Gütersloher Verlagshaus 1999.

Peter Koslowski, Ethik des Kapitalismus, Tübingen: Mohr 1982.

Ulrike Kostka, Die Zukunft der sozialen Sicherung gegen Krankheitsrisiken. Gesundheitsprämie oder Bürgerversicherung?, in: *Hermann-Josef Große Kracht/Ulrike Kostka/Michael Schramm* (Hg.), Der fraglich gewordene Sozialstaat. Aktuelle Streitfelder – ethische Grundlagenprobleme, Paderborn u. a.: Schöningh 2006, 113–126.

Gerhard Kruip, Gibt es eine befreiungstheologische Wirtschaftsethik? Beispiele aus der katholischen Kirche Mexikos, in: Jahrbuch für Christliche Sozialwissenschaften 31 (1990), 156–178.

Gerhard Kruip, Eine Implementierungstheorie der Moral, in: Jahrbuch für Christliche Sozialwissenschaften 43 (2002), 117–125.

Gerhard Kruip, Die Option für die Armen als wirtschaftspolitische Maxime, in: *Gerhard Schick* (Hg.), Wirtschaftsordnung und Fundamentalismus, Berlin: Stiftung Marktwirtschaft 2003, 117–129.

Gerhard Kruip, Das Soziale weiter denken, in: Stimmen der Zeit 129 (2004) 6, 398–408.

Gerhard Kruip, Vom „Sinn für Ungerechtigkeit" zur „Globalisierung der Gerechtigkeit", in: *Ian Kaplow/Christoph Lienkamp* (Hg.), Sinn für Ungerechtigkeit. Ethische Argumentationen im globalen Kontext, Baden-Baden: Nomos 2005, 100–116.

Gerhard Kruip, Gerechtigkeit im Gesundheitswesen – zwischen wachsenden Ansprüchen und ökonomischen Zwängen, in: *Thomas Sternberg* (Hg.), Soziale Gerechtigkeiten. Beiträge zu einer neuen Sozialkultur, Münster: dialogverlag 2006, 75–105.

Gerhard Kruip, Katholische Kirche in der Finanzkrise. Gibt es theologische und ethische Kriterien „richtigen" Sparens?, in: *Thomas Franz/Hanjo Sauer* (Hg.), Glaube in der Welt von heute. Theologie und Kirche nach dem Zweiten Vatikanischen Konzil. Band 2: Diskursfelder, Würzburg: Echter 2006, 468–485.

Gerhard Kruip, Globale Finanzmärkte und menschliche Entwicklung. Eine christlich-sozialethische Perspektive, in: *Christoph Giersch* (Hg.), Money makes the world go round? Ethik als notwendiges Gestaltungsprinzip für Banken und Kapitalmärkte. München/Mering: Hampp 2007, 55–70.

Gerhard Kruip, Fortschritte im Selbstverständigungsprozess. Ansätze, Methode und Themen der Sozialethik, in: Herder Korrespondenz Spezial (2008), 45–48.

Gerhard Kruip, In der Legitimationskrise. Neue Aufgaben für die Soziale Marktwirtschaft, in: Herder Korrespondenz 62 (2008) 10, 498–502.

Gerhard Kruip, Verantwortung wofür? Unternehmen vor wachsenden Herausforderungen globaler Märkte und universeller Geltungsansprüche, Düsseldorf: NRW-Bank 2008.

Gerhard Kruip, Bildungsfinanzierung – auch eine Frage der Gerechtigkeit!, in: *Marianne Heimbach-Steins/Gerhard Kruip/Axel-Bernd Kunze* (Hg.), Bildungsgerechtigkeit – Interdisziplinäre Perspektiven, Bielefeld: Bertelsmann 2009.

Gerhard Kruip, Fordert christliche Sozialethik einen allgemeinen Mindestlohn?, in: *Bernhard Nacke* (Hg.), Orientierung und Innovation. Beiträge der Kirche für Staat und Gesellschaft, Freiburg (Breisgau): Herder 2009, 418–431.

Gerhard Kruip, Weltarmut und globale Gerechtigkeit. Wozu verpflichtet uns die Not der Menschen in anderen Teilen der Welt?, in: *Christian Spieß* (Hg.), Freiheit – Natur – Religion. Studien zur Sozialethik, Paderborn: Schöningh 2010, 241–261.

Martin Lampert, Der Sozialstaat im 21. Jahrhundert. Gefährdungen, Lösungsstrategien, Wertung, Saarbrücken: VDM Verlag Dr. Müller 2006.

Martin Lampert, Alterssicherung im Spannungsfeld von demographischer Entwicklung und intergenerationeller Gerechtigkeit, München: Utz Herbert 2009.

Bernhard Laux, Ökonomische Vernunft und ihr Anderes – oder: Warum baut Nike Kathedralen?, in: *Monika Eigenstetter/Marianne Hammerl* (Hg.), Wirtschafts- und Unternehmensethik – ein Widerspruch in sich?, Kröning: Asanger 2005, 193–214.

Bernhard Laux, Wirtschaftsethik des Christentums, in: Orientierungen zur Wirtschafts- und Gesellschaftspolitik 119 (2009) 1, 14–23.

Walter Lesch/Alberto Bondolfi (Hg.), Theologische Ethik im Diskurs. Eine Einführung, Tübingen/Basel: Francke 1995.

Andreas Lienkamp, Klimawandel und Gerechtigkeit. Eine Ethik der Nachhaltigkeit in christlicher Perspektive, Paderborn: Schöningh 2009.

Elke Mack, Anmerkungen zur Methode einer christlichen Wirtschafts- und Sozialethik, in: Zeitschrift für Wirtschafts- und Unternehmensethik (zfwu) 2 (2002), 174–200.

Elke Mack, Globale Solidarität mit den Armen, in: Jahrbuch für Christliche Sozialwissenschaft 48 (2007), 297–336.

Elke Mack, Die deutsche Christliche Sozialethik und die Theorie Karl Homanns, in: *Ingo Pies u. a.* (Hg.), Freiheit durch Demokratie. Festschrift für Karl Homann zum 65. Geburtstag, Berlin: Wiss. Verlag 2008, 143–155.

Elke Mack, Subsidiäres und aktivierendes Grundeinkommen – eine Alternative zum bestehenden System in Deutschland, in: *Nese Sevsay-Tegethoff* (Hg.), Eine Perspektive für die soziale Marktwirtschaft? Bedingungsloses Grundeinkommen – kontroverse Fragen an ein umstrittenes (Gesellschafts-)Konzept von morgen, München: Roman-Herzog-Institut 2008, 17–25.

Elke Mack/Michael Schramm/Stephan Klasen/Thomas Pogge (Hg.), Absolute Poverty and Global Justice. Empirical Data – Moral Theories – Initiatives, Farnham (England): Ashgate 2009.

Reinhard Marx, Das Kapital. Ein Plädoyer für den Menschen, München: Pattloch 2008.

Reinhard Marx, Die Krise als Lernort. Globalisierung der Sozialen Marktwirtschaft, in: *Jürgen Rüttgers* (Hg.), Wer zahlt die Zeche? Wege aus der Krise, Essen: Klartext Verl. 2009.

Friedemann Maurer/Rainer-Olaf Schultze/Theo Stammen (Hg.), Kulturhermeneutik und kritische Rationalität. Festschrift für Hans-Otto Mühleisen zum 65. Geburtstag, Lindenberg: Josef Fink 2006.

Dietmar Mieth, Integrative Wirtschaftsethik aus der Sicht christlicher Sozialethik, in: *Dietmar Mieth/Olaf Schumann/Peter Ulrich* (Hg.), Reflexionsfelder integrativer Wirtschaftsethik, Tübingen: Francke 2004, 177–194.

Dietmar Mieth/Olaf Schumann/Peter Ulrich (Hg.), Reflexionsfelder integrativer Wirtschaftsethik, Tübingen: Francke 2004.

Matthias Möhring-Hesse, Wenig neu, doch neu genug. Der Staat muss seinen Mindestlohn selbst setzen, in: Herder Korrespondenz 61 (2007) 10, 507–511.

Matthias Möhring-Hesse, Die Vernutzung von Arbeitsvermögen in „Guter Arbeit", in: *Wolfgang Thierse/Heiner Ludwig* (Hg.), Arbeit ist keine Ware. Über wirtschaftliche Krisen, normative Orientierung und politische Praxis, Freiburg (Breisgau): Herder 2009, 104–127.

Matthias Möhring-Hesse/Michael Schäfers, Politische Regulation der Ökonomie, in: Ethik und Sozialwissenschaften 5 (1994) 1, 51–53.

Bruno Molitor, Die Moral der Wirtschaftsordnung, Köln: Bachem 1980.

Johannes Müller/Johannes Wallacher, Entwicklungsgerechte Weltwirtschaft. Perspektiven für eine sozial- und umweltverträgliche Globalisierung, Stuttgart: Kohlhammer 2005.

Bernhard Nacke (Hg.), Orientierung und Innovation. Beiträge der Kirche für Staat und Gesellschaft, Freiburg (Breisgau): Herder 2009.

Elmar Nass, Der humangerechte Sozialstaat. Ein sozialethischer Entwurf zur Symbiose aus ökonomischer Effizienz und sozialer Gerechtigkeit, Tübingen: Mohr Siebeck 2006.

Ursula Nothelle-Wildfeuer, Die päpstliche Sozialverkündigung und ihr Verhältnis zur Marktwirtschaft von Rerum novarum bis Deus caritas est, in: Freiburger Universitätsblätter 45 (2006) 173, 19–33.

Wolfgang Ockenfels, Wilhelm Röpke als christlicher Wirtschaftsethiker, in: Ordo. Jahrbuch für die Ordnung von Wirtschaft und Gesellschaft 50 (1999), 53–59.

Ingo Pies u. a. (Hg.), Freiheit durch Demokratie. Festschrift für Karl Homann zum 65. Geburtstag, Berlin: Wiss. Verlag 2008.

Anton Rauscher (Hg.), Die Orientierungskraft der christlichen Soziallehre. Probleme, Perspektiven, Herausforderungen, Köln: Bachem 2005.

Anton Rauscher (Hg.), Handbuch der Katholischen Soziallehre. Berlin: Duncker & Humblot 2008.

Anton Rauscher, Katholische Soziallehre und Soziale Marktwirtschaft, in: *Anton Rauscher* (Hg.), Handbuch der Katholischen Soziallehre. Berlin: Duncker & Humblot 2008, 539–548.

Johann Reikerstorfer/Martin Jäggle (Hg.), Vorwärtserinnerungen. 625 Jahre Katholisch-Theologische Fakultät der Universität Wien, Göttingen: V&R unipress 2009.

Ingo Resch (Hg.), Mehr als man glaubt. Christliche Fundamente in Recht, Wirtschaft und Gesellschaft, Gräfelfing: Resch 2000.

Jürgen Rüttgers (Hg.), Wer zahlt die Zeche? Wege aus der Krise, Essen: Klartext Verl. 2009.

Alexander Saberschinsky, Menschenrechte und christliches Menschenbild, in: Die neue Ordnung 56 (2002), 84–95.

Gerhard Schick (Hg.), Wirtschaftsordnung und Fundamentalismus, Berlin: Stiftung Marktwirtschaft 2003.

Heinz Schmidt (Hg.), Ökonomie und Religion. Fatal Attraction – Fortunate Correction, Heidelberg: Diakoniewiss. Institut der Uni Heidelberg 2006.

Walter Schmidt, Option für die Armen? Erkenntnistheoretische, sozialwissenschaftliche und sozialethische Überlegungen zur Armutsbekämpfung, München/Mering: Hampp 2005.

Christa Schnabl, Religion und Ökonomie. Anmerkungen aus der Genderperspektive, in: *Heinz Schmidt* (Hg.), Ökonomie und Religion. Fatal Attraction – Fortunate Correction, Heidelberg: Diakoniewiss. Institut der Uni Heidelberg 2006.

Michael Schramm, Christliche Wirtschaftsethik. Markt und Moral in der Moderne, in: *Hans-Joachim Höhn* (Hg.), Christliche Sozialethik interdisziplinär. Paderborn u. a.: Schöningh 1997, 207–222.

Michael Schramm, Spielregeln gestalten sich nicht von selbst. Institutionenethik und Individualethos in Wettbewerbssystemen, in: *Detlef Aufderheide/Martin Dabrowski* (Hg.), Wirtschaftsethik und Moralökonomik. Normen, soziale Ordnung und der Beitrag der Ökonomik, Berlin: Duncker & Humblot 1997, 147–176.

Michael Schramm, Wirtschaftsethik als Moralparänese?, in: Ethik und Sozialwissenschaften 11 (2000) 4, 619–621.

Michael Schramm, Kontingenzeröffnung und Kontingenzmanagement – Christliche Sozialethik als theologische Systemethik, in: Jahrbuch für Christliche Sozialwissenschaften 43 (2002), 85–116.

Michael Schramm, ‚Strukturelle Kopplungen' im moralökonomischen Kontingenzmanagement. Zum Ethikkonzept der Governanceethik,

Stuttgart-Hohenheim: Selbstverlag 2003 (Hohenheimer Working Papers zur Wirtschafts- und Unternehmensethik; 1).

Michael Schramm, Das Management moralischer Interessen. Zur Praxisrelevanz von Tugenden in der Wirtschafts- und Unternehmensethik, Stuttgart-Hohenheim: Selbstverlag 2005 (Hohenheimer Working Papers zur Wirtschafts- und Unternehmensethik; 6).

Michael Schramm, Das Korruptionsdilemma und die Relevanz moralischer Interessen im unternehmensethischen Integritätsmanagement, in: *Detlef Aufderheide/Martin Dabrowski* (Hg.), Corporate Governance und Korruption. Wirtschaftsethische und moralökonomische Perspektiven der Bestechung und ihrer Bekämpfung, Berlin: Duncker & Humblot 2005 (Volkswirtschaftliche Schriften, 544), 83–110.

Michael Schramm, Ökonomische Moralkulturen. Die Ethik differenter Interessen und der plurale Kapitalismus, Marburg: Metropolis 2008.

Michael Schramm, Subsidiäre Befähigungsgerechtigkeit durch das Solidarische Bürgergeld, in: *Thomas Straubhaar* (Hg.), Bedingungsloses Grundeinkommen und Solidarisches Bürgergeld – mehr als sozialutopische Konzepte. Hamburg: Hamburg University Press 2008, 177–218.

Nese Sevsay-Tegethoff (Hg.), Eine Perspektive für die soziale Marktwirtschaft? Bedingungsloses Grundeinkommen – kontroverse Fragen an ein umstrittenes Gesellschafts-Konzept von morgen, München: Roman-Herzog-Institut 2008.

Manfred Spieker, Der Einfluß der christlichen Gesellschaftslehre auf die Marktwirtschaft, in: *Ingo Resch* (Hg.), Mehr als man glaubt. Christliche Fundamente in Recht, Wirtschaft und Gesellschaft, Gräfelfing: Resch 2000, 219–255.

Christian Spieß (Hg.), Freiheit – Natur – Religion. Studien zur Sozialethik, Paderborn: Schöningh 2010.

Thomas Sternberg (Hg.), Soziale Gerechtigkeiten. Beiträge zu einer neuen Sozialkultur, Münster: dialogverlag 2006.

Thomas Straubhaar (Hg.), Bedingungsloses Grundeinkommen und Solidarisches Bürgergeld – mehr als sozialutopische Konzepte. Hamburg: Hamburg University Press 2008.

Wolfgang Thierse/Heiner Ludwig (Hg.), Arbeit ist keine Ware. Über wirtschaftliche Krisen, normative Orientierung und politische Praxis, Freiburg (Breisgau): Herder 2009.

Peter Ulrich, Integrative Wirtschaftsethik. Grundlagen einer lebensdienlichen Ökonomie, Bern/Stuttgart/Wien: Haupt 1997.

Markus Vogt, Globale Nachbarschaft. Christliche Sozialethik vor neuen Herausforderungen, München: Don Bosco 2000.

Markus Vogt, Prinzip Nachhaltigkeit. Ein Entwurf aus theologisch-ethischer Perspektive, München: oekom 2009.

Johannes Wallacher, Perspektiven einer globalen Sozialordnung aus sozialethischer Sicht, in: *Detlef Aufderheide/Martin Dabrowski* (Hg.), Internationaler Wettbewerb – nationale Sozialpolitik? Wirtschaftsethische und moralökonomische Perspektiven der Globalisierung, Berlin: Duncker & Humblot 2000, 299–306.

Johannes Wallacher, Ungleiche Ausgangsbedingungen. Die Bedeutung der Finanzmärkte für die Armutsbekämpfung, in: Herder-Korrespondenz 56 (2002) 5, 262–267.

Johannes Wallacher, Abschied vom Homo Oeconomicus? Über die Rationalität unseres wirtschaftlichen Handelns, in: Stimmen der Zeit 221 (2003) 11, 762–772.

Johannes Wallacher, Unternehmensethik im Kontext von Global Governance, in: *Johannes Wallacher/Michael Reder/Tobias Karcher* (Hg.), Unternehmensethik im Spannungsfeld der Kulturen und Religionen. München: Kohlhammer 2006, 85–107.

Johannes Wallacher, Perspektiven eines entwicklungsgerechten Welthandels, in: *Michael Fischer/Gerhard Kruip* (Hg.), Gerechtigkeiten, Münster: Lit 2007, 153–164.

Johannes Wallacher/Michael Reder/Tobias Karcher (Hg.), Unternehmensethik im Spannungsfeld der Kulturen und Religionen, München: Kohlhammer 2006.

Josef Wieland, Die Ethik der Governance. 5., neu durchges. Aufl., Marburg: Metropolis-Verl. 2007.

Joachim Wiemeyer, Neuere Literatur zur Wirtschaftsethik, in: Jahrbuch für Christliche Sozialwissenschaft 29 (1988), 213–226.

Joachim Wiemeyer, Kirchen und religiöse Gemeinschaften, in: *Wilhelm Korff u. a.* (Hg.), Handbuch der Wirtschaftsethik, Gütersloh: Gütersloher Verlagshaus 1999, 555–573.

Joachim Wiemeyer, Der Stellenwert von Sozialpolitik in einer marktwirtschaftlichen Ordnung, in: *Detlef Aufderheide/Martin Dabrowski* (Hg.), Internationaler Wettbewerb – nationale Sozialpolitik? Wirtschaftsethische und moralökonomische Perspektiven der Globalisierung, Berlin: Duncker & Humblot 2000, 135–145.

Joachim Wiemeyer, Die Ordnung des Arbeitsmarktes aus wirtschaftsethischer Sicht. Eine Problemskizze, in: *Wulf Gaertner* (Hg.), Wirtschaftsethische Perspektiven V, Methodische Ansätze, Probleme der Steuer-

und Verteilungsgerechtigkeit, Ordnungsfragen, Berlin: Duncker und Humblot 2000.

Joachim Wiemeyer, Globalisierung als Herausforderung der Christlichen Sozialethik. Bobachtungen und weiterführende Überlegungen, in: *Andreas Fritsche/Manfred Kwiran* (Hg.), Kirche(n) und Gesellschaft, München: Bernward bei Don Bosco 2000, 228–238.

Joachim Wiemeyer, Einkommensverteilung als wirtschaftsethische Herausforderung, in: *Volker Arnold* (Hg.), Wirtschaftsethische Perspektiven VI, Berlin: Duncker & Humblot 2002, 153–188.

Joachim Wiemeyer, Die Höhe der Managergehälter und die Frage der „sozialen Gerechtigkeit", in: Wirtschaftsdienst 84 (2004) 6, 354–357.

Joachim Wiemeyer, Gerechtigkeit zwischen Generationen als wirtschaftsethisches Problem, in: Ethica 12 (2004) 1, 71–94.

Joachim Wiemeyer, Sozialethische Impulse für eine Steuerreform, in: Stimmen der Zeit 222 (2004) 4, 244–256.

Joachim Wiemeyer, Von der „natürlichen Ordnung" zur gesellschaftlichen Dynamik, in: *Reinhard Göllner*, „Es ist so schwer, den falschen Weg zu meiden". Bilanz und Perspektiven der theologischen Disziplinen, Münster: Lit 2004.

Joachim Wiemeyer, Besonderheiten der Sozialwirtschaft – Grenzen des Wettbewerbs?, in: *Detlef Aufderheide/Martin Dabrowski* (Hg.), Markt und Wettbewerb in der Sozialwirtschaft. Wirtschaftsethische und moralökonomische Perspektiven für den Pflegesektor, Berlin: Duncker & Humblot 2007, 125–148.

Joachim Wiemeyer, Krise der Finanzwirtschaft – Krise der sozialen Marktwirtschaft? Sozialethische Überlegungen, in: *Konrad Adenauer Stiftung* (Hg.), Lehren aus der Finanzmarktkrise – ein Comeback der Sozialen Marktwirtschaft. Band I: Ordnungspolitische und sozialethische Perspektiven, Sankt Augustin/Berlin: KAS 2008, 21–30.

BERICHTE

BRIGITTA HERRMANN

DIE FINANZKRISE ALS SOZIALETHISCHE HERAUSFORDERUNG.
Bericht über das elfte Werkstattgespräch der Sektion „Christliche Sozialethik" in der Internationalen Vereinigung für Moraltheologie und Sozialethik (22.–24.2.2010) in Berlin

Im Mittelpunkt weltweiter Debatten standen Anfang 2010 die Herausforderungen, die sich aus der seit 2008 bestehenden Finanzkrise ergaben. So beschäftigten sich auch die Sozialethiker/-innen in ihrem Werkstattgespräch vom 22. bis 24. Februar 2010 in Berlin mit den sozialethischen Herausforderungen der Krise. Geplant hatte die Tagung das Vorbereitungsteam Joachim Wiemeyer, Gerhard Kruip, Bernhard Emunds, Brigitta Herrmann und Clemens Dölken. Organisiert wurde sie von dem Leiter der Arbeitsgruppe, Markus Vogt.

1 IST GELD HEUTE GOTT?

In seinem Einleitungsreferat fragte der Dogmatiker *Aloys Halbmayr* (Salzburg), ob Geld der neue Gott unserer Zeit sei. Geld habe neben den ökonomischen Funktionen als Tauschmittel, Wertaufbewahrungsmittel und Recheneinheit auch transökonomische Funktionen übernommen. Aufgrund der Zuschreibung von Allmächtigkeit, Ewigkeit, Transzendenz, Sinnstiftung und des Versprechens von Heil und Sicherheit sei Gott durch das Geld als zentrales „Leitmedium" der Moderne abgelöst worden. Die Herausforderung bestehe deshalb darin, gegenüber den Ersetzungen Gottes seine Unersetzbarkeit zu benennen. Während eine funktionale Identität der Referenz bestehe (beide verweisen auf das Gleiche), sei die materiale Differenz der Bedeutung festzuhalten. Geld und Gott seien nicht auf derselben Ebene. *Michael Schramm* (Hohenheim) widersprach der These der formalen Identität von Gott und Geld. Es habe schon immer Menschen gegeben, die ihr Herz nur an eine Sache, z. B. Geld, gehängt hätten. Dies sei pathologisch, da weder das Geld religiöse noch Gott ökonomische Probleme löse. Als Problem des modernen Kapitalismus stellte er dagegen die zunehmende Virtualität des Geldes bzw. der Wirtschaft heraus. Das ursprünglich konkrete Geld (Gold) werde immer digitaler und virtueller bis hin zu sogenannten Collateralized Debt Obligations (CDOs), in denen Kredite mit hoher Ausfallwahrscheinlichkeit zusammen mit Krediten geringer Aus-

351

fallwahrscheinlichkeit in einem Wertpapier verbunden werden. Diese Papiere wurden dann, entgegen ihrem tatsächlich hohen Risiko, als Papiere mit guter Bonität, also geringem Ausfallrisiko, von Ratingagenturen eingestuft. Experimente belegen zudem, dass die Wahrscheinlichkeit betrügerischen Verhaltens steigt, wenn die Tauschbeziehungen nicht unmittelbar sind.

2 Sozialenzykliken in der Weltwirtschaftskrise

Hermann-Josef Große Kracht (Darmstadt) verglich die beiden in Weltwirtschaftskrisen veröffentlichten Sozialenzykliken *Quadragesimo Anno* (1931) und *Caritas in Veritate* (2009). *Quadragesimo Anno* verweise auf das prinzipielle Ungenügen der Wirtschaft und weise deshalb dem Staat die Rolle als Rechts- und zugleich als Wohlfahrtsstaat zu. Er habe die notwendigen Grenzen festzulegen, in denen sich Markt und Wettbewerb entfalten dürfen. Es müsse sichergestellt werden, dass sich die Menschen als Lohnarbeiter im Wirtschaftsleben entfalten können und dabei einen gerechten Lohn erhalten. *Caritas in Veritate* stelle als zentrales Problem die moralische Verfassung des modernen Menschen sowie den Zusammenhang von Liebe und Gerechtigkeit in den Mittelpunkt. In der aktuellen Situation zunehmender Mobilität des Finanzkapitals konstatiere die Enzyklika den Bedeutungsverlust der Nationalstaaten, weise aber lediglich darauf hin, dass eine neue Wertbestimmung der Staaten vorzunehmen sei. Eine kritische Auseinandersetzung mit den strukturellen Ursachen der wirtschaftlichen Probleme sowie eine Ethik des Eigentums seien kaum entfaltet. Der Akzent liege auf einer dogmatisch rückgebundenen Tugendethik, was einen Bruch zur Tradition der Sozialenzykliken darstelle. Es könne also zukünftig möglicherweise festgestellt werden, dass mit *Caritas in Veritate* das Zeitalter päpstlicher Sozialenzykliken zu Ende gegangen sei. *Elmar Nass* (Aachen) widersprach dieser Einschätzung. Für ihn sind Sozialenzykliken als sich ergänzende Steine in einem Mosaik zu verstehen. Er analysierte die beiden Enzykliken mit dem Dreischritt: Normenbegründung, Regeln und Tugend. In *Quadragesimo Anno* gehe es darum, eine eigene Idee von Ordnung als Vision zu entwerfen und konkrete Regeln zu bestimmen, für deren Umsetzung durch Gesetze der Staat verantwortlich sei. Dadurch solle sozialer Frieden gesichert und eine Lebensführung nach christlichen Grundsätzen ermöglicht werden. In *Caritas in Veritate* sei eine Vision globaler Ethik verwirklicht. Es gehe darum, eine universal gültige Metanorm zu entwerfen, die der Papst leitmotivisch anhand der Begriffe Liebe und Wahrheit als sich komplementär ergänzendem Grund aller Normen entfalte. Hinter der Finanzkrise, auf die keine konkrete Antwort gegeben werde, stehe eine Krise der Ethik. Nur mit der Tugend der Liebe sei es möglich, die Norm und die Konsequenzen der Norm zu erkennen. In der anschließenden kontroversen Diskussion ging es insbesondere um die Verhältnisbestimmung von Liebe und Gerechtigkeit sowie um weitere mögliche Lesarten der Enzykliken.

3 Finanzmarkt: mehr Sozialverantwortung durch Regulierung

Der zweite Tag begann mit einem Vortrag von *Hans-Peter Burghof* (Bankwirtschaftler aus Hohenheim) zu den wirtschaftsethischen Grundfragen der Finanzkrise. Aus pragmatischer Sicht als gelernter Banker und Professor für Bankwirtschaft erläuterte er anhand praktischer Beispiele die aus seiner Sicht geringen Spielräume für ethisches Handeln in der Wirtschaftspraxis. Ursächlich für die Finanzkrise sei das Versagen der Ratingagenturen gewesen, die Wertpapiere ohne ausreichende Prüfung als positiv bewertet haben. Sie hätten jedoch keinen Anreiz zu einer gründlicheren Prüfung gehabt, da das Risiko einer Bestrafung für eine Fehleinschätzung gering gewesen sei. Die Entlohnung durch hohe Bonizahlungen habe ebenfalls Fehlanreize gesetzt. Die Finanzkrise sei eine Krise aus Pflichtvergessenheit. Jetzt komme es darauf an, Rahmensetzungen zu schaffen, in denen ethisches Verhalten wirksam werden könne. Für unverzichtbar hält Burghof eine unabhängige Bankenaufsicht, die aus ihrem Selbstverständnis heraus pflichtbewusst arbeitet. Er setzt auf Kompetenz, Autonomie und Vertrauen anstelle der oft geforderten politischen Kontrolle und schlägt vor, aus der Krise zu lernen, wie das System menschengerecht und zugleich effizienter gestaltet werden könne. *Clemens Dölken* (Magdeburg) identifizierte in seinem Korreferat den ruinösen Wettbewerb der Banken um Kredit- und Anlagekunden sowie um Banker über hohe Bonizahlungen als Ursache der Finanzkrise. Er schlug vor, die Verbreitung riskanter Wertpapiere über eine produktabhängige Steuer zu begrenzen bzw. ganz zu verhindern.

Bernhard Emunds (Frankfurt a. M., St. Georgen) referierte über die Regulierung der Finanzmärkte aus Sicht der politischen Wirtschaftsethik. Er deutete die Finanzkrise als Folge zweier Fehlentwicklungen: der zu hohen Akkumulation von Risiken und der zu großen Geldvolumen auf den Vermögensmärkten. Die Finanzkrise stelle eine grundlegende sozialethische Herausforderung dar, weil weder die Funktionserwartungen noch weitergehende normative Ansprüche, wie allgemeiner Wohlstand, Gerechtigkeit und Nachhaltigkeit, vom Finanzsystem erfüllt worden seien. In der Finanzkrise habe sich gezeigt, dass bestehende Regulierungsvorschriften ständig umgangen worden seien, dass die Regierungen bei der Schließung von Regulierungslücken sehr zurückhaltend waren, die Politik nicht gewagt habe, sich großen Banken entgegenzustellen, und dass Banken nicht einmal ihr langfristiges Eigeninteresse verfolgten, wenn sie nicht reguliert werden. Daher schlug *Emunds* die Einführung eines „Finanz-TÜV" für neue Produkte und die Zerschlagung großer Banken vor, insbesondere die Trennung zwischen Vermögensverwaltung und Investmentbanking in unterschiedlichen Banken. Eine Finanztransaktionssteuer sei eine Möglichkeit, die Verursacher der Finanzkrise an den Kosten zu beteiligen. Zusätzlich sollte eine gesellschaftliche Kontrolle des Marktes stattfinden, die Berufsverbände der Banker sollten ein professionelles Ethos entwickeln. Es bedürfe geeigneter Strukturen, die eine Unternehmenskultur ermöglichen, die auf langfristigen statt auf kurzfristigen Erfolg ausgerichtet sei.

André Habisch (Eichstätt) sieht als eine Ursache der Krise die wirtschaftsethische Enthaltsamkeit der christlichen Sozialethik. Zudem gehe es nicht an, dass ein Ökonomiestudium ohne ethische Reflexionen möglich sei. Dies solle sich durch die Einrichtung von Ethik-Lehrstühlen an wirtschaftswissenschaftlichen Fakultäten ändern. Auch die Möglichkeit der Banken, seit 2002 Unternehmensanteile steuerfrei zu veräußern, habe zur Finanzkrise beigetragen. Die Globalisierung der Finanzmärkte sei politisch gewollt und vorangetrieben worden. Das Phänomen der absinkenden Grenzmoral war beobachtbar: Wenn eine Gruppe ein Mindestniveau von Moral kurzfristig unterbietet, nimmt die Moral aller ab, denn viele kooperieren nur dann, wenn genug andere dies auch tun. Habisch schlägt dagegen eine Stärkung der Selbstregulierungskräfte der Finanzmärkte vor: Markenbildung zur Erhöhung der Glaubwürdigkeit und Selbstregulierung von Berufsgruppen.

Joachim Wiemeyer (Bochum) erläuterte die Entwicklung der Boni und Managervergütungen bei deutschen Banken. Während die Managervergütungen von 1960 bis 1990 etwa bei dem 30- bis 40-Fachen des Gehaltes eines normalen Bankmitarbeiters lagen, sind sie seit einer Übernahme einer amerikanischen Bank sprunghaft auf das 240- bis 320-Fache angestiegen. Zu kritisieren sei an der Höhe der Vergütung, dass sie nicht als sozial gerecht empfunden werde und daher den gesellschaftlichen Zusammenhalt gefährde. Die Vergütung sei nicht leistungsgerecht, denn sie garantiere eine hohe Erfolgsbeteiligung ohne jedoch bei Verlusten eine Haftung zu beinhalten. Als Reaktion auf die Kritik werden folgende Maßnahmen diskutiert, die steuerliche Absetzbarkeit von Managergehältern zu beschränken, bei der Festlegung der Managergehälter die Zustimmung der Belegschaft einzuholen und bei den Gehältern den Anteil von festen und variablen Gehaltsanteilen umzukehren, sodass der Hauptanteil festliege. Zudem solle eine Haftung für eintretende Schäden eingeführt werden.

Wolf-Gero Reichert (Frankfurt a. M., St. Georgen) beschäftigte sich mit dem Ethos des Investmentbankings und den Implikationen für eine Strategie der prudentiellen Regulierung. Es gebe ein fundamentales Interesse der Öffentlichkeit an einem funktionierenden Finanzmarkt, da eine funktionsfähige und elastische Geldversorgung benötigt werde. Das Berufsethos des Investmentbankings sei institutionenethisch auf einer mittleren Ebene zwischen Spielregeln und Spielzügen angesiedelt. Es sei ein funktionales Ethos, das Markteffizienz herstelle und damit zum Gemeinwohl beitrage. Die Berufsverbände sollten in die qualitative Regulierung einbezogen werden.

Klaus Gabriel (Wien) untersuchte die Produkte der Banken und den Konsumentenschutz. Die Finanzmärkte seien komplex und intransparent geworden und daher nicht mehr kontrollierbar. Ebenso seien die Produkte komplex und undurchschaubar geworden. Sie seien auf die Ertragsoptimierung der Bankangestellten und nicht der Kunden ausgerichtet. Aus ethischer Sicht gebe es folglich Handlungsbedarf. Mehr Transparenz und Aufklärung, beispielsweise auch durch unabhängige Beratungsstellen, seien nötig.

In der anschließenden Diskussion wurde insbesondere überlegt, wie mehr Transparenz und verantwortliches Handeln im Bankenbereich zu erreichen seien. Dabei könnten Best-Practice-Beispiele eine wichtige Rolle spielen.

In einer öffentlichen Abendveranstaltung in Kooperation mit der katholischen Akademie diskutierten *Hans-Peter Burghof, Frank Schäffler* (FDP MdB) und *Bernhard Emunds* unter Moderation von *Maria-Luise Schneider* das Thema „Globaler Finanzmarkt: Wer bestimmt die Regeln? Was hat uns in die Krise geführt und welche Gegenmaßnahmen wären geeignet?" Während der Referenten der Tagung ihre Hauptargumente wiederholten, erläuterte Schäffler seine Position. Er hielt insbesondere ein Instrument für erforderlich, das mittelgroße Banken vor einem Zusammenbruch schützt. Dieses solle von den Banken selbst gemäß einem Versicherungsmodell finanziert werden. Über die Managergehälter solle auch die Hauptversammlung der Aktionäre beraten. Die Geldmenge müsse begrenzt werden. *Emunds* betonte, dass die Finanzwirtschaft wieder in den Dienst der Realwirtschaft gestellt und die Verursacher an den Kosten der Beseitigung der Krise beteiligt werden müssten.

4 KRISE UND ENTWICKLUNGSLÄNDER: MEHR SOZIALETHISCHES ENGAGEMENT NÖTIG

Am dritten Tag zeigte *Gerhard Kruip* (Mainz) anhand von Grafiken und Tabellen anschaulich die starken Auswirkungen der Finanzkrise auf Entwicklungsländer auf: sinkende Exporte, Kapitalabflüsse und sinkende Rücküberweisungen von Migranten und Migrantinnen sowie weitere negative Folgen, die sich aus der Krisenbekämpfung in den Industrieländern ergeben. Dadurch verschärfe sich die Dauerkrise der Entwicklungsländer und etwa 50 bis 100 Millionen Menschen zusätzlich seien von Armut bedroht. *Kruip* führte verschiedene ethische Ansätze an und stellte fest, dass die Industrieländer zur Wiedergutmachung des verursachten Schadens verpflichtet seien. Zumindest müssten sie ihre Zusagen über Entwicklungsleistungen einhalten und die Voraussetzungen schaffen, dass sich solche Krisen nicht wiederholen.

Brigitta Herrmann (Köln/Frankfurt) ergänzte die Ausführungen von *Gerhard Kruip* und beleuchtete insbesondere die Auswirkungen der Finanzkrise auf die Mikrofinanzierung in Entwicklungsländern. Mehr als die Hälfte der Weltbevölkerung habe keinen Zugang zu normalen Finanzdienstleistungen. Damit Arme dennoch eine produktive Tätigkeit aufnehmen könnten, sei daher die Bereitstellung von kleinen Krediten durch Mikrofinanzinstitutionen nötig. Diese seien umso weniger von der Finanzkrise betroffen, je weniger Kredite sie im Ausland und in ausländischer Währung aufgenommen haben und je mehr sie Mikrounternehmen unterstützen, die Güter des täglichen Bedarfs herstellen, da die Nachfrage nach diesen Gütern auch in der Krise relativ stabil bleibt. In der Finanzkrise könnten Mikrofinanzinstitutionen von Liquiditäts- und Kreditrisiken betroffen sein und müssten deshalb die Kommunikation mit ihren Investoren und Kunden/Kundinnen intensivieren. Wegen der Integration der Entwicklungsländer in die internationalen Finanzmärkte sowie wegen der wirtschaftlichen Rezession in Industrie- und Schwellenländern wirke sich die Finanzkrise auf Entwicklungsländer aus. Mit den Prinzipien der katholischen Soziallehre und mit den Menschenrechten könne das Erfordernis begründet werden, negative Folgen der Finanzkrise auf Entwicklungsländer zu vermeiden. Aus Sicht der Entwicklungsländer seien eine Devisentransaktionssteuer, die Schließung von Offshore-Zentren, erweiterte Mitspracherechte bei IWF und Weltbank sowie eine selbstständige Entscheidung jedes Landes darüber, ob der eigene Finanzmarkt liberalisiert wird, wünschenswert. Zusätzlich sei der verstärkte Ausbau eines unabhängigen Mikrofinanzwesens sinnvoll.

5 Die Rolle der Kirche in der Krise

Wilhelm Guggenberger (Innsbruck) referiert über die Rolle der Kirche in der Wirtschafts- und Finanzkrise. Er spezifizierte kirchliche Aufgaben in der aktuellen Situation. Diese bestehen in einer Hierarchisierung der Werte, einer Sensibilisierung für Verantwortung und gelebter Praxis. Erster Adressat der Soziallehre sei die Kirche selbst. So sei es beispielsweise wichtig, zu untersuchen, ob die Pensionsvorsorge der Diözesen nach ethischen Kriterien angelegt sei. Es gehe nicht nur um Output, sondern auch um Outcome, ein Mehr an Lebensqualität. *Arndt Küppers* (Freiburg) fragte sich in seinem Korreferat, wie die Hierarchie der Werte heute erkennbar und kommunizierbar sein könne. In der Krise komme der Option für die Armen eine noch größere Bedeutung zu. Die Kirche müsse eine anwaltliche Funktion wahrnehmen und auch der Heilige Stuhl sollte seine Einflussmöglichkeiten bei den Vereinten Nationen und anderen internationalen Organisationen geltend machen.

6 Organisatorisches

Während des Werkstattgesprächs wurde eine stärkere Zusammenarbeit zwischen der Katholisch Sozialwissenschaftlichen Zentralstelle (KSZ) unter ihrem neuen Leiter *Peter Schallenberg* und der AG Sozialethik vereinbart. In den neu zu gründenden Beirat der KSZ können 5 Mitglieder der AG Sozialethik entsandt werden. Es wurde vereinbart, beide Jahrestagungen beizubehalten.

Das zwölfte Werkstattgespräch Sozialethik wird vom 21. bis 23. Februar 2011 in der Katholischen Akademie Berlin zum Thema „Theologie (in) der Sozialethik" (Arbeitstitel) stattfinden. Die Vorbereitungsgruppe besteht aus: Ingeborg Gabriel, Werner Veith, Peter Schallenberg, Arnd Küppers und Markus Vogt.

ANNA MARIA RIEDL

ANTHROPOLOGIE UND (CHRISTLICHE) SOZIALETHIK.
Bericht zum 19. Forum Sozialethik (14.–16.09.2009) in der Kommende Dortmund

Was ist der Mensch? Wie verstehen wir uns als Menschen? Anthropologische Fragen begleiten den Menschen seit seinem Beginn. Sie sind Grundlage vieler philosophischer Problemstellungen und nicht zuletzt ist es die christliche Sozialethik, die immer wieder um diese Thematik kreist. Als normative und handlungsleitende Disziplin kommt sie nicht aus ohne anthropologische Vorannahmen, über die sie immer wieder Rechenschaft ablegen muss. Die Kritik an einem solchen Vorgehen wächst jedoch. Anthropologische Antwortmodelle und Strukturierungskonzepte geraten zunehmend in die Krise. In Zeiten sich rasch verändernder pluraler Gesellschaften wird von zahlreichen Wissenschaften die Reflexion auf den Menschen immer mehr in Frage gestellt.

Grund genug nachzufragen, welches Verhältnis „Anthropologie und (christliche) Sozialethik" zueinander pflegen, so lautet das Thema des 19. Forums Sozialethik. Ziel war es, diese Beziehung und die Herausforderungen, die Naturwissenschaften, Soziologie und Philosophie, sowie Menschenbilder in Wirtschaft und Bildungsinstitutionen daran stellen, zu diskutieren und Möglichkeiten einer modernitätsgerechten anthropologischen Fundierung christlicher Sozialethik zu finden.

In seinem Einstiegsreferat diskutierte *Alexander Filipović* (Münster) das Verhältnis von „Anthropologie – Personalität – Sozialethik". Er verwies auf die naturrechtliche Heimat der christlichen Sozialethik, die die starke Anthropologie erklärt. Sie begegnet vor allem dort, wo es um den Menschen als Person geht, und hat im Personalitätsprinzip Niederschlag gefunden. Dieses bildet so etwas wie einen Konsens oder ein Erbe der christlichen Sozialethik, einen überzeitlichen Nenner, der sich inhaltlich nur wenig verändert. Dennoch bleibt der Begriff Person, obwohl theologisch aufgeladen, in der Diskussion oft seltsam unbestimmt. Es geht daher nicht an, sich auf dem Erbe einfach auszuruhen, sondern im Gegenteil besteht die bleibende Aufgabe darin, immer wieder neu zu bestimmen, wie wir mit ihm arbeiten und uns zu ihm verhalten wollen.

Im Anschluss ging es darum, soziologische und philosophische Zugänge zu beleuchten. Den Anfang setzte ein Vortrag von *Jochen Ostheimer* (München), der „Semantische Betrachtungen zu Sozialethik und Soziologie" anstellte. Er befragte den soziologisch-systemtheoretischen Personenbegriff auf sein Potential, das soziologische Verständnis von Person zu konkretisieren. Ostheimer zu Folge bietet die soziologische Position, ‚Person' als soziale Adresse aufzufassen, interessante Anstöße für die sozialethische Reflexion. Sie macht zum einen Kommunikation zurechenbar und bleibt zum anderen gleichzeitig offen und variantenreich, weil sie den Menschen in seinen Funktionssystemen anspricht, die unbegrenz- und unabschließbar sind.

Dominik Bertrand-Pfaff (Heidelberg) folgte mit einem Referat zur Grammatik sozialer Institutionen. Weil eine theologische Anthropologie der Institutionengenese fehlt, suchte er diese in der Philosophie einzuholen. Den Schwerpunkt legte er dabei auf Cornelius Castoriadis und seine Theorie von der prinzipiellen Unbestimmtheit der sozialen und natürlichen Welt und einer Institutionengenese, die nach Castoriadis der Kraft der produktiven Einbildung entspringt. Sie liefert sich dem Vorwurf der creatio ex nihilo aus, bietet jedoch gleichzeitig für die Christliche Sozialethik den Impuls einer Neuentdeckung von Kreativität und Schöpfung als Ort der Veränderungs- und Gestaltungsmöglichkeiten.

Der nächste Tagungstag startete mit *Johannes Frühbauer* (Augsburg) und „anthropologischen Provokationen in der Philosophie von Michel Foucault". Die Aussagen des französische Philosophen, Historikers und Soziologen zum Menschen und seiner Bestimmung sind provokant. Foucault übte Kritik am Humanismus und am Subjektbegriff, hat aber keine explizite Bestimmung der Wesensnatur des Menschen vorgelegt. Frühbauer wies jedoch nach, dass sich in seinen Provokationen dennoch Anthropologie versteckt, die gerade auf Grund ihres Andersdenkens konstruktive Impulse für die Sozialethik liefern kann.

Michael Hartlieb (Würzburg/Erfurt) setzte sich mit dem Verständnis von Freiheit in den Naturwissenschaften und der Ethik auseinander. Referenzadresse für die Kritik an einer naturwissenschaftlichen Position, die besagt, der Mensch sei in seinem Handeln nicht frei, sondern determiniert, bildete dabei die Theorie von Geert Keil. Dieser argumentiert, dass der scheinbar unbezweifelbare Determinismus, den die Naturwissenschaften dem Menschen unterstellen, längst nicht umfassend empirisch belegt sei und daher auch nichts anderes darstellt, als einen ebenfalls kritisierbarer Deutungsversuch von Wirklichkeit.

Mit der Frage der Determination des Menschen beschäftigte sich auch *Axel Bohmeyer* (Berlin), mit dessen Referat der Blick auf konkrete anthropologische Anwendungsfelder startete. Er hinterfragte das Menschenbild der Hirnforschung mit Hilfe der pädagogischen Anthropologie. Bohmeyer kritisierte, dass einige Hirnforscher behaupten, ihre Ergebnisse machten ein neues Menschenbild notwendig und reformierten die Pädagogik. Mit Hilfe ihrer bildgebenden Verfahren sei es jedoch lediglich möglich, etwas über die Aktivität bestimmter Gehirnbereiche bei einzelnen Tätigkeiten auszusagen, nicht aber darüber, ob z. B. ein Lernerfolg erzielt werde oder wie Wissen verarbeitet wird. Das Versprechen der Hirnforschung, das technologische Defizit der Erziehungswissenschaften aufzuheben, macht ihren momentanen Erfolg aus. Angesichts der Komplexität und Individualität des Menschen bleibt allerdings die Frage, ob sie dieses wirklich einhalten kann.

Wolf-Gero Reichert (Frankfurt a. M.) referierte über ethische Rationalität und ökonomische Methode in Auseinandersetzung mit Friedrich August von Hayek und Alan Gewirth. Von Hayek als Vordenker des Liberalismus vertritt eine Theorie der Marktwirtschaft als spontane Ordnung. Durch Evolution bringt sie abstrakte allgemeingültige Regeln hervor und verbessert sich so selbst. Zu viele Eingriffe z. B. von Seiten des Staates würden diesen Prozess stören. Ob sich auch in einem solchen System, in dem die Ökonomie zur ultima ratio wird, normative Ethik betreiben lässt, diskutierte Reichert mit Alan Gewirth letztbegründeter „community of rights". Grundvoraussetzung dafür ist nach Gewirth die Befähigung der Menschen dazu, ihre eigenen Interessen zu vertreten.

Der letzte Block der Tagung widmete sich sozialethischen Konzeptionen. Den Anfang machte *Eike Bohlken* (Hannover), der die Grundzüge einer Integrativen Anthropologie vorstellte. Ihr Ziel ist es, disziplinübergreifend zu diskutieren, um so vielfältige Wissen über den Menschen systematisch zu bündeln. Gerade die Anthropologie, die in vielen Feldern eine Rolle spielt, eignet sich dazu, Verknüpfungen und Berührungspunkte aufzuzeigen und ebenso vor Verengungen einzelner Disziplinen zu warnen. Dabei tritt sie nicht als neue Superwissenschaft auf, sondern als Impulsgeber für ein umfassendes Forschungsprogramm, das sich an der Vieldimensionalität des Menschen orientiert.

Es folgte *Stefan Meyer-Ahlen* (Bochum), der den Altruismus als besonderes anthropologisches Spezifikum und als heuristischen Rahmen für (theologisch-)ethische Normfindung untersuchte. Altruismus verstand er dabei als etwas konstruktiv zum Menschen Gehörendes, das nicht erst durch das göttliche Gnadengeschenk hinzukommt. Der von

357

Anfang an auf Beziehung hin angelegte Mensch ist also altruistisch und damit gut, unabhängig von der Zugehörigkeit zu einer Religion.

Christian Polke (Hamburg) thematisierte als evangelischer Theologe Sozialethik als Verantwortungsethik und als Kunst der Unterscheidung. Als Bedingung für Verantwortung betonte er die Zurechenbarkeit als Grundlage für Handlungs- und Entscheidungsfreiheit und das Gewissen als Ort der individuellen Einsicht. Wichtig sei es auch, die Grenzen der Verantwortung zu kennen. Sie treten in der Unterscheidung von Evangelium – der Ort, an dem der Mensch Verantwortung abgibt – und Gesetz – der Ort der Ethik, an dem der Mensch Verantwortung üben soll – hervor. Diese rechtfertigungstheologische Hermeneutik des Menschseins vor Gott ist nach Polke die Kunst der Unterscheidung und die Grundlage für gelingendes Leben.

Den Abschluss der Tagung bestritt der Politikwissenschaftler *Oliver Hidalgo* (Regensburg), der nach der sozialethischen Relevanz der Menschenrechte als hegemonialem, neokolonialistischem Diskurs fragte. Eine Lösung des Problems suchte er in der Theorie von Ernesto Laclau. In der Kritik an Partikularismus und Universalismus, aber auch in der Vermittlung zwischen beiden, weist er Leerstellen, „leere Signifikanten" auf, die eine Verständigung über die praktische Relevanz ethischer Konzepte, wie das der Menschenrechte, jenseits von normativen Gewissheiten ermöglichen.

Das Forum machte deutlich, dass an der Anthropologie kein Weg vorbeiführt und wies gleichzeitig auf die Anfangsthese zurück: Der sozialethische Personenbegriff, in dem die anthropologischen Fragen aufscheinen, bleibe seltsam unbestimmt. So stand am Ende der Tagung nicht die eine Anthropologie, sondern die Vorträge zeigten die Vielfalt der Möglichkeiten, sich dem Thema zu nähern. Sie bestätigten damit zugleich, dass, wie zu Beginn gefordert und bei diesem Forum geschehen, die Auseinandersetzung mit den Traditionen und Grundlagen des eigenen Faches immer wieder neu erfolgen muss. Nur so bleiben sie fruchtbar für eine zeitgemäße Gesellschafts- und Weltgestaltung.

Die Referate werden 2010 in der Reihe Forum Sozialethik im Aschendorff-Verlag erscheinen. Natürlich kann auch zwischen den Foren weiterdiskutiert werden, den Raum dafür und weitere Informationen bietet www.forumsozialethik.de.

Das nächste Forum Sozialethik findet vom 13.–15.9.2010 in der Katholischen Akademie Schwerte statt. „Ethik der Entwicklung" lautet das Thema. Es ist das 20. Forum Sozialethik und stellt damit zugleich ein Jubiläum dar. Zur Feier dieses Jubiläums laden die Veranstalter deshalb zu einem abendlichen Podiumsgespräch, das Einblick in Gründung und Geschichte des Forum Sozialethik gibt.

MITTEILUNGEN

AUS DER DEUTSCHSPRACHIGEN KATHOLISCHEN SOZIALETHIK: AKTUELLE PROJEKTE

Unter dieser Rubrik werden jährlich angekündigte und in jüngster Zeit abgeschlossene wissenschaftliche Arbeiten zur katholischen Sozialethik – Habilitationsschriften, Dissertationen sowie besonders qualifizierte Examensarbeiten – angezeigt. Wir geben (je nach den eingesandten Angaben) Autor, Titel, Arbeitsbeginn bzw. -ende sowie den Namen der/des Betreuenden der Arbeit an.

1 HABILITATIONSPROJEKTE

Augsburg:
Frühbauer, Johannes, Der Krieg und die Moral. Michael Walzers Beitrag zu einer internationalen Friedensethik.
Seit 10/2004; Hausmanninger.

Bochum:
Lehmann, Udo, Soziale Ungleichheit und normative Gesellschaftsanalyse. Sozialethische Anmerkungen zum Verhältnis von Gerechtigkeits- und Sozialstrukturdiskurs.
Seit 10/2006; Wiemeyer.

Erfurt:
Bayerl, Marion, Die Wiederkehr des Religiösen? Religiöse Zeiterscheinungen und ihre Auswirkungen auf die Gesellschaft.
Seit 2009; Möde/Kropac/Mack.

Mandry, Christof, Europa als Wertegemeinschaft? Eine theologisch-ethische Untersuchung zum politischen Selbstverständnis der Europäischen Union.
Abgeschlossen 04/2009; Römelt/Manemann/Joas.

Freiburg:
Küppers, Arnd, Politischer Liberalismus und Christliche Sozialethik. (Arbeitstitel)
Seit 01/2008; Nothelle-Wildfeuer.

München:
Eggensperger, Thomas, Gemeinwohl für Europa – europäisches Gemeinwohl. Ein gewandeltes Konzept.
Seit 07/2009; Vogt/Hilpert/Pickel.

Schmid, Hansjörg, Islam im europäischen Haus. Grundfragen interreligiöser Sozialethik anhand von islamischen Positionen zu Religion, Staat und Gesellschaft.
Seit 07/2009; Vogt/Hilpert/Wieland.

Münster:

Bogner, Daniel, Gewalt und Menschenrechte in Algerien. Beiträge zur Debatte um die universale Geltung der Menschenrechte.
Seit 01/2007; Heimbach-Steins/Joas.

Filipović, Alexander, Christliche Sozialethik und Pragmatismus. Moralphilosophische, sozialwissenschaftliche und politisch-ethische Analysen.
Seit 06/2007; Heimbach-Steins.

Große Kracht, Hermann-Josef, Postliberale Wohlfahrtsdemokratie. Ein Beitrag zur normativen Selbstverständigung moderner Gesellschaften.
Abgeschlossen 05/2010; Gabriel.

Kunze, Axel Bernd, Menschenrecht auf Bildung – eine pädagogisch-ethische und sozialethische Grundlegung. (Arbeitstitel)
Seit 03/2006; Ladenthin/Heimbach-Steins.

Spieß, Christian, Menschliche Natur, normative Theorie der Anerkennung und soziale Gerechtigkeit.
Seit 01/2005; Gabriel/Müller.

Paderborn:

Spangenberger, Michael, Zur theologischen Wertung des Materiellen im menschlichen Leben. Orientierungen zu einer christlichen Anthropologie in der postmodernen Wirtschaft. (Arbeitstitel)
Seit 06/2009; Wilhelms.

Tübingen:

Bertrand-Pfaff, Dominik, Eine theologisch-ethische Grammatik sozialer Instituierung. Mit einem Blick auf das Compassionmotiv.
Seit 01/2005; Mieth.

Würzburg:

Schenk, Stefan, Gesellschaft – Sport – Diakonie. Eine sozialethische Studie.
Seit 07/2008; Droesser.

2 Promotionsarbeiten

Augsburg:

Baumann, Rigobert, Religiöse Diskurse im populären Film.
Seit 10/2007; Hausmanninger.

Gutsmann, Marion, Schüren Medien Vorurteile? Das Bild der Gastarbeiter in der Presse – eine inhaltsanalytische Betrachtung der Regionalpresse seit 1961.
Seit 01/2008; Hausmanninger.

Kreusch, Jens, Das Herostratos-Spektakel. Medienaufmerksamkeit als Gratifikation.
Seit 10/2003; Hausmanninger.

Packham, Shirin, Macht und Gewalt im Kriegsfilm.
Seit 10/2007; Hausmanninger.

Schlaier, Klaus, Macht und System im Spiegel der ‚Matrix'-Trilogie.
Seit 05/2003; Hausmanninger.

Schmitt, Christiane, Corporate Identity. Strategische und ethische Perspektiven.
Seit 10/2003; Hausmanninger.

Semenou, Vincent Komlan, Das Bildungssystem in Togo.
Seit 05/2009; Hausmanninger.

Bochum:

Ezea, Matthew, Das ILO-Konzept ‚decent work' im Lichte der Soziallehre der Kirche und seine Bedeutung für Nigeria. (Arbeitstitel)
Seit 10/2007; Wiemeyer.

Eichstätt-Ingolstadt:

Loza Adaui, Cristian R., Die soziale Verantwortung der Unternehmen: Normative und praktische Analyse des Beitrags der Unternehmen zu nachhaltiger Entwicklung.
Seit 10/2009; Habisch.

Erfurt:

Hartlieb, Michael, Armut und Würde – eine theologisch-philosophische Verhältnisbestimmung.
Seit 03/2008; Mack.

Herrmann, Axel, Eine ethische Reflexion der Vervölkerrechtlichung des Konzeptes der Responsibility to Protect (R2P) aus christlich-theologischer Perspektive.
Seit 01/2010; Mack.

Rauhut, Andreas, Religiöse Ethik und globale Gerechtigkeit. Eine Untersuchung der Verknüpfungspotenziale partikulärer religiöser Ethik mit einer globalen Gerechtigkeitstheorie zur Armutsbekämpfung.
Seit 10/2009; Mack.

Stabentheiner, Julia, ‚Armut' und ‚Entwicklung' in der katholischen Sozialverkündigung im praxisorientierten Vergleich.
Seit 01/2008; Mack.

Frankfurt:

Wahl, Stefanie, Decent Work.
Seit 2010; Haker.

Wanderer, Gwendolin, Ethik in der Psychiatrieseelsorge.
Seit 04/2007; Haker.

Woste, Klaus, Uwe Johnson: Schreiben gegen den Wind.
Seit 06/2008; Haker.

Frankfurt Sankt Georgen:

Akinseloyin, Clement, Entwicklungsprobleme in der Nigerdelta-Region. Ein Beitrag zur Entwicklungsethik.
Seit 11/2008; Emunds.

Demele, Markus, Decent Work und Armutsbekämpfung. Der Beitrag deutscher Unternehmen zur Erreichung der Ziele des ILO Decent Work Country Programmes in Kenia. (Arbeitstitel)
Seit 01/2009; Senghaas-Knobloch.

Rapu, Samuel, Alleviating Poverty in Nigeria through the Improvement of the Labour Conditions in the Nation's Informal Economy: A Social Ethical Enquiry.
Seit 11/2008; Emunds.

Reichert, Wolf-Gero, Die Entstehung von Institutionen auf Finanzmärkten.
Seit 03/2010; Emunds.

Freiburg:

Do, Guanchang, Empirische Studie zur Konzeptentwicklung für die Qualifizierung der freiwilligen Mitarbeiter und Mitarbeiterinnen in der Pfarreicaritas der Erzdiözese Daegu in Korea.
Seit WS 07/08; Baumann.

Engesser, Tobias, „Europa eine Seele geben." Die Diskussion um einen Gottesbezug für die Präambel einer europäischen Verfassung.
Seit 07/2007; Nothelle-Wildfeuer.

Gaschick, Lucia, Was ist Generationengerechtigkeit? – Eine Untersuchung aus ökonomischer und sozialethischer Perspektive.
Seit 02/2007; Nothelle-Wildfeuer.

Herberhold, Kai, Notfallseelsorge in Deutschland.
Seit WS 05/06; Baumann.

Heß, Christian, Max Josef Metzger – Bemühungen um Frieden und Gesellschaft aus sozialethischer Perspektive.
Seit 02/2007; Nothelle-Wildfeuer.

Hipp, Michael, Historischer Wandel und Entwicklungslinien der Behindertenhilfe der Caritas in Deutschland im 20. Jahrhundert.
Seit WS 07/08; Baumann.

Kress, Michael, Ständiger Diakonat in der Erzdiözese Freiburg – Standortbestimmungen, Wahrnehmungen und Perspektiven.
Seit SS 07; Baumann.

Kronberg, Brigitte, Familienfreundlichkeit in der Unternehmensführung. Ein sozialethischer Beitrag zu einer nachhaltigen Gesellschaftsordnung.
Seit 09/2007; Nothelle-Wildfeuer.

Lopez, Herbert Mauricio Alvarez, Befreiungstheologie und Caritas.
Seit WS 06/07; Baumann.

Mähler, Andreas, Zielvereinbarungsgespräch und Leitungsaufgabe von katholischen Priestern.
Seit WS 05/06; Baumann.

Müller, Jürgen Simon, Religiosität pflegender Berufe – Bedeutung und Auftrag.
Seit SS 07; Baumann.

Mutuyisugi, Adalbert, Gerechtigkeit ist der neue Name für Frieden. Ein sozialethischer Beitrag zur Verhältnisbestimmung von Armutsbekämpfung, sozialer Gerechtigkeit und Frieden in Ruanda.
Seit 02/2007; Nothelle-Wildfeuer.

Potyrala, Piotr, Selbstwirksamkeit von Priestern in Zeiten gesellschaftlichen und kirchlichen Umbruchs in Europa. Internationale empirische Erhebung und praktisch-theologische Deutung.
Seit WS 09/10; Baumann.

Ramb, Martin W., Das Religiöse und die Politik. Die politische Dimension des Christentums in Europa.
Seit 10/2003; Nothelle-Wildfeuer.

Steger, Gerhard, Zeitsouveränität – Möglichkeiten und Grenzen einer veränderten Arbeitszeitgestaltung.
Seit 03/00; Glatzel.

Sturm, Cornelius, Responsibility to Protect im Schnittpunkt zwischen globaler Ordnungspolitik und theologischer Friedensethik.
Seit 06/2010; Schockenhoff.

Wolbers, Martin, „Entwicklungshilfe Nord". Christliche Inlandsarbeit und Bewusstseinsbildung im Lichte menschlicher Armut und begrenzter Lebensgrundlagen.
Seit WS 06/07; Baumann.

Zschiedrich, Elisabeth, Kinder und Familie – um des Gemeinwohls willen? Ein sozialethischer Beitrag zu einer aktuellen gesellschaftlichen Debatte.
Seit 02/2007; Nothelle-Wildfeuer.

Graz:

Emefoh, Ignatius Uchenna, Discrimination of Women in Igboland (Nigeria). A Comprehensive and Comparative Analysis in Search of an Ethical Solution.
Seit 10/2006; Remele.

Löhnert, Markus, Zahlt es sich aus, Fundamentalistin zu werden? Eine religionssoziologische Analyse des christlichen Fundamentalismus in den USA aus der Perspektive von Frauen.
Seit 10/2008; Remele.

Innsbruck:

Kierzkowski, Mateusz, Das Wesen und die Deutung der menschlichen Arbeit in der Soziallehre von Papst Johannes Paul II.
Seit 12/2008; Palaver.

Kokoszka, Marcin, Wirtschaftsethische Grundoptionen in der Soziallehre von Papst Johannes Paul II.
Seit 03/2007; Palaver.

Tomasi, Michele, Orte der Gnade in der modernen Marktwirtschaft Eine Untersuchung über die Wirtschaftsanalyse Bernard Lonergan's im Kontext seiner Theologie.
Seit 12/2008; Palaver.

Mainz:

Böhm, Matthias, Islamic Finance und Katholische Soziallehre – Grundlagen einer alternativen Wirtschaftsordnung und deren Gemeinsamkeiten und Differenzen zur Katholischen Soziallehre. (Arbeitstitel)
Seit 10/2009; Kruip.

Borzymski, Markus, Finanzausgleich als Frage der Gerechtigkeit. Eine sozialethische Untersuchung, insbesondere des kirchlichen Finanzausgleichs der Diözesen Deutschlands. (Arbeitstitel)
Seit 04/2009; Kruip.

Florescu, Anca, Die diskursive Konstruktion Europas in den Hirtenbriefen der katholischen Bischöfe Deutschlands seit 1945.
Seit 10/2009; Roller/Kruip.

Griebel, Björn, Privilegierung von Religionsgemeinschaften in Mitgliedstaaten der EU und der EMRK vor dem Hintergrund des europarechtlichen Gebots zu religiösem Pluralismus.
Seit 10/2009; Tietz/Fink/Kruip.

Krauß, Christoph, Bedingungslos gerecht? Zum Problem ethischer Rechtfertigung von Konditionalitäten und Bedingungen in der Entwicklungszusammenarbeit.
Seit 06/2008; Kruip.

Ludwig, Katharina, Kirchliche Lobbyarbeit auf europäischer Ebene, am Beispiel der Gemeinsamen Asyl- und Migrationspolitik.
Seit 04/2009; Rödder/Kruip.

Opara, Hubert Ibe, The social and ethical implications of child labour in Lagos, Nigeria.
Seit 12/2009; Kruip.

München:

Au, Christian, Integration von Entwicklungsländern in ein globales Klimaabkommen.
Seit 07/2009; Wallacher.

Blanc, Julia, Theologisch-ethische Reflexion zur Rolle der katholischen Kirche in der Umweltpolitik ausgewählter europäischer Staaten.
Seit 02/2009; Vogt.

Brychuk, Iryna, Die ethisch-politische Bedeutung einer Zivilgesellschaft in der Ukraine.
Seit 02/2010; Vogt.

Denz, Patrick, Gehorsam und Gewissen – ein Widerspruch im Soldatenberuf? Eine Reflexion der Gewissensentscheidung und der gewissenhaften Handlung unter ethischer und rechtlicher Perspektive. (Arbeitstitel)
Seit 02/2008; Bohrmann.

Grabowska, Johanna, Von der Abfallpolitik zu einer nachhaltigen Stoffstrompolitik: Gestaltungsmöglichkeiten im Zusammenspiel von Konsumenten, Produzenten und Verwaltung am Beispiel ausgewählter EU-Staaten.
Seit 10/2009; Mauser/Vogt.

Hensen, Jörg, Der universelle Geltungsanspruch der Menschenrechte im Kontext von Globalisierung und Kulturvielfalt. Sozialethische Perspektiven. (Arbeitstitel)
Seit 04/2008; Bohrmann.

Ivasyuk, Oleksandra, Perspektiven und kirchliche Beiträge zu einer nachhaltigen Landwirtschaft in der Ukraine.
Seit 02/2009; Vogt.

Johne, Michael, Ethik der Politikberatung. (Arbeitstitel)
Seit 04/2006; Bohrmann.

Kistler, Sebastian, Wie viel Gleichheit ist gerecht? Ethische Analysen am Beispiel globaler Verteilungen von CO_2-Emissionen.
Seit 02/2009; Vogt.

Kluger, Nils, Öffentlichkeitsarbeit und Werbung als persuasive Informationsformen der Bundeswehr. Kommunikationsethische Analysen vor dem Hintergrund des Transformationsprozesses. (Arbeitstitel)
Seit 04/2007; Bohrmann.

Kotschor, Tobias, Die Inszenierung von Terroristen, Selbstmordattentätern und Märtyrern im Spielfilm. Politisch-ethische und medienethische Zugänge. (Arbeitstitel)
Seit 04/2009; Bohrmann.

Kowarsch, Martin, Klimaökonomische Politikberatung in ethischer und wissenschaftstheoretischer Reflexion.
Seit 01/2008; Wallacher.

Krisch, Raphael, Die Darstellung des Kreuzes im Militär. (Arbeitstitel)
Seit 04/2010; Bohrmann.

Leitsch, Sebastian, Der Öffentlichkeitsauftrag der politischen Parteien in der ausdifferenzierten Mediengesellschaft – eine sozialethische Analyse. (Arbeitstitel)
Seit 04/2010; Bohrmann.

Linder, Christian, Kultureinflüsse auf den Führungsstil internationaler Unternehmen. Eine empirische Untersuchung am Beispiel der Philippinen.
Seit 01/2009; Wallacher.

Marx, Timo, Nachhaltigkeit als ethisches Prinzip im alpinen Freizeit- und Leistungssport. Umweltethische und sportethische Perspektiven. (Arbeitstitel)
Seit 04/2009; Bohrmann.

Matanga, Paulin Monga wa, ‚Membralité écologique' dans la théologie chrétienne et la pensée bantoue. Fondement d'une éthique de la tempérance.
Abgeschlossen 01/2010; Hilpert.

Muckenheim, Hanno, Computerspiele als Medien der Unterhaltung. Ethische Analysen. (Arbeitstitel)
Seit 04/2006; Bohrmann.

Philipp, Torsten, Umweltschutz als Handlungs-, Wirkungs- und Erfahrungsort der Kirche.
Abgeschlossen 07/2009; Mayer-Tasch/Vogt.

Pickrodt, Karsten, Aufarbeitung der DDR-Vergangenheit durch mediale Erinnerungsorte. Ethische und interdisziplinäre Zugänge. (Arbeitstitel)
Seit 04/2008; Bohrmann.

Rechtsteiner, Iris, Wertorientierte Führung. Konzeptionen und theologisch-ethische Kriteriologie.
Seit 03/2010; Hilpert.

Scharpenseel, Karoline, Interkulturelle Tragfähigkeit von Peter Ulrichs Vernunftethik des Wirtschaftens. Zum Verhältnis von Universalität und Kontextualität der Sinn- und Legitimitätsorientierung Ulrichs vor dem Hintergrund des Ansatzes von Michael Walzer.
Seit 04/2010; Wallacher.

Schellhammer, Barbara, „Dichte Beschreibung" der Kultur der Inuit im Wandel. Kritische Diskussion des kulturanthropologischen Ansatzes von Clifford Geertz.
Seit 07/2009; Müller.

Schlumprecht, Fritz, Zur Rolle der Kreditinstitute in der Sozialen Marktwirtschaft. Wirtschaftsethische Reflexionen vor dem Hintergrund des aktuellen Strukturwandels im deutschen Kreditwesen.
Seit 11/2009; Wallacher.

Schmitz, Sebastian, Soldatisches Selbstverständnis im Wandel. Der „Staatsbürger in Uniform" im Kontext des erweiterten Aufgabenspektrums der Bundeswehr. (Arbeitstitel)
Seit 04/2008; Bohrmann.

Thelagatoti, Paul, „Dalitchristen" in Indien – (Un)Gerechtigkeit im Spannungsfeld zwischen Gleichheit und Pluralität.
Seit 02/2009; Vogt.

Wille, Alexander, Ethos des deutschen Offiziers. Eine vergleichende Analyse der Darstellung des militärischen Widerstandes im deutschen Spielfilm. (Arbeitstitel)
Seit 10/2006; Bohrmann.

Münster:

Bae, Joseph, Ehe- und Familienethik im Horizont von Theologie und kirchlichem Lehramt. (Arbeitstitel)
Seit 08/2006; Gabriel.

Brinkschmidt, Maria, Entwicklungspolitische Lobbyarbeit für die Armen – Zur Profilierung der weltkirchlichen Inlandsarbeit der katholischen Kirche in Deutschland.
Seit 04/2010; Heimbach-Steins.

Brunsmann, Timo, Sozialethische Aspekte der deutschen Kirchensteuer und alternativer Finanzierungsformen. (Arbeitstitel)
Seit 01/2007; Gabriel.

Göb, Barbara, Christlich-islamischer Dialog in Deutschland. Die Rolle der Kirchen aus christlich-sozialethischer Perspektive.
Seit 08/2005; Heimbach-Steins.

Günther, Hans-Jörg, Großstadtwahrnehmung im deutschen Katholizismus. (Arbeitstitel)
Seit 09/2000; Gabriel.

Krause, Boris, Multiple Moderne und Religion. Studien zu einer ‚archäologisch' angelegten Säkularisierungstheorie.
Seit 04/2005; Gabriel.

Nacke, Stefan, Weltbegriffe der Katholischen Kirche (19./20. Jh.).
Abgeschlossen 02/2009; Gabriel/Tyrell.

Noweck, Anna, Katholische Schulen in freier Trägerschaft unter den Anforderungen des Menschenrechts auf Bildung. (Arbeitstitel)
Seit 04/2006; Heimbach-Steins.

Riedl, Anna Maria, Kindeswohl. Eine theologische Ethik aus institutionenkritischer Perspektive. (Arbeitstitel)
Seit 06/2010; Heimbach-Steins.

Schönhöffer, Peter, Zukunftsfähige Spiritualität. Zum Potenzial christlicher Erneuerungsversuche angesichts gegenwärtiger gesamtgesellschaftlicher Krisenlagen. (Arbeitstitel)
Seit 11/1999; Gabriel.

Unkelbach, René, Global Player aus Prinzip – Untersuchungen zur katholischen Kirche in der Weltgesellschaft am Beispiel des Verfassungsorgans der Bischofssynode und ihrer kontinentalen Sonderversammlungen.
Seit 11/2004; Gabriel/Tyrell.

Winkler, Katja, Anthropologische Aspekte in Gerechtigkeitskonzeptionen – die Sozialethik des capabilities approach.
Seit 02/2003; Gabriel.

Zink, Sebastian, Identitätsstiftende Erinnerung in pluralen Gesellschaften. Annäherungen an eine Ethik der Erinnerung.
Seit 10/2007; Heimbach-Steins.

Paderborn:

Heidemeier, Kai-Uwe, Haftungsrecht aus sozial-ethischer Perspektive. (Arbeitstitel)
Seit 10/2007; Wilhelms.

Kösling, Bernd, Zum Verhältnis von Personsein und Persönlichkeit des Menschen. (Arbeitstitel)
Seit 10/2007; Wilhelms.

Spanke, Veronika, Zum Verhältnis von Familie und Bildung. Eine sozialethische Analyse anhand ausgewählter Theoriekonzepte. (Arbeitstitel)
Seit 10/2006; Wilhelms.

Stuttgart-Hohenheim:

Ayerle, Andrea, Wissensbarrieren in kulturübergreifenden Unternehmenskooperationen, dargestellt am Beispiel deutsch-indischer Offshore Outsourcing-Projekte.
Seit 08/2009; Schramm.

Wannenwetsch, Felix, Netzwerkgovernance. Effektivität und Legitimität der Global Governance in multisektoralen Verhandlungsnetzwerken aus Sicht eines Ressourcenorientierten Stakeholder-Ansatzes.
Seit 03/2010; Schramm.

Tübingen:

Beck, Roman, Transparenz in der biomedizinischen Forschung. Eine notwendige Voraussetzung für den ethischen Diskurs über die Selbstgestaltung des Menschen.
In Bearbeitung; Mieth.

Friese, Sebastian, Aufarbeitung des Genozids in Ruanda und die Frage nach der Rolle der Gerechtigkeit und Möglichkeit für gerechte Strafen für Täter.
Abgeschlossen 07/09; Mieth.

Koudissa, Jonas, Migrationsflucht der Afrikaner nach Europa als Antwort der Armen auf die globalen Herausforderungen?
In Bearbeitung; Mieth.

Lang, Martin, Gerechtigkeit und Effizienz. Gestaltungsmaßstäbe für die Gesundheitsversorgung.
In Bearbeitung; Mieth.

Schober, Michael, Zeugnisse der Unterbrechung von Gewalt.
In Bearbeitung; Mieth.

Wien:

Bush, William, The Responsibility to Protect: An Analysis of a New Paradigm of Humanitarian Intervention.
Seit 10/2004; Gabriel.

Bystricky, Cornelia, Kollektives Gedächtnis und Versöhnung.
Seit 04/2007; Gabriel.

Dlugos, Slavomir, Sterben als Lebensaufgabe.
Seit 10/2005; Virt/Schnabl.

Gasser, Christine, Bildungsgerechtigkeit.
Seit 03/2008; Schnabl.

Gassner, Franz, Vom Überfluss zum Maß. Sozialethische Perspektiven zur Ethik der Bedürfnisse und des Konsums. (Arbeitstitel)
Seit 01/2004; Gabriel.

Haselberger, Paul, Christliche Eigentumstheorie und öffentliche Güter.
Seit 2009; Gabriel.

Hoffelner, Martina, Frauen – Partnerinnen der Kirche in der Slowakei.
Seit 2008; Zulehner/Schnabl.

Karal, Angelika, Dag Hammarskjöld – Ethik und Anthropologie eines Weltbürgers.
Seit 03/2008; Schnabl.

Kiss, Enikö-Sarolta, Ökumenische Sozialethik in Rumänien.
Seit 2009; Gabriel.

Kompes, Marijana, Die Menschenrechte und die Kirche in Kroatien. Der kirchliche Einsatz für die Menschenrechte (1945–2008) und die Zusammenarbeit mit Nichtregierungsorganisationen in der Zivilgesellschaft (1990–2008).
Seit 09/2005; Gabriel.

Mawusi, Emmanuel Richard, Inculturation: Rooting the Gospel Firmly in Ghanaian Culture. A Necessary Requirement for Effective Evangelization for the Catholic Church in Ghana.
Abgeschlossen 05/2009; Gabriel (Zweitgutachten).

Prenner, Markus, Europa: Modelle der Finalität.
Seit 2009; Gabriel.

Riedl, Johann, Das sittliche Naturgesetz als Wirkweise der menschlichen Natur. Zu den fundamentalethischen Grundlagen der Naturrechtslehre Johannes Messners.
Seit 09/2001; Weiler.

Sumec Martin, Die postkommunistische Situation in der Slowakei. (Arbeitstitel)
Seit 03/2010; Gabriel.

Tamas, Traian, Die Ethik von Alasdair MacIntyre.
Seit 03/2006; Gabriel.

Uzoezie, Clement O., Women Status and Rights in Igbo Society (Critical Insight of the Social Teachings of the Church.
Seit 09/2001; Weiler.

Wrulich, Elfriede, Ökologische Ethik.
Seit 2009; Gabriel.

Würzburg:

Ejikeme, Reginald Ndubuisi, Corruption in Nigeria: a Theologival Study in the Light of the Church's Social Teaching.
Seit 2005; Droesser.

Geis, Johannes, Menschenrechte – strukturethische Defizite in der russischen Gesellschaft der Gegenwart.
Seit 05/2010; Droesser.

Kwazu, Fidelis, Human Rights and Poverty Experience in Nigeria. A Case Study of Igboland in Nigeria.
Seit 03/2007; Droesser.

Nwadinobi, Bede, Environmental Problems and Sustainable Development: A Study of Oil-producing Communities of Nigeria- A terra incognita.
Seit 10/2006; Droesser.

Nzamba Diba Pombo, Théodore, Enjeux éthiques de la dégradation de l'environnement en Afrique noire Ecologie et conception négro-africaine de la vie.
Seit 10/2005; Droesser.

Okpanachi, Blaise, Kirche, Katholismus und Christentum in Nigeria 1884–1950.
Seit 05/2006; Droesser.

Riedmayer, Joachim, Sozialethische Gesichtspunkte der Ökonomisierung des Krankenhauswesens in Deutschland.
Seit 05/2006; Droesser.

3 Magisterarbeiten

München:
Settele, Klaus, Zivilgesellschaft als soziales und ökologisches Gewissen internationaler Politik. Überlegungen im Anschluss an Habermas.
Abgeschlossen 02/2010; Reder.

4 Diplomarbeiten

Augsburg:
Kienle, Frank, Die ethische Verantwortbarkeit von Kernenergie. Update eines Abwägungsprozesses.
Abgeschlossen 10/2009; Hausmanninger.
Stroh, Katharina, Kommunikation über Grenzwerte.
Abgeschlossen 09/2009; Hausmanninger.

Frankfurt Sankt Georgen:
Böhm, Matthias, Oswald von Nell-Breunings „Grundzüge der Börsenmoral". Eine kritische Relecture mit Blick auf eine heutige sozialethische Beurteilung von Spekulation.
Abgeschlossen 06/2009; Emunds.
Neubert, Simon, Von einem Wolf, der ein Schaf sein wollte. Wie gut ist Karl Homanns Wirtschaftsethik?
Abgeschlossen 04/2010; Emunds.
Polten, Felix, Der Klimawandel als Gerechtigkeitsfrage. Eine philosophische Reflexion mit Relevanz für die Theologie?
Abgeschlossen 04/2010; Emunds.

Freiburg:
Baldischweiler, Silvia, Der leidende Mensch im Islam.
Abgeschlossen SS 09; Baumann.
Stoll, Christian, Die politische Philosophie Adam Müllers als Politische Theologie.
Abgeschlossen 04/2010; Nothelle-Wildfeuer.

Graz:
Bleymaier, Teresa Maria, Living on Prayers and Payers. Televangelismus in den Vereinigten Staaten von Amerika. Eine religionssoziologische und theologische Analyse anhand ausgewählter FernsehpredigerInnen.
Abgeschlossen 06/2009; Remele.
Flattinger, Stefanie, Franz Jägerstätter und der gerechte Krieg. Ein oberösterreichischer Bauer als Wegbereiter der modernen bellum iustum – Theorie der katholischen Kirche.
Abgeschlossen 06/2009; Remele.
Glieder, Alois Helmut, Franziskanische Impulse zur christlichen Umweltethik.
Abgeschlossen 04/2009; Neuhold.
Pirker, Stefanie, Organtransplantation. Ausgewählte medizinische, rechtliche, ethische und theologische Aspekte.
Abgeschlossen 06/2009; Neuhold.

Steinkellner, Harald, Die Schöpfungsverantwortung in der katholischen Soziallehre. Initiativen und kirchliche Stellungnahme zur Umweltverantwortung.
Abgeschlossen 01/2009; Neuhold.

München:

Brunner, Bernadette, Bildung zwischen Heilsutopie und sozialer Ungleichheit. Theologisch-ethische Analysen.
Abgeschlossen 11/2009; Vogt.

Cordemann, Markus R. T., Soziale Marktwirtschaft. Sozialethische Grundlagen und neue Bewährungsproben.
Abgeschlossen 03/2008; Vogt.

Grottenthaler, Miriam, Die Finanzkrise – eine sozialethische Analyse von Ursachen, Auswirkungen und Handlungsperspektiven.
Abgeschlossen 11/2009; Vogt.

Rönn-Haß, Horst von, Alleinerziehende im Spannungsfeld von Familie, Bildung und Arbeitsmarkt. Ein Bestandsaufnahme und mögliche Zukunftsperspektiven.
Abgeschlossen 03/2008; Vogt.

Rückel, Florian, Vom homo oeconomicus zum homo ethicus. Der Mensch in der wirtschaftsethischen Konzeption von Peter Ulrich.
Abgeschlossen 06/2009; Hilpert.

Rückel, Sebastian, Die gerechtigkeitstheoretische Konzeption von John Rawls im Gespräch mit der christlich-theologischen Ethik.
Abgeschlossen 05/2009; Hilpert.

Stemmer, Bettina, Was ist der Gesellschaft die Familie wert?
Abgeschlossen 07/2008; Vogt.

Münster:

Hagedorn, Jonas, Der Capabilities Approach aus befreiungstheologischer Perspektive. Zur Verständigung zwischen Theologie und politischer Philosophie.
Abgeschlossen 03/2009; Gabriel.

Krysmann, Benjamin, Integrative Unternehmensethik in der Diskussion
Abgeschlossen 06/2010; Gabriel.

Lahrmann, Jutta, Probleme der Alterssicherung bei Geringverdienern
Abgeschlossen 02/2010; Gabriel.

Salzburg:

Frühauf, Roland, Papst Johannes Paul II. Ein Kämpfer für den Frieden.
Abgeschlossen 05/2009; Putz.

Walchshofer, Susanne, Sind sie denn keine Menschen? Das Ringen um die Rechte der indigenen Völker Mexikos mit besonderer Berücksichtigung des Bundesstaates Chiapas.
Abgeschlossen 06/2009; Putz.

Stuttgart-Hohenheim:

Germann, Martin, Die Durchsetzung moralischer Ansprüche im internationalen Handel aus Perspektive der ökonomischen Ethik.
Abgeschlossen 04/2010; Schramm.

Götz, Olivia, Vertrauen als Erfolgsfaktor in deutsch-indischer Projektarbeit: Grundlagen, Stellenwert und Handlungsempfehlungen zur Vertrauensbildung – Eine empirische Untersuchung in der Bosch-Gruppe.
Abgeschlossen 04/2009; Schramm.

Hümpfner, Gerhard, Moralökonomie der Managergehälter.
Abgeschlossen 01/2010; Schramm.

Kirchner, Anne, Wirtschaftlichkeit und Ethik im Krankenhaus. Ein Konflikt zwischen deontologischer und utilitaristischer Moralvorstellung?
Abgeschlossen 06/2009; Schramm.

Masiliunaite, Danguole, Corporate Governance und Vertrauen. Strategien der Governanceethik.
Abgeschlossen 04/2009; Schramm.

Mayr, Florian Georg, Euthanasie als moralisches und ökonomisches Problem.
Abgeschlossen 06/2009; Schramm.

Moroff, Andreas, Controlling von moralökonomischen Anreizstrukturen.
Abgeschlossen 09/2009; Schramm.

Necker, Matthias, Ethik und Erfolg.
Abgeschlossen 04/2009; Schramm.

Nikki, Stefan, Die Ethik der Managergehälter.
Abgeschlossen 03/2009; Schramm.

Pesado, Susana López, Corporate Social Responsibility und Private-Equity-Gesellschaften.
Abgeschlossen 11/2009; Schramm.

Próchniak, Maciej, Das traditionelle Verständnis des Firmsakraments in der modernen Zeit.
Abgeschlossen 06/2009; Schramm.

Suck, Johanna, Finanzmarktkapitalismus – Gesellschaftsethik – Religion.
Abgeschlossen 03/2009; Schramm.

Verlage, Sonja, Wirtschaft und Religion. Systemtheoretische und moralkulturelle Perspektiven.
Abgeschlossen 03/2009; Schramm.

Walz, Katrin, Corruption and its Impact on Foreign Direct Investment: A Cross-National Perspective.
Abgeschlossen 03/2009; Schramm.

Wien:

Blätterbinder, Christina, Chancen und Grenzen von Religion und Spiritualität in der EZA. Analyse des Reflexions- und Arbeitspapiers ‚Rolle und Bedeutung von Religion und Spiritualität in der Entwicklungszusammenarbeit' (DEZA) und des Weltbankberichtes ‚Mind, Heart and Soul in the Fight against Poverty'.
Abgeschlossen 04/2009; Gabriel.

5 Staatsarbeiten

Freiburg:

Albiez, Katharina, Sozialethik und Soziale Marktwirtschaft. Das Verhältnis Staat – Bürger in einer Sozialen Marktwirtschaft des 21. Jahrhunderts aus sozialethischer Sicht.
Abgeschlossen 04/2010; Nothelle-Wildfeuer.

Legge, Andrea, Seelsorgliche Begleitung von Frauen nach einem Schwangerschaftsabbruch.
Abgeschlossen SS 09; Baumann.

München:

Herold, Liane, Veränderte Ernährungsgewohnheiten und nachhaltige Landnutzung unter dem Aspekt globaler Gerechtigkeit.
Abgeschlossen 02/2009; Vogt.

Kopka, Christina, Gerechter Friede. Aktuelle Herausforderungen einer christlichen Friedensethik.
Abgeschlossen 01/2010; Vogt.

Spies, Stephanie Rosa, Kinderarmut in Deutschland.
Abgeschlossen 11/2009; Hilpert.

Toch, Susanna, Der Klimawandel und dessen Integration in den Lehrplan der sechsstufigen Realschule.
Abgeschlossen 11/2009; Vogt.

Münster:

Kollenberg, Michael, ‚Der andere ist mir doch egal'. Schulischer Religionsunterricht in Zeiten fortgeschrittener Individualisierung.
Abgeschlossen 05/2009; Gabriel.

Spielmeyer, Anne, Kirche auf Sendung? Herausforderungen an eine öffentliche Kirche im Zeitalter digitaler Medien.
Abgeschlossen 07/2009; Gabriel.

6 Masterarbeiten

Augsburg:

Pfeffer, Anke, „The War Within – Der Krieg in ihnen." Der Zweite Irakkrieg und die Heimkehr amerikanischer Soldaten als Motiv fiktionaler Verarbeitungen im Genrerahmen des US-Heimkehrerfilms. Eine theoretische Reflexion und explorative, qualitativ-hermeneutische Filmanalyse mit Fokus auf Paul Haggis' „In the Valley of Elah" (USA 2007).
Abgeschlossen 03/2010; Hausmanninger.

Sisto, Candida, The Gendered Cyborg – künstliche Frauen im Film. Eine vergleichende Analyse von „Metropolis", „Blade Runner" und „Ghost in the Shell".
Abgeschlossen 01/2010; Hausmanninger.

Wildgruber, Maximilian, Spiele über Spielen spielen. Die ergodische Dekonstruktion der vierten Wand in Hideo Kojimas Metal-Gear-Solid-Spielen.
Abgeschlossen 01/2010; Hausmanninger.

Bochum:

Kirmse, Daniela, Die Sozialenzyklika „Caritas in Veritate" von Papst Benedikt XVI. Didaktische – methodische Überlegungen für einen Einsatz im Katholischen Religionsunterricht der Sekundarstufe II.
Abgeschlossen 01/2010; Wiemeyer.

Wrazidlo, Agnes, Wandel der politischen Öffentlichkeit durch Web 2.0 – Unter besonderer Berücksichtigung des Internetwahlkampfes von Barack Obama.
Abgeschlossen 01/2010; Wiemeyer.

Freiburg:

Heuser, Barbara, Mädchen und junge Frauen auf der Straße. Eine quantitative Untersuchung in Berlin.
Abgeschlossen WS 09/10; Baumann.

Kudzmaite, Jurate, Geschwister von Menschen mit geistiger Behinderung. Eine empirische Untersuchung.
Abgeschlossen SS 09; Baumann.

Potyrala, Piotr, Selbstwirksamkeitsüberzeugungen und Entwicklungsaufgaben von Schülern. Eine caritaswissenschaftliche Untersuchung.
Abgeschlossen SS 09; Baumann.

Graz:

Grafeneder, Maria Gerline, Die Stellung der Frauen im Buddhismus mit besonderer Berücksichtigung ihrer Situation in Graz.
Abgeschlossen 04/2009; Remele.

Khil-Pelzl, Eva, Sozioreligiöse Stigmatisierung im buddhistischen Ladakh. Kastenwesen und Diskriminierung.
Abgeschlossen 12/2009; Remele.

Reinprecht, Michael, Landwirtschaft und Schöpfungsverantwortung. Bäuerliche Landwirtschaft und christlicher Schöpfungsglaube als Lösungswege für aktuelle ethische Problemstellungen.
Abgeschlossen 01/2009; Neuhold.

7 LIZENTIATSARBEITEN

Frankfurt St. Georgen:

Agkhogba, Augustine, Child Labour Exploitation in Nigeria.
Seit 05/2009; Emunds.

Dugu, Isaac, Profile of a possible national institute of social ethics in Nigeria.
Seit 07/2009; Emunds.

Münster:

Adrian, Matthias, „From Justice to Charity?" Private, existenzunterstützende Angebote und sozialstaatliche Verantwortung.
Abgeschlossen 03/2010; Gabriel.

Rom:

Ortiz Avram, Daniela Mariana, Der Mensch als Maß der Wirtschaftspolitik. Der anthropologische Faktor in Jenseits von Angebot und Nachfrage bei Wilhelm Röpke. Abgeschlossen 06/2010; Schlag.

DIE AUTORINNEN UND AUTOREN DIESES BANDES

Peter Clever, Ministerialdirektor a. D., Dipl.- Volksw., Mitglied der Hauptgeschäftsführung der Bundesvereinigung der Deutschen Arbeitgeberverbände (BDA), Berlin.

Bernhard Emunds, Dr. rer. pol., Professor für Christliche Gesellschaftsethik und Sozialphilosophie an der Philosophisch-Theologischen Hochschule Sankt Georgen Frankfurt am Main, Leiter des Oswald von Nell-Breuning-Instituts.

André Habisch, Dr. theol., Dipl.-Volksw., Professor für Christliche Sozialethik und Gesellschaftspolitik an der Katholischen Universität Eichstätt – Ingolstadt.

Marianne Heimbach-Steins, Dr. theol., Professorin für Christliche Sozialwissenschaften an der Katholisch-theologischen Fakultät der Westfälischen Wilhelms-Universität Münster, Direktorin des Instituts für Christliche Sozialwissenschaften.

Brigitta Herrmann, Dr. theol., Dipl.-Volksw., Geschäftsführerin von Oikocredit Deutschland (2006–2010), Lehrbeauftragte an der Arbeitsstelle Wirtschaftsethik des Fachbereiches Wirtschaftswissenschaften der Goethe Universität Frankfurt am Main.

Gerhard Kruip, Dr. theol., Professor für Christliche Anthropologie und Sozialethik an der Katholisch-Theologischen Fakultät der Universität Mainz.

Jochen Ostheimer, Dr. theol., M.A., Akad. Rat a.Z. am Lehrstuhl für Christliche Sozialethik der Katholisch-Theologischen Fakultät der Ludwig-Maximilians-Universität München.

Christina Ramb, RAin, Leiterin der Abteilung Planung – Koordination – Grundsatzfragen der Bundesvereinigung der Deutschen Arbeitgeberverbände (BDA), Berlin.

Anna Maria Riedl, M.A., wissenschaftliche Mitarbeiterin am Institut für Christliche Sozialwissenschaften an der Katholisch-theologischen Fakultät der Westfälischen Wilhelms-Universität Münster.

Claus Schäfer, Dr. rer. pol., Leiter der Abteilung Wirtschafts- und Sozialwissenschaftliches Institut (WSI) in der Hans-Böckler-Stiftung.

Michael Schäfers, Dr. phil., Leiter des Grundsatzreferates der Katholischen Arbeitnehmer-Bewegung Deutschlands (KAB).

Michael Schramm, Dr. theol., Professor für Katholische Theologie und Wirtschaftsethik an der Fakultät Wirtschafts- und Sozialwissenschaften der Universität Hohenheim.

Peter Ulrich, Dr. rer. pol., Prof. em. für Wirtschaftsethik und ehem. Leiter des Instituts für Wirtschaftsethik der Universität Sankt Gallen.

Gotlind Ulshöfer, Dr. theol., Dipl.-Volksw., ThM, Studienleiterin an der Evangelischen Akademie Arnoldshain, Lehrbeauftragte an der Goethe Universität Frankfurt am Main.

Markus Vogt, Dr. theol., M. A. phil., Professor für Christliche Sozialethik an der Katholisch-Theologischen Fakultät der Ludwig-Maximilians-Universität München.

Johannes Wallacher, Dr. rer. pol., Dr. phil., Professor für Sozialwissenschaften und Wirtschaftsethik an der Hochschule für Philosophie, Philosophische Fakultät SJ, München.

Ursula Weidenfeld, Dr. phil., Wirtschaftsjournalistin.

Joachim Wiemeyer, Dr. rer. pol., Lic. theol., Professor für Christliche Gesellschaftslehre an der Katholisch-Theologischen Fakultät der Ruhr-Universität Bochum.

Reinhard Zintl, Dr. phil., Professor für Politikwissenschaft an der Fakultät für Sozial- und Wirtschaftswissenschaften der Otto-Friedrich-Universität Bamberg.